国家出版基金项目
NATIONAL PUBLICATION FOUNDATION

中国社会科学院
台湾史研究中心丛刊

台湾史稿

下卷

Taiwan Shigao

张海鹏
陶文钊
主编

凤凰出版社

下　卷
台湾的现代

第十章　国民党改造与蒋介石主政台湾时代的政治

第一节　国民党改造奠定了控制台湾的根基

国民党退踞台湾以后，于1950年至1952年进行了以党务改造为中心的改造运动。这场改造运动基于检讨大陆败亡经验而生，运用非常态权力核心——中央改造委员会，结束了迁台后台湾社会混乱不堪的状态，调整了国民党组织模式和力量分布，确立了新的党治体制，奠定了退踞台统治的局面。

一　改造：从酝酿到启动

1948年7月，蒋介石在国民党中常会上正式提出改进党务问题。8月，中常委为此专门召开了为期两天的座谈会。但由于军事迅速溃败，中央党部迁徙流离，党务整顿搁置。

1949年1月，蒋介石引退，副手李宗仁成为总统，但蒋仍保留国民党总裁和国民革命军总司令职务，因而保留了对国民党的控制权。蒋下台，返回奉化溪口老家，面对无可挽救的败局，开始了前所未有的深刻自省。他认为失败原因大体有：党内信仰动摇；派系倾轧，人事纠纷；干部自私自利，无视纪律[①]；党未受到应有重视，未网罗人才、进行组训[②]；党内有若干不肖之徒，不败而自败，卖党变节，意志不坚；组织不严，使共产党得以渗透瓦解[③]；对俄、美、日外交失败；政党政治的失败和民主宪政被利用；共产党破坏和宋子文失职造成经济崩溃；国家观念、民族意识、三民主义教育的缺失[④]；军纪败坏，军人没有信仰，将领无德

① 秦孝仪总编纂：《“总统”蒋公大事长编初稿》卷九，台北：中正文教基金会，2002年版，第171页。

② 秦孝仪总编纂：《“总统”蒋公大事长编初稿》卷九，中正文教基金会，2002年版，第36页。

③ 秦孝仪总编纂：《“总统”蒋公大事长编初稿》卷九，中正文教基金会，2002年版，第72—73页。

④ 《总裁对第七次“全国”代表大会之政治报告》，《革命文献》第77辑，第77—83页。

无能,战略失误,监察、政工等制度未建立,等等[①]。遂决心改造党务,拿回被派系把持的党权,使国民党重获新生,建立"党统"与台湾模范省,以反共复国。

7月16日,非常委员会正式成立,下设军事、外交、财政经济3个组,代行中央政治委员会职权,下属中央执行委员会。非常委员会共举行会议19次,前10次在广州,第11次在重庆,后8次在台北,维持了党务行政正常进行。至1950年8月7日,结束过渡使命。另一重要的过渡机构是总裁办公室。总裁办公室作为随蒋行动的幕僚机构,于1949年7月1日在台北阳明山成立。下设设计委员会(初名"顾问研究会")和9个组[②]。1950年3月,因中央党部已迁台,总裁办公室无必要继续存在,遂于4月结束工作。总裁办公室设计委员会作为参谋决策机构,对蒋介石关于改造党务的思路整理发挥了作用。在设计委员会历次会议中,讨论最多的便是改造问题。

1949年6、7月间,蒋介石指定谷正纲、陶希圣、张其昀、张道藩、胡健中、蒋经国、唐纵、方治、陈雪屏、袁守谦等,与总裁办公室高级人员筹议改造方案。经两周通宵达旦的会议,《本党改造案》告竣。遂将全案交中央执行委员会,先后邀集中央执监常务委员、政治委员及在穗中委与中央各部会处负责人交换意见[③]。8月,广州的第204次中常会决定接受蒋介石的党务改造指示,并"发动各地同志热烈研讨,提供意见"[④]。随后,中常会通过《本党改造纲要》、《本党改造纲要实施程序》、《本党改造筹备委员会组织规程》和《本党现阶段政治主张》。9月,蒋介石在重庆发表《为本党改造告全党同志书》,力陈改造的必要。1950年1月2日,日月潭会议讨论党的彻底改造问题,确定了改造前提、方式和程序,并进行了党名的研究。经日月潭会议和在台北的数日会商,参与筹议人员将甲、乙两种方案提请蒋介石核示。甲案主张另组新党;乙案主张就国民党现有基础进行改造。蒋批交总裁办公室设计委员会、中央党部各处部会主管与党务有关委员研讨,确定就乙案原则再次拟就《本党改造案》,放弃另行组党方案。

在1950年6月以前,蒋介石对改造计划还有顾虑:人民解放军准备渡海攻台;台湾当局外交孤立;经济、政治混乱无序、困难重重;军事上忙于撤退海南、

① 张其昀:《"总统"蒋公全集》第2册,第1924、1929、1942—1943页;《革命、实践、研究三个名词的意义和我们革命失败的原因》(1949年10月16日)、《"国军"失败的原因及雪耻复国的急务》(1950年1月5日),秦孝仪主编:《"总统"蒋公思想言论总集》卷二十三,台北:中国国民党中央委员会党史委员会,1984年版,第27、90页;《革命文献》第77辑,第88页。

② 即:党务、经济、军事、宣传、国际问题的研究、秘书、情报、警卫、总务。

③ 《中国国民党第七次"全国"代表大会党务报告》(上篇),斯坦佛大学胡佛研究所藏,第186页。

④ 《中国国民党第七次"全国"代表大会党务报告》(上篇),斯坦佛大学胡佛研究所藏,第2页。

舟山部队，加强台湾防卫；部分中委和元老怕失去地位而排斥改造。1950 年 6 月 25 日，朝鲜战争爆发，解决了蒋的两大后顾之忧。美国放弃了“从中国内战脱身”的政策，确定为孤立中国大陆和完全支持在台湾的国民党。第七舰队开进台湾海峡“协防”台湾，为台湾撑起保护伞。这令犹如身置绝境的国民党上下如释重负。蒋介石一边对美国的“台湾地位未定论”和在承诺“协防”台湾的同时，也禁止台湾对大陆的军事行动，表示强烈不满，一边开始展开使国民党死而复生的改造运动。

朝鲜战争爆发的同日，蒋介石约见反对改造的中央常委，做其思想工作。7 月 12 日，中央委员于右任、居正、李文范、邹鲁等 215 人[①]，联名呈请总裁改造国民党，10 天后，临时中常会通过本党改造案。翌月，第六届中执委、监委停止行使职权，成立“中央评议委员会”及“中央改造委员会”（简称中改会）。“中央评议委员会”由吴敬恒等非蒋系或蒋系元老组成，共 25 人，评议党国大计，负督导、监察之责。实则位高而无权，“不评不议，名实不符”[②]。中改会共 16 人，为：陈诚、张其昀、张道藩、谷正纲、郑彦棻、陈雪屏、胡健中、袁守谦、崔书琴、谷凤翔、曾虚白、蒋经国、萧自诚、沈昌焕、郭澄、连震东。中改会取代 460 人的第六届中委成为国民党中枢机构，张其昀为秘书长，周宏涛为副秘书长（后增加谷凤翔为副秘书长）。

中改会下设秘书处与七组、五会。秘书处是负责督导各组、会的秘书长的办事机构，掌理中改会议事、总务、文书、会计、人事及党员抚恤抚助与其他不属于各组、会职掌之事项。

各组、会负责人选定后，蒋介石开始物色考虑 5 个委员会的委员。到 11 月初，蒋先后提名了纪律委员会委员 7 人、干部训练委员会委员 17 人、财务委员会委员 10 人与设计委员会委员 18 人，其后又有提增。党史史料编纂委员会人选 15 人直到 1952 年 10 月 1 日才确定。不但中改会成员由蒋介石指定，而且各组会成员均由蒋介石提名后，交中改会会议通过。

二　改造运动的主要内容和功效

从 1950 年 8 月中改会正式成立到 1952 年 10 月结束工作，改造主要内容和功效体现如下：

---

① 其中，中央执行委员 111 人、中央监察委员 65 人、候补中央执行委员 25 人、候补中央监察委员 14 人。此数据依据斯坦佛大学胡佛档案馆藏《于委员右任等上总裁签》手稿件。又见张其昀：《党务报告要略》，《革命文献》第 77 辑，第 114 页。

② 中评委邓家彦呈签，邵明煌、薛化元主编：《蒋中正总裁批签档案目录》，台北：政治大学历史系、中国国民党党史馆，2005 年发行，第 450 页。

领导层的加强 改造启动时，蒋介石先从高层机构设置和人事安排上入手，一番大调整之后，可以看到他消除原有主要派系影响、建立一个效忠于自己的高效领导核心的意图。

蒋介石给元老们授予只有虚位的荣誉头衔——中央评议委员，来排除潜在的干涉；组建了仅有16人的中改会，作为中央政治决策的最高机构，取代原有庞大的中央权力机构。中改会成员16人中，陈诚、张道藩、谷正纲、郑彦棻、胡健中、袁守谦、陈雪屏、蒋经国为原中执委委员，另外8人则为蒋介石"钦点"的新生力量。他们大多有海外名校学习或工作的经历：张其昀曾在美国哈佛大学研修两年，张道藩曾在英国伦敦大学学习，谷正纲曾留学德国柏林大学，郑彦棻曾受聘于日内瓦国际联盟秘书处，陈雪屏毕业于美国哥伦比亚大学，崔书琴是哈佛大学哲学博士，蒋经国毕业于莫斯科中山大学，萧自诚为哈佛大学政治学博士，沈昌焕是密西根大学政治学硕士，连震东则毕业于日本庆应大学。其余几人也都受过高等教育。为实施改造而专门打破常规建立的新一届领导班子，平均年龄为48岁，最年轻的沈昌焕仅38岁，最年长的曾虚白也不过56岁。蒋介石的同乡——浙江人有4人，江苏3人，湖南、贵州各2人，广东、河北、山西、察哈尔和台湾各1人，出身思想相对开化的东南地区的占大半。新的权力核心显示出学识出众、见多识广、年富力强、思想开化的整体特征，成员的大幅度减少也有利于统一见解，降低内耗。

蒋介石提名的这16人，大多担任过侍从秘书或与蒋经国关系亲近。张其昀、胡健中、曾虚白、萧自诚、沈昌焕原为蒋介石秘书；郑彦棻、崔书琴、郭澄、连震东与蒋经国交好。而最接近权力核心的正、副秘书长，皆为蒋之心腹之人。秘书长张其昀为著名史地学家，1949年到台湾，成为蒋介石幕僚，被延揽至总裁办公室，任秘书组长；副秘书长周宏涛是蒋家亲戚，长期为蒋介石担任私人秘书。陈雪屏、袁守谦为陈诚系，而陈诚本人是出自黄埔军校的浙江人，兼具令蒋介石信赖的两种身份，在蒋准备以台湾作为最后据点时，陈诚被派任台湾省主席兼警备总司令。同时，袁守谦亦出自黄埔，与蒋经国关系也不错。CC系的张道藩和谷正纲，则因曾在1948年竭力劝阻蒋介石下野，而获好感。

蒋介石败退台湾后，欲改变以前派系倾轧、党权控制于一派之手的局面。不仅在党务改造权力中枢是这样，在"立法院"也有这样的趋向。据时任"立委"的齐世英介绍："撤退到台湾以后，蒋介石父子想在'国会'里头把他们的主导权拿回来，所以团派变成主派，而CC则受到分化。"[①]桂系和政学系等过去挑战过蒋的权威的派系，也同时受到冷遇。白崇禧、陈济棠均在远离实权的中央评议

① 《齐世英先生访问纪录》，台北："中研院"近代史研究所，1990年版，第349—350页。

委员会中找到归宿。

对中央权力中枢进行大动作之前，蒋介石已开始加强中高级干部的集中训练。早在1949年7月，蒋介石即决定成立革命实践研究院，并拟定挑选党、政、军干部标准，设想人数以2000人为限，训练以半年为期。课程分党务、军事、哲学、军政、经济、教育、人事制度及革命理论与目标等①。希望通过革命实践研究院的训练，"使学者能发挥其蓬勃之朝气，坚忍不拔之决心与再接再厉之奋斗精神"②。经调查与收罗人才，第一批学员选调完毕。10月16日，革命实践研究院作为45岁以下高、中级干部学校，在台北阳明山举行第一期开学典礼，蒋介石亲往训话③。蒋吸取大陆失败教训，特别关注对干部的意识形态、革命实践精神、作战技巧的培养。他亲自选定课程，不厌其烦地每周集体训话一次，并个别约谈，反复强调革命精神和忠诚。每期学员受训4—6周，截至改造结束共办20期，培养了党、政、军干部精英3666名，其中女性150名。革命实践研究院在改造以后仍保持运行，并设分院，以使更多中基层干部、妇女干部和华侨干部受训，参加训练成为晋升党内或"政府"内官职的一个必要条件。

1950年5月，在革命实践研究院之下，还设有圆山军官训练团。除以精神训练为基本的课程外，还侧重于陆、海、空军的联合作战训练，要使三军发挥一体协同的精神，训练军官的指挥技能和战术运用。并聘请日本教官，施以精神的影响，培养学员自动负责、誓死达成任务的精神④。训练团分普通班与高级班，到1952年夏结业人数4716人⑤。对于基层干部则采取巡回训练的办法，讲授三民主义、重要决策、党史、国际形势、"匪情"分析、小组业务等内容。

通过对权力核心的改整和人员的精心选配，蒋介石的地位更加不可挑战。而中改会中年轻而有学识和才干者不但在改造时期的政治生涯中跃了一大步，而且为以后的地位奠定了基础。相继受训的干部整体面貌有一定改观，为短期内克服混乱、完成改造提供了保证。

党员的整顿　淘汰腐恶分子，是党务改造的重要工作之一。改造纲要第八条规定凡有以下情形之一者，应彻底整肃："（一）有叛国通敌之行为者；（二）有

① 曾景忠、梁之彦选编：《蒋经国自述》，北京：团结出版社，2005年版，第208页。

② 曾景忠、梁之彦选编：《蒋经国自述》，北京：团结出版社，2005年版，第210页。

③ 45岁以上符合条件者需经特准才可参加。参见邵明煌、薛化元主编：《蒋中正总裁批签档案目录》，台北：政治大学历史系、中国国民党党史馆，2005年发行，第87页。

④ 蒋介石：《革命实践研究院军官训练团成立之意义》（1950年5月21日在圆山军官训练团讲话），秦孝仪主编：《"总统"蒋公思想言论总集》卷二十三，台北：中国国民党中央委员会党史委员会，1984年版，第253—256页。

⑤ 中国国民党中央委员会党史委员会编：《革命文献》第77辑，1978年版，第112页。

跨党变节之行为者;(三)有毁纪反党之行为者;(四)有贪污渎职之行为者;(五)生活腐化,劣迹显著;(六)放弃职守,不负责任;(七)信仰动摇,工作弛废;(八)作不正当经营,以猎取暴利为目的者。”[①]为达到整肃效果,中改会确定干部采取自上而下顺序,先从上层入手。

有学者指出整肃“是排污除垢、救亡图存的一剂猛药,对中国国民党党纪和党德的重振有莫大的功效”[②]。实际上,国民党打击的重点只是所谓“投附共匪”者,且被整肃数量并未达到“一剂猛药”的剂量。纪律委员会在成立后的一年内,审议决定的党员违纪案 130 件,其中投共者 94 件,参加“伪”革命委员会 10 件,参加其他政党 3 件,不出席会议 4 件,侵吞公款和贪污 5 件,违反命令或法令 10 件。处分结果:永远开除党籍 24 人,开除党籍 94 人,开除党籍 1 年者 1 人,停止党权 1 年者 2 人,停止党权 6 个月者 2 人,警告 6 人[③]。中改会存在期间,受到开除党籍或永远开除党籍处分的党员计 301 人,其中“附共”、“附匪”、“匪谍”者 190 人[④]。

整肃工作于 1951 年 7 月完成后,为进一步清查国民党内潜伏的共产党,自 1952 年 7 月 10 日到 9 月 5 日,又发起党员自清运动。方式不但有小组公开质疑、批评,还有向小组长秘密检举和侦查。检肃“谍匪”检讨成果及检举成绩,列为各级党部考绩的“最重部分”[⑤]。继而发起的自清运动更加显示出国民党清除共产党影响的急迫,而长久以来的被渗透正是国民党组织涣散、党员质量低下的结果,靠公开质疑和密报、侦查的方式未必能真正有效,同时还会带来负面影响。

在整肃腐恶的同时,中改会制定出党员归队实施办法,以使党员均纳入组织,清除挂名党员,规定“凡脱离组织之党员,未参加此次党员归队登记者,一律撤销其党籍”。接着拿出征求新党员办法,规定以“广大劳动民众中爱国的革命的‘青年’‘知识分子’‘农’‘工’及‘生产者’等为主要对象”,而“愿为反共抗俄而坚强奋斗”是四项标准中的首要者,“能深入社会服务群众”也成为标准之一。基于台湾省人口比例中,农工最重,而在国民党所规划的反共抗俄战斗中,农工亦是主要依仗对象,因此中改会拟使农工分子在新征求党员中占到一半。服务

① 《本党改造纲要》,《中国国民党党务发展史料——中央改造委员会资料汇编》(上),台北:近代中国出版社,1990 年版,第 16 页。

② 许福明:《中国国民党的改造(1950—1952)——兼论其对“中华民国”政治发展的影响》,台北:正中书局,1986 年印行,第 98 页。

③ 中国国民党中央改造委员会编:《一年来工作报告》,台北:1951 年自印本,第 118 页。

④ 《中央改造委员会处分党员名册》,《中国国民党第七次“全国”代表大会党务报告下篇》附录,斯坦佛大学胡佛研究所藏。

⑤ 《党员自清运动实施要点》,《中国国民党党务发展史料——中央改造委员会资料汇编》(上),台北:近代中国出版社,1990 年版,第 479—482 页。

社会的要求则反映了国民党党务领导者希望改变党内成员价值认同集中在上层，只争权利、不务实事、无法发动群众的旧貌。为避免国民党影响仅限于某一地区或阶层，还注意到应兼顾而均衡发展。其办法是吸取大陆时期只求量扩增而不重质的提高的教训，将“不采集体入党方式”明确写入①。

经过淘汰腐恶分子、党员归队、吸纳具有一定质量的新党员及对新、旧党员的教育、考核，国民党党员素质和质量较在大陆时期有了一定改善。

退踞台湾后，国民党还给予海外党员相当关注。国民党为赢得海外华侨党员的舆论、财力等方面支持，不但在海外建立党部，制定登记编组办法，还派官员亲往督导。中改会成员郑彦棻就曾前往美洲各地督导党务，访问侨胞②。国民党丧失大陆后，一度在华侨中威信扫地。改造期间，海外党部与“外交、侨务”相配合，获取了一些海外支持。“七全大会”之后，还举行了“侨务会议”③。

组织的加强和社会基础的扩充　改造纲要规定：“党设各级〔‘中央’、省(‘院辖市’)、县(市)、区、区分部〕委员会，在区分部委员会下，得分小组，组设组长，小组之划分在城市以职业为主，区域为辅；在乡村以区域为主，职业为辅。凡分小组之区分部，其所属党员必须参加小组。”而党的构成成份和社会基础则定位为：“以青年、知识分子及农、工、生产者等广大劳动民众为社会基础，结合其爱国的革命分子，为党的构成分子。”④

各级党组织继中改会之后接连建立。1950 年 10 月 12 日，台湾省改造委员会委员 12 人获得通过，主任委员由出自三青团的原中执委倪文亚担任。12 月，直属“中央”机关区党部设置完成。根据《省级暨所属党部改造之措施及其程序》，县市改委会人选也陆续选定。1951 年 3 月，地方改委会全部成立，并依照规定在 1951 年 9 月底之前建立各级党部。另外，还专设知识青年党部、职业党部(如：中华航业海员党部、台湾区铁路党部、台湾区公路党部、工矿党部)、特种党部(国防部等军事部门和军队、军校中的党部)和海外党部，加强了青年学生、工人、妇女、华侨等各种人群党员的组织。省代会和各种党部委员选举兼顾地区性、省籍和人群代表性，事先对台籍委员及农工、妇女、知青名额作合理筹划，并

---

① 《中国国民党党务发展史料——中央改造委员会资料汇编》(上)，台北：近代中国出版社，1990 年版，第 440—457 页。

② 张其昀：《中国国民党改造工作的现状》，《张其昀先生文集》，台北：党史会、“国史馆”、中国文化大学，1989 年版，第 7892 页。

③ 《本会工作总检讨》，中央委员会秘书处编印：《中央委员会“四十一年度”工作检讨报告》，斯坦佛大学胡佛研究所藏 6.4/6，第 1 页。

④ 《本党改造纲要》，《中国国民党党务发展史料——中央改造委员会资料汇编》(上)，台北：近代中国出版社，1990 年版，第 16、15 页。

通过运作使达到此标准[①]。

配合减租、动员、经济建设和侨务外交,国民党的组织深入到台湾各阶层和人群,深入到工矿企业和农村、学校,遍布海外各地,并吸收其中的积极分子入党,尤其着力于发展青年、知识分子和劳工民众。内战时期国民党失去了知识分子和青年学生的支持,重新赢得他们的支持和信任成为国民党紧迫的任务。为便于招募学生和教工入党,党组织在高等教育机构建立起来。蒋介石还格外重视台湾渔民和盐工的生活改善和组织。他认为在台湾除农民之外,渔民和盐工最苦,而他们与巩固台湾、反攻大陆有着密切关系,因此要对他们加强组训、改善生活、提高福利[②]。"行政院"为此组织渔民生活指导小组,废除鱼市场手续费、使用费和佣金,提供低息贷款,改进渔会组织,简化出入港手续,通过以上措施加强国民党对渔民的吸引力,争取优秀渔民入党[③]。更多出于防共考虑,这时期国民党对渔民、盐工的组织和笼络,使这部分人中也有一些成为党员。根据1951年底的统计,农工成分占到了37.7%,知识分子占61%,30岁以下的青年占49%[④]。台湾省籍党员人数也有明显增加,台湾省党部所辖组织中台省籍党员达到56.9%[⑤]。经过改造,国民党在台湾的构成成分有了明显改观,社会基础扩大。

1950年,国民党党员为72426人[⑥],到改造结束时,达到282959人[⑦]。更值得关注的是,1952年台籍党员超过了半数。当国民党在大陆成为执政党时,它的普通党员(不包括集体入党的军人党员)仍低幅滞长;而丢失了大陆后反倒出现出人意料的增长方式,不能不说是国民党为确保台湾基地而"痛改前非"的一

① 如台省第一届省代会拟选定台籍8人,并兼顾地区、农工妇女知青代表性(见邵明煌、薛化元主编:《蒋中正总裁批签档案目录》,台北:政治大学历史系、中国国民党党史馆,2005年发行,第76页)。又如在中央事先颁订原则下,台湾区公路党部选出委员15人、候补委员7人,新选委员成份包括公路局、各地民营客货运输公司、司机业工会劳工等,委员中台籍同志6人,候补中台籍5人(见上书第92页)。

② 秦孝仪总编纂:《"总统"蒋公大事长编初稿》卷十,中正文教基金会,2003年版,第37页。

③ 邵明煌、薛化元主编:《蒋中正总裁批签档案目录》,台北:政治大学历史系、中国国民党党史馆,2005年发行,第116页。

④ 中改会确定的各类新党员征求比例目标为:农工50%,青年及知识分子30%,生产者10%,其他10%。见《怎样去征求新党员》,《中国国民党党务发展史料——中央改造委员会资料汇编》(上),台北:近代中国出版社,1990年版,第449页。

⑤ 《改造》,第47、48期合刊本,1952年8月1日,第34、41页。

⑥ 邹鲁:《中国国民党概史》,台北:正中书局,1977年版,第98页。

⑦ 1957年张厉生在《中央委员会党务工作报告》中提到,1957年台湾党员509864人,比"七全大会"时增加226905人,两数相减可得改造结束时党员数为282959人。见《革命文献》第77辑,第190页。

种效果。

党政关系制度　1928年国民党统一全国后，宣布实施训政。训政时期的党政关系是，在中央以党治政，在地方则党政分治、互不统属，地方党部不但不能干涉地方政务，基层党政人事也基本是不重叠的。这种党政关系很大程度上削弱了党治权威，以致党的政策、决议不能在地方政府中得到遵从和执行。另一方面，1948年“行宪国大”后，中华民国从法理上进入“宪政”时期，训政时期党直接领导政府的方式不再适用。因此，中改会制定《党政关系大纲》等，确立以党领政模式，解决了党如何在政党政治下运作的问题。规定“依主义制定政策，以政策决定人事，以组织管理党员”是处理党政关系的原则。国民党各级代表大会或各级委员会为党的政策决定机关；党的政策透过民意机构和政府中的党员形成法令或政令；国民党各级委员会支持依法定程序产生的候选人参加竞选①。对民意机构及政府，采取组织指挥党员原则，通过建立党部党团或政治小组，使其遵从党的决议，执行党的命令，贯彻党的主张②。为减少分歧、增加效率，以中改会为最高决策机构，中改会可根据需要邀请未兼改造委员的“五院院长”及“部会处长”列席③。各级党政民意机构中建立政治小组、政治综合小组及党团，使国民党得以在“宪政”形式下领导政治，其政治主张得以透过从政人员制定政策、付诸实施，并使国民党在台湾省地方自治各项选举中保持主导地位。

干部制度　改造纲要规定选拔各级党的干部应依据以下原则：“忠党爱国，对革命事业绝对忠诚者；有接近青年及劳动民众，并能为其利益而奋斗者；有领导工作知识与技能者；严守党纪，已起模范作用者；有大公无私之革命精神者；有刻苦耐劳之生活习惯者。”④1950年12月，中改会会议通过《干部政策纲要》。规定干部领导原则为“以讨论决定政策、少数服从多数、下级服从上级、个人服从组织”；领导作风为原则领导、一元领导和民主领导；干部分子经由选举、简拔、荐举、考选、训练方式产生；职务根据需要和个人意愿进行职别互调、区域互调、上下级互调、国内外互调；严密考核干部分子工作，不合格者解除职务⑤。由

---

① 《改造纲要》，中国国民党中央委员会党史委员会编：《中国国民党党务发展史料——中央改造委员会资料汇编》(上)，台北：近代中国出版社，1990年版，第23页。

② 《中国国民党党政关系大纲》，中国国民党中央委员会党史委员会编：《中国国民党党务发展史料——中央改造委员会资料汇编》(上)，台北：近代中国出版社，1990年版，第249页。

③ 《中国国民党党政关系大纲说明》，中国国民党中央委员会党史委员会编：《中国国民党党务发展史料——中央改造委员会资料汇编》(上)，台北：近代中国出版社，1990年版，第256页。

④ 《改造纲要》，中国国民党中央委员会党史委员会编：《中国国民党党务发展史料——中央改造委员会资料汇编》(上)，台北：近代中国出版社，1990年版，第17—18页。

⑤ 《中国国民党干部政策纲要》，中国国民党中央委员会党史委员会编：《中国国民党党务发展史料——中央改造委员会资料汇编》(上)，台北：近代中国出版社，1990年版，第404—408页。

于纲要之后未见实施办法及时出台，在中改会第240次会议上，蒋介石指示建立干部制度应列为1952年度中心工作之一[①]。随后，《干部分子产生规程》、《干部分子管理通则》、《党务干部分子任期条例》、《干部分子互调办法》等一系列细则产生，从而将制度细化。

人事审核制度 中改会建立的人事审核制度以"工作考验忠诚"为原则，自组织及工作中选拔人才，尤重"农工商业岗位上及办理实业成绩素著者"[②]。拟定了选举、简拔、荐举、考选、训练五种规程及职别的（包括党务、政治、社运三类）、区域的、上下级的、国内外的互调办法。人事制度与干部制度紧密相关、互为交织，两制度的建立为国民党选用人才、消除派系纷争奠定了基础。

政工制度 1945年5月"六全大会"后，军队党务和学校党务根据大会指示，予以撤销。张其昀在代表中改会作党务报告时，指出："取消军队党务之组织，大陆军事之失败，此实为一主要因素。"[③]1950年2月，中常会决议恢复军队党务，并筹议政工制度，建立国民党在军队中的领导核心。4月1日，《"国军"政治工作纲领》公布实施[④]。同日，从苏联留学回来的蒋经国正式出任"国防部总政治部"主任委员。政工制度建立后，着实引来美国国务院和国防部的不满，改造期间，美国多次表达取消军队中政工制度的要求，而蒋介石宁可开罪外来援助的主要提供者，也不停止政工制度的执行。蒋认定"以党对党，以主义对主义"是对付共产党的不二法门，强调政工工作方法上要有"党存与存、党亡与亡"的精神，而为避免过多刺激美国，军队政工要有隐蔽性[⑤]。

调查视察制度 社会调查是改造后一项新工作，目的在于"确切了解社会动态，汇集民众及同志的意见，以有裨于党的决策准确，执行彻底有效"[⑥]。它被规定为每个党员对国民党服务的基本任务之一。调查是中改会设计的一种下情上达的方式，党员和各级党部成为传达民间讯息的渠道；视察则是自上而下检察督导的途径。调查视察制度内容包括：举行民意测验及从政党员专业座谈会，以沟通全党的意志；中央党部派员视察，督导国民党政治主张及重要决策的

---

① 秦孝仪总编纂：《"总统"蒋公大事长编初稿》卷十，中正文教基金会，2003年版，第343页。

② 张其昀：《中国国民党改造工作的现状》，《张其昀先生文集》，台北：党史会、"国史馆"、中国文化大学，1989年版，第7893页。

③ 张其昀：《党务报告要略》，中国国民党中央委员会党史委员会编：《革命文献》第77辑，1978年版，第113页。

④ 《党务报告要略》，中国国民党中央委员会党史委员会编：《革命文献》第77辑，1978年版，第105页。

⑤ 秦孝仪总编纂：《"总统"蒋公大事长编初稿》卷十一，中正文教基金会，2004年版，第178页。

⑥ 张其昀：《中国国民党改造工作的现状》，《张其昀先生文集》，台北：党史会、"国史馆"、中国文化大学，1989年版，第7893—7894页。

实施情形；对地方自治工作的视察和辅导；大陆地区情报资料的搜集和整理、报刊言论的分析研究，策划对敌战争等。

另外，还确立了民主集权制组织原则，即“由选举产生干部，以讨论决定政策，个人服从组织，组织决定一切，少数服从多数，下级服从上级；在决议以前得自由讨论，一经决议，须一致执行，以求行动之统一与力量之集中”①。

开展民众运动　退据台湾后，国民党自身定位向下挪移，努力扩充社会基础，增强基层力量和民众支持。在国民党建立各种团体中的党组织，向下征求党员、改变党的构成和社会基础的同时，颁布农民、劳工、青年、妇女等各种民众运动指导方案。配合经济、社会等方面的改造尤其是土地和经济改革、改善农民劳工福利、建立劳工保险等措施，由中改会第二组负责指导的民众运动取得一定成效。主要的民众团体，如农民、渔民、劳工、工商、青年、妇女等组织，均得以建立和发展。

1951 年 1 月，中改会会议通过青年运动指导方案。决议扶植青年“反共抗俄”团体的发展，发动青年成立战地服务、军中服务、防护服务等组织，鼓励青年参加文化、生产、服务、军事、“敌后”、海外等工作②。经酝酿，改造运动结束后不久，统一的青年组织——“中国青年反共救国团”成立。随后，为使“救国团”与学校行政密切配合，还成立 22 县市支队筹备机构和 129 个中等学校大队。“救国团”及其支队、大队的出现，使青年学生普遍受到三民主义和“防止匪谍”思想的灌输，学校行政也被置于党组织控制之下。在党义、反共思想教育之外，国民党鼓励青年从事“爱国”运动，如暑期参加军中服务、参加社会改造运动、协助改善环境卫生等，对青年自身和社会起到积极影响。

党务改造之前，宋美龄发起成立“中华妇女反共抗俄联合会”，并提出检举嫌疑分子、劳军与组训民众、救济大陆同胞三项工作③。1950 年 4 月 17 日，蒋介石在会上致词，指出：“今天妇女最重要的工作，就是严密防止共匪的破坏工作，从而拯救我们的‘国家’和自己。”④改造开始后，原属中执委的妇女运动委员会被撤销，在中改会第二组之下新组妇运会。1950 年 10 月，确定妇女运动委员会

---

① 《改造纲要》，中国国民党中央委员会党史委员会编：《中国国民党党务发展史料——中央改造委员会资料汇编》(上)，台北：近代中国出版社，1990 年版，第 15 页。

② 《中国国民党现阶段青年运动指导方案》，中国国民党中央委员会党史委员会编：《中国国民党党务发展史料——中央改造委员会资料汇编》(上)，台北：近代中国出版社，1990 年版，第 346 页。

③ 宋美龄：《中华妇女为反共抗俄应有的努力》，《指导长蒋夫人对妇女的训词》，中国国民党中央委员会妇女工作会，1979 年编印，第 130—132 页。

④ 《“中华妇女反共抗俄联合会”成立大会致词》(1950 年 4 月 17 日)，秦孝仪主编：《“总统”蒋公思想言论总集》卷二十三，台北：中国国民党中央委员会党史委员会，1984 年版，第 203 页。

成员17人。翌年1月，中改会第79次会议通过《中国国民党现阶段妇女运动指导方案》。由于当时妇女参政意识整体不高，吸收女性党员效果不著。

1951年1月，《中国国民党现阶段劳工运动指导方案》获中改会第79次会议通过，决定以号召劳工“反共抗俄”，鼓励劳工运动自由发展，扶植劳工组织，提高劳工地位和福利，实施劳工保险，促进生产事业发展和劳资合作为指导方针。方案指出，先在各种产业中建立党组织，然后透过组织策动工人筹组工会。在国民党大陆溃败而以台湾为据点的时期，为达到发展台湾、抵制中共的目的，采取了笼络一切行业和阶层民众、广泛建立组织并控制这些组织作用的措施。对于工会，国民党欲“以党的组织透过党员在工会内发生秘密之领导作用”，而避免“表面上直接之活动”。指示国民党党籍的事业主管人员通过党组织扶植工会工作，避免“采取任何阻挠工会发展之行为及态度”[①]。劳资关系方面，国民党采取了不一味偏袒工人或资本家任一方的态度，试图调和双方关系，以促进产业发展为目的。

在农民组织方面，改造时期促成解决了争议颇大的组织改进工作。1949年，台湾省政府放弃光复后试图采取的“农会政治、合作社经济”的大陆经验，使农会与合作社重新合并，但其组织形式之争，沸沸扬扬，迁延经年。从1949年到1953年，台湾土地改革实施的“三七五减租”、公地放领、“耕者有其田”三个步骤，使农民组织的重要性日益加强，并为其提供了较为配合的心理基础。经国民党中央一再推动，农会组织改进的争论终告平息，农会改进完成。改造期间，国民党还赋予农会配合现行政策、发动和组训农民的使命，使其在乡村基层发挥了多重作用。农会组织改进的同时，中改会第六组还对农村及农民生活进行典型调查，内容有“三七五减租”后，农村经济、农民生活的变化和今后国民党对农民运动发展方向的规划等，为1953年农会改组做好准备[②]。

“反共抗俄”总动员 应蒋介石指示，1952年总动员工作全面铺开。2月，中改会通过《“反共抗俄”总动员运动纲领》，主要包括：调整经济结构，建立互助合作经济体制，改进农会与合作社，平均社会财富；厉行增产竞赛，扶植佃农、雇农变为自耕农，改善渔民、盐民、矿工生活，推行劳动保险；转移社会风气；厉行战时生活；加强民众组织；发起青年救国运动；进行反共，创造三民主义新文化；明礼尚义，建立以传统文化道德为基础的新文化；倡导文艺改革；普及科学知识；增强国际文化合作；实行“行政”三联制；充实地方自治；力求便利民众；团结

① 《中国国民党中央改造委员会第二五五次会议记录》（油印本），1951年12月10日。

② 《本会工作总检讨》，中央委员会秘书处编印：《中央委员会“四十一年度”工作检讨报告》，斯坦佛大学胡佛研究所藏6.4/6，第3页。

一切反共力量①。简言之，用蒋介石的话来概括，就是要做到经济方面“互助合作，增产竞赛”；社会方面“敦亲睦族，勤劳服务”；文化方面“明礼尚义，雪耻复国”；政治方面“克难实践，自力更生”②。

同月 11 日，中改会通过《反共抗俄总动员推行办法》。根据办法，“中央”为总动员运动的督导和决策机构，各级政府为执行机构，国民党中央负责检讨有关现行政策及措施、推行改造运动，各级党组织推动动员运动。总动员汇报每月一次，蒋介石任主席，中改会有关委员和“行政院”、“立法院”、“国防部院/部长”（包括总组织部主任）以及台湾省党部、“台湾省政府”、“临时省议会”负责人等参加会报。各组会报每两周一次，各组召集人任主席③。1952 年夏，蒋介石指示要以各事业基层组织为基础，发动民众协助政府推行总动员运动。

“反共抗俄”总动员是一场由党务扩及政治、经济、社会、文化各方面的、强化改造效果、加速改造进程的运动。在改造工作进行了近两年后，各方面工作已有初步基础，但还远远达不到“反共抗俄”的要求，因此蒋介石要发动这场动员，要求以“苦干、硬干、实干、快干”的精神完成使命。按照中改会的设计，总动员会报是由党及政发生作用的一个管道。通过会报，国民党发现有待解决、落实的问题，并按照以党领政的方式和总动员推行办法，经“政府”、民意机构及团体中的党员付诸贯彻。虽然总动员所发挥的真实作用可能没有那么大，但对于国民党党务改造的扩展、对台湾社会各方面的推进、包括对社会风貌的改进作用还是应该给予肯定。

党务改造及政治、经济、社会、文化改造的最终目的是“反共抗俄”。在 1952 年“行政院”通过的《“国家”总动员计划纲领》中，明确“一切动员工作，在以国防为中心，完成台湾基地之建设；以军事为重点，充实反攻大陆之准备”④。在“政府”推行的动员纲领中，军事动员被列为动员内容的首项。“反共抗俄”是改造运动发起的一个原动力，也是改造工作要回归的一个终极目标。且不说蒋介石本人“反共复国”的决心和信心究竟有多大，但这种宣传和动员对败退台湾的国民党人、缺乏安全感的跟随来台者与不安的台湾人来说倒起了些镇定剂的作

---

① 《反共抗俄总动员运动纲领》，中国国民党中央委员会党史委员会编：《中国国民党党务发展史料——中央改造委员会资料汇编》（上），台北：近代中国出版社，1990 年版，第 297—301 页。

② 秦孝仪总编纂：《“总统”蒋公大事长编初稿》卷十一，中正文教基金会，2004 年版，第 282 页。

③ 《反共抗俄总动员运动推行办法》，中国国民党中央委员会党史委员会编：《中国国民党党务发展史料——中央改造委员会资料汇编》（上），台北：近代中国出版社，1990 年版，第 302—305 页。

④ 《“国家”总动员计划纲领》，中国国民党中央委员会党史委员会编：《中国国民党党务发展史料——中央改造委员会资料汇编》（上），台北：近代中国出版社，1990 年版，第 308 页。

用。改造结束后，总动员仍在继续。

理论研究 蒋介石认为要“以主义对主义”，即以三民主义民生哲学对决共产党的马克思主义唯物史观，健全国民党理论体系，确立中心理论，才能与大陆的共产党对峙。因此，理论研究是中改会一项重要工作。1951年，中改会决定增设研究委员会，设专任委员10人，从事国民党的理论研讨，如须延用党外人士，还可在革命实践研究院设法容纳[①]。与理论研究相配合，设计委员会编印有关党义的研究报告及参考丛刊多种，并在社会上销售。据张其昀的报告，1952年“中央文物供应社”每月销售党义论著等书2.8万册[②]。

蒋介石不但多次对理论研究工作的方向和重点给予指示，加以敦促，自己还在“七全大会”召开前，不惜耗费心力，连日审阅修正《反共抗俄基本论》。继《敌乎友乎》与《中国之命运》之后完成的《反共抗俄基本论》，成为蒋介石在台统治时期一部基本理论论著，被奉为国民党“今后反共抗俄革命建国在言论及行动上遵循之准则”[③]。“七全大会”通过《反共抗俄基本论》和反共抗俄时期工作纲领，以为“反共抗俄最高的理论指导与行动方针”[④]。

为了反共理论的貌似圆满，蒋介石以总理(孙中山)遗教为正朔，强调在“反共抗俄国民革命第三时期间，无论言行，一切皆须以总理遗教为根据”[⑤]。而对于孙中山曾多次讲过的“民生主义就是社会主义”，蒋介石特意在“七全大会”上辩解说“三民主义的思想决无共产主义成分在内”。他指出总理在不得已的国际环境中联俄容共，“决不是在思想上迁就共产国际或袭取共产主义”，民生主义里面实际上是在驳斥马克思的共产主义[⑥]。孙中山在不同时期，曾有着对民生主义和社会主义关系的不同理解，虽然等同论或包容论并非深入而正确的理解，但朋友关系的理解还是较为接近的。毛泽东也曾指出新三民主义和中国共产党的最低纲领是一致的。不论孙中山所说的哪种关系，也没有包含驳斥关系。总理遗教对于蒋介石来说，用“政治工具”一词形容似乎比真正的信仰更为合适。

---

① 秦孝仪总编纂：《“总统”蒋公大事长编初稿》卷十，中正文教基金会，2003年版，第58页。

②③ 《本会工作总检讨》，中央委员会秘书处编印：《中央委员会“四十一年度”工作检讨报告》，斯坦佛大学胡佛研究所藏6.4/6，第3页。

④ 《中国国民党第七次“全国”代表大会决议案》，中国国民党中央委员会党史委员会编：《革命文献》第77辑，1978年版，第64页。

⑤ 秦孝仪总编纂：《“总统”蒋公大事长编初稿》卷十，中正文教基金会，2003年版，第66页。

⑥ 《对本党第七次“全国”代表大会闭幕致词》(1952年10月10日)，秦孝仪主编：《“总统”蒋公思想言论总集》卷二十五，台北：中国国民党中央委员会党史委员会，1984年版，第113页。

三 中国国民党“七全大会”标志着改造完成

1952年10月10日，中国国民党“七全大会”在台北阳明山举行，历时11天。两年多改造的特殊时期终结，改造时期形成的纲领、原则被党章、政纲法理化、长久化。“七全大会”被认为是党务改造成功结束的标志①。

大会的中心议题为：中国国民党总章修正案、中国国民党政纲案、对《反共抗俄基本论》的决议、中国国民党“反共抗俄时期”工作纲领。主要报告有：国民党总裁蒋介石的政治报告、“行政院院长”陈诚的施政报告、“参谋总长”周至柔的军事报告、中改会及各主要党部的党务报告、“外交部长”叶公超的外交报告、“敌后”党务报告等。

“七全大会”的成果有以下几项：

（一）《中国国民党总章》更名为《中国国民党党章》。《改造纲要》的主要内容均在党章中得以体现。如规定党的性质为“革命民主政党”；“以青年、知识分子及农、工生产者等广大民众为社会基础，结合其爱国的革命的分子为党的构成分子”；以民主集权制为组织原则；“以组织决定一切，以思想沟通全党，以政策领导政治，以工作考核党员”的领导原则；以党领政的党政关系等。有关党员义务、党对党员及各级组织的监察、对违纪党员的制裁等相关条文均按《改造纲要》内容加以补充修订。县以下各级组织采取秘密方式、以小组为党的基本组织、党员按期交纳党费、不得脱离基本组织、党员有受党扶植事业之权等也得以确定。

（二）“反共抗俄”的基调为“七全大会”沿用。大会通过《反共抗俄基本论》，建立了“反共抗俄时期”中心理论和工作纲领。而大会的责任，则被定为“承本党改造之后，努力完成反共抗俄的国民革命第三任务”②。

（三）新的领导核心团体通过大会建立。蒋介石连任总裁；中央评议委员48人，由蒋介石聘请；大会选出第七届中央委员32人，候补中央委员16人。10月23日，第七届中央委员第一次全会选出中央常务委员10人：陈诚、张道藩、谷正纲、吴国桢、黄少谷、陈雪屏、袁守谦、陶希圣、蒋经国、倪文亚。张其昀为中央委员会秘书长。原中改会16人中有9人当选七届中委③，1人当选候补中委④，6人落

① 如李云汉认为如果改造不成功，就不会有“七全大会”的召开。见李云汉：《中国国民党迁台前后的改造与创新》（1949—1952），《近代中国》第87期，第36页。

② 《对本党第七次“全国”代表大会闭幕致词》（1952年10月10日），秦孝仪主编：《“总统”蒋公思想言论总集》卷二十五，台北：中国国民党中央委员会党史委员会，1984年版，第110页。

③ 即：陈诚、蒋经国、张其昀、谷正纲、郑彦棻、陈雪屏、沈昌焕、袁守谦、张道藩。

④ 即：谷凤翔。

选。当选的9人中有6人当选为中常委。原中改会的秘书长当选为中委秘书长。两年多的改造不但搭建了退台后国民党党务的框架、奠定了台湾社会发展的基础,其改造工作领导核心也继续成为国民党党权核心的主体。张其昀成为政坛黑马,蒋经国亦借此成为中常委。新一届中委同中改会一样是新生代的天下,成员年龄都在50岁以下。

至此,两年多大张旗鼓的"反共复国"宣传和由党务到军事、政治、经济、文化、社会各方面的改造动作宣告结束,国民党退台后的混乱与动荡告一段落,党政经济均走上正常发展的道路。"七全大会"上,蒋介石感叹:"这回改造的成就,真是本党起死回生的辛酸历史最重要的一页。"①当然,这一页蒋介石并非全为"党国"书写。借改造之机,他清除异己、扶植亲信,夺回CC派长期把持的党权,将元老请进大权旁落的评议机构,提拔了一批忠实于自己的青壮年学者和干才,提拔了多位侍从秘书。而长子蒋经国是最大的获益者,先是进入16人权力中枢,接着挤进中常委,为以后成为接班人迈出重要一步②。国民党由陈家党变成了蒋家党。

国民党在溃逃台湾的情况下发起的"彻底改革",因为地缘政治关系相对简单、地理面积有限,加上近3倍新党员的加入,而使改造实施起来要比大陆时期容易和彻底。但改造运动的效果也并非臻于完善。国民党痼疾已久,许多病症不能真正解决;改造措施不少是大陆时期党治的翻版,最多的添加物则是"反共复国"意识的不断强化;台湾土地改革尚未进行完毕,经济尚未稳定,经费局促等问题制约了改造进程;改造时期新政策、新制度不断出台,实际上有些业务在地方并未真正推行或成效甚微;"外交"困难重重,美国有保留,英国不买账,对日和约问题层出不穷,牵制了精力;地方民众组织中仍存在土劣占据管理职位、利用组织谋私利的情形;台湾少数民族业务难以开展,直到1953年高山族甚至还不知道政党为何物;蒋介石的军人立场和思维并未发生大的改变,相对于军队建设和控制来说,民众运动仍显得微乎其微;经过改造运动的调整,国民党的政治领导特征仍是大陆时期的延续。然而,无论如何,改造运动为国民党治台打下根基,其成果经"七全大会"固定化,对国民党和台湾社会今后30年产生了深远影响。

由于改造处于"戡乱"时期,"总统"大权在握,"总统令"可以任意下达而不

① 《对本党第七次"全国"代表大会闭幕致词》(1952年10月10日),秦孝仪主编:《"总统"蒋公思想言论总集》卷二十五,台北:中国国民党中央委员会党史委员会,1984年版,第109页。

② 松田康博指出陈诚派系和蒋经国派系是蒋介石所扶持的中央派阀型党治萌芽(参见松田康博:《中国国民党的"改造"》,《台湾研究集刊》,1996年第3期,第48页)。

必先经过“立法院”或其他部门议决，“宪政”多停留于表面或国民党领袖的口头上或期望中①。作为台湾地区领导人的蒋介石兼任国民党总裁，并亲自主导了一场浩大的改造工程，时而以“总统”身份、时而以总裁身份、时而兼具两种身份出现，政与党出现交融现象；而国民党退踞台湾后，除势力微弱、内争不断的青年党和民社党外，禁止组建新党，严厉防止“通共”，国民党一党独大，各级行政负责人和军队将领兼为国民党成员，这使以党领政、以党领军的改造效果在台湾得以实现，原本发自党务的改造扩展到军政各方面，对台湾带来全方位的影响，改造的两年成为台湾历史的一个里程碑。此后几十年，蒋氏父子对台湾实行着部分民主表象与专制独裁共存的统治②。

第二节　专制独裁与“宪政”形式交相为用

一　戒严形势下的“宪政”形式

1948 年 4 月，在“行宪国大”上诞生的《动员戡乱时期临时条款》，赋予总统在所谓戡乱时期凌驾于宪法之上的权力③，而其终止则应由总统宣告，或立法院依宪法第 57 条第 2 款、由三分之二立委两次坚持方可通过变更或终止。5 月，蒋介石公布《戒严法》④。12 月，宣布除台湾、新疆、青海、西藏、西康 5 省外，一律戒严，该 5 省视需要随时戒严。

1949 年 5 月，民国政府宣布台湾地区进入戒严状态。19 日，台湾开始实施宵禁，从午夜到凌晨 5 点不得“随意行动”，违者处死。当日，台湾省政府主席兼台湾省警备总司令陈诚颁布《台湾地区紧急戒严令》，实施戒严⑤。27 日，台湾省警备司令部颁布《戒严时期防止非法集会、结社、游行、请愿、罢课、罢工、罢

---

① 松田康博称“改造”确立了领袖独裁型党治(参见松田康博:《中国国民党的“改造”》,《台湾研究集刊》,1996 年第 3 期,第 47—49 页)。

② 马若孟曾将其概括为制约式政治核心下“有限度的民主”和“极端的镇压”共存。笔者对此持有保留的赞同(参阅蔡玲(Linda Chao)、马若孟(Ramon H. Myers)著,罗珞珈译:《中国第一个民主体系》(*The First Chinese Democracy*),台北:三民书局,1998 年版)。

③ 《临时条款》说明为避免国家或人民遭到危难,或应付财经之重大变故,总统可经行政院会议决议,为紧急处分,不受“宪法”第 39 条或第 43 条限制。见缪全吉:《中国制宪史资料汇编·宪法篇》,台北:“国史馆”,1991 年版,第 641 页。

④ 《戒严法》初于 1934 年 11 月由国民政府公布施行,1948 年为因应行宪而进行全文修正后公布。1948 年 12 月前国民政府未曾宣布戒严。

⑤ 这一戒严,直至 1987 年 5 月才得以解禁,戒严时期长达 38 年。

市、罢业等规定实施办法》及《戒严期间新闻杂志图书管理办法》[①]。从此，台湾进入这样的状态：军人及平民无论犯何罪，皆须接受军事审判；全省封闭，对出入境实行非常管制；禁止藏匿弹药武器，外出必须携带身份证；宵禁；民众不得结社集会、请愿罢工、张贴标语、散布“非法”言论；禁组政党；媒体消息须经审查，对有异端言论的报刊停刊处分。戒严状态下，台湾人民的言论、出版、迁移、集会等自由均遭到限制，“非常状态”下的军法措施被实施。警备司令部、安全局、调查局等机构以宁枉不纵的原则严格执行着“戒严令”，试图以高压手段坚守住对抗共产党的最后堡垒。

不仅居民通常的人身自由和权利被践踏，对于杜绝台湾人民与共产党的任何关系方面，国民党无所不用其极。1950 年 1 月 27 日，《反共保民总体战纲要》从“行政院”颁出，根据纲要，台湾民众需要宣誓绝不与中共有任何联系。6 月 13 日，颁布《戡乱时期检肃匪谍条例》，规定有：任何人要向政府或治安机关告密检举“匪谍”或“匪谍”嫌疑者；各机关、部队、学校、工厂等所有人员“应取具二人以上连保切结，如有发现匪谍潜伏，连保人与该主管直属人员应受严厉处分”等等[②]。这样“连保”的规定无异于南京国民政府时期“保甲连坐”制的翻版。1953 年 8 月，《戡乱时期检肃匪谍联保办法》颁布，要求人民互相监视、检举，“匪谍”的联保人即便毫不知情也要受到处罚。“保甲连坐”制再次得到搬用。因涉嫌“匪谍”被判入狱者，处理原则也与其他案犯不同。按照 1954 年 8 月《戡乱时期监所人犯处理条例》，到 1955 年 2 月底，司法监狱保释人数为 2542 名，军法监狱保释人数为 5549 名。条例却明定：“匪谍”不能按照普通监犯保释办法获得保释[③]。

有人估算到 1955 年，戒严期间台湾有 9 万此类分子被捕，一半以上处以死刑[④]。

此外，国民党还实行“党禁”，仅允许国民党和在大陆时期依附于国民党的青年党、民社党在台湾合法存在，不准成立新政党。青年党、民社党跟随国民党来到台湾，在国民党提供的地点办公，使用国民党提供的经费，并享用点缀性的一点“民意代表”名额，为国民党装扮“政党政治”门面，抵御党外民主人士对国

① 关于台湾实行的戒严法规，参见彭明敏：Political Offences in Taiwan: Laws and Problems, China Quarterly, no. 45(1971), pp. 471—493。

② 林纪东：《新编六法参照法令判解全书》，台湾五南图书出版公司 1986 年版，第 619 页。

③ 《保障人权及言论自由各问题》(1955 年 4 月 5 日)，秦孝仪主编：《“总统”蒋公思想言论总集》卷二十六，台北：中国国民党中央委员会党史委员会，1984 年版，第 306 页。

④ 田弘茂：Taiwan in Transition: Prospect for Socio—Political Change, China Quarterly, no. 64(1975), p. 629。

民党一党独裁的攻击。国民党在民社党内安插密探，并由擅长特工工作的第六组主任唐纵对其内部秘密布控[①]。青、民两党力量微弱，为国民党操纵，内部矛盾重重，在台湾作用甚微。国民党对地方选举和参政渠道的专控，也引起过两党人士的不满，但无济于事。声言遵奉总理遗训的国民党一党专制的做法实际上是与孙中山主张相悖的。在孙中山的观念中，“党之用意，彼此助政治之发达。两党互相进退，得国民赞成多数者为在位党，起而掌握政治之权。国民赞成少数者为在野党，居于监督之地位”[②]。继承孙中山“衣钵”的蒋介石却实行着独揽大权的一党体制。

在实行“戒严”与“戡乱时期”各种法令、条例的同时，蒋介石又不辞劳苦地做着“宪政”文章。他宣扬国民党在继承国父孙中山的遗业，在为实行“宪政”排除万难。为保留“宪政”外衣，迁至台湾的国民党继续保持着“五院制”、“国大代表”和起码口头上宣称保卫1946年“制宪国大”炮制出的“宪法”。然而，这个“宪政”的外衣却并非密而不漏。

此时台湾“宪政”并未如英、日议会(责任)内阁制那样，以阁揆为核心，“五院”作用亦非如孙中山所构想的那样：行政、立法、司法、考试、监察五权分立、防止独裁。在“总统”与“行政院”的关系上，呈现“总统有权，内阁有责”状况。国民党改造后，进一步强化训政时期的“以党领政”制度，兼为国民党总裁的“总统”越权指示成为家常便饭。1954年，在“国防组织法草案”尚未通过时，蒋介石就任命周至柔为“国防会议秘书长”。“行政院长”仅作为成员之一，须服从“国防会议”决策。原本应归“行政院长”指挥的军队和情治系统被蒋经国掌控，“行政院长”不能作为名符其实的“行政首长”统揽全局，甚至“连一张台湾出入境证的责任，行政院也是负不了的”[③]。“立法院”难以有力地监督行政，部分“立法委员”漠视对民众的责任。在强人威权体制下，“监察院”也难以发挥弹劾、纠举、审计等权限，“正如一只看门狗”，力量仅在“唤起法院或惩戒委员会注意”[④]。“考试院”不能充分行使考试、任用、铨叙、考绩、级俸、升迁、褒奖、抚恤、退休、养老等职权，“司法院”也有名实不符之处。

以20世纪50年代初的“立法院”为例，亦可见台湾“五院”表现之一斑。

---

① 1951年5月30日，张其昀、唐纵呈签中提到有深入民社党内部工作的同志来报。5月19日，签文报告说唐纵对民社党内部已有深入布置。见邵明煌、薛化元主编：《蒋中正总裁批签档案目录》，台北：政治大学历史系、中国国民党党史馆，2005年发行，第43、41页。

② 《政党之要义在为国家造幸福为人民谋乐利》，《国父全集》第2册，第334页。

③ 社论：《我们的中央政制》，《自由中国》第17卷第9期(1957年11月1日)，第3页。

④ 陶百川：《一个监察委员的狗生哲学》，《自由中国》第15卷第1期(1956年7月1日)，第6页。

1950年2月24日，“立法院”在台北举行首次院会，“立委”380余人联名敦请蒋介石“即日继续视事”。次日，“监察院”提出“弹劾李宗仁代总统案”[①]。在“两院”配合下，3月1日，蒋介石举行复行视事仪式。视事不久，蒋便对“立法委员”的“自私忘国”“不胜痛愤”。“立法院”为CC系控制，迁台后蒋介石开始清除CC系，并多次表现出对“立法院”的不满，认为“立法院”“反动侮党之恶习再难涤除，可说无法救药”[②]。1952年的电力加价案更反映出，在“戡乱时期”“总统令”可以凌驾一切的情况下，“立法院”的真实地位以及各“院”之间的矛盾和无效。是年，“行政院”提议电力加价，遭“立法院”否决，经“两院”争执，“行政院”勉强同意降低提价额度，不料“立法院”中CC系再次作梗，使提案未能通过。蒋介石怒而决定“不能再为立法院反动而延误革命反共之前途”，下令“今后重要建设与行政各要案皆由总统令实施”。“立法院”自己竟也要求在新提补的“立法院院长”张道藩任期内，“最后仍由总统用行政措施之命令行之”[③]。

至于1947年底产生出来的“国大代表”，原本就是为不合法的“行宪国大”而由国民党包办的大选选举出来，并非真正的“宪政”产物。加上大选活动搞得沸沸扬扬，纷扰不断，舞弊甚多，为呈现“民主”假象而“配给”青、民两党名额，更有无视选举法规定的国务会议提案举动[④]。与其说是“民主”、“宪政”，倒不如说是盗用和玷污了“民主”和“宪政”。这些“国大代表”在国民党失去大陆后，如鸟兽散，选出的2908人当中仅有1080人去了台湾，还不及总人数的一半。但是，蒋介石为延续所谓“法统”，做出万难之中坚持“宪政”的样子，而保持了这些代表，并在1953、1954年采取措施，使“国大代表”超过半数，成为变相的“终身代表”。

退踞台湾后，国民党宣称“实行宪政是我们国民革命的一贯目标”[⑤]，指示“国大代表”“要做国民的模范，每一件事，每一句话，都要遵照我们宪法所规定的，不能做超越宪法范围以外的事情”，而蒋介石表示他“个人也很愿意同各位

---

① 秦孝仪总编纂：《“总统”蒋公大事长编初稿》卷九，中正文教基金会，2002年版，第54、55页。

② 秦孝仪总编纂：《“总统”蒋公大事长编初稿》卷九，中正文教基金会，2002年版，第169页。

③ 秦孝仪总编纂：《“总统”蒋公大事长编初稿》卷十一，中正文教基金会，2004年版，第306、309页。

④ 有关选举情况可参见李新总编：《中华民国史》第3编第6卷，中华书局，2000年版，第27—34页。

⑤ 《对“行宪”十周年纪念大会致词》(1957年12月25日)，秦孝仪主编：《“总统”蒋公思想言论总集》卷二十七，台北：中国国民党中央委员会党史委员会，1984年版，第213页。

同仁一致的来奉行这部宪法，拥护这部宪法”①。事实上，他们所要捍卫的“宪法”，已在1948年4月便被《动员戡乱时期临时条款》在事实上冻结了。《临时条款》以非常时期实行的特殊原则方式，将“宪法”束之高阁，既维持了法统，又成功地将限制总统权力的条款予以冻结，将所有大权集中于总统。在大陆溃败前，台湾地区便公布“戒严令”，在《临时条款》“准宪法”之下制定出大大小小各种“戒严”措施。且不论“制宪国大”的非法性，就算承认它所制定的“宪法”合法，其效力也早被“戡乱”、“戒严”的种种措施消弭殆尽了。“戒严令”之下，台湾当局可以以扰乱治安、颠覆政府、“附逆共匪”等名义镇压民众。

到台湾后，蒋介石仍然要延续这个皮囊，以免招致美国等西方国家更激烈的抗议，避免政敌攻击，并可作为“正义之师”动员台湾民众对抗大陆，借宣称是“民主对极权的国际战争”②，争取欧美国家的支持以对决“俄共”。因此，他要继续实行“宪政”，只是在坚持了1948年的《动员戡乱时期临时条款》这个“宪法”克星外，又加上较大陆时期更为严密的“戒严”措施。在运用权术方式上，蒋介石舍近求远，宁可用较为隐晦的手段达到专制的目的，而舍弃直接的军事独裁和赤裸裸的专制。例如，1952年，党章审查组援特种党部所提修正案，建议将“本党设总裁，由全国代表大会选举之，行使第四章所规定总理之职权”改为：“本党以继承总理，领导国民革命大业之蒋先生为总裁，行使第五章所规定总理之职权。”蒋介石指示应维持原单案条文③。虽然维持了原案，蒋介石也仍五度连任，稳操权柄直到死去。而1969年台湾又通过法律，准许每三年增选一次“中央级民意代表”。有论者认为这种半开放气氛是由于国民党必须维持三民主义民主理念；外界的原因则是美国的支持和督促④。笔者则认为这是蒋介石基于三民主义精神“立国”原则下的权术运用，他“在位”期间的任何“民主”措施并未影响到自己的权力，更未有发生权力分治、虚位“总统”的情况。

蒋介石对民主皮囊的坚持是有限度的，他在台湾仍然依重于特务，并让蒋经国控制台湾的情治系统，监控社会、镇压异己分子的政治活动，因而有研究者对蒋介石的“宪政”称为“白色恐怖”。江南指出：“特务所逮捕的，自有不少同情

---

① 《在国民大会“行宪”纪念大会致词》(1953年12月25日)，秦孝仪主编：《“总统”蒋公思想言论总集》卷二十五，台北：中国国民党中央委员会党史委员会，1984年版，第431页。

② 张其昀：《革命与民主》，《张其昀先生文集》，台北：党史会、“国史馆”、中国文化大学，1989年版，第7884页。

③ 《总裁交议：中国国民党总章修正案》，中国国民党中央委员会党史委员会编：《革命文献》第77辑，1978年版，第45—46页。

④ 蔡玲(Linda Chao)、马若孟(Ramon H. Myers)著，罗珞珈译：《中国第一个民主体系》(*The First Chinese Democracy*)，台北：三民书局，1998年版，第17页。

中共的分子，但其中，更多是无辜的人民，或光复初期来台的知识分子……只要行动可疑，经人检举，一概列入危险分子，格杀不论。”[①]直到1968年，台湾女播音员崔小萍还因三四十年代曾参加青年训练班、中共读书会、演出《雷雨》等话剧而被判14年有期徒刑。崔小萍出狱后出版了狱中日记，记载了调查局审讯的严酷和不人道，审讯人员任意推理崔小萍14岁时的日记，软硬兼施，逼其供认是共产党[②]。证明了“白色恐怖”的实施者“宁可错杀三千，决不留情一个”[③]的原则和蒋介石在台“宪政”的虚伪性。

二　地方自治与地方派系

台湾光复后，遗留下不少社会问题，国民党在台建立的行政长官公署制度未能有效地控制接收后的复杂局面。1947年的“二二八事件”使台省籍与外省籍矛盾激化，社会动荡，人心不安。台湾民众要求扩大台籍人士参政面，地方势力的代表人物就自治问题及省籍关系等多次向国民党当局质询。国民党在大陆失败后，党政军体系向台湾的移植，加重了台湾的混乱局势。为给台湾地方势力提供一定参与地方政务的管道，安抚人心，加强对台湾民众的掌控，同时做出“民主”、“宪政”的姿态，国民党政权在改造运动之前便开始进行准备；改造时期，将地方自治作为政治改造的中心内容付诸实施，在改造之后继续推行。

1949年8月，张厉生兼任主委的“台湾地方自治研究会”成立。研究会有委员29人，其中以台籍为主体，非台籍仅7人。至12月19日，拟订出“台湾省调整行政区域草案”、“台湾省县市实施地方自治纲要草案”、“县市议员选举罢免规程草案”、“县市长选举罢免规程草案”等法规。台湾省政府据此进行研究修正，于1950年4月正式公布“台湾省各县市实施地方自治纲要草案”。并拟具“台湾省各县市行政区域方案”，经“省议会”审议后，呈“行政院”核定，缩小若干县域，归并一些省辖市，废除了原有的区署。此次调整后，台省分为台北、宜兰、桃园、新竹、苗栗、台中、彰化、南投、云林、嘉义、台南、高雄、屏东、台东、花莲、澎湖16县，台北、基隆、台中、台南、高雄5省辖市，宜兰、新竹、彰化、嘉义、屏东、花莲6县辖市，阳明山管理局，312个乡镇及42个省辖市区。

改造时期，地方自治作为政治改造重要一项，实现了第一届台湾省各县市议员和县市长选举。中改会决议“台湾省地方自治选举尚属创始，改造委员会

---

① 江南：《蒋经国传》，台北：前卫出版社，2002年版，第183、185页。

② 参见崔小萍：《崔小萍日记》，台北：耕者出版社，1989年版，第4—5页。

③ 江南：《蒋经国传》，台北：前卫出版社，2002年版，第185页。

应督同台湾省党部特别注意，切实辅导”[①]。并在区党部设专任干事，以辅助地方政府加强地方自治为中心工作[②]。1950 年 9 月至 1951 年 1 月 28 日，各县市议会先后成立，814 名县市议员经选举产生。1950 年 8 月至 1951 年 7 月，各县市长选举分为 8 期完成，产生 21 名县市长。中改会结束工作后，加强地方自治工作由中央委员会第一组继续承担[③]。

地方选举作为行政部门吸收民间精英的官员递补方式，为台湾当局掌控。威权体制下，地方政权开放少量名额给当地精英，允许国民党与民间社会的某些阶级流动，使民间政治参与的要求有了缓解的渠道。地方自治的实施为有地方声望的台籍人士进入地方政权另辟蹊径，为民社党、青年党和无党籍民主人士在有限程度上扩大影响提供了机会，为专制独裁统治打开了些许缺口。据统计，1950 年至 1968 年间，台湾选民以选举方式选出 396 位“省议员”、125 位县市长、6310 位县市议员、1737 位乡镇长、59329 位乡镇市代表、54481 位村里长，约有 10 万人借地方选举踏上仕途[④]。地方自治的推行确实实现了国民党的某些政治意图，加强了地方力量，造成贯彻“民主宪政”与“三民主义”的气象，但所谓“地方自治”并非真正公正之“民主”，其效果是有限的。

在推进地方自治的过程中，国民党内部确有主张民选产生地方政权和“民意代表”的声音。为杜绝国民党党员参加地方选举时利用党内职权，第一届地方议员选举时，中改会曾指示“内政部调查局”及“国防部保密局”的国民党党员，对此次选举不得运用组织和个人职权参加竞选，或干预他人竞选[⑤]。至少在决议中呈现出民主意图。以“台湾省主席”吴国桢为代表的省府中倾向民主的人士，也曾积极推进地方选举和自治，并获得蒋介石默许[⑥]。这些权力高层的主张，皆出于谋取支持、稳固统治的考虑，欲使台籍和党外人士分享一些下层政权，从而舒缓高压下民众的反叛情绪。

---

① 中国国民党中央委员会党史委员会编：《中国国民党党务发展史料——中央改造委员会资料汇编》（上），台北：近代中国出版社，1990 年版，第 27 页。

② 中央委员会秘书处编印：《中央委员会“四十一年度”工作检讨报告》，斯坦佛大学胡佛研究所藏 6. 4/6，第 2 页。

③ 中央委员会秘书处编印：《中央委员会“四十二年度”工作检讨报告》，斯坦佛大学胡佛研究所藏 6. 4/9，第 3 页。

④ 钮汉章：《台湾地区政治发展与对外政策》，网址：http://www.chinataiwan.org/twzlk/lsh/1948nyh/200712/t20071226_507616.htm，上网时间：2007 年 12 月 26 日。

⑤ 邵明煌、薛化元主编：《蒋中正总裁批签档案目录》，台北：政治大学历史系、中国国民党党史馆，2005 年发行，第 3 页。

⑥ [美]裴斐、韦慕庭访问整理，吴修垣译：《从上海市长到“台湾省主席”（1946—1953）——吴国桢口述回忆》，第 121—122 页。

然而,实际的运作中,国民党并未排除组织力量和职权的参与,而是通过有组织有系统的政党助选等手段,提高党籍人士当选率,并笼络当选的非党籍人士,争取有望拉拢的无党籍人士入党,或令其表示顺服。1950 年 12 月,国民党专门成立地方自治选举小组,由陈诚亲任主席,并组织竞选小组、事务所等机构援助党内提名的候选人竞选。如吴三连竞选台北市长时便有事务所协助和研究对策,国民党当局公开声明支持之理由①。"党性高、能力强、易当选"为国民党遴选候选人的衡量条件②。所谓"党性"的判断,换言之就是对国民党的忠诚,是首要尺度。20 世纪 50—80 年代末,国民党一直是台湾唯一大党和"执政党",没有一个政党势力可以与之抗衡。在国民党庞大政治资源和人力、财力资源的支持下,许多人品能力不及竞争对手的候选人亦得以当选。据中央委员会统计,第一届台湾省各县市议会中,国民党籍平均占有席位数达 64%,而第二届更达到 74.7%;第一届区乡镇长及县辖市长选举中,国民党提名当选者 71%,第二届已改选者 344 个单位,国民党提名当选者 289 人,占全部 84.1%③。第一届"台湾省临时议会正副议长"选举中,在台湾省党部疏导运作下,国民党候选人黄朝琴、林顶立分别顺利当选④。自 1951 年到 1981 年间,台湾地方选举产生的县市长中,国民党籍占到 86%强,县市议员中国民党籍约为 75%⑤。相比之下,国民党党外人士利用地方选举而获得参政权的机会显得微弱。在 1960 年的县市议员选举中,青年党当选"省议员"5 人,民社党当选县议员 2 人、当选"省议员"2 人,无党派当选"省议员"7 人,占绝对少数⑥。

在地方自治的举办上,国民党运用权力和权术操纵选举事务、控制选举过程,以便掌握地方财政和事务控制权。国民党允许地方不同派别的个人参加选举,从最优秀的人物中选择候选人,笼络其加入国民党,以利用地方势力推行国民党政策,但不容许有组织的反对政党代表平等竞选。为达其政治目的,国民

① 邵明煌、薛化元主编:《蒋中正总裁批签档案目录》,台北:政治大学历史系、中国国民党党史馆,2005 年发行,第 19—21 页。

② 邵明煌、薛化元主编:《蒋中正总裁批签档案目录》,台北:政治大学历史系、中国国民党党史馆,2005 年发行,第 301 页。

③ 中央委员会秘书处编印:《中央委员会"四十二年度"工作检讨报告》,斯坦佛大学胡佛研究所藏 6.4/9,第 18 页。

④ 邵明煌、薛化元主编:《蒋中正总裁批签档案目录》,台北:政治大学历史系、中国国民党党史馆,2005 年发行,第 87—88 页。

⑤ 根据蔡玲(Linda Chao)、马若孟(Ramon H. Myers)著,罗珞珈译:《中国第一个民主体系》(*The First Chinese Democracy*),台北:三民书局,1998 年版,第 73 页表格。

⑥ 邵明煌、薛化元主编:《蒋中正总裁批签档案目录》,台北:政治大学历史系、中国国民党党史馆,2005 年发行,第 404—405 页。

党还利用地方情治单位介入，干预选举。同时，国民党在革命实践研究院举办各县市议员地方自治研究会，以利于健全地方党政关系、加强议员党性及对主义政策的了解、强化政策法令在地方的贯彻推行①。

纷繁的地方派系成为国民党纵横捭阖的对象。对于驯服的派系，国民党给予一定支持，帮助其首领掌握地方政权，推行国民党的主张；对于忤逆的派系，国民党则予以镇压和整肃，想方设法解除其首领之地方职务；对于同一地区的不同派系，国民党则往往使其互相牵制、分而治之。地方选举中国民党的种种花样运作也为暴力与金钱的介入提供了方便，制造出所谓"黑金政治"的恶名。

随着非国民党籍候选人参加地方选举的程度越来越高，渐有国民党难以掌控局面的情况发生。60年代末、70年代初，怀着民主理念的"党外"人士在地方选举中愈加活跃，批评当局的言论日渐激进。1972年，"党外"候选人首次取得地方选举的可观席位。1977年，"党外"候选人许信良以相当优势胜过国民党提名的候选人，当选桃园县长，国民党得票率亦出现历来最低的情况，暴露出国民党控制地方选举的严重危机。

三　"法统"危机

国民党退踞台湾后，不愿承认失败，仍以失去法理依据的"中华民国执政党"自居。为维持"法统"，就要保持原有的统治架构，延续孙中山所构想的"军政"、"训政"、"宪政"三步治国方略，实行"宪政"统治。虽然蒋介石增加《动员戡乱时期临时条款》的内容以扩展"总统"的权力、实施"宪政"下的真独裁，但是战后"制宪国大"炮制出的"宪法"却是其不敢丢弃的，在大陆时期设立的"宪政"标志性机构是他一直刻意保持的。因为"国民代表大会"、"立法院"、"监察院"这些标志性民意机构正是其所标榜"法统"的象征，没有了它们，所谓"法统"便失去了依据。而蒋介石这个复职的"中华民国总统"也要在延续承继的"宪法体制"下才能有效。数十年中，国民党坚持不全面改选民意机构，以表其维持"法统"于不坠。

但是，国民党在大陆惨败后退据台湾，情势已发生很大变化，"法统"的维持面临着难题。

首先是关于中央民意机构代表的问题。根据"宪法"规定，"国民大会代表"、"立法委员"和"监察委员"任期分别为6年、3年和6年。第一届代表和委员在1947年到1948年间先后选举产生，20世纪50年代初都面临改选问题。但国民党

---

① 邵明煌、薛化元主编：《蒋中正总裁批签档案目录》，台北：政治大学历史系、中国国民党党史馆，2005年发行，第82页。

统治区域已大为减少，辽阔大陆全部丢失，仅在台湾岛享有治权。在台湾岛范围内改选出的“代表”和“委员”不具备全国的代表性，“法统”也将中断。1951年，第一届“立委”任期先到，国民党采用权宜之计，由“行政院”通过决议，请“总统”核准后，再商请第一届“立委”继续行使一年职权。这样的方法在1952、1953年不得已又重演两次。但到1953年年底，由于“国民大会代表”和“监察委员”任期亦满，先前的权宜之计显然无法不断重复使用于各个民意机构。

1953年10月，国民党七届三中全会通过中常会关于“国大代表”的处理意见，指出“宪法”第二十八条第二项有：“每届国民大会代表之任期，至次届国民大会之日为止”的规定，“现以事实所限，不可能办理次届国大代表之选举”，因此第一届“国大代表”任期如10月5日“司法院长”王宠惠谈话所称，应“依宪法规定直至第二届代表依法选出开会之日终了，而无所谓任期之延长”[①]。国民党中央牵强附会地利用“宪法”文字，自欺欺人地将其解释为“次届国民大会”召开不了，上届代表就永远为在任，无所谓延长任期的说法。此举摆脱了每年宣布延期的尴尬，使第一届“国大代表”的任期变成了终身制。“立法委员”、“监察委员”任期问题的解决也如法炮制，由“司法院大法官”宣称在第二届委员未能依法选出与集会前，第一届委员自应继续行使职权。世人所讥讽的“万年国会”由是形成。

“国大代表”在任期的问题之外，还有人数不足的问题。原“国民大会组织法”第八条规定须有超过半数的代表出席，才能开议。然而，跟随国民党退台的代表加上散居港澳及海外的代表本身未能达到总数的半数。为增加在台代表人数、解决出缺递补问题，台湾当局于1953年9月制订《第一届国民大会代表出缺递补补充条例》，将各省原落选者按得票多寡，依次予以递补。即便一些候选人可递补出缺，超过开议人数，在不能保证每位代表均能按时出席的情况下，还是有无法开议之虞。因此，1953年12月29日，“立法院”又将“国民大会组织法”相关规定修改为有代表总额三分之一以上人数出席时，即可召开“国民大会”。

20世纪60年代末，中央民意机构又出现新的危机：原有“代表”和“委员”是从大陆各地区选举产生，不能代表台湾地方力量。随着台湾本土势力的增强，他们不满足于台籍“代表”和“委员”极为有限的数量。而未经更替的终身制“代表”和“委员”年事已高，民意机构日趋老化。辞职和死亡情况时有发生，出缺增多。民间越来越多的人认为国民党安于现状，不求革新。为获得民众支持，多

---

① 中国国民党中央委员会党史委员会：《中国国民党七至九届历次中央全会重要决议案汇编》，台北：近代中国出版社，1991年版，第82页。

数国民党高层趋向于渐进式民主，并且认为在扩大选举的情况下，国民党也可以保持权力。国民党不得已于1969年、1972年、1975年和1980年先后举行4次增选和补选，选出“国大代表”144人、“立委”211人、“监委”49人。其中，1969年选出的“国大代表”15人、“立委”11人、“监委”2人享受第一届“民意代表”的终身制待遇，其余依“宪法”规定任期改选。由于国民党垄断政权，增额的“中央民意代表”大多是该党籍人士。随着国民党一党独裁局面难以维持，党外人士才渐有增多，但在1969年增选的、与第一届民意代表享有同等任期待遇的15名“国大代表”和8名“立法委员”均为国民党籍[①]。

国民党还利用“执政党”地位，扩大特权，放开对“国民大会”展期时间的限制。原《中国国民党总章》卅一条规定：“中央委员会遇有不得已情形时，对于全国代表大会之召集，得议决展期，但不得超过一年。”“七全大会”召开时，审查组认为如展期时间硬性定为不得超过一年，“遇有特殊情形，不能召集大会时，反受限制”，故主张将限期一年的规定予以删除[②]。“国民大会”作为最高民意机构，本是孙中山权能分治理论的产物，是“中华民国法统”的重要象征，在国民党的运用下却可以随意展期，不受时间限制。为延续“法统”旗帜下的专制独裁统治，国民党抠“宪法”字眼，牵强解释、修改原有法条和规章，使民意机构的存在和运行失去“宪政”体制下应有的作用。

其次是关于“总统”连任次数的问题。1946年“宪法”第四十七条规定，“总统副总统之任期为六年，连选得连任一次”。蒋介石于1948年4月当选为第一任总统，中经下野与复行视事，1954年连任第二任“总统”，1960年第二任任期将满，依据“宪法”将不能再连任。第二任期将满时，蒋介石是否会三连任引起许多人关注。1959年5月，在国民党八届二中全会总理纪念周上，蒋介石表示：只要一不使敌人感到称心、二不使大陆亿万同胞感到失望、三不使海内外军民感到惶惑，“而反共复国重任的完成，有了妥善安排，他绝不为个人的出处考虑”[③]。这样的声明暗示着如果未满足一定条件，他本人不排除三连任的可能。

为解决三连任与“宪法”的冲突，国民党当局试图修改“宪法”或《动员戡乱时期临时条款》，以排除蒋介石再次连任“总统”的法律障碍。但修改“宪法”要比修改《临时条款》困难更多，蒋介石自己也曾表示反对修改“宪法”，国民党中

---

① 蔡玲(Linda Chao)、马若孟(Ramon H. Myers)著，罗珞珈译：《中国第一个民主体系》(*The First Chinese Democracy*)，台北：三民书局，1998年版，第76页。

② 中国国民党中央委员会党史委员会编：《革命文献》第77辑，第46页。

③ 台湾《联合报》，1959年5月20日。

常会并于1959年12月形成“现阶段应贯彻不赞成修改‘宪法’之主张”的决议[①]，于是更多蒋的智囊人士趋向于修改《临时条款》。由于在台“国大代表”未达修改《临时条款》所需名额，当局还尝试以宣告滞留大陆或散居海外的“国大代表”死亡的方式摆脱困境。但“宣告死亡”的做法非但未能奏效，还引起民主人士的攻击。于是“行政院”和“国民大会秘书处”声请“大法官”释宪。1960年2月，“大法官”会议通过第85号解释，称“宪法所称国民大会代表总额，在当前情形，应以依法选出，而能应召集会之国民大会代表人数，为计算标准”[②]。3月11日，“国民大会”通过修改后的《临时条款》，增加“动员戡乱时期‘总统’‘副总统’连选连任，不受‘宪法’第四十七条连任一次之限制”条款[③]。该条款继一届一次“国大”冻结“宪法”第三十九条与四十三条后，又冻结“宪法”第四十七条对连任次数的限制，为蒋介石三连任扫除了障碍。此项冻结的有效期自然是整个“动员戡乱时期”。10天后，在一届三次“国大”上，蒋介石第三次当选“总统”。并从此连任到第五届，直到1975年去世，成为“万年国会”造就的“终身总统”。

四 政治事件频发

面临中国大陆的武力威慑，为控制台湾，蒋介石利用《戒严法》和《动员戡乱时期临时条款》实施着命令高于法令的威权统治，并支持蒋经国统合情治系统，以庞大的特务体系监视民众、排除异己。在“动员戡乱”体制下，《动员戡乱时期检肃匪谍条例》等严刑峻法纷纷出台，《惩治叛乱条例》也得到进一步加深严酷程度的修正。随着台湾情势的改变，这样的统治套路并未取消，而是一直沿用。直到20世纪80年代后期取消戒严，才得以结束。这期间发生的政治案件数目和涉案人数难以获得精确统计[④]，但其数之巨是两岸学者公认的。

戒严时期的政治案件可分为以下类型：“对亲中共或左翼言行的打击”（如“鹿窟事件”、“台中武装工委会案”），“对台湾独立运动及主张者的整肃”（如“陈智雄案”、“兴台会案”），“对原住民精英的整肃”（如“林瑞昌、高一生、汤守仁案”，“山地青年团案”），“对民主运动的压制”（如“雷震案”、“美丽岛事件”），“政治权力的斗争”（如“吴国桢事件”、“孙立人案”、“李友邦案”），“文字狱”（如“柏杨案”、“李敖案”），“情治特务单位的内部斗争”（如“范子文案”、“史与为案”），

① 中国国民党中央委员会党史委员会：《中国国民党七至九届历次中央全会重要决议案汇编》，台北：近代中国出版社，1991年版，第321页。

② 台湾《“中央日报”》，1960年2月13日。

③ “国民大会秘书处”编：《“国民大会”实录》第三编，1961年印，第244—290页。

④ 李敖资料称，戒严的政治案件达29407件，超过14万人受难入狱。转见侯坤宏：《战后台湾白色恐怖论析》，《“国史馆”学术集刊》第12期，第143页。

“特务人员为了争功领奖制造的冤案假案”(如“李镇洲无故被捕案”)①。政治案件之多不一而足,此处仅以“吴国桢事件”、“孙立人案”、“雷震案”和“鹿窟事件”为例,揭示这一时期台湾政治的一个侧面。

“吴国桢事件”是蒋介石清除国民党“政要”中异己分子的典型事件。吴国桢因早年在美国留学而有一定的美国背景。国民党到台湾后,为得到美国援助,任命吴国桢出任“台湾省政府主席兼保安司令”。事实上吴国桢与蒋经国是貌合神离的。1948 年吴国桢在上海市长任内,与前来“打虎”的经济督导员蒋经国就产生了矛盾。后来,蒋经国在台湾搞政工、掌情治,推行白色恐怖,又引起吴国桢的不满。随着美台关系的加强,吴国桢渐渐失去作用,遭到蒋介石打压排挤。1953 年 4 月,吴国桢辞去职务赴美,但父亲和幼子被迫滞台。几个月后,台湾当局影射吴“携资外逃”,要求他尽速返台。吴国桢拒绝,并要求辟谣。因得不到答复,吴国桢欲在台湾登报澄清,未能如愿。于是,吴国桢开始通过美国媒体向国民党发难,批评其专政,搞特务政治,排挤异己。1954 年 3 月 17 日,蒋介石以“总统”名义发布命令,宣布吴国桢“背叛国家,污蔑政府,分化国军,挑拨政府与人民及侨胞与祖国的关系,居心叵测”等十三条罪状,解除其所有职务,开除党籍,彻底查办。台湾当局要求美国引渡吴回台,遭拒绝。

“孙立人案”是蒋介石为蒋经国掌握军队并排除美国势力而迫害高级将领的典型事件。孙立人有美国军校背景,抗战时曾率军赴缅甸救援英军,与美军协同作战,为美国所器重。蒋介石丢失大陆前后,美国曾欲抛弃蒋介石,并拉拢孙立人。蒋介石退台初,急需美国援助,因而重用美国喜欢的孙立人、吴国桢等人。1949 年任命孙立人为“台湾防卫总司令”,1950 年 3 月又升任“陆军总司令”。同时,蒋介石对孙立人又充满戒备之心,担心他拥兵自重,在美国支持下威胁到自己的权力。曾自记:“严戒孙立人阳奉阴违及招奸泄机各种不法行动,如其不改,则以不再用之意明告之。”②并派人对其暗中监查。蒋经国与孙立人的矛盾也在暗潮涌动。在军中,孙立人与美军顾问团共同抵制蒋经国扩展政工。这令蒋氏父子对孙立人的忠诚度产生怀疑,加紧策划除去孙的政治阴谋。1954 年蒋介石剥去孙立人实权,任其为虚衔职务“总统府参军长”。翌年 8 月,孙立人因部属郭廷亮被指控预谋“兵谏”、涉嫌“匪谍”而被迫辞职。之后,蒋介石命陈诚、吴忠信、许世英、俞鸿钧、何应钦、黄少谷、俞大维、王云五、王宠惠等 9 人组成孙立人案调查委员会。10 月底,调查委员会提交报告,罗列孙立人的罪

① 李筱峰:《台湾戒严时期政治案件的类型》,网址:http://www.jimlee.idv.tw,上网日期:2005 年 10 月 4 日。

② 秦孝仪总编纂:《“总统”蒋公大事长编初稿》卷九,中正文教基金会,2002 年版,第 182 页。

过。蒋介石随即软禁孙立人,将其部属亲信一一调离军职或查办,受牵连者达336人①。

"雷震案"是对民主运动压制的典型事件。1949年11月,《自由中国》半月刊在台北创刊,由在美国的胡适挂名领衔,雷震为在台实际负责人。随着政治、经济情势的变化,《自由中国》由最初拥蒋反共、宣传自由民主改革的立场,转为更多地关注台湾内部问题的反思与检讨,成为20世纪50年代在野言论的代言刊物。自1951年6月社论《政府不可诱民入罪》,因抨击特务机关诱民犯罪而首次遭到彭孟缉等人压制后,屡屡刊登批判时政的文章。1956年该刊借蒋介石七十大寿之机,推出"祝寿专号"对蒋介石和国民党谏言。之后又推出15篇"今日问题"系列社论,反对不切实际的反攻愿望(台湾《"中央日报"》批之为散布"反攻无望论")、反对军队政工、反对"青年反共救国团"、要求言论自由等。1959、1960年间的"修宪问题"、"政党承认问题"等社论,言论步步直击当局之大忌。雷震等人对于民主自由的理念和敢于痛砭时弊的言论,越来越引起地方本土精英的共鸣。1960年台湾地方选举,地方政治精英李万居、郭雨新、高玉树、吴三连、许世贤等与雷震等人为应对国民党一党独裁、操纵选举的弊病,酝酿着突破党禁的组党行动。《自由中国》杂志则积极为组党行动造势。9月4日,台湾警备总部以"涉嫌叛乱"罪,逮捕发行人雷震、编辑傅正、经理马之骕及会计刘子英。雷震被冠上"为匪宣传"、"知匪不报"罪名,于10月8日被判处有期徒刑10年、褫夺公权7年。傅正、马之骕交付感化3年,被设计为"匪谍"的刘子英处12年徒刑、褫夺公权8年。组党之举就此被扼制。

"鹿窟事件",或称"鹿窟基地案",是20世纪50年代最大的一宗政治案件。1949年,为配合中共解放台湾,共产党员蔡孝乾联络大学教授陈本江等人以鹿窟山区为基地,成立"台湾人民武装保卫队"。1952年12月29日凌晨,台军警封锁鹿窟山区,被疑为基地成员的村民,无论老幼,均遭逮捕。台湾当局在对鹿窟山区进行几天的包围后,还于1953年2、3月间至瑞芳、玉桂岭抓人。经三个多月的搜捕,受牵连者达200多人。鹿窟山区虽确有部分共产党员潜入藏身,但大多数被捕者还是无辜民众。这些村民或因亲戚、乡邻介绍,或怀着对美好生活的憧憬而加入保卫队,许多人并未具有革命理念,甚至连懵懂的共产主义意识也不具备。台湾当局仅根据刑讯逼供所得自白或他人供词,随意对被捕的鹿窟村民定罪,造成无数冤狱折磨。此政治事件对当地茶业也带来灾难性影响,使汐止、石碇一带山区的茶业一蹶不振。

---

① 刘育嘉:《五〇年代白色恐怖政治案件审判结果之研究》,《台湾文献》,第56卷第2期,第344页。

“美丽岛事件”又称“高雄事件”，是 1979 年 12 月 10 日（国际人权日）爆发的一场官民冲突，是国民党与台湾党外势力矛盾激化后的公开较量。它虽不是蒋介石治台时期的事件，却是此前一系列政治事件的延续。1979 年 9 月，党外政论性刊物《美丽岛》在台北创刊，黄信介为发行人、许信良任社长、张俊宏任总编。该刊网罗了当时台湾知名党外人士，抨击国民党统治，言论激进，政治意图明显。在向国民党申请于 12 月 10 日在高雄举行集会游行的请求遭到拒绝后，《美丽岛》杂志社仍按原计划举行了活动。民众在杂志社组织下示威游行，提出民主与自由诉求。在国民党当局的高压姿态下，民众长期积怨激化，官民之间暴力相向，演化为“二二八事件”后台湾最大的一场官民冲突。事后当局大规模搜捕事件参与者，黄信介、施明德等 152 名党外人士以“涉嫌叛乱罪”被捕。经“美丽岛事件”，党外运动被迫转入低潮。但国民党当局也不得不为此付出代价，逐渐放弃迁台以来的一党专制路线，放松乃至解除戒严。

蒋介石治台时代，当局倚仗军、警、特等暴力工具，将台湾笼罩在白色恐怖氛围之中。不管是排除异己、厉行党禁、滥捕“匪谍”还是打压“台独”，众多政治案件的制造和冤狱、假案的酿成，无非出于巩固蒋氏威权统治的目的。时至今日，这些政治事件成为蒋氏父子遭受政治敌手攻击的把柄，成为国民党的历史包袱。

第三节　蒋经国扩张势力

一　军队中的政工制度

1949 年 10 月，蒋介石研拟建立党政军制度和纪律，制定经济、社会、教育等政策及其实施方案，准备应用于台湾。1950 年 4 月 1 日，蒋经国被任命为“国防部总政治部主任委员”。

“总政治部”表面上以建立政治幕僚长制、确立监察制度、加强保防工作、恢复军队党务、实行四大公开、革新政治训练为六大目标，实际上作用不仅于此。它是国民党控制军队的手段，是蒋经国势力暗中扩张的管道。

“总政治部”所领导的军中政工，主要任务是保防和监察。所谓“保防”，即防止军队被中共渗透、防止士官思想“恶化”、“变质”；监察则是核查军费开支、防止军官贪污[①]。“总政治部”可以任命任何师、旅，甚至连的政治军官。这些政

① 朱浤源、张瑞德访问，蔡说丽、潘光哲纪录：《罗友伦先生访问纪录》，台北：“中研院”近代史所，1994 年版，第 344 页。

治军官负责训练和灌输给官兵某种思想，并予以暗中监视①。政工人员和军官不属于同一系统，若发现和检举军官过失，会论功行赏；若与军事指挥官同流合污，一经查处会受到严重处分。因此，监察作用也得到发挥。退台前，由于政工人员不足，加上战事频仍难以追查彻底，而无法真正建立互不统属的监察体系。退台后，这种系统在蒋经国运作下才得以建立，并发挥效用②。通过保防和监察，总政治部实际上控制了官兵思想和军队财务。

该部先是开办政治干部训练班，培训和储备部队中的政治作战干部，后于11月，创建"政工干部学校"，扩大培训规模，以适应用人需要。蒋经国对于政工人员的培养亲力亲为，不但每周对正规班学生授课，还对教职员授课。政工干校干部完训后，被分配到特种党部担任书记或在军中担任政治指导员，负责考核官兵对"党国"的忠诚，也有一些被派遣到新闻报刊、文化出版、广播电影、艺术团体等机构，以影响整个社会精神的塑造。1956年，总政治部扩编更名为"总政治作战部"。不仅掌管军中党务、政治教育、心战和监督军人，还通过退役军人涉足民间各界，从事情治活动。

蒋经国的影响力介入军队，除表现在政工制度中，还表现在特种党部的设立上。1951年1月，"特种党部改造委员会"成立，任命主委为周至柔、书记长为蒋经国。特种党部包括"国防部"、"陆海空军联勤司令部"、"防卫司令部"、"防守司令部"、"保安司令部"、"宪兵司令部"等机构的44个委员会，以下支党部、区党部、区分部、小组，层层组织随即建立，最基层的小组已渗透至排级单位。同时，渗透进四大官兵组织中，使之成为国民党的外围组织。特种党部组织隐秘，蒋经国也以"钟改之"的化名对军队进行监控③。被中改会予以开除党籍或永远开除党籍处分的301名党员中，以"钟改之"名义呈请的就有62人④。特种党部规定各军事主管、重要幕僚、政工人员、主办机要人员均应由纳入组织的党员担任。在蒋经国之下，经过政工干校训练、"总政治部"考核、特种党部容纳和掌控的国民党忠诚卫士组成军中骨干。

1954年6月，"总政治部"主任一职由张彝鼎继任，9月张又继任特种党部

① [美]裴斐、韦慕庭访问整理，吴修垣译：《从上海市长到"台湾省主席"(1946—1953)——吴国桢口述回忆》，第173页。

② 朱浤源、张瑞德访问，蔡说丽、潘光哲纪录：《罗友伦先生访问纪录》，台北："中央研究院"近代史研究所，1994年版，第344—345页。

③ "国防部"的军中党部1952年称"钟改之党部"，1953年为"黄兴汉党部"，1955年为"周国光党部"，后更名为"王师凯党部"。

④ 《中央改造委员会处分党员名册》，《中国国民党第七次"全国"代表大会党务报告》(下篇)附录，斯坦佛大学胡佛研究所藏。

书记长[①]。但“总政治部”和特种党部由蒋经国创建，重要建制和人事都经其手，且蒋经国后来的职位越来越高，即使不任两部之职，也还能加以操纵。例如，蒋经国会物色人选担任“总政治部”主任[②]，并召集总政治部和政工干校教官训话[③]。而蒋经国在“总政治部”定下的制度为以后的继任者沿用，一切“萧规曹随”；蒋经国任用的原班人马也继续承担原有业务，未有变更。1958 年上任的“总政治作战部”主任罗友伦介绍：“总政战部是经国先生手创的，干部都是他找来的，他训练的，他指挥起来格外得心应手，我担任主任，一切都依照他的规矩来，安然无事。”[④]

二　情治系统

从 20 世纪 30 年代的复兴社开始，特务系统逐渐成为国民党统治所倚重的一种力量。随着蒋介石政权的覆灭，军统和中统两大特务系统在各处组织均被摧毁。虽有部分人员和机构迁台，但力量已被打碎。为在最后的安身之地台湾建立起嫡系情治体系，蒋介石就在台湾整合、重建特务机关，并有意将蒋经国培养为头目。经过几年机构调整和权力争夺，台湾情治系统终于在蒋经国手下完成改制。蒋经国成为特务首脑，在蒋介石的支持、纵容和默许下，对党政军高官实施着监视、监听，对台湾实施着白色恐怖的清肃与统治。

在整合之前，台湾情治单位彼此分立，其上级自成系统，造成“人事经费不能集中，或布置重复，浪费人力；或权责不清，徒增纷扰，影响治安”的弊病[⑤]。比如对大陆“敌后”工作，“调查局”、“保密局”、“国防部”大陆工作处等部门都做，

---

① 秦孝仪总编纂：《“总统”蒋公大事长编初稿》卷八，中正文教基金会，1978 年版，第 35 页；邵明煌、薛化元主编：《蒋中正总裁批签档案目录》，台北：政治大学历史系、中国国民党党史馆，2005 年发行，第 231 页。

② 在 1958 年任命罗友伦之前，蒋经国曾两次找罗谈话，要其任“总政治部”主任职，罗未答应，后来未征求其意见便直接宣布（见朱浤源、张瑞德访问，蔡说丽、潘光哲纪录：《罗友伦先生访问纪录》，“中研院”近代史研究所，1994 年版，第 212 页）。

③ 如 1955 年组织大陈岛撤退后，蒋经国召集“总政治部”、政工干校和“救国团”全体教官训话，指出政工存在的敷衍妥协、不正常心理等问题（见《蒋“总统”经国先生言论著述汇编》第四辑，台湾黎明文化事业股份有限公司，1982 年版，第 1—17 页）。

④ 朱浤源、张瑞德访问，蔡说丽、潘光哲纪录：《罗友伦先生访问纪录》，“中研院”近代史研究所，1994 年版，第 213 页。

⑤《政治行动委员会“卅八年”年终工作报告摘要》，《蒋中正“总统”档案》（军事类）第十卷，转见刘熙明：《蒋中正与蒋经国在戒严时期“不当审判”中的角色》，《台湾史研究》，第 6 卷第 2 期，1999 年 12 月，第 146 页。

国民党也做,“有功大家抢,有事大家推”[1],局面混乱,力量分散。

1949 年 7 月,蒋介石主持高雄会议,决定在中央党部下设“革命行动委员会”(也叫“政治行动委员会”),将郑介民、毛人凤、叶秀峰、张镇、毛森、陶一珊、彭孟缉、魏大铭等有关情报治安、军警宪部门主要人物纳为委员。当时蒋经国还在大陆,蒋介石指定唐纵主持。此举是统合情治机关的初步尝试,但实际效果并未达到预期目的。

1950 年底该委员会改组为“政府”正式机关,更名“总统府机要室资料组”。蒋经国为主委,委员则包括“调查局长”、“保密局长”、“宪兵司令部司令”、“国防部情报次长”等。蒋经国凭藉“资料组”,实际上掌握了情治系统的指挥权。“资料组”虽名义仅为一个“组”,对情治机关而言,“威力比总统府的官印还要厉害,没有人敢不买资料组的账”[2]。位轻权重是情治人员的一个特征,以“太子”地位主持“资料组”更显示了“位轻权重”的特点。蒋经国掌握这样的系统有利于他在暗中积聚力量、运用权谋。

为使情治力量完全集中于蒋经国,蒋介石先是亲自劝退了他早就不满的“中统”头目陈立夫。当然,陈氏离台,也少了蒋介石重握党权的障碍。接着提拔台湾原情报机关的中将彭孟缉,以其对付以“中统”和“军统”残余班底为基础成立的“保密局局长”毛人凤。彭孟缉在蒋介石支持下,成立“台湾情报工作委员会”(即“台情会”),但实际听命于蒋经国,并很快让位给蒋经国亲任主委,以这种“识相”换来官位的不断升迁。蒋经国本人也在积极争夺情治系统的所有权力,暗中调换人员,架空毛人凤。

1954 年,情治系统再度改组,成立以郑介民为局长的“国家安全局”取代“总统府机要室资料组”,以配合美国中央情报局在台活动,督导、协调特务机关的情报工作和治安机关的工作。“国家安全局”可召集各情报、治安机关首长召开“国家情报协调会报”,并可根据需要邀请政府其他机关人员列席。而蒋经国以“国防会议”(后改为“国家安全会议”)副秘书长职,对“国家安全局”享有管辖权。“国安局”辖有:军队党部、知识青年党部、大陆广播组、保防室、中美心战合作会报、“中央电影公司”等在内的国民党组织;“调查局”、“外交部情报局”、“警务处”、“行政院新闻局”等在内的“政府”部门;“总政治部”、“宪兵司令部”、“国防部情报局”、“警备总部”等在内的军方机构等[3]。势力之大,俨然“地下朝廷”。

① 高明辉口述,范立达整理:《情治档案——一个老调查员的自述》,台北:商周文化事业股份有限公司,1995 年版,第 133 页。

② 高明辉口述,范立达整理:《情治档案——一个老调查员的自述》,台北:商周文化事业股份有限公司,1995 年版,第 134 页。

③ 江南:《蒋经国传》,台北:前卫出版社,2002 年版,第 343 页。

蒋经国还在台北近郊石牌专设情报人员训练班，称“石牌训练班”，也归属“国安局”。石牌训练班内设正副主任及教务、训练、总务各组与学生大队，并在“情报局”和“调查局”设分班。总班主任由蒋经国兼任。至此，全台湾情治系统在蒋经国麾下实现了整合与改制。不过，在强人政治操控下，各情治机关的分工实际上仍处于混乱之中，只是统归蒋经国调度指挥罢了。

国民党退据台湾后，先是为对付中共武力威慑、控制台湾混乱局面，后是为反攻大陆、遏制“台独”，蒋介石对台湾实施高压统治，台湾经历了一段所谓“白色恐怖”的时期。虽然严峻镇压手段在 20 世纪 50 年代前期使用最为密集，七八十年代已日渐缓和，但一般认为到 1987 年之前的整个戒严时期都是广义的“白色恐怖”年代。蒋经国把持的情治网络成为蒋氏政权用来监视民众、实施恐怖统治的重要工具，“匪谍”与“台独”是情治机关严查的两大类分子，而“戒严令”、“国家总动员法”、“惩治叛乱条例”、“戡乱时期检肃匪谍条例”等则为情治机关提供了法条依据。

在情治机关的严控下，蒋介石时代的政治犯通常遭遇共同的命运：由武装便衣押送上车，送至特务机关审讯、逼供、监禁，有的移送军法处以叛乱罪名被起诉，有的未审讯完便遭暗杀。政治案件嫌疑人的家属无从获知其被捕原因和下落。据称，从 1950 年到 1954 年间，至少 3000 人被枪决、8000 人被处以监禁，实际“政治黑牢”累计超过 1 万年①。不但经常有人“神秘失踪”式地被捕，那些刑满出狱者也不能获得真正自由。他们会被列入特别管理名单，每月还要到警察机关报到。

为“保密防谍”、整肃异己，情治机关的运作往往出现“为免漏杀，而宁误杀”的情况，造成冤狱频出、人人自危的现象。仅“四六事件”、“澎湖案”、“鹿窟基地许希宽案”、“孙立人案”四大政治案件中，无辜受害者或受到牵连者，估计就达 7000 多人②。直至 20 世纪 80 年代初，台湾本岛的村里、学校、工厂、农会、县市议会、报社或同乡会等还都布满了“线民”。而党国政要的电话也可被情治机关固定或抽查窃听③。

蒋经国运用庞大的情治系统，控制了台湾民众甚至党国要人。在必要的时候，不惜制造冤案、假案，为其父的政权和自己的权威扫除障碍。他可以凭借对

---

① 蓝博洲：《五〇年代白色恐怖——台北地区案件调查与研究》，台北市文献委员会，1998 年版，第 21 页。

② 刘育嘉：《五〇年代白色恐怖政治案件审判结果之研究》，《台湾文献》，第 56 卷第 2 期，第 339 页。

③ 高明辉口述，范立达整理：《情治档案——一个老调查员的自述》，台北：商周文化事业股份有限公司，1995 年版，第 189 页。

某人忠诚度的怀疑而干涉人事权；可以打着“保密防谍”的招牌在军政机关、社会团体、教育部门中设置安全系统、安插特务；可以越过党、政、军主管官员，在他们的眼皮底下抓人；可以派人监视包括吴国桢在内的高层官员，翻查他们的办公室；可以利用“匪谍郭廷亮案”使“总统府参军长陆军二级上将”孙立人“引咎辞职”……在为蒋介石排除异己、以威权钳制社会的同时，蒋经国自己的羽翼也渐趋丰满，尽管为此落下“特务头子”的恶名。

三　归属不明的“救国团”

1951 年 12 月和 1952 年 1 月，蒋介石先后两次指示成立“青年反共先锋队”。经谷正纲等 7 人组成的专案小组研究，并约集“内政部”、“教育部”、“总政治部”负责人会商，决定名称定为“中国青年反共抗俄救国团”（以下简称“救国团”），由台湾当局主办，国民党以党团方式领导活动①。

1952 年 1 月底，中改会决议建立“救国团”；该团以“反共抗俄复国建国”为中心任务，分“反攻前”、“反攻时”、“光复后”三阶段从事不同工作；在“全国”设团，省设分团，县市设总队，县市以下地区设大队，大专学校依其学生人数多寡设总队或直属大队，中等学校依学生人数设大队或直属总队，15—25 人的分队为基层单位；高中以上学生一律参加，16—25 岁合于标准的社会青年均应参加；政治训练和军事技术训练是团员尤应注重的两项训练；该团成立后，现有青年组织由其统一领导②。

“七全大会”召开的当月，“救国团”成立。在蒋经国主持下，“救国团”总部设秘书室和 5 组，层层组织陆续建立，展开训练、文化、宣传、青年服务、青年活动等工作。由于对适龄学生入团的硬性规定，团员发展迅速，到 1952 年 12 月底，短短两个月就发展了 42230 名高中团员③。而包括教师、自由职业者、复员军人、工人、农民、山胞在内的社会大队也发展迅速，到 1953 年 12 月，已成立 30 个大队，发展了 7201 个团员④。为推动工作，深入基层，其组织虽经调整，但一直保持了旺盛的活力，至今仍在活动。

在加强三民主义思想教育、加强“反共抗俄”斗志的政治训练和培养战斗技能、养成纪律生活的军事技术训练两大主题之外，“救国团”工作包括三方面：社

---

① 邵明煌、薛化元主编：《蒋中正总裁批签档案目录》，台北：政治大学历史系、中国国民党党史馆，2005 年发行，第 100 页。

② 中央委员会秘书处编印：《中国国民党中央改造委员会会议决议案汇编》，1952 年 12 月，中秘议字第 000739 号，第 348—349 页。

③ “救国团”总团部工作报告书（1952 年 8 月—1953 年 1 月），第 2 页，总团部秘书室档。

④ “救国团”总团部 1953 年度工作报告书，第 1 页，总团部秘书室档。

会青年工作（如青年社团活动、工厂及农渔村青年服务、青少年辅导、奖助社会青年等），学校青年工作（如推动文武合一教育、学校社团、青年文艺活动、工读服务与奖助学生、联系老师等），海外青年工作（如华侨青年服务、海外留学生服务、国际青年联谊等）。该团组织延伸到各地，配合国民党的主张发动过各种形式的运动，如"支援金马运动"、"毋忘在莒运动"、"青年自觉运动"、"中华文化复兴运动"、"庄敬自强运动"等①。

虽然决议规定"救国团"属于台湾当局，但是它又呈现出游弋于台湾当局之外的特征。成立前，国民党便有意将"救国团"作为党的后备军②。隶属于台湾当局的组织却成为国民党的后备军，充分体现了"党国体制"的特征。在这种体制下，台湾当局难以管辖自己的组织，组织游弋于台湾当局之外，也是在所难免的了。

"救国团"从筹备时期就越出了台湾当局。"国防部"发表该团指导委员名单，成立筹备处，"国防部总政治部主任"蒋经国兼任筹备处主任，"国防部部长"郭寄峤列为指导委员之一。到 1952 年 10 月底"救国团"成立时为止，台湾当局并未根据宪政要求，履行设立下属组织的法定程序。"救国团"根本未经"行政院"和"立法院"审议，仅由"行政院"发布"训令"核准团章③，"救国团"便由"国防部总政治部"出面筹建了。

蒋经国直接领导"救国团"长达 20 年，他从自己的追随者和优秀青年中选拔"救国团"干部，壮大"太子"阵营。随着蒋经国党政职位的提升，这些人也跟着飞黄腾达。例如曾在"救国团"中任要职的谢东闵，在 1978 年至 1984 年成为蒋经国首次"总统"任内的"副总统"；而"救国团"秘书室主任李焕与出自"政工系"的王升被称为小蒋的"哼哈二将"，李焕后来担任台湾"中山大学校长"、"教育部长"、中央党部秘书长等职，都是蒋经国为之安排的，任上的工作要旨自然也经过蒋经国的"点拨"④。

通过很长时间内没有实质归属的"救国团"，蒋经国充当着青年的"导师"，

---

① 参见《绿旗飘扬三十年》，台北："中国青年反共救国团总团部"，1982 年 10 月编印。

② 在"七全大会"上，有提案主张将党员入党年龄降为 16 岁，并设置预备党员。审查组认为 18 岁以下青年，在法律上为未成年，且"政府"已有"青年反共救国团"，可作为"本党领导青年并储备青年党员的机构"。故降低年龄与设置预备党员一节，殊无必要（参见中国国民党中央委员会党史委员会编：《革命文献》第 77 辑，1978 年版，第 44 页）。

③ 核准通过的团章内容与上述中改会决议稍有出入，例如关于 15 岁以上、30 岁以下的年龄规定和由 12 人至 15 人组成分队的人数规定等（参见《中国青年反共救国团》，台北：幼狮出版社，1952 年版，第 44 页）。

④ 中国国民党中央党史委员会编：《追思与怀念——纪念蒋经国先生逝世十周年口述历史座谈会纪实》，台北：近代中国出版社，1999 年印行，第 20—24 页。

灌输以思想，规范以言行，训练以军事技能，在影响力扩大的同时，为其接班增加了砝码。“救国团”中的干部被蒋经国派以不同用场，扩充了羽翼。“救国团”成为蒋经国在军队政工、情治体系之外的另一重要阵地。

由于1957年的“五二四事件”①，蒋经国被美国作为反美分子而加以反对。蒋经国在一段时间内韬光养晦，隐忍于幕后，多行少言，不居名分，但政工、特务和“救国团”三大系统是他未曾放手的。随着三大系统的发展，蒋经国在党政军内安插大量亲信，地位日益稳固。1963年陈诚去世前后，美国才放弃对蒋经国的敌意，转为笼络。此后，蒋经国走向台前，先后出任“国防部副部长”、“部长”、“行政院副院长”等职。1972年，接替严家淦担任“行政院院长”，为蒋介石身后的权力交接做好了准备。

第四节　美国介入台湾海峡

从二战开始，美国的支持和援助成为蒋介石政权赖以生存的因素，美国的政策在很大程度上始终影响着蒋家政权的外交、军事和内政。

一　美国弃蒋政策与杜鲁门声明

二战后期国民党政府的政治低效和正面战场的危机，引来盟国的批评。美国试图政治解决国共争端的不断失败以及国民党日益暴露出的腐败，使美国在国内舆论压力下选择了弃蒋政策，即“放手不管”的政策（Hands—off Policy）。

国民党集团在1948年末到朝鲜战争之前遭到美国政府冷遇，美国一度试图以新的代理人（孙立人）取代蒋介石的心腹陈诚治理台湾，并阻止大陆难民涌入。美国计划援助台湾发展经济，扶植非共政权，建立符合美国利益需要的自由秩序。围绕如何确定对台政策和定位美台关系问题，美国政府内部展开讨论。讨论中军方与国务院常有相左意见②。

1949年初，美国国家安全委员会（NSC）指出美国对台澎政策是：防止两地落入共产党手中，用隔离的方法避免大陆的“混乱”扩散到两地；立场上对台湾维持灵活态度；谨慎地设法维持与可能成为台湾领袖的本土人接触，以便对台

① 又称“刘自然事件”，1957年发生在台北市美国“大使馆”的暴力抗议事件。有人认为此事与蒋经国有关，因为带头示威者中有来自成功中学的教师，而该校不仅为蒋经国的长子与次子就读的学校，且前一任校长潘振球又是蒋经国心腹。

② 总体而言，美军方主张更与蒋介石的期望接近，故1950年前后蒋介石多次在日记中表达对“美艾”（国务卿艾奇逊）“毁蒋卖华”之举的深恶痛绝和对军方麦克阿瑟的亲近（参见秦孝仪总编纂：《“总统”蒋公大事长编初稿》相关各卷）。

湾人的自治运动加以利用①。美国国家安全委员会建议美国政府透过最富弹性的机制，进行有力的经济援助计划，帮助台湾发展和维持一种可实施的自给型经济②。美国参谋长联席会议(JCS)则表示：台湾问题的重要性不及直接关系美国国家安全的冰岛局势，不主张在当时公然对台湾使用武力，替代方案是派少数舰艇巡行或停泊于一个或多个合适的台湾港口③。

6月，国务院政策规划室主任凯南(George F. Kennan)提出意见书，建议排除国民党政权在台湾的统治，而以台湾居民自决投票决定归属，在这之前则由暂时国际性或美国管制治理，并提出隔离台湾的意见④。显然，这一意见书没有被立即采纳。8月，美国参谋长联席会议仍认为："我们承担的全球义务并不能成为美军占领台湾的理由。"⑤但意见书表明，"台湾地位未定论"此时已提出来了。

国民党败退台湾后，美国决策层还存在着两种对台主张。12月，美国参谋长联席会议认为：应以适度的受到良好指导和密切监督的军事计划援助台湾的非共政府；适度的对台湾中国政权的军事援助应与升级的政治、经济、心理计划合为一体。若得到许可，JCS拟即饬令美国远东总司令会同第七舰队司令官从速估计防卫台湾所需军援种类和范围⑥。而艾奇逊认为"依照JCS建议，我们可能延长一年台湾沦陷的时间，但一年后失去台湾，付出的威信代价甚大。我们将遭受中国人一致攻击，并在联合国安理会中受到苏联的责难，况且台湾又非我们真正的防线"。但艾奇逊又说："我只是说防卫台湾代价太大，而未说放弃。"⑦

1950年1月5日，杜鲁门举行记者招待会，就美国对台政策发表正式声明。

---

① Draft Report by the National Security Council on the Position of the United States With Respect to Formosa, Jan. 19, 1949, FRUS, 1949, Vol. 9, pp. 271—275。

② Draft Report by the National Security Council on the Current Position of the United States With Respect to Formosa, Feb. 3, 1949, FRUS, 1949, Vol. 9, p. 282。

③ Memorandum by the Joint Chiefs of Staff to the Secretary of Defense, Feb. 10, 1949, FRUS, 1949, Vol. 9, pp. 284—286。

④ Memorandum by the Director of the Policy Planning Staff(kennan), FRUS, 1949, Vol. 9, p. 357。

⑤ United States Relations with Formosa：611, 94A/1150, Government Documents Department, Green Library, Standford。转见李世安：《1945到1954年间美国对台湾政策的变化》，《中国社会科学》1994年第5期，第183页。

⑥ Memorandum by the Joint Chiefs of Staff to the Secretary of Defense(Johnson), Dec. 23, 1949, FRUS, 1949, Vol. 9, p. 461。

⑦ Memorandum of Conversation, by the Secretary of State, Dec. 29, 1949, FRUS, 1949, Vol. 9, pp. 463—467。

他重申了美国的门户开放政策，并援引 1949 年联合国大会通过的决议中的条款，强调美国不寻求在中国领土内获得势力范围。他说，按照《开罗宣言》和《波茨坦公告》的宗旨，台湾被归还给了中国，“在过去四年中，美国和其他盟国接受了中国对该岛的管辖”。杜鲁门确认联合国大会于 1949 年 12 月 8 日决议所重申对中国之原则：尊重中国领土完整；要求一切国家避免在中国领土获得势力范围或建立由外力控制的政权，或谋求特权。上述原则在目前局势下对台湾特别适用。杜鲁门表示：“美国对福摩萨和其他任何中国领土没有掠夺性意向。美国目前无意在福摩萨获取特别权利和特权，或建立军事基地。美国亦无意使用武力干预现在局势。美国政府将不遵循足以使之卷入中国内争的方针。同样，美国政府将不向福摩萨的中国军队提供军事援助或建议。在美国政府看来，福摩萨的资源足以使他们得到他们认为保卫该岛所必需的物资。美国政府建议依据现有的法律授权继续实施经济合作署的经济救助计划。”①

国务卿艾奇逊随即举行新闻发布会，对杜鲁门的声明作详细说明。关于不以任何方式对台湾事务进行军事干预的问题，艾奇逊指出：“这并不是什么新政策。如果我们决定军事介入，那倒是新政策。”关于不提供军事援助或顾问的问题，美国自二战期间一直到 1948 年，向国民党政府提供了大量军事装备，1948 年援华法又提供了 1.25 亿美元的军事装备，所以问题不在于他们缺少枪支弹药，而是“出在别的地方。激发他们的抵御愿望和目标不是美国应发挥的作用……他们必须自己去激发自己的愿望和目标”。关于经济援助事项，艾奇逊解释说，美国正在通过经济合作署与台湾开展一些项目，其中一个项目是提供台湾春季农作物生长所需要的一切化肥。另外一个项目是购买台湾岛上炼油所需要的石油，保障岛上的发电厂和其他设施的运转。还有一些项目涉及保障发电厂和其他工厂的维修和运行②。

杜鲁门的声明和艾奇逊的阐释似乎表示美国要“放弃”台湾，不再介入台湾问题了。对台湾的援助仅限于已有的项目，不再增加任何军援和经援。1 月 12 日，艾奇逊在全国新闻俱乐部发表了长篇演说。他在讲到美国在太平洋的军事安全问题时，划出了一条从阿留申群岛到日本，经冲绳往南到菲律宾群岛的防卫线③。他把台湾排除在了美国承担军事义务的范围之外。

---

① 《1950 年 1 月 5 日总统的记者招待会》，陶文钊主编：《美国对华政策文件集（1949—1972）》第 2 卷，上册，北京：世界知识出版社，2004 年版，第 26—27 页。

② 《艾奇逊国务卿的即兴讲话》（1950 年 1 月 5 日新闻发布会），陶文钊主编：《美国对华政策文件集（1949—1972）》第 2 卷，上册，北京：世界知识出版社，2004 年版，第 30—31 页。

③ 《亚洲的危机——对美国政策的检讨（国务卿艾奇逊的讲话）》，陶文钊主编：《美国对华政策文件集（1949—1972）》第 1 卷，上册，北京：世界知识出版社，2003 年版，第 188 页。

为争取美国继续支持，蒋介石派人到美国游说，同时重用美国人所信赖的文臣武将，以便换取美援。这样，吴国桢成为退台后第一任“台湾省主席”，而孙立人成为“陆军总司令”。台湾局势动荡，蒋介石对美援的渴望甚为急迫。在吴国桢正式被任命之前，蒋介石曾给他一个月时间争取美援，若不成功，便只能拥有代理主席头衔，而吴所要求的建立民主政府、人事自主权等权力也将不能获得[①]。在美国弃蒋政策未作根本改变的情况下，美援的到来不是坦途。杜鲁门的声明令蒋介石感到台湾现局遭受到莫大压迫[②]。

然而，美国出于其全球战略考虑以及与异质意识形态对抗的需要，弃蒋政策并未真正贯彻到底。这一点，蒋介石也看得明白。杜鲁门声明发表后，蒋介石自谓：“深信艾其逊之政策在最近期内如不改变，则其政治必失败无疑。因美国援蒋守台之趋势已成为其全国人心一致之要求，而且成为美国国防之成败关头，焉能逆拒乎。”[③]果然，美国“等待尘埃落定”的摇摆政策，很快便在朝鲜战争的炮火中宣告终结。

二　美国入侵台湾海峡

1950年6月25日，朝鲜战争的爆发促使美国对台政策作出重大调整，美国改变承认台湾属于中国的立场。美国决策层认为，朝鲜战争是苏联全球战略的一部分，是苏联扩张的新模式，必须坚决予以回击。25日和26日，杜鲁门亲自主持国家安全委员会会议，商讨对策，并做出如下决定：(1) 美国海空军向南朝鲜军队提供全面援助；(2) 命令第七舰队开进台湾海峡，以阻止从中国大陆对台湾和从台湾对中国大陆的一切海空行动，将台湾海峡“中立化”；(3) 加强在菲律宾的美军；(4) 加强对在印度支那的法国军队的援助。6月27日，杜鲁门发表声明，公布了上述决定，并解释说，美国之所以派第七舰队进入台湾海峡，是因为如果“共产党军队占领福摩萨，将直接威胁太平洋地区的安全以及在该地区执行合法且必要职责的美国军队”。他还特别指出：“福摩萨未来地位的确定，必须等待太平洋安全的恢复、对日和约的签订或经由联合国的考虑。”[④]这样一来，“杜鲁门政府正好陷入了它本来力图避免的境地——和蒋介石政府拴在一

---

① The Consul at Taipei(Edgar) to the Secretary of State, Dec. 14, 1949, FRUS, 1949, Vol. 9, p. 445。

②③ 秦孝仪总编纂：《“总统”蒋公大事长编初稿》卷九，中正文教基金会，2002年版，第10页。

④ 《总统关于朝鲜局势的声明》(1950年6月27日)，陶文钊主编：《美国对华政策文件集(1949—1972)》第2卷，上册，北京：世界知识出版社，2004年版，第44—45页。

起了"[①]。同日,美国操纵的联合国安理会在苏联代表缺席的情况下通过关于朝鲜战争的决议,号召会员国援助南朝鲜。由此,美国不但卷入了朝鲜战争,也开始直接插手中国事务,干涉中国内政,阻挠中国的统一,这对此后数十年间的海峡两岸关系产生了巨大的影响。

为了达到"隔离"台湾的目的,美国还曾抛出"台湾地位未定论",受到批判后又提议由联合国"托管"台湾。虽然这些都是无稽之谈,荒谬之论,但对美国对台政策的制订以及台湾的未来走向都产生了相当大的影响。美国有关部门还多次研究过直接出兵占领台湾的可行性问题,但军方的主流观点认为美国"力不从心",国务院则认为"政治上代价太大,不值得"[②]。在这种情况下,美国只有继续与蒋介石打交道。

对于美国宣布舰队协防和台湾地位未定之说,国民党中央执行委员会发出通告,声称美国政府宣布以舰队防卫台湾,实质上不仅形成台美军事合作的反共局面,且可奠定台美韩日等远东各国联合阵线的初步基础,"实为符合'我国'之愿望而应诚意接受之措施"。指示国民党员应有三点认识:"一、此次美国远东政策大转变,固由于南韩被侵,而'我国'自总裁复职以后各方面表现之努力革新,亦为促成其转变之一原因;二、美国政府声明中虽有涉及台湾地位之言,但仅为美国外交形式上之措辞,决不致影响'我国'在台湾之领土主权。本党同志不应稍存怀疑,且应祛除社会人士之疑虑;三、目前军事形势虽呈好转之机,但反共抗俄大业之前途,仍极艰巨,本党同志不可因此松弛。"[③]为稳定人心,台湾当局对于美国的"台湾地位未定论"作如是解释,麻痹了普通党员的警惕性。国民党对美国军援、经援以及国际影响力的依赖,使其无法对"台湾地位未定论"做出强烈反抗。在有限的外交抗议之外,则是对党员的安抚。

1950 年 7 月底,美国派兰金任驻台"公使衔代办",海军少将贾纳德为驻台武官,提高了驻台"外交官"和武官的级别。8 月,美国远东最高统帅麦克阿瑟强调台湾战略地位的重要性,指出:"由这一连串的岛屿,吾人用空军力量实可控制由海参崴以至新嘉坡,每一个亚洲海港,阻止任何敌军进入太平洋来。由亚洲任何掠夺性之攻击,一定系由两栖部队设法进攻,任何两栖部队如不获得该等海道之控制权,及在渠等进攻的通路中在空中控制该等海道,实不能得到成

---

① 时殷弘:《敌对与冲突的由来:美国对新中国的政策与中美关系(1949—1950)》,南京:南京大学出版社,1995 年版,第 196 页。

② 资中筠:《历史的考验——新中国诞生前后美国的对台政策》,中美关系史丛书编辑委员会编:《中美关系史论文集》第 1 辑,重庆:重庆出版社,1985 年版,第 359 页。

③ 《中央执行委员会通告》,1950 年 6 月 30 日,斯坦佛大学胡佛研究所藏 6.4/87。

功。”[①]在麦克阿瑟等军方和政界官员推动下，美国更深地卷入台湾事务，干涉新中国解放台湾。

朝鲜战争的发生为退守台湾的国民党带来了新希望。此前，国民党除了面临着大陆的军事压迫之外，“外交”上也面临困境：英国等纷纷承认新中国，美国选择了脱身和观望的态度。朝鲜战争使“局势大变，露出一线转机”。国民党的“外交官”分析，不论战事对南朝鲜有利或是不利，或是由此引发美俄世界大战，都将对台湾有利[②]。第七舰队的协防为台湾撑起保护伞，国民党得以专心整顿党务，加强对台湾的控制，稳定财政经济，进行土改。

7月，美国国家安全委员会提出应重新估计台湾军事，进行部分军援，指示麦克阿瑟调查国民党军队资源和需求，提出援助计划[③]。8月初，福克斯(Alonzo P. Fox)率领由几十名军官组成的调查团抵台。同时，美国国务院决定1948年《援华法》项下1.25亿美元赠款的剩余部分继续提供给台湾，授权国防部向台出售任何物资，使台湾继续处于美援补助之下，并可购买到一切军事装备[④]。9月初，福克斯调查团将正式报告呈交国务院。报告认为台湾军备和训练状况很差，列出在第七舰队协防情况下的1.582亿美元援助清单(若第七舰队撤出则需再追加1亿美元)，并暗示派遣顾问指导训练，增加台湾吸收美援的能力[⑤]。1951年1月30日及2月9日，美台换文签署《联防互助协定》。4月，以蔡斯(William C. Chase)将军为首的600人规模的军事顾问团也被派驻台湾。

朝鲜战争前后，美国也有反对提供台湾军援的声音，国民党军队以前的恶劣表现是美国人反对的主要理由。他们认为国民党军队无意于顽强抵御共产党军队的进攻，有些高级军官甚至会交出枪械以免于被俘，美国武器最终还是会落入共产党手中[⑥]。为使对台军援发挥效用，并更多控制台湾军政，美国政府提出监督美援使用的要求。在获得台湾当局接受美国对军援物资的交付和使用加以监督的保证后，美国军援大量派出。从1951年到1953年三个财政年

---

① 《张其昀先生文集》，台北：党史会、“国史馆”、中国文化大学，1989年版，第5541页。

② 邵毓麟：《汉城撤退前的漫长两昼夜》，台北：《传记文学》，第193期，第103页。

③ Immediate United States Courses of Action With Respect to Formosa, Aug. 3, 1950, FRUS, 1950, Vol. 6, pp. 413—414。

④ The Department of State to the British Embassy, FRUS, 1950, Vol. 6, pp. 444—446。

⑤ Memorandum by Mr. Richard E. Johnson of the Office of Chinese Affairs to the Director of the Office of Chinese Affairs (Clubb), Dec. 8, 1950, FRUS, 1950, Vol. 6, pp. 590—596。

⑥ 中国社会科学院近代史研究所译：《顾维钧回忆录》，第7分册，中华书局，1988年版，第765页。

度，美国向台湾施以4.78亿美元的军事援助[①]。1953年度，美国援台军援总数达3.06亿美元，超过历年水平。

在维持与大陆军事“均势”目的下，美国对台军援数量巨大。截至1962年6月，美国对台军援约24亿美元[②]。军援基本是以赠予方式提供，仅20世纪60年代有少量贷款。在美国国防部主管下、美国军事顾问团承办的直接军援之外，还有共同安全署(MSA)、国外业务署(FOA)、国际合作署(ICA)、怀特公司(the J. G. White Engineering Coporation)等参与执行的计划型和非计划型援助。通过这些，台湾当局得到了美国装备、物资、军队训练和武器研发的辅助以及培训人员、培训费用的提供等诸多好处。1951年11月成立的“国防部军事工程委员会”，成为协调美国军援建设项目的计划、监督、实施部门。

但美国军援并非免费午餐，美国介入台湾军事，相应地，台湾政治、外交、经济决策也不得不受制于它。“军事工程委员会”等美援运用机构必须听取美援会、共同安全署、美军顾问团和怀特公司的建议。在台的美国顾问暗中观察军队动向，汇报给美国政府，施以干预。在裁军、军费开支等问题上，美国均曾以军援给台湾当局压力。国民党在军中建立的政工制度也为美国反对。虽然蒋介石顶住了美国对政工制度的干涉，却也不得不暗中进行，避免刺激美国[③]。美国试图通过对台军援，作为介入台湾事务的砝码，使台湾支持美国远东政策，成为美国的忠诚盟友和追随者，构成远东防线上坚固的反共基地。曾任台湾“国防部参谋次长”、“海军陆战队司令”等要职的罗友伦指出，美国把太平洋看成“内湖”：北起阿留申群岛，南到菲律宾。美国十分看重这条防线，花了很大力气建立它，如在南朝鲜、菲律宾驻军[④]。相对于别的地方，台湾算是省力的了。美军顾问团团长蔡斯也说：“美国对这军援团的投资，乃是我们在亚洲所有的最廉价的防务买卖，我们正在协助维持并改良一种强大的军防潜力，这是一直站在我们这一边的军队。”[⑤]这是美国军援台湾的战略目的。

朝鲜战争后不久，台美关系还多了条约和法律的保证。为将台湾安全与美国紧密联系，国民党当局积极谋求缔结台美安全条约。1953年，美国与韩国签

---

① Report Submmitted by the Senior Defense Member of the NSC Staff (Nash) to the Steering Committee on NSC 128, Jun. 13, 1952, FRUS, 1952—1954, Vol. 14, p. 68。

② 台湾《“中央日报”》，1963年8月16日。

③ 秦孝仪总编纂：《“总统”蒋公大事长编初稿》卷十一，中正文教基金会，2004年版，第178页。

④ 朱浤源、张瑞德访问，蔡说丽、潘光哲纪录：《罗友伦先生访问纪录》，“中研院”近代史研究所，1994年版，第174页。

⑤ 《蔡斯月底退休返美》，《联合报》，1955年6月21日，周琇环编：《台湾光复后美援史料》第2册，台北：“国史馆”，1997年版，第443页。

署共同防卫条约，却迟迟不答复台湾方面的要求。条约适用范围的分歧和被拖进内战的顾虑是美方拖延的两个因素。1954 年，蒋介石表示，为促使条约达成，“愿意放弃任何可能为美国所反对的进攻共产党的军事行动，借以换取一个双边条约”①。12 月，美台“共同防御条约”终于在华盛顿签字。条约规定：“每一缔约国承认对西太平洋区域内任何一缔约国领土上之武装攻击，即将危及其本身之和平与安全，兹并宣告将依其宪法程序采取行动，以对付共同危险。”而这样的目的，所有“领土”等词，“就‘中华民国’而言，应指台湾与澎湖。”②金门、马祖等外岛被排除在外。美国国务院及参谋长联席会议将协防的范围划定在台湾和澎湖列岛地区，不准备协防金、马等岛屿③。其原因在于，美国从未认为国民党保留这些沿海岛屿对美国利益是必要的④。金、马等岛不同于台、澎，它们没有被日本占领，没有脱离过中国管辖，如果将它们一起划入协防对象，则不利于制造分裂局势和解决归属权问题。尽管在两次台海危机中，美国实际上并未袖手旁观。但实际行动上的协防和口头及条约上的协防在舆论和法理上造成的效果有别，前者可使其有更大的回旋余地。

外岛的协防问题，于 1955 年 1 月美国国会通过的《台湾决议案》中以隐晦的方式得到解决。决议案授权美国总统“于其认为必要时得使用美国武装部队专事确保台湾与澎湖列岛，以防武装攻击，此一授权包括该地区现由友方掌握之有关阵地及领土之防卫，以及由彼判断认定系确保台湾澎湖所需之其他措施”⑤。金、马地区被以“有关阵地及领土之防卫”的字样括于美国保护伞之下。

美国不但在军事上协防、援助台湾，也在国际政治场合中将台湾置于羽翼保护之下，维持其联合国代表的合法地位。朝鲜战争爆发后，美国政府不加掩饰地干预联合国成员国的态度，保持国民党的代表权。同时，鉴于安理会中苏联支持新中国，英国认为不能再继续支持蒋介石，法国虽表示“朝战”期间不会承认中国，但在代表权问题上也越来越倾向英国，美国竭力在安理会中冻结中国代表权问题，而将其放在可以控制多数的联合国大会中去解决。

美国坚持中国代表权问题应在朝鲜战争以后考虑，在此期间先对苏联代表

---

① 卡尔·洛特·兰金著，海英译：《兰金回忆录》，上海人民出版社，1975 年版，第 199 页。

② 茅家琦、徐梁伯、马振犊、严安林等著：《中国国民党史》（下册），厦门：鹭江出版社，2005 年版，第 1080 页。

③ The Chargé in China (Strong) to the Secretary of State, Jul. 10, 1950; The Secretary of Defense (Johnson) to the Secretary of State, Jul. 17, 1950; The Secretary of State to the Embassy in China, Jul. 22, 1950, FRUS, 1950, Vol. 6, pp. 373, 379—380, 387。

④ Draft Policy Statement in the Department of the State, Apr. 8, 1955, FURS, 1955—1957, Vol. 2, p. 457。

⑤ 陈志奇：《美国对华政策三十年》，台北：中华日报社，1981 年版，第 106 页。

的驱逐国民党代表提案表决，然后将此问题搁置，讨论和解决朝鲜等问题。对苏联提案，美国因能操纵多数会员国而有胜算把握。事实确是如美国所料。1950 年第五届联大中，印度代表提出的接纳中华人民共和国代表的决议草案和苏联代表的驱逐国民党代表、邀请中华人民共和国代表出席的提案遭到否决。大会决议成立特别委员会审议中国代表权问题。12 月该委员会组成，召开会议，10 个月后，才召开第二次会议，事实上将中国代表权问题束之高阁。美国主张表决后即搁置，而不在联大辩论，国民党代表继续占有合法席位，使蒋廷黻得以在联合国继续行使代表权。此后十年，由于美国对联大多数会员国的操纵，不断以"延期讨论"、"搁置审议"等名义拖延，新中国合法席位一直未能列入议程。20 世纪 60 年代，联合国中同情和支持中华人民共和国的第三世界国家数量日益增多，美国控制多数票越来越困难。于是，在 1961 年将"延期审议"策略换成"重要问题案"策略，要求三分之二以上票数通过始得改变中国代表权。1971 年，"重要问题"提案被联合国大会否决，第 26 届联大通过了第 2758 号决议，台湾当局代表被逐出联合国。中华人民共和国在联合国的合法权益得以恢复，在联合国的中国代表权问题最终得以解决。

三　酝酿"两个中国"

相对于欧洲来说，亚洲在美国的战略部署上并非头等重要。美国认为台湾自身没有反攻大陆的实力，不希望被拖入中国的内战，而是希望维持两岸的某种均势，使两岸分离永久化，从而实现美国利益最大化。在美国分裂中国的政策逐渐清晰过程中，"两个中国"(Two Chinas)一词开始被使用①。

在阻挠以中国新政权代表取代国民党当局代表的同时，美国还在不断试探在联合国制造"两个中国"的可能性。1953 年 11 月，美国国务卿杜勒斯(John F. Dulles)透露"有可能共产党中国出席联合国大会而国民党中国出席安全理事会"，表明了美国制造"两个中国"的政策倾向②。杜勒斯甚至酝酿修改联合国宪章，把国民党代表排除出安理会常任理事国，让印度取而代之，以便实现"在联大接纳两个中国的可能性"。1954 年 10 月，杜勒斯向总统艾森豪威尔(Dwight D. Eisenhower)建议，对中国奉行"正在德国和朝鲜奉行的政策"③，将大陆和台湾变成东德与西德、南朝鲜与北朝鲜那样分裂的实体。

---

① 例如：该词出现在 1954 年 12 月助理国务卿鲁宾逊(Robertson)给杜勒斯的文件中，Memorandum by the Assistant Secretary of State for Far Eastern Affairs (Robertson) to the Secretary of State, Dec. 14, 1954, FRUS, 1952—1954, Vol. 14, p. 1034。

② 《中美关系资料汇编》第 2 辑(下)，北京：世界知识出版社，1960 年版，第 1453 页。

③ 资中筠、何迪：《美台关系四十年(1949—1989)》，北京：人民出版社，1991 年版，第 67 页。

20 世纪 50 年代末、60 年代初，肯尼迪（John F. Kennedy）上台前后，各种“两个中国”的方案更多地被讨论着。

“康伦学社”（Conlon Associates）1959 年提出一份研究报告，建议取消对中国大陆的禁运，赞成中华人民共和国在联合国的席位；设置“台湾共和国”；提议中华人民共和国、印度、日本为常任理事国，台湾当局则为大会普通会员；继续协防台湾，并且支援与扩展经济技术援助计划；与中华人民共和国订立商务条约，如果实现此点，则给中华人民共和国以事实上的承认①。

1960 年，肯尼迪的外交顾问、后出任副国务卿的鲍尔斯（Chester Bowels）提出所谓“中台国（China—Formosa Nation）”方案，主张台湾当局从金门、马祖撤军而成立“中台国”，大陆沿海岛屿中立化；美国“提供一切军事力量，遏制中共攻台”；向中共表明，美国在台的军事设置，目的不在“鼓励国民党反攻”；台湾保持独立政体②。这样的方案是此前政策主旨的同向发展。此后数年间，美国延续着这样的政策：既保护台、澎，又阻止反攻；既不使美国卷入中国内战，又得以保持台湾这一反共基地。

美国学者费正清于 1961 年提出的“宗主权”说也颇受注目。他主张中国对台湾享有“宗主权”，台湾地区不直接在中国统治下，可以独立，并可在联合国内占有席位。

美国关于“两个中国”的主张，遭到中国政府和台湾当局的一致反对。1959 年，毛泽东指出美国要仿效对待德国的办法，将中国分为一个大中国和一个小中国的问题要害：德国是二战的战败国，按照波茨坦协定而一分为二；而中国是二战的同盟国，根据开罗会议将原本属于中国的领土台湾自日本手中归还中国③。中国外交部严正声明：“只要在联合国里出现‘两个中国’、‘一中一台’、‘台湾地位未定’或其他类似情况，中华人民共和国政府就坚决不同联合国发生任何关系。”④蒋介石也认为：“所谓‘两个中国’，亦违反一般国民的意向，而为其所不能接受。”⑤当然，蒋介石不接受“两个中国”主要出于他顽固的反共意识，为

---

① Conlon Associates Ltd., United States Senate, Washington D.C. Government Printing Office, 1959, pp. 153—154。

② Chester Bowels, The China Problem Reconsidered, Foreign Affairs, Vol. 38, no. 3, April 1960, pp. 476—487。

③ 《不能把台湾问题上的国际问题同国内问题混淆起来》，《毛泽东外交文选》，北京：中央文献出版社、世界知识出版社，1994 年版，第 382—383 页。

④ 《中美关系（文件和资料选编）》，北京：人民出版社，1971 年版，第 192 页。

⑤ 《阻止“共匪”混入联合国》（1961 年 10 月 15 日答美国《呼声纪事报》记者盖萨斯问），秦孝仪主编：《“总统”蒋公思想言论总集》卷三十九，台北：中国国民党中央委员会党史委员会，1984 年版，第 191 页。

维护自己的“法统”，反对中华人民共和国恢复在联合国的合法席位。他对美国记者说：中共代表“如果获准进入联合国，则无异给联合国敲起了丧钟”[①]。

值得注意的是，美国对台湾所做的一切，包括第七舰队的协防、军事经济援助、国际上保持台湾当局的代表性，都是出于防止台湾落入新中国之手而保持太平洋防线的连贯性的目的，而非支持蒋介石集团的考虑。相反，美国在国民党退台前就已经在扶植反共亦反蒋的第三势力和鼓吹台湾独立的“台独”势力。在一定时期，美国政府由于害怕引起中国人民和国际上的反对，而没有支持联合国托管的言论，但却给予分裂势力经费等方面的支持。“台湾地位未定论”抛出后，美国分裂大陆与台湾的意图更加明显。1953 年 4 月，杜勒斯向记者透露美国政府“正在寻找一个可以保证台湾独立的办法”[②]。1955 年 1 月，艾森豪威尔在记者招待会上承认：“两个中国”问题是美国“不断加以研究的若干可能性之一”，即“把福摩萨和红色中国看作是分开来的独立国家，互相保证安全”[③]。

蒋介石在反对“两个中国”说的同时，也坚决抵制着美国所支持的“台独”势力。蒋介石执政期间，“台独”分子为台湾当局所严厉制裁和追捕。因此“台独”在蒋介石时代发展迟缓，尤其在台湾岛内难以生存。但是在蒋介石时代，美国阻止大陆解放台湾的意图却实现了。蒋介石年年以“反攻复国”鼓舞士气，却不得不年年食言，而转入所谓“政治反攻”为主的阶段。

四　确保美台关系的同时接近中国

1963 年约翰逊任总统后，美国接近中国的政策日渐明确。美国一方面援助台湾，使台湾继续作为其太平洋链条上的一个基地；一方面缓和与中国关系，并在 20 世纪 60 年代末着手谋求中美关系正常化。

1963 年 11 月 13 日，美国助理国务卿伊斯曼(Roger Hilsman)发表讲演，提出对中共的“门户开放”政策，称“未来中共领袖们的态度如何变化，我们不知，但假使我可以改写我们过去的‘经典’的话，今天我们追求一种对中共的门户开放政策；我们决心对未来改变的任何可能性保持门户开放……我们决不散播中共仇恨的种子……但是我们也决不出卖我们自己及盟邦的利益去满足中共领

① 《重申反对两个中国的立场》(1971 年 3 月 11 日接见美国合众国际社总裁汤玛森谈话)，秦孝仪主编：《“总统”蒋公思想言论总集》卷三十九，台北：中国国民党中央委员会党史委员会，1984 年版，第 376 页。

② 李长久、施鲁佳：《中美关系二百年》，北京：新华出版社，1984 年版，第 183 页。

③ 《中美关系资料汇编》第 2 辑(下)，北京：世界知识出版社，1960 年版，第 2148 页。

袖的野心”①。美国对华政策转向“门户开放”，即在不破坏美台现有关系前提下，去改变与中国大陆的敌对关系。

1964年，法国承认新中国政权，中国原子弹试爆成功，这两件事使中华人民共和国的国际地位获得提升。这时，美国国内在对中国政策问题上形成两大派别：以政界要人为主、主张绝不与中国正式打交道、继续实施围堵、孤立政策的保守派和以议员和学者名流为主、主张接近中国的自由派。1965年联合国内赞成由中国取代台湾代表权和反对“重要问题案”的票数增多，自由派利用这样的形势，在1966年3月召开听证会，即富布赖特听证会。有证人称：“去年秋天，我们几乎没有足够票数维持我们的立场……我们在联合国大会应主动提出解决办法，由大会宣布1945年联合国创立时加入联合国的那个原有中国的领土，现有两个继承国，二者都应在联大占有席位”，“我们应改变对中共的态度，从围堵而孤立变为围堵而不孤立”，“我们应该继续防卫台湾免受进攻，并坚决支持该岛1300万居民自决的原则。但是我们不能仍坚持国民政府是中国大陆政府的虚构事实。”②

听证会引起各阶层广泛回应，保守派与自由派达成共识：要与中国改善关系，虽然仍有主动与被动、有条件与无条件之别③。美国政府顺应舆论，对中国趋向于“围堵而不孤立”政策。1966年，美国集合费正清等10位专家学者，成立特别研究小组，其中，持自由派主张的占多数。该小组提出“遏制战略无需导致冰冷的对抗”④。在其影响下，7月，约翰逊总统发表电视讲话，表示“在目前仍互为敌人的两个政府之间的和解”是和平的主要部分。建议美中展开学术与文化交流，并在“越战”后改善两国关系⑤。

1969年尼克松(Richard M. Nixon)入主白宫，开始推行“一中一台”政策，在维持与台湾关系的同时，寻求中美关系正常化。“一中一台”说与“两个中国”说，虽然都主张中国大陆与台湾作为两个政治实体并存，但两者在中国主体的认知上有着质的区别。“一中一台”说主张中华人民共和国是正统中国的合法继承者，具有法律代表性；“两个中国”说则认同于台湾当局的承继性。尼克松

---

① The U.S. Department of State Bulletin, Jan. 6, 1964, pp. 11—17。

② Arthur M. Schlesinger, JR.: The Dynamics of World Power: A documentary history of United States foreign policy, 1945—1973, Vol. 4, New York: 1973, pp. 305—308。

③ 保守派认为中国须先表示放弃武力，美国才考虑与中国接近；自由派则主张不论中国态度如何，美国都应主动寻求双方的友好关系。

④ 《国务院—国防部特别研究小组研究报告》(1966年6月)，陶文钊、牛军主编：《美国对华政策文件集(1949—1972)》第三卷(下)，北京：世界知识出版社，2005年版，第973页。

⑤ 亨利·欧文编：《七十年代的美国对外政策》，北京：三联书店，1975年版，第183—184页。

上任后，在国家安全助理基辛格的协助推动下，实现了与新中国的直接接触和建交。

1969 年珍宝岛事件发生，中苏关系交恶。美国为建立美、中、苏“三角外交”，更积极地接近中国。在基辛格的协助策划下，尼克松采取一系列措施，向中国示好，并表达访华意愿。不过，尼克松还不想以牺牲美台关系为代价换取美中修好，他在向中国接近的同时，强调美国将遵守对台湾的“条约义务”，以安抚台湾。1971 年的外交报告表示：“我们与北京的对话不能破坏国际秩序和我们的各种承诺……我们将继续遵守对所有亚洲盟邦安全的条约义务……我重申美国与‘中华民国’政府之间的友谊、援助与联盟关系。”①

1971 年，基辛格秘密访华，与中国拟订联合公报，称中美领袖将为两国关系正常化而会晤。是年，台湾当局见大势已去，宣布退出联合国。联合国表决通过“恢复中华人民共和国所有的权利，承认其代表为中国驻联合国唯一合法代表，同时此后自联合国及有关机构排除蒋介石代表所非法占据的席位”②。1972 年 2 月，尼克松访华，中美发表《上海公报》，声明只有一个中国，台湾是中国的一部分，美国政府对此立场不再提出异议，并将随着该地区紧张局势的缓和逐渐减少武装力量和军事设施③。1974 年，艾森豪威尔时代的“台湾决议案”被福特政府废止。在美国与中国接近的过程中，台湾方面除“不予承认”、“抗议”、“驳斥”外，也无计可施。

虽然美国在蒋介石治台中后期逐渐改变对中国大陆的态度，使台湾当局受到一定打击，但美国拒绝与台湾“断交”、废约，遵守所谓“条约义务”，对台关系基本没有大的改变。1973 年前后，美国继续增强对台军援，装配战斗机、售与潜水艇等。台湾问题仍是中美关系的一大恶瘤。

第五节　海峡两岸关系

一　第一次台海危机

1949 年 3 月 15 日，新华社针对国民党准备以台湾作为最后落脚点，发表《中国人民一定要解放台湾》的社论，第一次提出“解放台湾”的口号。12 月 31 日，中共中央发表《告前线将士和全国同胞书》，将解放台湾、全歼蒋介石集

① Public Papers of the Presidents, Feb. 25, 1971, p. 277。

② General Assembly Resolution 2758(XXVI) of 25 October, 1971。

③ 新华社上海电，1972 年 2 月 27 日。

团残余势力作为人民解放军1950年的任务之一。1950年，随着海南岛、舟山群岛的解放，解放台湾的希望增大。但朝鲜战争的爆发打乱了统一祖国的部署，6月底，中共中央军委审时度势，将军事重点转到抗美援朝战争上。朝鲜战争改变了台湾海峡的形势和两岸军事力量对比。美国第七舰队驶入台湾海峡，宣布“中立化”，阻止大陆和台湾之间的军事行动，并由此改变对台态度，向台湾提供大量军援，派遣顾问团帮助改进国民党部队建制和训练军队，充实台湾防卫力量。美国以先进装备、充裕物资、强大经济后盾为国民党混乱软弱的军队注射了强心剂。美国对中国内政的干涉，加大了解放台湾的难度。

在这样的形势下，台湾当局加紧了对大陆的挑衅和骚扰。

1950年，国民党中改会规定对“匪区”破坏工作为党部设计工作的主要工作之一[①]。11月，西南执行部改称南方执行部，主管长江以南及港澳地区工作[②]。1953年，为加强北方地区“敌后工作”，又决议成立北方特派员办公室，派王任远为北方特派员[③]。1954年7月，“总统府”设置“光复大陆设计研究委员会”，“副总统”陈诚兼任主任委员[④]。“敌后工作”费用占中改会业务费比重可观，如1950年各组“敌后工作”经费之和占总预算的一半之巨[⑤]。虽然百万之众败退台湾后百废待兴，经费紧张，国民党仍不惜以大量经费来组织对大陆的渗透和破坏。

国民党派员潜入内地，组织散兵游勇，组建游击队。“福建反共救国军总指挥部”、“江浙人民反共救国军总指挥部”、“大陆游击总指挥部”等组织陆续建立，在大陆训练、装备数万名游击武装，进行破坏活动。国民党的海军不断袭击东南沿海渔民，抢劫渔船，干扰渔民的正常作业。1950年到1953年间，劫走大陆渔船2000多艘，捕走渔民1万多人[⑥]。

同时，台湾当局不遗余力地对大陆实施“心战”。1951年指示“国防部总政治部”主办“心战”工具——《空中报》，根据大陆同胞心理与需要机动设计，单独发行。除派飞机空投宣传品之外，台湾花费重金在大陆建立电台。这项工作得

---

①⑤　邵明煌、薛化元主编：《蒋中正总裁批签档案目录》，台北：政治大学历史系、中国国民党党史馆，2005年发行，第4页。

②　邵明煌、薛化元主编：《蒋中正总裁批签档案目录》，台北：政治大学历史系、中国国民党党史馆，2005年发行，第12页。

③　邵明煌、薛化元主编：《蒋中正总裁批签档案目录》，台北：政治大学历史系、中国国民党党史馆，2005年发行，第165页。

④　秦孝仪总编纂：《“总统”蒋公大事长编初稿》卷八，中正文教基金会，1978年版，第35页。

⑥　徐焰：《金门之战》，北京：中国广播电视出版社，1992年版，第171页。

到了美国技术和人员的支持。1953 年 8 月，杭州电台试通成功。10 月，广东电台试通成功。1954 年 5 月，大陆广播部（“中央广播电台”），成为当时远东广播功率最大的电力设备。美籍技术人员甘露德（Gilbert）、白传棣斯（Bertrandias）先后在工程中发挥重要作用[①]。

1953 年 7 月抗美援朝战争结束。为缓和国际形势，中共中央军委没有立即将台湾作战提上日程，而是先加强了浙江沿海的军事力量，并于翌年解放了东矶列岛等岛屿。但美台却在朝战后期开始愈加靠近。1953 年 2 月，履新不久的总统艾森豪威尔提出所谓“放蒋出笼”政策，以压迫新中国从朝鲜撤兵。4 月 6 日，参谋长联席会议又授权太平洋舰队总司令雷德福（Arthur W. Radford）对中国东南沿海进行空中侦察。1953 年、1954 年间，台湾方面积极与美谋求订立安全条约，美国方面也由起初的婉拒到逐渐表现出愿将对台湾的保护和美台盟友关系条约化的倾向。

为防止美国长期将台湾作为反共基地，使台湾问题固定化；为打击国民党对大陆尤其是东南沿海地区的侵袭，引起国际社会关注，7 月起，中国领导人将台湾问题提到突出位置。毛泽东认为朝鲜战争之后中共中央未能及时（约迟了半年时间）向全国人民提出解放台湾的任务，没有及时根据这个任务在军事、外交和宣传方面采取必要措施和进行有效工作，是不妥当的。“如果我们现在还不提出这个任务，还不进行工作，那我们将犯一个严重的政治错误”[②]。7 月 23 日，《人民日报》发表《一定要解放台湾》的社论。8 月，在外交部工作会议上，周恩来指出，远东的三个战争中，朝鲜战争、印度支那战争都停了，只剩下美国加紧援助台湾进行骚扰性战争了，现在提出解放台湾是适时的[③]。是月，中央军委召开解放浙、闽沿海岛屿的作战会议。以张爱萍为司令员兼政治委员的浙东前线指挥部随后成立。该部下设登陆指挥所、海军指挥所和空军指挥所。根据浙东前线指挥部命令，参战的海军航空兵归空军指挥所统一指挥。

与此同时，鉴于新中国军事实力难以与台湾海峡的美国舰队抗衡，为减小解放台湾的阻力，避免战争扩大与升级，中国政府也做美国的工作：一方面，通过向周边国家和全世界宣传和平共处外交方针，使美国孤立中国的政策无法得逞；另一方面，通过外交途径向美国传递信息，传达谋求缓和与和解的意图，争取实现两国之间的外交接触，减少美国敌意。8 月 12 日和 24 日，毛泽东和周恩

---

① 邵明煌、薛化元主编：《蒋中正总裁批签档案目录》，台北：政治大学历史系、中国国民党党史馆，2005 年发行，第 186、194、270 页。

② 裴坚章主编：《中华人民共和国外交史》，北京：世界知识出版社，1994 年版，第 337 页。

③ 《周恩来外交文选》，北京：中央文献出版社，1990 年版，第 84 页。

来利用接见以艾德礼(Clement R. Attlee)为首的英国工党代表团的机会，表达了对美国对华政策的批评，希望美国在台湾问题上改弦更张，采取明智的态度。中国意识到美台“共同防御条约”一旦签订，台湾问题可能在很长时期内陷入僵局。所以在利用舆论抨击美蒋勾结的同时，在外交上表示愿意就美国人关心的侨民遣返问题与美国政府接触，“以迫使美国跟台湾不要订条约”[①]。直到炮击金门、马祖前夕，周恩来仍在强调：解放台湾固然要采取军事斗争方法，但对美国，只要它没有直接介入冲突，就“要采取外交斗争的方法”[②]。但美国没有改变对中国强烈的敌意。它在亚洲策划着一系列旨在遏制和孤立中国的“集体安全防御条约”：1953 年 8 月，与南朝鲜签订《共同防御条约》；1954 年 9 月，在马尼拉签订《东南亚集体安全防御条约》；与台湾的“条约”也在磋商之中。

为打击退据台湾的国民党及其背后的美国政府，试探美国反应，激发国人的警惕性和热情，中国人民解放军发动了对金门等岛屿的攻势。1954 年 9 月 3 日，驻福建前线部队向金门连续发炮 5000 余发。台湾当局以炮火回击，6 日起并出动飞机轰炸厦门大嶝，9 日以舰只攻击梧屿白石炮台，第一次台海危机爆发。

台湾海峡局势骤紧，使美国不得不紧急磋商对策，金门等岛对防守台湾是不是至关重要？直接介入还是表示放弃？最终，美国政府接受了国务卿杜勒斯的提议：把沿海岛屿局部问题提交联合国，“由安理会做出一项维持现状的决定”[③]。杜勒斯的建议以“台湾地位未定论”为前提，既避免了美国与中国直接接触，又利用联合国实现停火，将两岸进一步推向长期分离。

9 月底，美国、英国和新西兰就美国的提案开始商谈。英国与新西兰参加讨论的目的是为通过停火实现大陆与台湾永久停止敌对状态迈出“谨慎的第一步”，显然与美国的动机有别。最后，三国同意由新西兰向联合国提出议案，该案应严格局限于国共双方在沿海岛屿的军事冲突，建议联合国持续关注这一问题。

三国协商完毕，美国政府派员向蒋介石说明时，遭到蒋介石极为强烈的反应。蒋介石认为停火案将打击士气民心，使国民党军队“反攻复国”的使命无法实现，沿海岛屿中立化最终只会造成“中共进入联合国，直到台湾被共产党接管”[④]。并表示无论美国是否援助，他将战斗到底。国民党方面建议美国向新西

① 《毛泽东文集》第六卷，北京：人民出版社，1999 年版，第 333—334 页。

② 《周恩来年谱》上卷，北京：中央文献出版社，1997 年版，第 412 页。

③ 资中筠、何迪：《美台关系四十年(1949—1989)》，北京：人民出版社，1991 年版，第 126 页。

④ 资中筠、何迪：《美台关系四十年(1949—1989)》，北京：人民出版社，1991 年版，第 128 页。

兰施加影响，阻止其提出停火案；若新西兰提出停火案，应在此之前或同时宣布美台正在谈判“共同防御条约”；在安理会投票之前签订条约；如能保证后两点，则国民党不对提案表示反对，而将待共产党作出反应后再表态①。此后，美台加紧了“共同防御条约”的谈判。12 月初签订换文。

在美台“条约”签订前后，中国政府加紧了对一江山岛的进攻部署。1955 年 1 月，中央军委以 1 个步兵师、137 艘各型舰艇、22 个航空兵大队，对大陈群岛中的一江山岛发起进攻。陆军在海、空军掩护下向一江山岛强行登陆，占领全岛。此次战役首次对国民党军队成功实施了陆、海、空配合的立体进攻。

一江山岛的局势使美国感到西太平洋安全面临威胁，艾森豪威尔于 1 月 25 日向国会提出特别咨文，要求紧急授权。表示如果他“判断已属必要”，而来不及通过国会时，“有权立即而有效地部署美国武装部队”确保台澎②。“台湾决议案”获国会通过，经总统签署成为国内法。

这时，大陈群岛处境已变得岌岌可危。解放军的攻击令国民党军损失惨重，加上大陈岛距离台湾岛最远③，补给和阵地构筑都远不如金门，若依赖美国海军防卫这台州列岛 11 个岛，牺牲太大。美国政府劝说国民党军队撤出大陈岛，并表示愿意为撤离提供海空掩护。经反复交涉，台湾当局决定接受主动撤离大陈岛的建议，但提出加快批准“共同防御条约”等若干项要求。时任“国防会议副秘书长”的蒋经国以“总统”代理身份，前往前线慰问，指挥大陈岛的撤退行动④。2 月 13 日，中国人民解放军控制大陈群岛。

1 月 28 日，在美国鼓动下，新西兰向联合国安理会提出台湾海峡停火案。苏联针对此案提出制止美国侵略中国提案。安理会将两提案均列入议程，并邀请中华人民共和国代表参加讨论新西兰提案。2 月 3 日，周恩来致联合国秘书长复电指出：“由联合国安全理事会审议中华人民共和国和蒋介石卖国集团‘在中国大陆沿岸某些岛屿地区的敌对行动’的建议……显然是干涉中国内政……中华人民共和国政府坚决反对这一违反联合国宪章、干涉中国内政的建议。”⑤台湾当局也对此提案表示反对。2 月 5 日，驻联合国的国民党代表蒋廷黻在纽

① Memorandum of Conversation by the Director of the Office of Chinese Affairs (McConaughy), Oct. 13, 1954, FURS, 1952—1954, Vol. 14, p. 749。

② Arthur M. Schlesinger, JR: The Dynamics of World Power : A documentary history of United States foreign policy, 1945—1973, Vol. 4, New York: 1973, pp. 210—211。

③ 大陈岛距离大陆海岸只有 12 英里，而距离台湾 200 多英里。

④ 蒋“总统”经国先生哀思录编纂小组编：《蒋“总统”经国先生哀思录》(第三篇)，台北：1988 年版，第 806 页。

⑤ 世界知识出版社编辑：《中美关系资料汇编》第 2 辑，北京：世界知识出版社，1960 年版，第 2199 页。

约发表演讲，反对停火案的“两个中国”主张。8 日，蒋介石发表长篇演说，斥停火案为“荒谬”，认为：“联合国安全理事会开始处理纽西兰所提的停火案，而且要‘共匪’去列席讨论，这真是一件不可思议的事”，质问：“联合国还有什么尊严威信和正义可言？”①

新西兰提案遭国共双方一致反对，陷入困境。安理会中苏联也在谴责这一提案，并要求讨论制止美国侵略中国的提案。自然，苏联的提议又遭美国反对。相持之下，停火案被决议无限期搁置讨论。

2 月以后，中国政府采取主动缓和海峡局势的姿态。周恩来通过瑞典驻华大使向联合国秘书长哈马舍尔德(Dag Hammarskjold)表达了中国的立场：反对分裂中国的新西兰提案，反对美国战争威胁；支持缓和国际紧张局势的努力，愿意就台湾海峡局势问题直接同美国谈判。3 月 7 日，《人民日报》发表社论，提议由中、美、苏、印、印尼、缅甸、巴基斯坦和锡兰召开一次国际会议，讨论缓和台湾地区紧张局势问题。4 月，在万隆亚非会议上，周恩来再度表明中国政府愿意同美国政府坐下来谈判，讨论缓和远东紧张局势的问题，特别是缓和台湾地区紧张局势问题。8 月，中美第一次谈判在日内瓦举行，第一次台海危机结束。

二　第二次台海危机

1954 年至 1955 年的台海危机后，台湾海峡局势仍不稳定。国民党军队利用金、马临近大陆的地理位置，骚扰大陆。国民党飞机甚至飞到北京等内陆城市空投传单，散布反共言论。台湾“反攻大陆”的宣传日益升温，军队加紧两栖作战和空袭训练，并在美国帮助下建造可供 B52 轰炸机起降的大型机场。

第一次台海危机“以打促谈”，实现了中美大使级会谈。然而 1955 年 8 月在日内瓦开启的中美会谈没有在解决台湾问题上起到实质作用。美国坚持中国须首先声明放弃对台湾使用武力，继而拒绝在会谈中讨论台湾问题。这样的做法引起毛泽东的极大不满，并使其意识到实力对于外交的重要性。此后，中共认为解决台湾问题、恢复中国在联合国的合法席位，办法只有两种：“把自己建设强大”与“尽快收回台湾”②。在解放台湾受到外来阻力干涉情况下，只得以更多精力建设自己，以经济促外交。

1957 年底，美国调离与中国谈判的代表约翰逊(U. Alex Johnson)，仅以代

---

① 《当前国际局势》(1955 年 2 月 8 日在“总统府”国父纪念月会讲)，秦孝仪主编：《“总统”蒋公思想言论总集》卷二十六，台北：中国国民党中央委员会党史委员会，1984 年版，第 259、260 页。

② 毛泽东：《关于恢复中国在联合国的合法席位问题》(1956 年 9 月 30 日)，《毛泽东文集》第 7 卷，北京：人民出版社，1999 年版，第 144 页。

办出面与中方接触，中断了自1955年以来保持着的中美大使级会谈。虽然中美会谈仅是一种没有结果的接触形式，但它使美国不得不以中华人民共和国政府为谈判对象，仍旧有一定意义，为中国政府所坚持。美国单方面撤离谈判代表的举动，令中国感到轻视与侮辱。在中国政府几度要求美国重新选派大使级代表续开中美会谈，而未得积极回应之后，6月30日，中国政府发出最后通牒，宣称美方若非在15天内同意恢复谈判，中国方面将不能不认为美国决心使谈判破裂，一切后果由美方负责①。毛泽东决定利用战争边缘政策，以台湾海峡的紧张局势"给美国人一点颜色看"②，打击美国对中国的轻视。1958年7月14日，在中国政府给出期限的最后一天，彭德怀、粟裕召开了作战会议，完成了炮击金门的海、空军部署。但同日，美国方面做出了回应，要求晚几天指派代表和改变谈判地点。这样，虽然中央军委一度决定在26日下午或27日晨炮击金门，毛泽东却在炮击行动的前一刻改变了原定计划，决定暂时不打③。

然而，此间发生的中东危机和苏联的反应，又使暂时取消的大规模炮击行动最终在8月发生。7月，美国为中东危机出兵黎巴嫩，并将黎巴嫩局势与1947年至1950年间希腊、捷克斯洛伐克、中国共产党的胜利和朝鲜战争联系起来。赫鲁晓夫命令苏联军队在中亚地区举行军事演习，以声援阿拉伯反对美英侵略的民族运动。赫鲁晓夫的行动给批评他向帝国主义示弱的中共以压力，为支持亚非民族解放运动，并在意识形态的斗争面前做出有力反应，炮击金门的行动终于付诸实施。

此次炮击行动，除打击国民党军队，以示惩戒外；对美国则有这样几种用意：以台湾海峡的军事行动牵制美军，减轻中东压力；回应美国的敌视态度，以集中炮击其协防的国民党占据地区引起美国重视，促使其慎重制定外交政策；反对美国"划峡而治"、使两岸永久分离的企图；摸清美国底牌，探知其支持国民党的程度和避免直接卷入的底线。

1958年8月23日，中国人民解放军36个地面炮兵营和6个海岸炮兵营向金门猛烈开炮。次日实施第二次炮击。25日，国民党派遣48架飞机至金门以东海域，其中8架窜至漳州地区，2架被解放军部队击落。国民党军队被迫改变对金门的运输方式，转以中型运输舰从澎湖驶至料罗湾，再由小汽艇驳运。但在解放军封锁之下，运输方案的调整解决不了问题。到9月2日，金门基本被

① 杰弗里·巴勒克拉夫编著，福建师范大学外语系译：《国际事务概览（1956—1958年）》，上海：上海译文出版社，1990年版，第724页。

② 吴冷西：《十年论战》，北京：中央文献出版社，1999年版，第189页。

③ 毛泽东：《关于把握打金门时机给彭德怀、黄克诚的信》（1958年7月27日），《建国以来毛泽东文稿》第7册，第326页。

封锁，供给线几乎被完全切断，运抵金门的物资减少为原来的5.5%[①]。

美台对于外岛的态度差异很快导致矛盾公开化。在连续数日的炮击金门行动后，中共决定9月4日起，停止炮击3天，以观美台反应。6日，周恩来发表声明表示，既然美国愿意和谈，中国政府准备与美恢复大使级会谈。美国对此做出积极反应。艾森豪威尔特别指出，具体而明确地接受周恩来的提议，会在恢复和谈问题上产生显著效果[②]。7日，在美舰护航下向金门运送物资的国民党军舰遭到解放军炮击，护航的美舰撤至料罗湾以南观望，未对国民党军舰进行救援。同样情况在11日再次发生。金门补给再度近于中断。15日，中美大使级会谈在华沙恢复，中国政府开始"边打边谈"，准备以一定时期内不对台、澎使用武力的保证，换取美国协助迫蒋撤退金、马驻军。美舰对金门海域战事的观望和中美会谈的恢复，令蒋介石怨声不已。他对中外媒体表示台湾到了"存亡绝续之交"，"恐已不可能以盟邦态度之故，而尚容其徘徊却顾"[③]。表明台方将要顾不得美台条约束缚和美国政府干涉，而行使其"自卫权"了。翌日，在记者招待会上，杜勒斯则表示，在面临攻击时，国民党军队从金门撤退是不明智的；但若要停火，则可以撤军。称蒋介石将大量军队部署和保持在这些岛上是"不明智的"、"相当愚蠢的"、"不谨慎的"[④]。

面对美台矛盾的公开与激化，和美国政府准备以放弃金、马交换台、澎安全，中国政府从更高角度、更深层次分析利弊，调整了策略。毛泽东意识到美国牺牲金、马的目的并不单纯，他们是想"把金、马让给我们，自己占据台湾"[⑤]。如果因夺取金、马而使台湾远离大陆，达到了美国永久分离两岸的目的，那就得不偿失了。10月初，"联蒋抗美"策略正式提出。中共看到由于美国干预，人民解放军在一定时期内不可能解放台湾，而"蒋介石和蒋经国都还有一点反美的积极性"，"可以在一定程度和一定范围内联合反美，不让美国完全霸占台湾"。金门、马祖保留在蒋介石手上，可使大陆跟国民党近距离接触，"要打就打，要停就停，对美一紧一松，主动权在我"[⑥]。

此后，中国政府对金门的炮击进入停停打打阶段。毛泽东为国防部长彭德

① 韩怀智、谭旌樵主编：《当代中国军队的军事工作》，北京：中国社会科学出版社，1989年版，第394—400页。

② Memorandum of Conference With President Eisenhower, Sept. 6, 1958, FURS, 1958—1960, Vol. 19, p. 143。

③ 《金门保卫战的胜利》(1958年9月29日招待中外记者答问)，秦孝仪主编：《"总统"蒋公思想言论总集》卷三十九，台北：中国国民党中央委员会党史委员会，1984年版，第124页。

④ Editorial Note, FURS, 1958—1960, Vol. 19, p. 301。

⑤ 《毛泽东外交文选》，北京：中央文献出版社、世界知识出版社，1994年版，第379页。

⑥ 吴冷西：《十年论战》，北京：中央文献出版社，1999年版，第184页。

怀起草《告台湾同胞书》，宣布将双日停止炮击金门飞机场、料罗湾的码头、海滩和船只的规定，推广到其他一切地区的军事目标，逢双日都不打炮。并揭露美国惧怕国共重新接近，而妨碍他们孤立和托管台湾的阴谋[①]。毛泽东托人转告蒋介石，只要能抵制美国，就可跟他合作[②]。大规模惩罚性炮击随之不再实施，第二次台海危机结束。

三　长期对峙局面的形成

两岸的对峙局面与美国对华政策有关。在冷战背景下，美国既避免与新中国直接冲突，又使台湾当局对共产党政权构成潜在威胁，使台湾成为美国太平洋防线链条上的重要一环。维持两岸分离、对峙是国民党退台后美国的政策倾向和战略目标。

第二次台海危机发生后，美国与台湾当局经讨价还价，于1958年10月23日发表联合公报。台湾当局在美国压力下，宣布"恢复大陆人民自由"的主要途径是"实行孙中山先生之三民主义，而非凭藉武力"[③]。

在军事反攻受挫的情况下，台湾当局被迫调整对大陆政策，将主要精力转到"政治反攻"上，即"对外保持足以防御中共来袭的武装力量，同时，美国也只提供这样的军事援助；对内则是'偃武修文'，加强经济建设"[④]，而不再不断翻新各种版本的"反攻"时间表。1959年元旦，蒋介石在《告全国军民同胞书》中宣布："'反攻复国'的战略，始终是以政治为主，以军事为从，以主义为前锋，以武力为后盾，以大陆为本战场，以台湾为支战场，而军事武力的奏效，必须以大陆革命运动与台海军事行动相互配合，双方策应，为其一贯的指导方针。"[⑤]1963年，"九全大会"确立"反攻复国战斗体的部署"，指出"反攻复国战争的性质"是"党政军联合作战的战争，亦即总体战，和面的战争"，要对大陆"运用政治、经济、文化以及心战、宣传，展开对'匪'攻击，为军事作战开拓道路，并保障军事作战的彻底胜利"。唐纵在《中央委员会党务工作报告》中强调："今后必须遵照总裁七分政治、三分军事的指示，正式的承当起加强对'匪'政治战的任务。"[⑥]

① 《毛泽东外交文选》，北京：中央文献出版社、世界知识出版社，1994年版，第488页。

② 《周恩来军事活动纪事》下卷，北京：中央文献出版社，2000年版，第476页。

③ FURS，1958—1960，Vol. 19，pp. 442—444。

④ 朱浤源、张瑞德访问，蔡说丽、潘光哲纪录：《罗友伦先生访问纪录》，"中研院"近代史研究所，1994年版，第196页。

⑤ 《告全国军民同胞书》(1959年1月1日)，秦孝仪主编：《"总统"蒋公思想言论总集》卷三十三，台北：中国国民党中央委员会党史委员会，1984年版，第218页。

⑥ 中国国民党中央委员会党史委员会编：《革命文献》第77辑，1978年版，第208、266页。

当然，国民党强调政治作战，不代表他们放弃了军事反攻大陆的想法。20世纪60年代初，由于严重的自然灾害和“大跃进”运动造成的混乱以及中苏决裂的外交困难，中国大陆面临着考验。国民党认为这是他们反攻的绝好机会，部队天天做实兵演习、厉兵秣马。1963年12月，国民党组织“反攻军登陆总指挥部”，除留下两个师戍守本岛之外，其他21个师全部编入反攻军的战斗序列。并在三峡成立工作组总部，由王文度等参谋进行研讨，规划“反攻计划”。蒋介石每周都亲自主持军事会议[①]。正当台湾当局紧锣密鼓准备时，美国接到美军顾问团的报告，国务卿腊斯克(Dean Rusk)来到台湾，告诉当局如果要反攻，则不能使用美援装备，就是用了，美国也不会补弹药、零件。“反攻计划”只得中止[②]。1964年10月，中华人民共和国第一颗原子弹试爆成功，核武器成为威慑台湾的重要因素，使之不敢轻举妄动。

中国大陆方面，在第二次台海危机中察觉美国分裂中国的阴谋后，决定暂不夺取沿海岛屿，利用蒋介石反对“两个中国”的共同点，防止联合国中出现两个中国。在两次台海危机促成和恢复的与美国漫长的谈判中，美国几乎在历次会议上都要提出中国放弃在台湾地区使用武力的要求，而中国则要求美国从台湾和台湾海峡撤军。双方都不能答应对方要求，台湾问题上的谈判在数年内都没有突破。

1959年10月，毛泽东指出，台湾问题既有国内问题，又有国际问题。“就美国说，这是一个国际问题，国际问题只能用和平道路解决，不能用武力解决”。关于美国从台湾撤军的问题，中国政府会同美国谈判下去，“几年不收回台湾(包括金门在内)也不要紧”[③]。1960年5月，毛泽东进一步提出，在美国极力分裂中国的情况下，台湾宁可放在蒋氏父子手里，也不可落在美国人的手中，解放台湾的任务可以留交下一代人完成[④]。

此后，毛泽东又陆续提出一些和平解决台湾问题的构想。1962年，台湾当局趁大陆遭受自然灾害之机，又掀起了一股反攻大陆的恶浪，福建前线形势又显紧张。年中，中央指示中美大使级会谈的中方代表王炳南探询美方对台湾反

① 朱浤源、张瑞德访问，蔡说丽、潘光哲纪录：《罗友伦先生访问纪录》，“中研院”近代史研究所，1994年版，第189—190页。

② 朱浤源、张瑞德访问，蔡说丽、潘光哲纪录：《罗友伦先生访问纪录》，“中研院”近代史研究所，1994年版，第190—196页。

③ 《不能把台湾问题上的国际问题同国内问题混淆起来》，《毛泽东外交文选》，北京：中央文献出版社、世界知识出版社，1994年版，第382页。

④ 王永钦：《统一之路——两岸关系五十年大事记》，广州：广东人民出版社，1999年版，第66页。

攻大陆的态度。6月23日，美国代表卡波特(John Cabot)在与王炳南会谈中说：在目前情况下，美国决不会支持蒋介石发动对中国大陆的反攻。未经美国同意，蒋介石不得对中国大陆发动进攻。谈话内容报告国内，对当时国内决策起了作用①。1963年，周恩来根据毛泽东的构想和中央政治局常委会的决策，加以整理概括。提出，在“台湾必须统一于中国”这一总纲下，除外交必须统一于中央外，所有军政大权、人事安排等悉委于蒋介石，陈诚、蒋经国亦悉由蒋意重用；所有军政及建设经费不足之数由中央拨付；台湾社会改革可缓，必俟条件成熟并征得蒋之同意后进行；互约不派特务，不做破坏对方团结之举②。被称为“一纲四目”。在中共中央日渐形成的和平解放台湾基本原则指导之下，中央军委不再部署解放台湾的军事计划，两岸进入相对和平的长期对峙时期。

① 王炳南：《中美会谈九年回顾》，北京：世界知识出版社，1985年版，第89—90页。
② 《周恩来年谱(1949—1976)》(中卷)，北京：中央文献出版社，1997年版，第276、321页。

第十一章 蒋介石主政时代的经济与社会

第一节 台湾经济的恢复与发展

一 土改与农业经济的恢复与发展

1949年国民党败退台湾之后，岛内处于内外交困、危机四伏的境地，物价猛涨、粮食紧缺、失业严重，社会经济环境极为恶劣。其中粮食问题尤为严峻，台湾稻米产量以1938年的138万吨为最高记录，1945年降为64万吨，到1949年只提高到121万吨①。与此同时，台湾的人口却急剧增加。1946年台湾总人口，包含军队人数在内共有624万，1949年已增加到753.8万。人口的急剧增加主要是由于大批大陆军政人员迁往台湾。户口普查资料表明，在1945年至1949年间，大陆迁台人口总数为471463人，另外还有约60万左右的军事人员②。因此，恢复农业生产、稳定和重建岛内社会经济秩序是国民党当局极为迫切的重大问题。在面临生存的巨大压力以及美国的干预下，由国民党当局推行的"土地改革"成为20世纪50年代台湾社会经济最重大的事件，土地改革奠定了战后台湾经济发展的坚实基础。

1. 土地改革的必要性和政治、经济背景

台湾光复之初，当局起初并未有对台湾农村租佃制度进行改革的政策设计。后来随着国共内战的扩大，国民党政权难以在短时间内在大陆筹集到"国军"急需的军费与军粮，于是便加紧在盛产稻米的台湾筹集军粮和公务员用粮。台湾省行政长官公署在宣布废除日据时期台湾总督府实行的货币地租缴纳制度之后，竟然把战时在大陆实施的实物地租缴纳制(又称"田赋征实")以及一整套的粮食征收和粮食分配制度原封不动地搬到台湾。实物地租缴纳制是一种战时特殊财政手段，它的出现是台湾社会经济发展过程的一大倒退。随着大陆

---

① 秦孝仪:《"中华民国"经济发展史》，台北:近代中国出版社，1983年版，第1182页。

② 薛光前、朱建民:《近代的台湾》，台北:正中书局，1977年版，第295页。

内战的激化，台湾省行政长官公署又于1947年、1948年连续颁布法令，追加实行强制收购大中户余粮的"余粮收购制"，凡年收入稻谷在15吨(约为3—4公顷普通水田的年收获量)以上者，扣除应纳地租(稻谷)和家庭消费稻米后，剩余粮食以累进比率收购①。当时，大中户主主要是地主，因此余粮收购制的主要对象是拥有3公顷土地以上的大中地主阶层，引发台湾当局与农民和地主的矛盾与冲突。

在台湾业已出现剧烈通货膨胀的情况下，上述政策的实施对农民和地主的影响都很大。实物缴纳对纳税者来说，在存在通货膨胀时当然要比现金缴纳实际负担更重。对地主来说，除了因实物缴纳制受到与农民同样的损失之外，还要直接受到大中户余粮收购制的影响。结果是，农民和地主均对国民党政权非常不满。此时又爆发了"二二八事件"，台湾当局的统治基础受到削弱。而地主为对付和抵制国民党当局的粮食征收政策，采用提高地租等办法把一部分负担转嫁给佃农，又进一步加剧了农民的贫困化和阶级关系的紧张。当时的台湾处于政治、经济、社会等各方面的危机之中。在岛内，特别是由于通货膨胀和稻谷征收加剧了农民的贫困化，农村治安情况严重恶化。1948年仅占农户总数11.7%的地主，竟占有台湾耕地总数的56%；而占农户总数88.3%的农民，却只占有耕地总数的22.4%②。地主向佃农所收的地租高得让农民难以接受，超过50%的高额地租，使佃农辛勤劳作一年所剩无几。农村阶级矛盾激化，社会危机严重，此时的台湾地主已经成为国民党当局稳定执政的一大不稳定因素。

土地改革完全是国民党在生死存亡的利害关键时刻所采取的自上而下的改革，其迫切追求的目标绝不是彻底的土地改革，而是一种缓和当时与农民阶级之间的紧张关系，确保台湾稳定的温和的改革③。但土地改革又意味着瓦解封建性质的地主租佃制度，显然会与地主发生利害对立，不过，台湾的地主阶层大都为日本殖民统治时期形成，与国民党当局并无太深的历史渊源，因此成为国民党当局威权推行土改的现实条件。国民党当局清醒地意识到，土地改革不仅不会损害到统治者的经济利益，反而有利于加强和维护统治的社会基础。国民党政权在大陆惨痛的失败教训，使它清醒地认识到，为了在台湾能够真正站稳脚跟，就有必要对台湾的社会经济关系，尤其是农村中的土地关系，进行较大幅度的调整。

在大陆期间，国民党政权是与封建地主阶级紧密结合的官僚地主资产阶级

---

① 《台湾收购粮食办法》，载《台湾银行季刊》第2卷第2期，1948年7月，第228—230页。

② 范爱军：《台湾经济研究》，济南：济南出版社，1995年版，第7页。

③ 林长华：《战后美台经济关系概论》，北京：九州出版社，2001年版，第26页。

政权，地主阶级是它在农村的一个重要阶级基础，它始终拒绝在大陆进行土地改革，以保护封建地主阶级的利益。虽然国民党标榜奉行孙中山的"三民主义"，但却从未真正实施过其核心内容的民生主义，即"平均地权"、"耕者有其田"，其根本原因就在于国民党与地主阶级有着千丝万缕的利害关系。到台湾后推行"土地改革"，是在各种错综复杂的政治、经济背景和岛外巨大军事压力的紧迫情形下，是在生死攸关的存亡危机与美国政府的巨大压力下被迫推行的。

国民党当局实施土改之前，占台湾总户数的 88.3%的农户仅拥有 22.4%的耕地，其中一半的农户还没有土地，靠租佃土地生活。土地的占有不均，反映了台湾农村生产关系的不协调。当时的租佃制度又存在着地租高、租期短、口头契约多、抵押租金重等种种弊端，因此，无地少地的农民要求土地的愿望十分迫切。仅靠实施台湾《土地法》显然无助于解决台湾的全部土地问题。为此，国民党当局决定从解决土地入手，首先在农村实行土地改革，并在此基础上向城市推进，从而实现平均地权和民生主义的土地政策。

美国对国民党当局的重新"支持"也是台湾土地改革的最重要动因之一。朝鲜战争的骤然爆发，台湾的战略地位得以提升，并重新获得美国的军事、经济双重支持。但此时的台湾当局很清楚美国对台政策转向的内幕过程，它还必须在台湾岛内实施一些具有重要意义的实际行动，来彻底改变它在大陆统治时期留给美国人的腐败独裁、抗拒改革的"不良"印象，以此来促使美国对台湾支持的长期化和彻底性。国民党推行土地改革的目的之一，就是树立台湾"自由中国"的新形象，以求重新获得急需的"美援"，企求维持国民党残余政权的生存延续。因此，对于国民党来说，来自美国的援助既是助力，也带来了压力。这一压力对国民党在台湾推行的土地改革，产生了相当大的影响。据原国民党中常委萧铮回忆，1949 年 12 月 5 日，将介石以国民党总裁身份在阳明山召集全体国民党中常委谈话，认为美国政府"对台态度甚好，美援有恢复可能，目前惟先需自己有适当做法"①。因此，土地改革的实施与否，是关系到国民党政权能否重新得到美国援助，能否维持生存下去的急迫问题。

国民党决意改变长期以来国民党政权同地主和农民的传统关系模式，即牺牲地主的一部分利益，争取占人口多数的台湾农民的支持，以求得国民党政权的稳定。于是，台湾当局开始把争取岛内农民支持的问题，也即土地问题视作首先紧迫处理的政治问题。同时也为消除因台湾的土地问题诱发内部动乱的

---

① 萧铮：《土地改革五十年——萧铮回忆录》，台北：中国地政研究所，1980 年版，第 336 页。

风险,“乃毅然下定决心推动土地改革”[①]。正如主持推行台湾土地改革的陈诚所言:“佃农终岁辛勤,仍不能脱离痛苦,反之地主阶级不劳而获,却能享受安富尊荣之生活,两相对照之下,足以造成阶级对立之严重性,自不待言,此而不加改善,乱源由此发生,征诸往事,历历不爽,因此之故,台湾必须实施土地改革,是一种客观需要。”[②]由此,国民党当局采取了威权推动土地改革的决策。

1949 年 4 月,台湾省政府在《布告推行三七五减租》中称:“改善租地制度,安定农村社会,为中央最高决策”,“地主不得藉故撤佃,佃农不得无故抗租,如有不肖分子蓄意破坏从中阻挠者,定予依法严惩。”通令各县“对于违反本省私有耕地租用办法之规定,强迫或恐吓撤佃或藉势强取超过规定地租之地主应予拘送警备司令部惩办”[③]。所谓台湾的“和平土改”其实有着强大的威权武力作后盾,土改初期完全是靠行政命令自上而下强制推行的。

2. 土地改革的三个阶段

国民党推行的土地改革以维护其“政权稳定”为目的,必然采取与地主、农民相互妥协的基本路线来推行土地改革,同时也接受美国“指导”与借鉴日本的“土改模式”。大体上,台湾土地改革采取三个步骤,也就形成三个大的阶段。

第一阶段——“三七五减租” 陈诚就任台湾省主席后,立即准备实施减租政策。1949 年 4 月颁布《台湾省私有耕地租用办法》,开始强制实施换订租约的减租政策,震撼台湾社会的土改开始启动。在国民党当局尚未对《耕地三七五减租条例》进行正式“立法”(正式“立法”为 1951 年 5 月)时,便从 1949 年开始实施“三七五减租”政策。可见,“三七五减租”政策是在极其紧迫的内战状态下付诸实施的。“三七五减租”的主要内容是:农田普通收获量中,种、肥和耕作中的其他成本要耗费 25%,先扣除后,余下 75%让地主和农民平分各得 37.5%,所以规定地租最高额不得超过正常年收获量的 37.5%,农民租用地主私有耕地纳租以实物计算,不足者不得增加,且不能收取押金;地主出租土地,租期不得少于六年,期满必须续租,不得随意撤租升租以保障佃农利益的相对稳定。歉收时若收获量不及三成者,地主应减免地租。对农民也作了规定,不得积欠地租,欠至两年租额,地主即可撤租。农民也不能将耕地转租他人等[④]。实施“三

---

① 李国鼎、陈木:《“我国”经济发展策略总论》上册,台北:联经出版事业公司,1987 年版,第 288 页。

② 转引自台湾银行经济研究所:《台湾土地改革纪要》,台北:台湾“中华书局”,1961 年版,第 10 页。

③ 台湾省民政厅地政局编印:《台湾省地政“法令”辑要》第二集,台北:1951 年,第 86—87 页。

④ 台湾银行经济研究室:《台湾土地改革纪要》,台北:台湾“中华书局”,1961 年版,第 181—186 页。

七五减租”,除了减轻过去佃农的沉重地租负担之外,还在法律上保护了耕作权,求得佃租关系的基本稳定。“三七五减租”的实施让农民多收入至少15.5%。

“三七五减租”始于1949年4月,到8月结束,共有296043户农户按规定订立了新租约,占该年全省农户数(包括自耕农、佃农及雇农)的45%,涉及耕地264514甲,其中水田227329甲、旱田36029甲,其余1156甲为晒场等用地①。1949年底,地主出租的25.7万公顷土地,全部实行减租。从而在一定程度上减轻了佃农的地租负担,缓和了租佃关系,也照顾了地主的利益。

这种减租政策虽没有彻底消除地主佃耕制度,也毕竟“侵犯”了地主的利益,在这段时间内,地主开始对佃农索取所谓“权利金”,强行解除与佃农的佃租契约来对抗减租政策,地主与佃农的矛盾一度激化。到1952年6月为止,地主与佃农之间解除佃租契约的件数达35313件。鉴于上述状况,国民党台湾当局决心加大土改力度。

1951年5月,“立法院”通过《三七点五减租法》。6月,正式公布《耕地三七五减租条例》。该条例全文共31条,其主要内容有:(1) 减轻租额负担。规定佃农对于地主的租额,一律以不超过主要作物正产品全年收获量的37.5%为标准,原约定地租超过此标准的,减至此标准,不到此标准的,不得增加;同时,预收地租及押租金等一切额外负担全部取消;对于耕地因灾害而歉收时,规定按受灾程度予以减免。(2) 规定耕地租佃期不得少于六年;原有约定租期超过六年的,依其原约定。(3) 租约应采书面形式,租约的订立、变更、终止或换订,应由出租人会同承租人申请登记。(4) 规定积欠地租达两年总额时,可终止租约,从而兼顾了地主的合法利益。此外,还规定了租约的应定事项、拒收地租的处置办法、承租人优先受让耕地权、租约届满时对承租人的保护、租约的续订、违规终止租约和超收地租的处置以及争议的材料等内容②。从效果上看,实施减租后,地租率下降,并导致地价的下跌。减租后全省各县市水田价格平均跌落19.4%,旱田跌落42.3%③,从而为进一步实行土地改革创造了条件。

第二阶段——“放领公有农地政策”　1951年6月,台湾当局颁布《台湾省放领公有耕地扶植自耕农实施办法》,开始对公有耕地进行大规模放领,也即耕地所有权的转移。所谓公有耕地放领政策,即将原放租的公有耕地,从“国有”及“省有”耕地的所有权分期分批地放领给承租耕地的佃农、雇农和其他需要土地的农民,促使其成为自耕农。公有农地大多数是战后从日本总督府及日本垄

① 于宗先:《台湾农业发展论文集》,台北:联经出版事业公司,1975年版,第148页。
② 庄金锋:《海峡两岸土地法律制度比较》,香港:香港社会科学出版社,1997年版,第32—33页。
③ 秦孝仪:《“中华民国”经济发展史》,台北:近代中国出版社,1983年版,第1025—1026页。

断资本手中无偿接收过来的农地，共有水田 1.81 万甲(1 甲约等于 0.97 公顷)，即 17.55 万公顷，约占光复后台湾耕地总面积的 21%。每个农户可承领水田 0.5—2 公顷、旱田 1—4 公顷，承领人分 10 年(20 期)缴清地价后，可获得土地所有权。当年实际放领土地计 24486 公顷，承领农户 61782 户。1952 年及 1953 年，又先后两次将各公营事业机关出租的耕地，交由当地县政府办理放领，计放领面积达 25812 公顷。这些土地大都成为以台湾糖业公司为中心的公有企业的所有农地，地价为该地收获量的 2.5 倍，分十年缴纳现物(稻谷、薯类)付清。

第三阶段——"耕者有其田" "耕者有其田"是土地改革的最后一步和最终目标。实施之前，在"中美农村复兴联合委员会"技术指导和经费协助下，台湾当局首先于 1951 年进行了全省地籍总归户，彻底清查了土地所有权的现状，1952 年 3 月结束清查。1951 年 3 月提出《台湾省扶植自耕农条例草案》，后经"行政院"修订为《实施耕者有其田法条例》，并于 1953 年 4 月正式公布；同时还公布了《台湾省实物土地债券条例》、《公营事业转移民营条例》两个辅助法令，这两个条例主要是为了配合《实施耕者有其田法条例》的实施而制订的。由此，开始正式实施"耕者有其田"政策。

《实施耕者有其田法条例》规定：(1) 仅把农地列为征用的对象，地主保留地的面积限额无论是在村地主或不在村地主一律均为中等水田三甲(45 亩)，旱田六甲(90 亩)；(2) 超过保留地限额的佃耕地卖给佃耕的佃农。但是，从地主手里征用农地和卖给农民均须由国民党当局作为中间人进行；(3) 地价定为该农地年收获量的 2.5 倍。给地主的地价补偿，70%付给实物债券，30%付给四大公营公司(水泥、纸业、工矿、农林)的股票。前者十年付清，后者当时付清[①]。此外还规定了例外情况的处理。于是，台湾当局依照条例，开始大量征收地主的土地，以低价出售给农民。同时为了保护地主的利益，当局以实物土地债券七成和公营企业股票三成作为地价付给地主。此举把台湾的"大地主"一扫而光，使台湾当局握有大量土地，为贱卖给无地农民创造了条件。

土地改革贯彻着减轻农民负担，保证地主利益，并将其资金转移到工业资本的妥协精神。农民的地租从 37.5%降为 25%，其负担确实减轻，但在十年期间不得自由出卖这块土地，因而被束缚在土地上。而对地主来说，既保留了生活必需的农地，又采用实物债券支付，不受通货膨胀的影响，还可以把资金转化为工业资本，推动岛内当地资本投资工业产业及金融、贸易等的兴趣。故有大

① 参见刘进庆：《战后台湾经济分析》，台北：人间出版社，1995 年版，第 84 页。

陆学者认为,“土地改革在很大程度上保护了地主尤其是大地主的经济利益”①。

“耕者有其田”的政策从1953年3月开始,经过复查、计算、审核、公告等程序,从6月起办理耕地的征收与放领,至1953年底全部结束。台湾当局原拟征收地主土地21万余甲,但由于将保留标准放得太宽,致使实际耕地征收数大打折扣。台湾当局实际征收的耕地共计143568甲,占私有出租耕地的55%,地主土地被征收者为106049户,占地主总户数的60%。受领农户194823户,占有承租私有耕地佃农的65%②。台湾当局为征收土地而支出的全部企业股票总面值约为659774640元③。

3. 土地改革的效果与作用

综上所述,台湾当局从1949年至1952年的三年时间内,积极推行土地改革,又兼之“美援”的及时支持,农业经济首先恢复,并为岛内经济的全面恢复奠定了基础,使国民党残余政权退台初期,从政治、经济、社会的极端困境中逐渐稳定下来。史学界一般把1949年至1952年的三年间称为台湾经济发展的过渡期,台湾的“土地改革”和“美援”共同奠定了战后台湾经济发展的基础④。

在关乎其政权生死存亡的关键时刻,国民党台湾当局以威权强行推行了台湾的土地改革,虽然其首要目标是确保台湾的政治、经济稳定,巩固国民党当局在台湾并不稳固的统治基础,但它对台湾经济从混乱走向稳定起了重要作用,同时奠定了战后台湾经济发展的坚实基础。但土地改革也有很大的局限性。有人指出:“土地改革政策是不彻底的,我们政府花了那许多人力物力在这个政策上,结果换回来的是农村租佃关系依然存在,而只是把原来严重的问题,减轻到缓和的程度而已”,“耕者有其田政策实施以后,地权并未平均,耕者也不是有其足耕的田,却是很显然的事实。”⑤“台湾的土地改革虽有一定的局限性,但毕竟基本上消灭了封建主义势力,成功地使台湾农业迅速恢复到战前最高水平;并带动了台湾工业经济的恢复;在农村建立了新的政治经济结构,为台湾今后的经济发展奠定了良好基础”⑥。

4. 农民阶层结构的变化

土地改革的结果之一,就是改变了遗存于台湾农村社会的殖民地经济形态,

---

① 茅家琦:《台湾三十年(1949—1979)》,郑州:河南人民出版社,1988年版,第43页。

② 沈宗翰:《农村发展与政策》,台北:台湾“商务印书馆”,1975年版,第73页。

③ 于宗先:《台湾农业发展论文集》,台北:联经出版事业公司,1975年版,第153页。

④ 陈孔立:《台湾历史纲要》,北京:九州出版社,1997年版,第453页。

⑤ 转引自邓文仪:《台湾省实施耕者有其田记实》,台北:“中央文物供应社”,1955年版,第635页。

⑥ 茅家琦:《台湾三十年(1949—1979)》,郑州:河南人民出版社,1988年版,第44页。

带来了农民阶层结构的变化。土改后，台湾当局将由地主手里收购的土地，按同一价格——年产量的两倍半——再售给佃农。强制收购和转卖给佃农的工作从1953年5月开始，到同年12月结束，总共大约有14.4万公顷土地转手。1948年，佃农耕种的土地占耕地总面积的44%；到1953年，佃农耕种土地的百分数下降到17%。同时，自耕农在全部农地所占比重从56%上升到83%，佃耕地所占比重从44%下降到17%；自耕农在农民阶层中所占比重从33%提高到52%，佃农所占比重从36%下降到20%，半自耕农仍保持在24%的比重上。通过土地改革，台湾的封建地主租佃制开始解体，适应资本主义经济发展的新的农村经济制度开始逐渐形成①。农业产量的大幅提高和农民自由流动性的提高，为台湾工业化的起步与腾飞创造了必要的条件，也打下了台湾所得分配均等的基础。

5. 台湾民间资本的形成

在土地改革中，地主作为一个阶层被基本取缔。从1953年5月开始，台湾当局强行征收了约14.4万甲地主土地，为此付给地主的地价补偿额约为22亿元台币(其中分别为15.4亿元的实物债券和6.6亿元的股票)②。征收土地的价格为年产量的两倍半，其中70%以实物债券偿付，其余30%以台湾水泥公司、台湾纸业公司、台湾工矿公司和台湾农林公司四家公营企业的股票作价。当局还发行了两种实物债券——稻米债券和白薯债券，稻米债券用来偿付水田，白薯债券用来偿付旱田。债券年息4厘，每半年还本付息一次，本利分20次还清。地主从中获得股票的四家公营企业都是台湾当局指定要转为民营的。由于这些债券与股票可以阻止通货膨胀，用它们来偿付地价，使地主对这种强制收购土地的改革比较易于接受③。实物债券虽占比率较高，但其资本化意义并不大，而四大公营公司的资本以股票补偿形式转化为民间资本，其作用已超过了资本份额所代表的意义，可以说为台湾民间资本的发展奠定了初步基础。“以工业股票补偿地价的办法诱导了民间资金从土地买卖转向工业投资，每年使台湾增加收入约4000万元新台币，从而极大地促进了工业生产的恢复”④。

从经济效果方面看，台湾学者毛育刚估计在1949年至1952年的四年间，

① 美国学者何保山认为：在传统上，地主阶级是农村地区唯一的代言人。但从50年代初期以来，他不再享有这种政治垄断权。在50年代后期，乡镇代表中只有23%是地主，而69%都是自耕农(其中40%是新自耕农)，7%是工商业者。从长期看，农村新领导的出现和更多人参与政治，可能成为土改的最重要的后果。转引自何保山：《台湾的经济发展(1860—1970)》，上海：上海译文出版社，1981年版，第198页。

② 台湾银行经济研究室：《台湾土地改革纪要》，台北：台湾“中华书局”，1961年版，第204—205页、187—190页。

③ 何保山：《台湾的经济发展(1860—1970)》，上海：上海译文出版社，1981年版，第184页。

④ 于宗先：《台湾农业发展论文集》，台北：联经出版事业公司，1975年版，第164页。

因土地改革收入分配引起的国民收入的增加额，分别为 2.5 亿元、3.9 亿元、5.2 亿元和 10.3 亿元，约相当于各该年国民收入的 5%—7%[①]。台湾地主阶层由封建资本转化为工商业经营阶层的民间资本，意味着战后台湾混合型经济体制的基础得以基本形成，标志着土改的顺利完成。

6. 农业经济的全面恢复与发展

台湾的农业，在日本 50 年殖民统治下，形成所谓以稻米与甘蔗为主的单一种植型农业经济体。二次大战期间，农业生产遭到严重破坏。至 1945 年 10 月台湾光复之初，台湾的农业生产濒临崩溃的边缘。从台湾的农业生产指数来看，从 1939 年 108.2 最高点跌至 1945 年的 34.2 最低点，不及最高峰时的三分之一。究其原因，主要是由于农业资源投入明显减少，1943 年至 1945 年下降了 20%。其中：流动资本因化肥供给极度缺乏而减少投入 70%，固定资本因水利设施遭到毁坏而减少投入 50%，劳动投入因许多农村青壮劳力被征服兵役而减少 23%，土地面积因耕地荒芜而减少投入 4.5%[②]。1945 年，在岛内各项农产品产出中，最主要的粮食作物——稻米生产下降了一半以上，只有 64 万吨，与当时全省人口的最低消费量 86 万吨比较，缺口达 22 万吨；甘蔗生产下降了三分之二以上，只有 416 万吨，不及光复前最高产量 1284 万吨（1939 年）的三分之一。其他农作物产量也不及光复前一半水平。由此，农业生产的恢复是战后台湾经济重建的重点。

在台湾经济恢复时期，农业可谓经济支柱。光复初期，在台湾当局农业政策的引导下，通过大力整治农田水利、加强化肥供应、调整土地关系等措施，促使遭到战争严重破坏的台湾农业生产力开始缓慢地恢复。至 1947 年，全岛受战争和自然灾害破坏的农田水利设施基本修复，并进一步加强了河患的防治与农田水利工程的建设，农田灌溉面积有所增加[③]。农业生产的恢复须依靠农业资源投入的增加，在扶植农业的经济政策推动下，土地投入、劳动力投入以及资本投入等均有明显成效。从土地投入量看，光复初年，台湾共有耕地 83 万公顷，至 1949 年增至 87 万公顷，增长了 4%；从劳动力投入看，在 1946 年至 1949 年间，台湾农业人口从 352 万人增至 388 万人，增长了 10%；农业劳动力从 156 万人增至 171 万人，也增长了 10%；从资本的投入看，主要是肥料、种苗、农药、饲料、农机等。其投入量从 1946 年的 4.4 亿元增至 1949 年的 10.2 亿元，增长了 130%。农业资

① 毛育刚：《台湾土地改革之经济研究》，载《台湾农业发展论文集》，台北：联经出版事业公司，1975 年版，第 153—155 页。

② 于宗先：《台湾农业发展论文集》，台北：联经出版事业公司，1975 年版，第 34 页。

③ 陈孔立：《台湾历史纲要》，北京：九州出版社，1997 年版，第 431 页。

源投入的增加,必然带动农产品产出的增长。在1946年至1949年间,台湾85项农产品产出以1951年新台币固定币值计算,从20亿元增至37亿元,增长84%,其中粮食作物从12亿元增至17亿元,增长44%;特种作物从2.4亿元增至11亿元,增长346%;果蔬从2.2亿元增至3.8亿元,增长74%;畜牧从3.6亿元增至5.3亿元,增长47%[①]。光复初期台湾农业经济有所恢复,但进展缓慢,台湾农业总体水平不及光复前的一半;1947年接近七成;至1949年约达到九成。参照表11-1,可知光复初期台湾主要农产品的产量。

表11-1 光复初期台湾主要农产品产量

单位:千吨

年 度	水稻	甘薯	小麦	大豆	花生	甘蔗	茶叶	香蕉	菠萝
光复前最高记录	1402	1770	7	7	31	11770	17	219	39
1946	894	1331	1	4	37	899	3	53	20
1947	999	1783	4	10	47	297	7	124	25
1948	1068	2003	6	12	53	2359	8	110	28
1949	1215	2166	10	12	53	5442	10	98	27
1949年与光复前最高之比例(%)	86.7	122.4	142.9	171.0	171.0	46.2	58.8	44.7	69.2
增加*(%)	35.9	62.7	900.0	200.0	43.2	505.3	233.3	84.9	35.0

*1946—1949年增加率(%)。

资料来源:王友钊:《技术改进与台湾之农业发展》,载《台湾农业发展论文集》,台北:联经出版事业公司,1975年版,第113页。

土地改革后,大量的佃农获得土地成为自耕农,佃农占生产者总数的比率由改革前的37%降为1953年的21%。这意味着台湾农村土地所有权发生重大转折,亦使大多数农民的权利得到了保障,提高了农民的投资意愿,促进了农业生产的发展。农民通过在生产中增施化肥、农药和改进耕作技术与推广良种,使1952年的土地生产率比1946年提高了近一倍以上。各种农作物的总产量也于1950年前后恢复到了战前的最高水平。至1952年台湾农业已恢复至战前最高产量1939年的水平。如稻米产量,1938年的最高收获量为140.2万吨,而1951年已达148.5万吨[②]。

台湾的劳动力主要集中在农业,1952年农业就业人口约占就业总人口的

① 李非:《台湾经济发展通论》,北京:九州出版社,2004年版,第37页。

② 秦孝仪:《"中华民国"经济发展史》,台北:近代中国出版社,1983年版,第1030页。

61%，农业产值为岛内总产值的35.7%，农产品及农产加工品的出口额占出口总额的91%。1953年至1962年，台湾农业生产平均每年增长4.8%，不仅粮食自给，农业生产结构也大大改善，渔牧业产量大幅度增长，促进了农产品和农产加工品的出口，换回大量的机器设备和农工原料，推动了进口替代工业的发展[①]。台湾农业的发展对整体经济，尤其工业的恢复发展有着巨大的贡献。台湾农业在充分供应工业原料的同时，又大量出口以换取岛内较为短缺的工业原料。20世纪五六十年代，是台湾工业刚刚起步时期，很多工业原料依赖进口，而这时创外汇的岛内主要产品则是农产品及其加工品。据统计，在20世纪60年代前，工业产品平均只占每年出口总量的13.8%，农产品及其加工品则平均占每年总量的86.2%。即使进入20世纪60年代前半叶，农产品及其加工品出口也仍占每年出口总量的50%以上（表11-2）。

表11-2　1953—1966年台湾出口商品结构的变化

单位：%

年份＼类别	农产品	农产加工品	工业产品	总计
1953	13.8	77.8	8.4	100.0
1954	13.3	76.1	10.6	100.0
1955	28.1	61.5	10.4	100.0
1956	18.5	64.5	17.0	100.0
1957	15.9	71.5	12.6	100.0
1958	23.7	62.3	14.0	100.0
1959	23.6	52.8	23.6	100.0
1960	12.0	55.7	32.3	100.0
1961	14.8	44.3	40.9	100.0
1962	11.9	37.6	50.5	100.0
1963	13.5	45.4	41.1	100.0
1964	15.0	42.5	42.5	100.0
1965	23.6	30.4	46.0	100.0
1966	19.6	25.1	55.1	100.0

资料来源：崔之清：《当代台湾经济辞典》，南京：南京大学出版社，1993年版，第614页。

① 张贻达：《战后台湾对外贸易》，厦门：鹭江出版社，1987年版，第3页。

农产品及其加工品的大量出口为台湾经济发展换取了大量极为短缺的外汇，依靠这些外汇，台湾当局从岛外购进了大批从事生产所需的农工原料和资本设备，促进了台湾岛内工业生产能力的提高，并为其后工业化战略的转换奠定了基础。完全可以说，农业的发展是台湾工业化建设的先决条件，而农业提供的原料则成为台湾工业化建设起步的关键①。

二　“进口替代”战略的实施(1953—1963)

进入20世纪50年代，尽管台湾经济恢复基本完成，物资供应紧张的局面有所缓和，通货膨胀的威胁已经减轻，物价上涨的幅度有所下降，经济开始出现稳定的态势。但这只是一种低水平的维持，经济形势依然严峻。军事开支庞大，人口快速增长，工业资源缺乏，外汇短缺，仍是台湾面临的现实问题。据此，台湾选择了以开发岛内需求为导向的“进口替代”战略。即通过发展进口替代产业，促进经济增长。

台湾经济发展进口替代工业的时期，亦是第一期“四年经建计划”(1953—1956年)的执行期间。所谓进口替代工业，就是代替进口商品的工业，比如纺织、肥料、水泥、玻璃、胶合板、自行车、药品、人造纤维、塑胶原料制品、家电等。这一时期台湾经济的发展战略基本可以概括为：以农业培养工业，以工业促进农业，发展进口替代工业，带动台湾经济的恢复与发展。这一期间，台湾计划投资77.99亿元新台币，其中农业投资23.58亿元，工业投资45.18亿元，交通运输投资9.23亿元②。

为配合“进口替代”战略，台湾根据岛内资源、市场等实际情况，拟定产业开发计划，运用财政、金融、贸易、外汇等政策保护手段，鼓励、扶植本地工业的发展。在财政政策方面，实施关税保护、出口退税和所得税减免等措施；在金融政策方面，通过美援与台湾银行的低息贷款，协助企业购买进口机器零件与原料，促进工业发展。在外汇贸易政策方面，实行复式汇率、保留外汇配额、进口管制等措施。在工业保护政策方面，实施设厂限制等措施③。

“进口替代”战略下的台湾工业发展策略——发展消费品生产，以岛内生产替代进口。为尽快恢复岛内经济，台湾将工业投资的重点放在发展生产规模不大、所需资金不多、技术简单、生产周期短且效益回收快的劳动密集型产业上，

① 杨德才：《工业化与农业发展问题研究——以中国台湾为例》，北京：经济科学出版社，2002年版，第24页。

② 张果为：《台湾经济的发展》，台北：正中书局，1970年版，第805页。

③ 李非：《台湾经济发展通论》，北京：九州出版社，2004年版，第71—72页。

以逐步替代以往靠进口的消费品，如纺织品、食品、合成纤维、塑料产品、金属制品等。此举既可满足岛内市场的需求，又能增加大量就业，稳定台湾社会。这一时期属于“消费品进口替代时期”。第一期“四年经建计划”充分体现了进口替代的发展战略，该计划以充分扩大供给，减少进口，节省外汇，平衡国际收支逆差为主要目的；把电力、纺织和化肥业作为有限发展对象，它们也是当时最重要的进口替代产品。

“进口替代”战略的推行，大大提升了岛内工业的发展水平。1953 年是台湾经济走出困难与混乱状态、踏上稳定增长的新的起点。1953 年至 1962 年间，工业生产总值以年均 11.7%的速度增长，前后增加近两倍；其中制造业年均增长 12.5%，成为国民经济中增长最快的部门。工业占台湾岛内生产总值(GDP)的比例由 1952 年的 15.4%提高到 1962 年的 21.9%。制造业行业结构发生较大变化，许多新工业产品不断涌现，替代了进口产品。工业的发展带动了整体经济水平的提高，1956 年至 1962 年间，经济实质年均增长率达到 7.1%，为 60 年代的经济起飞打下了基础①。这一期间，许多新兴产业也相继建立，如汽车、电子及塑料工业等。

“进口替代”战略下的台湾农业发展策略——为工业的恢复和发展创造条件。在推行进口替代战略时，岛内急需进口机器设备和原料，外汇相当缺乏，当时又几乎无工业品可供出口，只能靠大力发展农业，出口农产品和农产加工品来换取。台湾采取农工均衡策略，即“以农业培养工业，以工业发展农业”，首先以农业发展为主，提高农民收益后，再转而发展加工出口业，以求国际收支平衡、充分就业与避免物价上涨，农业部门在工业化过程中扮演着稳定经济的重要角色②。这其实也是“牺牲农业、扶植工业”，发展进口替代工业的做法。在第一期“四年经建计划”实施初始，台湾当局经济主管部门计划投资 77.99 亿元新台币，其中农业投资 23.58 亿元③；农业生产的计划指标平均每年增加 4.8%④。由于土地改革的成功，同时配合给农民发放低利贷款，帮助其改善农业生产技术、改良品种、增施化肥等一系列农业革新措施的推广和运用，使台湾农业面貌出现持续增长趋势。

从效果来看，1953 年至 1968 年，台湾的农业生产迅速发展，年均增长 5.2%，对整个岛内经济发展的贡献率达到 26.3%，农业在国民生产总值中所占

---

① 陈孔立：《台湾历史纲要》，北京：九州出版社，1997 年版，第 455—456 页。

② 李国鼎：《台湾的工业化》，南京：东南大学出版社，1995 年版，第 144 页。

③ 张果为：《台湾经济的发展》，台北：正中书局，1970 年版，第 805 页。

④ 张果为：《台湾经济的发展》，台北：正中书局，1970 年版，第 810、813、787 页。

比例为年均30%。1952年至1965年(1962年除外),台湾的农产品年均出口总值占台湾出口总值的74.4%,其中大米、茶叶、香蕉和蔗糖占出口的55.6%。农业的迅速发展为岛内工业的积累和农产品的出口创造了有利条件。岛内所产农产品不仅满足了岛内的需求,还有许多剩余农产品用于出口换汇,购置发展台湾工业急需的机器设备和工业原料。农业发展的结果还促使一部分农业资金转化为工商资本,刺激了岛内经济发展。农业的发展提供了必要的剩余劳动力,为发展轻工业等劳动密集型产业创造了条件,同时轻工业所需的工业原料也得到充足供应。市场是经济发展的推动力,随着农业经济和农民收入的持续增长,农村购买力大幅攀升,农村成为工业产品的庞大销售市场。农业经济的快速发展,有力地推动了台湾经济增长。农业对于工业的贡献非常突出。主要体现在:第一,通过农产品出口创汇,支持工业资本积累;第二,通过农业剩余劳动力转移,促进劳动密集型工业的扩张;第三,通过"肥料换谷制",扶植肥料工业发展①。

"进口替代"战略下的外贸发展策略——实行进口管制与保护措施,防止台湾岛内工业遭受外来竞争。台湾是海岛型经济,对外贸易在其经济中占有非常重要的地位。在进口替代过程中,台湾实行了严格的进口管制措施。对于民生必需品以及供经济建设、工农业生产所需要的原料、燃料、机器设备等的进口,优先供应外汇;对于消费品的进口,实行严格限制,奢侈品的进口则完全予以禁止。台湾当局早在1949年6月就制定并实施了《台湾省进口贸易及汇兑金银管理办法》,将大约500种主要商品分为:(1) 准许进口商品(占55%);(2) 暂行管制进口商品(40%);(3) 禁止进口商品(占5%)②。由此,珍贵的外汇就可用在急待进口的机械设备、工业原料和少量消费品上。这些措施的实施,起到了节约外汇,促进工农业生产迅速恢复和发展,稳定市场的重要作用。

为进口替代战略的实施,台湾还采取了"复式汇率"的外贸策略。在审理进口货物时,根据经济和社会发展对此物资需要的迫切程度,规定不同的汇率。对当时急需的粮食、原料与机器设备等进口,按照较低的汇率结汇(按50年代官价,1美元折合新台币5元);而对次要的必需品或一般货物进口,则按较高的汇率(按1美元折合新台币7.5元结汇);高级品进口使用最高汇率。在出口方面,对传统出口商品通常采用低汇率;而新货品的出口,则按较高汇率结汇。还规定民营事业单位所得外汇20%按官汇结汇,80%按高汇率结汇;公营事业单

---

① 李非:《台湾经济发展通论》,北京:九州出版社,2004年版,第70页。

② 有关《进出口货品分类审查管理办法》,参见张贻达:《战后台湾对外贸易》,厦门:鹭江出版社,1987年版,第65页。

位全部按低汇率结汇[①]。“复式汇率”的实施，有效调节了物资进口数量及其构成，起到了节约外汇、合理使用外汇、促进国民经济恢复和发展，保护进口替代工业成长的作用。台湾于1958年又公布《外汇贸易改革方案》，继续推行鼓励出口的政策；1959年再公布《加速经济发展计划》，具体推出“十九点财政改革措施”。这些措施包括，“在税收、外汇和资金上给私人企业以优待；改革外汇和外贸体制，旨在确定统一汇率和放宽贸易控制，使之与支付情况一致；倡导鼓励扩大出口的措施，改进出口商赚取外汇收入的结算程序，增进与外国商业机构的接触”等[②]。

在“进口替代”战略的实施过程中，台湾得到美援的大力支持，如在电力投资中，美援占67.7%，台湾资本仅占32.3%；在制造业中，美援占24%，台湾资本占47.2%；在交通运输业中，美援占28.1%，台湾资本占17.8%[③]。

“进口替代”战略的实施，促使台湾经济有了比较快的发展。不论是经济总量，还是工业、农业、对外贸易等均取得明显的发展。从1953年到1960年，台湾生产总值的年均增长率为7.57%，人均国民生产总值上升很快。1951年为95美元，1960年升至153美元，年均增长率为5.5%[④]。农业生产的计划指标平均每年增加4.8%，工业生产平均每年增加11.1%，交通运输增加7.2%[⑤]。1960年至1972年，生产总值实质年均增长率达到10.2%，人均国民生产总值由154美元增加到522美元[⑥]。总之，由于“进口替代”战略的实施，实现了初步发展，为20世纪60年代以后的“出口导向”战略奠定了基础。

三　“出口导向”战略的建立(1964—1973)

进入20世纪60年代后，进口替代工业因岛内市场的饱和而产量过剩，使得工业增长速度减缓，无法进一步吸收更多的就业人口。同时台湾经济面临许多新问题：例如，土地改革所激发的经济增长走到尽头；岛内生产资源匮乏的难题依旧；美援又将停止；世界经济出现新的发展高潮，以原子能、电子计算机为中心的新兴产业不断涌现。面对新局面，台湾顺应世界经济潮流，为改善经济困境，开始采取出口导向战略，即以岛内过剩的轻工业品出口代替传统的初级农产品，使台湾走向出口扩张的经济发展新阶段。为配合出口导向战略的实

① 苏东斌、李沛然：《台湾香港澳门经济史略》，广州：广东经济出版社，2002年版，第277页。
② 郭婉容：《台湾的经济之路》，北京：中国经济出版社，1991年版，第75页。
③ 田珏：《台湾史纲要》，福州：福建人民出版社，2000年版，第276页。
④ 彭付芝：《台湾政治与经济》，北京：航空航天大学出版社，2004年版，第155页。
⑤ 张果为：《台湾经济的发展》，台北：正中书局，1970年版，第810、813、787页。
⑥ 陈孔立：《台湾历史纲要》，北京：九州出版社，1997年版，第459页。

施，台湾先后制定出第四期（1965—1968 年）和第五期（1969—1972 年）“四年经建计划”。

自 1963 年工业生产在经济结构中的比重首次超过农业后，台湾经济进入起飞时期。这一期间，基于美援的停止，急需引进更多外资的需要，并面对美日等重要资本主义国家加紧资本输出的新形势，台湾参考香港经济发展模式，适时建立了高雄（1965 年 3 月开始筹建，1966 年 12 月建成）、楠梓（1969 年 1 月开始筹建，1972 年 4 月建成）、台中（1969 年 8 月开始筹建，1971 年 4 月建成）三个加工出口区，外资开始大批进入[①]。加工出口区设立后发展迅速，经济效益显著，推动台湾经济自 20 世纪 60 年代起获得高速度的增长。加工出口区作为台湾外向型经济发展的窗口，在 70 年代得到快速发展。它在吸引企业投资、拓展外销事业、增加就业机会、引进先进技术和创造营运绩效五个方面对台湾经济的影响极大。

随着出口导向型经济的迅速发展，台湾国民生产总值增长趋势不断加快。1966 年以后每五年就翻一番，使第二产业部门的产值在国民生产总值中的比重也很快地超过第一产业部门，到 1965 年超过第一产业部门 6.6 个百分点。同时也使台湾的出口产品中，工业制品所占的比重在 60 年代中期以后就超过第一产业产品出口值。台湾工业化时期，岛内历来以米、糖为主要出口产品的滞后经济状态开始得以改变。到 60 年代中期，台湾已基本摆脱了贫困和落后的局面，经济实力逐步增强，各产业部门获得一定发展，经济发展的稳定与增长的关系得以较好体现[②]。

出口导向战略的实施，促使台湾经济发生了四大方面的变化：第一，经济结构从以农业为主转为以工业为主；第二，台湾工业以进口替代工业为主转向以出口工业为主；第三，工业内部重工业比重增加；第四，工业各部门发展不平衡，纺织工业、电子电器工业迅速发展[③]。

这一时期，台湾经济结构也形成了若干特征：第一，初步形成的出口工业体系基本上是日本代工式的加工装配工业体系。即原料、技术工艺、机器设备等来自日本，而其最终产品主要面向美国市场出口。也可以说，台湾的加工工业体系已成为美、日国际产业分工体制的一个组成部分。第二，主导经济高速发展的主要是民营中小企业，而非公营企业。60 年代之前，公营企业主导着台湾经济的发展，在出口导向时期转为民营企业主导台湾经济发展的新局面。1963 年至 1972 年民营制造业平均每年增长 24.7%，比同期整个民营工业增长率快

① 参见周侻等：《台湾经济》，北京：中国财经出版社，1980 年版，第 440—442 页。
② 李宏硕：《台湾经济四十年》，太原：山西经济出版社，1993 年版，第 72 页。
③ 茅家琦：《台湾三十年（1949—1979）》，郑州：河南人民出版社，1988 年版，第 162 页。

1.9%，比同期公营工业增长快两倍多[①]。第三，不断扩大的出口贸易成为台湾经济发展的推动力。1962年以前国民生产总值中出口所占比例为13%，1970年提高到30%，1972年为40%。1969年由于加工出口区及区外外资企业产品外销的增长，出口额已达10.5亿美元，进口为12.1亿美元。1971年开始，台湾外贸扭转了连续18年之久的逆差局面，首次出现了2.16亿美元的贸易顺差。这一时期台湾外贸的增长速度为战后最迅速时期。工业品出口逐渐成为台湾出口贸易的主力。随着出口加工工业以年两位数的速度增长，产业部门的构成发生了变化。同时，在出口产值中，工业制品所占的比重也在提高。

台湾出口导向战略顺利实施的一个重要推动因素是越南战争。除50年代初期的朝鲜战争在一定程度上推动了光复初期台湾经济的恢复外，爆发于60年代中期的越南战争对台湾经济的促进更为明显。1965年2月美国发动侵越战争，并利用台湾有利的地理条件以及生产条件作为其后勤补给基地。此时，正值台湾经济开始起飞之时，岛内生产已由内向型转向外向型，战争的特需订货无疑为台湾的出口生产提供了有利的发展机会。“越战”期间（1965—1973年），台湾对南越的出口贸易累计达5亿美元，除1973年外，每年均在5000万美元以上，最高一年（1966年）达9000万美元，占当年台湾出口总额的16%，远远高于对西德的出口，仅次于对日本和美国，而居第三位。由于军事订货增加，出口量扩大，九年来累计顺差约4.5亿美元，占同期台湾贸易顺差的64%。同时，大批侵越美军在台湾的休整、旅游及度假，增加了岛内消费需要，在一定程度上促进了岛内工业生产以及旅游业和服务业的发展[②]。

四　六期“四年经济建设计划”与台湾经济的发展

战后台湾经济从恢复到起飞，基本上走过这样的发展路程：从轻工业到重工业、从劳动密集型产业到资本及技术密集型产业、从进口替代到出口导向。由于美援的及时到位，岛内工业经济恢复迅速、发展稳健，至1960年代，台湾经济很快就由恢复阶段进入起飞阶段。20世纪50年代，“二战”后的整个世界经济都处在恢复和发展时期，台湾也在美国的大力援助下，经过最初四年的恢复，进入了经济的初级发展时期。为配合美援的实施，加快岛内经济的发展，台湾连续制定并实施第一、二、三期四年经建计划，大力推行进口替代战略，从效果来看，其经济意义是极为显著的。随着台湾经济进入起飞阶段，台湾又连续制定第四、五、六期四年经建计划，大力推行出口导向战略，促使台湾经济迅速发

① 陈恩：《台湾的民营经济》，广州：广东人民出版社，1992年版，第222页。

② 李宏硕：《台湾经济四十年》，太原：山西经济出版社，1993年版，第95页。

展。1964年台湾当局在制订第四期(1965—1968年)"四年经济建设计划"时，特地邀请美籍华人学者刘大中、蒋硕杰、顾应昌与费景汉4人，参与该计划的制订过程。如刘大中应用计量经济的方法，建立了总体经济模型和投入产出表[①]。至20世纪70年代末期，台湾成为亚洲地区经济发展最具活力的"四小龙"之一。在台湾战后经济发展历程中，台湾连续实施的六期"四年经建计划"具有不可替代的重要影响。

第二节 美国对台经济援助

在国际形势、东亚形势和中国国内形势急剧变化的大背景下，美国对台湾的政策也发生相应改变，从抗日战争时期的帮助中国收复台湾到日本投降后承认台湾为中国领土，演变至提出"台湾地位未定论"的计划，试图把台湾与中国大陆"隔离"开来，以援助为诱饵在台湾寻找新的代理人。中华人民共和国成立以后，美国虽然认为中共控制台湾只是一个时间迟早的问题，曾一度有过"放弃"台湾的打算，但仍想方设法使台湾处在一个对美国"友好"的政权统治之下。由于直接采取军事行动的风险太大，提供援助就成为美国决策者考虑使用的主要措施。

一 美国对台经援的缘起

基于对台湾战略地位的认识，美国政府开始酝酿对台政策。经过政府各部门和军方的广泛讨论，美国国家安全委员会于1949年3月1日召开会议，讨论并形成"NSC37—5"号文件。该文件的内容主要有：国务院应加强与台湾的联系，尽快派员赴台湾，与台湾最高长官接触；在获得台湾长官的"保证"后，美国代表可向台湾方面表示，"美国政府准备向台湾提供经济援助"，以帮助台湾发展"自立自给"的经济，并着手安排美国驻华经济合作署派员赴台，进行勘察；在开始阶段，应尽量少暴露美国官方在台的活动，并阻止大陆难民进入台湾[②]。在这份文件中，美国第一次提到援助台湾之事。此一时期美国的基本目标是"不

① 刘大中还出任台湾"赋税改革委员会"主任委员，蒋硕杰为委员。在刘大中等的主导下，"委员会"根据总体资源的观念，以总体经济计划模型推估经济成长与"政府"预算，从而修订税法。刘大中还为赋税改革确定了五个目标：一是促进经济成长；二是改进赋税负担，使之更公平合理；三是维持物价稳定；四是积极提高军、教人员待遇；五是改善税务行政。刘大中成为台湾税务改革的"功臣"。转引自唐绿岛：《李国鼎口述历史——话说台湾经验》，台北：卓越世界文化股份有限公司，2001年版，第77—78页。

② 苏格：《美国对华政策与台湾问题》，北京：世界知识出版社，1998年版，第98页。

让台湾和澎湖落入共产党手中”，而达成此项目标的“最实际的手段是把这些岛屿与中国大陆隔离开”[①]。

除政策上倾向援助台湾以外，美国政府也考虑在法律上增加相关的条文。1949年3月，美国政府向国会提出延长1948年援华法，同时提出一项修正案，其中一条是授权总统决定援助对象，即对华援助不一定通过国民党政府。在讨论过程中，有议员问负责解释该提案的国务院远东事务助理国务卿巴特沃思(Walter W. Butteworth)，修正案的措词是否意味着政府会允许经济合作署给那些“既不在共产党又不在国民党政府统治之下的岛屿”提供援助。对此提问，巴特沃斯作出肯定的回答[②]。

上述修正案的措辞以及相关解释，为美国单独向台湾提供援助奠定了法律基础。此后，在国务院的建议下，美国在大量削减对中国大陆地区经济援助的同时，增加了给台湾的援助比例[③]。

1949年10月1日，中华人民共和国宣告成立。10月2日，苏联宣布承认新中国，接着东欧社会主义国家也相继宣布承认新中国。12月8日，国民党政府在一片狼藉中仓皇迁到台湾。

面对如此巨变，美国对新中国采取“不承认”的立场，并开始重估其对台政策。12月，国防部长约翰逊致函总统杜鲁门(Harry Truman)说，美国应该做出更多努力，不让中共取得台湾，这些努力应包括“政治、经济的援助，以及除了公开的军事行动之外的军事指导和援助”[④]。在约翰逊的一再督促下，参谋长联席会议在一份备忘录中提出“向台湾的反共政府提供适度的、指导有方的、严密监管的军援”的建议，并要求国家安全委员会同意：由美军远东司令部在第七舰队的协助下，“立即着手调查以确定台湾需要何等性质与范围的援助，才能保证其能够抵御进攻”[⑤]。

美国国务院官员对军方的强硬立场和建议持反对态度。国务院认为，台湾的丢失、国民党政府的垮台是意料之中的事，为防止美国的声誉因此在国内和

---

① 资中筠：《历史的考验——新中国诞生前后美国的对台政策》，中美关系史丛书编辑委员会主编：《中美关系史论文集》第1辑，重庆：重庆出版社，1985年版，第354页。

② 资中筠：《中美关系中台湾问题之由来》，载资中筠、何迪编：《美台关系四十年(1949—1989)》，北京：人民出版社，1991年版，第31页。

③ 资中筠：《中美关系中台湾问题之由来》，载资中筠、何迪编：《美台关系四十年(1949—1989)》，第32页。

④ 陶文钊：《中美关系史(1911—1950)》，重庆：重庆出版社，1993年版，第483页。

⑤ "Memorandum by the Joint Chiefs of Staff to the Secretary of Defense (Johnson)," 23 December 1949, *Foreign Relations of the United States* (hereafter *FRUS*), 1949 (United States Government Printing Office, Washington: 1974), Vol. 9, pp. 460—461.

国际上受到损失，应当运用一切材料向公众做这样的宣传：台湾在政治上、地理上和战略上都是中国的一部分，它一点也不特别出色或者重要。台湾没有特殊的军事意义，台湾的丢失不会严重损害美国和其他反共盟国的利益。

国务院与军方的立场是明显对立的：两者虽然都认为应设法防止台湾落入中共手中，但前者只主张用“经济和外交手段”，后者则主张用“军事指导和援助”的办法。总统杜鲁门对国务院的对台政策投了赞成票。这表明美国“隔离”台湾的努力完全失败，开始为“放弃”台湾做准备了。

综观1950年上半年的美国对台政策，可以做出如下总结：

以杜鲁门总统1月5日的声明为标志，美国曾有过“放弃”台湾的打算，主张此论最力者是国务卿艾奇逊；美国军方和朝野的亲蒋反共势力不赞成总统和国务卿的对台政策，主张对台湾提供新的军事和经济援助，甚至有人主张直接出兵，以阻止台湾落入中共手中；杜鲁门和艾奇逊反对给台湾提供新的军事和经济援助，但也明确表示不停止已在执行过程中的美援计划；国际局势的演变和美国国内的反共声浪，使得原本打算“放弃”台湾的杜鲁门和艾奇逊等人不得不采取折衷立场，对台湾“放”而不“弃”，把1948年援华法确定的款项中未用完部分的有效期(1950年2月15日到期)延长到1951年6月30日，并由国会通过1950会计年度援台金额4000万美金①，以有限度的对台援助保持与台湾当局的关系。

1950年6月25日朝鲜战争爆发，为美国对华政策的转变提供了契机。杜鲁门亲自主持国家安全委员会会议，做出美国海空军向南朝鲜军队提供全面援助以及命令第七舰队开进台湾海峡，以阻止从中国大陆对台湾和从台湾对中国大陆的一切海空行动，将台湾海峡“中立化”等决定。美国军方再次提出援助台湾之事。7月，参谋长联席会议在一份备忘录中从加强国民党军队以抵制中共可能的进攻的角度出发，强烈要求“改变美国不再向福摩萨岛上的中国军队提供军事援助的现行政策，作为紧急事件，应允许提供这样的援助，立即提供现在所知的迫切需要的物资，其余的援助应根据军事调查组的报告确定”。备忘录还建议由麦克阿瑟负责调查国民党军队的资源和需求，由国务院对这次调查做出必要的政治安排②。杜鲁门原则上同意备忘录提出的建议，并同意随后由国务卿和国防部长就具体内容和措辞进行磋商。

---

① 《中美经济合作》，“中华民国年鉴社”编：《“中华民国”年鉴》，台北：“中华民国年鉴社”，1951年版，第691页。

② 《参谋长联席会议致约翰逊》(华盛顿：1950年7月27日)，陶文钊主编：《美国对华政策文件集(1949—1972)》第2卷，上册，北京：世界知识出版社，2004年版，第49页。

8月，国务院和国防部共同拟具《目前美国对台行动方针》的报告，除重申美国应继续奉行“不使台湾落入共产党之手”的政策外，还建议杜鲁门采取如下措施：(1) 评估国民党军队的作战能力；(2) 确保国民党军队装备的使用；(3) 满足国民党军队军需物资的要求；(4) 给予国民党军队一定数量的军事赠予援助[①]。杜鲁门通知艾奇逊：根据已修改的《1949 年共同防御援助法》，拨款 1434.45 万美元到国防部，用于向台湾提供军事援助。

原来就坚决主张援助台湾的麦克阿瑟在朝鲜战争爆发后更加活跃起来。当他被任命为联合国军总司令时，以共和党为主的亲蒋反共势力感到非常高兴，因为这样一来，在负责执行美国政策的人员中，就有了“一个他们的自己人”，使美国政府不可能再“出卖”蒋介石和“姑息”中共[②]。

麦克阿瑟曾派他的参谋长福克斯(Alonzo P. Fox)率领一个由 40 名军官组成的军事调查团抵台访问，代表团于 9 月初向国务院提交一份正式调查报告。该报告对台湾陆、海、空三军的基本情况进行分析，认为其装备和训练非常糟糕，台湾的综合防卫能力极差。调查团提出了一份 1.582 亿美元的援助清单，并称如果从台湾海峡撤出第七舰队，还需要再追加 1 亿美元。报告还暗示美国应向台湾提供顾问指导训练，并监督军援的使用[③]。前任美国驻台“使馆”代办在一份备忘录中指出，台湾的“经济繁荣在很大程度上取决于美国在政治和经济方面的做法”，台湾要“实现自己的目标，确实需要美国的技术援助，以及经济合作署以现有水平继续参与”[④]。美国国务院批准了向台湾当局提供包括设备、武器、大炮、弹药在内的总价值为 975.2 万美元的军事援助项目[⑤]。首批交付的军需品由美国运出，11 月抵达台湾。

随着中国与美国在朝鲜战场、联合国和双边关系中的军事和外交斗争的全面展开，美国“遏制”和“孤立”中国的对华政策逐渐形成，对台湾则开始大规模提供军事和经济援助，以加强台湾当局的军事和经济实力，使台湾成为美国在亚洲反共产主义的前哨基地。

1951 年 1 月，艾奇逊致电美国驻台湾“大使馆”，要求“大使馆”向台湾方面

---

① “Report by the Departments of State and Defense on Immediate United States Course of Action with Respect to Formosa,” *FRUS*, 1950, Vol. 6, p. 414.

② [美]约翰·斯帕尼尔著，钱宗起、邬国孚译，张伟民校：《杜鲁门与麦克阿瑟的冲突和朝鲜战争》，上海：复旦大学出版社，1985 年版，第 74 页。

③ “Memorandum by Mr. Richard E. Johnson of the Office of Chinese Affairs to the Director of the Office of Chinese Affairs (Clubb),” 8 December, 1950, *FRUS*, 1950, Vol. 6, pp. 590—596.

④ 《斯特朗致柯乐布》(华盛顿：1950 年 9 月 6 日)，陶文钊主编：《美国对华政策文件集(1949—1972)》第 2 卷，上册，北京：世界知识出版社，2004 年版，第 56 页。

⑤ 苏格：《美国对华政策与台湾问题》，北京：世界知识出版社，1988 年版，第 162 页。

通报，美国政府准备向台湾当局“提供一定的军事物资，用来防御台湾，抵制任何可能受到的进攻”。艾奇逊同时提出了台湾当局必须遵守的四项条件，并要求台湾当局出具书面保证，如果台湾当局做不到，就违背了美国政府的意图，美国将考虑停止援助①。美国驻台湾“公使衔代办”兰金将此文件呈送给台湾“外交部长”叶公超。2 月 9 日，美国与台湾当局达成《共同防御援助协议》，台湾当局全面接受了美国提出的四项要求：

（1）台湾当局“须将物资用于保持其内部安全或正当防卫”。

（2）台湾当局采取美台双方商定的各项安全措施，“俾美国政府所供应之秘密军品、人员协助及情报等，不致泄露而蒙受其他损害”。

（3）台湾当局“接受美国政府人员”在台湾当局“管辖区域内依照本协定履行美国政府之责任。此项人员，包括临时指派人员在内”，构成美国驻台“大使馆”之一部分，“受美国‘驻华’外交首长之指导与管辖”。

（4）对于“依照上述规定所供应之物资或任何其他可能充作军用之物资，无论其来源及其取得之时间或方法如何，如果事先未获得美国政府之证实，证实该项物资并非美政府本身所需要，亦非美政府于推行对外军援计划所需要，概不得予以转让、出售，或以其他方式予以处理”②。这个协议成为美国向台湾地区提供援助并予以监督的法律文书。

2 月，美国政府决定拨交国防部 6711.89 万美元，作为对台湾地区和泰国的军事援助，其中 5000 万美元是给台湾的。除先前拨交的用于陆军计划的 6434.45 万美元外，美国政府又于 5 月给台湾提供 2120 余万美元用于海、空军计划③。5 月，国家安全委员会决定：美国政府应提供军事和经济援助，以增强台湾军队的实力，用于台湾的防卫和其他目的④。至此，美国开始执行大规模援助台湾的政策。除军事援助外，1951 年 6 月底美国又增拨台湾经援款 4170 万美元，使得 1951 年度的经援总额达到 9770 万美元⑤。

在冷战的大背景下，朝鲜战争的突然爆发打乱了中国和美国在东亚的战略

① 《艾奇逊致驻“中华民国大使馆”》（华盛顿：1951 年 1 月 20 日），陶文钊主编：《美国对华政策文件集（1949—1972）》第 2 卷，上册，北京：世界知识出版社，2004 年版，第 71—72 页。

② 《“中华民国外交部部长”复美国“驻华代办”照会全文》，周琇环编：《台湾光复后美援史料》第 2 册《军协计划（二）》，台北：“国史馆”，1997 年版，第 428 页。

③ 苏格：《美国对华政策与台湾问题》，北京：世界知识出版社，1998 年版，第 164 页。

④ “Report to the National Security Council by the Executive Secretary (Lay),” 17 May, 1951, *FRUS*, 1951 (United States Government Printing Office, Washington: 1977), Vol. 6, pp. 37—38.

⑤ 《中美经济合作》，“中华民国年鉴社”编：《“中华民国”年鉴》，台北：“中华民国年鉴社”，1952 年版，第 583 页。

部署：美国派遣第七舰队巡弋台湾海峡，充当其原本打算“放弃”的台湾的保护伞，重新把台湾当作其遏制共产主义的岛屿链上的重要一环，形成一种事实上的同盟关系；中国大陆则不得不暂停解放台湾的计划，抽调大军赴朝参战，与美国在战场上、联合国和外交领域展开全面交锋，中美两国从相互敌视走向严重对立，奠定了此后20余年间东亚国际关系新格局的基础。

二　美国对台经援的分类与运用

美国对台经援的种类繁杂，需要首先对经援的类型作大致的区分。从申请的方式上来说，美国对台经援可分为计划型援助和非计划型援助；从援款的来源上区分，可分为原始美援和孳生性美援；从行业分类来说，可分为农业及天然资源、工矿业、交通等八大类。

1. 美国对台经援的类型

计划型援助和非计划型援助

计划型援助：“凡以特定之计划为对象而给予援助者谓之计划型援助，例如兴建某铁路或某一发电所等。”[①]这种援款必须由执行单位先提出计划概要，说明其经济价值，经核准后制订计划，并指定开始及完成期限。计划型援助项目分为有形建设和无形建设两类。有形建设如修建发电厂、公路及桥梁，开发农业、森林及矿产，修筑水坝等。无形建设如防止各种传染病的发生，发展教育及开发社区等。为提高援款的运用效率，原则上计划执行单位应提供适当的配合款项。美援各项工程完成后，其使用及维护费用应不再依赖美援的补助。计划型援助除支援各项工程建设外，还有其他方式，如供给器材和设备、引进工程技术、聘请技术顾问来台、派遣人员出境等，但这些援助必须要与特定的计划有关[②]。

非计划型援助：“凡以援款输入一般物资器材例如小麦、黄豆、油料、原棉、一般机器工具配件等”，以供台湾销售或适应台湾“经济上之一般需要，并无特定计划限制其用途者，均为非计划型援助。”[③]非计划型援助主要是源于当时台湾外汇缺乏，美国用援款供台湾采购物资，在台湾分配出售，非为支持某一特定计划而用。这些物资都是台湾不易获得或虽有生产但产量不足的农业、工业原料及民众日用品[④]。

---

① 《美援运用的过程与方式》，“行政院美援运用委员会”编：《中美合作经援概要》，台北：1960年，第40页。

② 赵既昌：《美援的运用》，台北：联经出版事业公司，1985年版，第26页。

③ 《美援运用的过程与方式》，“行政院美援运用委员会”编：《中美合作经援概要》，台北：1960年，第41页。

④ 赵既昌：《美援的运用》，台北：联经出版事业公司，1985年版，第27页。

原始美援和孳生性美援

原始美援：上述以美元表示的美国对台湾的直接经济援助，即美国政府直接向台湾提供的物资、器材、技术、劳务等援助，可称为原始美援。一般人们所称的美援多是指此而言。

孳生性美援：系指由原始美援派生出来的"美援台币基金"。原始美援中除去一部分免缴或缓缴台币价款者外，大部分需由台湾当局或受援单位"于规定期间之内缴纳等值台币价款，存入各种专设账户，依照各项援助之规定分别作赠予、贷款、还本付息或其他特别之用途，其中贷款部分，到期收回本息，重新加入特定账户作更进一步援助之用。如是生生不息，美援的效果为之扩大，美援的过程为之绵延"。这些台币援款统称为台币基金，"因其来自原始性的美金援助"，故又称为孳生性美援[①]。由原始美援衍生出来的台币基金，是美援的第二轮运用，有些台湾学者称之为"美援的美援"或"台湾的美援"。它扩大和增强了美援的作用，使美援具有比原始价值更大的"乘数效应"。

台币基金包括：共同安全法项下的非402节农产品及各种器材与劳务构成的相对基金、共同安全法项下的402节农产品构成的402节基金和505节贷款；480号公法剩余农产品构成的480号公法基金和开发贷款等。相对基金的所有权名义上属台湾当局，但款项之支用，必须经由美国方面同意，故实际上为美台共管账户[②]。

事实上，台币相对基金是美援的重要组成部分，其作用并不亚于原始美援，它对台湾经济的发展，特别是台湾当局实施的重大建设项目，起到了关键性的支助作用。在整个美援期间，由美援派生的相对基金共计新台币329.633亿元[③]。如果加上美援结束后由相对基金延续下来的"中美经济社会发展基金"289亿新台币，则数额更为巨大。这一巨额台币基金，除一部分用于军事援助项目外，大部分用作台湾的经济建设发展基金。其中，用于工矿业建设的资金最多，计新台币55.477055亿元，占相对基金总额的28.95%；用于农业和天然资源建设的资金为新台币46.37929亿元，占24.20%；用于交通运输建设的资金为新台币18.67237亿元，占9.74%；其他如教育、卫生、城市建设、人才培养等

① 《美援台币基金》，"行政院美援运用委员会"编：《中美合作经援概要》，台北：1960年6月，第24页。

② 尹仲容：《台湾之美国经援及其运用》，《台湾银行季刊》第10卷第3期，1959年3月，第55页。

③ "行政院国际经济合作发展委员会会计处"编：《美援相对基金计划报告》，1965年6月。

方面，都有台币相对基金之助力①。

一位美援会官员这样评价台币相对基金的作用："相对基金为政府迁台后早期 20 年中经济建设长期资金之主要来源"，在 1953 年至 1965 年，台湾"各项重大经济建设计划中，相对基金实占重要地位，举凡公民营企业需要资金较大之计划，以及政府举办公共建设之投资，莫不有赖相对基金之支援。"②

行业分类

从行业分类来说，美国对台经援可分为 8 大类：

(1) 农业与天然资源，此项下又分为：农业与乡村改进、土地与水源、森林发展、渔业发展。

(2) 工矿业，包括煤矿改进、勘探水力、发电改进、各种工厂的改进及水库建设等。

(3) 交通，包括公路、铁路、民航的改善、国际机场的建设等。

(4) 卫生，包括都市供水保障、疾病控制、医疗教育、改进医院设备、乡村卫生等。

(5) 公共管理，包括退役官兵、美援管理等。

(6) 教育，包括工业教育、农业教育、家政教育、科学教育、侨生教育、社会教育等。

(7) 社会福利，包括公共住宅、特别救济等。

(8) 其他援助，主要是公共媒体等。

2. 美国对台湾地区经援的运用状况

从 1951 年美国正式向台湾提供经济援助到 1965 年美援宣告结束为止，15 年间，美国共向台湾提供各种类型的经济援助 14.82 亿美元，平均每年为 9800 万美元。

一般经济援助

一般经济援助包括各项农工建设及改进教育卫生等计划项下所需之器材，一般工业所需之机器、原料，及民生日用所需之物资如棉花、小麦、黄豆及牛油脂等。一般经济援助主要分为经济建设援助和物资援助。

美国对台经援是台湾经济建设的主要资金来源之一。在台湾前三次经济建设计划中，美援均占重要地位。为有效运用美援，凡规模较大、需要资金较多的计划，均由美援资助。1950 年至 1961 年，台湾经济建设中美援主要运用在以下几个方面：

---

① 赵既昌：《美援的运用》，台北：联经出版事业公司，1985 年版，第 44 页。

② 赵既昌：《美援的运用》，台北：联经出版事业公司，1985 年版，第 45—46 页。

(1) 电力方面:这是最早利用美援从事建设的部门,所用的金额也最多,1950年至1961年,申请核准的援助款项金额达1.52亿美元,另外相对基金支付台币20.3亿元。

(2) 肥料方面:台湾肥料工业共有6个工厂接受美援协助,这6个新建或扩充的工厂,总投资额为3500万美元和9亿台币,其中美援支出2700万美元和2.85亿台币,美援占投资总额的60%。在所有计划完成之后,肥料产量由原来的16.7万吨增加到70万吨,除钾肥外,其余肥料台湾均可以自给自足,不再需要进口。

(3) 石门水库方面:石门水库计划是一个集灌溉、发电、防洪及给水为一体的计划,估计全部建筑费用为2940万美元及14.36亿台币,所需美金全部由美援的赠予和贷款来供给。此外美援还提供相对基金支付的3.05亿台币。这项工程完成之后,可增加灌溉面积5.7万公顷,增加发电能力8万千瓦。

(4) 小型工业贷款方面:为利用美援扶植小型工业的发展,台湾从1954年起举办小型工业贷款,共贷出1000万美元,又由美援台币基金拨给贷款1.47亿台币,受益的工业包括食品、饮料等20余类,对于小型工业的发展帮助较大。

(5) 其他工矿业方面:根据申请和核准的计划,美援对工矿业给予的援助款项达5600万美元,台币8.05亿元,受益的工矿业包括煤矿、机械、钢铁、铝业、电工器材、糖业及副产品、纸业、水泥、食品、石油、制材及人造木材、印刷、一般化学工业、纺织、渔业,以及工业管理及训练等。

(6) 交通运输方面:交通运输部门从1950年开始接受美国援助,申请核准的计划型援助款项中,美金达4320万,由美援产生的台币基金,核发给交通运输业的为12.8亿台币。上述援款主要运用于铁路、公路、港口、电讯等各部门,以铁路、公路为主要援助对象。

(7) 农业及天然资源方面:申请核准用于农业及天然资源开发的美援中,美金约1200万,台币为27.8亿元。农业美援大部分由农复会办理,截止1961年底,该会共实施计划4423项,范围遍及作物改良、畜产改良、森林开发、水土保持、渔业扩展、土地改革、乡村卫生、农业推广教育等。

以上各项合计,用于经济建设的美援中,美金达3.485亿元,台币达76.462亿元①。

美援为恢复和发展台湾经济,还补充了大量的物资供应。美国主要向台湾供应的物资有:肥料、小麦、棉花、黄豆、油脂等。1950年至1961年美援进口的重要物资主要见表11-3:

① 尹仲容:《美国对华经援趋势及现况》,《我对台湾经济的看法》(三编),台北:"行政院经济设计委员会",1962年版,第277—309页。

表 11－3　1950—1961 年美援进口的重要物资

物品名称	数量(单位:千吨)	价值(单位:百万美元)
棉　花	275	165.6
小　麦	1797	137.4
黄　豆	948	109.8
肥　料	1015	57.8
油　脂	194	31.5
总　计	4229	502.1

资料来源:尹仲容:《美国对华经援趋势及现况》,《我对台湾经济的看法》(三编),台北:"行政院经济设计委员会",1962 年版,第 277—309 页。

台湾历年所需小麦之 90.3%、棉花之 77.9%、黄豆之 73.9%、油脂之 49.2%、肥料之 23.1%都由美国进口。除此之外,台湾还利用美援进口其他物资如机器设备等,并将这些进口物资出售后得到的收入拨充经济建设、社会福利和财政补助之用。

技术援助

美援技术协助计划是经济援助的一部分,主要是为促进台湾经济资源的开发和生产能力的提高而训练人才。技术援助的领域包括经济发展的各个方面,如农业与工业生产、土地改革、文化交流、教育卫生、乡村电气化、森林开发及渔业畜牧业改良等,范围之大,由表 11－4 可见一斑。

表 11－4　1951—1958 年度技术协助计划选送出境人数

1. 农业及天然资源

项　目	赴美国者	赴其他国家者	总　计
农　业	153	80	233
水利灌溉	34	6	40
畜　牧	21	18	39
林　业	29	4	33
渔　业	5	23	28
总　计	242	131	373

2. 工矿交通

项　目	赴美国者	赴其他国家者	总　计
制　造	135	29	164

续 表

交　通	95	8	103
电　力	78	2	80
矿　业	19	9	28
总　计	327	48	375

3. 教　育

项　目	赴美国者	赴其他国家者	总　计
工职农职	58	21	79
社会中心	22	43	65
工程教育	28	0	28
其　他	43	13	56
总　计	151	77	228

4. 卫　生

项　目	赴美国者	赴其他国家者	总　计
公共卫生	37	1	38
医　疗	40	0	40
护　理	28	13	41
卫生工程	23	11	34
总　计	128	25	153

5. 其他部分

项　目	赴美国者	赴其他国家者	总　计
新　闻	23	5	28
石门水库	23	0	23
会　计	22	0	22
原子能	14	3	17
税　务	6	8	14
贸　易	10	2	12
预　算	10	0	10
其　他	83	25	108
总　计	191	43	234

资料来源：周琇环编：《台湾光复后美援史料》第3册《技术协作计划》，台北："国史馆"，1998年版，第299—300页。

到1965年止，台湾在技术援助项下共派送出境人员2706人，其中农业692人，工矿656人，交通375人，公共卫生202人，教育477人，公共行政262人，大众传媒208人，军协援助（Mutual Defense Assistance Program，共同防卫援助计划，在台湾简称"军协"）48人，其他（包括劳工、社会福利、投资贸易等）20人①。其中，农业及工矿业人员所占比例最大，其次为教育人员及掌握管理功能的公共行政人员，这些人回台湾后分散于全台湾每一个角落，担负重任，并把所学专业传授给各机关的基层人员，使整个团体的工作效率及技术水准大大提高，对台湾经济建设做出很大贡献。

技术援助还包括其他国家来台接受技术训练，这些也是由美援经费提供的。如表11－5所示：

表11－5　1951—1961年各国来台湾地区接受技术训练人数

国　家	已训练完毕者	尚在训练中者	合　计
柬埔寨	13	0	13
日　本	21	0	21
韩　国	186	2	188
寮　国	31	0	31
尼泊尔	4	0	4
巴基斯坦	1	0	1
菲律宾	161	0	161
琉　球	36	0	36
泰　国	373	2	375
越　南②	278	20	298
合　计	1104	24	1128

资料来源：尹仲容：《我对台湾经济的看法》（三编），台北："行政院经济设计委员会"，1962年版，第277—309页。按：寮国是旧时用法，中国大陆通称老挝。

概括台湾"审计部"的统计，美国对台湾技术援助的金额总计达1721.8万美元。各行业获得的金额见表11－6：

① *Taiwan Statistical Data Book* (Taipei: Council for Economic Planning and Development, "Executive Yuan", "The Republic of China", 1965), p. 249.

② 此处实际上指的是南越。

表 11-6　1951—1961 年技术合作运用概况

单位:千(美元)

类　别	到达金额	百分比
农　业	3616	21%
工矿业	819	4.8%
交　通	359	2.05%
公共卫生	1645	9.6%
教　育	5122	29.7%
公共行政	828	4.8%
劳　工	19	0.1%
社会福利	8	0.05%
其　他	4802	27.9%
总　计	17218	100%

资料来源:"审计部"编印:《"中华民国中央政府"总决算审核报告书》,台北:1962 年,第 50 页。

美援台币基金

事实上,相对基金是美援台币基金最重要的组成部分,它对台湾经济的发展,特别是台湾当局实施的重大建设项目,均起到关键性的支助作用。这一巨额台币基金,除一部分用于军事援助项目外,大部分用作台湾的经济建设发展基金。1952 年至 1961 年间,美援台币基金共累积约 170 亿元,其中相对基金占 62.3%;505 节贷款占 0.4%、402 节基金占 33.1%;480 号公法基金占 4.2%[①]。

美援台币基金的来源分为由美援直接产生和间接产生两类。其内容分别如下:

第一,由美援直接产生者:包括相对基金存入数、美方剩余农产品售价拨回数、其他美援收入等。截至 1965 年共计收入 249.99566 亿元台币,占美援台币基金总数的 75.84%。其中:

(1) 相对基金存入数:历年台湾根据美台双边协定缴存相对基金款项共计 117.4642 亿元台币,占美援直接产生的资金的 46.99%。

(2) 美方剩余农产品售价拨回数:美国政府根据共同安全法案及 480 号公法,将剩余农产品出售给台湾,取得的收入陆续赠予或贷款给台湾,供转赠或转贷之用,美方拨回剩余农产品价款总额为 113.75268 亿元,占 45.5%。

① "审计部"编印:《"中华民国中央政府"总决算审核报告书》,台北:1962 年,第 357 页。

(3) 其他美援收入:包括 480 号公法第四章农产品协定贷款、505 节贷款、402 节基金收入等,共计 18.77878 亿元,占 7.51%。

第二,由美援间接产生者:包括自美援进口物资征收的防卫捐助、关税及港工捐助;美援贷款收回的本金;美援贷款的利息收入;其他收入等,共计 79.6381 亿元,占美援台币基金总额的 24.16%①。

综上所述,1951 年至 1965 年间美援台币基金总计 329.63376 亿台币(如果加上美援结束后由相对基金延续下来的"中美经济社会发展基金"289 亿新台币,则数额更为巨大)。其中赠予金额为 208.14217 亿元,占总数的 63.14%,贷款为 42.28553 亿元,占总数的 12.83%,其他为 79.20606 亿元,占总数的 24.03%。由此可见,台币基金的用途以赠予为主,贷款为辅,仅有部分用于偿还美方本息。而在运用过程中以军援最多,且全为赠予,占赠予金额的 55%。劳工、教育、公共行政、驻台分署经费等项目也全为赠予,但金额比例不高。贷款部分以工矿计划为最多,这是因为美援若用于可产生利益的事业时,原则上必须以贷款方式而不能以赠予方式提供②。

从受益对象来说,除军援计划用于军事部门外,经援部分以工矿计划所得援款为最多,总计 55.47705 亿元,占 28.96%,其他依次为:农业及天然资源计划援款 46.37929 亿元,占 24.20%;交通运输计划援款 18.67237 亿元,占 9.74%;卫生及自来水计划援款 11.51685 亿元,占 6.01%;教育计划援款 7.80844 亿元,占 4.08%;经济研究及国际经济合作计划援款 4.37583 亿元,占 2.28%;社会及都市发展计划援款 8217.5 万元,占 0.43%;人力发展计划援款 81.9 万元,占 0.01%;其他援助 46.5768 亿元,占 24.3%③。

开发贷款基金

美国政府于 1957 年授权设立开发贷款基金,开发贷款基金的目的在于鼓励受援方以自由企业竞争制度,从事经济开发,以减少或消除对私人企业投资与国际贸易流通的阻碍,协助创造适于私人投资的有利环境④。从开发贷款基金设立的目的可以看出,此项基金主要是为促进美国资本和商品输出及维持资本主义的自由贸易体系服务的。

---

①③ "行政院国际经济合作发展委员会会计处"编:《美援相对基金计划报告》,1965 年 6 月 30 日。

② Neil H. Jacoby, *U.S. Aid to Taiwan: A Study of Foreign Aid, Self-Help and Development* (New York: Praeger, 1966), p. 212.

④ 《开发贷款基金》,"行政院美援运用委员会"编:《中美合作经援概要》,台北:1960 年,第 14 页。

与其他美援法案项目比较，开发贷款基金的特色主要在于：第一，运用较具弹性，且不以政府为目标，而以个别计划为对象；第二，美国拨给该基金的款项可以循环贷给其他需要的单位；第三，援助对象不仅仅限于政府，还包括个人、民营公司及其他机构，但必须以美金来分期偿还[①]。

1959年至1961年，台湾共动用开发贷款基金6581万美元，统计如下(表11－7)：

表11－7　1959—1961年台湾动用开发贷款基金数额

单位：千(美元)

受援单位	借款合约金额	动用金额
亚洲水泥公司建设工厂贷款	2992	2992
石门水库建设计划	21485	21485
铁路设备扩充计划	3026	3026
土银转贷建造渔船冷冻冷藏及渔用引擎计划	683	683
小型工业贷款计划	2483	2483
启业化工公司计划	1000	1000
台铝炼铝更新计划	1343	1343
采购柴油电力机车计划	5896	5896
“中华开发信托公司”	8780	8780
建设台湾南部微波干线系统	1979	1979
台电南部火力发电厂	14399	14399
新竹玻璃公司扩建新厂计划	1516	1516
台电深澳火力发电设备	234	234
总　计	65816	65816

资料来源：赵既昌：《美援的运用》，台北：联经出版事业公司，1985年版，第31页。

由上表可知，各受援单位中，以石门水库贷款金额最多，占总额的33%，其次为电力开发，占总额的22%，再次为铁路运输，占14%。此外，民营的“中华开发信托公司”贷款金额也占有13%，该公司成立之前曾获得美国开发基金承诺贷款1000万美元，以供公司成立以后转贷于其他民营公司。该公司的业务

① 尹仲容：《台湾之美国经援及其运用》，《台银季刊》第10卷第3期，1959年3月，第53页。

主要有放款、投资、担保等，对民间事业资金的筹措贡献颇大[①]。

1961年6月21日，美国开发基金会贷给台湾电力公司4000万美元。这是该基金会历年来给予台湾企业界最大的一笔贷款，用以建造规模宏伟的远见水库工程，该工程总费用为1.1亿美元。美国开发基金贷款约占此项工程外币资金的75%。在这个计划下，大甲溪将使台湾中部获得电力、灌溉及防洪等效益，而远见水库则为此目标开发贷款计划中的关键部分。大甲溪6座水力发电所总发电容量约140万千瓦。远见水库完成后，将使下游增加发电容量11.65万千瓦。而灌溉计划内，此系统将增加灌溉农田13万英亩，灌溉方面每年效益估计为450万美元，远见计划每年综合效益估计约达1100万美元[②]。

1965年6月30日，美国政府停止对台经援。

第三节 美援对台湾经济社会的影响

美援对台湾政治、军事、经济、外交、社会、文化等领域都产生了非常重大的影响。美援通过化解军事危机、补足财政赤字、提供稀缺资源、提高行政效能等，巩固了国民党在台湾的统治。美援强化了美国对台湾的控制，培植了一大批亲美的技术官僚，并通过各种条约和协议加强美台关系，始终把台湾当作其在亚太防御链条中的重要一环。

一 美援对台湾政治的影响

就政治方面而言，美援的运作使美国能够达成有利的政治、军事目的。从短期的政治、军事目的出发，美援的基本角色是遏制共产主义，加强前哨基地的军事防卫力量。从这个角度来看，军援是美国在受援地区进行的世界性的安全投资，这种援助有助于提升美国政府在国内外的威望，从而也使得受援方更加愿意与之进行广泛合作。

相对于美国，美援对于台湾在政治方面的影响更为深远。由于"二战"之后在中国事务中陷入太深，以致国民党溃败之后，美国政府在国内受到一片责难，在外交上也十分被动。随着局势的发展，美国为了其在东亚的利益，决定再次实施援助计划。但由于不愿再重蹈覆辙，在介入台湾事务时，美国还是采取了比较保守的姿态，美援的执行更多地依赖当地的政权。这样，作为美援在台湾的执行者，台湾当局得以更深地介入美援各项事务。由于经济事务与美援物资

---

① 赵既昌:《美援的运用》，台北：联经出版事业公司，1985年版，第32页。
② 《美贷台电四千万元，"中美"昨在华府签约》，台湾《"中央日报"》，1961年6月21日。

相关度高，美国的主导作用就较强，而与美援相关度较低的政治方面，就被台湾当局把控了。正如托马斯·戈尔德所说，美国援台的首要目标，是协助台湾当局维持政治和经济的稳定[①]。尽管美国政府曾公开指责南京国民政府贪污腐化、不得人心，但由于中国局势的变化，败退台湾的国民党领导人依然是蒋介石，而当时美国在台湾又无法找到能够取代蒋介石、又不至于破坏当地稳定的新领导人。于是，美援在注入台湾的同时，成为帮助台湾当局稳固在台统治的有力手段。

首先，美援的到来使台湾面临的军事危机得到化解，使国民党在台统治的外部安全得到保障。朝鲜战争爆发之后，美国进一步认识到台湾对于其全球防共战略具有十分重要的意义，是其"自阿留申群岛至菲律宾群岛这一海岸防线上不可或缺的一部分"[②]，于是大力支持在台的反共军力。随着美国援助的到来，国民党军队战斗力获得显著加强，而美国保护台湾不受中国大陆攻击的承诺，更进一步让台湾的军事安全得到保障。这两者都给予国民党当局喘息之机，使之在台统治得到巩固[③]。此外，美国援助在强化国民党军队作战能力的同时，也提高了其在岛内的警备管制能力。

其次，经济援助改善了台湾的物资供应，有效抑制了通货膨胀，平衡了国际收支，使得台湾当局顺利度过了财政危机，并在美国的帮助下，顺利完成土地改革，实现农业现代化，"领导"台湾走上了经济起飞之路。正如一位美国学者指出的，在台湾"山穷水尽的情况下"，美援"送来了大量的消费品和生产设备，帮助国民党'政府'降低了通货膨胀，从1949年的3400%，降到1953年的9%，因而巩固了'政府'的地位"[④]。由于美国的经济援助，台湾当局不但以经济建设方面的成绩进一步稳固了在台的统治地位，同时更有效地控制了台岛的经济资源，获得了左右台湾经济发展的地位。

为美援而设立的台币相对基金不但具有抑制通货膨胀、平衡财政收支的作用，更是台湾当局进行公共投资的主要财源[⑤]。由于美援为台湾当局在台湾的经济建设提供了长期的资金，其财政就可以用比较高的消费性支出，来维持庞

---

① Thomas Baron Gold, *State and Society in the Taiwan Miracle* (New York: M. E. Sharpe, 1986), p. 69.

② Steven M. Goldstein, *The United States and "The Republic of China", 1949—1978, Suspicious Allies* (Stanford University, Working Paper, 2000), p. 6.

③ Ralph Clough, *Island China* (Cambridge: Harvard University Press), p. 34.

④ [美]Alice H. Amsden著，庞建国译：《政府与台湾的经济发展》，丁庭宇、马康庄主编：《台湾社会变迁的经验——一个新兴的工业社会》，台北：巨流图书公司，1986年版，第104页。

⑤ 潘志奇：《光复初期台湾通货膨胀的分析(1945—1952)》，台北：联经出版事业公司，1980年版，第120页。

大的军警和公务员队伍，从而有效地镇压岛内的反对势力。

在分配和运用美援的过程中，台湾当局也主导了物资的去向。美援物资出售，主要是由“中央信托局”以公开比价标售方式或者核定单位售价方式配售给各个厂商的。凭借这种配售权，台湾当局扩大了自己控制市场的能力。尽管台湾当局对于援款的签拨没有决定权，但是由于台湾岛内的受援者必须通过“国营”银行或者美援会等机构转核申请表，台湾当局事实上获得了左右援款分配的机会。美援贷款或者计划型援助的施行，都必须经过台湾当局的批准并得到其偿还债务的保证，这更加强化了其对于岛内资本家的控制。

通过土地改革，台湾当局成功摧垮台湾本土的经济势力，重新构建了自己的政权结构。在大陆时期，地主是国民党的中坚力量，所以国民党始终无法解决土地问题。但在台湾，情况大为不同，政府和本地人掌握着大量土地。1949年至1953年间，国民党政权依照农复会制订的计划，在美援资金的保证之下，成功施行了土地改革。通过土地改革，地权得到平均，对于台湾当局来说，这不但是一件得民心的举措，而且有力地打击了台湾本土有钱有势者的地位，保障了它在台湾的统治地位。

第三，美援的到来和运用，使得台湾当局在行政运作方面有了变革的压力。同时，亲美技术官员主导经济政策也使得政府的运行更具理性，更有效率。

事实上，早在1947年，南京国民政府就与美国有过“先美援还是先改革”的争论，美国企图以美援为杠杆，控制援助的内容和使用，争取国民党进行更合美国之意的政府改组①。但当时由于局势骤变，此事不了了之。1949年12月15日，蒋介石在台北阳明山的一次谈话中就表现出了为争取美援而进行适当改革的意向，他指出：“麦克阿瑟对台态度甚好，美援有恢复可能，目前惟先需自己有适当做法”，所以他“提出以吴国桢为台湾省主席（陈诚为东南行政长官），并多选台湾人士为省府委员，筹备台湾地方自治。”②蒋介石及其主要幕僚“显然已觉悟到，他们对大陆的‘沦陷’负有重责，而他们未来惟一的生路系于‘他们在统治方法上作一激烈的变革’，台湾乃是他们最后的希望”③。美国政府在“对华白皮书”中，曾谈及其停止援助国民党政府的原因，其中之一即认为，国民党政府的失败，并非美国提供的援助不足，而是国民党政府腐败并失去人民支持、领袖不能应变、军队丧失斗志的结果④。可见，先前的教训，使美国既害怕共产主义势

① 资中筠：《追根溯源——战后美国对华政策的缘起和发展（1945—1950）》，上海：上海人民出版社，2000年版，第126—131页。

② 萧铮：《土地改革五十年——萧铮回忆录》，台北：中国地政研究所，1980年版，第336页。

③ ［美］高立夫著，艾思明译：《海岛中国》，台北：洞察出版社，1987年版，第44页。

④ 《中美关系资料汇编》第1辑，北京：世界知识出版社，1957年版，第443—444页。

力在亚洲的“扩张”,又感到单纯的援助无济于事,所以也有敦促台湾当局进行变革的意图。

朝鲜战争爆发之后,美国一方面派出福克斯调查团赴台调查,一方面部署向台湾提供经济和军事援助。但在提供援助的具体过程中,美国官方对台湾当局的行政能力及运用美援的效率没有信心,对提供援助物资显得犹豫迟疑,让台湾当局无可奈何。双方都意识到,台湾当局必须通过高效治理才能有效使用美国提供的军事和经济援助,才能避免重蹈其在大陆的覆辙。内在和外在因素都要求台湾当局痛下决心,进行切实的政治改革。增进政府机构的行政效率并提高台湾当局的威望,是美国援台的目标之一,也是美台之间推行技术协作计划的基本条件①。美援对于台湾公共行政的改革,范围遍及经济设计、政府设计、预算管理、审计制度、“国库”管理、赋税改革、税务研究、法令修编、工商业普查工作的实施及行政职位分类的推行等各个层面②。

随美援而来的经济繁荣与政治安定感,缓和了社会中的不安定因素,渐渐平息了岛内对于政治不满的声音,同时,吸引不少人才逐渐依附在台湾当局的统治之下。

通过美国对台的援助和扶植,美台援助关系全面、深入地渗透和反映到台湾当局的组织结构与经济政策的制定和实施之中,这种关系对此后的台湾政治转型起到了一定的影响。

随美援而来的大批美国驻台官员和专家顾问,与主持台湾经济发展的技术官员群体结成密切的合作关系。美国一般把技术官员(经济官员)群体视为台湾当局中的健康成分,一向予以支持和扶植。技术官员对台湾当局内部自蒋介石以降许多人热衷于扩充军队、发展军事工业的做法一般持消极态度,他们主张台湾应首先立足于发展“民生经济”,美国各驻台机构也以遏制蒋介石集团“反攻大陆”、防止台湾经济的军事化为其工作的基本目标,因此双方在这个关键点上有不谋而合之处。台湾的经济官员群体以其经济实用主义理念、利益中立的地位、专业化和技术化的工作作风,以及欧美教育的背景,很容易与美国援助官员和专家产生亲和感,建立密切的合作关系。这种关系,连同美国依靠援助施加压力的“杠杆效应”,被美国用以强化其影响力向台湾内部的扩张。

为培植亲美的技术官员群体并使他们做出合理的经济决策(也包括合乎美国利益的决策),美国人排除了党务官僚介入经济决策的企图。在“美援会”、

---

① 周琇环编:《台湾光复后美援史料》第3册《技术协助计划》,台北:“国史馆”,1998年版,第421—422页。

② 赵既昌:《美援的运用》,台北:联经出版事业公司,1985年版,第53页。

"农复会"和"经安会"等运用美援的机构中，都是由技术官员与美方人员配合运作，党务官僚根本插不上手。很多重要决策的制定，包括土地改革、发展民营工业、外汇改革、奖励投资等，都有"美援使团"人员参与。当然，党务官僚因自身专业能力不足和语言障碍，要想介入也比较困难。为方便美国人听得懂，上述机构开会时，官员们一般都用英语发言。这几个机构的重要实际决策人物大都拥有美国大学的硕士、博士头衔。1951 年至 1965 年间，在美援技术协助计划下赴美研习的台湾技术人员，占出岛研习总人数的 65%[①]。技术官员的崛起使国民党的构成发生蜕变。到 20 世纪七八十年代，无论在台湾基层、中层还是上层，"革命精英"和"军事精英"都不再居于主流，而是由学有专长的技术精英占据主流。同那些党务、军特出身的官僚相比，专家学者出身的技术官员，特别是其中的第二代和第三代，专业知识功底扎实，工作较有效率，为政较为清廉，给人一种清新的感觉。由于他们受过高等教育，视野较为开阔，所以能够比较理性地接受民间社会要求政治民主的呼声，主张采取开明的态度和做法。这个群体与在地方公职选举中逐步壮大的民选官僚群体形成国民党内的"开明派"或改革派，其力量逐渐大过主张维持现状的官僚群体的力量，从而为政治领导人选择政治开放创造了必要的内部组织条件。台湾政治开放的过程表明，这两种政治力量对比关系的变化及其策略互动，是促成台湾政治转型的关键性变量之一。

美国对台援助"从根本上讲是美国执行对外政策的工具，这一点看来是无可争辩的"[②]。但同时也不能忽视台湾方面的回向作用。换言之，美国的对台援助政策不是一个单向过程，而是一个互动的过程。纵观整个美国对台援助史，可以看到，无论是援助数额与援助形式之争，还是援助中的汇率之争，削减台湾军队之争，亦或是对台湾军队进行部分现代化之争，最终总是以双方的相互妥协而收场。必须认识到，美台在援助问题上的具体目标虽然有所不同，但双方在通过援助加强台湾实力，进而实现遏制"共产主义扩张"的政策追求方面却是一致的，而正是这种共同的根本利益决定了美国对台援助政策的走向。

美援的目的不是以"受援国"的经济政治发展为前提，而是通过美援来对"受援国"进行政治、经济、文化渗透，以加强这些国家和地区对美国的依赖，最终使这些国家和地区按美国设想的方向发展。总之，美国的政府援助，本质上是为美国自身的政治、经济、军事利益服务的，正如一位美国学者所说的："虽然

---

① 文馨莹：《经济奇迹的背后——台湾美援经验的政经分析(1951—1965)》，台北：自立晚报社文化出版部，1990 年版，第 179—180 页。

② [美]罗伯特・沃尔特斯著，陈源、范坝译：《美苏援助对比分析》，北京：商务印书馆，1974 年版，第 9 页。

美国政府在公众和全世界面前标榜这是美国无私的人道主义的体现，可事实上，美国自身的利益才是最重要的。"①

二　美援对台湾经济的影响

国民党退台初期，台湾的经济形势极其严峻。台湾当局的国际收支皆由台湾银行处理，1950 年，台湾银行的外汇存底完全枯竭，被迫向"民航空运公司"借款 50 万美元应急。1951 年初，台湾银行外汇负债已达 1050 万美元，其银行信用卡被外国银行拒收②。1950 年至 1952 年，台湾当局的财政赤字高达 5.36 亿元新台币。

美援稳定和发展了台湾经济。援台初期，美国无偿提供大量消费性物资和生产资料，弥补台湾供给的不足，在很大程度上解决了当时市场物资匮乏的状况。美援设立的相对基金缓和了货币的供应量，客观上起到了收缩通货膨胀的作用。据统计，台湾物价上涨率由 1950 年的 400%降为 1952 年的 23%，至 1954 年仅为 2.4%，通货膨胀基本上得到了控制。

此后，美国对台湾的经济援助使台湾经济发展经历由凋敝—恢复—飞速发展的阶段。尤其是到 1960 年以后，台湾开始由进口替代向出口导向经济政策的转变，为台湾摆脱美援依赖、实现经济腾飞奠定了坚实的基础。这一时期美援的效果可作以下几点分析：

1. 美援与资本积累方面：在现代化经济发展中，资本被认为是最重要的生产要素之一。台湾在 1950 年代接受美援时经济状况处于两难之中，一方面资本积累率过低，在整个 1950 年代台湾的资本积累率都在 10%以下，90%以上的国民收入都用于现期消费③。另一方面，由于出口能力有限，外汇严重短缺，每年收支逆差都在 1 亿美元以上④。美援的到来正好弥补了台湾发展经济面临的这两个缺口。大量的美援注入及产生的相对基金，填补了台湾因储蓄不足而形成的岛内资本短缺。据统计，在 1952 年至 1958 年间台湾固定资本形成总额的资金来源中，美援占 29%⑤。另外在整个 1950 年代，美援的进口物资常占台湾

---

① Peter. J. Schraeder, *Intervention into the 1980s: U. S. Foreign Policy in the Third World* (Lynne Rienner Publishers Inc., 1988), p. 83.

② 宋春、于文藻主编：《中国国民党台湾四十年史（1949—1989）》，长春：吉林文史出版社，1990 年版，第 9 页。

③ 段承璞：《战后台湾经济》，北京：中国社会科学出版社，1989 年版，第 161 页。

④ 刘进庆：《战后台湾经济分析》，厦门：厦门大学出版社，1990 年版，第 252 页。

⑤ 文馨莹：《经济奇迹的背后——台湾美援经验的政经分析（1951—1965）》，台北：自立晚报社文化出版部，1990 年版，第 186 页。

全部进口额的 40%左右[①]。美国学者何保山指出:“五十年代台湾因缺乏外汇而产生紧张,而填补外汇缺口的美援使经济有了较高速度的增长,并能较充分地利用经济中的其他因素。”[②]

美援对台湾资本积累的作用绝不仅限于投资中的比重,它还具有促进民间投资的引导效应,即美援的投入可以引发、带动更多民间投资。按照运用美援的特别规定,台湾民营企业在申请美援进行项目建设时,必须投入相应数量的自有资金,这样民营企业在利用美援投资时,就自然增加了自有资本的投入。有学者统计,1952 年至 1958 年台湾固定资本形成总额的资金来源中,民间投资占 39%[③]。可以说,共同安全法时期美援的投入与台湾的两个“四年经建计划”互相配合,美援投资注重投向基础设施和公共部门,改善了投资环境,为以后美国政府减少对台援助、增加私人投资奠定了基础。

2. 美援对台湾经济发展的促进作用,除以资金、物资等形式表现出来外,还体现在政策的导向上,即以政策建议、方针指导、计划协调、方案规划等形式来影响台湾经济政策和经济发展战略的方向。

美国向台湾提供援助的同时,还要求台湾提高自力更生的能力。1953 年春,美国共同安全总署驻台分署给国会提交的关于对台援助的报告中明确指出,美国援台的目标之一就是提高台湾的“自主能力”[④]。为以后减少和停止对台援助,美国在提供大量物资和资金的同时,还对台湾的长远经济发展提出指导性意见和建议。美援机构积极参与台湾重大经济政策和发展战略的制定,并在其中起决定性作用。和平土地改革方案、稳定经济方针、反通货膨胀策略的制定,两个“四年经济建设计划”的实施,第三个“四年经济建设计划”的制定,“以农养工、以工支农”战略的提出,财经与税制改革的实行,单一汇率和发展出口导向型经济的确定,皆有美援机构的影响。在美援的政策导向下,台湾经济步入良性循环、健康发展的轨道,避免了大的曲折和波动。台湾经济在 1951 年至 1961 年间由恢复到发展,很大程度上要归功于美援影响下的发展战略的成功。

美援是台湾经建费用的主要来源,美援资金大部分被用于基本建设上,特别是电力建设,其他如化肥、纺织、面粉等重要产业部门也得到重点扶持。美援

---

① 赵既昌:《美援的运用》,台北:联经出版事业公司,1985 年版,第 7 页。

② [美]何保山著,上海市政协编译工作委员会译:《台湾的经济发展(1860—1970)》,上海:上海译文出版社,1981 年版,第 129—129 页。

③ 文馨莹:《经济奇迹的背后——台湾美援经验的政经分析(1951—1965)》,台北:自立晚报社文化出版部,1990 年版,第 186 页。

④ Neil H. Jacoby, *U.S. Aid to Taiwan: A Study of Foreign Aid, Self-Help and Development* (New York: Praeger, 1966), p. 31.

平衡了外汇收支,1952 年至 1965 年间台湾用于进口的资金约有 30%—40%来源于美援①。美援“也鼓舞了政府及民间的士气与信心”②。

1950 年至 1965 年,美国给台湾地区的非军事援助,平均每年约 1 亿美元,按人口平均计算,这一援助额超过美国同一时期给世界上任何其他国家或地区的援助。它约占台湾地区国民生产总值的 6.4%,占经济总投资额的 34%左右。尤其重要的是外贸领域,“台湾的商品和劳动总进口额中”,有 40%是以美元支付的。1951 年至 1955 年,所有的美援都是赠送的,1955 年以后,除赠送外,也有贷款,但利率很低③。据统计,15 年间美援占台湾资本构成的 34%,弥补了台湾商品和劳力入超的 91%④。

台湾学者指出,在把台湾的情形与其他国家比较的时候,“不要忘了我们每年接受了约 1 亿的美援。假如没有这笔美援,仅凭我们自己的经济力量,还不能达到目前的水准。换句话说,我们的成长率不是全凭我们经济内部的成长力量所产生的”⑤。另据一位外国学者估算,如果没有美援,台湾 1964 年“国民生产毛额”达到的数字,到 1995 年也无法达到⑥。1952 年至 1958 年,“台湾真实国民所得增加 52%,平均个人真实所得增加 26%”。以 1949 年为基期,农业生产指数至 1957 年增加 63.8%,工业生产指数至 1958 年增加 187.9%。物价方面,1950 年较 1949 年上涨三倍之多,但 1958 年较 1957 年只上涨 1.4%。“凡此种种,固皆为国人努力之结果,但其受美援之影响则无可否认”⑦。1951 年,台湾只有大约 840 万人口,国民生产总值(GNP)只有约 8.8 亿美元,到 1965 年,台湾人口增至 1260 万,国民生产总值增至约 24 亿美元⑧。

由表 11-8 可知,1953 年至 1965 年,台湾“国民生产毛额”年平均增长率为 7.54%,“国民所得”年平均增长率为 4.89%,农业生产年平均增长率为 4.31%,工业生产年平均增长率为 12.68%。

---

① 厦门大学台湾研究所:《今日台湾 100 问》,福州:福建人民出版社,1988 年版,第 11—12 页。

② [美]高棣民著,胡煜嘉译:《从国家与社会的角度观察——台湾奇迹》,台北:洞察出版社,1987 年版,第 12 页。

③ [美]唐耐心著,新新闻编译小组译:《不确定的友情:台湾、香港与美国,1945 至 1992》,香港:新新闻文化事业股份有限公司,1995 年版,第 111 页。

④ 崔之清主编:《台湾是中国领土不可分割的一部分》,北京:人民出版社,2001 年版,第 383 页。

⑤ 尹仲容:《台湾经济十年来的发展之检讨与展望》,台北:“国际经济合作委员会”,1970 年版,第 287 页。

⑥ 厦门大学台湾研究所:《今日台湾 100 问》,福州:福建人民出版社,1988 年版,第 5 页。

⑦ 尹仲容:《台湾之美国经援及其运用》,《台银季刊》第 10 卷第 3 期,1959 年 3 月,第 60 页。

⑧ Neil H. Jacoby, *U.S. Aid to Taiwan: A Study of Foreign Aid, Self-Help and Development* (NewYork: Praeger, 1966), p. 38.

表 11－8　1953—1965 年台湾经济发展指标

增长率:%

年　代	人口	国民生产毛额	国民所得	农业生产	工业生产	消费价格	出口	进口	国民所得消费能力
1953	3.8	9.3	5.8	9.4	24.8	18.8	35.1	8.7	29.2
1954	3.7	9.6	5.8	2.2	5.8	1.7	—26.9	20.0	5.5
1955	3.8	8.1	4.1	0.5	13.3	9.9	32.1	—4.8	14.6
1956	3.4	5.5	1.8	7.7	3.4	10.5	52.9	52.6	10.3
1957	3.2	7.3	4.0	7.1	13.0	7.5	24.5	9.6	12.4
1958	3.6	6.6	3.2	6.7	8.6	1.3	5.1	6.6	8.1
1959	3.9	7.7	4.3	1.8	11.7	10.6	47.8	50.2	11.2
1960	3.5	6.5	3.1	1.3	14.1	18.5	4.5	28.2	17.0
1961	3.3	6.8	3.5	8.9	15.5	7.8	30.9	19.4	8.8
1962	3.3	7.8	4.7	2.6	8.0	2.4	11.8	—5.6	6.9
1963	3.2	9.4	6.2	0.2	9.2	2.2	52.1	19.0	9.9
1964	3.1	12.3	9.1	12.0	21.1	—0.2	30.7	18.5	13.6
1965	3.0	11.0	8.0	6.5	16.3	—0.1	3.6	29.9	7.2

资料来源:[美]高棣民著,胡煜嘉译:《从国家与社会的角度观察——台湾奇迹》,台北:洞察出版社,1987 年版,第 7 页。

美援也有对台湾经济发展不利的一面。正如中国学者在当时的评论:“美帝国主义通过对蒋介石的‘经济援助’,一方面给蒋介石集团‘打气’,另一方面控制了台湾的经济命脉。所谓‘经济援助’,实际上是推销美国的剩余产品。”①

美援给台湾经济发展带来的负面作用,主要表现在美国对台湾经济的控制上。美援的实质是“以援助来掣肘台湾当局,把台湾经济紧紧地绑在美国的车轮上,使台湾成为美国的附庸”②。

美援政策,不仅有援助的部分,对于不与其合作者,还制订了相应的惩罚措施。由此可见,美援不但被美国用来强化其同盟的力量,也起到了在确保其战略物资的安全和有效使用的前提下削弱以苏联为首的共产党集团的力量的作用。援助成为援助国渗透入“受援国”的手段,美国常以断绝援助相威胁,迫使

① 李之信编:《美蒋奴役下的台湾》,保定:河北人民出版社,1959 年版,第 17 页。

② 厦门大学台湾研究所:《今日台湾 100 问》,福州:福建人民出版社,1988 年版,第 12 页。

"受援国"拿出与其政策目标相符合的运用计划。当一个政府依靠外援时,来自援助国的政治压力就不可避免。因为外援使得援助国在参与决策的过程中占据主动,受援方通常必须为施援国的政策辩护,以便获得源源不断的各种援助。当某国接受美援时,必须同时接受美国的外交政策、冷战态度和经济保护等诸多方面的相应要求,并且接受美方的管理、监督和控制,渐渐从对美援的依赖转变为对美国的依赖。

美国在向台湾提供大量经济援助维护台湾经济稳定、社会安定的同时,也达到了它自身所要追求的目标,即在台湾维持一个亲美的政权,充分利用台湾的战略地位。这也是美国自利性的表现之一。在共同安全法时期的十年里,台湾由"反共"前哨基地逐渐转为经济上的半边缘地区,形成经济上对美国的依赖。

第一,农业依赖。就生产方面而言,指农业建设的技术、资金依赖美国经济援助的供应。就消费方面而言,美援农产品的大量进口及促销手法,奠定了台湾进口美国农产品的行销渠道和消费市场。经援虽然帮助大多数农民变为自耕农,并支持农村建设计划,但同时又配合肥料换谷制,协助工业部门吸取农业剩余。台湾农业增产利益不仅未留在农村,相反,大量美国剩余农产品的进口,为日后台湾农村走下坡路埋下祸根。美援期间,面粉工业为遵守 480 号公法的限制,无论小麦价格偏高还是运费偏高,均不能从其他国家进口低价小麦。

第二,技术依赖。当权的行政、技术人员多赴美培训,有利于美国的价值、标准和经验传入台湾,对美国而言是结出了"政治的果实"①。

第三,资本依赖。美国经援款项 87%(1952—1958 年)投在制造业、建筑业、水电业等基础设施方面,对这些行业的援助既拓展了资本和原料的进口,又为日后美资在台湾扩张奠定了市场基础。台币援款虽然是由受援单位支付的台币基金,却也由美国在台的援助运用机构进行分配,扩大了美援的投资效益。可以说,"美援贷款是美国金融资本在台湾发展的先锋"②。

第四,贸易依赖。整个共同安全法时期,美援进口总值有 7 年超过当年的台湾贸易入超总值,台湾每年的巨额贸易赤字几乎全部由美援弥补,从而在方方面面受到美国的限制。在这 10 年里,台湾是一个对美国进口依赖很大的地区,台湾经济的兴衰与美国经济的好坏息息相关,逐渐成为美国经济上的一个半边缘地区。正如文馨莹所言:"经援时期的台湾,不但处于美援依赖的发展情

① Neil H. Jacoby, *U.S. Aid to Taiwan: A Study of Foreign Aid, Self-Help and Development* (New York: Praeger, 1966), p.165.

② 刘进庆:《战后台湾经济分析》,厦门:厦门大学出版社,1990 年版,第 376 页。

境中，美援依赖机制也培植并强化台湾对美国的依赖关系。因此，美援停止后，由于军援的持续及美资、美国市场、大批商业采购农产品取代美援，成为与以往维持台湾对美依赖的机制，台湾的美援依赖已'成功'地转化为对美依赖。以外贸为主外资为辅的新机制便取代美援，继续推动台湾的依赖发展。"①

台湾经济实现的高速增长应归功于台湾人自身的努力，但作为外部因素的美援的推动作用亦不容抹杀。如果没有美国的援助，台湾经济的恢复将延续更长时间，美援在很大程度上为后来台湾经济的增长奠定了基础。可以认为，美援在其中所起的作用恰好是为台湾"起飞"前的准备阶段补充了必要的"血液"。当然，要实现经济的起飞，单纯解决资金短缺问题还远远不够。据此可以进一步推断，在很大程度上由美援所促成的朝鲜战争后台湾政局的总体稳定、美国援助政策对于台湾当局行为的约束和规范，都是1960年代中后期台湾经济起飞不可或缺的重要条件和保障。

三　美援对台湾社会的影响

台湾是美国对外援助的一个成功的样板，不仅实现了台湾经济的腾飞，并最终在台湾确立了美国式的"民主政体"。台湾是美国人引以自豪的一个案例。除政治、经济方面外，美援对台湾的其他方面也产生了较深刻的影响。

首先，美援影响台湾社会发展重心：从军事为中心到大力发展经济。

1950年初，国民党政权败退到台湾后开始建设他们的反共基地，无论是强化军事还是发展经济，都是为"反攻大陆"这个最终目标。对于台湾，国民党在很长时间都只是抱持着一种"过客"的心理。但由于美援的到来，台湾在获得军事安全、政治稳定和经济发展的同时，国民党政权的治理也渐渐摆脱这种思路，开始比较现实地以台湾为本体确立"国策"，这给台湾社会发展带来新的变化。这就是后来所谓本土化的转变，这个转变实际上确立了"台独"的思想基础和物质基础。

在美援的影响下，台湾的发展重心渐渐从军事转向经济。可以说，如果没有美援的支持，军事化的台湾是无法应对国民党抵台初期严重的经济危机的。国民党抵台初期面临的急务，是救济、稳定和重建，蒋介石将台湾视为"光复大陆"的军事基地，根本顾不上理性的经济开发建设。假如没有美援对台湾发展方向的限制，台湾当局很有可能把工作重点放在军事方面，从而影响到经济的发展。美国为促成台湾作为防卫基地的自力更生，一方面以美援直接加强国民

---

①　文馨莹：《经济奇迹的背后——台湾美援经验的政经分析（1951—1965）》，台北：自立晚报社文化出版部，1990年版，第275页。

党军力，直至台湾军力足以自卫，另一方面则在美援中规定专门供经济建设的资金，并致力于对美援物资分配运用的控制。

同时，通过美援的运用，美国还找到了实现其为台湾设计的社会发展方向的支持者，即那些接受了美国教育的现代化经济技术官员。由于在中国大陆援助失败的教训，美国起初不相信台湾当局运用经援的能力。为协调美援的需求和供给，美国必须扶植能够帮助其控制台湾、牵制台湾当局的亲美统治精英。对于台湾当局而言，由于财政主要依靠美援，为维持大数额的军费支出，其经济发展所需要的经费只好仰仗政府预算之外的经援。就亲美的技术官员和亲美的军事将领相比较而言，蒋介石更愿意信任前者，技术官员于是被赋予更大的参与政治经济决策的权力。美援会、农复会、经安会等经援机构均独立于国民党政权体系之外，美援不仅提供高薪与权威，更包括了合作决策的组织空间，美援会等支持的机构，就成为培养技术官员的摇篮。在这些官员的影响下，台湾社会的发展重心逐渐从军事方面转移到经济领域，使得加速经济发展成为台湾当局“追求的重要政策目标”①。

1965 年美国结束经援之后，台湾为图自保，加快经济发展的步伐，“反攻大陆”的军事目标也不再是重中之重。此后，台湾一直以经济高速发展为主要目标，无论台湾社会还是台湾当局内部，重返大陆的热情都逐渐降低。

其次，美援对台湾的文教卫生进步也产生了一定的影响。在援助台湾发展经济的同时，教育也被列入美援计划并予以资助。用于教育计划的台币相对基金资助开始于 1951 财政年度，美元援助则开始于 1952 财政年度。美援支持的教育计划包括职业教育（分工业和农业）、科学教育、侨生教育、视听教育、家政教育、水产教育等项。到 1965 年美援结束为止，全部费用约达 950 万美元及相对基金新台币 7.35 亿元。美援对于台湾卫生计划的资助开始于 1950 年，初期拨款不多，之后逐年增加，以 1958 年为最多，达 38 万美元及台币 5700 余万元。1950 年至 1962 年度，拨划款项共计美元 91.5 万余元，相对基金新台币 3 亿余元。另有同属美援拨付的款项，但列于农复会主管的乡村卫生改善设施计划，1953 年至 1962 年间，总计达台币约 3600 万元。美援卫生计划拨款主要用于防治传染病、扩充医疗卫生设施、改善环境卫生、保障工业卫生和安全等项目②。

就整个美援资金运用的总额而言，教育与卫生计划所占比率很少，但对台湾社会产生了深远的影响。教育方面，美援在教育资助计划的选择过程中，非

① 吴荣义、王连常福、周添城、李昭考：《美商投资对“我国”经济的影响》，台北：“中研院”美国文化研究所，1980 年版，第 149 页。

② 赵既昌：《美援的运用》，台北：联经出版事业公司，1985 年版，第 188 页。

常重视职业和科技教育，将教育与经济发展的需求联系起来，让教育的成果能够直接为经济发展和社会建设所用。另外，美援也在台湾与美国高校的合作方面投入大量资金，与经济援助中专门设置的“技术协助”一起，使得台湾拥有大量高素质的留学生，并能够便利地获得外国的先进设备和专家的帮助，大大提高了台湾的教育和科研水平。美援在卫生方面的援助使得台湾人有了更好的健康保证，能够适应经济发展的需要。随着生活水平的提高和医疗卫生条件的改善，台湾人口的自然死亡率从 1940 年代中期的 20‰，下降至 1950 年代后期的 7‰左右[①]。

第三，美援与台湾的“民主化”。这里需要说明的是，美援在 20 世纪五六十年代并没有给台湾带来直接的“民主化”。美国需要在台维持稳定的政权，这限制了它对于台湾当局施压的力度。

从台湾地区的实际情况看，美援带来的是对于经济成长有利的因素，同时，美援有力地帮助台湾当局巩固了其在台的一党专制的独裁统治。但是，随着美援的运用，美国的生活方式和民主理念已在台湾社会扎下根来，台湾民众追求民主的活动一直没有停息。1960 年代，台湾当局将筹组反对党“中国民主党”的原国民党元老雷震逮捕入狱，并将他主办的《自由中国》半月刊查封。这虽然使台湾在野党的政治活动趋于低潮[②]，但美援时期种下的“民主”根苗，到蒋经国统治后期终于开始发芽，1986 年以后更开始了台湾社会的“转型期”。

---

① 赵既昌：《美援的运用》，台北：联经出版事业公司，1985 年版，第 218 页。
② 高民政：《台湾政治纵览》，台北：华文出版社，2000 年版，第 18 页。

第十二章　蒋经国当政时代:"革新保台"与党外势力的活跃

第一节　20世纪70年代台湾的危局

1972年3月,第一届"国民大会"第五次会议再次选举蒋介石、严家淦连任"总统"、"副总统"。蒋即位不久,国民党中常会接受严家淦的提案,提名蒋经国出任"行政院院长"。蒋经国以前所未有的93.8%的得票率,获"立法院"通过。6月1日,蒋经国就任"行政院长"。由此台湾进入蒋经国主政时期。然而摆在蒋经国面前的台湾局势却岌岌可危,与蒋介石"复职"时相差无几。

一　台湾当局被逐出联合国

中国在联合国的代表权问题,始于1949年中华人民共和国成立。当年的11月15日,中华人民共和国政务院周恩来总理致电联合国秘书长赖伊,明确指出中华人民共和国是中国唯一合法的政府,要求联合国取消台湾当局在联合国的一切权利。苏联予以积极呼应。但是,在美苏两大强权的竞争以及美国支持"中华民国"在安理会及联合国的席位之下,偏安于台湾的国民党当局一直代表中国。随着中华人民共和国实力的增强和在外交关系上的拓展,以及在亚洲、非洲等第三世界国家的支持下,联合国每年都要就"中国代表权问题"进行表决。到1961年,此一问题的表决结果已由原先的缓议变为"重要问题案",需三分之二的会员国同意方可进入联合国。而到了1970年,联合国大会虽然仍将"中国代表权问题"列为"重要问题案",但在表决是否驱逐台湾当局、接纳中华人民共和国时,首次出现了51票赞成、49票反对的有利局面。至此,中华人民共国重返联合国已是大势所趋了。

1971年9月20日,第26届联合国大会开幕,其中就"中国代表权问题"分别提出了三个提案:(1) 美、日等22国提出的"在大会中提出的结果将导致剥夺'中华民国'在联合国的代表权的任何建议都是宪章所规定的重要问题案";(2) 阿尔及利亚、阿尔巴尼亚等23国提出的"恢复中华人民共和国在联合国的权利,驱逐蒋介石的代表案";(3) 美、日等19国提出的"确认中华人民共和国的代表权,并且建议让它得到安全理事会五个常任理事国之一的地位,并且确认‘中华民国’继续拥有代表权案”。

1971年10月25日,联合国大会就“中国代表权问题”提案进行表决,第一案的表决结果,以59票反对、55票赞成、15票弃权遭到否决,重要问题案未能通过。这表示在第二案表决时,如果赞成票取得相对多数,则中国代表权将由中华人民共和国所取得。台湾当局代表团鉴于中华人民共和国重返联合国已经无法避免,因此在第二案表决之前,即向大会发表预先准备的声明,“不再参加任何联大的议程”[①]。此后的第二案表决,以76票赞成、35票反对、17票弃权、3票缺席通过了阿尔巴尼亚等23国提案,同时,决定立即将台湾国民党当局的代表从联合国的一切机构中驱逐出去。联大驱蒋事件发生后,几乎在一夜之间,20多个国家与台湾当局“断交”,承认中华人民共和国为中国唯一的合法政府[②]。

二　中美关系的改善

众所周知,1949年10月新中国成立后至60年代末、70年代初,美国政府对中国政府一直采取军事上包围,经贸上封锁、禁运等敌视政策。中美两国政府互不来往,积怨甚深。60年代末、70年代初,国际形势发生深刻变化。美苏争霸愈演愈烈,美国急于从越战泥潭中脱身,希望与中国改善关系。

1969年美国新任总统尼克松入主白宫。同年9月,尼克松在联合国大会上公开表示,美国愿意与中国谈判。10月,又传话给中国政府,表示美国将取消两艘军舰长期巡航台湾海峡,改由其他军舰每月通过台湾海峡15次。1971年7月6日,尼克松在一次讲演中表示:美国的政策目标从长期来看,必须是结束大陆中国的与世隔绝状态和使我们同大陆中国的关系正常化。与此相适应,美国政府放松了对华长达20多年的经贸封锁和禁运;尼克松在国情咨文中,首次用“中华人民共和国”全称称呼新中国政权;取消了美国人到中国旅游的限制,并称今后只要有正当目的,美国人均可到中国访问。

中国政府和毛泽东等中国领导人以现实主义的态度重新审视了中美关系,对于美国政府频频发出旨在改善对华政策的信号,适时地做出了反应。1969年12月,释放12名在押的美国人;后又首度邀请美国驻波兰大使前往中国驻波兰大使馆一谈;1970年12月8日,毛泽东接见了美国著名作家埃德加·斯诺,通

① 王景弘:《采访历史——从华府档案看台湾》,台北:远流出版社,2000年版,第389页。

② 参见陶文钊主编:《中美关系史(1949—1972)》,中卷,上海人民出版社,2004年版,第244—245页。

过他发出了欢迎美国总统尼克松访华的信息；次年 4 月，中国政府又邀请美国乒乓球队访华。这些都标志着中国对美国政策开始出现重大转变的迹象。

中美抛弃旧仇宿怨走到一起，是各有所求的。用基辛格的话来说，是苏联的威胁把中美两国逼到一起的。由于中美两国政府的需要和诚意，中美接近呈加速推进，1971 年 7 月 9 日，美国国家安全事务助理基辛格从巴基斯坦进人中华人民共和国，进行为期三天的秘密访问。16 日，中美发表联合公报，公布了基辛格访华情况并宣布美国总统尼克松将于 1972 年 5 月以前访问中国。1972 年 2 月 21 日，尼克松到达北京，对中华人民共和国进行正式访问。28 日，中美发表了举世闻名的中美《联合公报》（又称《上海公报》）。在公报中，美国声明对海峡两边的中国人都认为只有一个中国，台湾是中国的一部分这一立场不提出异议；并确认从台湾撤出全部美国军事力量和军事设施的最终目标。这个公报标志着中美关系揭开了新的一页，使美国多年来鼓吹的“一中一台”、“两个中国”、“台湾地位未定论”、“台湾独立”等等谬说开始发生动摇，指明了美台关系的性质。此后美台关系开始降温。

长期以来美国是台湾最主要的盟友，美台关系也是台湾当局对外关系的支柱。尼克松访华和《上海公报》的发表，是台湾当局继从联合国被驱逐后，外交工作又一次遭到的最严重的挫折，表明台湾当局在国际上进一步孤立和外交政策的彻底失败。

三　中日建交

中美关系的改善推动了中日建交，日本首相田中角荣于 1972 年 9 月 25 日来华访问。经过会谈，中日双方于 9 月 29 日签署建交的联合声明，日本政府表示充分理解和尊重中国政府提出的中日建交三原则（即承认中华人民共和国是中国的唯一合法政府，台湾是中华人民共和国不可分割的一部分，以及废除“日蒋条约”）。随后日本与台湾当局“断交”，《日台条约》自动失效。次年初，中日两国政府互设大使馆，互派大使，并陆续签订了贸易、航空、海运、渔业和科技文化等一系列协定。两国政府还于 1975 年开始进行缔结和平友好条约的谈判。中日建交，结束了两国长期敌对的历史，过去作为台湾当局“外交”两大支柱的美国和日本，现在分别与中国改善关系和建交，这对台湾当局无疑是极为沉重的打击。

在不到一年内，台湾当局接连遭到重大“外交”挫败。在美、日与中国关系改善后，其他大多数国家也相继断绝了与台湾的“中华民国”的“外交关系”。到 1978 年底与台湾保持“外交关系”的国家仅剩 21 个。台湾的“国际地位”一落千丈,岛内称“失去了国际人格”。连蒋介石也哀叹这是“最黑暗之一刻”[①],台湾当局感受到空前的生存压力。

四　岛内外“台独”势力的活跃

为拉住美、日,台湾当局在钓鱼岛问题上不惜软弱退让,然而却引起台湾民众的强烈反弹,国际上和岛内的“台独”势力也乘机兴风作浪。1970 年 1 月,岛内著名“台独”分子彭明敏出逃美国,使散居在美国、日本、加拿大和欧洲等地的“台独”分子顿时活跃起来。1 月 5 日,各地“台独”组织建立以美国为“轴心”、以日本为“前哨接应站”的跨洲组织——“全球台湾人争取独立联盟”(简称“台湾独立联盟”),蔡同荣任“主席”;并决定在东京出版《台湾青年》,在纽约出版《独立的台湾》季刊,鼓吹“台独”,并在 1970 年 4 月蒋经国访美期间,密谋刺杀蒋经国。在岛内,1971 年 12 月 29 日,台湾基督教长老教会公开发表《对国是的声明与建议》,宣称“人权是上帝赐予,人民有权利决定他们自己的命运”[②]。这是岛内最早出现关于“自决”的论调。翌年,该组织几个领导人赴美,成立“台湾人民自决协会”(即“台湾基督徒自决会”),发起所谓“台湾基督徒争取自决运动”,鼓吹台湾“自立自决”。1975 年 11 月 18 日,台湾基督教长老教会不顾国民党当局的警告,仍然发表了第二次声明《我们的呼吁》,除了重申第一次声明的原则与信念外,再次强调:“唯有我们自己的人民,才有权利决定自己的命运。”[③]1977 年 8 月 16 日,长老教会进一步发表第三次声明《台湾基督长老教会人权宣言》,明确主张“台湾的将来应由台湾一千七百万住民决定”[④]。

“台独”言论和行动是违背民族大义的,其活跃虽然与当时台湾所面临的国际形势有关,同时也与台湾经济在六七十年代的恢复和发展有关。大批台籍人士随着自身经济实力的增强,在政治上也提出了自己的要求。但在蒋介石时期的独裁和防范下,“台独”势力并未获得相应的政治地位。然而随着国际形势的发展,“台独”势力给在台的国民党当局带来越来越大的冲击。

---

① 《“中央日报”五十年来社论选集》,台湾“中央日报社”,1982 年版,第 162 页。

② 王力行、汪士淳合著:《宁静中的风雨:蒋孝勇的真实声音》,台北:天下文化出版公司,1997 年版,第 90 页。

③ 吕政达:《谢长廷:人生这条路》,台北:大村,1995 年版,第 191 页。

④ 吕政达:《谢长廷:人生这条路》,第 194 页。

第二节　蒋经国的“革新保台”运动

一　蒋经国的崛起

蒋经国(1910—1988)是蒋介石的长子。1925年赴苏联,入莫斯科中山大学学习,同年加入共产主义青年团。1927年“四一二”政变后,他曾发表声明,谴责蒋介石。“西安事变”后,蒋经国回国,次年加入国民党,最初担任国民党江西省政府讲习学院总队长等职。1939年后,先后担任过江西赣南行政督察专员兼保安司令、三青团中央干部学校教育长、青年军教育总监部政治工作委员、训练主任和东北外交代表、经济管制办事处副主任级督导员等职。到台湾后,在蒋介石的精心筹划和铁腕支持下,先后担任国民党中央常委,出任“国防部总政治部主任”,并担任“总统府机要室资料组主任”,逐渐掌握了台湾的党、军、特大权。

1963年,陈诚因肝病复发,辞去了“行政院长”一职。12月,经蒋介石提名,严家淦就任“行政院长”。“内阁”改组。蒋经国任“国防部副部长”。1964年,“国防部长”俞大维以身体不适提出辞呈,并力荐蒋经国为“国防部长”,获蒋介石认可。1965年1月13日,蒋介石发表“内阁”局部改组令,任蒋经国为“国防部长”。

1965年3月5日,“副总统”陈诚去世,遗缺由严家淦继任。1969年6月,“行政院”局部改组,“副院长”黄少谷辞职,蒋经国接任“副院长”。此时,严家淦虽仍是“行政院长”,但真正操纵“行政院”大权的是蒋经国。1972年3月,第一届“国民大会”第五次会议再次选举蒋介石、严家淦连任“总统”、“副总统”。即位不久,国民党中常会接受严家淦的提案,提名蒋经国出任“行政院院长”。蒋经国以前所未有的93.8%的得票率,获“立法院”通过。6月1日,蒋经国就任“行政院长”。1975年4月,蒋介石去世,由“副总统”严家淦继任“总统”。同时,国民党中央委员会开会,修改“党章”,保留“总裁”名义,设主席一职,并推举蒋经国为主席。1976年11月12日,国民党召开“十一全”,蒋经国当选为国民党新主席。1978年5月20日,严家淦将“总统”职位让于蒋经国。这样,蒋经国顺利地继承了全部的党政大权,实现了对台湾社会最高权力在蒋氏家族内部的交接。

二　“新人新政”、“革新保台”

为挽救台湾的政局,重拾民心,蒋经国发起了“新人新政”、“革新保台”的运动。其主要内容之一是在官员任聘上推行“本土化、专业化、年轻化”的用人政策。

所谓"年轻化"，就是延揽大批有朝气的"新人"担任领导职务，改变国民党上层官僚老化、对新事物反应迟钝、办事效益低的现象。当蒋经国初任"行政院长"时，在其内阁中，起用了不少新人，具体成员名单如下：

"行政院院长"	蒋经国
"行政院副院长"	徐庆钟(台籍)
"内政部部长"	林金生(台籍)
"外交部部长"	沈昌焕
"国防部部长"	陈大庆
"财政部部长"	李国鼎
"教育部部长"	蒋彦士
"法务部部长"	王任远
"经济部部长"	孙运璇
"交通部部长"	高玉树(台籍)
"蒙藏委员会委员长"	崔垂信
"侨务委员会委员长"	毛松年
"行政院政务委员"	周书楷、李登辉(台籍)、连震东(台籍)、俞国华、叶公超、李连春(台籍)
"行政院主计长"	周宏涛
"行政院国军退除役官兵辅导委员会主任"	赵聚钰
"台湾省主席"	谢东闵(台籍)
台北市市长	张丰绪(台籍)

资料来源：台湾《联合报》，1972 年 5 月 30 日，第一版。

在这份名单中，蒋经国在"革新保台"的理念指导下，将成长于台湾的新生代政治精英纳入国民党的领导层。这批精英的共同特点是：大都是 50 岁以下，拥有高学历，具备专业知识技术的专家学者。时人评论认为"新阁不但阵容新，气象新，活力也新，平均年龄六十一点八岁"①。

除了在"内阁"组成上重用青年才俊外，在地方政权上也注重青年人才的任用，如当时提拔担任台北市(1967 年 7 月 1 日升为"院辖市")市长的张丰绪、基

① 李炳南：《蒋经国与台湾的民主化——以本土化政策为例》，载《蒋经国先生与台湾民主发展》，台北："中华民国团结自强协会"，2008 年版，第 2 页。

隆市市长陈正雄、桃园县县长吴伯雄，任职时均仅40岁上下。

此外，蒋经国还在人才培育上下功夫。1975年至1976年间，时任国民党组工会主任的李焕向蒋经国进言："人才有断层的危机，老一辈的政治人才已日渐凋谢，新的人才仍难接手，如不及早培植，将来会后继无人。"[①]蒋经国采纳李焕的建议，派李焕担任"国家建设研究班（简称'国建班'）"主任，着手培育优秀的中壮年人才。"国建班"于1976年2月开办，总共办了3期，每期有28名学员在阳明山受训，三期总计学员84人。据身为第一期学员的施启扬回忆：学员受训时间较长，达到12周；学员年龄相近，约为40到50岁之间[②]。这批人后来成为蒋经国的人才库，每当有人事更迭时都会对"国建班"成员加以考虑。

所谓"专业化"，就是延揽专门人才担任领导职务。蒋经国出任"行政院院长"后，启用了大批受过良好的高等教育、具有专业知识的第三代精英取代纯行政型的资深官员。例如，"行政院副院长"徐庆钟是农学博士，"经济部长"孙运璇是电力专家，"教育部长"蒋彦士是留美博士，"财务委员"李连春和李登辉都是农学专家，"财政部长"李国鼎是留英专家，等等，皆是所谓技术官僚。

所谓"本土化"应有两层含义，广义而言是指在政治、经济、社会各层面建设，要根植台湾，即政策台湾化；狭义而言：是指重要的党政部门增加台籍人士比例，即人事台籍化。然而，台湾社会历来存在着严重的省籍矛盾。它是特殊历史条件的产物，既有地理因素和移民背景的影响，也有国际因素和国民党逃到台湾后对台湾民众权力的严重压抑。

省籍矛盾在蒋氏父子时期最主要的表现就是国民党在任用官员方面对台湾籍人士数量的限制。在国民党的党务系统和各级政府官员当中，人数占绝对多数的本省籍民众只占很少的比例。在国民党统治台湾的最初10年中，主要官员基本上是由随国民党退台的大陆籍人士担任，台湾籍人士在上层官僚中的比例偏少。在1969年以前，国民党中央委员会中台籍人士所占的比例不超过8.1%；在1972年以前，他们在"行政院"各部、局、会中的比例只有4.5%。在省层级，从1945年10月陈仪就任台湾省行政长官起，此后历任的"台湾省政府主席"魏道明、陈诚、吴国桢、俞鸿钧、严家淦、周至柔、黄杰、陈大庆等，都是大陆籍人士，直到1972年，才有第一位台湾人谢东闵出任"主席"。省籍矛盾成了国民党遭受社会各界批评的把柄，也成为国民党统治的不稳定因素。

蒋经国主政后，考虑到政权能否维持下去，占台湾人口85%的台籍人士的

① 林荫庭：《追随半世纪——李焕与经国先生》，台北：天下远见出版股份有限公司，1998年版，第136页。

② 施启扬：《源——三十年公职回忆》，台北：幼狮，2004年版，第68—69页。

人心是一个关键因素,于是蒋经国大力推行"以台治台"、"扎根台湾"的"本土化政策",即所谓"向下扎根、向上发展"。

在行政和"国会"部门中,至蒋经国"组阁"后,台湾籍人士已由4.5%上升到22%,"行政院"台籍人士增加至7位,分别是徐庆钟任"行政院副院长"、林金生任"内政部长"、高玉树任"交通部长"、连震东、邱创焕、李连春、李登辉任"政务委员"。另外,谢东闵任"省主席",张丰绪任台北市长,"立法院"、"司法院"和"监察院"的"副院长"也分别由台籍人士刘阔才、戴炎辉和周百练担任。此外在地方政权上,"本土化政策"更是明显。根据统计,谢东闵于1972年至1978年任"台湾省主席"时期,台湾省17位主要官员中,台籍官员占到10位,比例达到59%。而林洋港于1978年至1981年任"台湾省主席"期间,省级台籍官员有12位,比例更是高达70%。诚如江南对蒋经国人事调整的评论所言:"人事调整,亦非过去那种,彼此轮流,而是彻底换班。非但改中央,亦改基层。"①

在党的部门方面,因大量吸收台籍人士入党,到1975年台籍党员开始超过全部党员的半数。而台籍人士也逐步进入党务主管职位。例如,邱创焕于1972年由省政府社会处长破格提拔为中央党部社工会主任;施启扬于1972年出任中央党部青工会主任;林清江于1976年出任海外工作会主任;陈水逢于1976年出任中央秘书处主任。这些人事对"以党领政",一向由非台籍人士掌管党机器的国民党而言,是前所未有的突破。

此外,从中常会省籍结构分析,台籍人士比例也呈现逐渐上升趋势。1973年11月15日,国民党举行第十届四中全会,当时21位"中常委"还只有3位台籍人士,占全数的七分之一。1975年4月5日蒋介石逝世,蒋经国接任国民党主席后,逐渐增加党内台湾省籍的政治人士,进一步推展本土化政策。至1976年11月,蒋经国主持召开国民党"十一全会",当时中央委员由99人增为130人,候补中央委员由51人增为65人。结果增加出来的名额几乎由台湾省籍人士全包。具有民意基础的县市长如黄镜峰、林洋港、张丰绪、王玉云、柯文福等人都跻身中央委员之列。22名中央常委中,5人是台湾籍人士,分别是谢东闵、林金生、林挺生、徐庆钟、蔡鸿文②,比前增加2名,比例也达到了33%③。1984年2月,在国民党召开的十二届二中全会上,29名中央常委中台籍人士的人数是12人。1986年3月在国民党召开的十二届三中全会上,中央常委中台籍人

---

① 江南:《蒋经国传》,台北:李敖出版社,1995年版,第447页。

② 秦孝仪编:《中国国民党九十年大事年表》,台北:中国国民党中央委员会党史委员会,1984年版,第668页。

③ 陶涵著,林添贵译:《台湾现代化的推手——蒋经国传》,台北:时报发行公司,2000年版,第358页;林荫庭著:《追随半世纪——李焕与经国先生》,第123—129页。

士是14人，几乎占了31人中央常委的一半。

蒋经国还十分重视对台湾省籍青年才俊的培养，如吴伯雄、许信良、许水德、邱创焕、吴丰山、涂德琦、张俊宏、陈嘉雄等人，无论出身高低，都曾得到蒋经国的特别关注。如吴伯雄在1972年当选桃园县县长，日后被任命为台湾省烟酒公卖局局长；邱创焕在1977年县市长选举时，在国民党社工会掌握了农民、工人、社会团体、医疗团体等丰富的群众资源，被蒋经国指派负责桃园县县长辅选业务，结果国民党不仅输了选战，甚至爆发了“中坜事件”，最后由国民党组工会主任李焕辞职负全责，邱创焕则继续担任公职，1978年被任命为“内政部部长”，1984年担任“台湾省主席”①。

综上所述，蒋经国出于巩固国民党在台湾统治的目的，在用人政策上做了许多工作。不过，蒋经国主导的国民党“本土化”改革举措，主要还是威权政体本身多吸纳了台籍精英进入政治运作之中，它本身与社会的关系并未改变。换言之，这一措施只是面向社会精英而非广大民众的局部权力结构开放；它是“台湾化”而非“自由化”。但这一过程为后来的政治转型打下了党政方面的基础。

“新人新政”、“革新保台”的第二个主要内容是举行增额“中央民意代表”的选举。

蒋介石为维持其“法统”和统治地位制造出的“万年国代”，使台湾政治陷入尴尬的局面，由于台籍人士担当“国代”的极少，其恶果也日益显现。首先是总数上，在大陆时，“国代”原定为3045名，1948年3月，第一次“国民大会”有代表2841名。延至1972年时，在台湾的“国代”仅存1301名，且大多已到垂暮之年；“立法委员”到1972年时也仅剩下原来的一半。国民党的“法统”面临着严重危机。1969年6月，台湾“行政院”按“宪法”的有关规定，对“自由地区”，因人口增加、行政区划变动和因故缺席的“中央民意代表”进行了增选和补选，选出“国大代表”15人、“立法委员”13人，数量极少，根本不解决问题。

因此，蒋经国主政后，以实行增额选举来解决老化现象。然而，这对于从大陆来台的国民党当局而言，则意味着政治区域的重新确定，牵涉问题太多。如果实施“全中国代表性”的全面改选，大陆人民事实上无法投票；若由来台大陆各省人民投票，则又会出现“代表性”问题。如果由全台湾地区选出，全面改选将改变政权的性质，对国民党当局的“合法性”基础冲击极大。衡量诸多利弊得失后，蒋经国采取了比较温和、折中的办法，即举办有限度的“中央民代”增额选举的策略。

① 林荫庭：《追随半世纪——李焕与经国先生》，第123—129页。

所谓"增额选举"，就是改变"宪法"中关于名额的计算方法，扩大"自由地区"(即台湾地区及海外侨社)在"中央民意代表机构"中的比例，并规定增选的代表应按期选举换届，增额"国大代表"和"监察委员"每 6 年改选一次，增额"立法委员"每 3 年改选一次。而且，增额的"中央民意代表"不同于原在大陆选出的代表，他们不是"万年国代"、"万年立法委员"、"万年监察委员"。

1972 年 3 月，第一届"国民大会"第五次会议通过了谷正纲的"临时条款"修正案，指出：在继续维持原"国大代表"权力的同时，在台湾增加"中央民意代表"名额，定期选举。6 月，蒋介石颁布"动员戡乱时期自由地区增加中央民意代表名额选举办法"，废止旧有办法，定期选举增额"中央民意代表"。

1972 年 12 月，台湾当局首次举行"中央民意代表增额选举"，共选出"国大代表"53 名、"立法委员"51 名、"监察委员"15 名。从此，台湾的"国会"有了大陆选出的不改选"议员"、1969 年在台湾补选出的不改选"议员"、定期改选的"增额议员"三种"议员"。此后，台湾地区的增额席位逐届有所增加。台湾当局的这些做法，使"国大代表"、"立法委员"、"监察委员"中多少掺进了一点"新生力量"，缓和了政治上的压力。

1972 年的增额选举，由于选举区域涉及台湾当局实际统治的全部区域，形式上是一种反映选民整体意识的选举，有助于缓和维持国民党当局"法统"地位所产生的代表性矛盾。但是，"增额选举"的举办，却对国民党独裁体制造成了很大冲击，台湾当局试图代表全中国的"全国性"在逐渐削弱。首先，在选举的数量竞争中，"本省人"由于居多数，明显拥有自然优势。在首届增额"国代"和"立委"中，有 79 名是台籍人士。国民党当局不可避免地走向"本土化"。其次，就竞争的角度而言，增额"中央民代"选举意味着竞争的层次已开放到"中央"层级，自此，长期封闭的权力禁区开始向台湾社会开放。在定期改选机制的效用下，以不能办理改选的理由而继续行使职权的"资深代表"的正当性，势必越来越脆弱。第三，对反对势力而言，增额选举不仅提供了有政治企图的人士迈向高层的合法管道，而且因竞争区域全岛化，政治议题由地方性升级为"中央性"，有利于发展全岛性的组织。简言之，蒋经国采取增额而不是全额改选的"国会改革"，出发点虽然是为了政治整合，强化当局的对内"合法性"，但实际上造成的客观结果使台湾当局的权力集团开始发生"质变"。

三　行政革新和社会革新

1972 年 6 月 1 日，蒋经国就任"行政院长"，当日就在"行政院"工作会议上指示，要敢挑重担，对不适应法令的规章应尽快修正废止，以提高工作效率。并提出“平凡、平淡、平实”的六字方针[①]。

针对长期以来台湾政治风气存在的严重问题，以及行政效率低下的情况，蒋经国指出行政人员所犯的七种偏差错误：口是心非的虚伪作风；假公济私的自私作风；高高在上的命令作风；瞒上欺下的小人作风；各自为政的本位作风；利用特权的违反作风；贪图享乐的败坏作风。对此，蒋经国对行政人员提出十项“革新”要求，其具体内容如下：

（一）为节省国家财力，用诸各项必要建设，各级行政当局除已经正式列入预算者外，均应停止建筑办公房舍；

（二）各种公共工程之开工与完工，可以公告方式行之，不必举行任何典礼仪式；

（三）各级行政机关派员出国考察或参加国际性会议，必须事前有周详的计划，其所派人员并以具有各种专长、精通外文为主要要求；

（四）各级机关应不作不必要的视察，如确有其必要，则视察人员到达视察地区不得接受任何招待，被视察之机关、学校、团体亦不得迎送，或张贴标语，或召开欢迎会等，尤其不可指派学生参加欢迎欢送；

（五）各部会首长以及全体行政人员，除参加“政府”所规定之正式宴会，以及招待外宾所必须者外，一律不得设宴招待宾客，并谢绝应酬；

（六）公教人员于婚丧喜庆，除有亲戚关系或有深交者外，不得滥发喜帖及讣告；

（七）各级行政人员一律不得进出夜总会、舞厅、歌厅、酒吧、酒家等场所，各级主管应监督所属人员切实遵照办理，如有违反规定者，应从严处分；

（八）各级首长主管均应谢绝各界剪彩、揭幕等之邀请；

（九）各机关预算内所规定之加班费、出差费，除必要之加班、出差外，不得假借名目移作其他用途，但各级机关首长、各机关学校公教人员之福利应妥善办理；

（十）在日常处理公务方面，人人要能切实负责，自己能予解决之问题应即自行解决，今日能予办完之事，应即今日办完，不必召开的会议不开，凡要开的会议事前必须有充分准备，会后必有结果。不办不切合实际、没有效果以及不必要之公文，凡属应该办的必须办得彻底，追踪到底[②]。

十项革新要求公布后，蒋经国不断检查部属情况，他在 1972 年 11 月 2 日

① 蒋经国先生全集编辑委员会编：《蒋经国先生全集》第十七册，台北：“行政院新闻局”1991 年版，第 357 页。

② 蒋经国先生全集编辑委员会编：《蒋经国先生全集》第十七册，第 360—361 页。

主持的“行政院”会议时指出自己发现的两件事:“其一,某单位主管应邀为人剪彩,与革新要求不符;其二,台北市银行古亭分行开幕时,收到大批花篮,排列在该分行大门口,极易导致奢侈浪费的风气。”①并要求主管单位查明办理。

蒋经国推行的十项行政“革新”深受民众欢迎,并取得一定成效。据统计,十项革新措施实行的第一年,由警察机关查获涉足夜总会、舞厅、酒吧、酒家等非正当娱乐场所的公务人员,属于“行政院”所属各机关者共有926人,而违反规定,宴客、应邀剪彩、铺张浪费、滥发喜帖讣告,经查处的有30起。不过,由于积习既深,积弊难除,致使“革新”最终成为口号。

社会革新的中心是净化社会风气,革除贪污、厉行节约是其关键,且势在必行。为配合十项行政革新要求,1973年3月,蒋经国在“立法院”提出有关政治和社会的八点革新意见:

(一)要节约,不浪费。国民都应杜绝奢靡,培养社会善良风气,以有用的人力物力,做有益于国家建设的事;

(二)不要漏税,不要逃税,要养成准时缴税、如数收缴税的优良习惯,使“政府”财政,益趋稳定;

(三)要遵守交通规则,帮助“政府”整顿交通秩序;

(四)要遵重公共秩序,注意环境卫生;

(五)要守法、不行贿;

(六)凡有钱的人,要投资从事生产,不可投机扰乱社会。“政府”一定保障正当商人的合法利益,但对囤积居奇,哄抬物价者,必予严惩;

(七)家家做到守望相助,人人都能互相照顾;

(八)大家要注意青少年犯罪,设法预防②。

在蒋经国的督促下,很快查清了几桩比较难处理的案子。一是“香蕉案”,此案发生在蒋经国尚在“副院长”任内。高雄青果社理事主席吴振瑞,于建社20周年纪念之时,大送真金果盘。经查处,“外贸会”主委、“中央银行”总裁徐柏图也涉及其中。为此,徐柏图被罢免官职。另一桩是王正谊舞弊案。王正谊不仅是“行政院人事局”的局长,而且是蒋经国的祖母王老夫人的侄孙,是蒋经国的表兄弟。当时王正谊涉嫌士林外双溪中央社区工程舞弊案,贪污13.75万美元。蒋经国为表明其铁面无私和革除贪污的决心,立即令沈之岳将王正谊收押侦办。经过三次庭训,王正谊被判处无期徒刑。蒋经国此举,顺民意得民心,受到报界的颂扬。随之他的声望在岛内日益上升。

---

① 蒋经国先生全集编辑委员会编:《蒋经国先生全集》第十七册,第444页。

② 蒋经国先生全集编辑委员会编:《蒋经国先生全集》第十三册,第334页。

为进一步表明蒋经国对改革的决心和力度，更好地扭转社会风气，国民党中常委提出修改《贪污治罪条例》，在大举革除贪污的同时，又命令各级党政首脑辞去所有的兼职，以便专心政务。同时要求厉行节约，促进物价趋于稳定。

根据蒋经国的指示，台湾"省政府"于1973年8月专门发出《厉行节约杜绝浪费》的通令。在蒋经国的主持下，1974年5月"行政院"通过行政机关"推行四大公开实施纲领"，规定各级机关，除涉及"国防"及"外交"机密者，均须切实推行"经费公开、人事公开、意见公开、奖惩公开"，使"政府"成为民主开放的"政府"，社会成为民主开放的社会。

蒋经国对"革新"行政，扭转社会风气矢志不渝，他认为"操之在已，成之在已"，因此"革新"措施屡屡出台。他同时清楚地看到，这一切并非一蹴而就，"奢侈浪费的社会风气依然未改，须有正本清源之道。社会风气糜烂……因而丧失了勤朴和战斗的精神，这是极堪警惕的社会问题"①。

行政和社会"革新"取得了一些成就，确保了国民党在台湾的生存，并推动了台湾经济的发展，使台湾经济在世界性石油危机的冲击下，仍能稳步发展。

总观国民党在20世纪70年代的"政治革新"，虽然步伐很小，且"体制内改革"并不从根本上触及"反共戡乱体制"②。但是，无论是重组"中央民意代表机构"，还是改组"行政院"，其结果都是使一批在台湾生长的年轻力量涌入各级"政府"，原有体制发生局部变化，国民党的"法统"被打开缺口，那些持僵化反共观念和固守政治特权的大陆籍势力再也无法继续垄断台湾的权力。同时，国民党逐渐走向"本土化"也产生了严重的负面效果。蒋经国迫于台湾在国际上的日趋孤立和"台独"势力猖獗，必须给台人一些政治权利，以寻求社会更大的支持和政权的"生根"，但却为后来国民党内李登辉等人与岛内分裂分子在"台独"主张上的趋同，预设了可能。这对台湾政治局势发展的影响无疑是深远的。此后不久，随着岛内外局势的进一步发展，以蒋经国为首的台湾当局不得不进行新一轮的改革。

第三节　20世纪80年代的政治冲击

进入20世纪80年代，台湾又面临岛内外新一轮困局。首先是"党外"势力要求民主的势头勃兴，对国民党当局形成极大的挑战；其次是1979年中美建交和岛内发生的一连串事件，也给台湾当局以接二连三的打击和挑战；而国际上民主化潮流的冲击和大陆对台政策的调整，也使国民党当局不得不考虑应变之策。

---

① 《蒋"总统"经国先生言论著述汇编》第九集，第351页。

② 香港《星岛日报》，1978年5月30日。

一　中美建交及其影响

尼克松访华后,中美两国政府领导人继续就促进两国建交进行会谈。经过磋商和交换意见,1973 年 3 月 22 日,中美发表公报,决定在相互首都建立“联络处”。中美两国政府很快将其付诸实施。同年 8 月,福特就任美国总统,随即表示继续信守《上海公报》的原则。至 1976 年中期,美国政府先后采取实际行动终止和废除美台一些法案和决议,从台湾撤出最后一批战斗机和全部地勤人员,撤回驻金门、马祖军事顾问等。1977 年 1 月,卡特就任美国总统。1978 年 12 月 16 日,中华人民共和国和美国发表《联合公报》,宣布双方将于 1979 年 1 月 1 日建立外交关系,美国政府承认中华人民共和国政府是中国的唯一合法政府,在此范围内保持与台湾的文化、商务等非官方关系,美国政府承认中国立场,即只有一个中国,台湾是中国的一部分。同一天,美国宣布终止同台湾的“外交关系”,废除《美台共同防御条约》,并在 4 个月内从台湾撤出美方余留军事人员。经过中美双方的共同努力,终于使两国人民早已热切期望的关系正常化得以实现。

《中美建交公报》的发表,给台湾当局以巨大打击。尽管美台互设“美国在台协会”和“北美事务协调委员会”,仍能承担双边官方交往的部分功能,美国参、众两院也通过不抛弃台湾的《与台湾关系法》,但台湾人心所受到的震撼及遭背弃的感觉极为强烈。美国当时的驻台“大使”安克志于 12 月 16 日凌晨与蒋经国见面,将中美建交的消息透露给蒋经国。蒋经国的第一反应是:“美国此一决定,是一项错误,等于出卖‘中华民国’,是违约背信的行为。”①随后,蒋经国将几名官员叫来官邸开会,后来转至国民党中央党部出席中常会,蒋经国在会中提到中美建交的消息,并要求除了加强民心、军事与社会的安定外,停止年底举行的“中央民意代表”增补选举。晚间蒋经国更透过电视向全台民众发表演讲,号召全台民众要自信、自强,共渡难关②。

在一片恐慌中,台湾“外交部长”沈昌焕引咎辞职。蒋经国为了稳定形势,再次重提蒋介石“庄敬自强,处变不惊”的“遗训”,作为一种精神安慰。12 月 24 日,蒋经国又以“非常的决心,非常的行动”采取三项紧急措施:“(一) 军事单位采取全面加强戒备之必要措施。(二)‘行政院经济建设委员会’会同‘财政部’、‘经济部’、‘交通部’采取维持经济稳定及持续发展之必要措施。(三) 正在进行

---

① 蒋经国先生全集编辑委员会编:《蒋经国先生全集》第十九册,第 235 页。
② 台湾《联合报》,1978 年 12 月 17 日,第一版。

中之增额'中央民意代表'选举延期举行,即日起停止一切竞选活动。"[1]显然,美台"断交"已严重威胁到台湾国民党当局的安全了。

二 中共对台政策的改变

自1978年以来,随着中国大陆改革开放的实施,完成祖国和平统一大业的任务提上日程。为此,中共中央制定了实现祖国统一的新方针,包括两个基本点:一是采取和平方式实现祖国统一;二是统一后,台湾可以实行与大陆不同的制度。这一方针首先反映在1979年元旦全国人大常委会发表的《告台湾同胞书》中。《告台湾同胞书》指出:在两岸实现统一时,"一定要考虑台湾的现实情况","尊重台湾现状和台湾各界人士的意见,采取合情合理的政策和方法,不使台湾人民蒙受损失";提出"寄希望于1700万台湾人民,也寄希望于台湾当局",肯定"台湾一贯坚持一个中国的立场,反对台湾独立",认为"这是我们共同的立场、合作的基础";宣布"停止对金门等岛屿炮击",认为两岸仍然"存在着的军事对峙",对双方都无好处,"应当通过中华人民共和国政府和台湾当局之间的商谈结束这种军事对峙状态";提出"尽快实现通航通邮,以利双方同胞直接接触",同时"发展贸易,互通有无,进行经济交流"[2]。《告台湾同胞书》的发表标志着中国大陆对台方针从"解放台湾"到"和平统一"的重大转变,受到海峡两岸及海外华侨、华人的热烈拥护,在国际社会引起强烈反响。"和平统一,一国两制"的科学构想,有利于消除历史造成的隔阂,维护台湾同胞的利益,进一步冲击了台湾当局。

此后,中国大陆进一步主动缓和海峡两岸军事对峙状态,并且采取了一系列推动两岸人员往来和经济文化交流、促进实现"三通"的政策,各级人民政府、各民主党派、人民团体开展了大量工作。

虽然台湾当局抵制"和平统一、一国两制"的方针,污指为"统战阴谋",采取"不接触、不谈判、不妥协"的政策,但是广大台湾同胞要求发展两岸关系的热情日益高涨,普遍希望结束两岸同胞隔绝的状态。

三 "江南命案"和"十信"事件

江南,原名刘宜良,1932年出生于江苏省靖江县。幼年在家乡读书。1949年只身赴台。先后在台湾"国防部政治部干部训练班"及"政工干校"受训。后任《台湾日报》记者。1967年赴美,在美利坚大学国际关系研究院完成硕士课

① 蒋经国先生全集编辑委员会编:《蒋经国先生全集》第十一册,第651页。
② 《人民日报》,1979年1月1日,第一版。

程。后来教书、经商，并从事蒋经国传记的写作。《蒋经国传》先在香港《南北极》月刊上连载，1975 年首次成书，1983 年正式修订出版。

《蒋经国传》因为内容"有系统地，利用图书馆或口述的各个片断史料，加以条陈组合，分析解说，使它出现在读者面前，是一个活生生的人物，看到他的本来面目"①。因此，在台湾社会成为禁书。台湾当局认为此书"对政府及领导人的负面报导，会损及海外侨胞对国家的向心力及支持"②。该书的出版，引起台湾当局极大的不安。台湾当局先派人赴美与江南谈判，希望以巨金换取他手上一些蒋氏父子的资料，遭拒绝。于是，台湾当局有关部门与黑社会势力勾结，1984 年 10 月 15 日，由黑社会势力"竹联帮"的两名暴徒在旧金山江南住宅的车房内枪杀了江南，从而制造了举世震惊的"江南命案"。

"江南命案"引起美国华人世界和港台文化界的强烈反响。美国方面也予此案以很大关注。1984 年 11 月，策划"江南命案"的黑帮头目被捕。1985 年，直接刺杀江南的两名凶手也相继被捕。据供认，江南命案涉及台湾当局有关部门负责人，也涉及蒋经国的次子蒋孝武。

尽管"江南命案"真相扑朔迷离，但凶手供词的公布，轰动全球，对台湾人心的冲击尤大。

正当台湾当局为"江南命案"焦头烂额之时，岛内又爆发出"十信弊案"。

"十信"是台北市第十信用合作社的简称，台北的信用合作社除总社外，有 17 家分社，拥有 10 万社员，存款额达 170 亿新台币，是台湾历史最久、规模最大的信用合作社。该社理事会主席蔡辰洲是"立法委员"，台湾政坛上的风云人物。蔡辰洲兄弟及亲友拥有五大企业集团，数十家企业，资金合计达 1435 亿元，员工总数达 2.95 万余人，"是台湾首屈一指的地方财团"③。

1985 年初，台湾"中央银行"根据当局指示，对违规经营的"十信"进行专案检查，发现"十信"违规放款严重。2 月 9 日，台湾"财政部"勒令"十信"停业三天。经调查发现，"十信"的 150 亿放款中，除 80 亿属正常放款外，竟有 70 亿为不良贷款。实为台湾 30 多年来最大的经济犯罪案，引起社会的轰动。从 11 日起，"十信"发生了前所未有的挤兑风潮。两天之内，被提走 60 亿元以上存款。蔡辰洲家族经营的国泰塑胶公司、理想工业公司、国际海运公司等企业的股票也出现暴跌。以此为开端，民众对整个金融机构产生了不信任感，出现了全岛

---

① 江南：《江南遗作：我为甚么写〈蒋传〉》，载《九十年代》总 179 期（1984 年 12 月），第 36 页。

② 汪士淳：《忠与过：情治首长汪希苓的起落》，台北：天下远见股份出版有限公司，1999 年版，第 209 页。

③ 台湾《联合报》，1985 年 3 月 6 日。

性的金融危机，各金融机构都出现了提款挤兑现象。

据估计，整个“十信事件”的受害人达10万以上，60多家企业面临破产，引起整个社会的震动。国泰集团的经营犯罪已非一日。早在1979年，蒋经国曾批示要严加整顿，但皆因蔡辰洲系“立法委员”，政坛上的风云人物，经上层人物的全力斡旋而安全过关。因此，“十信弊案”出现，使民众对当局的政治权威表现了极大的怀疑和不满。为了应付社会舆论，台湾当局重判涉及此案的蔡辰洲及四名“财政部”官员，并接受“经济部长”徐立德和“财政部长”陆润康的引咎辞职。

“十信弊案”很快由金融业冲击到整个经济、社会和政治层面，使台湾当局蒙受了难以弥补的损失。民众从对“十信”的厌恨扩展到对整个经济模式的怀疑，由对蔡辰洲以官谋私的批评辐射到对整个官僚机构信心的动摇，由自身权益得不到保障而对当局大为灰心，一种不利于当局的社会情绪正在形成，事态的发展“超乎有关当局预期的掌握范围”①。

四　世界民主潮流的冲击

岛内政治冲击不断，国际上又出现一系列事件，使蒋经国统治集团惊心不已。

20世纪70年代中期开始，和平、发展、民主逐渐成为时代发展的主流。1974年，葡萄牙发生“四二五革命”，1926年由类似的军人政变产生的威权统治在葡萄牙寿终正寝。1975年11月20日，佛朗哥的死亡终结了其对西班牙长达36年的威权统治。以西南欧民主化为开端，世界出现了民主化的第三次浪潮。70年代末、80年代初，民主的浪潮涌入拉丁美洲，原来通过政变上台的各国军人官僚威权政府，纷纷还政于民选文人政府。80年代，东亚威权国家和地区也加入到民主化的第三次浪潮。南朝鲜持续不断的学生运动，导致了全斗焕政权的垮台。菲律宾的“人民起义”，赶走了独裁者马科斯。此外，印度、新加坡等国家和地区也不断倡导维新，加速民主化进程。

这些国家的民主化潮流对蒋经国为首的台湾国民党当局触动很大。蒋经国在1986年3月1日召见郝柏村时说：“鉴于菲律宾政权转移，马科斯下台对国内偏激纷歧分子有若干启示鼓舞作用，而韩国政局亦见动荡。虽然我政府与马科斯政府完全不同，但对偏激分子应提高警觉；我务求安定，尽量忍让，不予纷歧分子鼓动风潮的藉口与机会。”同时，蒋还要求“安全局长”宋心濂主管的“安全局”“应以搜集研判及预防为主，对决策与行动不要管，应在幕后；对局内

① 王美丽：《风波起自十信，亦宜止于十信》，台湾《联合报》，1985年2月14日。

事不要操之过急”,“要少召集党政军单位人员开会,少公开讲话”,以免被人怀疑是蒋自己的意思①。

更为重要的是,美国一直以来对台湾民主化进程进行干预。美台“断交”后,美国出于其对整个世界及亚洲地区战略的考虑,认为一个亲美反共的民主政府要比一个亲美反共的独裁政府更稳定可靠,更能维护美国利益。基于这种考虑,美国一些国会议员以美国式的“民主”为标准,促进台湾政治体制由“军事戒严”和“一党专制”向西方式的政党政治过渡。力图“形成一种‘以独制蒋,以蒋制共,以共制苏’的一环套一环的连环套”,以便从中渔利②。如 1986 年 8 月上旬,美国众议院外交委员会通过《台湾民主决议案》,呼吁台湾当局“允许人民组织反对党,停止新闻检查制度,确保言论、集会自由,朝真正的代议制制度迈进”③。

五　党外势力发展的威胁

与上述岛内外形势相配合,党外势力在岛内重新抬头。1980 年 6 月,“美丽岛事件”“军法大审”结束后,台湾当局宣布年底恢复“中央民意代表”的选举。对此,党外人士积极参与,特别是“美丽岛事件”受刑人的家属也参加竞选。他们以情感人,争取选民。结果,周清玉以 15 万张选票当选“国大代表”;许荣淑也以高票当选为“立法委员”;康宁祥、黄天福、黄煌雄、黄余秀鸾、张德铭当选为“立法委员”;王兆钊、林应专当选为“国大代表”。之后,尤清又被选为“监察委员”。如此众多的党外人士当选,而且还有多位党外候选人获得各选区最高票,这是前所未有的现象。

1980 年选举的胜利,极大地鼓舞了党外人士。1981 年台湾地方公职人员选举时,党外人士又组成“党外推荐团”,作为指挥协调中心。“党外推荐团”以康宁祥等“立法委员”为核心,辅以尤清、周清玉等人,并以“民主要制衡、制衡靠党外”的口号争取选民,又使党外人士在这次选举中大获胜利:推荐的 7 名县市长候选人中 3 人当选,15 名省市议员候选人中 8 人当选,9 名台北市议员候选人中 8 人当选,当选率在 60%以上。通过这两次选举,党外运动力量实际上已经超过了“美丽岛事件”前的水平,特别是 1981 年选举时的集体推荐制度和统一的组织助选活动、统一的政治口号、统一的标志(绿色),实际上已具“雏形政

---

① 郝柏村著,王力行采编:《郝“总长”日记中的经国先生晚年》,第 293—294 页。

② 李水旺:《论国民党当局的“政治革新”》,载《台湾研究》1998 年第 1 期,第 15 页。

③ 亨廷顿著,刘军宁译:《第三波——20 世纪后期民主化浪潮》,上海:三联书店,1998 年版,第 119 页。

党”的特质，俨然对台湾的国民党当局构成了隐隐的威胁。

第四节 “保钓运动”与党外势力的活跃

一 “保钓运动”与党外势力的复苏

1960年代，台湾当局对中国国民党以外要求民主的势力（“党外”势力）采取了一系列镇压措施，台湾“民主运动”一直处于消沉状态。1970年代初，以“保钓运动”为起点的爱国运动再起波澜，沉寂一时的“党外”运动因此复苏。

钓鱼岛，位于台湾东北部海域，历来是中国的领土，日本觊觎之心由来已久。1970年8月10日，日本对钓鱼岛海底资源主权问题提出异议。12日，美国驻日本大使馆发言人宣称：钓鱼岛“是琉球群岛的一部分”，“美国政府决定归还日本”。9月10日，日本外务大臣也宣布钓鱼岛主权属于日本。对此，台湾当局发表声明，指出钓鱼岛的主权归属中国。12月21日，台湾当局又与日、美“联络委员会”所属的“海洋开发研究联合委员会”举行会议，决定共同“调查、研究、开发”钓鱼岛等海域的海底资源。

钓鱼岛问题，引起岛内外极大的震撼。中国旅美学生毅然提出“中国领土不容再断送，中国主权不容再丧失”的口号，揭开了“保钓运动”的序幕。

1971年1月29日至30日，美国各地华人成立的“保钓委员会”组织台湾地区留学生3000多人，在芝加哥、旧金山、洛杉矶等城市举行“保钓”示威游行。其后，又迅速波及美国50多座大城市近百所大学。在台湾岛内，4月14日至17日，台湾大学、台湾师范大学等校学生连续在台北举行“保钓”集会和游行。然而，6月17日，美日竟签订协定，把钓鱼岛“归还日本”。对此，台湾当局发言人声明：不能接受美日协定。同年12月30日，中华人民共和国外交部重申钓鱼岛为中国领土，声明美日协定是完全非法的。

“保钓运动”从海外向岛内转移时，学生们的爱国热情与要求台湾当局“革除弊政”结合起来了。岛内广大民众从对“政府”的“冷漠”中觉醒，并以此为起点，爱国运动逐渐向政治革新方向发展。20世纪70年代初，台湾党外杂志和党外势力逐步复苏。

70年代初最著名的党外杂志是1968年创刊的《大学杂志》。

《大学杂志》创刊于1968年1月，由毕业于台大的邓维桢独资创办，林松祥担任发行人。创刊初期，多为文艺、教育方面的内容。“除了介绍一些文化、思想、艺术等层面的内容之外，没有较敏感或高层次的论政，因此还谈不上形成政治革新的气候”[1]。1970 年底,刊物改组。由丘宏达担任名誉社长,杨国枢担任编辑召集人,社务委员多达 57 人,将学术界、政界、工商界的青年才俊尽数网罗,如张俊宏、陈鼓应、许信良、孙震、关中等人。刊物的重心也开始转移到敏感性强的现实政治问题上来。1971 年 7 月,《大学杂志》刊出《台湾社会力的分析》一文。10 月,由杨国枢等 15 人联名发表要求政治革新的《国是诤言》。《国是诤言》被认为是开启了 70 年代台湾政治改革运动先河的作品。它对当时政治局势提出多项改革主张:如治理阶层必须革新——包括“国防军事”、“外交”经费、“行政机构”、公营事业的节流等;法治政治的确立——包括行政权的约制、制度的建立、司法的独立、立法的健全、监察制度的改革等;多元价值的开放社会——包括思想统一不是国家统一的先决条件、教育制度的改革、对安全机构的批评、学术自由的重要、开放对大陆研究之必要、门户开放之必要等[2]。紧接着,若干著名知识分子围绕社会改革、民主政治等主题,迅速提高了言论批评的幅度和深度,讨论的范围包括了权力结构的调整、政治的革新、“国会”的全面改选、民主政治的实质发展等触及当时岛内现实政治的敏感问题。

与此前后,同党外杂志相配合,台湾大学校园的政治活动也冲破了台湾当局的限制。1971 年 11 月 15 日,台大的学生组织“法代会”,举办“言论自由在台大”座谈会,邀请讲师陈鼓应、王晓波等出席,讨论校园内的言论自由和出版自由等问题。25 日,又由“法代会”举办“民主生活在台大”座谈会,邀请胡佛、陈鼓应等 7 人出席,陈鼓应的发言以“开放学生运动”为题,单独发表在《大学杂志》上,引起社会强烈反响。

这一时期,台大的学生和教师虽已开始触及一些台湾社会的现实问题,但基调仍是温和的,所偏重的也主要是台大本身,对台湾现实政治问题的症结——国民党的“法统”问题,还未触及到。直至 12 月 7 日在台大举办的“中央民意代表应否全面改革”的辩论会上,才公开对“法统”问题进行讨论。

这个辩论会由台大“法代会”主席陈玲玉主持,有 3000 多人参加,听众中有不少社会知名人士。讨论会上,陈少廷、周道济就台湾 20 年来被视为禁区的政治体制问题展开辩论。陈少廷在辩论中呼吁实行“全面的政治革新”。他指出:“国会是推动政治进步的原动力,但今天我们发现这个推动社会政治进步的原动力机构本身发生了问题,所以我们必须解决这个基本问题。”[3]这个被称为台

---

① 李筱峰:《台湾民主运动四十年》,台北:自立晚报社,1987 年版,第 90 页。

② 杨国枢:《国是诤言》,载《大学杂志》1971 年第 46 期。

③ 陈少廷:《“中央民意代表”的改选问题——兼评周道济先生的方案》,载《大学杂志》1971 年第 46 期。

湾“空前的座谈会”所带来的影响是广泛和深远的。一夜之间，在校园知识分子的心灵里注入了政治改革的“清新空气”。政治改革的呼声从校园的小角落传到社会的大角落，对推动70年代台湾的“政治革新”起了一定的作用。

1972年12月4日，台大校园举办“民族主义座谈会”，台湾大学哲学系陈鼓应副教授、王晓波讲师发表讲话，批判分离主义与强权主义，王晓波说：“一些自称拥有‘西方民主自由’的人，又以‘台湾人’自居，却曲意歪曲为帝国主义张目，而视民族主义为义和团。”“官方亦认为中国统一主张者和民族主义为认同中共的统战。”陈、王等人的言论，引发了1972年底到1973年初的台大民族主义论战。1973年2月17日，台湾“警备司令部”以为中共宣传统战之嫌逮捕陈鼓应、王晓波、钱永祥、卢正邦。第二天，台大学生郭誉孚因此在台大门口血书“和平统一救中国”，引起千人的围观。后因证据不足，台湾当局不得不释放陈鼓应、王晓波等人。这一事件史称“民族主义事件”，又称“台大哲学系事件”。高压之下，导致了《大学杂志》的解体。

《大学杂志》解体后，由于张俊宏等人脱离国民党投入到党外运动中，使党外运动活跃起来。这些受过良好教育的知识分子投身到党外运动后，创办了《台湾政论》、《这一代》，以及之后的《八十年代》、《美丽岛》等政论杂志，宣传主张，规范行动，统一步骤，使党外运动素质提高，力量增强。

在1973年11月台北市议员的选举中，由于张俊宏争取党内提名未果，愤然将党证寄回国民党台北市党部，宣布脱党竞选。他联合党外人士陈怡荣、康文雄、王昆和等人，组成台北市党外四人联合阵线，角逐台北市议员席位，从而掀起了党内外对峙的高潮。结果，在国民党的组织战及宣传战的围攻下，出师不利，四人均落选。

二 “中坜事件”和“高雄事件”

1977年11月19日，台湾举行五项地方公职人员选举。这五项选举是：台湾省议员、台北市议员、各县市长、县市议员及乡镇长。许信良是桃园县中坜人，父亲是一位农民。许信良曾得到国民党的刻意培养，在政治大学政治学研究所取得硕士学位之后，赴英国留学。1972年以中国国民党组工会干事身份被国民党提名为“省议员”，并以最高票当选。1977年五项公职人员选举时，许信良因在4月间出版的《风雨之声》一书中暴露了一些“省议会”的丑闻，被国民党拒绝提名竞选连任。许信良愤然退党，并以无党籍身份与国民党提名的欧宪瑜竞选桃园县长职位。国民党极力攻击许信良，大力宣传欧宪瑜。许信良竭尽全力应战，有千名青年做义务助选员。双方剑拔弩张，大有一触即发之势。11月19日，正式投票，国民党籍监选主任竟公然舞弊，被许信良一方的人发现，押送至中坜警察分局。警察分局却将此人保护起来。这时,类似的消息也从其他地方传来,引起了群众的愤怒。万余群众包围了中坜警察分局,推翻镇暴车和所有警车,冲击并焚烧了警察分局。是为“中坜事件”。这是自1957年“刘自然事件”后的一次大规模的群众暴动事件,国民党长期建立起来的不可动摇的权威形象,遭到空前的打击。

从表面看,“中坜事件”是因“选举”出现舞弊现象而发生的,但实际则是国民党多年专制统治形成的积怨的总爆发。它在台湾政治史上的影响是深刻的。蒋经国等人意识到高压政策的危险性,因而命令军警在处理事件时不准开枪镇压。在这次选举中,许信良终以22万张选票的绝对优势击败欧宪瑜,当选为桃园县长。受这一结果的影响,党外人士的政治热情普遍高涨,一股新的参政热潮蔚为风气,由县市长到县议会,很多新生代的人物投入选战,一直到1978年底“中央民意代表”选举的这段期间,党外人士成立了“台湾党外人士助选团”,负责全省党外候选人的助选活动。

“中坜事件”发生后仅两年,又爆发更为激烈的“高雄事件”。后者是前者的继续和发展,是党外势力直接领导的一次有准备的斗争。“高雄事件”又称“美丽岛事件”。

《美丽岛》是一份政治性杂志,1979年9月由党外人士在台北创办,以黄信介为发行人,许信良为社长,张俊宏为总编辑,姚嘉文、林义雄为发行管理人,林弘宣为高雄服务处总干事,陈菊为高雄服务处副总干事。该杂志言论激烈,声势浩大,创刊之时社务委员就达61人之多,3个月后增加到91人,几乎囊括了全岛的知名党外人士,并在台湾各地成立了许多“分社服务处”。至发行的第四期后,在全台各地的办事处达到了11个之多,而且在美国也有发行处;杂志的总发行量由第一期的6.3万本增至30万本。

《美丽岛》出版后,一改过去“国民党有组织无群众,党外有群众无组织”的局面,俨然形成一个“没有党名的党”。它关心的议题不只仅在政治层面上,还包含劳工问题、农民问题、财政问题、环保问题等,可以说是政党路线主张。而《美丽岛》杂志社的地方服务处吸引许多民众前往,民众可以在那里谈论政治。杂志社还经常举办座谈会与美丽岛之夜联谊会等街头活动,还替地方民众解决问题,甚至陪民众向台湾当局请愿①。台湾当局对《美丽岛》恨之入骨,欲除之而后快,终于酿成1979年的“高雄事件”。

1979年12月初,《美丽岛》杂志社高雄服务处为纪念“国际人权日”向台湾当局有关部门申请在高雄举行为数3万人的集会游行,申请被台湾当局驳回,

---

① 吕秀莲:《重审美丽岛》,台北:前卫出版社,1998年版,第94页。

黄信介等人认为“和平已经绝望”，表示绝不屈服。他们通过宣传机器大造舆论，向台湾当局挑战。台湾当局的情治部门注意到这个情况，向蒋经国报告，得到蒋经国对可能发生事件的指示是：在民众骚乱时，警察必须“打不还手，骂不还口”，此外派到现场的宪兵不可携带武器①。

12 月 10 日，高雄市《美丽岛》杂志服务处门口聚集了五六百人，杂志社的宣传车不断广播，声称集会照常进行。当局调集了大批军警，实行交通管制。晚 7 时，黄信介、姚嘉文等先后登台演讲，要求当局“开放报禁，取消戒严令”。与会者喊出了“打倒特务统治”、“反对国民党专政”、“争取人权”等口号。集会后群众跟在宣传车后面开始游行。军警奉命拦阻，双方发生冲突。9 时左右，当游行队伍抵达《美丽岛》杂志服务处对面的大益饭店时，军警施放催泪瓦斯进行弹压，游行人员则手持木棍、火把、石块和酒瓶进行反击。直至次日凌晨 2 时 30 分，才开始恢复平静。据当时统计，共有 183 名警察、92 名游行群众受伤。

事件发生后，蒋经国召集一个特别小组评估“美丽岛事件”，最终作出决定要严惩有罪者，轻罚误入歧途者，同时向大众保证，政治革新的决心不会变。蒋经国解释这样做的理由是“因为政府绝对不愿意骚乱的扩大，民众更希望生活秩序的安定”②。1980 年 1 月 3 日，蒋经国作出下列指示：“高雄暴力案件的发生非常不幸，这是一桩法律案件，对于涉嫌分子自应依法秉公处理，尤其对于首、从应明确区分，毋枉毋纵。在高雄的暴力案件发生后，政府一定依法处理，今后，不会影响我们推动民主法治的既定政策及决心。民主法治之路，是我们一定要走的路。”③

首先，蒋经国批准逮捕《美丽岛》杂志首要分子，同时迫使《美丽岛》杂志停刊。台湾情治单位逮捕 100 多名不同政见者，最后决定对 40 人起诉，其中 32 名被告送交普通法院，由检察官依殴打警察及一般刑事犯罪起诉，8 名被告送军事法庭以叛乱罪起诉。1980 年 3 月 18 日，军事法庭公开审判，至 4 月 18 日审判结束。被告姚嘉文、施明德、吕秀莲、林弘宣、陈菊、林义雄、黄信介、张俊宏等 8 人被裁定叛乱罪成立，军事法庭最后判决施明德处无期徒刑，黄信介判有期徒刑 14 年，张俊宏、姚嘉文、林义雄、陈菊、吕秀莲等人判有期徒刑 12 年，王拓、杨青矗、周平德、魏廷朝等分别判刑 6—4 年。到了 6 月，军事法庭以窝藏施明德罪名，判处长老教会总干事高俊明牧师等 9 人最高 6 年的徒刑。

被称为“高雄之冬”的“美丽岛事件”，是党外人士与国民党正式较量的尝

① 陶涵著，林添贵译：《台湾现代化的推手——蒋经国传》，第 386 页。

② 《蒋经国先生全集》第十二册，第 148 页。

③ 江南：《蒋经国传》，台北：前卫出版社，2006 年版，第 491 页。

试。党外人士受挫，骨干分子锒铛入狱。

“美丽岛事件”后，劫后余生的“党外”势力在温和派康宁祥的重新组合下逐步恢复。一批新人加入进来，其中包括“美丽岛事件”受刑人家属、被告的辩护律师以及一批新生代人物。党外势力再度崛起。

1980 年 6 月，“美丽岛事件”“军法大审”结束后，台湾当局宣布年底恢复“中央民意代表”的选举。对此，党外人士积极参与，特别是“美丽岛事件”受刑人的家属也参加竞选。他们以情感人，争取选民。结果，周清玉以 15 万张选票当选“国大代表”；许荣淑也以高票当选为“立法委员”；康宁祥、黄天福、黄煌雄、黄余秀鸾、张德铭当选为“立法委员”；王兆钊、林应专当选为“国大代表”。之后，尤清又被选为“监察委员”。如此众多的党外人士当选，而且还有多位党外候选人获得各选区最高票，这是前所未有的现象。

三　党外势力的派系分歧

随着党外运动的发展，投入到党外运动中的人越来越多，成分也越来越复杂，内部意见和步调也越来越不一致，终于导致党外势力内部的派系分歧。这种派系分歧，首先表现在党外杂志的对立。当时党外杂志有周清玉办的《关怀》，许荣淑办的《生根》、《深耕》，苏秋镇办的《代议士》，黄天福办的《钟鼓楼》、《蓬莱岛》，林正杰办的《前进》等。它们有“体制改革”与“改革体制”的对立，有“议会路线”与“群众路线”的争执，还有“本土意识”和“统一意识”的不同。各杂志在陈述自己的观点和主张时，还不时互相攻讦，加深了彼此之间的裂痕。其次是表现在“党外”势力的构成成分上。当时的“党外”势力成分构成，不仅有一批刚刚崛起的新生代，有经历届选举担任“民意代表”的公职人员，还有“美丽岛事件”受刑人的家属。因阅历不同、背景不同、加入“党外”运动的目的不同而导致政见各异。这些分歧终于导致了 1982 年发生的由“党外”新生代挑起的内部争论，又称为“批康(宁祥)运动”。

1982 年 6 月，“党外立委”康宁祥、张德铭、黄煌雄及“监察委员”尤清等四人连袂访美，历时 40 天，即有名的“党外四人行”。访美的目的在于扩大党外声誉。但此行却引发了党外势力内部的大争吵。新生代不同意康宁祥为首的公职人员所采取的“温和路线”(即“体制改革”)，而主张推动群众运动。新生代在“党外导师”李敖的推动下，利用《深耕》、《前进》等杂志，展开了一场声势浩大的“批康运动”，致使 1983 年底“立委”补额选举中，康宁祥等主流派惨败。康宁祥、张德铭、黄煌雄均落选，而新生代支持的“美丽岛系”中的方素敏、许荣淑、江鹏坚、张俊宏当选。

康系遭重创之后，康宁祥赴美国进修。党外势力进一步分化。部分党外杂志的编辑人员在各自派系领袖的领导下，逐步演变为党外宣传家，进而演化为实际参与党外政治活动的“党工”。早在1983年9月，以洪奇昌、邱义仁、吴乃仁等新生代正式组成“党外编辑作家联谊会”（简称“编联会”）。而原来倾向于“温和路线”的党外公职人员，则于1984年5月，由费希平、江鹏坚、许荣淑、尤清、林正杰、谢长廷、陈水扁、周清玉、王兆钊、黄煌雄、张德铭等30余人成立“公共政策研究会”（简称“公政会”），并于该年底9月正式挂牌。

“公政会”与“编联会”成立后的混战，使党外势力再遭削弱，造成1985年底的县市长、省议员选举和1986年2月的县市议员、乡镇长选举的接连失利，而且也使一些年轻的党外精英如林浊水、林世煜等愤然退出党外运动。一些党外健将和元老如林正杰、费希平、黄顺兴等也心灰意冷。不过客观地说，“公政会”和“编联会”两大党外组织的建立，一方面固然反映了党外势力内部的矛盾和派系斗争，另一方面也说明党外势力在矛盾中仍呈发展趋势。

四 “沟通”活动与“五一九绿色运动”

1984年5月11日成立并于9月挂牌的“公政会”虽然是“党外”势力的主要组织机构，但它并未得到台湾当局的承认，相反，台湾当局重申该会为非法组织，希望他们能自行拆下招牌解散，否则将依法处理。

1984年12月6日，“公政会”以理事长费希平正式具名，主动致函给当时国民党秘书长蒋彦士，表明愿与其沟通的意愿①。但此信被新闻媒体披露后，立刻引起“党外”内部另一派陈水扁及部分新生代人士的猛烈抨击，认为此种作为是在讨好和屈就于国民党当局。两个多月后，费希平在备受责难下，黯然宣布退出“公政会”，辞掉理事长职务，于是“公政会”改组，新旧理监事交接，选出尤清担任理事长，谢长廷担任秘书长，王兆川担任财务长。虽然，此次“党外”与国民党当局的“沟通”未能如愿举行，但国民党当局也没再要求“公政会”自行取缔，使得“公政会”在既未受承认，也未受取缔的情况下，继续存在下去。

但是，随着“党外”势力的发展，“党外”势力自觉有扩展组织的必要。1985年12月26日，“公政会”修改章程，更改名称为“党外公共政策研究会”，除原有吸收公职人员入会外，更同意非公职人员亦可以参加“公政会”。同时还通过秘书长谢长廷在全台各地设立共政会的提案，准备进一步扩大组织。“公政会”各地分会的设立，无疑将使党外组织迈向全台性集结，因而被视为是反对党建立

① 台湾《自立晚报》，1984年12月7日，第二版。据报道，此函虽由费希平具名，实际是党外部分公职人员商量后撰写而成，信末特别指出：“如贵党愿就民主大业，及集会结社问题与本会坦诚沟通，本会亦将秉诚以赴。”

的前奏。国民党当局对此十分关切，并公开表示不合法的"公政会"不应该在全台各地成立分会。在国民党当局的大力劝导下，"公政会"在全台设立分会的愿望暂告停顿。

1986年4月，蒋经国在国民党十二届三中全会后的第一次常会中指示，由12位中常委着手研讨各项重要政治议题，其中包括政党问题。"党外"势力趁此时机，又开始设置"公政会"分会，"公政会"通过游锡堃申请设置了宜兰分会，并决定由尤清辅导宜兰分会的成立①。接着，又有数个地区亦相继提出设置分会的申请。

国民党对于"公政会"总会的存在虽予让步，但对各地分会的成立则无法容忍。4月18日，国民党中常会开会决定，"党外公政若设置分会，决予以限制解散；如不听制止，不论总会分会将一并径行取缔"②。国民党的这一举动，引发了"党外"人士的质疑与抗争，使得岛内政治情势又趋于紧张。

然而国民党主席蒋经国正锐意改革，他强调："三中全会以后，在一切工作上，我们要有新的作法，更要有新的精神。""要以大公无私的精神去处理一切问题和贯彻我们党的政策。""应本着诚心诚意的态度，与社会各方面人士进行意见沟通，以促进政治和谐与民众福祉。""促进政治和谐、维护社会安定、保障民众福祉、增进人民生活"，以巩固台湾发展的基础，是台湾的基本政策，也是"我们多年来一直积极努力的目标。"③

5月7日，蒋经国邀见陶百川，希望他出面与"党外公共政策研究会"人士沟通。陶百川与胡佛、杨国枢、李鸿禧等中介学者4人，出面邀集党内外双方人士餐叙当面沟通。这是国民党承认"党外"势力组织化的开始，显示国民党对"党外"的政策逐渐以沟通为主，而不再只是一味镇压。参与此次沟通的双方代表，国民党方面是"中央政策会"的3位秘书长梁肃戎、萧天赞及黄光平；"党外"方面的代表是尤清、谢长廷、康宁祥、黄天福、费希平、张俊雄、江鹏坚、游锡堃等8人。在经过5个多小时的会议辩论后，与会人员终对双方共同关切的问题，达成三项结论："一、参加人士对于'中华民国宪法'的实施都具有共识，至于如何积极推动民主宪政，仍有待继续磋商；二、参加人士对'公政会'与其分会的成立都表示同意，至于对'登记'及'名称'问题，仍有不同意见，有待进一步磋商；三、参加人士一致同意，在磋商期间要共同为政治和谐而努力。"④简单说就是

①② 薛化元主编：《台湾历史年表——终战篇Ⅲ(1978—1988)》，台北：业强，1993年版，第232页。

③ 《蒋经国先生全集》第二十册，第19—20页。

④ 台湾《中国时报》，1986年5月11日，第二版。

“共同承认‘中华民国宪法’、承认‘公政会’、讲求政治和谐”。会议并表示“沟通”还将继续进行下去。

尽管会上达成的三点协议并无实质内容,但国民党与“党外”沟通的本身仍具有划阶段的重要意义。就在5月10日“党外”势力与国民党沟通的这天,“公政会”的第一个分会——台北分会宣布成立,由陈水扁担任理事长。5月17日,台北市的第二个分会——“首都”分会亦宣布成立,由康宁祥任理事长,并提出了“民主时间表”以及组党的呼声。总计在5月10日台北分会成立,至8月15日高雄县分会成立为止,全台各地共有14个“公政会”分会成立[①]。这无疑为“党外”势力组党打下了组织基础。

“沟通”活动在台湾引起震撼,不少评论家认为这是台湾政治发展史上的一大契机。不过经过此次沟通后,岛内的政治情势并未因此趋于平静,相反,“党外”的激进势力,为争取“党外”的主流地位,以标榜“不妥协”自居,将“党外”参加沟通,说成是“向执政当局妥协、靠拢,失去党外抗议精神,甚至是出卖群众”[②]。这些“党外”激进分子,走的是群众路线,对当时岛内部分不满现状的群众而言,颇具吸引力,因而使得参与沟通的党外人士,受到“党外”内部权力争执的强大压力。这种情形,也对正在进行中的党内外沟通产生了负面影响,致使5月24日由国民党作东餐叙的第二次双方沟通,了无进展;亦使应由党外代表作东的第三次沟通未能如期举行。

“沟通”活动本身也激起了双方内部一些人的不满,他们分别举行了一系列反对活动。如警方查封了康宁祥主办的《八十年代》,“党外”激进的新生代则在5月19日组织了一次街头示威活动——“五一九绿色运动”。

1986年5月19日,郑南榕发起了“五一九绿色行动”,以“反对台湾长期以来的戒严统治”作为号召,在台北市龙山寺举行,准备发动群众游行至“总统府”抗议。台湾警方在上午10点将准备抗议游行的民众封锁在龙山寺内,并将围观民众隔离到龙山寺周边道路之外。因此,党外公职人员被锁在龙山寺内静坐抗议;龙山寺外到警方封锁线之间,是部分党外人士手举绿色布条高喊口号绕着龙山寺游行,却无法突破封锁线。警方则采取消极防御行动,同意民众自行离去,但不得进入寺内。最后双方对峙达12小时后解散,未发生冲突。这正是1985年以来党内外力量对峙的缩影,说明台湾政治发展正处在十字路口:或是“美丽岛事件”的重演,或是开国民党治台40年来之先河,破天荒允许一个反对

① 黄德福:《民进党与台湾地区的政治民主化》,载杨泰顺编:《政党政治与台湾民主化》,台北:民主基金会,1991年版,第156页。

② 李筱峰:《台湾民主运动四十年》,台北:自立晚报社,1991年版,第228页。

党出现。因此，"党外"这次活动，既有试探的成分，又有示威的意蕴。

1986 年 6 月，台湾当局以"诽谤罪"判处"党外"杂志《蓬莱岛》发行人黄天福、社长陈水扁等三人服刑 8 个月。9 月，台北地方法院又以"诽谤罪"判处林正杰 18 个月有期徒刑。"党外"势力借机进行大规模的街头抗议。9 月 3 日法庭宣判一结束，林正杰即在康宁祥等"党外"人士陪同下，前往"总统府"游行示威。此后的 9 月 4 日到 9 月 16 日连续 12 天内，林正杰于全台各地不定时、不定点地举行"向市民告别会"。他手持玫瑰，出现在成千上万的听众面前，发表攻击台湾当局的演讲。每次演讲后，群众都举行街头示威游行。这一次次的街头运动，显示出民众对当局的不满外，也表明台湾当局对于此类运动的处理方式越来越显得保守和谨慎。很显然，以蒋经国为首的台湾当局有决心推动政治改革，因此不愿采取强力镇压的方式，以避免流血冲突而造成社会的不安与对立。至此，一个反对党出现的时机已经成熟了。

五　民进党的成立

1986 年一连串事件及其结果，一方面使党外人士认识到国民党对待党外的态度和政策正在发生变化；另一方面也使得党外人士认识到如果没有一个强有力的组织，将无法制止国民党的压制活动，也无法在年底的"增额民意代表"选举中获胜。恰在此时，远在美国的许信良等人于 1986 年 5 月 1 日在纽约成立"台湾民主党建党委员会"，声称将在 8 月完成建党，并在年底以前迁党回台，突破党禁。于是，党外各派不约而同地加紧了组党活动。

1986 年 7 月，"公政会"秘密组成"组党行动规划小组"，成员包括尤清、谢长廷、黄尔璇等 9 人，开始具体筹划组织新党事宜。9 月，参与"沟通"的党外代表费希平等 7 人，联名邀请党外各团体代表，对是否恢复与国民党沟通进行讨论，然而会中却决议由尤清、谢长廷、江鹏坚、邱义仁、李胜雄等人组成小组，进一步研究党名、党纲及党章，使党外预备筹组新党的工作，进入紧锣密鼓的阶段。9 月再度召开沟通与组党座谈会，会中通过在党外选举后援会中，提案发起筹组新党工作，使组党与选举后援会工作同步进行。

1986 年 9 月 28 日，党外人士在台北圆山饭店召开了"全国党外后援会"，全台湾知名党外人士聚集一堂。会议原定讨论党外参加 1986 年"中央民意代表"选举的各项工作，但进行过程中，突然有人提出讨论组党问题，甚至有人提出当天即宣布新党成立。尽管参加会议的人没想到新党竟会如此匆忙的成立，但在建党问题上大家早有共识，全场一致起立鼓掌赞同。民主进步党（简称"民进党”)正式宣布成立[①]。会议并推举费希平、尤清、谢长廷、游锡堃、颜锦福、黄尔璇、傅正等7人为组党工作委员,由费希平担任召集人,即日起进一步研究规划具体党务细节,预备在年底以前召开“第一次全国代表大会”[②]。

民进党径自宣布成立,引起了台湾社会的广泛关注,更给国民党造成了激烈的震荡。次日,国民党高层专门召开会议讨论对策。与会者多数认为,绝不能让步。有些保守派甚至主张以过去镇压“美丽岛事件”的严厉手段,将民进党的骨干“逮捕法办”。但由于担心此举会加剧台湾动荡,甚至可能影响年底选举,蒋经国经过再三权衡,决定对民进党采取“宽容政策”。10月5日,蒋经国在国民党中常会上发表讲话称:“时代在变,环境在变,潮流也在变。因应这些变迁,‘执政党’必须以新的观念、新的做法,在民主宪政的基础上,推动革新措施。”[③]蒋经国的讲话,使民进党安然度过了可能面临的镇压。10月15日,国民党中常会正式通过两项“政治革新”方案:一是准备取消“戒严令”,一是准备开放“党禁”。这样,民进党在国民党既未承认其“合法”地位、也未采取任何制裁措施的情况下,正式开始了建党初期的各项工作。

1986年11月10日,民进党“第一次全国代表大会”(以下简称“一大”)如期在台北环亚饭店举行。出席代表约150人,代表该党的1200名党员。大会由费希平任主席。主要议程是:讨论通过党章、党纲及选举党的领导机构。民进党的党章分为总则、党员、组织、“全国党员代表大会”、中央党部、地方党部、纪律与仲裁、经费、附则,共9章33条。

体现民进党政治取向的是其党纲:它提出了民进党对当时台湾各种焦点问题的政治主张。包括“外交”、“国防”、自由人权、政治、财经、社会、劳动、农渔林牧、教育、文化十部分,共计139条。党纲集“党外”时期各项诉求之大成,其基本主张则概括为:“要实施民主自由的法政秩序,成长均衡的财经政策,公平开放的福利社会,创新进步的教育文化。”[④]

在政治方面,民进党党纲要求立即解除戒严,废止“非常状态”下的相关法规,全面改选“中央民意代表”,省市长直接民选,开放党禁。在自由人权方面,要求保障人权,非现役军人不受军事审判,“保障人民表达意见之自由”;政党退出军队,实现军队国家化等。同时,又主张“不采暴力革命手段从事政争,各政党应和平共存,公平竞争,共同为台湾的安定与繁荣而努力”。这表明民进党基

① 关于民进党的党名,当时有主张用“台湾民主党”,也有主张用“中国民主党”,不过最后采用了谢长廷极力主张的“民主进步党”,以避免“中国结”和“台湾结”的困扰。参见谢长廷:《民主进步党》,台北:自由时代,第79—80页。

②④ 台湾《中国时报》,1986年9月29日,第二版。

③ 台湾《“中央日报”》,1986年10月16日,第一版。

本保持了“党外”时期的政治态度——对国民党政策绝对反对,但在反对方式上排斥“暴力主义”。

在经济政策方面,民进党党纲提出台湾应追求经济成长,使能成为国际社会健全的一员,“要尊重私人财产,促使充分就业,辅助中小企业,公营企业开放民营,扶助中小企业,健全财税金融制度”,保护生态平衡等,反映了台湾中产阶级的利益。

在统一问题上,党外时期一直有“独统”之争,民进党党纲等文件对“独统”问题尽量回避,态度暧昧而倾向“独派”。关于台湾的前途,民进党党纲指出:“台湾前途由一千九百万台湾住民决定”,“任何政府和政府的联合,都没有决定台湾政治归属的权力。”①值得注意的是,民进党主张与中国共产党和平竞争,争取终止台海对抗。但把其对中共的政策,列入“外交”项目而非政治项目中,且在其党旗上醒目地以台湾地图为图案,显然是别有用心,显露出民进党的“分离倾向”。

民进党“一大”还选举出中央领导机构的负责人,共选出中央执行委员 31 名、中央常务委员 11 名、中央常务评议委员 5 人,选举江鹏坚为该党首任主席。

民进党基本上囊括了“党外”时期各派系、团体,但由于该党强调自身的“开放性”和“民主性”,加之匆忙组党,更多是把党纲、党章当作必须首先完成的程序,而疏于考虑它们对未来运作的影响。党章、党纲对全党的整合协调及约束作用很有限。因而在本质上,民进党依然是为反对国民党而集结在一起的思想倾向和政治目标并不相同的各式团体的联合体。这种松散的政治联盟,内部山头林立,派系纷争,加之缺乏一个能感召统摄全党的领袖人物,极易造成党内激烈的斗争,造成领导核心的薄弱和政策的多变。

但无论如何,民进党的成立,是台湾政治发展史上的一件大事。它是台湾党外人士 30 多年来奋斗的结果,标志着台湾的政治结构从国民党一党专制的一元化朝多党竞争的多元化迈出了第一步。在民进党成立当年的 12 月 6 日举行的“增额立法委员”及“国大代表”选举中,民进党推荐“立法委员”候选人 19 名,当选 12 人,占“增额立法委员”席次的 16.44%;推荐“国大代表”候选人 25 名,当选 11 人,占“增额国大代表”席次的 13.1%。在总得票率方面,民进党在“立法委员”方面的得票率为 24.78%,在“国大代表”方面的得票率为 22.21%,均超过了五分之一。同时,民进党还在选举中夺得了几个选区的最高票,并攫取了向来属于国民党掌握的工人团体名额②。所有这些都表明民进党已经名副

① 谢长廷:《民主进步党》,第 36—37 页。
② 台湾《联合报》,1986 年 12 月 7 日,第一版。

其实地成为当时台湾地区的第一大反对党。

综上所述,80 年代的台湾当局已被历史逼到了一个痛苦选择的十字路口。坚持旧有的传统统治体系,不放弃任何利益,不向反对势力妥协,必将很快被时代潮流吞没。顺应潮流,实行革新,放弃一些局部利益,则有可能较长时间维持自己的统治地位。权衡再三,以蒋经国为首的台湾当局终于选择了"政治革新"。

第五节　蒋经国的第二次"政治革新"

进入 20 世纪 80 年代,随着岛内外政治形势的发展,蒋经国认识到"时代在变、潮流在变、环境在变",国民党在台湾的统治"处于存亡续绝盛衰荣枯的关键时刻"[①]。在此形势下,台湾不能不变,国民党也不能不变。为推动"政治革新",蒋经国先在国民党党内高层人事上进行变动,以清除"政治革新"的阻力。

一　"政治革新"阻力的清除

1976 年 11 月 12 日,国民党召开"十一全",选举蒋经国为国民党新主席之后,蒋经国已经没有相抗衡的政治对手,但一些国民党元老派有时倚老卖老,有时甚至对蒋经国的决策有意见,很令蒋头疼[②]。因此蒋经国在站稳脚跟后,趁着派系人物逐渐凋零之时,将党政高层人事进行调动,让传统的派系势力不在国民党内生根。同时也特别留意潜在的小团体势力,例如李国鼎在 1969 年由"经济部长"改任"财政部长",便是蒋经国担心李国鼎长期在财经界培养形成自己的派系[③]。

消除元老派后,国民党内的隐性集团分化,除台籍人士外,还分成两派:一是海外归台学人的开明"洋务派",一是因为党外运动造成政治紧张气氛升高而受到党内保守派支持的"政战系统"。前者以关中、陈履安、孙震等人为中心,后者则以王升为中心。王升在接掌"刘少康办公室"之后[④],趁着蒋经国身体状况

---

① 黎明文化公司编:《蒋"总统"经国先生言论著述汇编》第十一册,台北:黎明文化出版社,1982 年版,第 323 页。

② 《迁台以来的党内派系分合》,载陈浩、寇维勇编:《透视党内派系》,台北:联丰书报社,1985 年版,第 80 页。

③ 康绿岛:《李国鼎口述史:话说台湾经济》,台北:卓越文化事业股份公司,1993 年版,第 193—194 页。

④ 蒋经国于 1979 年 1 月 29 日在国民党中常会上提议成立一个小组,专门研究反制中共政治攻势的战略与战术。这个小组由王升领导,代号叫"刘少康办公室"。

不佳，每周三的中常会提案需经刘少康办公室同意，俨然形成小中常会[1]。1983年王升应美国之邀访问美国，国民党内的反王派黄少谷、马纪壮向蒋经国直谏，将王升拉下马。王升回台后即被蒋经国调为驻"巴拉圭大使"，政战系统从此失势。

党内派系的形成也加强了蒋经国加速进行党内人事更迭的决心。1984年2月14日，国民党召开十届二中全会，蒋经国大幅提拔青年才俊进入中央常会，使国民党内权力核心呈现多元化的趋势。据当时的政治观察家分析，这一权力核心有以下几项特色：

(1) 技术官僚出身的财经人士成为中常会的主流，这批学有专长的专家崛起，反映出国民党朝向"技术统治"努力的方向。

(2) 本省籍中央常委人数由9人增到12人，加上蒋经国提名李登辉为"副总统"候选人，反映出执政党体认"本土化"政策，有助于国际形象与"国内"整合。

(3) 军事系统出身的中央常委比例下降，特别是"总政治作战部主任"王升的去职，反映保守势力在党内受到节制，相对的，政治制度化的程度提高。

(4) 代表"中央民意机关"的"国民大会"、"立法院"、"监察院"，以及代表省市议会的议会领袖，被提名进入中央常会，反映民意代表的政治力量扩大。

(5) 中央常会大量吸收50岁左右的政治精英，显示党中央体认到权力继承的问题，而开始为政治接班预作准备[2]。

至此，国民党权力核心，变成了金字塔型，即是以蒋经国为唯一的权力分配者类型。

蒋经国虽然极力防止党内派系的形成，但是在王升失势后，仍有蒋彦士结合了洋务派与台籍技术官僚，成为国民党内的主流派。1985年1月底，蒋经国通过调查"十信事件"，撤换了曾经提名十信理事会主席蔡辰洲担任"立法委员"的国民党中央党部秘书长蒋彦士，启用与蒋家渊源极深而又没有党外和派系背景的元老俞国华和马树礼分别出掌"行政院"和中央党部，从而掌握了主动权。与此同时，恰于此时发生的"江南事件"又迫使蒋经国就继承人问题公开表态，排除蒋氏家人接班和"军人干政"的可能性，并公开处理台湾情治系统首脑。这样，反对"革新"的保守势力从此一蹶不振。至此，国民党内部对台湾政治体制的危机和"政治革新"的迫切性才形成共识。

---

① 《迁台以来的党内派系分合》，载陈浩、寇维勇编：《透视党内派系》，第88页。

② 《国民党中常会的权力结构》，载陈浩、寇维勇编：《透视党内派系》，第94页。

二　国民党十二届三中全会的召开

1986年3月29日至31日，国民党十二届三中全会在台北召开。30日，三中全会通过了主要议题——《承上启下，开拓“国家”光明前途》。该议题包括了当时国民党对内外情势的认识、“革新”的目标和内容、“革新”的基本要领等。

该议题在论及“政治革新”必要性时指出：台湾在取得“光明进步”的同时，也遭遇了新的挑战，产生了许多亟待“革新”和解决的问题。具体表现为九个方面：“社会治安的再加强，政治风气的再整饬，非常时期措施的再调处，民主宪政的再策进，地方自治的再充实，经济发展的再推进，精神生活品质的再提升，反制中共统战诡谋的再强化，国际关系的再开展。”①

在具体做法上，议题强调“要在今年（1986年）为党务再革新的出发点，进一步创新党的作为”。蒋经国指出：要“以党的革新带动行政革新，以行政革新带动全面的革新”②。在三个环节中，国民党自身的革新是最重要的，它包括“重振革命精神”、“发挥组织功能”等五方面内容。

该会所提的全面革新，包括“政治建设”、“经济建设”、“社会和生活建设”、“教育建设”、“国防建设”五方面内容。其中“政治建设”具体内容为：“发扬法治精神，整饬政治风气，积极保障人权，清除特权，肃清贪污；筹议加强充实中央民意代表机构，强固地方自治，重视民意反映，加强为民服务，并针对未来情势，继续策进整体性国家发展计划。”③

同时，该会也确定了“政治革新”的基本调子，即一切为了巩固国民党对台湾的统治。它把“非常时期”、“宪政体制”作为国民党统治的基础，强调其“不可变”，故三中全会提出的“革新”，其幅度和范围均过于狭窄，没有涵盖台湾的主要社会矛盾，与台湾民众的意愿相去甚远。

十二届三中全会通过了国民党中常委变动名单：孙运璇等4人去职，由蒋经国提名李焕、吴伯雄、施启扬、陈履安4人补入。这一变更，使得国民党中常委趋向年轻化，新当选者平均年龄54岁，远低于留任者71岁的平均年龄；而台籍在中常委中比例达到46%，增强了致力政治改革的新生力量。

会后不久，由蒋经国圈定12名中常委组成小组，贯彻会议的各项议案，“进行规划，分工策行”④。“十二人小组”成员分别是严家淦、谢东闵、李登辉、谷正纲、黄少谷、俞国华、倪文亚、袁守谦、沈昌焕、李焕、邱创焕、吴伯雄，由严家淦任

---

①③　台湾《联合报》，1986年3月31日。

②　蒋经国先生全集编辑委员会编：《蒋经国先生全集》第十五册，第165页。

④　《蒋经国先生全集》第二十册，第15页。

召集人[①]。

随着时间的推移，"十二人小组"依据蒋经国的指示，将"政治革新"的内容扩展了不少。如三中全会未提及的"开放党禁"、"解除戒严"、"开放民众赴大陆探亲"等逐渐纳入"革新"的内容[②]。

三　党务革新

1975年4月蒋经国出任国民党主席以后，"党务革新"的历史进程大体可以分为三个阶段：

第一阶段，1976年11月至1978年，重新解释蒋介石"党务革新"理论的阶段。蒋经国在1976年11月召开的国民党"十一全"大会上，提出了"党务革新"的新方向：第一，强调指出国民党当前一项重要任务就是"革新本党"，也就是一切要全面革新，从头做起，因为"只有不断自我革新，才能进步，亦只有不断进步，才能坚强"。第二，强调指出"党务革新"的目的就是要扩大和发挥国民党的"民主功能和战斗功能"，把国民党建设成为"时代化的革命民主政党"，"成为坚强的战斗体"。第三，强调指出"党务革新"的重点是"强化党的组织体制与功能，开拓党与社会群众的关系，并从精神上、制度上及内容上容纳新的观念与要求，使党的组织更能适应当前革命环境，扩大其影响作用"[③]。

蒋介石败退台湾以后，在1950年代进行了"党务改造"，强化了国民党的"专执政党"体制。其特点是"一党专政"，"以党领政"。在理论上，他提出了一个界定国民党性质的含糊不清的概念——"革命民主政党"。蒋介石始终强调国民党"革命政党"的一面，实际上是"专执政党"的一面，而他对"民主政党"的理解十分保守和狭隘。

蒋经国与其父不同，他对于"革命民主政党"的解释，在理论上更突出"民主政党"和"结合群众"的一面。这反映了父子之间思想和认识上的差异。蒋经国认为，"革命"是手段，"民主"才是目的，国民党是为"民主"而"革命"，必须发扬"民主精神"。蒋经国曾多次声称要使国民党"成为群众的党"、"时代化的政党"、"党必须以群众为基础，为根本，为重心"，"结合民众"，"为民众服务"[④]。

在蒋经国的建党思想指导下，"十一全"大会以后，国民党的"党务革新"突出两个方面的内容：一是在加强"政党功能"的基础上，扩大"党政分开"的界限，

---

① 《蒋经国先生全集》，《记事年表》(下)，第412页。

② 台湾《联合报》，1986年5月12日。

③ 台湾《"中央日报"》，1976年11月13日。

④ 《蒋经国先生全集》第十册，第294—297页。

按照“政党政治”的要求和特点调整党务工作的方向和内容；二是以“民众为群众基础，以知识分子为思想主流”，要求党员和干部“向下扎根”，深入民间，作党和群众之间的“桥梁”，开展对基层民众和青年的“组训工作”，扩大和巩固党的社会基础。这在一定程度上缓和了国民党与台湾社会之间的矛盾。

第二阶段，1978 年 12 月至 1986 年初，为了赢得选举而开展的“党务革新”的阶段。正当“党务革新”进行之时，国民党再次受到台湾岛内外局势巨变的冲击。1978 年 12 月中美宣布建交，使国民党受到沉重打击；中国共产党提出海峡两岸“和平统一”的倡议，使国民党“反共戡乱”的政治体制失去了“依据”；国民党的专制制度受到党外势力的严重挑战。严峻的形势迫使国民党不得不进行“政治体制”改革，尝试建立“开放性政治常规”和“理性的民主秩序”，以维持国民党在台湾的统治地位。

为了适应形势的变化和推动政治体制改革的进行，1978 年 12 月，蒋经国在国民党十一届三中全会上再次强调“党务革新”的重要性。指出，当前最迫切的任务是“注入新的生命，吸收新的血液，采取新的工作方法，更进一步发挥党的力量”，“突破逆境”①。在 1979 年 12 月召开的国民党十一届四中全会上，蒋经国在正式提出进行政治体制改革的同时，特别强调要深入进行“党务革新”，使政治体制改革与“党务革新”同步进行。他指出，当前国民党的重要工作“是扩大本党群众基础，建立党的进步体制，强化党的号召，从社会中发挥党的力量”②。1980 年 6 月，国民党中常会议决定恢复“中央民意代表增额选举”以后，蒋经国又多次发表谈话，强调国民党要在竞选中“显示新的形象，发挥新的力量”，要“勇于面对现实”，“刻意革新工作方法，革新观念作风”③，并以政策结合民意，做好选举工作。

第三阶段，1986 年 3 月至 1988 年 1 月，“党务再革新”阶段。1986 年 3 月，国民党十二届三中全会通过了《主要议题案》和《党务工作报告》两个决议文件。在党务工作方面，会议要求把 1986 年作为“党务再革新的出发点，进一步创新党的作为，针对国家前途和全面期望，作前瞻性的通盘规划”。蒋经国在新的中常委选出后致词，要求全体中常委能够“实实在在的做好党的工作，以党的革新来带动行政革新，以行政革新来带动全面革新”的工作④。同年 4 月，根据蒋经国的指示成立了国民党中常会“十二人小组”。稍后，“十二人小组”拟定了包括

---

① 台湾《“中央日报”》，1978 年 12 月 13 日。

② 《蒋经国先生全集》第十二册，第 131 页。

③ 《蒋经国先生全集》第十二册，第 208 页。

④ 《蒋经国先生全集》第十二册，第 543 页。

“党务革新”在内的“六项主要革新议题”。

四　解除戒严

“戒严令”是指 1949 年 5 月 19 日台湾省政府主席和台湾省警备总司令陈诚颁布的《台湾地区紧急戒严令》。自 1949 年以来的 38 年中，“戒严令”是台湾当局实行专制暴力统治的主要手段，它将台湾人民的一切民主权利和社会活动都置于“军法管制”之下，对任何人都可以不经法律程序进行逮捕、关押和处决。长久以来，台湾各界人士谈“令”色变。但伴随着党外势力的崛起，台湾岛内要求政治改革的呼声越来越高，党外势力成为冲击“戒严”的急先锋。在这种形势下，1987 年 6 月 23 日，“动员戡乱时期国家安全法”在“立法院”三读通过，蒋经国也于 1987 年 7 月 14 日宣布：自 7 月 15 日起在台湾地区“解除戒严”。

国民党当局“解严”后，“戒严令”及 30 种相关的法规、条例停止施行。新颁布的《国安法》则在一定程度上放宽了对集会结社、出入境、民事审判等方面的限制。其主要内容是：确认台湾仍处在“动员戡乱时期”，“国安法”的宗旨，是维护国民党“宪政体制”，确保其安全；台湾人民集会、结社，不得违反“宪法”或不得“主张共产主义”和“分裂国土”；岛内各阶层人士如出入台湾境地，必须向“警政署”管制机关申请许可，否则以“违法”论处，警察机关认为“必要时”，对出入台湾境界的人员、物品及运输工具得实施检查；部分山、海防及军事设施和要地划为军事管制区；非现役军人犯罪不受军事法庭审判处理，现役军人犯罪仍由军事法庭审判处理[①]。

国民党当局虽然宣布取消“戒严令”，但并未废除“戒严法”。如果将“国安法”与“戒严法”相比较，“国安法”在改变军事戒严体制、回归平常状态、放宽人民的自由权利等方面，确有一定的积极意义。具体表现在如下几个方面：

第一，将台、澎地区“安全”的管理权，由过去的军事机关改为行政警察机关负责。

第二，将山、海防管制范围缩小。例如，海岸管制线由过去全岛海岸线 1411 公里缩短为 541 公里，山地管制区亦有小幅的缩小。

第三，放宽人民的某些自由权利。除“紧急危难”情况外，“戒严”期间“绝对禁止”的结社、集会、游行、罢工等“民权”予以恢复，同时制定或修订“集会游行法”、“工会法”、“劳资争议处理法”等法规，对上述活动加以约束和“规范”。

第四，缩小军事法庭权限。取消“非常状态”下的部分军法措施，扩大“司法”权限。

---

① 台湾《“中央日报”》，1987 年 6 月 24 日。

第五,适当放宽出入境限制。从1987年7月28日起解除实行了8年的台湾居民出境观光不得以港澳为首站的禁令。以"个案处理"的方式,对过去一律禁止入境的海外"台独"分子的入境适当放宽。

第六,放宽"报禁"、"书禁"。从1988年元旦起,解除23种外文出版物的进口管制,简化进口手续,出版物的检查由"台湾警备总司令部"和"新闻局"共管改为"新闻局"统管。允许登记创办新报纸,并解除对报纸张数的限制。

就实质而言,"国安法"与"戒严法"基本相同,即都是为了国民党当前反共和继续维持国民党在台统治。"国安法"适应了国民党反共拒和、偏安求存、拖以待变的需要。两"法"均以"动员戡乱时期"为时空条件,确认台湾仍处在以中共为"敌人"的"动员戡乱时期";在海峡两岸关系上,同样实行"隔离政策","总统"仍可随时根据"国大"通过的《动员戡乱时期临时条款》,宣布台湾地区处于"临战"紧急状态。此外,"国家总动员法"、"惩治叛乱条例"和"检肃匪谍条例"等"非法时期法令"仍然"有效和实用"。

台湾当局宣布"解除戒严"的意义在于,它开始放松对岛内的专制统治,使国民党与台湾社会各阶层的僵持关系得以缓和,从而为进一步"革新"创造了条件。然而,"戒严"的解除使台湾的政治体制开始由"军事戒严"和"一党专制",向西方式的"政党政治"的方向过渡;并或多或少增加了各界社会人士参政、议政的机会,这样,国民党党外反对势力将日益激烈地同国民党争夺权力。

五　开放"党禁"

根据"戒严令"的规定:"戒严时期禁止党内外人士进行组党活动。如有违反此规定者,将以军法惩处。"但是,由于国民党长期以来的一党独裁,引起党外人士的强烈不满。党外人士的民主运动不断高涨,一些党外人士不顾国民党的"党禁"政策,突然宣布组党,民主进步党(简称"民进党")就是在这种情况下,于1986年9月28日成立的,这给国民党造成了很大的压力。对此,国民党不得不审慎对待,"一方面宣布民进党成立为非法,另一方面,又通过各种渠道对民进党进行沟通和协调"。1986年10月,国民党通过决议,开放"党禁"。

显然,国民党认识到党外组党势头此时已经无法遏制,只能引导。引导的最佳办法无疑是"开禁",以便尽快将"组党"纳入到"法制"轨道上来,用"宪法"加以规范和限制,以缓解岛内的政治矛盾,维护国民党的统治地位;另一方面的考虑是希望团结岛内其他势力与中共抗衡,因为国民党实施政治革新的基本宗旨就是要实现"反共复国"的夙愿。在1986年国民党十二届三中全会上,蒋经国在《中国的统一与世界和平》的开幕词中明确强调:"中国必须统一,但必须统一在三民主义之下,这个立场决不改变”;在统一问题上“决不与中共妥协”。[①]要完成这个目标,国民党就必须协调好与台湾岛内的各种关系,并与其他势力共同合作,以此对付中国共产党。

开放“党禁”后,台湾出现了“组党热”。如 1987 年 8 月,中国自由民主党成立;9 月,中国民主革命党成立;11 月,工党成立;1989 年 1 月,民主自由党成立,等等。开放“党禁”使台湾岛内新建党派如雨后春笋般出现,打破了国民党一党合法的局面,台湾逐渐形成“多党竞争、两党制衡”的政治格局。国民党“一党专政”、“以党代政”的统治方式已经失去了统治基础,台湾社会政经逐渐分离,由“极权政治”逐步向“政党政治”过渡。

六　开展“弹性外交”

“弹性外交”是国民党为了摆脱国际孤立地位不得不采纳的一条实用主义的“外交”方针。目的是为了求得所谓的“国际生存空间”。台湾当局遵循“官民分离、政经分离、名实分离”的原则,把“对外政策”分解为“官方”和“民间”关系。

1971 年 10 月,联合国恢复中华人民共和国在联合国的合法席位后,台湾在 1973 年 11 月的国民党十届四中全会上确立了有限度的实行“弹性外交”原则,除尽力维护与其有“邦交”的国家的关系外,还运用各种力量,与无“邦交”的国家多方发展文化、经贸等方面的“实质关系”,并极力阻挠中华人民共和国与美国建立外交关系。同时,还开展所谓的“政党外交”、“议员外交”等活动,并以政经分离的原则开放与东欧一些社会主义国家的经贸往来。

台湾当局在蒋经国统治时期所进行的“弹性外交”,具体表现为四个方面:一是设法维持与 20 多个国家的“外交关系”。二是发展与无“外交关系”国家的“实质外交”关系,或设立各种名义的“非政府间”机构;或通过台湾经济、文化、新闻部门,以“民间”形式向外派出机构,专门从事“实质外交”事务;或在无“邦交”国派“对外贸易发展协会”办事处、“太平洋经济文化中心”办事处、“中央通讯社”办事处、“孙中山中心”等各种名义的机构或代表,负责同这些国家和地区进行经济、贸易、文化、新闻、体育、科技、观光等方面的交流活动。到 20 世纪 70 年代末,台湾派出的这些机构已经达到了 100 多个。三是设法保留其在国际组织中的席位,或者挤进各种国际组织,到 20 世纪 70 年代末,台湾当局参加的各种国际组织近 300 个,其中有联合国专门机构 4 个,“亚洲发展银行”等“政府间”组织 8 个,体育组织 12 个,以及劳工、商会、学术、宗教、公益等其他各种民间国际组织 154 个。四是维持与美国的特殊关系。在台湾当局的游说下,美国

① 《蒋经国先生全集》第十二册,第 535—536 页。

国会参、众两院通过了《与台湾关系法》，向台湾作出了“安全承诺”，使得美台“断交”后双方有了“实质外交关系”，从而使美国能够进一步干预本属于中国内部事务的台湾问题，加大了中国解决台湾问题的复杂程度和难度。

“弹性外交”是台湾当局70年代初期为维持其在台统治所采取的“实质外交”政策在80年代的继续和发展。“实质外交”以经贸为实质内容，而“弹性外交”则追逐发展官方关系，搞“独立的国际人格”，主权地位，政治实体。“弹性外交”的推行，使台湾的活动范围有了一定的扩大，但从长远的角度看，由于台湾当局的“弹性外交”不具备国际法的保证和正式外交的权利义务，有很大局限性和不稳定性。正因为存在着这种局限性和不稳定性，故台湾当局的“外交”始终难以摆脱被动的低姿态，不得不在双边、多边的关系上和其他“外交”斗争中“忍辱负重”。特别是在国际形势发生变更，或是双边利害冲突达到一定限度时，便会受到相当大的困扰，已建立的“实质外交”也可能遭到破坏。事实上，蒋经国时代的“弹性外交”始终处于守势，进展不大。

七　开放台湾民众赴大陆探亲

1987年10月14日，国民党当局宣布开放台湾同胞赴大陆探亲政策。此前，台湾海峡两岸始终处在隔海对峙状态。中共提出和平统一祖国的方针后，台湾当局实行“不接触、不谈判、不妥协”的“三不”政策，坚持反共拒和立场。国民党十二大召开时，又提出“三民主义统一中国”的路线。然而1986年5月发生的“华航”货机事件[①]，迫使国民党最高当局不得不调整对大陆的政策。

1987年7月，台湾当局宣布取消不许台湾民众以港澳地区为旅游观光“第一站”的禁令。10月14日，又正式宣布开放台湾民众赴大陆探亲。无疑台湾当局的上述做法是为缓和两岸关系所采取的历史性、突破性、阶段性的变革措施。

国民党当局之所以开放台湾民众赴大陆探亲，一方面固然是顺应岛内各阶层民众迫切要求改变近40年来僵化的大陆政策的呼声，另一方面也是借着调整大陆政策来消除国民党内部的严重分歧，遏制岛内“台独”势力的猖獗。国民

① 据中国台湾网报道：1986年5月3日，台湾“中华航空公司”（简称“华航”）的一架波音747F型货机，从曼谷飞返台湾途经香港时，由机长王锡爵驾驶转航大陆，在广州白云机场降落。中国民航局当日即致电台湾“华航”，请其尽快派人来北京，同中国民航局商谈“华航”货机事件处理方法。台湾当局无法绕过“华航”事件是中国内政这一基本性质，13日，不得不由“华航”出面宣布：基于人道立场，决定由该公司驻香港分公司代表在香港与中国民航局洽谈解决货机问题。5月17日，“华航”代表和中国民航局代表在香港举行商谈，就有关事宜全部达成协议，5月23日，两航代表在香港启德机场顺利完成货机等交接手续。“华航”货机事件的发生和顺利解决，受到台湾岛内外各界的重视和关注。舆论界认为“两航”直接商谈圆满解决了“华航”货机事件，是对台湾当局“三不政策”的一次重大突破，“深具意义”。

党内部在探亲问题上一直存在着“放宽”与“从严”两种观点。“开明派”认为,开放台湾民众赴大陆探亲实际上是向大陆展开有效的“政治反攻”行动。“保守派”则主张严格控制开放大陆探亲,并声称,开放大陆探亲并不意味着当局“三不”立场有何改变,并将其大陆政策仍视为“敌对政策”。与此同时,台湾的分离意识有所发展,省籍矛盾日渐突出,在以台湾省籍人士为主的民进党成立后,地方反对派势力的影响进一步扩大,更直接威胁国民党在台湾的统治基础。国民党当局想借两岸交往之际,加强彼此的经贸、文化以及情感上的互动,以抑制岛内的“分离意识”。蒋经国认为只有“开拓新的大陆关系”,适当开放探亲和文化交流,使两岸增加接触,“才能冲淡与避免地域思想及分离意识”,“堵塞台湾走向独立的道路”。

不过,台湾当局开放民众赴大陆探亲后,又对此案作了种种规定:原则同意除现役军人及现任公职人员外,凡在大陆有血亲、姻亲、三亲等内的亲属者,可赴大陆探亲。开放大陆探亲的前提是:“反共国策与复兴国土的目标不变”;确保“国家”安全,防止中共“统战”。可见,台湾当局的“大陆探亲政策”还是有很多限制的。

此后,随着两岸关系的缓和,台湾当局对其“大陆政策”又做了某些调整。尽管这些调整还不尽如人意,但从历史的角度看,由过去的“绝对禁止”两岸人员交往走向“开放”,由“不通”到“通”,这不能不说是两岸关系上的一个重大突破,为两岸实现直接“三通”打下了一定的基础。

八　政治革新的影响

由蒋经国主导的台湾政治革新,尽管直至蒋经国去世仍在继续,然而其影响在当时即开始显现:

首先,蒋经国的“政治革新”有利于加强国民党自身的建设,提高执政水平,同时巩固了国民党统治的民众基础,保证了国民党执政的根本。

党务革新使国民党的党员构成发生了重大变化。在20世纪五六十年代,大陆籍社会群体是国民党的主要社会基础。1951年至1969年,国民党新增加党员62万人,其中台籍党员仅占30%;历年来在台湾总人口中台籍人口占85%,而1969年在国民党党员总数中台籍党员仅占38.53%,在中央委员会、中央党部主管中,台籍干部仅占10%左右。70年代后情况出现不同,大陆籍社会群体不再是国民党的重要社会基础。有关资料表明,70年代国民党党员总数约占台湾总人口的10%左右,到80年代约占12%;1979年台湾省籍党员占党员总数的58%,到1986年已达80%左右。

随着国民党与台湾社会之间的矛盾和对立趋向缓和,国民党的传统形象有所改变。国民党基层党员的职业结构与台湾社会结构的差异已经缩小。1986年底，在235.6万党员中，属于第一产业者约占11%，第二产业者约占18%，第三产业者约占40%，学生和家庭主妇约占14%。此外，国民党“本土化”趋势也已经成为定局，这个曾经是全国性的政党，已向地区性政党演变。为了缓和社会矛盾和扩大国民党统治的社会基础，蒋经国出任国民党主席后，加快了国民党“本土化”的进程。在蒋介石治台时期，国民党中央机构中的中常委、中央委员、候补中央委员、中央党部各部会正、副主委中，台籍人士仅占10%左右。1975年蒋经国出任国民党主席后，大批启用他在台湾培植起来的第二代、第三代，使之成为国民党各级机构中的当权者。台北、高雄等21个县、市党部的主任委员中，台籍人士占57%；书记中，台籍人士占66%以上。在国民党中常委中，台籍人士的比例也不断增高。国民党十一届一中全会时占22.7%，四中全会时占33.3%，十二届二中全会时占38.7%，到1986年的十二届三中全会，上升为45.2%。在“党务革新”中，国民党的政治基础、权力结构以及政策取向，都出现了重大变化。代表台湾资产阶级利益的本省籍大资产阶级和新一代政治官僚集团的政治地位迅速上升，原来代表大陆去台势力利益的第一代军事官僚集团的政治地位逐步下降，这个大趋势已是不可逆转。

其次，“政治革新”推动了台湾民主政治的初步发展与政治竞争的法制化。

通过“党务革新”，国民党历史上长期形成的高度集权的传统组织形态逐渐松弛，所谓“民主化”和“制度化”的竞争性体制正在形成。在“党务革新”中，国民党的组织功能逐渐发生变化。一方面，它效仿西方资产阶级政党体制逐步建立起一套关于决策程序、党政关系、政策协调以及动员辅选的制度，力图把原来只适用于对内控制、高度集权的政治支配体系，逐渐改建成具有动员选举协调执政能力的政治动员体系；另一方面，又采取一系列措施扩大党内“民主化”程度，在决策上强调“政策结合民意”，在干部选拔上以“竞选”或“选举”的方式取代原来的“指定”和“任命”方式。

国民党当局在“解除戒严”和“开放党禁”之后，其一党独裁专制统治开始解体，台湾政党竞争的时代已经来临。一批新党的相继成立，标志着台湾社会开始由“集权政治”逐步向“政党政治”过渡。此时，台湾社会的各种政治力量重新组合，政治趋向“多元化”。以大陆籍势力垄断权力为基本特征的封闭性统治形态将不复存在，台湾省籍势力将迅速上升，国民党权力层逐步形成以台籍人士为主，并有大陆籍人士与之相互制衡的“集体决策”机构，大陆籍与台湾省籍势力之间形成了某种相互依存关系。

国民党作为一个资产阶级性质的政党，在经历“政治革新”之后，已从五六十年代所保持的大陆时期“专制政党”的形态，向具有明显地区性特征的“民主政党”过渡。

第三,蒋经国时期与大陆接触的“政治革新”推动了与大陆关系的发展,使两岸进入和平竞争的阶段。

允许台湾同胞到大陆探亲这一举措,客观上对台湾社会的发展和对海峡两岸关系的发展产生了深远影响。从此以后,在台湾各地出现了“探亲热”,并在“探亲热”的带动下,迅速兴起了“观光热”、“考察热”、“通商热”、“投资热”、“出版热”、“采访热”、“电影热”。赴大陆台胞从1988年的45万人次发展到2007年底的历年累计4600万人次,即达到台湾地区人口总数2300万的两倍以上,大陆居民赴台累计也达到160万人次①。台商投资方面,从1989年到2006年的17年间,台商投资大陆累计金额增加了140多倍,截至2007年9月底大陆累计批准台商投资项目74327项,台商实际投资450亿美元②。

两岸各项交流日益扩大。从1979年起两岸学术等各项交流是在美国、日本、香港地区间接进行的。从1988年底开始,各个领域的交流经历了从单向到双向,并进入持续稳定的发展过程。交流人数大幅增加、交流领域迅速扩大、交流层次逐步提高、交流方式形式多样。大陆赴台从1990年至1991年两年仅20多个项目40多人次,发展至2007年前10个月两岸文化交流项目即达到438项,其中大陆赴台交流项目214项2083人次、台湾赴大陆交流项目224项2151人次③。

两岸各项交流的发展对推动两岸关系的发展,对弘扬中华传统文化起到了积极作用和深远的影响。“解除戒严”和开放探亲,有利于两岸民间往来的发展,有利于两岸经贸、学术、文化、体育等方面的交流,有利于促进“三通”,有利于促进祖国和平统一大业的最终实现。

第四,“政治革新”促进了台湾经济结构的调整并发展了与大陆的经贸关系。

蒋经国“执政”时期,两次石油危机造成了西方世界经济衰退,随之而来的是贸易保护主义盛行。这对严重依赖国际市场的台湾经济无疑是个巨大的冲击。加之台湾早期对基础设施建设重视不够,存在产业轻型化倾向。这使得台湾经济的进一步发展出现了困难,因而需要转轨,调整产业结构。台湾当局一方面克服经济困难,“在稳定中求生长”,另一方面着手于长期的结构转型。十项重大建设计划陆续完成后,台湾当局再次推动十二项重要建设,为台湾后十

---

① 参见 http://info.cndsi.com/html/20070906/29314113011.htm。

② 参见 http://www.gov.cn/jrzg/2007—11/02/content_793412.htm。

③ 参见 http://news.xinhuanet.com/tai_gang_ao/2007—10/30/content_6975227.htm。

年的成长打下了基础。

经过持续发展,台湾经济已达到较高水平,进一步发展产生困难。大量的超额储蓄、过剩的工业流动资金和外汇存余危及金融安定,形成通货膨胀压力;劳动力成本上升,工业升级缓慢造成经济发展后劲不足;日益加剧的国际贸易摩擦使享有顺差的台湾面临西方各国的压力。进一步说,由于经济规模使然,大量资金要冲出台湾狭小的地域;过多的政府干预措施与经济发展的要求越来越不协调;富足起来的台湾人对于内部政治结构单一、僵硬、国际活动空间狭小的状况越来越不满意。"经济自由化、国际化、政治民主化、制度化"如同一股巨大的涌流冲击着传统的经济、政治结构。蒋经国时期的台湾当局起初感到困惑、矛盾,后来逐步适应了这一潮流。1984 年台湾当局宣布了"自由化、国际化、制度化"的政策方向,并逐步付诸实施。尤其是外汇开放、贸易管制开放、党禁开放、到大陆探亲开放以来,台湾与大陆的经贸关系日益密切,加速了两岸经贸发展。

第五,"政治革新"中的"外交策略"的改变,一定程度上拓展了台湾的"外交"空间。

台湾当局针对一些发展中国家外债负担过重,资金、技术缺乏的特点,于 1988 年底,筹资 10 亿美元成立"海外经济合作发展基金"(1996 年 7 月改为"国际合作发展基金",基金数额增加到 20 亿美元)。与此同时,台湾当局加强与美国、日本和欧洲、东南亚等国的官方接触和沟通,积极促使无"邦交"国家的驻台机构参照"美国在台协会"易名,变相成为"大使馆",促进"实质关系的跨步进展",是外交层次上的提升。

台湾当局按照"政经分离"的原则与社会主义国家发展经贸关系,到 1988 年为止,台湾与东欧的直接贸易国家达 7 个。与此同时,台湾当局还积极寻求与苏联和越南等国建立经贸关系。1988 年 10 月,台湾当局派出由 58 人组成的贸易团访问苏联,打开了与苏联间接贸易的大门。1989 年 3 月底,台湾当局已经与越南开始间接贸易。台湾当局此举减轻了对美国、日本的压力,分散外销市场,适应国际经济"区域主义"的倾向。同时拓展了国际活动空间,提升了"国际人格"。

当然,"政治革新"也存在偏离原先设想的消极面影响。首先是"本土化"被错误解读,使"台湾人意识"、"台湾优先"、"台湾为中心"及"台湾生命共同体"等理念盛行,"凡事以维护 2100 万人利益及福祉为出发点"①。以致在 1993 年的台湾县、市长选举中,国民党的竞选口号是"爱'国家'(台)、爱乡土,为台湾 2000

① 周玉蔻:《李登辉的一千天,1989—1992》,北京:新华出版社,1993 年版,第 89—98 页。

万民众服务"。新当选的县、市长也均强调"认同台湾"、"利益优先"。其次，经过了"政治革新"，台湾政治体制开始发生了"质变"。虽然蒋经国竭力遏制"分离意识"，想通过长期作战的方法，以达到"统一复国"的目标，但"政治革新"的结果却使台湾在统一之路上一开始就偏离了轨道，并为日后李登辉的"宪政改革"、分裂中国提供了台阶。第三，"解除戒严"对于缓解岛内矛盾，改变国民党形象有着一定的帮助。但另一方面，解除戒严后，适当放宽出入境限制，对过去一律禁止入境的海外"台独"分子的入境限制也相应放宽了。这又使得海外"台独"势力有可能、有机会与岛内"台独"势力合流，这对于两岸统一是一个隐患。第四，开放"党禁"后，台湾逐渐形成"多党竞争、两党制衡"的政治格局。国民党对于台湾政治发展方向的控制能力越来越小，新的党派向国民党的统治提出挑战，公开与国民党"中国统一"的主张唱反调。如，在民进党的党纲中明确主张："台湾的前途应由台湾全体住民，以自由、民主、普遍、公正而平等的方式共同决定"，"反对由国共双方基于违背'人民自决原则'的谈判方法。"这显然对两岸关系造成了极坏的影响。此外，外交策略上实行"弹性外交"，使得一些国际活动中出现"一国两席"，为日后的"一国两府"、"一中一台"、"两个中国"的提出做了铺垫。

第六节　蒋经国去世与蒋家王朝的终结

一　蒋经国去世与蒋家王朝的终结

1988 年 1 月 13 日早晨，蒋经国起床时突感身体不适，并伴有轻度呕吐现象，医生用静脉点滴注射为他补充营养。下午 1 时 55 分，病情突然恶化，大量吐血，引发休克及心脏呼吸衰竭，经全力抢救无效，至 3 时 50 分心跳停止，瞳孔散大，而告去世。

蒋经国去世后，台湾当局为他举行了盛大的丧礼。继任"总统"李登辉首先颁布了"治丧令"，"行政院"召开紧急会议决议，宣布"国丧"30 天，"国丧"期间，一律禁止聚众集会、游行及请愿等活动。

蒋经国去世在台湾政治中留下了真空。对国民党上层来说，如何尽快填补蒋经国留下的政治空白，保证党政机构的运作协调及社会秩序的稳定，成了当前的急务。

其实进入 1980 年代以来，蒋经国的身体就日渐衰弱，他自知时日不多，对其身后的"接班"问题作了交代。关于"接班"问题是台湾民众最关心的问题，鉴于蒋氏家族与国民党及台湾的历史渊源，人们自然注意蒋经国会不会再将政权传给蒋家第三代。对此问题,蒋经国在1985年8月15日接受美国《时代杂志》香港分社主任波顿采访时表示:“至于将来‘国家元首’一职,由蒋家人士继任一节,本人从未有此考虑。”[①]关于“军人干政”问题,也是人们普遍关心的。由于长期以来台湾推行“戒严体制”加“强人政治”,军队与军人在政治中一直扮演重要角色,人们因而担心一旦“强人”骤失,军队会失控而攫取权力,建立军人政权,或者蒋经国会防身后岛内大乱,生前便安排军人压阵,对此,蒋经国的答复仍是:不能也不会。他在1985年12月25日主持“行宪纪念大会联合开会典礼”时,明确表达了自己的想法:

“第一,就是‘总统’继任者的问题。这一类的问题,只存在于专制和独裁的国家。在我们以‘宪法’为基础的‘中华民国’,根本是不存在的。因为我们立国的基础是以‘宪法’为依据的,所以下一任‘总统’,必然会依据宪法而产生,那就是,由贵会代表先生们代表‘全国’国民来选举产生之。有人或许要问,经国的家人中有没有人会竞选下一任‘总统’?我的答复是:不能也不会。”

“第二,我们有没有可能以实施军政府的方式来统治‘国家’?我的答复是:不能也不会。执政党所走的是民主、自由、平等的康庄大道,绝不会变更‘宪法’,同时,也绝不可能有任何违背‘宪法’的统治方式产生。”[②]

1984年5月20日召开的“一届国大”七次会议上,蒋经国挑选了台籍人士李登辉出任“副总统”,并在1986年3月召开的国民党十二届三中全会上将李登辉在常委中的排位提至第三位,充分表明蒋经国有把权力核心移交台籍“精英”的周密安排。

不过蒋经国的突然病逝使得这一权力交接产生了变数。在蒋经国去世到国民党临时中常会前的短短3小时内,上层有人提议,只推“副总统”李登辉为“代理总统”,遭李登辉拒绝。当晚7时,国民党中常会召开紧急会议,在听取了关于蒋经国逝世经过的报告和宣读蒋经国的遗嘱后决定:一致支持李登辉继任“中华民国总统”职位[③]。1月15日,军方负责人发表谈话,表示军队拥护李登辉。

李登辉顺利出任“总统”及军队的效忠谈话,说明蒋经国去世后在经过极短的混乱之后,台湾当局控制了局面,各机关运作正常进行,社会稳定。蒋经国晚年苦心经营的“交班”计划得以顺利实现。民进党也认为:李登辉能依“宪法”顺利继任,足证“宪政”已初具基础。

---

① 《蒋经国先生全集》第十五册,第147页。

② 《蒋经国先生全集》第十二册,第523—524页。

③ 台湾《“中央日报”》,1988年1月14日。

不过李登辉继任“总统”,并非国民党上层争夺权力的结束。在台湾政治的运作中,一切权力均集中于国民党之手,国民党中央主席才是政治舞台上的中心角色。一切重大政策方针、行政措施、人事安排,均需经国民党事先讨论决定,再由“总统”、“行政院长”等发布命令,加以执行。因而,蒋经国去世后,真正的权力争夺在于谁担任国民党的新领袖。

关于国民党主席人选问题,国民党上层分为两派:以中央秘书长李焕等在第一线的实权人物为一方,要拥立李登辉;以宋美龄及原在蒋、宋身边工作的元老幕僚们为一方,要压制李登辉,另立他人。最初,两派都主张暂时不设置主席,双方各自活动,以便几个月后再做较量。

事情的迅速发展,打破了国民党上层的如意算盘。李登辉继任“总统”后,立即开始了一系列活动,以弥补其在党内缺乏实力与威望的不足,为日后出任党主席铺路。他每天到蒋经国的灵堂一次,按序登门拜访宋美龄、严家淦、张群等国民党党政元老;接见军方首脑人物,主持中常会“十二人小组”会议,讨论蒋经国生前批准的方案,以表明将继续执行蒋的路线。这些行动,面面俱到,层次清楚,规矩分明,使其声望骤升。台湾舆论界及国民党内拥立李登辉的声音开始高涨。国民党籍“立法委员”赵少康发起集体签名,拥戴李登辉出任国民党代理主席。在各方的压力下,国民党中常委们达成共识,联署提出推举李登辉代理国民党中央主席的提案,拟在 1988 年 1 月 27 日中常会例会上通过。

不料,宋美龄的干预险些使提案胎死腹中,国民党上层为此演出了一场惊险曲折的政治戏。1 月 26 日下午,宋美龄致函李焕,称国民党主席应由全体党员代表推举,故应将此事交由 7 月召开的“十三全”大会解决,目前中央常会可仍按蒋经国在世时常委轮流主持的惯例进行。宋美龄还打电话给各位中常委,要求他们放弃拥立李登辉的提案。

27 日,中常会例会,中常委们磋商决定当天会议暂不提拥李登辉案,利用一星期时间斡旋沟通,待下次会议再提。会议即将结束时,列席会议的国民党中央副秘书长宋楚瑜突然站起,请求发言。获准后,宋楚瑜指出:李登辉出任代理主席是一致期望,如果此时不提,国民党形象将置于何地[①]? 会场形势急转直下,一度搁浅的推举李登辉代理主席案进入实质性讨论。经讨论,提案通过,正式推举李登辉代理主席职务。同年 7 月 8 日召开的国民党“十三大”第一次会议上,李登辉当选为新任党主席。

至此,蒋经国去世后的权力交接才算真正完成。李登辉的顺利继任,标志

① 周玉蔻:《李登辉的一千天,1989—1992》,第 16 页。

着蒋氏父子对台湾40年、对国民党60年的家族统治的终结，也意味着台湾“强人政治”的结束。

二　对蒋经国主政台湾的评价

从1972年出任“行政院长”开始，到1988年逝世为止，蒋经国在台湾的“执政”长达16年之久。在此期间，台湾经济走向起飞，政治走向民主化，社会走向开放。因此，当蒋经国逝世时，他的许多从属旧部以及更多研究台湾政治的学者，都将蒋经国定位为民主政治的推手，强调他对台湾民主改革的贡献。即使是一些具有自由派色彩、活跃于民进党及日后的民进党“政府”中的学者，也对蒋经国作出了很高的评价。高英茂说：“蒋‘总统’对民主政治的贡献是无可抹灭的。”张旭成说：“经国先生是一位非常有魄力、有远见的政治领袖。他能在一个非常权威化的政治制度中带动改革，带动民主化……他必然将在历史上留下崇高的地位。”[①]逯耀东说，蒋经国“无愧为中华民族的民主英雄”；林毓生也说：“蒋经国在历史上的地位，无过于推动民主的改革。”[②]余英时则写道：“经国先生近数年来全力领导民主改革，他已成中国民主前途的象征。”[③]许倬云写道：“经国先生一生公忠体国，不避谤怨……其功业中最有长远影响的，当然是政治民主化。”[④]金耀基更以悲痛感性的语气写道：“我相信，他自己一定是以无限关怀的心情离开人间的。他这几年来，一直以带病之身，为国事忧劳，几乎已经到了有国无家、有国无己的地步……在民主政治发展方面，他更是为中国现代化最难的一关，做出了突破性的建设，使台湾迈入了中国历史上新的境界。”[⑤]

此后的岁月里，台湾民众对蒋经国的评价一直很高。据台湾《联合报》的调查，蒋经国逝世十周年时，有76％的受访民众肯定蒋经国对台湾经济发展与民主政治的贡献[⑥]；当蒋经国逝世十五周年时，有86％的受访民众肯定蒋经国对台湾的贡献，而且受访民众中有60％认为蒋经国是台湾历任“总统”中对台湾经

---

① 台湾《中国时报》，1988年1月14日。

② 台湾《联合报》，1988年1月14日。

③ 余英时：《以建立民主的新秩序告慰经国先生》，台湾《中国时报》，1988年1月15日。

④ 许倬云：《新的定位，新的方向》，台湾《联合报》，1988年1月14日。

⑤ 金耀基：《民主的遗产，历史的巨献》，台湾《联合报》，1988年1月14日。

⑥ 台湾《联合报》，1998年1月13日。

济发展贡献最大者①。而在 2007 年 12 月民进党推动所谓“去蒋化”作为达到最高峰之际,台湾《联合报》的民调显示,仍有 50%的民众认为在历任“总统”中,蒋经国对台湾的贡献最大②。

台湾民众对蒋经国历史地位与贡献的肯定,说明蒋经国对台湾影响之大。总观蒋经国在台主政的 16 年,可以这么评价:

第一,蒋经国是台湾经济奇迹的缔造者。蒋经国就任“行政院院长”之初,台湾的平均国民收入为 414 美元,至 1988 年蒋经国去世时,台湾地区的平均国民收入为 5829 美元③。应该说,到 1980 年代中期,台湾已经接近以中产阶级为主的现代化社会④。在蒋经国的领导下,台湾经济起飞,创造出举世闻名的“台湾经验”,成为许多发展中国家学习的榜样。而台湾经济的发展,也为台湾民主政治的发展奠定了经济基础。

第二,蒋经国是台湾民主政治的推动者。对于蒋经国在台湾政治革新中到底是受环境逼迫而被动应付还是主动策划?学界有不同的看法。应该说,蒋经国在前一阶段的“新人新政”、“革新保台”中是受环境逼迫而被动应付的,因此,这一阶段的政治改革仅止于“体制内”的变动。但随着岛内外局势的发展,以及蒋经国本人对这种局势的清醒解读,蒋经国在第二阶段的“政治革新”中是起了主动的推动作用的。

蒋经国在言论中多次表示:“时代在变、环境在变、潮流也在变,因应这些变迁,执政党必须以新的观念、新的做法,在民主宪政体制的基础上,推动革新措

---

① 此次调查,高达 86%的民众肯定蒋经国对台湾的贡献,其中有 52%认为非常有贡献,34%觉得还算有贡献,只有 1%的人认为没有贡献。交叉分析显示,民众对蒋经国的肯定是跨党派的,且不分族群的。民调中就历任“总统”对台湾经济发展的贡献比较,60%认为蒋经国贡献最大,12%认为李登辉居功最多,认为蒋中正或严家淦最有贡献者都低于 5%。就对台湾民主政治发展的贡献,35%认为蒋经国贡献最大,31%认为李登辉功劳最大,认为蒋中正或严家淦有贡献者都低于 5%。至于历任“总统”中谁对台湾社会伤害最大?33%认为是李登辉,14%认为是蒋中正,不到 2%的人认为是蒋经国或严家淦。至于蒋经国选择李登辉做接班人,有 38%认为是正确的,29%认为是错误的,其中民进党支持者有 74%认为是正确的,国亲支持者则有超过 50%认为蒋经国选择错误。参见联合新闻网,2003 年 1 月 11 日。

② 此次调查,29%的民众认为蒋中正对台湾的功大于过,30%认为功过相当。至于蒋经国则得到跨党派的支持,认为功大于过的有 65%。对民进党去蒋化的作为,有 60%民众持反对立场。时任“总统”的陈水扁,5%的民众认为他对台湾功大于过,19%认为功过相当,54%感觉过大于功。比较历任“总统”对台湾贡献,50%肯定蒋经国对台湾贡献最大,其次是李登辉(11%),蒋中正(6%)及陈水扁(5%)。参见台湾《联合报》,2007 年 12 月 11 日,A1 版。

③ “中央社”编:《2004 年世界年鉴》,台北:“中央社”,2004 年版,第 283 页。

④ 魏镛:《变迁台湾社会中产阶级》,台北:巨流出版社,1985 年版,第 38 页。

施，唯有如此，才能与时代潮流相结合，才能与民众永远在一起。”[①]

许多蒋经国昔日旧属回忆，认为蒋经国是有计划进行政治革新的。曾任“行政院长”的孙运璇指出：“经国先生曾多次与我谈及有关政治革新的问题，在他内心有一个时间表，认为经济建设成功，社会稳定，人民安和乐利了再寻求政治发展建设。”[②]由于孙于1984年初中风，所以推断蒋经国与他说这番话应该在1984年前。也就是说蒋经国至迟应该在1984年前即已有了全盘革新的计划。又据李焕回忆，蒋经国晚年在病榻上念念不忘三个心愿：一是国民党要改革；二是政治要民主；三是国家要统一[③]。在蒋经国晚年期间担任“参谋总长”的郝柏村也认为，蒋经国是主动采取变革的[④]。

从蒋经国晚年采取的政治安排和实际作为上，也可以看出他早已下决心走向民主政治的道路：他宣布蒋家人不会接班，并且也排除实施军政府的可能。他在1985年在不同场合两次公开表示其家人不会接班，也不会“以实施军政府的方式来统治”台湾。他推动政治革新议题的开展，积极排除革新的阻力。1985年2月，蒋经国为加速推动全面政治革新，要求蒋彦士辞去国民党秘书长，任命德高望重的马树礼接替，并要求马树礼成立专案小组，以非正式方式讨论政治改革事宜。为了获得国民党中央和“国会”的支持，蒋经国和马树礼持续与中常会沟通近一年。1986年国民党十二届三中全会召开，蒋经国在会上特别强调：“十二届三中全会应是国民党在作风上的一个分界线，改变过去比较保守的做法。”国民党“要在力求进步与发展的过程中，不断地自我检讨，发掘缺点，并以魄力、担当和勇气面对现实，作必要的改革。要突破困难，再创新局。”[⑤]此后当“十二人专案小组”在研议六项政治议题遭到“党国元老”黄少谷等人的责难时，蒋经国主动关切并大力催办，明确表示“戒严问题应列为第一优先”，“应朝解除戒严及准许新党成立的政策方向进行”。蒋经国并亲自拜访一些党国元老、党政军高级领导，向他们说明进行改革的意义和决心，消除他们的疑虑。

他对民进党成立采取包容态度。1986年9月28日民进党宣布成立，民进党顶风成立，目的只是在国民党开放党禁前突破党禁，对蒋经国所推行的政治

---

① “行政院新闻局”编：《蒋“总统”经国先生七十五年言论集》，台北：正中书局，1987年版，第85页。此外，在1986年9月28日民进党宣布成立后，蒋经国也重申了“时代在变、环境在变、潮流也在变”的说法。参见陶涵著、林添贵译：《蒋经国传》，台北：时报出版社，2000年版，第454页。

② 孙运璇：《我失去一位敬重的长者》，载《蒋故“总统”经国先生追思录》，台北：黎明文化出版社，1988年版，第150页。

③ 林荫庭：《追随半世纪——李焕与经国先生》，台北：天下文化，1998年版，第247页。

④ 郝柏村著，王力行采编：《郝“总长”日记中的经国先生晚年》，第319—335页。

⑤ 《蒋“总统”经国先生言论著述汇编》第十五册，第323页。

革新实在是一种破坏。国民党内保守势力遭受极大的震撼,他们发出"如此以往,亡党亡国"的呼声。而一些赞成改革的人也转向附和保守势力。如果由这种局面继续下去,"政治革新"将前功尽弃。面对这种情况,蒋经国一方面明令党、政、军三方不得妄动,另一方面又在10月8日的中常会上,为"政治革新"定调,表明解严与开放党禁是既定的政策。10月29日,蒋经国又指示"行政院"对"国家安全法"、"人民团体组织法"及"选举罢免法"的研拟修正草案,应尽速进行,使早日完成立法程序,为台湾实施民主宪政开创新局。同时为了化解国民党内保守势力的心结,蒋经国甚至以纪念其父蒋介石百年冥诞为由,敦促蒋夫人宋美龄返台,以期借宋美龄的影响力对党内元老进行安抚,化解他们对改革的不安与忧虑。1986年10月31日,宋美龄在"蒋介石百年诞辰纪念"大会上讲话,重点是"无私无我",隐然对保守派有开导意味,成为蒋经国消除革新阻力的一大助因。在蒋经国与宋美龄联手安抚下,民进党组党引起的危机得以平息,"政治革新"的各项政策则逐步推进。

蒋经国宣布解除戒严。解除戒严的宣布,实际上是消除军人干政的土壤,从而为台湾走向文人政府打下基础。

由上可知,蒋经国在第二阶段"政治革新"中,确是主动且真心诚意地推动政治改革工程,而且整个政治改革过程是在蒋经国有意的容忍与控制下进行的。当然蒋经国当时也的确面临某些外在与内部的压力,作为威权统治的最高领导者,他有能力决定台湾朝着哪个方向发展。然而诚如曾在蒋经国手下担任英文秘书的马英九所言:蒋经国"总是在关键的历史时刻突破他家世、教育与思想的局限,作出正确而务实的决定"[①]。此言虽不免溢美之词,离事实亦不远矣。

第三,蒋经国是"一个中国"立场的坚定拥护者。尽管他在治台的前期执行与大陆"不接触、不谈判、不妥协"的三不政策,但他一贯坚持"一个中国"的立场,坚信"中国必须统一,也必将统一",在治台期间反对任何"台独"势力的分裂活动。

综观蒋经国执掌台湾大权以来的表现,他具有承先启后的作用:他是国民党用传统方法治理台湾的最后一人,又是变革传统用新法治理台湾的第一人。他主政期间,带领台湾经济起飞,提高台湾人民的生活水平;结束威权统治,推动台湾政治民主化;坚持"一个中国"的立场,坚决反对"台独"言行等,都是值得称道的。当然,蒋经国治台期间也存在利用特务机构,滥捕政治反对人士,罗织罪名入狱,从而为反对人士所诟病。此外,作为威权体制领导人,在选择继承人

---

① 马英九:《怀经国先生　思台湾未来》,台湾《联合报》,2003年1月14日,第十三版。

问题上是否正确也是一个评价因素。蒋经国选择了李登辉，没有选择孙运璇或林洋港，从李登辉后来背弃蒋经国的路线，导致党内分歧、分裂，甚至造成国民党下台，使民进党上台，“台独”气焰高涨，两岸面临严重危机，岛内濒临民主内战，国际上进一步被孤立。这些蒋经国不能不说需要负一定责任。

第十三章　产业升级与经济转型

第一节　20 世纪 80 年代台湾经济的增长与调整

一　台湾经济转型与工业升级

20 世纪 70 年代初期，世界经济发生剧烈变动，在以美元为中心的国际货币体系走向崩溃的同时，又连续出现世界性的粮食危机和能源危机，对于外贸依存度极高的台湾经济产生强大的冲击波。在危机的冲击下，台湾经济陷入 50 年代初以来最严重的低迷状态，出现经济增长 1%而通货膨胀超过 40%的“滞涨”现象。由此，在实现初步工业化后，台湾当局在经济发展战略上进行了重新调整，适时地将生产资料的进口替代作为投资与建设的重点。

70 年代中期，台湾经济逐渐走出低谷。在台湾当局“一切为经济，一切为出口”的政策干预下，在继续大力推进出口扩张工业的同时，实行第二次进口替代。所谓“第二次进口替代”是指在岛内制造资本密集型和技术密集型的产品，以代替同类的进口产品。其主要内涵就是发展重化工业产品以替代进口，建立较为完整的工业发展体系。同时大力建设电力、交通等基础设施，以改善投资环境。

为加速经济结构的调整和实施第二次进口替代策略，1973 年起台湾当局开始实施三大公用事业计划（即十大建设、十二项建设和十四项建设[①]）。其内容

---

① 1973 年开始实施的十大建设是：(1) 南北高速公路；(2) 铁路电气化；(3) 北洄铁路；(4) 桃园国际机场；(5) 台中港；(6) 苏澳港；(7) 高雄造船厂；(8) 核电厂；(9) 高雄钢铁厂；(10) 石油化学工业。1977 年开始实施的十二项建设是：(1) 环岛铁路网；(2) 三条横贯公路；(3) 延长高速公路；(4) 屏东至鹅銮鼻公路；(5) 台中港扩建；(6) 核电厂；(7) 高雄钢铁厂扩建；(8) 农业机械化基金；(9) 主要水利设施扩建与维修；(10) 改善重要农田水利排水系统；(11) 开发新市镇，建设居民住宅；(12) 建立各县文化中心。1984 年开始实施的十四项建设多为十大建设与十二项建设的续建工程。参见周侻等：《台湾经济》，北京：中国财经出版社，1980 年版，第 152—156 页；茅家琦：《80 年代的台湾——(1980—1989)》，郑州：河南人民出版社，1991 年版，第 28—35 页。

是整顿、扩充重化工业部门(钢铁、造船、石油)和能源开发(建设核电厂),以及交通运输的建设,从而扩大了内需,增强了工业发展后劲,使经济增长率又恢复到石油危机前的水平,搞活了因经济不景气而处于徘徊状况的民间投资。整个工业中,重、轻工业产值的比例发生较大的变化。按生产毛额来计算,在制造业内部,重、轻工业产值的变化为:1952 年,轻工业占 75.2%,重工业只占 24.8%;1970 年,轻工业占 55.3%,重工业占 44.7%;1978 年,轻工业占 42.5%,重工业增至 57.5%①。

到 1979 年,第二次世界石油危机爆发,台湾经济再次受到了严重冲击,出口产品竞争力因能源价格和工资水平的大幅提高而面临衰退危机,尤其是石化工业衰退最为严重。众所周知,台湾与祖国大陆分离,岛内经济发展面临着两个先天不足:一是岛内自然能源和生产资源极度匮乏;二是岛内市场极其狭小,发展经济必须依靠对外贸易。在台湾战后经济发展的整个过程中,这两个制约经济发展的因素始终未能解决。而且,随着台湾工业化程度及经济的发展,其制约作用也愈益增大。因此台湾面临着必须解决的"工业升级"问题。

根据产品生命周期规律,产业升级是经济发展到一定阶段后所要面临的必然现象。台湾当局的主要目标是把台湾现有的劳动密集型工业"升级"为资本和技术密集型工业,将台湾初级的、简单的、低层次的、附加价值小而能源消耗大的加工装配工业"升级"到高级的、复杂的、多层次的、附加价值大而能源消耗小的高级加工装配工业。通过工业升级调整台湾的经济结构,建立新的经济增长机制,使台湾经济能够适应世界各国技术密集型工业发展的需要。

70 年代台湾当局提出的"工业升级",是设想大力发展以钢铁、造船、石化工业为代表的重化工业,企图以重化工业的发展来推动"工业升级",而这一发展策略到 70 年代末又出现一系列新的问题。由于能源、土地与资金等因素的制约,靠资本密集型的重化工业发展来带动整个工业的升级是相当困难的。要进一步增强产品的国际竞争力,就必须提高产品加工层次及技术密集程度,以进一步增加产品的附加值。

从理论上讲,台湾经济先发展农业,继而发展轻工业,最后再发展重工业似乎是循序渐进、顺理成章的事。其实不然,台湾一无资源,二无市场,而重化工业恰恰是高度依赖大量进口资源的资源密集型产业。从经济学理论讲,属于规模利益递增型产业,即规模愈大,成本愈低,经济效益愈高。由于台湾经济资源贫乏,耗用大量进口资源的重化工业是无法迅速达到工业升级的目的的。石油化学工业与钢铁工业多少取得了一些成果,而造船工业则是彻底失败了。1979

① 周侃等:《台湾经济》,第 92 页。

年爆发的第二次石油危机给台湾当局敲响了警钟，同时，劳动密集型产业的投资环境也在不断恶化。80 年代以来，进入台湾的外资投资率呈下降趋势。据统计，1973 年至 1980 年台湾投资率高达 30%，1982 年降为 25%，1984 年为 22%，1986 年为 16.3%，1988 年为 13.7%。当年台湾中小企业设备投资增加率均为负数。造成台湾岛内投资率迅速下降的重要原因，就是岛内密集型产业投资环境的急剧恶化。经过两次石油危机的冲击，尤其是美国取消了对台的关税优惠待遇后，台湾经济形势发生重大逆转。土地价格和劳动工资暴涨，劳动力开始短缺，企业经营成本大幅提高，迫使中小企业开始向海外转移。这是台湾"工业升级"的重要背景之一，也成为 80 年代海峡两岸经济贸易关系得以发展的现实因素。

80 年代初期，台湾经济走到了一个新的十字路口，岛内经济环境相继发生一系列变化，其主要表现是：新台币大幅升值、劳动力成本急剧上升；长期巨额贸易顺差形成外部失衡；公共投资不足及民间需求疲软，储蓄率提高，形成内部失衡；全球贸易保护主义加强，使对外贸易的进一步扩张受到阻力；两岸经济关系的迅速发展，成为影响台湾经济发展的重要因素①。由于传统产业大量外移，而新兴产业及重化工业受到多种因素限制，造成外需与内需的失衡，岛内很快出现"泡沫经济"，严重威胁岛内经济的正常运行。但是，要解决台湾经济现实中的困难，必须实施综合性政策调整，任何单一性调整措施都是无力解决的。台湾必须顺应这种经济发展的内在要求，给岛内经济创造新的"生机"和发展环境，实现"工业升级"与经济转型。

台湾当局认为工业发展的真正优势在于发展技术密集型产业，因为相对来说技术密集型产业对资金、能源的消耗不大，加上台湾拥有一定的技术人才，具有发展技术密集型产业的条件。所以，技术密集型产业成为台湾推动"工业升级"的主要方向。台湾当局大力奖励民间资本由技术密集型的资讯电子、光纤通讯、精密仪器、生物工程等行业投资。1980 年 9 月，新竹科学工业园区正式成立。从开辟出口加工区到建立新竹科学工业园区，反映了台湾产业结构正在由劳动密集型向技术密集型转变。

工业升级的涵义是从众多的资本和技术密集型产业中，寻找出适合台湾生产，又有广阔发展前景的产品。这些产品最终能够取代纺织等劳动密集型产品，成为台湾出口扩张产业结构的支柱。找出这种产品，也就找到了工业升级的具体途径②。由此，台湾当局重新选定方向，大力发展策略性工业，以推动"工

---

① 陈孔立：《台湾历史纲要》，北京：九州出版社，1997 年版，第 464 页。

② 段承璞：《国际分工与台湾工业发展》，载《台湾研究集刊》，1985 年第 2 期。

业升级”。所谓“策略性工业”，是指产业关联效果大、技术密集程度高、产品附加价值高、能源系数低、污染小、市场潜力大、有一定国际竞争力的工业部门。在1979年制订的“十年经济建设计划”中，把纺织、钢铁、石化、资讯电子及机械等五大产业列为策略性工业。随着工资上涨和石油危机的冲击，范围逐渐缩小。1982年又将纺织、钢铁、石化三个产业删去，只保留了资讯电子及机械两大产业为策略性工业。1985年又增加生物科技工业。台湾当局还采取了一系列配合措施，以加速策略性工业的发展。如财经政策的扶植，贸易政策的配合，人才技术的配合等。

大力推动策略性工业的发展，主要有三个目的：一是配合第二次进口替代策略，用自产的电子元件、机械设备、汽车零件等工业产品代替进口产品；二是推动出口的增长，以策略性工业产品附加价值较高的优势，增强国际竞争力；三是通过产业关联效果，带动整个工业的升级，加速产业结构的转变。

1987年台湾经济增长率为12.7%，台湾成为世界第十大制造业产品出口地区，外汇储备接近400亿美元，人均持有外汇数值高居世界第一。强盛的财力足可支撑工业升级的实现，但台湾当局的工业升级政策却多有失误。如原设想在岛内建设中心卫星工厂体系计划，设想由日本引进资金和技术，建立年产20万辆汽车的大型现代化汽车企业，通过大汽车企业带动中小企业实现专业化和现代化。选择汽车制造业带动工业升级的设想不无科学依据，不失为一项富有见地的设想。但一厢情愿把实现该项设想完全寄托在日本转让最新技术设备之上，注定了该项设想必遭失败。台湾当局同日本企业历经多年谈判，终因双方在保证提高自制率和外销量上达不成协议，致使该项计划胎死腹中①。在日本的技术控制下，对台湾而言，产业转移不具有整合性，关键技术仍然掌握在日本人手中，从而使台湾企业成为日本的卫星工厂。台湾汽车工业至今未能自成体系而主要依赖日本提供关键技术，就是一个明显的例子②。

台湾工业升级的实现，离不开本身基础研究的加强和技术研发能力的提高。在工业升级的初级阶段，台湾的技术密集型产业从其总体技术水平而言，仍将落后于发达国家，其产业升级将是一个不断追求技术进步的长期过程③。而且，在经济技术很弱的条件下，台湾当局加速工业结构调整和升级的计划和设想，显然不合实际。80年代以来，台湾出口产品劳动密集型的比重始终保持在44%左右，工业仍没有摆脱劳动密集型的形态，1986年、1987年两年更进一步上

① 段承璞：《国际分工与台湾工业发展》，载《台湾研究集刊》，1985年第2期。

② 李非：《台湾经济发展通论》，第302页。

③ 黄范章：《中日合作：东亚经济白皮书》，北京：中国计划出版社，1996年版，第249页。

升为 46%—47%。台湾工业升级进展迟缓的主要原因有：(1) 引进技术困难重重；(2) 研究发展经费不足；(3) 研究人才缺乏；(4) 投资意愿不强等[①]。这些构成了台湾产业走向技术密集型的制约因素。整体上看，20 世纪 80 年代台湾经济结构仍然停留在以加工装配为主要特征的技术水平上，被称为“浅碟子经济”。

特别值得关注的是，在工业升级过程中，由于以民营资本为主的台商开始向祖国大陆地区流动，台湾迎来经济增长的新阶段。在 70 年代中期以前，台湾当局对台湾企业赴海外投资实行严格控制，因而台湾对外投资的步伐相当缓慢。80 年代以来，随着台湾经济的增长及岛内社会政治形势的转变，企业的经营环境发生了重大的变化，在岛内已难以取得长足发展的企业纷纷把目光转向海外。台湾当局为了适应“国际化、自由化和制度化”的进程，放宽了对外投资的限制，取消了外汇管制，台湾的对外投资进入了快速的增长阶段。1979 年台湾对外投资额为 936.4 万美元，1986 年首次突破 5000 万美元，1987 年为 1.03 亿美元，1990 年已达 15.5 亿美元。在对外投资特别是对祖国大陆投资急速增长的同时，台湾对日、对美投资在台湾对外投资中的比重趋于下降态势。根据 1991 年台湾投资商的申报数字进行汇总，1991 年 3 月底台湾对祖国大陆的投资件数为 2053 件、投资额为 7.54 亿美元[②]。这是台湾当局根据台湾企业自己申报的数字进行汇集的数据，难以反映真实的情况。但这是岛内第一次公布台湾对中国大陆投资的数字。两岸经济关系的发展与增长，亦在一定程度上促进了台湾的“工业升级”。

二　台湾经济结构的基本特征与调整

台湾经济结构的基本特征　经济进步是现代经济发展成果的体现。台湾经济在结构上发生深刻的变化，反映由社会经济各个因素或子系统以不同速度增长而产生的质变过程。台湾经济发展达到一定程度和规模后，整个经济系统发生改变，包括经济机制的调整和经济组织的变革。以米糖单一种植业为特征的传统农业为基础，是战前台湾经济结构的基本特征。战后初期，虽排斥了这一结构的殖民地性，以米糖为主要出口产品的滞后经济状态仍未得到改变。随着台湾经济的发展，这种传统结构到 20 世纪 70 年代才基本得到改善，1978 年工业生产净值第一次超过服务业生产净值[③]。农业在台湾经济结构中的地位日

---

① 张有年：《台湾的工业升级》，载《外国经济与管理》，1989 年第 8 期。长期以来，台湾基础科学研究较为薄弱，研究经费相对有限，其占 GDP 的比重，1985 年以前不到 1%。参见李非：《台湾经济发展通论》，第 301 页。

② 涂照彦：《台湾的经济发展与对外直接资本投资》，载《台湾研究集刊》，1992 年第 4 期。

③ 周侃等：《台湾经济》，第 168 页。

趋降低，这是在台湾经济结构的变化中最重要的变化之一，是与工业变化完全相反的一种变化。由于农业的这种变化，以农业为主的传统经济逐步转变为以工业为主的现代经济。

这样，在经济起飞阶段，台湾实现了从传统经济结构到现代经济结构的转变，这种转变对台湾经济发展起了重要作用。从农业为主的传统经济结构转变为工业为主的现代经济结构，促进了台湾经济的较快发展。同时，经济结构的改善又是经济发展的结果。战后台湾经济是在西方经济体系中，按照国际分工的需要发展起来的。其经济结构必然具有现代经济结构的一般特征，即以工业、服务业和农业相结合为主要特征。台湾经济基本具备了这些特征，战后台湾工业化率在亚洲最高，如1978年台湾地区工业生产净值占全省生产净值的48%，同年日本为40%，韩国为36%，新加坡和香港地区均为31%[①]。

台湾的工业在经济中居主导地位，其工业结构也由轻工业到重工业，从劳动密集型工业到技术密集型工业、资本和技术密集型工业逐步改变。台湾工业以进口替代为主转为以出口工业为主，工业内部重工业比重有所增加，但岛内工业各部门发展依然不平衡。台湾工业以制造业为核心，制造业是工业的主导部门，同时也是整个台湾经济的核心。在经济起飞阶段，制造业增长速度最快，产值比重最大，因而台湾工业的发展实际上取决于制造业的发展。1952年至1982年台湾的制造业产值增长32.6倍，占工业生产总值的比重由60%提高到1984年的91.2%[②]。

台湾工业体系在起飞阶段，基本上是日本代工式的加工装配工业体系。即从日本进口机器设备、原材料和零部件，在台湾加工装配后，再出口转售到美国市场。可以说，台湾岛内的加工工业体系已成为美日国际产业分工体制的一个组成部分，形成了“日—台—美三角关系”的生产与经贸格局。60年代中期前后，美日等资本主义国家正处于经济繁荣时期，其工业由劳动密集型向技术密集型过渡，非常需要有台湾这样的加工出口经济作为本国大工业发展的补充。因而，美日资本竞相向台湾扩张渗透，台湾经济与美日经济的紧密联系，更显示台湾的岛内经济进一步纳入了美日的市场经济体系之中。

在经济起飞阶段，主导经济高速发展的是民营资本的中小企业，而非台湾当局直接管辖下的公营企业。60年代之前，公营企业主导着台湾经济的发展，在经济起飞阶段转为民营企业主导台湾经济发展的新局面。台湾岛内的建筑业始终都为民营所承担，从1952年至1980年，始终保持着100%的民营化。以

① 西村敏夫:《韩国に挑战した台湾》,东京:国际经济社,1983年版,第60页。
② 周侊等:《台湾经济》,第179页。

民营中小企业为主体的劳动密集型出口加工工业日趋成为工业化的主力军和出口贸易增长的主力军。70 年代后，台湾进出口贸易从逆差开始转为顺差，而且顺差额呈现不断增大的趋势。根据台湾“经建会”1991 年出版的《台湾统计手册》显示，从 1952 年至 1980 年，在台湾各产业部门产值的公、民营构成中，公用事业的电、水、煤气等始终都为公营事业所垄断。在制造业和矿业方面，1952 年公营仍占优势，随着岛内经济的迅猛发展，情况发生了变化。如在 1965 年，在制造业产值中，公营只占 36.8%，民营企业占 63.2%。在矿业产值中，公营企业只占 21.4%，民营企业占 78.6%。公、民营两者的比重发生了逆转，反映了民营企业的发展速度快于公营企业。至 1976 年，台湾的民营中小企业已达 69072 家，占台湾岛内企业总数的 99.36%①。台湾的中小企业与外国资本，特别是与日本资本有着密切的经济合作与技术交流关系，是台湾出口贸易的主要承担者。20 世纪六七十年代，岛内民营中小企业的大量出现，是台湾经济结构极为显著的一个基本特征。

台湾经济的调整　为顺应经济发展的内在需求，实现台湾经济的转型，台湾当局决定对经济体制进行大幅度调整。1984 年 6 月，台湾“行政院院长”俞国华在其“施政报告”中提出“自由化、国际化、制度化”的“三化方针”，强调“三化”是台湾“经济发展新方向，期在自由、开放、公平及有序竞争的环境下，让民间企业得以发展其潜力”②。“三化”的主要内涵是：第一，逐步降低关税，开放进口，减少乃至最终放弃对岛内工业所实施的保护；1984 年台湾已陆续取消近 3000 项产品的进口限制，1985 年起大幅度降低多种产品的关税并放松对外汇的控制。台湾当局并已决定《奖励投资条例》实施至 1990 年底将不再延长；第二，全面改善岛内投资环境，放宽对外资限制；第三，大力加强民营企业的作用，提高公营企业的效率。“三化”的基本思想是尊重市场机能，尽可能减少当局不必要的干预；打开大门，进一步密切与国际经济的联系；对与此不适应的法令规章、经济体制作重大改革。“三化”中“自由化”是核心，因为台湾经济是出口扩张型经济体系，对外经济依赖严重，必须加强国际间的合作，而自由化正是国际经济

① 至 1984 年，在台湾全省企业总数 72.7 万家中，中小企业有 71.6 万家。中小企业占全省企业总数的 98.49%。以制造业为例，在约 200 万台湾制造业就业人口中，中小企业职工人数占 69.4%，中小企业占制造业全业上交税收总额的 63.6%和外销额的 59.24%。见陈恩：《台湾的民营经济》，广州：广东人民出版社，1992 年版，第 189 页。

② 参见叶万安：《台湾产业政策演变的历史背景及其效果分析》，载《外国经济与管理》，1994 年第 1 期。

活动的先决条件[①]。

台湾的外汇储备及出口贸易增长迅速，据1984年香港《南华早报》报道称：(1)台湾外债只有80亿美元，外汇储备却有160亿美元；(2)从1953年至1962年，实际经济增长每年平均7.5%，1963年至1972年扩大到年平均增长10%以上。从1973年至1980年，台湾年均增长8.7%。在1981年至1982年世界经济衰退期间，出现过下降，1983年又升到年增长7.1%；(3)1952年国民生产总值为13.3亿美元，1983年达到497.5亿美元；(4)按人口平均收入从1952年的148美元上升到1983年的2444美元；(5)1973年外贸总额为82.7亿美元，1982年上升到410.9亿美元，1983年又增长10.5%，达到454亿美元[②]。

不断扩大的出口贸易成为台湾工业化的推动力。1962年以前国民生产总值中出口所占比例为13%，1978年为52%，超过一半的产品产值用于出口。因此，台湾的出口贸易成为推进台湾工业化的重要因素，也成为影响台湾经济稳定发展的重要产业。随着出口加工工业以年两位数的速度增长，产业部门的构成发生了变化。同时，在出口产值中，工业制品所占的比重也在提高。

台湾农业生产形态的转型　随着工业化程度的提高，农业与工业的不平衡发展更加显著。由于全力追求工业发展，生产资源大多集中于工业部门，农业发展受到土地和劳力的双重限制，成长率日益迟缓，远远落后于总体经济和经济增长。农业内部结构出现不平衡发展趋势，畜业、渔业日益扩大，1977年超过种植业，形成新的农业生产形态。这种转变反映在农产品及农产加工品的出口结构上，就是渔产品、蔬菜、罐头等高价值农产品取代传统的出口农产品。此后，长期以种植业为主的农业结构发生了根本性的变化。由单一的种植业逐步转变为农林渔牧相结合的多元化农业；由"米糖经济"逐步转变为粮食作物、经济作物和园艺作物相结合的多种种植业；由自给性生产为主的农业逐步转变为商品性生产为主的农业[③]。不过，台湾的农业生产是增长率最低的经济部门，与工业发展比较，农业发展相对较慢，导致农业在经济结构中的地位大幅下降。

进入80年代，台湾农业的生产结构变化很大。1984年台湾实施"稻田转作计划"和"农业科技升级计划"，通过采取"稻田休耕"和"稻田转作杂粮"等措施，减少水稻种植面积。促使种植业转向经济价值较高的花卉、水果、蔬菜、种苗以及养殖业、远洋渔业、乳品业等农产品的生产。同时加快推进农业科技进步，为

---

① 1984年11月6日，蒋经国指示财经部门"制定适合事宜的法令"，"妥定计划，向国际化、自由化、制度化前进"。这是台湾当局最高层第一次明确提出"三化"——国际化、自由化、制度化，作为经济发展的基本指导方针。引自茅家琦：《80年代的台湾——(1980—1989)》，第141页。

② 香港《南华早报》，1984年9月24日。

③ 金泓汛等：《台湾经济概论》，北京：时事出版社，1986年版，第188页。

结构调整提供技术支撑。合理的农业结构调整政策，促进台湾农业结构不断优化。以1988年和1965年相比，农、牧、渔、林的比重分别由64%、21%、8.5%、5.5%变为43%、28%、28%、1%，农业下降了21个百分点，林业下降了4.5个百分点，牧业上升了7个百分点，渔业上升了19.5个百分点。在农作物方面，园艺作物种植面积扩大，产值超过粮食和特种作物，稻米和甘蔗生产已经缩小，杂粮及饲料作物有所扩大。农业在整个国民经济中的比例也逐年下降，到1988年农业生产占国民生产净额的比例，已从1965年的27%降到6%；农产品出口额占整个外贸出口额的比例从1965年的57.8%降到6.1%；农业就业人口占全部就业人口比例，从1965年的46.5%降到1988年的3.7%。即使在农村经济中农业也已不占主导地位，1988年，专业农户只有15%，兼业农户占24%，副业农户高达61%；农户收入中农业收入只占35%，而非农收入高达65%[①]。

由于20世纪80年代台湾对美贸易出现了巨额顺差，从而引发美台贸易摩擦，美国迫使台币升值并强迫台湾大量购进美国农产品，从而使十分脆弱的台湾农业倍受美国廉价农产品倾销之害。由此，1988年诱发了规模浩大的台湾农民抗议运动（“五二〇事件”）。台湾不仅每年要进口400万吨谷物和豆类，而且还扩大到牛肉、乳品、鱼类及水果、蔬菜。在国际贸易自由化冲击下，台湾农业已很难维持原有的发展活力。90年代前后，台湾农业陷入停滞、衰退的困境，因此，台湾当局把90年代以后的农业增长率定为零度增长。这意味着在台湾岛内已经找不到进一步促进农业增长的办法。

三　台湾的企业集团

“企业集团”的概念最早是由日本在“二战”后提出来的，一般认为，企业集团“应该是在经济、技术、生产经营上有联系的企业通过一定的方式结合而成的经济联合体”[②]；或者是“大型企业和中小型企业结合形成的企业群”[③]；亦有日本学者认为是“多数企业互相保持独立性，并互相持股，在金融关系、人员派遣、原材料供应、产品销售、制造技术等方面建立紧密关系而协调行动的企业群体”[④]，等等。台湾最早称“集团企业”、“关系企业”，后又称“关系企业集团”[⑤]等。本书采取目前两岸学界及企业界普遍认同的“企业集团”的名称概念。

---

① 靳晋、曾晓光：《台湾80年代的农业及其科技发展》，《科技导报》，1992年第7期。

② 周叔莲、陈佳贵：《市场经济与现代企业制度》，北京：经济管理出版社，1994年版，第141—142页。

③ 韩青海：《战后台湾企业集团》，厦门：鹭江出版社，1992年版，第7页。

④ 金森久雄、荒宪治郎、森口新司：《经济辞典》，东京：有斐阁，1986年版。

⑤ 韩青海：《战后台湾企业集团》，第2页。

台湾企业集团的产生和发展大体上可划分为三个阶段:一是奠基阶段,主要在20世纪60年代中后期;二是膨胀阶段,从70年代初至80年代初,这个阶段企业集团无论在数量上或在规模上均迅速成长。尤其是1972年至1975年,1979年至1981年是企业集团资产总值膨胀的两个高峰期;三是转型升级阶段,从80年代中期以后①。在战后经济恢复的过程中,为适应台湾经济实行出口扩张战略的需要,企业集团迅速发展起来并形成一种具有垄断性质的民营资本。企业集团在当时已成为台湾当局"维系统治所必须联合和倚重的一股重要经济和政治力量"②。

台湾企业集团的形成与台湾经济的发展是同步的。1971年,台湾"中华征信所"首次编纂出版《台湾地区企业集团汇编》,因当时台湾企业"集团化"的现象尚不普遍,当时仅入选已定型且较具规模的51家,而1972年则增选编入111家。1974年第三次编纂出版《台湾地区企业集团汇编》时,对企业集团的定义、研究范围等做了界定③。

从台湾企业集团的形成、发展过程来看,60年代中后期为其形成初期,70年代至80年代,则是企业集团快速增长的时期。1970年台湾企业集团资产总值为703亿元新台币,从1971年到1979年,台湾企业集团的资产总值为由700亿新台币增加到4148亿新台币,增长近5倍,平均每年增长22%。营业收入从1973年540亿元新台币增加到1979年的3319亿元新台币,增长6倍,平均每年增长24.35%。大大超过了同期台湾国民生产总值平均每年增长10%和工业生产总值平均增长20.5%的速度④。1988年,台湾企业集团的资产总值增长为139.83亿元新台币。1970年资产总值在6亿元以下的企业集团占64%,资产总值超过100亿元以上的企业集团尚未出现,而到1988年,资产总值在20亿至200亿元的企业集团就占66%,300亿元新台币以上的企业集团占9%⑤。可见,台湾企业集团是在台湾经济中增长最快的一种经济形式。

1971年台湾十大企业集团排名为:台塑企业集团、赖清添企业集团、亚东企业集团、肖氏兄弟企业集团、台元企业集团、大同企业集团、林荣春企业集团、台

① 韩青海:《中国企业史·台湾卷》,北京:企业管理出版社,2003年版,第323页。

② 刘映仙:《经济实力迅速膨胀的台湾"集团企业"》,载《台湾研究集刊》,1985年第1期。

③ 对企业集团的定义"是由若干个独立企业结合起来,而具集团性的一个商业团体"。企业集团的研究范围是:"(1)股权:台湾私人资本占有50%以上的民营企业;(2)分子企业个数:由3个以上的分子企业构成,各分子企业相互承认为同一集团者;(3)地区:核心公司必须设在台湾地区;(4)取决点:独立企业最少在3家以上,且营业收入总额达到新台币1亿元以上。"转引自韩青海:《中国企业史·台湾卷》,第6—7页。

④ 金泓汎等:《台湾经济概论》,第81页。

⑤ 林长华:《战后美台经济关系概论》,第114—115页。

南纺织企业集团、新光企业集团、华夏企业集团(后改名中兴纺织)。1980 年变更为:台塑企业集团、远东纺织企业集团、台南纺织企业集团、新光纺织企业集团、大同企业集团、裕隆汽车、国泰人寿(后改名霖园)、国泰信托、台湾水泥、华隆企业集团。1989 年的排名为:台塑企业集团、霖园企业集团、新光纺织企业集团、中国信托、远东企业集团、华隆企业集团、大同企业集团、裕隆汽车企业集团、东帝士企业集团、中兴纺织企业集团。其中,霖园、新光、中国信托是金融资本形态为主的企业集团,远东则为生产资本兼商业资本形态的企业集团,其余均为生产资本为主要形态的企业集团①。

在积极推动民间资本的企业集团发展过程中,台湾当局于 1985 年开始推出台湾公营企业民营化的口号。1989 年台湾当局成立"公营事业民营化推动小组",正式开始民营化的推动工作,并于同年 8 月提出"中钢"等 19 家第一批"立即办理"民营化的公营事业名单。

按照"中华征信所"《台湾地区集团企业研究》(1988—1989 年)的排名,按 1986 年底的实绩,台湾十大企业集团如表 13－1 所示:

表 13－1　台湾企业集团排名一览

次　序	名　　称	资产总额(亿元新台币)	营收净额(亿元新台币)
1	台塑企业集团	1317.20	1411.54
2	霖园企业集团	963.10	560.53
3	新光企业集团	626.95	438.82
4	中国信托企业集团	616.64	205.99
5	远东企业集团	452.60	325.03
6	大同企业集团	392.66	343.03
7	台南纺织企业集团	376.5	363.00
8	裕隆汽车企业集团	317.21	291.76
9	中兴企业集团	255.62	182.40
10	义新企业集团	255.34	207.98

资料来源:茅家琦:《台湾经济政策轨迹——兼评尹仲容、李国鼎的经济政策思想》,北京:台海出版社,1998 年版,第 65 页。

① 韩青海:《战后台湾企业集团》,第 141 页。

台湾企业集团不仅是台湾民营资本的骨干，而且也是整个台湾经济的重要支柱，在台湾国民生产总值和民营企业产值中都占有很大比重，直接影响台湾的生产、流通以及在国际市场上的地位。从岛内社会经济的现状来看，台湾企业集团在战后台湾经济"起飞"和工业化时期扮演着重要的角色，也是台湾工业化和工业升级的主导力量，它同公营资本、海外资本构成了台湾三大资本势力。

台湾企业集团随着实力的增长，在台湾经济中日益居于重要地位。岛内100家企业集团营业收入占台湾国民生产总值(GNP)的比重，到1986年为30.31%，1988年为34.01%。企业集团是民营企业的骨干。1990年企业集团营业收入更达到38.27%，而历年"政府"收入却仅约占GNP的25%。可见，在GNP中所占的比重，企业集团的收入高于"政府"的收入①。

台湾企业集团实力的迅速提升是推动战后台湾经济发展的重要保证，拥有强大的经济实力是其最具代表性的特征。在台湾社会中企业集团与当局的"政商关系"要比中小企业密切得多。正因为如此，资本的积累和集中在企业集团中显得很突出，速度比中小企业快得多。因此，台湾企业集团营业额占台湾经济的比例越来越重。根据1981年的资料，在岛内全部民营企业中，企业集团仅占0.14%，而资产及营业额均各占十分之一以上。在台湾"三大资本"主干企业中，官僚资本"公营事业"营业额为148亿美元；外资"跨国公司"为106亿美元；民营资本的"企业集团"为134亿美元，各占同年的台湾国民生产毛额四分之一到三分之一左右。企业集团在资产总值方面约比侨资、外资企事业(不包括外国银行在台分行)多51.9亿美元，在员工人数方面比公营事业多14.9万人，几近一倍。由此可见，80年代企业集团在整个台湾经济中居于举足轻重的地位②。1997年，50家企业集团的总营业收入为39747亿元台币，占国民生产总额的41.7%，1998年又增至43422亿元台币，占国民生产总额的一半。企业集团已成为台湾岛内经济发展的重要支柱。

台湾企业集团的形成，标志着台湾大资产阶级的形成，但台湾当局"仍然保持对这个实力逐步壮大的阶级的有效控制。'政府'通过公营事业体系控制着庞大的上游工业和金融企业，以及对进口原料的分配权，使得资产阶级必须依赖它"③。从"中华征信所"出版的《台湾地区企业集团研究》(1996—1997)可以看出，台湾

① 台湾当局收入占GNP的情况是：1970年为22.89%；1973年为21.26%；1975年为24.44%；1977年为25.15%；1979年为26.88%；1982年为26.21%；1983年为23.90%；1986年为19.96%；1989年为22.98%；1990年为24.87%；1992年为24.78%；1994年为24.17%。转引自李家泉：《台湾经济总揽》，北京：中国财经出版社，1995年版，第324页。

② 刘映仙：《经济实力迅速膨胀的台湾"集团企业"》，载《台湾研究集刊》，1985年第1期。

③ 孙代尧：《台湾威权体制及其转型研究》，北京：中国社会科学出版社，2003年版，第158页。

企业集团的资产总额随着时间的推移不断增大。在1977年以前，资产总额在200亿至300亿元新台币的企业集团几乎没有，到1994年就出现了11家。300亿元以上的企业集团，在1977年仅有2家，1994年则增至31家[①]。

台湾企业集团大致有三种类型：第一种类型为“垂直扩张”，即向上、下游本产业相关联部门发展，又称为“垂直整合”。台湾企业集团发展初期，大多是采用这种扩张方式。如台凤集团、台塑集团等都属于垂直整合模式。第二种类型为“水平扩张”，即向本产业相关或类似产品部门扩张。最典型者为大同企业集团。第三种类型为“多角化发展”或“复合式水平扩展”。这种扩张方式是向自身无相关的产业发展，目的在分散企业经营风险及吸收技术。如台南纺织企业集团、国泰企业集团等。但实际上，绝大部分企业集团均属于混合模式，同一企业集团既有垂直整合关系或水平整合关系，也有复合或多角化发展关系，很难分清哪个企业纯为垂直式或水平式发展[②]。

1990年代以前，台商对祖国大陆投资多为中小企业，并以劳动密集型制造业为主；而从1990年代中期开始，台湾企业集团渐次成为台商赴大陆投资主力。特别是进入21世纪以来，为了到大陆市场“卡位”，增强在大陆市场的竞争能力，许多企业集团加快了投资大陆的步伐。根据“中华征信所”2005年对台湾企业集团海外投资布局的研究，2003年，台湾资产排名前250的企业集团共设立海外子企业4074家，其中投资大陆1457家（2001年927家、2002年1219家），约占其海外投资总数的36.12%。简而言之：(1) 1990年代中期以后，台湾企业集团开始加快对大陆投资，促使台商大陆投资总量、个案规模迅速扩张，投资日趋大型化、集团化；(2) 台湾企业集团大陆投资促进了台商大陆投资的“群聚化”，从而奠定了台商大陆投资地域格局的主体框架；(3) 台湾企业集团大陆投资促进了台商大陆投资产业层次的不断提升，目前以电子电器业为代表的高科技产业占据主导地位；(4) 台湾企业集团大陆投资加快了台商大陆投资的本地化进程[③]。台湾企业集团赴大陆投资所推动的台商内陆投资不断增加和结构提升，为大陆经济带来了积极效应。不仅弥补了大陆经济起飞急需的资金缺口、改善了大陆产业结构、促进了大陆外向型经济的发展，而且带来先进技术与管理技能，促进了大陆社会价值观念的变化；同时，也为大陆创造了大量的就业机会，促进了进出口贸易发展和两岸产业分工关系的形成[④]。

---

① 台湾“中华征信所”：《台湾地区集团企业研究》，第70页。

② 韩青海：《中国企业史·台湾卷》，第321—322页。

③ 石正方：《台湾企业集团大陆投资现况与策略研究》，载《台湾研究集刊》，2006年第2期。

④ 张传国：《大陆台商投资对东南沿海地区经济效应的实证分析》，载《台湾研究集刊》，2003年第4期。

由于台湾现代经济发展过程的特殊历史背景，台湾企业集团大多都有外国资本特别是日美资本的背景。在资金、技术等方方面面离不开日美资本的支持。台湾企业集团的自有资金比例很低，平均仅占 31.6%，所以主要靠日美资本的借贷。每个企业集团都有一至几家美国等外资银行为融资主银行，所需中长期贷款的全部和短期资金的部分，都要靠它们提供。据不完全统计，仅 1977 年至 1982 年内，以美国为首的外国银行贷给台塑、大同、国泰信托等 3 家企业集团的金额即达 4.3 亿美元，其中美国进出口银行、美国商业银行以及美国与其他国家银行的联合贷款约占 82%①。台湾企业集团与美日资本在资本和技术等方面互相渗透，控制了台湾的重要产业。就是说，日本与美国的私人资本(即垄断大企业)通过对台湾企业集团的渗透，支配着台湾的经济。这种支配作用比战后初期台湾接受“美援”时期更深入。不少台湾企业集团，如台塑、国泰、台南、新光等下属的系列企业就与日美资本合股经营，因而在经济和技术以至产品的生产和销售上不同程度地受制于日美财团。有些企业集团就是在日美财团的技术和资金扶植下发展起来的。近年来，台湾企业集团与美日的技术合作亦取得明显成效。台湾企业集团从实际出发，把美、日两国有关企业产品的先进技术结合起来，制成具有台湾风格、达到世界一流水平的新工艺和新工艺流程。

台湾最早出现的企业集团之一——永丰企业集团，就是在日本三井企业集团扶植下发展起来的。脱胎于战前财阀系列的日本战后企业集团均与台湾有着诸多的历史渊源和现实利益，如三井财阀、三菱财阀及住友财阀等在战前就曾在台湾垄断经营制糖业、樟脑业、采矿业及对外贸易等。至今，日本各大企业集团多在台湾有重大投资项目和经济利益，它们与台湾企业集团的关系相当密切。台湾企业集团虽然尚不具备日本企业集团那样的规模与实力，但作为一支不可轻视的岛内中坚力量，正越来越对台湾经济社会发挥着巨大的影响。近年来，台湾各大企业集团的首脑人物也渐次渗入台湾政界，影响着台湾政局，日趋成为战后日台经济关系“政治化”的一道“风景线”。今后日台关系发展和演进过程中，台湾企业集团将扮演更重要的角色。日台企业集团间的联系势必成为未来日台经济关系中的重要环节，日本资本对台湾经济的渗透也势必深入。

---

① 刘映仙：《经济实力迅速膨胀的台湾“集团企业”》，载《台湾研究集刊》，1985 年第 1 期。

第二节　20世纪90年代的台湾经济

一　亚洲金融危机对台湾经济的冲击

1997年5月，亚洲金融危机爆发，初期仅波及东南亚金融市场，随后港币遭袭，全球股市受到冲击，东亚的韩国、日本等相继卷入。亚洲金融危机不仅造成东南亚国家经济衰退，而且扩散效应波及东北亚国家和地区，甚至连同俄罗斯、拉丁美洲、东欧各国、工业发达国家也倍感景气趋缓的威胁。金融危机也对台湾经济产生巨大冲击。首先，最直接的表现，就是一向是台湾经济增长支柱的对外贸易受到冲击。至1997年底，台湾对东盟五国（印尼、马来西亚、菲律宾、泰国、新加坡）和韩国、日本的出口衰退并不明显，但一进入1998年，情况迅速恶化，对以上七国的出口，1月份大幅衰退41.34%。2月份相对于包含春节的1997年2月份，也依然衰退了15.54%，若排除春节因素，衰退应超过20%以上，3、4、5月份也分别衰退了23.25%、26.37%、26.70%①。1998年1—5月的出口表现比过去十年中的最差表现还要逊色许多，除日本低8个百分点外，其他国家都约低20个百分点以上。若与过去十年最佳表现比较，都降低超过50个百分点以上，泰国更超过100个百分点。据台湾“财政部”统计，1998年全年，台湾对外贸易总额2154亿美元，比上年减少8.9%，是40多年来衰退最严重的一年。出口总额较上年衰退9.4%，是44年以来最大的跌幅，进口额减少8.5%，是16年来最大减幅，顺差缩减22.9%，是15年来的最低②。值得注意的是，对亚洲出口衰退20%，其中对香港出口衰退13.4%，对日本出口衰退20.2%，对东盟五国出口减少29.7%。出口严重衰退导致进口的不振，台湾从日本、美国、东盟五国和欧洲的进口也分别下降了2.2%、15.1%、5.1%、4.5%③。

众所周知，台湾经济是一种两头在外的海岛型外向经济，其特点是内部资源匮乏、大部分原材料需要靠进口在岛内加工装配，成品出口外销。因此，对外贸易是台湾经济的生命线。进入90年代后，台湾对外贸易对亚洲的比重愈加重要。1989年台湾出口至亚洲的比重是35.29%，1996年已达52.40%；从台

---

① 台湾《经济前瞻》，1998年7月5日，第53页。

② 台湾《经济日报》，1999年1月8日。

③ 张远鹏：《亚洲金融危机对台湾经济的影响》，载《当代亚太》，1999年第4期。

湾进口贸易看,1989年从亚洲进口值占进口总值的44.52%[①]。

1997年台湾主要出口国家和地区排名分别是:美国、香港地区(含转口祖国大陆)、东盟国家、欧盟国家和日本,它们占台湾总出口额的比重分别为24.2%、23.2%、14.46%、14.0%和9.7%,尽管美国仍是台湾第一大出口市场,但台湾的出口重心已从欧美移至亚洲地区,台湾对亚洲地区的出口比重远远高于对欧美的出口比重。同期,台湾主要进口国家和地区的排名分别是:日本、美国、欧盟国家、东盟国家和韩国,它们占台湾总进口额的比重分别为25.5%、20.1%、15.4%、11.8%和4.4%,日本仍为台湾第一大进口市场,而台湾从日本、美国和欧盟三个世界上经济最发达的国家和地区的进口占其进口总额的61.0%,其中主要是投资设备和关键零部件的进口,表明台湾对发达国家技术依赖程度较大[②]。

在亚洲金融危机的冲击下,1998年成为台湾对外贸易史上极其跌宕的一年,综观1998年的台湾对外贸易概况:(1)台湾对外贸易顺差59亿美元,比上年下降22.9%,创造1974年以来的最低。(2)美国仍是台湾最大的贸易伙伴。1998年美台贸易总额490.68亿美元,占台湾进出口贸易总额的23%,其中台湾对美国出口293.86亿美元,占台湾出口总额的26.6%;从美国进口196.82亿美元,占台湾进口总额的18.8%,全年台湾对美国贸易顺差97.04亿美元。(3)欧盟成为台湾第二大贸易伙伴。1998年欧台贸易总额402.8亿美元,欧盟取代日本成为台湾第二大贸易伙伴。1998年台湾对欧盟出口196.43亿美元,比上年增加6.7%,是台湾主要外销市场唯一有增长的地区;从欧盟进口206.37亿美元,比上年下降4.5%,进口比值超过美国,成为台湾第二大进口地,仅次于日本。1998年台湾对欧盟贸易逆差9.94亿美元,比上年减少68.8%。(4)对日贸易逆差再创新高。1998年日台贸易总额363.51亿美元,其中台湾出口93.32亿美元,比上年减少20.2%,进口270.19亿美元,比上年减少6.9%,全年对日贸易逆差176.87亿美元,增长2.1%,再创日台贸易逆差的新高。(5)对东盟贸易由顺差转为逆差。1998年台湾与东盟的进出口贸易总额226.68亿美元,占台湾对外贸易总额的11%,台湾对东盟出口104.56亿美元,比上年下降29.7%,从东盟进口122.12亿美元,比上年下降5.1%,这一变化使得台湾历年对东盟的贸易顺差转变为1998年度17.56亿美元的逆差。对外贸易是台湾经济的基础,1998年台湾经济的增长率仅为4.83%,比1997

① 台湾"财政部"统计处编印:《进出口贸易统计表》,1997年9月。

② 《1997年台湾经济》,"中国台湾信息中心",2006年4月3日。

年年初预计的6.4%差了许多[①]。

其次，是亚洲金融危机对台湾汇市、股市的冲击。金融危机对新台币汇率的影响很大，虽然台湾有着巨额的外汇储备优势，台湾当局也动用了不少外汇储备以稳定汇率，但在国际炒家的进攻下，最后不得不在1997年10月放弃努力。新台币汇率随之大跌，由1997年6月的27.8128元兑1美元，到亚洲金融危机爆发半年后的1998年1月降为33.81元兑1美元，下跌21.57%，此后仍未完全止住下滑的趋势。1998年中期，长期徘徊在34—35元兑1美元，曾跌破35元兑1美元的大关。1998年下半年，情况有所好转，新台币已处于稳中有升的状态，年底以32.2元兑1美元收盘。在台湾汇市震荡下跌的同时，股市也深受影响，台湾股票指数1997年6月为9030.28点，半年后的1998年1月降为7935.87点，下跌12.12%。但台湾股市的下跌并未完结。自1998年第二季度以来，股指又开始向下修正，9月1日，台股指数再跌215.02点，以6335.09点收盘，较1997年6月下跌约30%。1998年收盘指数为6408.43点，较上年同期下跌21%，人均财富损失约6万元。股票投资者亏损严重[②]。

亚洲金融危机对台湾经济的影响具有一定的滞后性。与泰、韩等国比较，台湾的经济体质和经济结构都可以说是比较好的(外汇储备名列世界前列，外贸顺差，企业自有资金率较高等)，亚洲金融危机爆发后台湾汇市、股市等的一系列反应，只是经济全球化的表现，有的是为了因应危机、提高自身的竞争力而采取的措施。所以，一开始台湾只是在汇市、股市等虚拟经济层面上调整，而没有波及到企业本身。只是在亚洲金融危机爆发半年后，台湾的主要外贸伙伴东亚各国由于受金融危机的冲击，购买力锐减，严重影响了台湾的对外贸易，而外贸占了台湾经济总量的绝大部分比重，所以至1998年中期，金融危机开始影响企业等实体经济层面。

再次，亚洲金融危机对台湾企业造成了巨大的冲击。岛内三成以上的股票上市公司1998年前三季度营业额较1997年同期衰退。在已公布的551家上市公司中，前三季度营业额较1997年同期增长的企业有378家，但衰退的家数高达173家，占31.39%。就产业类别而言，航运业、营建业、电缆业三种产业的上市公司衰退幅度最大[③]。总数389家公告财务的上市公司，1998年前三季度税后盈余总计衰退幅度为24.77%。其中，较1997年同期出现负增长的业者家

---

① 张健群、张雅丽：《略评亚洲金融危机对我国台湾经济的影响》，《财金贸易》，1999年第1期。

② 张远鹏：《亚洲金融危机对台湾经济的影响》，载《当代亚太》，1999年第4期。

③ 台湾《工商时报》，1998年10月11日。

数竟多达228家，占所有公告财务上市公司总数的58.6%，其中又有25%的上市公司出现亏损[①]。大企业频发财务危机。台湾多家大型企业1998年第三季度以来因财务周转吃紧而频传跳票事件[②]，跳票金额动辄上亿元，岛内经济有日益恶化之趋势。自9月份起，岛内已有数十家大型企业发生跳票事件，并且从制造业扩散到营建业、房地产业和金融业，其中不少属于著名的上市公司。11月，台湾最大的金融票券公司——"中央票券公司"首次发生跳票事件；同月，广三集团的下属企业与台中企业股票发生高达40多亿新台币的违约交割与退票事件，引发台中企银挤兑，三天之内流失500多亿元，对金融市场造成巨大冲击。在一部分大型企业资金周转失灵的同时，大批经营困难的中小企业面临倒闭。据台湾"经济部"统计，1998年9月份，岛内撤销或解散工厂的家数较1997年同期暴增95.71%；累计1至9月份关厂歇业的家数多达3423家，较1997年同期增加49.61%，撤销工厂的投资额高达444.46亿元，增幅接近40%[③]。岛内就业情势也日益严峻。据台湾"行政院"主计处统计，1998年9月份岛内失业率为2.98%，失业人数28.5万，其中，因场所歇业或业务紧缩而失业的人数已连续5个月增加，达7.7万。9月份劳动参与率为57.8%，创历年最低记录。中高年龄、低教育程度者及制造业员工所受的冲击最大[④]。

最后，金融危机对台湾的对外投资也是影响甚大的。自80年代中期起，台湾对外经济扩张开始从商品输出逐步转向资本输出，对外投资日益活跃，其中对东南亚的投资占有重要的地位，如台商对印尼的投资至金融危机前达70多亿美元，占其在东南亚投资总额的30%。亚洲金融危机的延续自然影响到台湾对外投资。至1998年下半年以来，台商对祖国大陆投资有逐渐减少的趋势。亚洲金融危机爆发后，虽然台湾当局推行鼓励台商投资东南亚的"南向政策"，如推动岛内大型企业共组东南亚控股公司等[⑤]，但由于经济危机引发的政治动乱，导致东南亚国家投资环境恶化，台商对东南亚的投资趋缓，一些重大投资项目或取消或延迟；另一方面，由于祖国大陆政治经济形势相对稳定，越来越多的台商开始转往大陆投资，再度出现台商对大陆投资"西进"热潮。由此，台商对大陆投资出现新的快速增长，据台湾"经济部"统计，1997年下半年台商对祖国大陆投资件数为485件，较上半年增长99.6%；投资金额11.19亿美元，较上半

---

① 台湾《工商时报》，1998年10月2日。

② 所谓跳票，即债权人持债务企业所开具的到期信用状到指定银行提款时，因债务方在银行的存款不足而发生的信用票据被退回的事件。

③ 台湾《工商时报》，1998年11月1日。

④ 台湾《中国时报》，1998年10月24日。

⑤ 林长华：《亚洲金融危机与台湾经济》，载《台湾研究集刊》，1998年第3期。

年增长127.4%。1998年1—6月，台湾当局共批准赴祖国大陆投资案345件，金额为6.95亿美元，较1997年同期增长41.98%及40.22%。7月又核准对大陆投资项目68件，金额2.3亿美元，继续呈现良好的增长势头。但是，随着1998年下半年以来台湾经济景气状况的下滑，台湾对祖国大陆的投资减少。据外经贸部统计，1998年台商对大陆投资件数为2939项，实际利用金额为30.54亿美元，分别比上年同期减少2.49%和7.17%[①]。

在亚洲金融危机的影响下，两岸经贸往来由较大的增长转为衰退。据台湾“财政部”公布的海关贸易进出口统计，1998年1—10月，两岸贸易总额为184.3亿美元，较上年同期衰退5.6%；台湾对祖国大陆出口较上年同期衰退8.4%；从祖国大陆进口较上年同期增长8.3%。但相对来说，与东南亚等周边国家（地区）相比，台湾与祖国大陆的两岸经贸进展还是较好的、充满活力的。

为抗击金融危机、拯救台湾经济，台湾“行政院”于1998年8月通过了投资总额高达12955亿元的“扩大内需”方案。其主要内容分为两类：一是加速既有11018亿元工程预算的执行，包括核四厂、高速铁路、淡海新市镇、高雄捷运等；二是增加1937亿元的公共投资金额，包括生活圈道路系统交通建设、水利环保建设、资讯通信基本建设（简称NII）等重大公共建设项目。台湾“行政院”并要求既有的公共工程预算执行率必须达到90%；在促进民间投资方面，该方案将制造业2亿元以上投资案、BOT案[②]、民营电厂、东部产业发展计划、西部观光旅游设施、工商综合区、加工出口区、仓储转运区及其他大型民间建设计划等九大类纳入管理，将以法令松绑的方式，协助民间投资方案顺利进行。为配合该方案的实施，台湾“央行”拨出邮政储蓄金300亿元，以振作久低不起的房地产市场；台湾“财政部”也成立督导小组，落实配合扩大内需的积极财源、检讨产业升级、加速审核设立工业银行等八项财金政策。台湾经济是两头在外的海岛型“浅碟子式经济”，外部环境对它的影响很大。

近30年来，台湾经济已经形成一个对外贸易依存度极高的经济体系，台湾

---

① 张远鹏：《亚洲金融危机对台湾经济的影响》，载《当代亚太》，1999年第4期。

② BOT是英文Build-Operate-Transfer的缩写，通常直译为“建设—经营—转让”，亦可译为“基础设施特许权”。BOT实质上是基础设施投资、建设和经营的一种方式，以政府和民营资本之间达成协议为前提，由政府向民营资本颁布特许，允许其在一定时期内筹集资金建设某一基础设施并管理和经营该设施及其相应的产品与服务。政府对其提供的公共产品或服务的数量和价格可以有所限制，但保证民营资本具有获取利润的机会。整个过程中的风险由政府和民营资本分担。当特许期限结束时，民营资本按约定将该设施移交给政府部门，转由政府指定部门经营和管理。以上是狭义的BOT概念。广义的BOT概念则包括例如BOOT（Build-Own-Operate-Transfer）、BOO（Build-Own-Operate）、BLT（Build-Lease-Operate）和TOT（Transfer-Operate-Transfer）等衍生品种。

经济的兴衰与贸易对象国家与地区的经济形势密切相关。1996年,台湾出口贸易值占岛内生产总值将近一半,进出口合计则占80%以上。而近十年来,随着台商在东南亚地区的大量投资,东南亚地区已经成为台湾的主要出口地区[①]。东南亚金融危机后,亚洲各国经济增长率大幅下降,币值大贬,内需不振,必然大幅减少对台湾的进口需求,进而降低台湾的经济增长。台湾当局欲以扩大内需来带动经济增长,但台湾的内需规模与其经济规模相比显得很狭小,扩大内需来拉动经济增长的作用是有限的。总的来说,台湾经济对外依存性很大,而外部经济环境又不是台湾当局所能把握的,它能做的只是加大公共投资扩大内需,而这些措施所起的作用又是有限的、滞后的。

二 “浅碟子式经济”的困境与调整

至20世纪八九十年代,台湾经济虽已非常发达,人均国民生产总值也较高,但台湾内需市场狭小,自然资源匮乏,技术研发能力差,产生出一系列新的矛盾。如岛内形成所谓的“二元化市场结构”:一是岛内有大量的民营中小企业,其产品主要销往欧、美、日等国市场;二是公营大企业,其产品主要内销,并受到当局的高度保护。这一方面造成资源配置的扭曲,公营大企业因受到保护而在追求生产效率与技术进口上积极性不高;另一方面造成民营中小企业满足于在“进口原料—加工—出口”的代工型生产模式中循环,原料与技术严重依赖进口,形成两头在外的海岛型“浅碟子式经济”。所谓“浅碟子式经济”主要有这样两个内容:(1) 经济的对外(市场和技术)依赖程度较高,容易受外部环境的影响和制约;(2) 产业及其产品的技术内含较低,不足以维持较长时期的竞争优势。外部环境对“浅碟子式经济”的影响很大,造成岛内生产环境的极不稳定。这种“浅碟子式经济”发展到一定时候,必然遇到比较利益发生变化的“瓶颈”,亦即结构性的产业及产品竞争力衰退,传统出口市场的萎缩[②]。这一特点主要表现在对岛外市场和技术的依赖程度较高,即台湾出口工业是由加工装配的下游产品开始发展起来的。然而,随着岛内外经济环境的剧烈变化,因生产与经营成本不断升高而失去国际竞争力,致使昔日带动台湾经济起飞的劳动力密集型产业的比较优势逐步丧失,至80年代中期,台湾一度辉煌的代工型加工出口经济由盛而衰,“浅碟子式经济”遭遇空前困境,台湾经济面临新的调整与转型。

80年代中后期是台湾经济从工业化阶段转入后工业化阶段的过渡期,工业

① 林长华:《亚洲金融危机与台湾经济》,载《台湾研究集刊》,1998年第3期。

② 龙永枢:《海峡两岸经贸合作关系研究》,北京:经济管理出版社,1998年版,第154页。

生产处于成长与困境的双重夹击。在岛内劳动、土地成本骤升以及环保、劳工意识高涨的形式下，代工型出口经济下的劳动力密集型产业难以继续生存。有台湾学者指出，80 年代以来，台湾经济已从高增长期进入低增长期，并且具有不稳定特点[①]。考察 80 年代台湾经济增长状况可以发现这一论点的客观性。虽然既有 1987 年 12.7%的高增长，也有 1982 年 3.3%的低增长，但是，在这 10 年中，台湾经济增长率总平均还是在中速阶段进行。这个阶段，台湾经济经过工业化阶段，积累了一定的资金、人才和技术基础，初步具备台湾工业升级的基本条件。

与 80 年代相比，90 年代台湾经济增长情况有所不同。经过台湾当局在 80 年代后期至 90 年代一系列举措的实施，台湾工业升级取得了一定成效。从劳动生产力水平看，高科技产品制造业的劳动生产力明显提高。在 1987 年至 2002 年间，台湾制造业劳动生产力增长了 141%，平均每年递增 6.04%。其中：电子工业增长最快，达 276%，平均每年递增 9.23%；其次是化学工业，为 203%，平均每年递增 7.67%；其他依次为基本金属业（161%）、石油业（154%）、非金属制造业（105%）和纺织业（103%）等，平均每年递增率分别为 6.6%、6.4%、5.1%和 4.8%；而食品业（38%）和机械业（39%）等其他制造行业增长幅度有限，仅有 2.17%和 2.23%的年递增率[②]。由此可见，在电子信息产业快速发展的带动下，台湾制造业逐渐趋向生产劳动密集度较低、资本密集度较高和技术密集度高的产品，产品结构向中、高层次调整。说明制造业产品的科技含量已有明显提高，高科技产业渐次得到确立，"浅碟子式经济"的模式特征趋于消退。

20 世纪 90 年代，祖国大陆经济发展势头迅猛，外资在大陆的投资环境日趋改善，台商赴大陆投资不断增加。在台商投资的带动下，台湾对祖国大陆市场的出口不断上涨，1994 年就接近对美国市场的出口，从而使祖国大陆成为台湾最主要的出口市场。两岸经济贸易关系的发展亦进入新的发展时期。但在 1996 年，李登辉推行所谓对大陆政策的"戒急用忍"策略，欲抑制台商赴大陆投资，同时大力主张鼓励台商投资东南亚的"南进政策"。在祖国大陆不断推出对台商投资优惠政策的前提下，台商投资大陆的势头日趋提升，从而也对台湾经济的发展做出贡献。

在 90 年代整个台湾经济增长势头持续降低的情况下，台商投资大陆及两岸经贸往来却呈现出蓬勃发展的势头。迄今，两岸有关台商投资大陆的统计存在明显的差距。根据台湾"经济部"投资审议委员会的统计资料，截至 2003 年

---

① 刘进庆：《台湾的经济结构及其存在的问题》，载《台湾研究集刊》，1995 年第 3—4 期。

② Taiwan Statistic Data Book，2003，p. 39—40. 1996＝100。单位：%。

底，台商对大陆投资累计为42305件，标准投资额374.12亿美元，平均单项投资额为88万美元[①]；而国家商务部的统计数据显示，祖国大陆共批准台商投资60623项，协议投资金额706亿美元，平均单项投资额为117万美元，台商的实际到资额为365亿美元，相当于台湾核准的投资额[②]。由此，由于两岸经济的强劲发展与经贸往来活动的迅疾增加，为台湾经济注入了活力，亦为台湾摆脱“浅碟子式”经济模式、走出困境提供了巨大机遇。在整个90年代，台湾经济增长率均维持在5%—7%之间，年平均增长率为6.25%，基本未出现过悬殊起伏的周期性现象。

新世纪伊始，台湾地区领导人的更迭引发岛内政治生态的骤变，使台湾民众对岛内社会经济发展抱有忧虑。又加之民进党对两岸经贸活动的颇多限制性政策，其发展岛内经济政策的策略亦颇多失误，同时也基于国际经济环境的变化等多重因素，台湾经济的发展势头出现逆转。岛内显现经济增长率屡创新低，工业生产持续衰退，进出口贸易双双下降，岛内投资和消费继续滑落，股市下跌、汇率重贬的所谓“五低现象”；同时岛内经济还凸现失业率不断攀升、金融机构逾放比不断升高、财政赤字迅速升高的所谓“三高”现象。国际货币基金组织(IMF)在美国“9·11事件”后更新版的《世界经济展望报告》中认为，2001年台湾经济负增长2.2%，在全球29个“先进经济体”中排行倒数第二，也远低于亚洲“开发中经济体”5.6%的平均增长率[③]。改善两岸关系，发展两岸经贸，是台湾经济走出困境的关键。但在2001年以后，两岸关系发展充满变数。台湾当局的“台独”意向与台湾经济发展存在尖锐的矛盾，至2008年，台湾经济丧失了一系列复苏和发展的动力和发展空间。2002年1月，台湾正式成为国际贸易组织(WTO)会员，也是两岸走向更密切经贸往来与经济合作的一个标志。近年来，两岸关系大有改善，经济合作与经贸往来亦增加迅速，可以预料的是，未来台湾经济走向在很大程度上取决于两岸经济关系的进一步加强，今后台湾产业发展亦将借助于大陆经济优势，如台湾服务业发展需要以大陆市场为依托、制造业将继续向大陆转移、产业升级需借助于两岸技术合作等。

① 台湾海基会编：《两岸经贸统计表》，载《两岸经贸》，2004年第2期。

② 两岸统计数据出入的主要原因，是台湾“经济部”投资审议委员会以“事先核准”和“事后报备”两种类别分别作为统计依据，其中存在许多漏洞，大大低估了实际数量。国家商务部的统计数据不仅具有权威性，也比较正确，大致反映了台商在大陆投资的实际情况。见李非：《台湾经济发展通论》，第394—395页。

③ 台湾《中华日报》，2001年12月20日。

三　高科技产业的形成与发展

20 世纪 90 年代，以电子信息技术产业为龙头、科学工业园区为基地的台湾高科技产业得到迅速发展。电子信息技术产业连续 10 多年超高增长，1986 年至 2000 年平均成长率高达 26%。2000 年产值一度达 473 亿美元（包括海外），其中岛内电子信息产业硬件产值为 232 亿美元；2001 年总产值回落至 427 亿美元，下降 10%，其中岛内产值为 200 亿美元，仅占 47.1%[①]。进入 21 世纪初期，国际市场对电子信息产品的需求大幅萎缩，台湾电子信息产业等高科技产业进入调整期。

台湾高科技产业的一个特色就是高度集中，主要表现为地域集中和产业集中。地域聚集就是主要聚集在科学工业园区，无论是引进高科技厂商的数量，还是吸引投资的数额，或是区内企业的营业额，科学工业园区均呈超速增长态势。新竹科学工业园，吸引了大量的海外华裔科技人才投资和从事开发研究，对台湾相关工业技术水平的提高有非常显著的贡献，已成为台湾工业发展的重镇，电子信息产业的主要聚集地，也是全岛经济发展的亮点。2001 年底，进驻新竹科学工业园的企业达 300 多家，从业员工 10 多万人，总营业额近 200 亿美元，累计实收资本 250 亿美元。园区企业主要从事电子信息、通讯光电、精密机械、生物科技等相关领域的生产与制造。产业集中就是高科技产业主要集中在电子电器产业。从制造业吸引侨外投资及对外投资的情况来看，电子电器产业所占比重都相当高。电子电器产业作为台湾制造业的支柱产业，无论是资本输入，还是资本输出，都扮演主导性角色。

90 年代实施的产业升级也促进了台湾高科技产业的发展。为加速产业升级，提高产品的附加值，需要新的竞争优势，台湾当局于 1989 年正式废止了实施近 30 年的《奖励投资条例》，并于 1990 年底通过了《促进产业升级条例》，1991 年 1 月开始实施。

《促进产业升级条例》在推行 10 余年后，成效显著。在台湾出口产品中，属高科技产品所占比重，1989 年为 33.92%，1998 年 10 月为 53.81%。当然，由于劳动密集型产业大量移往海外，使这部分产品出口值历年停滞而缓慢增长，高科技产品在出口中的比重迅速提高，这不能不归为产业升级取得成效。但是，高科技产品出口绝对值的迅速增大，则可以视为高科技产业的快速发展。1989 年高科技产品出口值为 224.88 亿美元，1997 年增至 592.86 亿美元，7 年期间增加 1.64 倍。以每年环比指数计，1990 年增加 7.22%，1991 年增加

① 李非：《台湾经济发展通论》，第 307—308 页。

14.56%,1992年增加11.83%,1993年增加10.49%,1994年增加14.90%,1995年增加30.26%,1996年增加3.90%,1997年增加11.71%[①]。

90年代台湾高科技产业的发展,与工业化时期劳动密集型产业的发展相类似,还是从属于日本的下游代工式产业。台湾《工商时报》1997年4月一篇社论指出,建设台湾成为科技岛早在80年代就已列入当局施政目标。但与尖端科技有关的产业如航天、生物化学、高级材料等工业,台湾发展程度还处于初级阶段。象征工业技术水准的汽车工业,在韩国、马来西亚汽车在全球各地飞驰的同时,台湾地区的汽车业却仍依赖高度保护,以维系岛内市场。

台湾初步发展起来的高科技产业虽有一定的推动力,但整体工业技术并无突破性发展,技术研发能力不强的基本格局并未改变。关键技术仍然对外(主要是对日美)依赖性很高,如集成电路芯片产量已跃居世界前列,但其电路设计这一关键技术仍主要依靠日、美等国。1990年,台湾地区用于技术研发的费用支出在其岛内国民生产总值中所占比率只有1.6%,不仅低于韩国,与日本比甚至有20年以上的差距[②]。自1990年以来,台湾地区用于技术研发的费用支出逐渐增加,以全岛技术研发费用占GDP的比例来看,自1990年的1.66%增至2000年的2.05%,但仍低于韩国2.65%、日本3.12%的水平[③]。1997年以来台湾企业技术研发费用占总技术研发费用的比率均超过六成,且其占生产毛额的比率呈上升趋势,惟该二比例均低于日、韩,显示出台湾地区企业的研发投资相对不足。

1986年至1997年间,台湾地区技术研发人员由27747人增至76588人,虽然增长幅度较大,但与经济发达国家(或地区)仍存在很大差距。如1996年台湾总研发人员约有7万多人,而日本有58万多人,超过台湾7倍之多[④]。从研发人员占总人口之比这一指标来看,台湾地区与美、日比较,从事技术研发的人员数量也居劣势。80年代后期,美国、日本平均每万人口中研发人员已有30人左右,而台湾地区直到1995年才赶上这一水平,达31.2人(含专科以下人员),大学以上人员学历者到1997年也仅为26人[⑤]。可以说台湾地区对技术研发的投入费用是很不到位的。

---

① 转引自谢中琮:《台、日、韩产业科技竞争力分析》,载台湾《电工资讯》,2003年2月号。

② 转引自大桥英夫:《台湾的产业升级与日台经济关系》,载《台湾研究集刊》,1993年第4期。

③ 台湾"行政院国家科学委员会"编印:《"中华民国"科学技术统计要览》各年版(转引自谢中琮:《台、日、韩产业科技竞争力分析》,载《电工资讯》,2003年2月号)。

④ 台湾"行政院国家科学委员会"编印:《"中华民国"科学技术年鉴》,台北:1997年,第192页。

⑤ 台湾"行政院国家科学委员会"编印:《科学技术统计要览》,台北:1985年,第15页。

虽然台湾地区高科技产业发展较快，但仍存在着结构单一、基础薄弱和严重依赖国际市场等问题。电子信息产业虽是台湾高科技产业的龙头，但台湾仅仅是全球最大的电子信息产品的订单加工基地，与引领电子信息产业发展的尖端技术国家还有极大的差距。也就是说，尽管台湾电子信息产业有了长足的地步，其产品出口遍布全球，但很少是自主研究开发的品牌，而只是日本等国的代理加工企业，还远谈不上台湾独特的高科技产业。例如1997年台湾从日本进口的商品中，主要是二极管、集成电路、液晶显示器、机械等电子信息产业所需的零部件和设备。因而台湾电子信息产业愈发展，对日贸易的逆差愈扩大。

据台湾“经济部”技术处公布的“2001年全球前三大的台湾产品”中，台湾高科技产品共有40项挤进世界前三名，其中的18项产品产值居全球之冠，包括芯片代工、笔记本电脑等；14项产品排名世界第二；8项产品排名世界第三。首度挤入全球前三大排名的产品包括LCD监视器、无线区域网络（WLAN）、ADSL数据机、动态随机存取记忆体（DRAM）和电动自行车等5项；电脑摄像头则从第二名进到第一名。以半导体、个人电脑等为主导的具有世界竞争力的信息技术相关产业的不断扩张，有力地推动了台湾地区经济的发展，并使之在20世纪90年代后期一度成为继美国、日本之后的世界第三大信息技术产品生产地。台湾总体经济与对外贸易因受惠于电子信息产品外销的畅旺，在90年代一直保持中速增长势头①。

经过十几年发展的积累，台湾高科技产业具有一定的竞争力。在世界经济论坛2001年10月发表的《全球竞争力报告》中，台湾地区在反映经济环境的当前竞争力指数方面全球排名第21位；但反映未来5年经济增长前景的增长竞争力指数方面则排名第7位，其中科技水准指数排名为第4位②。

第三节　面向21世纪的台湾经济

一　台湾经济的挑战与出路

进入21世纪以来，台湾经济告别了过去的高速增长，形成了较为稳定的中速增长局面。2001年台湾经济出现负增长，为近50年来首次，标志着台湾经济高速增长时期的结束。在全球化、区域化大发展背景下，在两岸经济合作日趋紧密而政治对立不见缓和的矛盾纠结中，台湾经济层面凸现出“出口导向产品

① 转引自李非：《台湾经济发展通论》，第308页。

② 李尊龙：《台湾成长竞争力跃居全球第七》，台湾《工商时报》，2001年10月19日。

单一化”、“新产业空洞化”、“经济边缘化”、“发展战略泛政治化”等所谓“四化”问题，至此，台湾经济发展进入了一个新的转折点。“四化”问题既有结构性因素，也有战略性因素，反映在对外经济层面，不但对外贸易、投资多数指标呈现持续、大幅度下滑，而且一些主要对外经济关系消长也出现较大反差。从表面上看，这些不景气与世界性投资、贸易衰退有密切关系，并且其中一些指标随着世界经济的复苏已呈现利好走势，但实质上反映了台湾经济步入了一个新的历史转折点，透视出全球化演变格局中台湾经济所面临的一些新问题。

困扰台湾外向型经济发展的“出口导向产品单一化”问题一直存在，自1990年代初制造业结构发生剧烈变动以来，台湾电子、信息通信产品出口比重开始逐年递升，至1990年代末期平均比重已达到30%以上，10年间提升了8个百分点。而其他两类大宗出口产品中，纺织品所占比重呈缓慢下降的趋势，基本金属及其制品所占比重虽缓慢上升，但10年间仅提高了不足1个百分点。这种演变格局反映出台湾出口产品结构的单一化特征。台湾经济对出口有很高的依赖性，出口出现问题将会带累经济全面衰退：除使国际收支受到影响外，还会直接带来内部经济调整，引发企业投资缩减、出口引申下降、生产萧条、失业人口增加等连锁反应。近年来台湾经济衰退，受出口贸易下滑的影响很大，从中也透视出台湾“出口导向产品单一化”问题的严重性。

产业空洞化(Hollowing-Out)是指由于海外直接投资的增大而带来的本土生产、投资、雇佣等减少的现象。1980年代末至1990年代初台湾先后发生了以轻纺工业为代表的劳动密集型产业、以石化工业为代表的资本密集型产业大举外移，由此引发了岛内对台湾产业空洞化的担忧。后来由于台湾快速推进向以电子信息产业为主体的技术密集型产业转型，一定程度上缓解了由传统产业外移造成的经济转型压力。东南亚金融危机后，尤其2000年以来，台湾岛内资本外移逐渐转向高科技产业，与此同时，台湾经济遭受50年来最严重衰退，出现工业生产和进出口贸易下降，民间投资、外资投资巨减，失业率攀升等现象。岛内有学者认为，资讯产业大量外移所引发的“产业空洞化”是导致台湾经济困境的主要原因。于是，“产业空洞化”又成焦点。由于此番的“产业空洞化”是针对高科技产业外移现象而言，故称之为“新产业空洞化”[①]。总之，以信息电子产业为主体的台湾高科技产业加速外移，不但引发本土投资规模萎缩，失业率增加、而且有进一步导致其国际竞争力弱化的倾向；岛内制造业资本外移已不单是“防御型”投资性质，而显露出“扩张型”投资迹象，其结果也不单是扩张经济势力和促进本土产业升级，而是造成高科技与上游工业大规模外移，致使台湾经

① 黄如良:《对台湾“新产业空洞化”的质疑》，载《亚太经济》，2003年第2期。

济面临“新产业空洞化”的挑战。

“台湾经济边缘化”主要意涵是指随着东亚区域自由贸易整合的推进，台湾面临由“贸易、投资转移”效应所导致的市场空间缩小的危险：1980 年代末期至 1990 年代初期，业已确立了以东亚为投资、贸易重心的对外经济格局。新世纪初期，东亚板块在台湾对外经济中的地位更加突出，2002 年祖国大陆取代美国成为台湾最大的出口地区。新世纪以来的四年间，亚洲所占台湾出口比重由 1990 年代的 49.0%上升到 55.1%，所占进口比重由 49.5%上升到 56.5%；所占台湾对外投资比重由 1990 年代的 57.6%上升到 59.8%。这种趋势表明亚洲市场对于台湾经济越来越具有举足轻重的意义。而从目前东亚地区内浮现的 AFTA、“10＋3”、“10＋1”、中国—东盟自由贸易区以及 CEPA 等板块整合来看，对于游离于外的台湾经济显然存在贸易、投资转移的负面影响，有导致台湾经济市场空间缩小的可能性。实际上，作为与“经济核心化”相对应的概念，“经济边缘化”更多的是对经济体区域经济地位下滑现象的描述，反映经济体在区域经济事务中由于可替代竞争的出现而日渐“去中心化”的过程。表象上看，是经济体对区域经济活动参与减少、经济活力萎缩，实质上是区域竞争力的下降。因此，“台湾经济边缘化”除了“市场空间缩小”层面的意涵外，更主要的是台湾在亚太经济乃至全球产业分工链中的定位问题。在过去半个世纪的时间里，台湾经济创造了世人瞩目的发展奇迹，其区域经济地位从美、日经济的边缘上升为亚太区域的技术、产业中介。然而，全球化浪潮的推进，祖国大陆等发展中经济体的替代竞争，以及“入世”带来的挑战，加之岛内政治生态等非经济因素的负面影响，凡此种种，都在改变着台湾经济赖以发展的社会、经济环境，动摇着台湾经济在亚太产业分工链中的既有地位，使台湾经济面临“由产业分工地位下降导致经济边缘化”的挑战①。

除以上经济因素外，非经济因素就是经济发展战略的“泛政治化”问题。2000 年岛内首次“政党轮替”，民进党取代国民党成为执政党，岛内以及两岸政治生态发生巨大变化。民进党当局从“台独”政治出发，经济战略“泛政治化”，集中表现在以下两个方面：其一是以遏制两岸经贸关系发展为出发点推行“全球布局”战略。主要内容是“深耕台湾、布局全球”，对于两岸经贸关系，一方面主张以“积极开放，有效管理”取代“戒急用忍”，一方面主张加强“风险管理”。事实证明，民进党台湾当局“全球布局”战略非但没有得到真正意义上的贯彻和落实，而且在实际推行中偏离其原有的经济利益诉求，最终演变为针对祖国大陆的“市场分散”策略。台湾当局一方面对两岸经贸关系实施“假开放，真管

① 石正方：《东亚经济一体化新格局下台湾经济的边缘化》，《厦门大学学报》，2004 年第 1 期。

理”,一方面积极深化与大陆以外的经济伙伴关系,试图以“多元分散”策略减缓两岸经贸关系的发展步伐。其二是为达成巩固政权、竞选连任等目的,民进党当局以意识形态主导岛内财经政策,致使其施政中心不再是围绕经济发展而是围绕政治斗争[①]。造成了台湾经济环境恶化,使台湾经济错过了许多发展良机。

大陆经济高增长对台湾经济发挥“增长引擎”的作用,两岸贸易稳定增长有利于减缓台湾对外贸易的波动性。特别是中国“入世”后,低要素成本优势与市场商机的显现,使中国成为全球资本聚集地之一。原来分散在其他东亚国家的来自东亚区域外的跨国投资转向中国大陆,另一方面包括日本、韩国、东南亚和港台地区的东亚区域内的制造业资本也向大陆迁移。2003 年大陆新批设立外商投资企业 41081 家,比上年增长 20.2%;全年吸引合同外资 1150.7 亿美元,同比增长 39.03%;实际使用外商直接投资 535.05 亿美元,同比增长 1.44%。以实际投入金额计算,2003 年对华投资前十位的国家和地区依次为:中国香港地区、维尔京群岛、日本、韩国、美国、中国台湾地区、新加坡、西萨摩亚、开曼群岛和德国[②]。此外,中国本土重工业化的推进和国民消费水平的提高启动了潜力巨大的内需市场,同时外商投资也带动原材料及中间产品需求的增加——中国正在成为世界各国(地区)竞相角逐的“世界市场”。特别是泰国、新加坡、韩国、中国台湾等东亚经济体都相继以中国大陆作为第一出口国或最大贸易伙伴。依据经济比较利益法则以及区域经济成长的“近邻效应”,根植东亚、与祖国大陆一衣带水的台湾,因为享有与大陆的经济互补优势以及地缘、语缘优势,更有条件在与大陆这一新经济增长中心的互动中获取利益,成为新一轮东亚经济重组的大赢家。近年来,两岸经贸发展对台湾经济增长、经济转型的贡献是有目共睹的,大陆已经成为台湾经济发展的重要动力。

在新世纪初期,台湾经济景气急剧衰退形势下,更加凸显出两岸经济发展对台湾经济的重要支撑作用。进入新世纪以来,由于台湾内部经济环境恶化,出口、投资、消费——拉动经济增长的“三驾马车”中,唯有出口维持相对的活力。仅就 2003 年台湾经济成长情况分析:2003 年台湾民间消费增加率、固定投资均创 40 多年来最低纪录,在如此严峻的内需不振形势下,台湾经济仍能够达到 3.15%的年增长,其主要动力来自外部需求即贸易出超,贡献率高达 82%,其中,与祖国大陆贸易出超 403.7 亿美元,是台湾对全球贸易出超 147.2 亿美元的 2.74 倍。可见,两岸贸易已经成为台湾经济成长的主要牵引力。此外,两

---

① 邓利娟:《陈水扁当局在经济发展中的角色及其影响评析》,载《台湾研究集刊》,2004 年第 2 期。

② 《2003 年我国利用外商投资 535 亿美元》,http://www.cctv.com,2004 年 1 月 14 日。

岸贸易具有稳步持续增长的特征。四年来，台湾对祖国大陆进、出口成长最为稳定。即使2001年面对台湾进、出口市场的全面衰退，大陆市场的缩减幅度也是最小的。两岸贸易这种稳步持续增长的特性对“出口导向产品单一化”所导致的台湾对外贸易波动起到了重要的缓解作用。

大陆作为新增长中心的出现，促进了亚太乃至全球产业分工链重组，客观上对台湾的经济转型产生压力和挑战。从区域经济空间演进角度考察，新增长中心的出现会导致新投资、贸易网络的形成，从而引发区域资源重组和产业重构，进而打破既有的经济循环模式和业已建立起来的竞争均衡，形成新的区域产业分工格局以及新的竞争均衡。新增长中心所引发的区域经济空间结构、梯度变化，无疑会使区域成员感受到不同程度的冲击和压力。依靠低要素成本优势从事代工制造，是目前中国参与东亚区域以及全球产业分工的主体模式。因此，中国作为“世界工厂”的崛起对于以加工制造业为支柱的东亚经济体而言，意味着强大的替代竞争压力。而加速产业升级、提升产业分工地位则是应对竞争、抓住机遇、谋求发展的最佳选择。就此角度而言，能否尽快融入东亚经济一体化整合，避免经济边缘化，很大程度上取决于台湾当局的战略取向；是执着于“远离大陆的经济多元分散”，还是依据比较利益法则与大陆经济持续整合。

简言之，深化两岸经济贸易关系是解决台湾经济“四化”问题的有效途径。台湾对外经济层面所凸显出来的“四化”问题是台湾经济本身结构性矛盾的显现，而台湾当局政治诉求下的战略导向起到了推波助澜的作用；祖国大陆作为亚太区域新制造中心的崛起及其对全球化、区域化的积极参与，于台湾经济而言，是机会也是挑战。两岸经济合作经贸关系是在“后冷战”时期“经济合作取代政治冲突”的国际政经大气候中，在全球化浪潮的推动下，随着台湾经贸重心向亚洲转移而孕育、发展起来，又是以新世纪初期两岸先后“入世”为契机获得更大进步的。两岸经贸合作是经济全球化的产物，也必然随着经济全球化的推进而成为不可遏止的潮流和趋势。构建两岸产业优势互补、合作分工的联动格局，加快台湾产业升级步伐，推动经济结构转型，不失为解决台湾经济“四化”问题的有效途径①。

两岸经贸关系的发展为新世纪台湾经济的复苏与再次腾飞提供了巨大机遇。台湾产业结构能够从以劳力密集产业为主向以技术及资本密集产业为主转变，在相当程度上也得益于祖国大陆市场的支持。在台湾产业结构调整的过程中，大陆成为台湾转移劳力密集产业的最主要基地。那些在岛内不具竞争力或已失去优势的产业，由于在大陆寻找到了生存发展的新机会，所以没有遭遇倒闭破产的命运，没有拖欠银行债务而增加其呆账，台湾产业转型因此得以较

① 石正方：《台湾经济“四化”问题与两岸经济合作》，载《台湾研究集刊》，2005年第1期。

为顺利进行。在另一方面，到祖国大陆来投资设厂的台商，其生产所需的机器设备、零配件、原材料等，有许多仍自台湾进口，而这些产品大多属于重化工业及技术密集产业产品，这就进一步刺激了岛内相关重化工业及技术密集产业的发展，推进台湾产业的转型过程。90年代中后期，祖国大陆又开始承接台湾较为成熟的电脑及半导体等产业。两岸经贸关系的发展保证了台湾维持较雄厚的外汇储备。1997年台湾抵御亚洲金融风暴的强有力后盾，是其拥有较雄厚的外汇储备，而台湾对大陆贸易连年大量顺差则是台湾外汇储备增加的最大来源。从1993年起，台湾对大陆贸易顺差额每年均超过其总体贸易顺差额，也就是说若无对祖国大陆的贸易顺差，台湾总体外贸将呈净逆差，以2000年的情况来看，台湾总体外贸顺差额仅83.1亿美元，而对祖国大陆顺差额则达204.5亿美元，后者比前者多121.4亿美元。显而易见，倘若没有稳定的祖国大陆市场，台湾国际收支经常账项不可能维持顺差，其外汇储备也将大打折扣。

二　台湾外向型经济与对外贸易的拓展

自20世纪70年代中期至90年代末期，台湾对外贸易总体上虽呈持续发展状态，但增长很不稳定，起伏相当大。受世界经济危机的影响，1975年台湾对外贸易出现了50年代末期以来第一次负增长。此后，对外贸易发展与经济周期性变化密切相关，增长波动较大，但贸易总额仍不断扩张。1988年台湾对外贸易总额超过1000亿美元(1103.4亿美元)；1995年，贸易总额超过2000亿美元(2152.1亿美元)。受亚洲金融危机的影响，1998年对外贸易出现重大衰退，贸易额较上年下降8.9%。其中出口衰退9.4%，是1982年以来的第二次衰退，也是50年代初以来的最大一次衰退；进口衰退8.5%。随后，台湾对外贸易在国际大环境的带动下出现较大恢复增长，2000年外贸进出口分别突破1400亿美元，贸易总额达到2883亿美元，创历史最高纪录。然而，随着国际经济形势的逆转及台湾总体经济形势不佳，2001年，台湾对外贸易再次衰退，2002年才略有恢复增长，贸易总额为2432亿美元。

台湾对外贸易自1976年起一直维持顺差，1987年顺差达到187亿美元，创历史最高峰。随后，由于台湾市场的逐渐开放，进口增长速度加快，贸易顺差开始减少。90年代，除1991年与1996年外贸顺差超过130亿美元外，一般在90亿美元以下。1998年，由于受亚洲金融危机的影响，贸易顺差降至59亿美元，创历史新低。此后，由于岛内投资与消费的下降，进口减少，外贸顺差增加，2002年达到181亿美元，创80年代中期以来的新纪录①。

① 《台湾对外贸易的发展》，中国台湾网 http://www.chinataiwan.org，2005年11月29日。

台湾光复以来至世界冷战时期，台湾主要贸易伙伴为美、日、欧洲等国。90年代以后，台湾与祖国大陆、东南亚、欧盟的贸易往来聚增。1980年台湾经济发展对外贸依存度高达95.6%，其中对出口贸易依存度也达47.89%；1995年的依存度虽有所下降，但仍高达81.65%，其中对出口贸易依存度还有42.36%。“浅碟子式经济”的特点基本上依然如故，外向型经济的发展模式依旧，台湾经济增长继续维持中速稳定趋势。

20世纪末期以来，台湾内外环境进一步发生新的剧烈变化，经济增长的制约因素明显增加，而经济自身积累的结构性问题也日益突出与激化。在此背景下，近10年来支撑台湾经济增长的动力来源呈现弱化趋势，台湾外向型经济与对外贸易因此面临严重挑战。一是经济自身结构性问题日益突出。进入21世纪以来，台湾经济在备受内外环境剧变冲击之下，经济自身积累的结构性问题也日益突出与激化，而这些问题正是制约未来台湾经济增长速度的根本性因素。二是制约经济增长的非经济因素急剧强化。2000年3月，台湾岛内“政权”发生50年来的首次更迭，它使非经济因素对台湾外向型经济发展的冲击作用急剧变化。首先，最显著表现就是政局动荡加剧、投资环境加速恶化、财经施政效率低下的问题恶化。其次，造成海峡两岸关系的紧张与复杂化，加剧台湾外向型经济的困境。虽然迫于强大压力，台湾当局已于2001年底宣布将“戒急用忍”调整为“积极开放、有效管理”，但在实际行动上仍处处掣肘两岸经贸的正常往来，特别是对台湾工商界迫切要求的两岸直接“三通”坚持不开放。这种态势使已陷于困境的台湾经济雪上加霜。2000年至2008年民进党执政期间，两岸政治关系紧张加剧，和平环境受威胁，造成海内外对台湾前途产生信心危机，严重打击了民间投资与消费的意愿。同时，“三通”作为两岸经贸关系最核心的部分无法突破，两岸经贸关系的发展因此无法由量变上升到质变的阶段，持续支持台湾经济的作用相应受到很大制约，台湾也在岁月的蹉跎中延误了产业再升级的时机，竞争优势加速流失。三是国际经济景气衰退的冲击。台湾“浅碟子式经济”对外部经济尤其是对美、日经济的依赖性很强。80年代中期以来，日本泡沫经济的崩溃与美国经济的低迷一度使台湾经济陷入困境，但在90年代台湾电子信息产业的发展则受惠于美国新经济的持续增长。自2001年起，由于高科技产业供需的失衡，美国经济在经历了10年繁荣后终于由盛而衰，股市持续重挫，经济增长逐季下滑，全年经济增长由上年的4.1%下降为1.1%。美国经济衰退或不景气的局面对台湾经济的冲击效应是极其明显的，在一个层面上，台湾直接对美出口占台湾出口总值的四分之一，另外约有三分之一对祖国大陆与其他东亚国家的出口，其最终产品的主要出口市场也是美国。美国经济衰退直接影响台湾的出口，进而影响生产及经济的增长；在另一个层面上，台湾经济增长主要是依赖电子信息等科技产业带动,而美国高科技产业景气的衰退,高科技股价的下跌,与美国关系紧密的台湾科技产业难免不受冲击,并直接影响台湾股市上的科技股,台湾股市与金融的稳定因而受到冲击。

台湾外向型农业发展战略与农产品贸易。台湾经济是以外向型农业起家的,农产品对外贸易在台湾经济发展过程中长期具有重要的地位。光复以后,台湾当局一直执行外向型的农业发展战略,农业生产不仅满足了岛内的生活需求,而且还面向国际市场,成为美、日等国家部分农产品的重要供应基地。1970年以来农产品对外贸易持续逆差,2000年至今,台湾农产品对外贸易呈现出阶段性特征。随着岛内和国际市场消费需求的变化,台湾农业也因应实现了结构调整和升级换代,并表现出三个明显的发展阶段:一是50年代初至60年代中期的初级产品阶段。由于40年代后期大陆去台的人员增多,岛内的粮食需求量激增,当局就将农业政策的首要目标定位于增加粮食产量,并为此采取了一系列有效措施,实现了粮食自给。这一阶段的农产品外销以粮食、蔗糖、香蕉等初级农产品为主,1952年至1963年,大米、砂糖出口产值占台湾农产品出口总值的一半以上。二是60年代中后期至80年代中期,在保证粮食产量的基础上,开始大力发展园艺产业、渔业、畜牧业及农产品加工业,以提升农业结构。1970年至1987年,农产品及其加工品出口值从3.1亿美元增加到33.2亿美元,增长了10倍多。其中,畜产品增长91倍,水产品及其加工品增长70倍,大大高于农产品总出口的增长速度。三是80年代中后期以来,在不破坏生态环境的前提下发展生态农业、观光农业,力图实现农业的可持续发展。经过近半个世纪的发展,在工业化社会下的台湾的农业结构发生了深刻的变化,面临的主要问题有:(1) 农业生产规模较小;(2) 兼业农大量存在;(3) 进口农产品冲击岛内市场;(4) 农业补贴不断增加[①]。在这样的状况下,岛内的传统种植业日渐衰微,而渔、畜牧业生产却逐步增长。1952年至1998年期间,种植业在农业总产值中所占的比重由68%下降至43.5%,林业产值由6.5%下降为0.2%,畜牧业和渔业则分别由15.8%和9.1%上升为31%和25.8%;农产品出口产值中,种植业从98.3%下降到14.9%,而渔业从0.3%上升到26.3%,畜牧业从0.7%上升到53.9%[②]。战后台湾农业发展一直受美国的影响,美国长期是台湾第一大农业进口国,长久以来,美国农产品在台湾进口都占有最大比重,大多维持在30%左右。近年来略有下降,2004年美国出口到台湾岛内的玉米、黄

① 李非:《台湾经济发展通论》,第132—133页。

② 2003年渔牧业产品在农产品出口中占有70%强的比重。见赵玉榕:《台湾农产品贸易的特征及其主要影响因素浅析》,载《台湾研究》,2005年第6期。

豆、棉花、小麦价值18.7亿美元，占台湾农产品进口的24%。日本则一直是台湾最大的农产品进口国。每年台湾对日的农产品出口额都在10亿美元以上，2003年和2004年台湾对日本出口高于农产品总出口的增长率，分别为12.1亿美元和13.7亿美元，分别比上一年增长12.1%和13.9%，高于农产品出口的增长率，2004年对日出口占农产品出口总值的39.1%，主产品是冷冻鱿鱼、活鳗鱼、调制鳗鱼、羽毛及羽绒、木材、木制家具以及蔬菜。近年来，台湾农产品对日出口不断攀升，维持着台湾农产品对日出口的贸易顺差态势[①]。从整体上说，台湾外向型农业的发展过程，就是以市场为导向、实现农业现代化的过程。

① 赵玉榕：《台湾农产品贸易的特征及其主要影响因素浅析》，载《台湾研究》，2005年第6期。

第十四章　台湾社会结构的变化

第一节　台湾社会结构的变迁

20 世纪后半叶是台湾社会剧烈转型时期，经历了由传统农业社会向现代工商业社会的转变。1949 年，台湾人口总数将近 740 万，其中农业人口约 388 万，约占总人口的 56%①。尽管日据时期日本人在台湾有初步的工业化建设，但在国民党军政残余迁台之时，台湾无疑仍是个以农业为主的社会。其后的几十年间，在国民党当局的经营下，特别是各项经济政策的实施促进下，台湾社会逐渐发生结构性的变化，其中最突出者包括：1950 年代因土地改革而导致乡村地主阶层的消失，以小农为主的自耕农阶层壮大；1960 年代中期台湾实现农工转型后，因都市化步伐的加快，农村人口外流，导致城乡人口结构的变化，台湾成为都市人口占大多数的工商业社会；1970 年代以后，随着经济和文化教育的发展，中产阶层迅速兴起等。

一　土地改革与乡村阶级结构的变化

战后初期台湾在农业用地领域实行的土地改革，曾被认为是战后台湾成功经验的一部分。土改的实施，对与土地紧密相连的乡村社会，无疑造成相当大的结构性冲击。

台湾是个可耕地面积有限、农业人口众多的地区，1940 年至 1943 年间，台湾的耕地面积约为 88 万甲(1 甲约等于 0.9699 公顷)，农业人口约为 312.8 万，每一农业人口的平均耕地占有量约为 0.28 甲；1947 年至 1949 年间，耕地面积未有增加，农业人口却增长到约 374.6 万，每一农业人口的平均土地占有量因

---

① Hui—sun Tang，1954，Land Reform in “Free China”，Taipei：Chinese—American Joint Commission on Rural Reconstruction，p. 12。

此减少到 0.23 甲[①]。在地少人多的情况下，台湾也存在土地占有不均的情形，如日据时期，需要承租土地的农户占到农户总数的 68%多，租种的土地则达到耕地总面积的 56%，至土改前夕，1947 年至 1949 年间，自耕农仍仅占农户总数的 31.8%，其余约三分之二为半自耕农、佃农和雇农，其佃耕的土地则仍达耕地总面积的一半[②]。台湾学者蔡宏进在研究台湾农地改革时，对地主群体的调查抽样，更直观地反映了台湾土地占有的不均情形。他曾以 46 户地主为样本，考察土改的社会经济影响。这 46 户地主在土改前共有土地 791.73 甲，户均土地 17.21 甲；在这 46 户中，又有一户为特大地主，在土改前拥有的水田加旱田共计 400 甲[③]。除了地权分配不均，台湾的租佃制度对佃农、雇农的压迫也很严重。台湾的佃租普遍采取五五分成，在土地肥沃或者人口密集的地区，佃租额高达六成，像土地最为肥沃的台中，以及人口最为密集的新竹两地，佃租则更高达七成。高额佃租之外，押租、预缴地租以及无固定租佃合同等不利于佃方的情形，很大程度上也存在[④]。

上述经济关系的不平等，决定了在土改前的乡村社会，地主占据主导性的位置。和大部分中国传统乡村社会一样，地主富户在乡村中不但握有经济力量，并掌握了各种社会活动的领导权，在地方上成为领袖，在各种有形无形的社会组织中位居核心地位。1952 年土改进行之初，美国农业专家雷柏尔对台湾 16 个乡镇的调查仍显示："农村领导地位大部操于各地大户。乡镇长常出身于当地富商。乡镇民代表会长，农会理事长及妇女会会长亦均为当地大户人物。"[⑤]

尽管土地占有制度存在不平衡，但对于台湾土改的动因，学界多有不同看法。有学者认为是国民党当局在利害存亡的关键时期，为了缓和当时与农民之间的紧张关系，确保台湾的稳定而进行的[⑥]。还有学者从国民党当局、地主、佃农以及美国四者互动的角度解释为：第一，佃农在土改过程中不是积极的参与者，当时农村并没有不稳定的迹象，但国民党当局之所以进行土改，一方面是鉴于大陆的经验，惧怕农村将来成为当局威胁的来源；另一方面错估了农民在二

---

① 耕地总面积与农业总人口数字均见 Hui—sun Tang, Land Reform in "Free China", pp. 11—12。

② Hui—sun Tang, Land Reform in "Free China", pp. 13—14。

③ 蔡宏进：《台湾农地改革对社会经济影响的研究》，台北：嘉新水泥公司文化基金会，1967 年版，第 22—23 页。

④ Hui-sun Tang, Land Reform in "Free China", p. 27。

⑤ 雷柏尔：《台湾目前之农村问题与其将来之展望》，"中国农村复兴联合委员会"特刊第六号，台北：1953 年，第 169 页。

⑥ 刘进庆：《战后台湾经济分析》，厦门：厦门大学出版社，1990 年版，第 90—91 页。

二八事件中的角色。第二,国民党当局因在台湾缺乏基础,与本土的地主势力存在权力竞争,由于此时国民党当局在台湾没有土地利益的纠葛,而地主未曾发展至全岛性的力量来与国民党抗衡,国民党当局可以较小的代价进行改革。第三,"二战"后,作为资本主义阵营核心国家的美国,为对抗共产主义,积极协助第三世界国家和地区进行农业改革,其中土地改革被认为是对抗共产主义的利器。美国曾向国民党当局施加压力,在大陆实行土改,国民党败退台湾后,在"农复会"的金钱与技术协助下进行土地改革①。

台湾的土改可谓由国民党当局主导的、自上而下进行的一次所谓"和平革命"。改革共分三个步骤进行:第一步,"三七五减租"。即当局规定农地地租额不得超过该地上正产物年收获量的375‰,这在1949年4月陈诚任台湾省主席后开始全面实施。第二步,公地放领。所谓公地,是指光复后国民党当局自日据时代各级政府与日本人手中接收的土地,除台糖公司及其他机关、学校占用的外,其余农耕地于1951年开始正式大规模放领予农民,截至1961年共放领了五次,放领公地98004公顷,承领农户165443户②。放领的地价为按照该土地等则全年正产物收获量的两倍半,折成实物计算,分十年摊还。第三步,实施耕者有其田。自1953年1月开始施行,10月中旬完成。根据该年颁发的实施耕者有其田条例,规定每户地主得保留中等水田3甲,或其他等则的水田及旱田若干,超出规定的出租耕地由当局强制征收,转放给佃、雇农承领。征收耕地地价,依水田及旱地分别按照"三七五减租"时评定的标准收获量,以该地上主要作物正产物全年收获量的两倍半为征收价格,当局照价将七成给以实物土地债券,三成给以水泥、纸业、农林、工矿四大公司的股券。承领地价与征收地价相同,连同固定附着物及基地价额,并按年利率4%加收利息,分10年、20期以现金偿付,但每年的缴付额以不超过"三七五减租"后的负担为准。实施耕者有其田,共放领耕地139249公顷,承领农户194823户,平均每户承领耕地0.7147公顷③。

土地改革是对台湾乡村地权与财富的一次平均分配,使乡村阶级结构发生重大变化,其突出特点就是传统意义上的地主阶层基本消失,自耕农阶层得到壮大,并成为农民的主体。土改之后,台湾自耕农占农户总数的比例,由1952年的39%,上升到1957年的60%;佃农比例则由1952年的35%,降为17%,

① Hsiao, Hsin-Huang Michael, 1981, Government Agricultural Strategies In Taiwan And South Korea: A Macrosociological Assessment, Taipei: "Academia Sinica". 转引自林文益:《台湾农村土地改革之政治经济分析(1949—1953)》,台湾大学政治学研究所硕士论文,1994年,第10页。

② 沈时可:《台湾土地改革文集》,台北:"内政部",2000年,第77页。

③ 沈时可:《台湾土地改革文集》,第79页。

“这是很显著的一个社会流动”[①]。获得耕地后，农民生产的积极性和改良农事的积极性都大大提高，农民收益因此大为增加，1949年较改革前增加48%，1953年增加90%，1962年增加168%；全省农产品产量，以糙米为例，1962年比1948年增加了103%。农村儿童就学率亦由改革前的77%增至96%，农民在社会地位、政治认识等方面也有很大的提高[②]。土改也使得一部分农村资金由土地转投向工商业，据蔡宏进的研究，改革前拥有土地较多的地主，在改革后对于购买土地已无兴趣，更多地将产业向工商领域转移，或用于消费[③]，这对台湾由农业社会向工业社会转变，贡献很大。

由于台湾地少人多的环境，土改平均地权、造就更多自耕农的一个结果，是自耕农阶层中小农比例的提升，农业经营的规模日渐缩小，小农经营的特点更加突出。严格说来，台湾的农业生产在战前即是以小农经营为主，土改则加剧了这一现象。从表14-1可以看出，经过土改，拥有耕地在1公顷以下的小农户数量，比战前增加了十几个百分点，占到总农户数的60%以上。其后，因为在人口增长与分户现象发生的同时，耕地面积不仅增加有限，而且由于工业与都市发展占用耕地，其面积有减少的趋势，农场经营面积日益细化，小农户数量因而不断增长，到1970年，拥有耕地不足1公顷的农户已高达农户总数的70%以上。小农阶层的大量存在，客观上为台湾的工业化准备了大量剩余劳动力（参见表14-1）。

表14-1　台湾地区农户耕地经营规模表

<table>
<tr><th rowspan="2">项　目</th><th colspan="2">1939年</th><th colspan="2">1956年</th><th colspan="2">1961年</th><th colspan="2">1966年</th><th colspan="2">1970年</th></tr>
<tr><th>户数</th><th>百分比%</th><th>户数</th><th>百分比%</th><th>户数</th><th>百分比%</th><th>户数</th><th>百分比%</th><th>户数</th><th>百分比%</th></tr>
<tr><td>总　计</td><td>436593</td><td>100.00</td><td>738640</td><td>100.00</td><td>776002</td><td>100.00</td><td>840280</td><td>100.00</td><td>879398</td><td>100.00</td></tr>
<tr><td>0—未满0.5公顷</td><td>111805</td><td>25.61</td><td>254038</td><td>34.39</td><td>290268</td><td>37.41</td><td>318260</td><td>37.88</td><td>386315</td><td>43.93</td></tr>
<tr><td>0.5—未满1.0公顷</td><td>90007</td><td>20.62</td><td>209978</td><td>28.43</td><td>225549</td><td>29.06</td><td>241800</td><td>28.78</td><td>242748</td><td>27.60</td></tr>
<tr><td>1.0—未满1.5公顷</td><td rowspan="2">113117</td><td rowspan="2">25.91</td><td>121427</td><td>16.44</td><td>119100</td><td>15.35</td><td>125860</td><td>14.98</td><td>115414</td><td>13.13</td></tr>
<tr><td>1.5—未满2.0公顷</td><td>67177</td><td>9.10</td><td>64651</td><td>8.33</td><td>68180</td><td>8.11</td><td>60802</td><td>6.92</td></tr>
<tr><td>2.0—未满2.5公顷</td><td rowspan="2">57521</td><td rowspan="2">13.17</td><td>37543</td><td>5.08</td><td>32432</td><td>4.18</td><td>35500</td><td>4.22</td><td>29803</td><td>3.39</td></tr>
<tr><td>2.5—未满3.0公顷</td><td>19685</td><td>2.67</td><td>18124</td><td>2.33</td><td>20020</td><td>2.38</td><td>16975</td><td>1.93</td></tr>
</table>

① 陈绍馨：《台湾社会阶层与社会流动的研究趋势报告》，载陈绍馨著：《台湾的人口变迁与社会变迁》，台北：联经出版事业公司，1979年版，第526页。

② 有关数字参见沈时可：《台湾土地改革文集》，第73页。

③ 蔡宏进：《台湾农地改革对社会经济影响的研究》，第23页。

续表

项目	1939年		1956年		1961年		1966年		1970年	
	户数	百分比%	户数	百分比%	户数	百分比%	户数	百分比%	户数	百分比%
3.0—未满3.5公顷	41749	9.56	11470	1.55	9931	1.28	11900	1.42	9844	1.12
3.5—未满4.0公顷			6062	0.82	5683	0.73	6980	0.83	5704	0.65
4.0—未满4.5公顷			3404	0.46	3280	0.42	3880	0.46	3701	0.42
4.5—未满5.0公顷			2313	0.31	2219	0.29	2400	0.29	2397	0.27
5.0—未满7.0公顷	13129	3.01	3980	0.54	3329	0.43	4100	0.49	3872	0.44
7.0—未满10.0公顷	5938	1.36	1286	0.17	1077	0.14	940	0.11	1275	0.14
10.0公顷以上	3327	0.76	277	0.04	359	0.05	460	0.05	548	0.06

资料来源：台湾省粮食局编印：《台湾省粮食增产情形及业务概况》，1972年，第25页。

土改对乡村阶级结构的另一个影响，是伴随地主阶层的消失，农村中依附于大地主而产生的长工制度也逐渐退出历史舞台。在土地改革以前，一般地主家庭会雇用长工，这些长工按其从事的工作，大致分为三类：第一类为负责农场操作及家庭杂务者；第二类是负责管理佃租事务的管家；第三类为女佣人。长工主要依附大地主而存在，在土地改革后，由于大地主阶层的消失，农村中的长工制度也随之崩溃，这除了有原地主家庭财力不足、需求萎缩的因素外，土改期间，政府政策向佃、雇农阶层倾斜，雇主方面担心长工会对其土地、房产有过分要求，因此也不敢再雇用长工。此后农村中的自耕农家庭，在劳动力不足需要雇工时，也只会雇短工，而非长工①。这使土改后雇工很难作为一个独立的阶层而存在。

土改对乡村阶级结构的变动，使乡村社会人际关系与权力结构也受到深远影响。土地改革使原地主在乡村中的领导地位大受影响，在"三七五减租"实行后不久，即有地主抱怨佃农对其态度大不如前：之前佃农见到地主会"深深鞠躬"，减租后"除少数外，大多佃农均随随便便对地主毫无礼貌"；减租前地方有公共工程及造桥补路等事，只要地主一声号召，佃农都会前来帮忙，减租后则除少数外，大多数佃农会推说农事忙碌，不肯参加，弄得地主威信扫地②。蔡宏进的研究显示，土改后，一部分大地主转往都市发展，其在乡村社会的控制力自然消失；一部分地主虽仍居住在乡村，但因土地财产减少，经济状况大不如前，渐

① 蔡宏进：《台湾农地改革对社会经济影响的研究》，第37—38页。
② 沈时可：《台湾土地改革文集》，第31—32页。

无心也无力去做好公共关系，对公益事业的热心程度也逐渐降低，其领导地位因此逐渐丧失[①]。地主大户在乡村领导权的削弱，为国民党当局向乡村社会基层扩展势力留下空间，农民由以前的向地主缴租，转而向当局纳税，也使当局对其控制力增强。

然而，台湾的土改毕竟是一场温和的变革，国民党当局所迫切追求的目标，不是社会的改革，而是统治的稳定，通过牺牲当地地主的部分利益，来笼络农民的人心，目标便已达到，彻底摧毁地主，导致其强烈反抗，不是国民党当局所要的结果[②]。因此，地主阶级的利益在土地改革中虽受到很大削损，但所谓“瘦死的骆驼比马大”，特别是当局不仅保留了原地主的一部分土地，对其多出部分也是通过赎买的方式移走，因此原地主阶层在乡村社会仍有一定的基础，加上其受教育程度方面，参加政治、社会性活动的经验方面，都比原佃农占有优势，因此，同原佃农及原半自耕农比较，原地主的政治意识仍然较高，并对参与各种竞选活动有更多的兴趣。他们只是逐渐让出一些基层职位，如邻里长、租佃委员、乡镇民代表、农会理事等，这些职位改由新自耕农来担任，原地主转而向更高层级的职位发展，如乡镇长、县市议员、县市长等，大多由原地主所把持[③]。所以在土改之后，乡村社会的领导权仍然在原来那些地主富户手里。由于当局于 1950 年开始开放“地方自治”选举，这些农村中的实权阶层更集合起来，形成政治上的小集团——“地方派系”。据统计，在台湾省 16 个县中，有 14 个县存在派系对立的现象[④]，而在 300 多个乡镇中，几乎每个乡镇都至少有两个派系，一个是代表行政系统的“公所派”，另一个是代表经济系统（主要是农业经济）的“农会派”[⑤]。“地方派系”作为台湾地方政治生态的突出特征，其产生与土改不能不说有一定的关联。

二　都市化与城乡人口结构的变化

所谓都市化是人口向都市集中的过程，又称城市化，社会学者对这一概念的解释虽不尽相同，但最常被引用的概念是：“在都市地区聚居的人口占总人口

① 蔡宏进：《台湾农地改革对社会经济影响的研究》，第 55 页。

② 刘进庆：《战后台湾经济分析》，第 92 页。

③ 李宪文：《农地改革后地方权力分配之变化》，载李登辉：《台湾农地改革对乡村社会贡献之研究：三民主义在台湾的见证》，自印稿，1985 年，第 47—53 页。

④ 廖忠俊：《台湾地方派系的形成发展与质变》，台北：允晨文化实业股份有限公司，1997 年，第 13 页。

⑤ 陈明通：《派系政治与台湾政治变迁》，台北：新自然主义股份有限公司，2001 年版，第 254 页。

的比例，或是此种比例的增加。”[①]

台湾早期的城市，主要是大陆移民到台湾后最易聚集的台南、鹿港和万华等港口市镇。日本侵占台湾后，因政治中心的北移，铁路的修建，以及大陆移民被禁止，港口城市逐渐衰落，北部的台北、基隆，中部的台中，南部的高雄则逐渐兴起，和此前的台南市一起，形成后来台湾的所谓五大都市。日据时期，台湾的都市人口曾有一次较为明显的增长，这发生在1930年代，受当时工业化推行、都市行政区域扩大等因素的影响，人口在10万以上的都市人口总数在总人口中所占的比例，由1930年的5%，增加到1940年的12.3%，而在1920年至1930年间，这一比例仅增加了0.5%。但此次的都市化进程，必须考虑到在台日本人数量的影响。在日据时期的台湾都市人口中，日本人占有很大比例，以台北市为例，1940年该市人口中，有28%是日本人；而当时在台的31万余日本人，69%住在都市[②]。1949年后，台湾人口总量增长迅速，在1950年至1960年间，人口总数由755.4万增加到1079.2万，于1958年首次越过了千万大关。都市人口占人口总数的比例，由1950年的24.2%，增加到1960年的27.8%；10年间，五省辖市人口增加了67.3%，七县辖市人口增加了59.4%，市以外区域人口则仅增加35.7%，都市人口增加速度远超过乡村区域[③]。其中台北市及其周边区域，因受国民党当局及大量大陆人口迁台的影响，人口增长尤其显著，台北市区10年间人口增加了78.5%，其周边的三重、板桥、木栅等11个乡、镇、市，更在10年间人口增加了116%[④]。

虽然台湾都市化的进程早已开始，但在1960年之前，这一进程仍然是缓慢的，并显然受到了台湾以外区域人口迁入的影响。直到1960年，仍有72.1%的台湾人口居住于都市以外地区[⑤]，显示台湾都市化的程度还很有限。台湾都市化进程的大步迈进，是在1960年代中期台湾实现农工转型、大量农村人口外流城市之后。

在国民党当局迁台之初，农业依然是台湾的支柱型产业。通过水利工程的恢复重建、化学肥料的增加施用，以及土地改革的进行，台湾农业产值在1952

---

① 廖正宏:《人口迁移》，台北:三民书局，1985年版，第189页。

② 陈绍馨:《台湾的人口变迁与社会变迁》，第171—173页。

③ 五省辖市即前面提到的台北、基隆、台中、台南、高雄五大都市，七县辖市分别是:新竹市、彰化市、嘉义市、屏东市、花莲市、三重市，其中三重市在1962年因人口超过10万，由镇升格为市。参见陈绍馨《最近十年间台湾之都市化趋势与台北都会区域的形成》，《台湾的人口变迁与社会变迁》，第542—543页。

④ 陈绍馨:《台湾的人口变迁与社会变迁》，第550页。

⑤ 陈绍馨:《台湾的人口变迁与社会变迁》，第543页。

年大致恢复到战前的最高水平。在第一个四年经济建设计划开始的第一年，也就是1953年，农业在整个生产净额中的比重，为各产业之首，达38.3%，而相对应的工业产值，仅占17.7%①。在其后的十余年间，由于土地改革使农民的生产积极性提高，加上当局为解决因人口增加而带来的粮食问题，以及出口创汇的需要，也大力推动农业生产，尤其是粮食生产的发展，台湾农业生产得以透过精耕细作、集约化经营、改良土壤和增加复种面积等途径，保持4.8%的年增长率，不仅解决了台湾城乡人口的粮食需求，并提供大量农产品和农产加工品以出口创汇，创汇额每年在1亿美元左右，大约可以支付每年工业原料和设备进口费用的50%(其余50%为美援物资)②。在台湾的工业化进程中，农业做出了巨大贡献。而当局经济政策的核心，正如大多数后发现代化地区一样，以工业化为主要目标，农业则扮演"培养工业"的角色。为扶植工业的成长，当局采用粮食增产、掌握粮源及低粮价等一系列政策，将农业剩余转移到工业部门，此即台湾学者所说的"压挤"的农业政策。在农业的"培养"下，台湾在1960年代前中期成功实现农工转型，其具体表现，是工业在整个生产净额中的比重在1963年首次超过农业；而在出口产品结构中，工业品的比例也于1966年首次超过农产品与农产加工品的总和③。自此开始，农业在整体经济中的地位不仅为工业所取代，且其比重日渐降低。1966年，农业在整个生产净额中的比重尚有26.2%，1967年即下降为23.8%，到1969年，更是跌至20%以下，至1972年，这一比重已下降到14.1%④。

受农业衰退的影响，加上耕地面积的过于狭小，农家的农业所得往往不足以应付家庭支出。在1963年，这种情形还仅限于拥有耕地不足0.5公顷的农户，到1968年，不仅该部分农户的农业所得与家计费用的差额，由5204元新台币扩大到9256元新台币，连拥有耕地在0.5—1.0公顷的农家，其农业所得也不敷家庭一般支出。这使得越来越多的农户不能完全依靠农业为生，而必须兼营他业。根据"农复会"、台湾大学和中兴大学1967年合办的台湾农家收益调查，一个拥有耕地1.29甲(约1.25公顷)、平均人口8.3人的自耕农户，一年中农场收入54317元，农场外收入14302元，共计68619元，而其家庭支出为6.54

①④ 廖正宏、黄俊杰、萧新煌：《光复后台湾农业政策的演变：历史与社会的分析》，台北："中央研究院"民族学研究所，1986年版，第63页。

② 段承璞主编：《战后台湾经济》，北京：中国社会科学出版社，1989年版，第139页、第346页。

③ 廖正宏、黄俊杰、萧新煌：《光复后台湾农业政策的演变：历史与社会的分析》，第63页；段承璞：《战后台湾经济》，第132页；林梓联：《近十年来台湾农村人口及其产业演变之分析》，《台湾农业》第6卷第2期，1970年，第135—136页。

万元，能有剩余3219元，倘若没有农场外的兼业收入，则尚缺乏1083元[①]。有耕地1公顷以上的农户尚且如此，户均耕地在1公顷以下的，其情形可想而知，农业所得偏低已是不争的事实。为家计所需，加上都市与工厂往往能提供更优厚的待遇，大量农村劳动力因此外流都市与城镇。由于大量农村劳动力外流，农业人口在总人口中的比重逐年降低。在1953年，农业人口仍占总人口的一半以上，但到1971年，这一比例跌至40%以下[②]。与此同时，农业就业人口在总就业人口中的比重，也呈下降趋势，1953年这一数字为61.3%，到1967年即跌至50%以下，到1972年更跌为39.9%[③]。农村劳力外流，从消极的角度来说，不仅使农事从业人员在数量上减少，而且由于外流人员大多是青壮年，且其中不少受过较高的教育，因此事实上也造成农业就业人口素质上的降低。根据"农复会"的调查，大专毕业的农村青年仅有10%留在当地工作，高中毕业生留在当地工作的也仅为26%，其他均流入都市，在都市长期工作，或每日通勤于都市与家乡之间[④]。但从积极的角度来看，农村人口外流不仅使相关农民家庭的收入提高，更使台湾工业与都市发展获得必须的劳动力，乃至廉价的劳动力，因而对工业化与都市化进程有利。

大量农村人口外流都市，使台湾的都市化进程明显加快。五大都市人口在1958年到1968年间，增加了57.78%；继台北县三重市在1962年升格为县辖市后，1967年，桃园县中坜市也升格为市，8个县辖市的人口共增加了48.71%，远远超过这10年间，台湾地区人口的自然增长率35.95%。如果考虑到当时台湾农村地区的人口自然增长率要高于都市，则在都市增加的人口中，应有更多是来自农村的外流人口[⑤]。有社会学者研究证明，1950年代以来台湾都市人口的增长，很大程度上受到乡村人口移入的影响。以五大都市为例，从1951年到1981年，其人口总数由143.3万增加到504.8万，年平均增加率为4.3%；同期台湾人口的年平均增加率为2.8%，五大都市区的人口增加率较之台湾地区平均值，高出了1.5个百分点。即使假定五大都市的自然增加率与台湾地区整体水平一样，在此期间，从乡村地区流入五大都市的人口也达到317万，即平均每年约有10万人自乡村移入五大都市。在五大都市中，台北、高雄两市尤其吸引人口的流入，逐渐发展为百万人口的大都市，30年间，台北市人口从56.2万增

①④⑤ 林梓联：《近十年来台湾农村人口及其产业演变之分析》，《台湾农业》第6卷第2期，1970年。

② 台湾省粮食局编印：《台湾省粮食增产情形及业务概况》，台北：台湾省粮食局，1972年，第23页。

③ 廖正宏、黄俊杰、萧新煌：《光复后台湾农业政策的演变：历史与社会的分析》，第60—61页。

加到 227.1 万，占到五都市人口总数的一半以上；高雄市人口也从 28.5 万增加到 122.7 万，约占五都市人口总数的四分之一。五大都市人口增加的趋势在 1966 年至 1971 年间更为突出，其间人口增加率达 38.2%，远高于其他时间段，显示出工商业快速发展、都市就业机会增加、大量乡村人口被吸引前来，与都市人口增加之间的关联[①]。

随着人口与经济等的发展，台湾原有城市规模不断扩大，其级别也随之不断提高。1967 年 7 月，台北市改隶“行政院”，成为“直辖市”；1979 年 7 月，高雄市也继之改制为“直辖市”。1982 年，当局又将新竹市和嘉义市升格为省辖市，与之前的基隆市、台中市、台南市一起，组成新的五个省辖市。在省辖市之下，县辖市的数量不断增加。由于台北、高雄等大都市的市区人口近乎饱和，人口逐渐向市郊流动，加上仍有大量人口自乡镇区域源源流入，在大都市周边逐渐形成新的卫星城市，如台北市周边，在 1970 年代先后诞生了板桥、中和、永和、新庄、新店等 5 个隶属台北县的县辖市。同时期升格为县辖市的还有桃园县桃园市、高雄县凤山市、台东县台东市、台中县丰原市等。截至 1980 年，台湾县辖市的数量达到 17 个。在此期间，台湾当局还于 1977 年提高了升格县辖市的门槛，将县辖市的标准从之前的人口须达 10 万，提高到了 15 万。进入 1980 年代后，台湾都市化进程继续展开，从 1981 年开始，当局增列县治所在的镇为县辖市，到 1999 年 10 月 4 日台北县树林市升格成功，台湾已有 32 个县辖市[②]。

战后台湾的都市化水平有明显的地区差异，北部区域的都市化水平最高，都市人口占总人口的比重高达 91%；南部区域次之，都市人口比重约为 73.5%；中部地区又次之，其比重为 63%；东部地区最低，其比重为 61.9%[③]。这种差异与相对应的各区域的生产力水平有很大关系，也就是工业投资充分的地方，就业机会多，自然吸引更多人口移入，而工业投资欠缺的地区，如云林、嘉义、台东等地，就显示出人口外移的特点[④]。

农工转型和都市化进程的展开，使城乡人口结构发生根本变化。在 1964 年到 1980 年间，台湾都市人口增加 63%，乡村人口仅增加 18%，都市化程度从

---

① 廖正宏：《人口迁移》，第 205—206 页。1967 年 7 月，台北市改为所谓的“直辖市”，也就是“(行政)院辖市”，市区范围大为扩大，对此期间五大都市的人口增加率也有一定的影响，但总体上，乡村人口流入都市仍是突出的因素。

② http://zh.wikipedia.org/wiki/%E7%B8%A3%E8%BD%84%E5%B8%82。

③ 李非：《论台湾的城市化及其与经济发展的关系》，载陈孔立编：《台湾研究十年》，厦门：厦门大学出版社，1990 年版，第 153 页。

④ 1969 年至 1974 年间，云林、嘉义、台东等地减少了 10%左右的人口。参见李文朗：《台湾人口与社会发展》，台北：东大图书股份有限公司，1992 年版，第 42—43 页。

59%增加到66%[①]。如果将广大农村地区镇的人口也计算进来,则1980年城市人口占总人口的比重达到69.7%,1985年更增至78.3%,远高于世界城市发展的平均水平(41%),并超过发达国家的都市人口比重(71%)[②]。1949年以来,台湾城乡人口结构的颠覆性变化,于此可见一斑。这尚就人口居住地的情形而言,若从人口就业角度考虑,非农人口占总人口的比重在1990年代已大致达到90%[③],也就是说,农业人口已不到总人口的一成。台湾早已从战后初期的农业社会,迈入以都市人口为主的现代工商业社会。

三　中产阶级的兴起

台湾中产阶级主要形成于1970年以后,大量中产阶级的出现,则集中在1975年到1980年之间[④]。作为社会结构的一大新变动,中产阶级在1980年代进入台湾社会学研究视野,并日益引起社会的普遍关注。

中产阶级是西方资本主义特定发展脉络下的社会结构产物,是就介于资本家和工人之间的中间阶层而言,早期约可等同于小资产阶级。1951年,美国社会学家赖特·米尔斯(C. Wright Mills)出版了《白领——美国的中产阶级》一书,使中产阶级研究开始进入社会学视野,成为社会分层领域的一个热门话题。该书首次提出"白领阶级",也就是新中产阶级这一概念,自此开始,按其是否拥有生活资料,中产阶级被划分为新、旧两种,旧中产阶级包括了小企业主、小店东、自由农场主等,新中产阶级则主要指专业的经理与技术人员,也就是薪水阶层的中上层[⑤]。同西方社会旧中产阶级逐渐没落,新中产阶级成为中产阶级的主流不同,在台湾,受到政治、经济等相关因素的影响,在新中产阶级崛起的同时,旧中产阶级依然并存。因此,台湾的中产阶级往往被划分为新、旧两大类,所谓新中产阶级,主要是以技能、学历、文凭为取向的事业和管理人才;而旧中产阶级则主要是指自营小店东和自雇劳动的小企业主等[⑥]。社会学者更多的是依职业分类来界定台湾的中产阶级,有人将台湾的中产阶级分为三类:第一类为政府部门和私人企业部门所雇用的中上级工作人员,其中包括对他人劳动力有一定控制权的管理阶层;和虽对他人劳动没有控制权、但对自己的劳动有相

① 廖正宏:《人口迁移》,第204页。

② 李非:《论台湾的城市化及其与经济发展的关系》,《台湾研究十年》,第153页。

③ 李文朗:《代序》,《台湾人口与社会发展》。

④ 张晓春:《中产阶级与社会运动》,载萧新煌主编:《变迁中台湾社会的中产阶级》,台北:巨流图书公司,1990年版,第180页

⑤ 严泉、陆红梅:《台湾的中产阶级》,北京:九州出版社,2009年版,第1—2页。

⑥ 萧新煌:《总论:台湾中产阶级何来何去?》,《变迁中台湾社会的中产阶级》,第6页。

当程度自主权的科研人员、机器设备管理或维修人员、设计部门的专业人员、金融部门工作者以及中上级军公教人员等。第二类则为和政府及企业部门没有隶属关系的专业或自由业工作者，如医生、律师、会计师，从事文化工作的知识分子等。第三类是自雇的小资产阶级，包括小店东、小企业主等，以自我劳动或家族劳动为主，有些也雇用少数他人劳动①。上述台湾中产阶级，除了第三类的小资产阶级，大多具有下述三种特征：一、有中等以上的收入或所得；二、受过相当程度的教育，一般有高中以上的学历；三、从事非劳力性的工作②。

上述有关台湾中产阶级的定义，显示出中产阶级成员的复杂性与异质性，这与台湾中产阶级产生的背景有很大关联。台湾中产阶级的兴起，不仅是战后台湾社会经济发展的结果，国民党当局对台湾的中产阶级也有相当程度的形塑作用。

战后台湾在美援的帮助和当局的政策扶持下，着力进行工业化建设，不仅通过"以农业培养工业"政策，在进入1960年代后成功实现农工转型，并于1960年颁布《奖励投资条例》，以发展出口导向型工业策略，取代之前的进口替代型发展策略。1960年代中期以后，台湾首先以廉价纺织品参入国际分工体系，在美国取得一定的市场份额；1966年高雄出口加工区建成，依赖廉价劳动力的优势，吸纳了美、日电子产业中需要大量人力加工的部分。从1960年代下半期起，台湾的工业结构便以面向出口的劳动密集型加工工业部门为主，纺织业和家用电器业成为台湾制造业的两大支柱，这两个部门的产值占制造业总产值的30%以上③。这种出口导向的产业结构，在1973年受到第一次世界石油危机的严重冲击，国民党当局不得不实行"第二次进口替代"，从1974年开始推行以重化工业为主的"十项建设"。1979年资本主义世界再次爆发石油危机，世界面临产业结构调整，缺乏资源的台湾也再次提出产业升级，转而重点发展资讯、电子、机械、电机、运输工具等高附加值、低能源消耗的技术密集型工业。1980年，新竹科学工业园区正式设立，吸引了岛内外厂商前往投资。到1986年底，工业园区核准设厂数目70余家，已开工厂近60家④。进入1990年代，当局又以《促进产业升级条例》取代执行20多年的《奖励投资条例》，引导经济资源由劳力密集型产业转向高竞争力的资本及技术密集型产业，并以工业的科技化支援服务

---

① 徐正光：《中产阶级兴起的政治经济学》，《变迁中台湾社会的中产阶级》，第36页。

② 瞿海源：《中产阶级兴起及其意义的认定》，台湾《中国时报》，1985年10月25日。

③ 段承璞：《战后台湾经济》，第144页。

④ 段承璞：《战后台湾经济》，第151页。

业的发展，1990 年，服务业取代工业成为台湾第一大产业[①]。

战后台湾的工业发展，首先催生的是资本家阶级和劳工阶级。在 1960 年代中期以前，前者主要由以上海纺织业为主的大陆迁台企业主，和借土改地价补偿取得四大公司股票，进而变身为资本家阶层的原地主构成；劳工阶层则主要来自农业劳动力剩余。受土改后土地零碎化，以及台湾当局“以农业培养工业”政策的影响，在 1960 年代，农村潜在过剩劳动力估计达 100 万人，相当于农业就业人口 227 万人的 44%[②]。如此庞大的农业剩余劳动力为工业发展提供了大量廉价劳动力，使劳资关系呈现绝对的“买方市场”的局面，加上政府掌控工会，限制劳工运动，劳工阶级在资本家面前处于绝对的弱势地位，缺乏足资谈判的筹码[③]；同时，大多数劳工可以视就业情形在劳工与小农两种身份间自由转换，在战后台湾，劳资冲突因而并不显著，较长一段时间内，劳工阶级处于低工资水平，1961 年至 1972 年，台湾制造业实际工资年均增长率 5.41%，而劳动生产率则每年平均提高 6.24%[④]。

进入 1970 年代后，随着制造业的急速扩张，劳动力供应日趋紧张，实际工资水平不断提高。到 1980 年代，制造业实际工资增长幅度远超过劳动生产率增长速度[⑤]。劳工阶级工资水平的上涨，一方面使社会所得分配渐趋平均，另一方面也为劳工阶级的分化和中产阶级的形成创造了条件。随着企业组织的分层化、生产设备的机械化、劳动过程的复杂化，以及市场条件的改变，新的管理阶层应运而生。这些管理阶层主要分布于企业的人事部门、生产部门、工程部门、会计部门以及销售部门。在台湾企业中，首先获得重用的是出身理工科的技术人才，受过社会科学企业管理训练的人才，则到 1970 年代中后期才逐渐受到重视。大约从 1970 年开始，台湾的大学开始有企管科系的设立，显示企业对于专业管理人才的需求[⑥]。1980 年代以来当局对技术密集型产业的重视，使企业中涌现出更多受过较高教育的专业技术与管理人才。1981 年，高中以上的就业人口比率达到 31%[⑦]，新中产阶级的白领队伍进一步壮大。

从 1960 年代中期开始，由于逐渐进入世界市场体系，外资进驻，加上台湾

---

① 陈正茂：《台湾经济发展史》，台北：新文京开发出版股份有限公司，2003 年版，第 197—198 页。

② 刘进庆：《农村的过剩人口和劳动力市场》，载隅谷三喜男编：《亚洲劳工问题》，东洋经济新报社，1971 年，第 72—73 页；转引自刘进庆：《战后台湾经济分析》，第 416 页。

③ 刘进庆：《战后台湾经济分析》，第 433 页。

④⑤ 段承璞：《战后台湾经济》，第 188 页。

⑥ 徐正光：《中产阶级兴起的政治经济学》，《变迁中台湾社会的中产阶级》，第 39—40 页。

⑦ 吴忠吉：《中产阶级的兴起于未来经济发展的导向》，《变迁中台湾社会的中产阶级》，第 157 页。

当局鼓励投资，台湾私营经济得到相当大发展，大量中小企业兴起。根据1976年台湾工商业调查，平均每家资产只有6万美元的中小企业成为工商企业的主流，在全台420606家工商企业中，有418920家为中小企业，占总数的99.76%。这些中小企业为社会提供了主要的就业岗位，其职工人数总计299.62万人，占全部工商业就业人数的81.8%[①]。但如从每家平均雇用工人仅约7人来看，这些企业中的大多数规模相当小，大多数企业属自雇劳动或家族劳动。到1980年代，台湾的企业结构仍以中小企业为绝大多数[②]。在大量中小企业兴起的同时，由自雇作业者构成的小资产阶级大量持续存在。

中产阶级的兴起不仅受到经济发展的影响，国民党的统治也促成了部分中产阶级的产生。1949年国民党当局自大陆败退台湾，在台湾建立起从“中央”直至省、县的一整套行政体系，吸纳了随其迁台的大陆籍行政机构工作人员，以及陆续加入的台湾本地人士。这些任职于“政府”部门的文官与管理人员，成为台湾最早的中产阶级的来源，在1950—1960年代，台湾如果有中产阶级，即主要由服务于“政府”部门的中上级公务人员组成。从1950年代后期开始，国民党当局为推动经济建设和科技发展，官僚机构中的经建部门不断扩大，并在相关“政府”部门之下设立高级科研机构。这些单位的设立有助于科学、技术人员这一新中产阶级的兴起[③]。另外，公营企事业也造就了一批中产阶层。台湾光复以后，国民党当局从日本殖民政府手中接收了不少工商企业。虽然台湾当局在1953年公布了《公营事业移转民营条例》，鼓励并扶持民营企业的发展；又结合土改，将水泥、纸业、农林、工矿四大公司的股票作为赎买地主土地的部分代价，使其变身为民营企业，但公营企事业在台湾仍有相当大比重。1976年，台湾有公营企事业单位1008家，资产总值占工商业资产总值的57%，雇用员工36.8万人[④]。到1980年代后期，有人估计台湾中产阶级人口的一半由“政府”机构所雇用或创造出来，但这一估计是将相关“政府”部门的所有工作人员都包括在内，因而有估计过高的嫌疑[⑤]。另有学者根据当局“主计处”1987年的家计调查资料，认为约有三分之一的中产阶级身处公营事业与“政府”部门，另有三分之二则属于非公共部门[⑥]。无论二分之一或三分之一的估计，显然各级公营企事业单位以及“政府”部门对中产阶级的形成，都有相当程度的影响。

从上述针对台湾中产阶级形成的两大背景因素的分析来看，如果将台湾的

---

①④　段承璞：《战后台湾经济》，第218页。
②　徐正光：《中产阶级兴起的政治经济学》，《变迁中台湾社会的中产阶级》，第41页。
③　徐正光：《中产阶级兴起的政治经济学》，《变迁中台湾社会的中产阶级》，第43页。
⑤　徐正光：《中产阶级兴起的政治经济学》，《变迁中台湾社会的中产阶级》，第44页。
⑥　许嘉猷：《台湾中产阶级的估计及其社会特性》，《变迁中台湾社会的中产阶级》，第66页。

中产阶级视为一种客观存在，其主要形成于1970年代。进入1980年代后，中产阶级群体日益壮大，其人数大致占到台湾人口的三成左右，而主观上认同自己为中产阶级的则至少近四成[①]。这种对中产阶级的主观认同，以及1980年代台湾学界对中产阶级研究的关注，从另一层面反映了台湾中产阶级的兴起[②]。到1997年，据统计，客观调查下的中产阶级人口在25%—35%之间，主观认定自己是中产阶级者则达30%—50%[③]，显示进入1990年代后，中产阶级的人口比例渐趋稳定。

按照西方主流的中产阶级理论，中产阶级在社会结构中有相当的稳定性功能，可以缓和上下层之间的矛盾冲突[④]。但台湾的中产阶级，有相当的异质性与矛盾性。在其兴起之初，相对于其他社会阶层，中产阶级对社会结构调整有更大的需求。从1970年代开始，中产阶级中的知识分子就积极参与党外运动，并在1980年代兴起的消费者保护运动、环保运动、妇女运动等社会运动中扮演着重要的角色。台湾中产阶级普遍具有民主理念，大多具有政治改革诉求，这一方面与台湾经济加入世界资本主义分工体系，新兴中产阶级受到西方民主自由观念的洗礼有关；另一方面也是对长期以来国民党威权统治的一种反弹，希望在社会权力与财富分配体系中地位有所改变。1988年11月《天下杂志》进行的一项社会调查显示，近半数的中产阶级对既有的权力和财富分配有不公平感[⑤]。有学者研究发现，由于中产阶级中土生土长的台湾人(其在中产阶级整体中的比例约为85%)较倾向于支持反对势力(民进党)，因而对当时国民党当局造成一定的压力，迫使其进行政治改革；而来自大陆迁台人口的中产阶级，尤其是公教阶层，则倾向于支持"执政党"(国民党)，他们的政治理念成为当局政治改革的"引力"，使国民党因得到这部分群体的支持而敢于进行政治改革。尽管两部分中产阶级对政治改革的作用方向有差异，却有殊途同归的效果，共同成为

① 中产阶级占总人口的比例，系瞿海源综合许嘉猷《台湾中产阶级的估计及其社会特性》和蔡淑玲《中产阶级的分化与认同》两文对中产阶级人数的估计而得出的数字。参见瞿海源《评论〈中产阶级的定义与估量〉》，《变迁中台湾社会的中产阶级》，第99页。

② 在中产阶级研究领域，一直有两种倾向：一种将其视为客观存在；一种则将其视为主观认定，即"可以由研究者参考社会经济地位设定出属于中层的中产阶级或者是经由受访者主观的认定而决定自己属于那一个层级"。参见柯志明《评论〈台湾中产阶级形成的政经与历史背景〉》，《变迁中台湾社会的中产阶级》，第49页。

③ 严泉、陆红梅：《台湾的中产阶级》，第5页。

④ 李路路、李升：《"殊途异类"：当代中国城镇中产阶级的类型化分析》，《社会学研究》2007年第6期。

⑤ 林忠正：《中产阶级与台湾的经济前途：中产阶级的错误意识》，《变迁中台湾社会的中产阶级》，第137页。

1980年代末期台湾走向政治改革的推动因素①。

尽管有较高的政治理念，但台湾的中产阶级是一个充满矛盾的阶层，对此种性格，台湾学者萧新煌曾有段精彩的表述："对于政治改革和民主前途，他们并非不关心，他们很可能是最为焦急的阶层，可是他们却往往是最迟才表现态度和立场的一群，他们观望，他们盘算，他们也颇为功利……解严前，私下对戒严体制表示过极端不满的，是他们；对戒严后社会政治一时出现纷乱局面而感到忧心忡忡和不安的，也是他们……"②这种政治上的矛盾性格，加上由于中产阶级内部的异质性，如群体差异、职业差异等，导致中产阶级整体利益难以整合，使中产阶级选民在选举政治下，虽为各候选人争取之对象，"但却是最不可能发挥集体性力量的一群"③。进入1990年代以后，台湾中产阶级具有较多的技术化、科层化和商业化的倾向，因而整体上激进性的一面更趋弱化，保守性一面趋强，成为台湾政治的稳定力量④。

第二节　战后台湾的社会运动

1949年国民党军政残余败退台湾后，在台湾实行了长达38年之久的戒严，1948年在南京颁布的《动员戡乱时期临时条款》，也在台湾继续实施，相当长一段时间内，台湾处于国民党当局的专制统治之下，虽有工会、农会等各种人民团体的存在，但也都受国民党的掌控，加上党禁、报禁等各种禁忌，民间社会缺乏集结与发声的机会，直到1970年代末，台湾社会缺乏真正意义上的社会运动。随着战后台湾资本主义经济的发展，社会结构发生变迁，台湾社会逐渐富裕化与多元化，民间社会的活力也渐渐难以阻挡，为了争取公平的权力分配和更好的生存条件，社会运动首先在中产阶级知识分子的主导下开始兴起，台湾社会相对进入一个以"社会力"主导的时期⑤。1987年当局宣布"解严"，开放党禁、

---

① 吴乃德、林佳龙：《中产阶级与民主改革：现实或神话？——重构中产阶级和民主化的关系》，《变迁中台湾社会的中产阶级》，第218—219页。

② 萧新煌：《中产阶级与台湾的民主前途》（原载香港《明报》1988年9月1日），载萧新煌著：《社会力——台湾向前看》，台北：自立晚报社，1989年版，第386页。

③ 朱云汉：《中产阶级与台湾政治民主化》，《变迁中台湾社会的中产阶级》，第242页。

④ 严泉、陆红梅：《台湾的中产阶级》，第98—99页。

⑤ 台湾学者萧新煌曾将战后台湾历史划分为三个时期：第一个时期从1947年"二二八事件"到1962年，共15年，是"政治力"挂帅时期；第二个时期从1963年到1978年，也是15年，是"经济力"当道时期；第三个时期从1979年开始，是"社会力"发动时期。参见萧新煌《台湾新兴社会运动的分析架构》，载徐正光、宋文里合编：《台湾新兴社会运动》，台北：巨流图书公司，1990年版，第22—23页。

报禁，解除对人民结社、集会、游行等的限制，在相对宽松的制度环境下，社会运动出现井喷局面，其组织者、参与者也逐渐由中产阶级扩展到社会中下层，社会抗争颇为激烈，虽然直接涉及政治议题的社会抗争不多，但反对党涉足社会抗争、与社运合作的情形并不鲜见。1992 年底“立法院”全面改选，“万年国会”正式终结；1994 年开放省市长选举；1996 年“总统”改由选举产生；2000 年民进党赢得大选，首次实现政党轮替，民进党得以进入体制内。种种事件显示：美国式的政党政治在台湾逐渐站稳脚跟。伴随这一政治民主化的进程，社会运动策略方面，也在发生改变，社会运动进入较为常态化的时期，运动的议题也大为扩展，逐渐产生一些新兴的社会运动。

一　戒严时期社会运动的沉寂与萌芽(1949—1986)

1949 年 5 月 19 日，时任台湾省政府主席兼台湾省警备总司令的陈诚签发“台湾省戒严令”，宣布自次日零时起在台湾省全境实施戒严。至该年年底前，迁台的国民党当局相关部门又陆续颁布了“戒严期间防止非法集会结社游行请愿罢课罢工罢市罢业等规定实施办法”、“戒严期间新闻杂志图书管理办法”、“惩治叛乱条例”等相关法令，使台湾人民在此后数十年内都处于国民党当局的专制统治之下，没有组党、结社、游行示威以及言论等的自由。基于在大陆的失败教训，工会、农会等人民团体也在国民党党部的严密控制下成立、发展。1960 年 9 月 4 日，鼓吹政治改革与宪政民主、试图组织中国民主党的雷震被刑拘，“雷震案”爆发，台湾的政治反对运动受到近乎毁灭性的打击，在 1970 年代末以前几乎销声匿迹。在这样严峻的政治环境下，以非体制内抗争为突出特点的自发性社会运动自难有兴起的空间①。

从 1949 年到 1970 年代末以前，可算是战后台湾社会运动的沉寂期。该时期并不能说完全没有运动事件的发生，但其背后或者得到当局首肯，或者干脆由国民党推动，真正自发的运动很少，抗议现行体制、挑战国民党当局的更几乎未见。以 1963 年 5 月由台大学生发起的青年自觉运动为例，该运动肇因于该年 5 月 18 日的台湾《“中央日报”》副刊上，刊登了一篇名为《人情味与公德心》的文章，文章的作者——署名为狄仁华的一位美国来台留学生——批评中国人缺乏公德心。5 月 20 日，台大校园即出现了署名为“一群你的同学”的信与壁报，号召：“不让历史批判我们是颓废自私的一代！”“不要做历史的罪人！”一场

① 社会运动大致可定义为：“利益或信念一致的人群发起的共同行动，以非体制内的途径抵抗或推动某一种社会变迁的趋势。”参见何明修、萧新煌《台湾全志》卷九“社会志·社会运动篇”，台北：“国史馆”台湾文献馆，2006 年版，第 34 页。

“台大学生自觉运动”自此展开。次日，台湾《“中央日报”》即以《台大学生自觉的呼声：我们不是颓废自私的一代！》为题，首先正面报道了这一运动，其他各报随后也竞相刊载。5 月 22 日，《“中央日报”》第一版以三分之一篇幅刊出自觉运动的新闻与图片，并以“提高公德心”为该日社论主题，自觉运动达到高潮。紧接着，台湾《联合报》等各大报也纷纷报道，表示热烈支持这一运动，自觉运动由台大逐渐发展到台湾政治大学、台湾师范大学等大学校园，成为一场全台性的青年自觉运动[①]。在这场运动中，台湾《“中央日报”》的支持与推波助澜作用显而易见，在当时的政治情境下，所谓的社会运动呈现这样的特质，也不难理解。

与自觉运动不同，1970 年代初发生的保钓运动可算是学生自发的运动。保钓运动首先发生在美国。1970 年，由于日本政府片面主张对钓鱼岛的主权，而美国当时与日本达成协议，准备在 1974 年将美国在“二战”时占领的琉球交予日本，这其中也包括美国认为是琉球群岛一部分的钓鱼岛。为抗议美、日对钓鱼岛主权的侵犯，1970 年底至 1971 年初，美国普林斯顿等校的华人留学生进行了一系列抗议活动，在纽约、华盛顿、芝加哥、旧金山、西雅图等地举行示威游行。保钓运动很快由美国蔓延到香港、台湾等地。1971 年 4 月，台湾大学侨生先是发出大量海报，支持台湾当局对钓鱼岛的主权；4 月 14 日，以台大侨生为主的学生约百余人，在日本“大使馆”前举行示威游行，抗议日本蓄意侵占中国领土；次日，台大、师大、政大各校侨生又举行了一次抗议示威游行，向美国“大使馆”递交抗议书，参加学生达千人；4 月 20 日，台大学生成立了保钓委员会；1971 年 6 月 14 日，台大校园出现美国要于 6 月 17 日将钓鱼岛交予日本的海报，台大保钓会因而决定在 6 月 17 日进行示威游行，当天参加运动的学生分别向美、日驻台机构提交了抗议书[②]。台湾岛内的保钓运动是一次完全由青年学生自发领导与推行的运动，运动中台湾当局虽未采取任何压制的行动，但也曾多次试图疏导学生的“过激”行为。因此，保钓运动虽然并未将台湾当局放在运动的对立面，相反“本质上是一种爱国运动”[③]，但与此前的学生运动相比，已经是一个很大的突破。

保钓运动对以往学生运动的突破，显示进入 1970 年代后，台湾社会已在悄然发生变化。虽然在此之前，台湾当局的政治、社会控制都相当严密，而 1950—

---

① 参见殷颖《由美国留华学生所点燃的中国青年自觉运动》，丘为君编《台湾学生运动(1949—1979)》(中)，台北：龙田出版社，1979 年版，第 361—366 页。

② 参见李中民、吴琼恩、冯浩彬《我国大专学生包围钓鱼台运动记实》；茅汉《六一七学生示威记实》。《台湾学生运动(1949—1979)》(中)，第 427—440 页；第 454—461 页。

③ 李中民、吴琼恩、冯浩彬：《我国大专学生包围钓鱼台运动记实》，《台湾学生运动(1949—1979)》(中)，第 429 页。

1960 年代台湾在美援的支持下，经济得到快速发展，工业化、都市化进程展开，社会结构发生变迁。经济的发展与社会的变迁，悄然改变着台湾当局的社会控制能力：工业化进程中民营企业的迅速成长，使台湾当局不再能完全掌握经济资源；大量人口自农村进入城市，“都市的匿名性”，使得台湾当局对人口的直接监控能力削弱；更多元、更开放的价值观也使得国民党的意识形态开始被质疑[①]。进入 1970 年代后，由于台湾的外部环境变化，台湾当局的合法性受到动摇，长期以来其在台湾的专制统治也逐渐受到质疑与批评。对台湾当局专制统治的异议与批评主要来自知识分子，在 1970 年代中期以前，批评的出发点主要还是支持国民党的统治，以该时期发生的保钓运动参与者及大学杂志集团来说，前者奉行的是国民党长期宣传的“民族主义”路线；后者虽主张民主政治，希望进行政治革新，但他们并不直接挑战国民党的统治。从 1970 年代中期开始，党外运动兴起，从《台湾政论》创刊，到《美丽岛》杂志，这个运动延续了《大学杂志》的知识分子的批判传统；同时配合党外人士参与各项公职选举，这个运动开始从言论走向街头，示威游行、户外演讲等运动形式在 1970 年代后半期比较多地出现，对国民党的集权统治形成直接的挑战[②]。

1970 年代政治气氛的变化，虽以“美丽岛事件”中党外人士的拘捕与被镇压而告终，但社会变迁的潮流已难以阻挡。从 1979 年开始的消费者运动，表明战后台湾社会运动开始进入萌芽期。截至台湾“解严”前，该时期的社会运动包括了消费者运动、环境保护运动、劳工运动、妇女运动、学生运动、少数民族运动等几种形式。

消费者运动，是指在近现代商品经济条件下，消费者为争取社会公正，维护自身权益，同损害消费者利益行为进行斗争的一种有组织的社会运动[③]。1970 年代末期，台湾发生了几起侵害消费者权益的事件与纠纷，消费者保护问题逐渐成为大众关注的焦点。1979 年台中、彰化等地爆发了“米糠油中毒事件”（或称多氯联苯中毒事件），有 2000 多人因食用品质不良的食用油导致多氯联苯中毒，出现皮肤怪病症状，由于当时没有完善的消费者保护机制，受害者不仅没有得到赔偿，厂商还得以设法脱责。该事件与同年底发生的“假酒事件”，使得台湾社会开始重视消费者的保障与权益问题。1980 年 11 月，由三商行负责人翁肇喜、律师李伸一和教授柴松林共同发起成立消费者文教基金会，柴松林出任

---

① 何明修、萧新煌：《台湾全志》卷九“社会志 · 社会运动篇”，第 47 页。

② 何明修、萧新煌：《台湾全志》卷九“社会志 · 社会运动篇”，第 53 页。

③ 龙虎：《台湾政治转型中的社会运动研究（1980—2000）》，中国人民大学政治学系博士论文，2004 年，第 62 页。

第一任董事长。该会经费主要来自捐款和该会发行的《消费者报导》杂志的订阅费。“消基会”主张以“和平、厉行、科学”的运动方式，以“推广消费者教育，增进消费者地位，保障消费者权益”为三大宗旨，在其成立后，一方面为消费侵权事件中的受害者伸张正义，提供服务，充当代理人角色；另一方面，也以揭发有害商品的方式，唤起消费大众的重视①。

如果说消费者保护运动是为了创造与维持消费者有尊严的生活水准，环境保护运动则是为了创造与维持有尊严的生活环境②。战后台湾工业化进程的展开，一方面创造了大量的社会财富，提高了人们的生活水准；另一方面也对环境造成很大破坏。1970 年代台湾就发生了数起震惊海内外的环境污染事件，与此同时，海外的环保运动思想也开始传入岛内，这为环保运动的发生准备了条件。台湾环保运动在 1983 年前后已具规模，当时发生的环保事件包括：彰化花坛事件、高雄林园阿米诺酸事件、台中大里三晃农药厂事件、新竹新丰倍克厂事件等，其中三晃事件最具组织性抗议形态，但上述事件的影响力大多仍局限于一定地域内③。1985 年 8 月，台湾当局核准美国杜邦在鹿港附近的彰滨工业区设厂，生产二氧化钛。该镇民众发起 10 万人联名上书行动，反对设厂，但未受到有关部门重视。1986 年 6 月 24 日，鹿港发生了台湾反污染史上第一次游行，这次的游行事件经由电视媒体报道，引起台湾社会极大震撼④。面对当地居民的强烈反对，杜邦公司不得不在隔年 3 月宣布暂停在鹿港的投资案，两年后改在观音工业区设厂⑤。鹿港杜邦设厂事件是一件非常具有标志性的事件，同时期也有其他类似环保事件发生，不少学者因此将 1986 年前后视作台湾环保运动的开始⑥。

1960 年代的工业化，催生了一大批劳工阶层，由于政府严格掌控工会，劳工阶级长期以来在与资方的关系中，处于弱势地位。进入 1980 年代后，劳工阶级的意识开始觉醒。这一方面与知识分子介入等外部条件的促成有关，另一方面基层工人也开始自发的抵抗行动。外部条件方面，首先是 1984 年 5 月，台湾劳工阵线(简称劳阵)的前身——台湾劳工法律支援会成立。该会由夏潮系和新潮流系人士合组而成，是战后台湾第一个独立于当局的劳工运动组织，其发起

① 何明修、萧新煌：《台湾全志》卷九“社会志·社会运动篇”，第 56 页。

②③ 黄荣村：《台湾地区环保与消费者保护运动：特色与互动》，徐正光、宋文里合编：《台湾新兴社会运动》，第 57 页。

④ 龙虎：《台湾政治转型中的社会运动研究(1980—2000)》，第 64 页。

⑤ 何明修、萧新煌：《台湾全志》卷九“社会志·社会运动篇”，第 65 页。

⑥ 黄荣村：《台湾地区环保与消费者保护运动：特色与互动》，徐正光、宋文里合编：《台湾新兴社会运动》，第 57 页；何明修、萧新煌：《台湾全志》卷九“社会志·社会运动篇”，第 65 页。

人包括律师郭吉仁、李胜雄，新潮流系邱义仁等。"劳支会"以向劳工阶层提供免费法律服务的方式，帮助处理劳工投诉。其次是1984年"劳动基准法"的通过，这是战后台湾第一部全面规范最低劳动条件的法律，该法的出台历经数年，资方团体多加阻挠，媒体也予以很大关注，这无形中为劳工意识的觉醒起到一定的宣传作用。"劳动基准法"通过后，劳资争议事件明显增多，并为"解严"后劳工阶层"顺法抗争"创造了条件。在"解严"前，劳工运动萌芽的典型事件是1985年底至1986年间发生的"新玻案"。1985年底，新竹玻璃公司董事长任和钧卷款潜逃，使得财务困难的工厂完全停工，气愤的员工组织临时管理委员会，自行接管公司的生产与营运，以筹募员工的资遣费。临时管理委员会受到来自资方和"政府"的双重压力，其接管工作非常困难，但工人们仍然坚持了相当长时间①。

"解严"前的台湾妇女运动，从1970年代开始出现，其形式主要为知识分子所做的有关两性平等的宣传，以及有关妇女问题的学术研究。1971年，留美归来的吕秀莲开始在报章媒体、校园演讲中倡导"新女性主义"，强调男女平等与两性和谐。1975年，吕秀莲等人创办了拓荒者出版社，出版一系列探讨妇女问题的丛书。出版社还成立妇女资料中心，收集既有的妇女问题研究成果，并开展台北市家庭主妇现况调查。由于吕秀莲在"美丽岛事件"中被捕，妇女运动曾停滞了一段时间。1982年，淡江大学李元贞创办妇女新知杂志社，以"唤醒妇女，支援妇女，建立平等和谐的两性社会"为宗旨。1985年，台大人口研究中心成立妇女研究室，首次为岛内的妇女研究提供机构性支持。从1985年到1987年间，各种妇女团体也纷纷成立，其领导人多为热心参与社会的知识女性，如主妇联盟、前进妇盟、妇女救援协会、晚晴协会及彩虹专案等。这些团体多以座谈会、发动签名、游行、抗议等方式，来达成关怀妇女的目的，并经常透过大众传播媒体来宣传其活动②。

"解严"前数年间的学生运动，又或者可称校园运动，学生活动的内容主要在争取校园民主。大学校园开始兴起各种批判性言论，并成立了各种具有批判色彩的新兴社团，如台大的大学论坛、辅大的辅大新闻社、政大的政大青年社等，这些以小团体形式存在的社团，通常寄存于正式的社团之中，然后渐渐取得社团的领导权。到1980年代中期，直接成立的批判性学生社团逐渐多了起来。这些社团除了通过发行刊物和举办社团活动等方式，向学生进行一定的思想启

① 参见何明修、萧新煌《台湾全志》卷九"社会志·社会运动篇"，第65—67页。

② 参见周碧娥、姜兰虹《现阶段台湾妇女运动的经验》，《台湾新兴社会运动》，第83—85页。

蒙外，还积极地参与到向校方争取学生自治权益的行动中去[①]。1982 年，台大的部分学生社团开始以“普选”作为推动校园民主化运动的议题。隔年学生推派吴睿人以“还我学生权，还我自治权”作竞选口号，击败了校方所中意的候选人，当选为“学生代表联合会”主席，这是国民党在台湾有史以来校园选举的第一次败仗[②]。但学生的普选主张受到来自各方面的阻力与压力，吴睿人最后不得不以辞去主席一职来表示抗议。尽管如此，学生普选的要求并未停止，1985 年，台大 94 个社团开会，以 94 票对 0 票，通过了“普选”案。但是，校方仍然坚持不得普选，以致后来爆发了“李文忠事件”[③]。除积极开展校园民主化运动外，学生社团也开始关心社会现实问题，参与到社会实践中去。1986 年鹿港居民反对杜邦设厂事件发生后，台大大学新闻社进行实地调查，并不顾校方反对，出版了《台大学生杜邦事件调查团综合报告书》。这一事件引发了学生与校方之间的又一场论争，围绕大学生刊物如何审理，学生要求自审，校方则坚持要事先审查。此后不久，学生们提出“大学改革方案”，并于 1987 年 3 月 24 日组成请愿团向“立法院”请愿，校园民主运动至此达到高潮[④]。

少数民族运动由几位受过高等教育的少数民族知识青年发起。1983 年 5 月，台大的少数民族学生创立《高山青》杂志，1984 年 12 月，台湾“原住民权利促进会”成立，成为少数民族最大的反对运动团体。在 1987 年发表的《台湾原住民族权利宣言》中，“原权会”强调台湾少数民族与汉人是不同的族群，少数民族是台湾的主人；希望通过民族历史的回忆，唤起全体少数民族的民族意识。少数民族运动受到长老教会与党外人士的支持，1984 年 4 月，党外编联会还专门组织了少数民族委员会[⑤]。

综上所述，在经历数十年的沉寂期后，台湾在 1970 年代末、1980 年代上半期出现社会运动的萌芽，在这时期的社会运动中，知识分子扮演了极为重要的角色，他们承担起启蒙大众与发起运动的职责，并主导了此时期的大多数社会运动。他们当中有不少来自党外群体，部分社会运动在一定程度上因此受到党外运动的影响。这一时期民间社会虽已开始集结力量，如劳工运动中“新玻案”

---

① 何明修、萧新煌：《台湾全志》卷九“社会志·社会运动篇”，第 71 页。

② 林玉体：《党化教育与校园运动》，《台湾新兴社会运动》，第 186 页。

③ 指该校政治系学生李文忠穿着“普选”字样的衬衫在校园游行，台大校方因此给予其留校察看处分（而李也有学业成绩不及格的因素），李文忠不服校方处分，至傅斯年陵墓的傅钟下绝食抗议。校方不得已，邀请校内 9 名教授调查此事。9 名教授经调查后，以 8 票对 1 票议决，一方面同意给予李生惩戒，另一方面建议校方准其复学。但校方不仅未收回成命，李文忠还马上收到入伍通知。这一事件曾在台大引起轩然大波。

④ 林玉体：《党化教育与校园运动》，《台湾新兴社会运动》，第 187 页。

⑤ 何明修、萧新煌：《台湾全志》卷九“社会志·社会运动篇”，第 73 页。

的发生，但因为戒严体制的存在，民间社会的动员尚显不足，运动的内容主要为各种非传统社团的成立，以及通过发行杂志、出版书报、演讲、座谈会等形式，进行理念的宣传。也就是说，该时期的社会运动主要还停留在知识分子与中产阶级层面，社会中下层的动员与参与都还不足。

二 “解严”后社会运动的勃兴(1987—1992)

1980 年代以来，国民党在台湾建立的威权统治逐渐出现松动的迹象，尽管党外运动在“美丽岛事件”中受到沉重打击，并曾一度停顿，但国民党对党外运动的弹压，激起民众对党外运动更大的同情，一些“美丽岛事件”的受害者家属，或者为受害者辩护的律师，因此在以后的民意代表选举中获得更多的支持，从而开始走上政治舞台。1986 年底，党外运动各派系初步整合，冲破戒严体制下对组党的限制，创立民主进步党。1987 年 7 月 15 日，台湾宣布正式解除戒严，随后台湾当局又通过“动员戡乱时期集会游行法”“动员戡乱时期人民团体法”等一系列法规，报禁、党禁相继解除，人民的结社、集会、游行等权利也得到一定的开放。台湾的政治环境发生重大变化，自此进入所谓政治自由化时期。

政治领域的变革、许多政治禁忌的解除，为民间社会活力的绽放，提供了更为有利的条件。尽管有学者认为不宜过于强调“解严”对社会运动发展的作用，而应将“解严”后社会运动的兴盛视为经济、政治、社会等各种结构综合变动的结果，但同时也认为：“我们不可否认解严的象征及实质上的意义。”①“解严”对于民间社会来说，最大的意义就是结社与游行自由的开放②。以结社来说，戒严时期，人民的结社自由受到很大限制，“非常时期人民团体法”曾规定，同一性质的团体，一个地区以一个为限。不少与社会运动有关的团体，因此无法正式登记，或者不得不转而采取迂回的方式。如消费者保护运动，即因为亲官方的“中华民国消费者协会”的存在，很长时期无法形成组织化，最后不得不采用基金会的方式，并以“文教”为幌子，成立“消费者文教基金会”，不能公开提“消费者保护”；妇运组织的主妇联盟在向有关机关申请登记时，则有主管人员建议她们直接加入妇女会③。因为上述种种结社的限制，“解严”前尚处萌芽期的社会运动，大多由非正式或“地下”组织发起；对于这类组织的参与者来说，因组织本身不能纳入体制内，其活动就具有对抗体制的风险，所以无法“名正言顺”地经营组

---

① 高承恕：《台湾新兴社会运动结构因素之探讨》，《台湾新兴社会运动》，第 13 页。

② 何明修、萧新煌：《台湾全志》卷九“社会志·社会运动篇”，第 77 页。

③ 参见何明修、萧新煌《台湾全志》卷九“社会志·社会运动篇”，第 79 页；顾忠华《社会运动的“机构化”：兼论非营利组织在公民社会中的角色》，载张茂佳、郑永年主编《两岸社会运动分析》，台北：新自然主义公司，2003 年版，第 4 页。

织，以致这些组织大多带有"非日常性"的性质[①]。在戒严令废除后，1989 年 1 月，当局又通过"动员戡乱时期人民团体法"，虽然新法规要求社会团体的成立必须得到当局许可，但戒严时期对结社的种种限制成为了历史，各种社会团体得以如雨后春笋般纷纷出现，台湾社会出现了一股"组织热"。在 1989 年前，以社会团体名义登记的宗教组织仅 17 个，新的人民团体法颁布后的五年间，这一数字增加到 109 个；五年间，非宗教性社会团体（包括学术文化、医疗卫生、体育、社会服务及慈善、国际、经济业务、宗亲会、同乡会、校友会等）增加了 76%。到 1993 年，宗教与非宗教性社会团体合计达到 1740 个[②]。社会运动团体作为其中的一部分，在"解严"后也显示了数量上的急剧增加。以环保团体为例，在"解严"前一年，共有 6 个新团体成立，从 1987 年到 1990 年的四年间，急剧增加了 87 个；截至 1998 年，台湾的环保组织超过了 300 个[③]。"组织的立案登记似乎成为社会运动'化暗为明'的宣示纪录"[④]。社运团体的大量成立，对社会运动的发展无疑有极大的促进作用，一方面这本身就是社会运动兴盛的一部分；另一方面，这些社运团体的存在，使社会运动建立起自身的资源动员渠道，社会运动的自主性相对增强[⑤]。游行自由方面，虽然"解严"后当局仍对此设定了种种限制，如设置游行禁区、游行集会必须提前申请等，但与"解严"前相比，游行毕竟可以是合法的行为，这使"解严"后的社会运动，更容易采取街头运动的方式，从而扩展运动的影响力。

"解严"后的最初几年，社会运动呈现井喷之势，根据有些学者的统计，这段时间社会运动的种类有 14 种之多，除了在萌芽期即已出现的消费者运动、环境运动（又可分为两类：一为反污染自力救济运动，一为生态保育运动）、劳工运动、妇女运动、学生运动、少数民族运动，在此时期继续发展外；又增加了老兵运动（也可分为两类：一为老兵返乡运动，一为福利自救运动）、教师人权运动、农民运动、政治受刑人人权运动、残障及福利弱势团体之请愿运动，以及新约教会

① 顾忠华：《社会运动的"机构化"：兼论非营利组织在公民社会中的角色》，《两岸社会运动分析》，第 4 页、第 9 页。

② 顾忠华：《社会运动的"机构化"：兼论非营利组织在公民社会中的角色》，《两岸社会运动分析》，第 10 页。

③④ 何明修：《民主转型过程中的国家与民间社会：以台湾的环境运动为例（1986—1998）》，台湾大学社会学研究所博士论文，2000 年，第 80 页；转引自顾忠华《社会运动的"机构化"：兼论非营利组织在公民社会中的角色》，《两岸社会运动分析》，第 6 页。

⑤ 顾忠华：《社会运动的"机构化"：兼论非营利组织在公民社会中的角色》，《两岸社会运动分析》，第 9 页。

的宗教抗议行动等[1]。在这14种运动之外，其实尚有教育改革运动、无住屋者运动、客家人运动等。所以在当时来说，运动的种类已相当多，运动的议题也相当宽泛。虽然有各自专门的议题，这些社会运动其实也有共同的诉求，也就是如台湾学者萧新煌所指出的"弱势群体的求偿诉求"，即要求权益的补偿和救济。所谓权益，涵盖了生存权、工作权、福利权、环境权、宗教信仰自由权、学术自由权、财产权、人格权等基本人权的内容；至于补偿与救济，则可解释为："由于既往不能充足享有人权，乃致产生受害意识。"因此这些运动都带有鲜明的抗议色彩[2]。以下将就这一时期各运动议题做一简单介绍。

消费者运动 延续了"解严"前的运动路线，在消费者文教基金会领导下，继续推动消费者保护法的"立法"工作，最终促成"消费者保护法"在1994年1月获得通过。同年7月，当局依据"消保法"，成立了"行政院消费者保护协会"，专门负责政策研订、审议及协调推动，"消保法"的解释及研修，重大消费事件的协调处理等消费者权益保护事项。

环境运动 "解严"后，环境抗争案急剧增多，在"解严"后半年内即相继爆发了多起影响深远的案件，如高雄后劲反五轻(1987年7月)、宜兰反六轻(1987年11月)、桃园反六轻(1987年12月)、反苏澳火力发电厂(1987年12月)、桃园基力化工镉污染(1988年1月)、绿牡蛎受害者陈情(1988年1月)、反对兰屿核废料场(1988年2月)等。"解严"后的环境运动开始以走上街头的方式，来表达抗议。1988年4月，反核团体在"立法院"陈情抗议，公布500位教授联署签名，并在台电大楼进行三天和平禁食抗议；1989年，"四二三反核大游行"爆发，开启了此后长达十年的反核游行的先河。一向温和中性的生态保育运动也开始举行游行，1988年植树节，台湾绿色和平组织即发起抢救森林大游行。1988年发生的林园事件，参与者采用了更为激烈的方式。由于当地工业区污水处理厂的废水外流，造成汕尾渔港鱼群大量死亡，愤怒的民众将处理厂电源关闭，造成工业区18家厂商停工，并影响到中下游工厂，整个台湾的石化产业都相继停顿，因此林园事件成为"解严"后影响最为深远的环境抗争案，在此一事件之后，环境抗争的风潮越来越频繁，与当局的对立也逐渐升高。"解严"后的另一变化，是结合专业人士与基层群众的环境组织出现，1987年11月，台湾环境保护联盟成立，并在1987年至1989年间，相继成立了8个地方分会。环保联盟的

---

① 萧新煌：《台湾新兴社会运动的分析架构》，《台湾新兴社会运动》，第24—25页。其中"农民运动"一项，原文为"果农抗议行动"，但当时还有稻农的抗议行动，所以改为统称"农民运动"更为恰当。

② 张晓春：《中产阶级与社会运动》，《变迁中台湾社会的中产阶级》，第183页。

主要发起人是大学教授与民进党新潮流系成员。另外，曾参与鹿港反杜邦设厂事件的粘锡麟等人，组成了绿色和平工作室，大学教授林俊义、民进党前进系的人物也有参与[①]。

劳工运动 主要包括了两方面的内容：一是依据"劳动者基准法"，争取年终奖金等法律保障而资方未遵守的权利，也就是所谓"顺法抗争"。1988 年初，桃园客运、大同公司、大连化工、桃勤公司的工人为争取年终奖金，即采取"依法休假""怠工"等方式，向所在公司要求合理的待遇。另一内容为自主工会运动。传统的产业工会一般受国民党党部或者资方掌控，"解严"后，异议工人往往通过组织联谊会、劳方联线、兄弟会等方式，夺取工会的主导权。南亚工运领袖颜坤泉、桃园客运工运领袖曾茂兴，即都通过选举，分别当选其所在的台塑集团南亚工会和桃客工会的理事。在 1987 年至 1988 年的台湾石油工会各分会及总会理监事选举中，异议工人通过组织劳方联线，以及一系列宣传活动，得以大获全胜，民进党康宁祥的胞弟康义益新当选为石油工会理事长。在争取工会领导权的同时，各地劳工势力也逐渐集结，1989 年 4 月，部分北县的工会干部成立了"中国劳工同盟"，其后，"全国自主劳工联盟"（简称"自主工联"）、兄弟工会、工会干部联谊会（简称"工联会"）等类似的集合性劳工组织相继成立[②]。

妇女运动 "解严"前的妇女运动主要停留于知识阶层的知识启蒙，解严后则开始转向草根运动。"解严"后一些新的妇运团体相继成立，如 1987 年 8 月，曹爱兰、沈美真等人推动成立"台湾妇女救援协会"，次年更名为"台湾妇女救援基金会"；1987 年 11 月，原妇女新知杂志社也改组为妇女新知基金会。在这些组织的发起下，妇女运动开始采取社会关注度更高的集体行动，典型的如 1988 年 1 月的救援雏妓大游行，以及为争取女性就业平等权而发起的抗议事件等。

学生运动 "解严"后的学生运动从争取校园民主化逐渐走出校园，与其他社会运动团体联合，关注社会弱势群体。1987 年 7 月 18 日，由辅仁大学等 11 个学校共同组成的"大学法改革促进会"（简称"大革会"）成立，这是"解严"后第一个跨校际的自发性大专学生联盟。"大革会"的主要诉求在于：大学自治；学生应有完整的公民权；废除军训等，属校园民主改革的内容。1988 年 2 月 28 日，"大革会"改组为民主学生联盟，自此学生运动开始转变方向，在农民运动与反核运动中，学运团体都逐渐参与或声援。1990 年，"三月学运"（又称"野百合学运"）爆发，该运动发生于 3 月 16 日傍晚，9 名台大学生前往台北"中正纪念堂"前静坐抗议，以反对"第一届国民大会"资深代表追加出席费以及延长任期

① 参见何明修、萧新煌《台湾全志》卷九"社会志 · 社会运动篇"，第 84—88 页。
② 参见何明修、萧新煌《台湾全志》卷九"社会志 · 社会运动篇"，参见第 81—84 页。

的自利与扩权行为。9名学生的行动得到学运团体和部分教授群体的支持，在媒体的持续关注下，不仅吸引了来自台湾各高校的数百名学生加入，围观与声援的民众也越来越多，民进党亦组织2万多名群众参加集会。“三月学运”提出了政治改革的诉求，虽然在3月22日结束前，未得到当局确切的答复，但这次运动无疑使“解严”后的学生运动达到了高潮。在接下来的5月，为反对郝柏村出任“行政院长”，学生与教授又共同组织了知识界反军人干政运动，在5月20日由学生、教授、社会团体发起的“反军人干政”示威游行中，参与者达5000多人[①]。

农民运动 “解严”后的农民运动，分为中部的果农和南部的稻农两个支流，果农的抗议主要针对美国农产品的进口，影响到本地产水果的价格，南部的稻农运动则提出较多的政策要求[②]。从1987年底开始，大规模的农民抗争事件即陆续发生，如1987年12月8日，中部地区3000余名果农前往“立法院”请愿，抗议进口水果造成省产价惨跌；1988年3月16日，4000余名来自台湾各地的农民，向美国在台协会、“国贸局”、国民党中央党部抗议请愿；以及同年4月26日，在台美贸易咨商会议举行期间，500余名农民携带农具参与的游行请愿事件。更引起当局震惊的是1988年5月爆发的“五二〇事件”，该事件由云林农权会主办，来自全省各地的3000多农民在5月20日齐集台北“国父纪念馆”，然后游行示威抗议，对象为国民党中央党部、“立法院”“行政院”。请愿农民提出了全民办理农保及农眷保、增加稻谷计划收购量、降低肥料价格、废除农会总干事遴选办法、水利会纳入政府编制、设立农业部、开放农地自由买卖等七大诉求。从当天下午到次日清晨，抗议过程中多有警民冲突的事情发生，最后演变为自二二八事件以来最严重的街头流血事件，参加运动的农运人士、一般民众、城市游民及大学生，有不少人被捕[③]。

老兵运动 1949年跟随国民党军政残余败退到台湾的老兵，在“解严”后也走上街头，这相对其他社会运动，对国民党当局无疑是非常难堪的事件。老兵自救运动带有浓厚的党内抗议色彩，其主要参与者是“自谋生活”的低阶退伍军人，在退伍后普遍生活困难。“解严”后，他们也成立了自救联谊会等老兵组织，并有组织地发起了数次街头抗议，还曾游行到国民党中央党部。但他们并不反对国民党的统治，相反地表现出对国民党的极大忠诚，其运动的主要诉求在争

① 参见何明修、萧新煌《台湾全志》卷九“社会志·社会运动篇”，第127页。

② 何明修、萧新煌：《台湾全志》卷九“社会志·社会运动篇”，第91页。

③ 参见萧新煌《一九八〇年代末期台湾的农民运动：事实与解释》，《“中央研究院”民族学研究室集刊》第70期，1990年秋季；许木柱：《“五二〇事件”调查报告书》，台北：社会运动观察小组，1988年，第13—15页、第25页。

取金钱补助，使生活有所改善。老兵自救运动使台湾社会第一次真正关注这一特殊群体，对他们生活的困窘情形，多数人抱持同情的态度。至于老兵返乡运动，因“外省人返乡探亲促进会”曾借助民进党的力量，因此认同与参与该运动的老兵并不多，而国民党为了防止老兵被民进党吸收，主动加速了开放探亲的步伐①。

少数民族人权运动　在“原权会”主导下，这个时期少数民族运动也开始走上街头，其主要抗议事件包括：反吴凤事件，并将吴凤乡改为阿里山乡；反对南投县政府强行挖掘信义乡东埔村布农人祖坟的东埔事件；以及“还我土地运动”，1988 年 7 月，“原权会”与其他少数民族团体组成台湾“原住民还我土地联盟“，随后多次发起以“还我土地”为主题的抗议活动。

教师人权运动　为维护教师工作权和基本人权，或者为了争取学术自由与校园民主，一些异议教师开始在传统的教师工会之外，另外组织新的教师团体。1987 年 8 月，被高雄中山大学停聘的李勤岸等发起成立教师人权促进会；而在此之前的同年 6 月，台大教授联席会成立，成为台湾第一个由教授自发组成的教授组织；1989 年 5 月，由大学教授结合成立大学教育改革促进会；同年，由 21 位自由派教授组织的澄社成立。

教育改革运动　教改运动的主要推动力量是人本教育基金会和“全国”民间团体教育会议，前者主要由家长身份的知识分子组成。运动的主要诉求在教育理念的变革，反对应试主义的教育环境，主张以人为本，“反对迫害学生人权”等。

另外，该时期尚有几个新兴的运动，如无住屋者运动主要是小市民阶层为反对房价高涨而兴起的运动，运动的主要组织是无屋者团结联盟，目的在打压房价、房租，这一运动曾一度唤起政治冷漠的小市民的注意。客家运动是又一新兴运动，其运动组织客家权益促进委员会，曾在台北街头举行“还我母语”大游行，目的在争取客家族群利益，团结客家族群力量。政治人权运动则主要由台湾人权促进会发起，以讨论二二八事件为其主要议题②。

上述社会运动，按其主要参与者的阶级成分，可大致划分为两大类：一类为中产阶级的运动，包括了消费者运动、环境运动中的生态保育运动、教师人权运动、教育改革运动、学生运动等；另一类是中下阶层弱势群体的“非中产阶级运动”，如劳工运动、农民运动、老兵返乡与福利自救运动、反污染自力救济运动、妇女运动、少数民族人权运动、新约教会抗议运动等。由于中产阶级相对于中

---

① 参见胡台丽《从沙场到街头：老兵自救运动概述》，《台湾新兴社会运动》，第 157—173 页。

② 以上参见何明修、萧新煌《台湾全志》卷九“社会志·社会运动篇”，第 96—106 页。

下阶层拥有更多可运用和动员的资源，如财力、知识、领导能力、游说力量、文宣能力等，所以在运动策略方面，中产阶级的运动较常采用文字、语言等游说方式，较弱势团体的运动则较多采用类似“躯体语言”等更为激烈的方式。就运动的效果来说，前者的社会破坏性较小，后者则比较容易引起社会不稳定的恐慌性心理①。

“解严”后兴起的社会运动，还呈现出下述特征：首先是社会运动不再局限于单个运动议题内的发展，而是某一社运团体会积极参与到声援其他社会运动中去，产生跨议题的结盟活动。最典型的是农民运动，曾多次得到大学生与劳工团体的声援，在“三一六事件”中，工党、绿色和平工作室、环保联盟、进步妇女联盟、高雄后劲反五轻自救会、“立法院”20 名民进党“立委”助理、及北区八所大专院校的学生等都来声援，投入抗议的行列②。在“三月学运”中，由残障联盟、环保、妇女、无住屋与弱势团体等将近 100 个社团组成的“新社会同盟”，加入了学生静坐的行列，另外如新兴社运团体主妇联盟和环保联盟，也到场声援③。其次，这一时期的社会运动与民进党关系密切，无论是环境运动，还是学生运动、劳工运动、农民运动、少数民族运动，甚至老兵返乡运动，都有民进党参与其间，社会运动政治化的倾向比较明显。再次，在运动策略方面，这一时期的社会运动大多采取街头运动方式，有些运动，如反污染自力救济运动、农民运动等，甚至采用相对激烈的手段，造成与台湾当局间的紧张关系。在郝柏村出任“行政院长”期间，台湾当局曾一度对威胁到其威权统治、或者影响到经济生产的社会运动进行打压，如环境运动、劳工运动、农民运动、学生运动等，以致 1990 年代初，这些社会运动受到相当大的影响。但台湾当局如此做的结果，是将社会民意更加推到了其对立面，更促成了社会运动与民进党的结合，“三月学运”和反军人干政运动中，各种社运团体的合作，以及社运团体与民进党的合作，即是例证。民进党在 1992 年底的“立委”选举中获得空前胜利，与社运部门的资源投入选举，并支持民进党，也有很大关联④。因此在台湾实现政党轮替的过程中，不能不说有社会运动的推动。同时，社会运动的爆发，是以非体制内、甚或激烈的方式将社会问题呈现在公众面前，对相关社会问题的解决也会产生一定的积极影响，如“五二〇事件”后，台湾在 1988 年 10 月开始试办全面的农民健康保险，同年 11 月又召开了第二届全台农业会议。其他如环境运动、消费者运动、

---

① 参见萧新煌《台湾新兴社会运动的分析架构》，《台湾新兴社会运动》，第 36—37 页。

② 萧新煌：《一九八〇年代末期台湾的农民运动：事实与解释》。

③ 何明修、萧新煌：《台湾全志》卷九“社会志・社会运动篇”，第 131 页。

④ 何明修、萧新煌：《台湾全志》卷九“社会志・社会运动篇”，第 135 页。

劳工运动、少数民族运动等，也促成了相关专门性行政机构的设立，或相关法规的出台，使相关议题的解决有了一定的体制内渠道①。

三　1990 年代中期以来的社会运动

1992 年，根据前一年通过的“中华民国宪法”增修条文，台湾当局在其统治区域举行了第二届“立法委员”和“国民大会代表”的选举，“万年国会”正式终结；次年，新任“立委”就职，台湾迈入所谓政治民主化时期。此前与社运团体多有合作的民进党从此进入体制内，2000 年，民进党更是赢得“总统”选举，成为“执政党”，这一切对台湾的社会运动产生很大影响，使 1990 年代中期以来的社会运动，与此前相比，呈现不同的特点。

该时期的台湾社会运动，最大的转变是在运动策略方面，更多采取与体制结合、或者体制内的方式来表达诉求，争取运动议题的解决。促成这一转变的原因，一方面，在选举政治下，政治人物需要更多的“出镜”机会，获得选民的认可与支持，不少政治人物因此有意识地投入社会运动，借助民众对社运议题的关注，来增强自身的媒体曝光度。在该时期的反核等环境运动中，即多有政治人物的身影，如 1994 年贡寮乡举办“核四公民投票”，即获台北县县长尤清的支持；1998 年 12 月 5 日，宜兰县政府举办“核四公投”等②。另一方面，该时期此前与社会运动多有合作的民进党进入体制内，为社会运动体制内渠道的拓展创造了有利条件。通过与“立法委员”合作，或者经由参与“国会”助理工作的学运、社运分子的努力，社会运动首先经由“立法机构”，针对法律法规的制定或修改，以及预算的审查等，来达到自己的目标。该时期的环境运动、劳工运动、妇女运动，以及教育改革运动等，都曾采用这种与体制合作的方式。如 1990 年代中后期的反核运动和美浓反水库运动，都曾试图通过在“立法院”的强力动员，迫使“立法院”通过相关的冻结或删除预算案。妇运团体为争取两性平等工作权、平等民事权等，也曾多次透过“国会”途径进行抗争，使“立法院”在 1996 年 9 月修正通过“民法”第 1089 条，使父母平等行使亲权；而“两性平等工作法”也在 2002 年通过。在 1990 年代末期，透过这一途径通过的相关法案还包括：1997 年 1 月通过的“性侵害犯罪防治法”，次年 6 月通过的“家庭暴力防治法”等。同样透过这一管道，在教育改革团体与民进党“立委”的合作下，教育改革运动取得明显成绩，在 1994 年通过的“师资培育法”中，规定普通大学也可以设立教育学院，

① 何明修、萧新煌：《台湾全志》卷九“社会志 · 社会运动篇”，第 80—81 页。

② 龙虎：《台湾政治转型中的社会运动研究（1980—2000）》，第 110—111 页。

师资来源不再完全由师范学校垄断[①]。2000年民进党上台后，社运人士更多直接参与当局决策，一些资深的社运人士出任了民进党当局的高级官僚，如环境运动人士林俊义出任“环保署长”，劳工运动人士郭吉仁担任“劳委会副主委”，少数民族运动人士尤哈尼出任“原民会主委”，妇运人士林芳玫出任“青辅会主委”，社区运动者陈锦煌出任“政务委员”等。在高级官僚之下，很多年轻的社运分子也被招揽进行政机构，担任秘书或者助理工作，同样加强了社运与民进党当局的结合。民进党当局还通过给予社运团体参与若干专案小组，或者通过增加对民间团体的经费补助等方式，将社会运动纳入民进党当局决策之中[②]。

社会运动体制内渠道的开启与运用，使社运诉求有了更多、更有效的解决渠道。而社运策略的这一转变，容易给人一个印象，即社会运动有被“收编”的危险，“损害了社会运动体制外抗争的基本性格”[③]，但新时期的社会运动在与政党的关系方面，也在发生变化，显示该时期的社会运动仍然保留其独立性。在1990年代中期之前，社运团体常与民进党并肩作战；在民进党纳入政治体制内后，社会运动也主要借助民进党的力量，获得更多体制内的渠道。但1990年代中期以后，民进党为了摆脱自身的“台独”“反商”“暴力”等标签，逐渐撤离社会抗争领域，同社运的传统盟友关系逐渐疏离。民进党的转型促使社运团体认识到独立的重要性，不仅加强了内部的合作与结盟关系，于1996年9月，17个社运团体代表发起成立“社会立法运动联盟”，同时在与政党的关系方面，不再局限于与民进党合作，而是倡导与民进党、国民党、亲民党开展“等距外交”[④]。民进党上台执政后，与社运组织的分歧更行扩大，在环境运动、劳工运动当中，可以明显地看到民进党立场的转变，由支持反核人士、劳工，转而支持企业家阶层。2001年的反核大游行，民进党虽也动员参加，但在发起的过程中已明显地看到与社运组织的矛盾[⑤]。与之相反，“下野”的国民党（包括亲民党）则表达了与社会运动新势力结盟的兴趣，在2000年的工时案中，民进党当局提出的每周最高工时为44小时，而“立法院”中的国民党人士，则提出了有利于劳工的两周84小时方案，劳工团体因此转而和国民党合作，最后争取到每周最高工时42小

---

① 参见何明修、萧新煌《台湾全志》卷九“社会志·社会运动篇”，第144—146页，第150—151页。

② 参见何明修、萧新煌《台湾全志》卷九“社会志·社会运动篇”，第215—217页。

③ 龙虎：《台湾政治转型中的社会运动研究（1980—2000）》，第110页。

④ 龙虎：《台湾政治转型中的社会运动研究（1980—2000）》，第123页。

⑤ 顾忠华：《社会运动的“机构化”：兼论非营利组织在公民社会中的角色》，载张茂佳、郑永年主编：《两岸社会运动分析》，第9页。

时的权力[①]。社运组织与民进党关系的渐行渐远，并不意味着其与国民党的完全结盟，而更多显示了社会运动自主性的增强，不再“泛政治化”地成为政治势力的附庸，同政党组织以竞逐权力为本务相比，“社运组织则代表民间的多元立场，扮演着监督政府或制衡政治与经济系统的角色，两者重新厘清彼此的界限”[②]。

1990 年代中期以来社会运动的又一个变化，是民间社会在抗议当局以及当局在处理社会抗争时，其心态都已渐趋成熟，其手段也渐趋温和，当局与民间社会较少出现剑拔弩张的状态，关系相对缓和。从 1993 年的高雄“大社事件”开始，当局将类似社会事件的处理交由县市政府依法定程序处理，逐渐改变了此前对社会运动的不妥协态度[③]。社会运动得以进入比较常态化的时期，“街头游行、挂白布条抗议、静坐绝食等活动也就成为了司空见惯的场景”[④]。这样的环境使社会的多元化得以更多从社会运动的层面展现出来，社会运动的议题进一步拓展，更多非政治性的新兴社会运动开始出现。这时期涌现的新兴社会运动包括：社区运动、社会福利运动、媒体自主运动、医疗人权运动、司法改革运动、同志运动、妓权运动、拆迁户运动等。

社区运动可以追溯到 1980 年代中期以来台湾乡土意识的觉醒，当时出现了一些地区性文史工作室，以保存当地文物，唤起当地民众对于社区的共同回忆为职志。1990 年代后，受知识分子回乡的影响，社区运动逐渐兴起，各地纷纷成立地方社团，深入草根民众，将社会运动的理念带入日常生活之中。从 1990 年代中期开始，社区运动得到当局的支持，在“文建会主委”申学庸的倡导下，当局编列预算，开展社区总体营造计划，从发展文化产业角度入手，希望唤起社区共同体意识，进而形成“国家社会”的凝聚力。在当局的支持下，社区运动逐渐形成跨地区连结。1996 年 10 月，由文化界人士和社区、文史工作者共同发起的社区营造学会正式成立。

社会福利运动最早开始于 1993 年 9 月民进党发起的“敬老年金行动联盟”，该行动联盟组织了一系列的集会游行活动，向当局施加压力，希望能够早日通过政策，让 65 岁以上的老人，每人可按月领取 3000 元新台币以上的敬老津贴。民进党倡导福利运动的主要动机，是希望通过老人年金等社会福利议题来动员选票，但因动员效果不彰，民进党势力逐渐退出了这一运动。1996 年 9 月，社会立法运动联盟成立，作为一个专业的社运团体，逐渐替代民进党，成为社会福利运动的

---

① 何明修、萧新煌：《台湾全志》卷九“社会志・社会运动篇”，第 210 页。

② 顾忠华：《社会运动的“机构化”：兼论非营利组织在公民社会中的角色》，载张茂佳、郑永年主编：《两岸社会运动分析》，第 9 页。

③ 龙虎：《台湾政治转型中的社会运动研究(1980—2000)》，第 127 页。

④ 何明修、萧新煌：《台湾全志》卷九“社会志・社会运动篇”，第 158 页。

主导者。社法联一方面加强社运团体与“立法院”的游说工作，争取各项法案的通过；另一方面，在选举期间进行宣传，以促使关心社运的候选人能够当选。

媒体自主运动是一项要求媒体独立性、公共性和自主性的运动，包括广电媒体和记者自主运动两个部分。广电媒体方面，1990 年代中期，社运团体组成“党政军退出三台运动联盟”，要求党、政、军退出无线电视三台，将三台的股权转移给民间企业经营，以使无线电视台脱离政治力量的掌控；到 2000 年以后，由于民营媒体的恶质性，2000 年 11 月正式成立的推动无线电视民主化联盟，对于广电媒体又提出了公共化和专业化的要求。记者自主运动方面，最早始于 1994 年的自立报系事件，由于该年 7 月，三重帮的台北市议员陈政忠买下台南帮拥有的自立报系股权，自立报系员工因担心其独立编采的风格受新东家影响，因此由自立工会发起抗争运动，并联合外界知识分子发起“抢救自立”行动。由自立事件引发了对媒体工作者自主性的关注，1995 年 3 月，台湾记者协会正式成立，成为台湾第一个追求媒体工作者自主权的运动组织。

医疗人权运动最早由艾滋病患者和罕见病患者及其家属发起。1997 年 11 月，艾滋感染病患权益促进会成立，通过推动法令修正、申诉处理，以及反歧视观念的宣传，一方面替患者争取权益，另一方面推动反歧视和去污名的工作；1999 年 6 月 6 日，财团法人罕见疾病基金会成立，其目标在于推动提倡医疗人权，争取罕见疾病病患的权益，推广优生保健，改革政策制度。1999 年 7 月 10 日，医疗纠纷受害者及其家属发起成立医疗人权促进会，为医疗受害者争取赔偿及相关权益。

司法改革运动是由法官、检察官等发起，要求司法独立，反对政治力量干预的运动。1992 年 4 月，“最高法院”和“高院”14 位庭长联合发表“司法现代化宣言”，要求法官直选院长、法官自治；次年 12 月，台中法院部分年轻法官发起“还我法官自治权”运动，要求法官年度事务分配不能由法院院长一人决定，而应由法官会议决定，从而贯彻法官自治精神，使事务分配民主化、透明化；1994 年“第二届国民大会”开会讨论“修宪”期间，有法官 67 人发起全台各法院法官联署行动，并向“国民大会”提交请愿书。1994 年 9 月，新任“司法院长”施启扬就职，宣布召开“司法院司法改革委员会”；1995 年 11 月，免检的司法改革基金会成立，结合民间力量来促使司法改革。检察官系统随后也加入司法改革行列，1998 年 5 月，基层检察官 10 人在新竹成立检察官改革协会。1990 年代末期，体制内与体制外的司法改革组织逐渐汇流，在一些议题上共同推动司法朝向独立化发展①。

---

① 何明修、萧新煌：《台湾全志》卷九“社会志・社会运动篇”，参见第 159—178 页。

同志运动、妓权运动和拆迁户运动都是社会边缘人群发起、参与的社会运动，这些边缘人群坦然进入公众视野，为其权益进行抗争，进一步展现了台湾社会的多元化。

当“解严”之初台湾社会运动蓬勃兴起，社运项目多达十几种时，尚有学者认为当时的社运议题多局限于政治社会方面，很少涉及文化、艺术议题，社运包容面不够广，从中显现的是当时的社会运动，“参与的广度与深度还不够成熟到谈‘人权普遍性与民主全民性’的较终极社会运动经纬问题”①。自1990年代中期以来，不仅环境运动、妇女运动、劳工运动等传统型社会运动继续发生，更有涉及专业人群、边缘人群，以及涵盖文化领域的各种新的社会运动兴起，社会运动涉及的议题丰富而多元，“这意味着社会运动越来越被视为一个正当的民主生活元素，成为各种受压迫者的政治表达管道”；同时，这也表明理性、尊重、平等等现代性观念在台湾社会已日趋深入②，台湾社会的多元化已是有目共睹。

第三节　台湾社会的本土化

本土主义(Nativism)或本土运动(Nativistic Movement)的概念当可追溯到美国人类学家摩根(Lewis Henry Morgan)1851年出版的研究北美印地安人的名著《伊洛魁人的族盟》(*League of the Iroquois*)。本土运动最初是一项带有宗教性质的运动，是指在白人文化入侵面前，印地安人以“鬼舞”(Ghost Dance)来强调自己的文化，以对抗白人文化的活动。直到当代，印地安人的这一本土运动仍有被美国政府逮捕下狱的代表人物，例如被称为“当代狂马”的列朗(Leonard Peltier)。简言之，本土主义或本土运动乃是殖民地人民反抗殖民统治的文化运动。作为社会人类学的一个概念，本土化的主要涵义是“去殖民化”。“本土化”主要是指殖民地人民反抗外来殖民统治，主张复兴本民族文化的运动。

一　台湾本土化政策的缘起

有关台湾本土化的论争由来已久。部分学者认为台湾的本土化始于20世纪50年代，持这种观点的学者，把本土化政策的过程分为50年代、60年代、七八十年代三个时期。实际上，这种看法与本土化的内涵不符，也曲解了本土化的原意。

---

① 杨宪宏：《评论对〈中产阶级与社会运动〉〈知识分子与社会运动〉两篇论文之看法》，载《变迁中台湾社会的中产阶级》，第213页。

② 何明修、萧新煌：《台湾全志》卷九“社会志·社会运动篇”，第185页。

陈昭瑛认为，台湾本土化运动分为有所重叠交叉的三个阶段，即1895年以后“反日”的第一阶段；1949年以后“反西化”的第二阶段；1983年以来“反中国”的第三阶段。在第一阶段，“台湾”成为台湾人抗日、反日的符号，而在这一时期萌发和发展的“台湾(人)意识”，并没有与原先的“中国(人)意识”发生冲突，而是重叠在一起，有着相互定义的关系。从1949年开始的本土运动第二阶段，主题为“反西化”。至于“反中国”的本土化运动，起点在1983年。陈昭瑛指出：“台独”最早并非台湾人意识的产物，而是美国人意识的产物，由台湾人提出“独立”主张，始于以辜振甫为首的一小撮害怕特权丧失和被判汉奸罪而铤而走险的日本皇民，“但是这种为维护自身特权，以依赖日本为取向的台独非但不能视为台湾本土化运动，还是反本土化的”[①]。

王晓波虽然基本赞同陈的观点，但认为陈的论述有两个不足：一是陈对本土运动的定义不清晰，陈引用徐复观和殷海光的观点来界定本土运动，似嫌薄弱；二是陈认为，在“反日”的本土运动于1945年结束后，接着就是把大陆人新儒家的“反西化”作为台湾本土运动，这个看法忽略了更为重要的“台湾人本土运动”。王晓波强调，光复后台湾出现的反美反蒋、在“铁与血的煎熬”中艰难生存的“台湾人红色本土运动”，才是思想上和政治上“最激进的本土运动”。他同意陈昭瑛关于战后分离主义并非台湾本土运动产物的说法，写道：“如果这种内涵的台独运动也是本土的文化运动，那么应该是‘台湾特色’的‘本土运动’，而不是世界范围内的‘本土运动’了……之所以会有这么怪异的台独‘本土化’，恐怕应始于美国中央情报局所建议的‘台湾政权台湾化’。”显然，王晓波旨在为“本土化”正名，避免“台独”玷污“本土化”这一名称及其固有的反殖民主义的意涵[②]。

陈映真认为，陈昭瑛将反日、反西化和独派反中国的“本土化”列为“文化史”上的先后分期，相提并论，等量齐观，“在理论上怕就不无瑕疵”。陈映真试图从全球的角度加以分析，指出：台湾在历史上从来不曾独立建国，与祖国分离过，因此她和朝鲜、印度等殖民地的不同，就在于她不曾亡“国”，而隔海屹立着一个虽然残破不全并半殖民地化的祖国，这种历史特质决定了殖民地台湾的民族解放斗争的本质，迥异于其他殖民地的民族解放运动——后者要打倒帝国主义，恢复国家独立，而前者则和祖国的民族解放运动有着千丝万缕的联系，显示出强大的“中国指向性”，具有反帝反封建和向中国复归的特质。20世纪70年

① 陈昭瑛：《论台湾的本土化运动——一个文学史的考察》，《中外文学》1995年第2期。

② 王晓波：《台湾本土运动的异化——评陈昭瑛〈论台湾的本土化运动〉》，《海峡评论》1995年第5期。

代的保钓运动的左翼，则重新在台湾点燃已经熄灭 20 年的民族解放运动的灯火，提出反对美帝及西方文化意识形态的支配，在社会经济上关心工人和农民等主张，成为 70 年代台湾“本土论”的重要内容①。

大陆也有学者对这一说法表示赞同，认为：“无论是在政治还是文化的层面，台湾历史上的本土化运动都应追溯到日本殖民统治时期，并经历了日据时期、蒋介石父子时期和政治转型时期的发展过程。”②

毫无疑问，台湾本土化运动起源于日本殖民统治时期。甲午战争后，台湾人民不甘沦为亡国奴，遂发动台湾独立运动，以摆脱日本的殖民统治，争取回归祖国。台湾本土化运动由此而生，其实质是台胞以维护中华传统文化来保持自己对中华民族的“国族认同”，反抗日本的殖民统治。《马关条约》将宝岛台湾割让给日本后，国内舆论大哗，国人莫不义愤填膺，强烈敦促清廷整军再战。台湾同胞更是群情激愤：“今者闻朝廷割弃台地以与倭人，数千百万生灵皆北向恸哭，闾巷妇孺莫不欲食倭人之肉，各怀不共戴天之仇，谁肯甘心降敌！”台籍京官与士人联名上书清廷，慷慨陈辞：“以全台之地使之战而陷，全台之民使之战而亡……虽肝脑涂地而无所悔。今一旦委而弃之，是驱忠义之士以事寇仇，台民终不免一死，然而死有隐痛矣。”他们力言：“台地军民必能舍死忘生，为国家效命。”③这份泣血的誓言书充分表达了台胞魂系华夏的赤子之情。此后，经过与侵略者艰苦卓绝的殊死战斗，台湾军民的抗日斗争虽以失败告终，但给予日本侵略者以沉重打击。

日本殖民者统治台湾时期，在台湾极力推广日语、传布日本文化，妄图麻痹台胞的抗日意识、割断台胞与祖国的精神纽带，使台湾人忘却自己是中华民族的一员。对此，广大台胞不畏强暴，在异常艰苦的环境下仍心向祖国，以各种各样的方式传播中华文化，抵制日本的文化殖民。其中的典型代表是连横，他为保存台湾的历史、文化、文学和文献，先后编撰《台湾通史》《台湾诗乘》《台湾语典》等著作，发行具有台湾本土特色的《台湾诗荟》，在文化抗日方面做出卓越贡献。在反抗日本殖民主义的斗争中，“台湾”二字成为台湾人民追求民族解放和独立的一面旗帜。最后，日本殖民当局亦不得不承认“皇民化运动”的破产：“台湾人的民族意识之根本起源乃系于他们原是属于汉民族的系统……这种民族意识可以说是牢不可破的。在台湾人的观念中……视中国为祖国之感情不易

---

① 陈映真：《台独批判的若干理论问题——对陈昭瑛〈论台湾的本土化运动〉之回应》，《海峡评论》1995 年第 4 期。

② 赵勇：《台湾政治转型与分离倾向》，北京：中央编译出版社，2008 年版，第 133 页。

③ 周侻、魏大业：《台湾大事纪要》，北京：时事出版社，1982 年版，第 28 页。

摆脱，这是难以否认的事实。”①

二 一种“狭隘的本土化”——蒋经国台湾化政策的实施

1949年国民党退据台湾后，为缓解美国“对华政策白皮书”的压力及缓和由“二二八事件”引发的尖锐的省籍矛盾，蒋介石电示陈诚“多方引用台湾学识较优、资望素高的人士参加政府”②。从20世纪50年代开始，台湾当局安排一些台籍人士担任诸如农林厅长、台北市长、粮食局长等职务。到20世纪60年代，更有一些台籍人士分别出任“政务委员”“内政部长”，并入选国民党中央委员会。然而，国民党的做法只是为缓和省籍矛盾，况且，这些角色的安排，其象征意义大于实质意义。实际上在相当长的时间内，在“中央”层级的“国会”机构、行政机构、军事部门及国民党的中央委员会和中常会，其政治精英几乎都由随国民党退台的大陆籍人士垄断。在“省”一级，从1945年10月陈仪就任台湾省行政长官起，此后历任“台湾省政府主席”的魏道明、陈诚、吴国桢、俞鸿钧、严家淦、周至柔、黄杰、陈大庆等，都是大陆籍人士。针对国民党衰老滞顿，不能吸收新才新血和新学新知的现象，1969年国民党发动所谓的“全面革新”运动。蒋介石提出要贯彻落实“退休制度”，扩大延揽人才，放宽特任官的资格限制，允许行政首长拥有更大的权力等③。虽然如此，上述各项政策的主要目的，还是在于把台湾岛作为军事反攻大陆的基地，充其量仅是单纯起用少数台籍人士以缓和省籍矛盾的做法，只能被称为“台湾化”。

进入70年代，台湾岛内外形势发生根本性变化。1971年中华人民共和国恢复在联合国的合法席位。1972年，美国总结尼克松访华，中美关系全面解冻，台湾感受到“被抛弃”的痛苦与无奈。1978年，中国大陆实行改革开放政策，1979年元旦中共中央发表《告台湾同胞书》，提出和平统一的号召。日本、美国相继与新中国建交，用“一国两制”方式解决香港、澳门问题的谈判顺利进行，这一切无疑给台湾带来巨大冲击。台湾当局在国际上日益孤立，它所奉行的“三不”政策、“法统”意识被世界嘲笑为“驼鸟政策”。

从台湾岛内看，随着经济的发展，台湾已从以农业为主的经济构架转变为以出口加工业为主导的工业社会。随着中产阶级的发展壮大，他们要求重新分配政治资源的呼声日益高涨，国民党外反对势力的声势越来越大。与此同时，

---

① 王乃信等译：《台湾社会运动史》第1册，台北：创造出版社，1989年版，第2页。

② 蒋介石：《电示台湾省政府陈诚主席治台方针》，秦孝仪主编：《“总统”蒋公思想言论总集》卷三十七，台北：中国国民党中央委员会党史委员会，1984年版，第382页。

③ 孙代尧：《台湾威权体制及其转型研究》，北京：中国社会科学出版社，2003年版，第212页。

台湾民众的民主意识也明显提高，对台湾当局形成重重压力。

1972年，蒋经国出任“行政院长”。面对新形势，他提出“革新保台”方针。为贯彻这一方针，蒋经国开始大量起用台籍人士担任要职。徐庆钟成为第一位台籍“行政院副院长”，谢东闵成为第一位台籍“省主席”，不久又成为第一个台籍“副总统”。从1969年增选“中央民意代表”开始，外省籍人士当选的便很少了。在增额“中央民代”中，“国大代表”有8位外省人，占增额新“国代”总数的9%；增额“监委”有12位外省人，占38%；增额“立委”有28位外省人，占28%。在这些增额“中央民代”中，总共只有4位是外省人第二代。现任地方民代中，全台湾有21个省辖县、市，没有一个县市长是外省人；有两位外省籍省议员：有57位外省籍县市议员，占6%；有4位外省籍乡镇长，占1%；有123位外省籍乡镇民代，占3%。由此可知，在民意机构方面，不论“中央”或地方，外省人都是少数，远低于其占台湾总人口7%的比例。而在公务员方面，外省籍在“中央”机构有4.7万人，占22.16%，在地方机构占25%，也是属于“弱势”，但比人口比例已经超出许多①。经由考试而产生的公务人员，本省籍人所占比例，1974年为65.1%，1978年增至67.6%，1983年达到71.38%，本省籍公务人员在县市机关占总人数的75.58%，在乡镇级占85.65%②。

从70年代开始，蒋经国对台籍人士的任用经历了从台湾化到本土化政策的过渡，其特征是从安排地方职务到“中央”职务；从只安排副职到安排正职；从“政府”部门到党务、军务部门；从起用“半山”式台籍人士到起用台籍精英。

1978年12月，国民党第十一届中常委共27名，台籍不过9名，占33%，到1986年3月，国民党第十二届三中全会后，31名中常委中台籍人士已占14名，接近半数。在“政府”部门，1987年蒋经国起用林洋港为“司法院长”、黄尊秋为“监察院长”，改变了“院长”清一色由大陆籍人士担任的惯例。在军务方面，任命台籍人士郭宗清为“国防部副部长”。发展到后蒋经国时代，台籍人士不仅在中常委中占多数，在“院长”“部长”职务上也占多数，军中本土化步伐也加快，开始了本土化政策的突破性发展阶段。

1987年5月，蒋经国召见国民党要员，宣读蒋介石1949年1月11日给陈诚的电报，并强调“这是本党过去、现在和将来建设台湾的基本方向和方针”③。蒋经国在大量起用台籍人士的同时，用“我也是台湾人”为号召，强调外省籍人士对台湾的认同，表明当局考虑问题以台湾为出发点的“良苦用心”。正如日本

---

① 参见童新峰：《外省人第二代大反扑》，《新新闻》第109期，第41页。

② 参见马起华：《台独及其评价》，台湾《台湾日报》，1985年11月19日。

③ 台湾《台湾时报》，1989年11月25日。

立教大学戴国煇教授在 1987 年 8 月 22 日接受《中国时报》记者采访时所说："蒋经国的谈话，可以视为一个从上而下解决省籍意识，乃至站在中国人立场上建立起一个自主的、主体的且健康的'台湾人意识'的契机。"

综上所述，20 世纪五六十年代，蒋介石实行台湾化，起用台籍人士担任象征性职务，目的在于缓和省籍矛盾，巩固国民党在台湾的统治，实现其军事反攻大陆的政治目标。自 70 年代起，随着岛内外形势的变化，蒋经国开始由台湾化向本土化政策过渡，在任用台籍人士的同时，强调外省籍人士对台湾的认同，目的在于摆脱国际孤立地位，以两岸和平对峙方式渡过台湾的政治、经济转型期。80 年代，蒋经国加快推行"本土化"政策，目的在于顺利渡过权力移交，争取生存空间，达到长期偏安台湾一隅的目的。

三　异化的本土化——李登辉和陈水扁时期的"去中国化"

1988 年 1 月蒋经国去世，台湾地方本土势力与国民党大陆籍官僚集团之间、新生代与元老之间、革新派与保守派之间的矛盾日益加剧，国民党权力结构急需重组。7 月，国民党十三届全会召开，李登辉出任党主席，这不仅是国民党历史上第一次由台籍人士担任党的最高领导职务，国民党中央委员中台籍人士的比例也由上届的近 20%增至 38.3%。在中常委中，台籍人士的比例由上届的 45.2%增至 51.6%，在国民党历史上首次超过半数。

在李登辉的操纵下，国民党逐渐演化成"本土化"的"台湾国民党"，政治上也通过一系列所谓的"本土化"措施，将其政权"本土化"以法律的形式固定下来，力图巩固"本土化"的成果，最终实现台湾彻底的转变——"去中国化"。从 1991 年开始，在李登辉的主导下，台湾当局通过多次"修宪"，企图将"中华民国"之"中央政府体制"及其法律制度全盘"台湾化"，一步一步摆脱"中华民国法统"。1991 年第一次"修宪"，废除《动员戡乱时期临时条款》，以确立所谓"自由地区"第二届"中央民意代表"选举的法源；1992 年第二次"修宪"，确认"总统"由台湾地区人民选举；1994 年第三次"修宪"，开放"总统""台湾省长"由选民直接选举；1997 年第四次通过包括"冻省案"在内的"中华民国宪法增修条文"，实现"中央政府体制"的改变。其"修宪"表面上解决了"宪法"与"统治领域"不一致的矛盾，实质上则企图否定"中华民国宪法"，搭起"中华民国在台湾"的"宪政框架"和政权体制。例如，"修宪"将"中央民意代表"的选区限定在台、澎、金、马，"全国不分区"与"侨选"代表只具有象征意义；作为"国家"象征的"总统"，依"总统直选"条款成了"台湾总统"，这样实质上对"国家领域"进行了界定，以"宪法"形式确定了"中华民国"是存在于台、澎、金、马的

“独立主权国家”[①]。其“冻省”虽标榜为“使‘政府’层级、组织得以精简，提升‘国家’整体竞争力”，但通过冻结“台湾省长”“省议员”选举，虚化省级建制，使台湾省级建制有名无实。“精省条例”通过后，省监督县市自治事项职权被删得一干二净，丧失财政权、税收权等职权，成为“行政院”派出机构，而未来县市地位提高，人权、财权扩张，形同取代了原来省的地位与职掌。因此，“冻省”实质是要为改变“台湾是中国的一个省”、“台湾是中国的一部分”的现实制造“法制根据”，在体制上完成“独立建国”的准备。1999 年 7 月 9 日，李登辉在接受德国媒体采访时说：“1991 年修宪以来，已将两岸关系定位在‘国与国’、至少是特殊的‘国与国’的关系，而非一合法政府、一叛乱团体，或一中央政府、一地方政府的‘一个中国’的内部关系。”[②]

为使台湾人民在心灵上疏远中国大陆，李登辉极力以“本土化”为号召，大肆灌输分裂意识，培植所谓的“台湾民族主义”。“亡人之国，先去其史”。台独势力往往结合海外反华势力进行鼓噪，推动台湾的“去中国化”。2001 年 2 月，日本右翼漫画家小林善纪的《台湾论》连环漫画（中文版）在台湾出版。这本书大肆宣扬“台湾意识”及“台湾精神”，鼓励台湾人的“自我认同”，另一方面也贬抑大中国意识对台湾的影响[③]。而这样的一本书却得到台湾一些人包括当局者的赏识。李登辉对该书作者褒奖道：“只要看你的《台湾论》，简直不需要任何其他参考书就可以知道台湾的历史。这本书概括了台湾的一切。”[④]

李登辉曾对日本右翼作家司马辽太郎表示，台湾小学课程中“不教台湾的事而尽讲些大陆的事，那是荒唐的教育”。“教育改革十分重要，因为教育不改，人心也不会改变，过去教育大都限制在大中华的观念范围里，台湾不需要大中华民族主义。战后，台湾的中等教育所学的历史、地理课程是以大中国主义为基础进行的”[⑤]。1994 年，台湾当局公布“认识台湾”的新课程标准后，战后国民党推行的大中国教育便决定性地转换为重视台湾的教育。1997 年，岛内初中开始采用“认识台湾”的新教科书，1998 年成为正式的课程。该教科书刻意宣扬“两个中国”“一中一台”，从历史、地理、文化等方面割裂台湾与祖国大陆的联系，且刻意美化日本在台湾 50 年的殖民统治，企图以此淡化岛内中学生对中华民族传统文化的认同，塑造、培养所谓的“台湾主体意识”，使岛内中学生形成

① 盛建设、党朝胜：《试论台湾“宪法”的法律作用》，《台湾研究》1995 年第 1 期。
② 台湾《“中央日报”》，1999 年 7 月 10 日。
③ 李永炽：《瘦叟：台独真相——皇民化复辟》，《海峡评论》2001 年第 4 期。
④ 陈小艳：《“台湾论”：日本军国主义的招魂幡》，《海峡评论》2001 年第 3 期。
⑤ 松金公正著，刘孝春译：《采用新教科书“认识台湾”所引发的问题》，《海峡评论》1999 年第 7 期。

“中华民国在台湾”的“国家认同感”①。如该教科书第一章第三节的标题就是“我们都是台湾人”,其他章节也大讲“台湾意识”“台湾魂”。该教科书一再强调“台湾文化是外来文化”,把“台湾四百年历史”割裂于中国大陆历史之外。新党“立委”李庆华称,该教科书的内容故意把台湾历史从中国历史中分离出去,企图斩断台湾与大陆之间的脐带。同时,李登辉一直带头鼓吹“新台湾人主义”。李登辉公开标榜“台湾民族”,强调台湾民族要有“现代国家公民意识”,要民众树立“中华民国在台湾”的“国籍认同”,以“台湾民族主义”对抗、取代“中华民族主义”。因此,李登辉的“新台湾人主义”就是要“改变人心”,“重塑台湾人灵魂”,从思想文化上改造台湾人民对中华民族的认同,将在台湾的中国人“在地化”,建立新的现代“台湾民族”,为将来建立“台湾民族国家”铺路。

2000年陈水扁上台后,进一步加快“去中国化”的步伐。2001年3月,台湾当局公布蓄谋已久的“乡土教学”计划,决定从2001年8月开始在小学一至六年级专设“乡土语言课”,并随后在中学推行“乡土教学”。所谓“乡土教学”,就是台湾当局“本土化教育”的一环,即用台湾的地方方言(即闽南话)讲课,对台湾中小学生进行台湾历史、地理、人文、风俗、社区等各个方面的教育。所谓的“本土化教育”,实际上是基于从“台湾主体意识”异化出的“台独意识”,进行“去中国化”的历史、文化教育。台湾有识之士认为,当局强调“乡土教学”,体现的是所谓“去中国化”的“台独”观,将从根上对台湾青少年潜移默化,直至影响其对民族和国家的认同。

李登辉和陈水扁的这种“去中国化”,是“本土化”的异化,是要从客观实在的政治建构到主观的心灵上,重新塑造台湾民众基于“台湾主体”和“台湾民族主义”的政治和文化认同。无疑,这一切将对海峡两岸关系的发展及国家统一大业的完成产生极其恶劣的影响。

从台湾“本土化”发展的历史可以看出:本土化是一个历史概念和时代概念,不同时代的“本土化”具有不同的含义。它是历史发展的过程和结果。

国民党政权败退台湾以后,延续着统治整个中国的政治本质和政治架构,代表少数大资产阶级和官僚资本的利益,推行“动员戡乱体制”,实施“戒严法”,钳制人民参政议政的民主自由权利。由于国民党将在大陆的统治机器搬迁到台湾,长期推行反人民、反民主的白色恐怖统治,而在国民党统治机器中就职的又大部分是跟随蒋介石退到台湾的外省籍人士,统治阶级与被统治阶级的政治矛盾染上深刻的省籍矛盾色彩,台湾民众反抗国民党专制统治的民主斗争与本土化进程交织在一起,主张本土化,取代“外省人的政权”成为台湾民众要求“出

① 彭维学:《简评台新版教科书“认识台湾”》,《台湾周刊》1997年第7期。

头天”的象征。台湾“中央研究院院长”李远哲认为，台湾的阶级矛盾甚至进一步演变为统独对抗，“多年来台湾内部的‘统’与‘独’之对抗，其社会心性的本质，其实正是‘压迫者’与‘被压迫者’对立阶层之间的争执”①。

随着岛内政治转型的完成，本土化的内涵发生了变化，由对抗国民党专制统治发展为对抗海峡两岸的统一进程；本土化的主体也发生了变化，由处于被统治地位的台湾民众的诉求演变为少数利益集团的政治工具。这种演变值得海峡两岸有识之士认真思考和应对。

第四节　台湾社会的民主化

一　台湾社会民主化的进程

国民党在台湾的高度专制集权激起台湾人民的强烈不满。1960 年的《自由中国》杂志事件反映了这种被压制的民主的声音。

《自由中国》杂志 1949 年创办于台北，胡适担任发行人，主要的编辑是雷震和殷海光，以宣扬自由民主为主旨。1957 年以后，《自由中国》发表大量批评台湾当局的文章。1960 年上半年，雷震联合台湾本土政治人物，共同筹备组织中国民主党。1960 年 9 月 4 日，雷震遭逮捕，《自由中国》被迫停刊②。同时，国民党九届五中全会通过《当前文艺政策》，在反共和“国家至上”的口号下，强化对文艺界的全面控制。1965 年 12 月，台湾当局查封了具有反文化传统和反独裁专制倾向的《文星》杂志，后又逮捕了该刊主要作者李敖③。

虽然台湾当局对民主的倡导先锋们施以残酷压制，但“由于雷先生对于理想的执着，不惜以自由乃至生命做代价，所以能以《自由中国》为据点，不止主导了台湾的民主运动，而且主导了台湾反对派的组织反对党运动”④。《自由中国》杂志开启思想者、言谈者与行动者三合一的民主参与模式，对台湾民主运动影响深远。在这一事件的推动下，1969 年 12 月，国民党不得不制定“动员戡乱时期自由地区‘中央’公职人员增补选办法”，增补选出“国大代表”15 名、“立法委

① 李远哲：《从当家作主到和平繁荣民主的未来》，台湾《中国时报》，2000 年 9 月 3 日。

② 薛化元：《台湾自由主义思想发展的历史考察（1949—1960）：以〈自由中国〉反对党问题为中心》，殷海光先生学术基金会主编：《民主·转型·台湾现象》，台北：桂冠图书公司，1998 年版，第 144 页。

③ 高民政：《台湾政治纵览》，北京：华文出版社，2000 年版，第 18 页。

④ 傅正：《〈自由中国〉的时代意义》，澄社主编：《台湾民主自由的曲折历程——纪念雷震案三十周年学术研讨会论文集》，台北：自立晚报社文化出版部，1992 年版，第 350 页。

员"11 名、"监察委员"2 名。为进一步扩大政治参与渠道,国民党政府又制定"动员戡乱时期自由地区增加'中央'民意代表名额选举办法",并根据办法选举出增额委员①。

1970 年,美、日两国达成协议,准备在 1974 年把美军在第二次世界大战结束后占领的琉球群岛交予日本,其中还包括原属中国的钓鱼岛等岛屿。1971 年 1 月 29 日,抗议活动首先由在美国留学的中国学生发起,随后发展到台湾。台湾各高校学生成立"保卫钓鱼岛委员会",组织学生走上街头,举行示威抗议活动,向美国驻台"大使"递交抗议书。当时台湾处于戒严状态,禁止学生运动,对示威游行活动控制极严。发生在岛内的这场保钓运动,很快变为要求政治改革的群众运动。1972 年 4 月,国民党中央机关报《"中央日报"》连续 6 天连载《一个小市民的心声》长文,全面封杀民主运动。1973 年 2 月 17 日,台湾当局又逮捕台湾大学教师陈鼓应、王晓波和学生钱永祥、卢正邦等人,在台湾造成极大影响。保钓事件推动了台湾民众参与政治的进程,它以爱国主义作为旗帜,开启了民众参与公共政治之路②。

70 年代中期以后,党外势力开始对国民党构成集体压力,1977 年的"省议员"和县市长选举,被很多学者视为台湾政治变迁史上的一个分水岭。在选举期间,虽然国民党对违纪参选者一律给予严厉的党纪处分,还是有 100 多位党员未被提名而违纪参选,特别是许信良退党参选事件使党外势力大受鼓舞,至于或明或暗地帮助党外候选人的国民党党员则更多③。许信良退党参选事件即是著名的"中坜事件",这桩发生在桃园中坜市的选票舞弊案,演变成一次街头群众暴动。虽然选举结果许信良高票当选桃园县长,两年后却被国民党停职。这次选举结果,党外阵营拿下 4 个县市长和 77 个"省议员"席次中的 21 席④。

1979 年的"美丽岛事件"(又称"高雄事件")也是台湾民主发展历程中的一个重要事件。1979 年 3 月 1 日,台湾"新闻局"宣布恢复杂志发行登记,对于杂志禁令的取消使得许多党外势力创办的杂志得以发行。此外,"中坜事件"后,党外势力改变过去的单打独斗,开始联合起来。1979 年 6 月 1 日,"台湾党外民意代表联合办公室"在台北设立。虽然"中央民意代表"选举的日期还未决定,一个"中央民意代表选举候选人联谊会"已于 6 月 2 日在台北成立。至 1979 年

---

① 葛永光:《政治变迁与发展——台湾经验的探索》,台北:幼狮文化事业公司,1989 年版,第 250 页。

② 施正锋:《台湾民主化过程中的的族群政治》,《台湾民主季刊》第 4 卷第 4 期。

③ 林佳龙:《地方选举与国民党政权的市场化》,陈明通、郑永年主编:《两岸基层选举与政治社会变迁》,台北:月旦出版社,1998 年版,第 236 页。

④ 孙代尧:《台湾威权体制及其转型研究》,北京:中国社会科学出版社,2003 年版,第 217 页。

8月15日，所有党外的力量汇集在一起成立了《美丽岛》杂志社，1979年12月10日，《美丽岛》杂志社以纪念“世界人权日”为由，在高雄组织2万多人集会，并在晚上举行游行，强烈要求台湾当局“解除戒严令”，“开放党禁、报禁”。台湾当局出动大批军警镇压，并与游行民众发生流血冲突，造成183人受伤。随后，台湾当局大肆逮捕事件参与者，黄信介、施明德、张俊宏等152名党外人士以“涉嫌叛乱罪”被捕①。

台湾当局的镇压，使刚刚崛起的党外势力的活动受挫，但也使国民党的统治受到严重挑战，并为后来党外势力的再起和反对党的出现埋下伏笔。在1980年底的增额“中央民意代表”选举中，几位“美丽岛事件”的受刑人家属和辩护律师获得高票当选，此后在1981年地方公职选举和1983的增额“立委”改选中，党外势力又有相当大的收获。这时，党外势力意识到组织的必要性，于是先后成立“党外编辑作家联谊会”“党外公职人员公共政策研究会”等组织。1985年5月，“公政会”和“编联会”共同组建“党外选举后援会”，实现了两股党外势力的联合②。

1986年2月，“公政会”一方面在台湾各地纷纷设立分会，形成地方党部的组织架构，另一方面秘密组成“组党行动规划小组”。与此同时，“编联会”也成立“组党工作小组”，党外新潮流杂志社还举办组党说明会，许信良则在美国组织成立“台湾民主党建党委员会”，党外筹划组党的呼声越来越大。8月25日，谢长廷在《时代周刊》提出以“民主进步党”为新党的党名。1986年9月28日，党外后援会在台北圆山饭店集会，由130多位党外人士发起，正式成立“民主进步党”③。民主进步党的成立，实际上是享受了台湾各界人士多年来对国民党专制统治斗争的果实。它的出现，对国民党的一党专制体制无疑是一个巨大冲击，开创了台湾政治多元化的多党政治的先河。1986年12月，新成立的民主进步党与国民党作为两大主要政党同时参加“大选”。“立法院”内民进党代表由上届党外的6人增加到12人，“国民代表大会”内民进党的代表由上届党外的2人增加到11人，国民党则分别赢得59席和68席。民进党虽不可能在“立法院”通过自己的议案，但已开始对国民党起一定的制衡作用。

20世纪80年代初期以后，台湾社会由民众意愿凝聚成的力量已经发展成

---

① 吴文程：《台湾的民主转型：从权威型的党国体系到竞争性的政党体系》，台北：时英出版社，1996年版，第115页。

② 陈孔立：《台湾历史纲要》，北京：九州图书出版社，1996年版，第500页。

③ 张文生：《二十世纪八十年代台湾政治革新与民进党成立》，徐博东主编：《北京台研论坛第一辑·台湾政党政治发展的回顾与前瞻》，香港：香港社会科学出版社有限公司，2006年版，第300页。

对国民党政权强大的政治和舆论压力，迫使蒋经国不得不考虑通过民主化改革向台湾人全面开放政治权力。

最后促成蒋经国拉开民主化序幕的导火线是“江南命案”和“十信弊案”。“江南命案”发生于1984年10月15日，正在撰写争议颇多的《蒋经国传》的华裔美籍作家刘宜良(笔名江南)在美国旧金山近郊的寓所被人枪杀。经调查，这是台湾情报局官员指使“竹联帮”分子行凶。在舆论压力下，台湾当局在1985年4月将涉嫌此案的三名情报局官员判刑，但许多人认为还有后台老板，把矛头直指蒋经国本人。这个事件使国民党声名狼藉，狼狈不堪。

“十信”是台北“第十信用合作社”的简称，由蔡万春家族控制。“十信弊案”的主角蔡辰洲(蔡万春之子)为掩盖不法行为，长期以来利用送礼、安排职位、联姻等手段对国民党官员进行拉拢，建立起深厚的政界人脉。同时，他还以国民党提名的候选人身份，当选为“增额立委”。蔡家庞大的家族势力和社会关系网为蔡辰洲非法敛财提供了便利。1985年初，“十信”的库存已尽，无力支付高额利息，弊案被揭露，涉案金额多达110亿新台币，60多家企业和10万多人遭受损失。

这两起事件从政治和经济上凸现了“戒严体制”的严重弊端。从中暴露的情报机构权力过大和独断专行的作风，使蒋经国意识到必须从体制上削弱他们的权力。“江南命案”一方面损害了“断交”后的“台美关系”，蒋经国本人为此“慨叹中(台)美关系经过数年来努力所获得的进展与成就，将因刘宜良被杀案受到严重伤害”①，另一方面则对台湾走向民主“起了微妙的促进作用”②。党外势力利用“江南命案”和“十信弊案”揭发国民党的腐败，争取了一定的民主空间。为抵消这两个事件对国民党“党国”的巨大冲击，重新收拢人心，蒋经国下决心正式启动“政治革新”，开启台湾民主化大幕。1986年3月底，国民党召开十二届三中全会，会后，蒋经国指定12位中常委(严家淦、谷正纲、黄少谷、俞国华、倪文亚、袁守谦、沈昌焕、李焕、吴伯雄、邱创焕、谢东闵、李登辉，召集人先后为严家淦和李登辉)组成“政治革新小组”，确定了六项议题：解除“戒严”、开放党禁、充实“中央民意机构”、地方自治法制化、革新党务、调整各项政策。六项议题中，“解严”是最为急迫的问题。1987年7月14日，蒋经国和俞国华宣布“解除戒严”，以“国家安全法”取代“戒严法”。

---

① 郝柏村：《郝“总长”日记中的经国先生晚年》，台北：天下文化出版股份有限公司，1995年版，第294页。

② 陆铿：《江南不死(代序)——兼论蒋经国为什么要杀江南》，台北：前卫出版社，1998年版，第19页。

1987 年的解除"戒严"在台湾民主历程上是影响最为重大的事件，由此台湾进入新的民主时期。1987 年 11 月 2 日后，台湾当局准许民众赴大陆探亲，1988 年元旦解除报禁。

1989 年底的"大选"是解除戒严后的第一次选举，选举结果，在"立法院"，国民党得 72 席，民进党得 21 席，其他党派和独立人士得 8 席；在"省议会"，国民党得 54 席，民进党得 16 席，其他 7 席；在县市长层面，国民党赢得 14 个，民进党赢得 6 个，其他 1 个。国民党虽然仍赢得多数，但民进党则获得明显进步。尤其是在"立法院"，民进党比 1986 年多得 9 席，达 21 席。这对民进党来说是一个重大突破，因为在"立法院"提出议案需要 20 席的基数。国民党承认选举结果，并试图总结经验教训。此次选举显示，竞争型政党制度在台湾初步确立[①]。

民进党成立并合法化后，台湾开始有了名副其实的政党政治；由于执政党和在野党的共同努力，台湾的宪政改革亦在波峰浪谷之间有了扎实的、大幅度的推进。在短短的十几年时间内，台湾已经完成了初期的民主转型，进入民主制度的巩固期。这当中具有标志性意义的事件包括：

1990 年 3 月，台湾爆发"三一六学潮"，学生提出"解散国民大会、废除临时条款"等要求。李登辉与学生代表进行对话，承诺近期内召开"国会"；1990 年 5 月，李登辉当选"中华民国"第八任"总统"；在这之前一个月，李登辉已经以国民党党主席身份与民进党主席黄信介进行过两党高层的首次正式会晤；6 月，召开不分党派的会议，达成"宪政"改革共识。1991 年 4 月，第一届"国民大会"通过《动员戡乱时期临时条款废止案》，这个已实行 40 多年的法律文件终于成为历史。年底，举行第二届"国民大会"代表选举，原资深"国代"全部退职，这意味着延续 40 多年的"万年国代"彻底消失。

1992 年 5 月，台湾"立法机构"修订"刑法第 100 条"，解除言论叛乱罪行。1994 年 12 月，"台湾省长"、台北和高雄两市市长首度直接民选。国民党籍的宋楚瑜当选"台湾省省长"，民进党籍的陈水扁当选台北市市长。

1947 年的"二二八事件"对此后台湾的政治、经济和社会心理等诸多方面都产生了巨大影响。可以说，台湾民主化有一股强大的动力，即平反"二二八事件"的呼声。1995 年，在任的李登辉公开对"二二八事件"的受害者表示道歉。

1996 年 3 月，台湾首次进行"总统全民直选"，共有 4 组候选人参选：国民党

① 吴文程：《台湾的民主转型：从权威型的党国体系到竞争性的政党体系》，台北：时英出版社，1996 年版，第 203 页。

候选人李登辉、连战，民进党候选人彭明敏、谢长廷，独立参选人林洋港、郝柏村，独立参选人陈履安、王清峰。李登辉获得54％的选票，当选第九任“中华民国总统”，也是首任“全民”直接选举出来的“总统”。1998年，台北、高雄两市换届选举，国民党籍的马英九击败民进党籍的陈水扁，接任台北市长；国民党籍的吴敦义则败给民进党籍的谢长廷，失去高雄市长宝座。2000年3月，陈水扁击败国民党候选人连战和独立参选候选人宋楚瑜等，当选第十任“中华民国总统”，台湾首次实现“政党轮替”，原“执政党”和“在野党”和平交接执政权。2004年3月，第十一任“中华民国总统”选举，民进党候选人陈水扁、吕秀莲以微弱优势(50.12％对49.88％)战胜国民党、亲民党联合阵营候选人连战、宋楚瑜，民进党获得继续执政权。

目前，台湾已经形成一个开放性的政党竞争体系。台湾已经有超过100个政党。透过选举产生新的政党来进行权力转移运作的模式已经逐渐成型。独立批判的力量虽然还比较孤单，但得以生存和滋长。

与此同时，台湾的媒体也已实现多元化。据2002年台湾《经济年鉴》，20世纪80年代中期以前，台湾总共只有31家报纸，其中，由当局垄断的报纸(含党报、官方报纸、军队报纸)就占15家，另外16家为民营报纸。1987年宣布“解严”后，台湾传媒业得到迅猛发展。2001年，台湾已有451种报纸、7220种杂志、7816家出版社、267家通讯社、146家广播电台、37家有线电视台和5家无线电视台。2005年连战到大陆访问，台湾媒体东森电视台作跟进报道。东森电视台隶属东森华荣传播公司，而后者又是当时台湾最大的民营电子媒体集团东森媒体集团的子公司之一。一家民营电视台对一个在野党领导人如此敏感的访问作全程报道，本身就说明了台湾政治的开放程度。当然，台湾各媒体政治倾向不同，有的支持“蓝营”，有的靠近“绿营”。在政党竞争中，无论执政党还是在野党，都会充分利用媒体力量为自己造势，内中包含的种种技巧或者陷阱，它们对民主转型的贡献抑或挑战，都还有待进一步研究。

二　对台湾社会民主化的综合评价

台湾自1987年“解严开禁”之后，民权高涨，民智大开，民主法制建设取得很大进展，民主观念日益深入人心。目前台湾在一定程度上基本具备了西方所谓“民主政治”的要素或符号。表现在：

(一)言论自由方面。“戒严”时期，台湾当局对新闻出版进行钳制，取缔了许多“非法”的党外出版物，逮捕了大量的“持不同政见者”。1987年至1988年，当局解除“戒严”和开放报禁后，“新闻自由”程度在亚洲名列前茅。据1999年5月台北“世界新闻会议”的资料，台湾时有360家报纸、5778家杂志、150家电台、5 家电视台。以当时台湾 2200 万人口计算，等于平均每 6 万人就拥有一种报纸。不仅如此，台湾的报纸、电台绝大部分是私营的，包括销售量最大的三家大报《中国时报》《联合报》《自由时报》在内①。

（二）组党结社、集会游行方面。“戒严”时期，台湾只有国民党和依附于国民党的青年党、民社党 3 个党，集会结社被禁止。解严开禁之后，台湾的结社、组党活动合法化，各种政党社团如雨后春笋般冒出。自 1986 年 9 月党外人士突破党禁抢先成立民进党开始，到 2007 年 7 月台湾农民党宣布成立为止，在台“内政部”登记的合法政党已有 122 个，政治团体 42 个。这些政党、社团涵盖了经济、文教、环保等各领域，政治主张既有“统派”，也有“独派”，尽管其中许多是泡沫党，但至少体现了人民的结社自由，具有较广泛的代表性。

“戒严”时期，台湾当局严禁民间集会游行，自 1988 年 1 月颁布《集会游行法》后，民众集会游行活动得以合法化、规范化和正常化，各种性质、各种名目的集会游行活动不断，掀起第一波高潮；政党轮替后，因政经矛盾尖锐突出，集会游行活动又掀起第二波高潮。以 2004 年 1—3 月的情况为例，总计发生 2213 场集会游行（其中政治性的 2035 场），不仅是上年同期的 11 倍，甚至超过上一年全年集会游行的总数②。

（三）选举方面。“戒严”时期，岛内举行选举的对象仅限于乡镇、县市级和本土“增额中央民意代表”，而“省、直辖市”负责人和最高领导人乃至“中央民意代表”，或指定、或不受任期限制、或不行改选，被西方舆论视为“威权专制统治体制”。“解严”之后，上至最高领导人、“中央民意代表”，中至“省长”、“省议员”、“直辖市长”、“直辖市议员”、县市长、县市议员，下至乡镇长、乡镇市民代表，均实现定期改选，以体现最新的直接民意。如果以选举作为“民主”的主要标志，恐怕再也不会有比台湾更“民主”的例子了。

（四）司法独立方面。历经解严开禁 20 年的民主洗礼、制度改革与政党轮替，台湾已初步形成比较独立的司法体系，即检察官、法官依法行使职权时可不受包括政治权力在内的外力干预，法律面前人人平等。典型的案例如：2003 年 11 月，台北地方法院以“证人”身份传唤前台湾最高领导人李登辉就“新瑞都案”出庭作证；2004 年 1 月，花莲检察院检察官李子春因民进党涉嫌贿选，传唤当时兼任民进党主席的台湾最高领导人陈水扁出庭作证。总体上看，刑可上大夫，王子犯法与庶民同罪，开创台湾司法史上的先例，增加了人民对司法独立、审判

---

① 曹长青：《台湾报业面对专业化的挑战》，香港《开放》月刊 2000 年 5 月。

② 中新社香港 2004 年 5 月 23 日电。

公正的信心和期待[1]。

但这只是事情的一个方面。另一方面也应看到,台湾的民主法制建设并不完备,民主文化建设尤其不足,政党轮替之后,台湾民主在许多方面遇到空前严重的问题与挑战。表现在:

(一) 政治上两极对立,无法形成稳定的大多数。1987 年解严开禁之后,国民党当局虽面临民进党激烈的政治挑战,但始终能得到多数民众的支持,认同"既是台湾人又是中国人"和"中华民国"的比率占绝对优势。2000 年陈水扁利用国民党分裂之机以极微弱的优势当选,选后曾标榜建立"全民政府"、走"新中间路线",但时隔不久便改走极端本土路线,操弄族群与两岸矛盾,推动"公投""正名""新宪"运动,纵然获得 2004 年连任,但"三一九枪击案"的发生遭到在野党"胜之不武"的质疑,自此朝野政党尖锐对立,社会撕裂,族群关系紧张,岛内政局动荡不已。

(二) 经济倒退,人民生活水平下降。2000 年以来,台湾经济增长率由之前 7 年平均 6%降为之后 7 年的平均 3.6%,股票指数由 10000 多点一度降到 3000 点附近,资本外流,当局负债大幅提升,消费者物价指数大幅上扬,失业问题突出,人民实际收入不增反降,社会贫富差距拉大,民生痛苦指数创下自 1981 年以来的新高,抢劫、偷盗等社会治安案件更层出不穷。

(三) 对外关系四处碰壁、空前孤立。民进党执政后,尽管不惜重金全力"固邦",拓展"国际活动空间",但"重返联合国"行动连续第 14 次、参与世界卫生组织活动连续第 10 次遭受挫败,台湾的"邦交国"数目由陈水扁上任时的 29 个减少到 24 个。"台湾主权属于中国"已成为普遍共识,国际社会没有"台独"的生存空间;美国对陈水扁当局不断挑衅台海和平安全底线的作为已经感到不耐烦,台湾在美国全球战略中的地位明显下降。

事实表明,政党轮替、"政权和平转移"的结果,没有为台湾社会带来和谐,没有使行政更有效率、"清流共治",也没有使台对外关系获得改善、两岸关系获得突破,反而导致台湾的国际竞争力大幅下降[2]。

台湾选举制发展到今天相对完善的状态,与国民党长期的戒严压制有关,这种压制在整个台湾民众心理上形成了一种抗拒心理,而精英阶层对自由民主的追求带动了民众的民主需求,于是才得以有今天的民主形式。民主需要民众的政治素养来作为基础。这也是任何民主形式的基础。

虽然外界对台湾的民主颇有争议,褒贬不一。有人认为台湾的民主是成熟的民主,有人认为台湾民主是不成熟的民主。

---

①② 杨立宪:《浅析台湾"政治民主化"》,《台湾研究》2007 年第 5 期。

从一个中国原则看,台湾的民主化过程是美式民主在台湾的实践过程。台湾的民主化虽有对抗"两蒋"时代专制威权的一面,也是在"台独"势力推动下,台湾社会走向"去中国化"、"一中一台"的过程。分析台湾的民主化,不能不指出这一点。

第十五章 台湾与美日关系

第一节 中美关系正常化之前的美台关系

一 美台政经关系的发展与变化

1950年到1970年代，美台关系的发展与变化取决于美国在东亚冷战政策的演变。在经历短暂弃台政策之后，美国从朝鲜战争爆发起，开始在军事上大规模援助蒋介石的台湾当局，政治上也积极扶持，使其长期以“正统中国”自居，占据联合国席位。另一方面，美国则对新中国采取“遏制”策略，经济上禁运，政治上孤立新中国，阻挠新中国重返联合国。美国为了实现上述政策目标，采取了一系列措施，加强与台湾的关系，其中最为关键的是1954年12月与台湾当局签订了《共同防御条约》，从而奠定了美台关系的基础。这项条约包含着使台湾与大陆永久分离的企图。在条约中，美国承诺继续向台湾提供军事装备和其他援助，并在必要时使用美国的武装力量，阻止大陆解放台湾。与美国主导台美关系相比，台湾当局在美台关系中属于从属地位。蒋介石自从被驱逐出大陆以后，念念不忘“反攻大陆”，这与美国的“遏制”政策有矛盾，双方分歧时，最后往往是以蒋介石妥协结束。在关于“一个中国”政策上，蒋介石与美国也有矛盾。蒋介石坚持“一个中国”，这是他试图重返中国大陆统治的法统基础，而美国企图长期分裂中国，“台湾地位未定论”的言论往往因此尘嚣泛起。

经济上，由于战争破坏，台湾当局又保持大量军队，其经济相当脆弱。1950年代初期，美国为了巩固台湾这个冷战前沿，积极对台湾进行经济援助。美援对稳定台湾经济、促进台湾土地改革、恢复农业生产起了关键作用。从1950年6月朝鲜战争爆发后到1960年代中期，台湾接受的美援总额达41.5亿美元，其中军援和经援分别约占57%和43%[①]。从美经援的范围来看，美经援的范围涉

① Samuel P. S. Ho, Economic Development of Taiwan, 1860—1970 (New Haven: Yale University Press, 1978), p. 110。

及很广，包括农业、工业、基础设施、人力资源。电力是台湾最早利用“美援”从事建设的部门，所用美援款项也最大[①]。自 1950 年到 1964 年为止，申请核准的援款达 1.52 亿美元。在交通运输部门，从 1950 年至 1961 年，申请核准之“美援”有计划型援助 4320 余万美元，开发贷款基金 1760 万美元，共计约 6080 余万美元[②]。

美国驻台机构包括“使馆”、经援使团（驻台外援机构）和军援顾问团。战后美国外援政策服从于美国的政治军事战略，美国对台援助机构的活动也是在强调组织和职能的系统性的原则下由美国驻台“大使”进行总体指导和协调[③]。也就是说，美台经济关系一开始就带有把台湾当做美国的经济附庸来掌控。1960 年代，随着美国援助政策更加强调经济援助（相对于军事援助）和受援国的经济发展，援助机构在制定援助政策过程中的地位进一步得到加强，实际上充任台湾当局经济政策总顾问的角色[④]。

驻台美援使团的下属机构根据台湾经济的各产业部门进行了相当细致的划分，除了经济分析、计划和审计三个办公室，驻台经济援助机构设有自然资源、电力、教育、贸易和工业，以及公共行政等小组，其工作人员均为各自领域的专家。美国驻台援助机构和人员的工作内容不仅仅局限于美援的派拨、运用等方面的事务，实际上驻台美援机构始终为帮助台湾建立一个稳定的经济体而运作。

在美援运作过程中，很大程度上出于美国方面的要求和设计，台湾当局内部也进行了相应的制度安排和机构设置。美援运用委员会、经济安定委员会、“农复会”等与美援相关的机构成为美国对台湾的经济事务作出具体指导的部门，同时也成为台湾当局制定和推行整体和部门经济发展计划的核心机构。大量的美援，以及随之而来的经济技术专家对台湾的经济机构产生重要影响。

经济安定委员会（Economic Stabilization Board，ESB）的设立也是一个美国制度结构影响台湾经济发展的事例。驻台“公使衔代办”兰金会见蒋介石时当面敦促，该会于 1951 年 3 月正式成立[⑤]。“经安会”由“财政部长”和“台湾省政

---

① 尹仲容：《台湾经济十年来的发展之检讨与展望》，“国际经济合作发展委员会”，1970 年版，第 280 页。

② 尹仲容：《台湾经济十年来的发展之检讨与展望》，第 281 页。

③ 卡尔·兰金著，海英译：《兰金回忆录》，上海人民出版社，1975 年版，第 87—90 页。详细可参阅牛可：《美援与战后台湾的经济改造》，《美国研究》，2002 年第 3 期。

④ Neil Jacoby, U. S. Aid to Taiwan: A Studyof Foreign Aid, Self-Help, and Development (New York: Praeger, 1966), p. 57。

⑤ 卡尔·兰金：《兰金回忆录》，第 260 页。

府主席"领导，同时与美援会一样也容纳了"行政院"内各经济职能部门的主要官员，成为台湾当局财政经济政策主要的设计、审议和联系协调机构。1953年7月，主管台湾公营企业并具有广泛经济政策权力的台湾生产事业管理委员会被合并到经济安定委员会，"经安会"的职权进一步扩大，享有某种超越"行政院"内其他经济职能部门的地位[①]。

在整个50年代，"美援会"和"经安会"是指导台湾经济发展的核心机构，堪称台湾当局的"超级经济部"。"美援会"实际上一度成为最主要的负责设计和协调台湾总体经济发展计划与政策的机构。具有重要意义的第四期经建计划(1961—1964年)就是由美援会负责拟定的[②]。

除美援以外，60年代中期以前，美国在台的私人资本投资在全部外资中占有绝对优势。从1952年美国通用电气公司对"台电"的一笔投资拉开美国资本对台投资的序幕，至1960年，投资金额合计2348.1万美元，占同期外国人资本投资总额的93.2%。60年代上半期，虽然日本公司大举进入台湾开辟投资市场，促使日本资本对台投资迅速增长，但仍不敌美国资本，1961年至1965年美国资本对台直接投资仍达42件，金额5506万美元，占同期外国人对台直接投资总额的82.3%，如果加上加拿大、百慕大和其他地区的美国公司对台投资，比重高达90%。因此可以说，60年代上半期美国资本对台投资的绝对优势地位没有改变[③]。

1950年前，台湾的经济以农业为主，出口产品也以农产品为主，有限的进口主要来自日本，美台双边经贸关系处于萌芽阶段，并不发达。从1951年开始，美台贸易额有了巨大的增长。1951年只有9300万美元，1965年则高达27亿余美元。1961年台湾开始的第三期四年经建计划，重点就在改善投资环境，提高生产效率，加速经济发展。为此，台湾当局颁布了《奖励投资条例》，并实行《十九点财政经济改革措施》，提出"以农工支持贸易，以贸易带动农工"的口号和"出口扩张"的贸易发展战略，逐步把经济转向外向发展的轨道。当时，国际分工出现了新格局，一些发达资本主义国家开始把劳动密集产业转移到劳动资源丰富又廉价的发展中国家和地区，其中美国尤为如此。台湾当局抓住这一机会，除了进行财经制度改革外，于1965年创办高雄加工出口区，并在同年开始

---

① 李国鼎：《创造经济奇迹的手》，《台湾的经济计划及其实施》，南京：东南大学出版社，1995年版，第306—308页。

② Chien-Kuo Pang, The State and Economic Transformation: The Taiwan Case, New York: Garland, 1992, p. 54。

③ 参见美国对台湾的投资统计表(1953—1966)，资中筠、何迪主编：《美台关系四十年》，人民出版社，1991年版。

实施的第四期四年经建计划中，把发展加工装配工业作为重点，进一步改善投资环境，大力吸引外资，拓展出口贸易。台湾从日本进口机械，然后利用廉价劳动力进行加工生产，再把产品出口美国市场，形成一个美日台之间的三角贸易关系。随着台湾经济工业化的进程，美台贸易额便迅速扩大，到1969年增长到了67亿美元。1967年以后，日本逐渐成为台湾的首位进口国，而美国则成了台湾的第一大出口市场，年年有大幅度逆差，台湾从逆差转为顺差，而且顺差额迅速扩大①。

美援与美资在台湾虽然作用巨大，但是同时加深了台湾对美国的依赖关系。台湾从属的政治、经济地位，使得美国任何政治和经济上的风吹草动都会波及台湾，影响台湾的稳定，加重公众对台湾投资环境的担忧。

二　尼克松访华与美国对台政策的转变

1960年代末，国际战略形势和美国的处境发生重大变化。美国对华孤立和遏制政策失败。美苏竞争加剧，苏联在全球范围向美国发起咄咄逼人的攻势，中苏关系恶化。美国深陷越战泥潭，损失惨重却又难以自拔，并引发国内政治和社会危机。为了对抗苏联及从越战中脱身，美国重新审视对华政策。在此背景下，美国开始调整对华政策，把发展同中国的战略关系置于美台关系之上。

1968年11月5日，尼克松击败主要对手、代表民主党的休伯特·汉弗莱，成为美国第46届也是第37任总统。一直以来尼克松被视为台湾当局的友人，确定当选后台湾当局对他抱有期待。然而令台湾当局失望的是，尼克松在随后的的几年中，逐渐改变对台湾当局的态度，主张美国必须正视中华人民共和国的存在，更应改善与中国的关系②。尼克松在1967年于《外交季刊》(*Foreign Relations*)上发表《越南后的亚洲》(*Asia After Vietnam*)一文，文中提到："美国的亚洲政策必须牢牢掌握中共存在的事实。这并非意味如许多人所言，急于承认北京、允许其加入联合国或与他做贸易往来……从长远的观点而言，我们势必不能永远将中共隔离于国际社会之外……当我们寻求长远目标的同时而忽略了短期的历史的教训，将是一种灾难性的错误判断。"③尼克松指出"二战"后美国遏制政策将于此时有所改变，"照此方向发展，我们需要一种压制与说服兼

① 参见《50、60年代台湾对美国进出口值统计》，资中筠、何迪主编：《美台关系四十年》，人民出版社，1991年版。

② 参见胡为真：《美国对华"一个中国"政策之演变——从尼克森到柯林顿》，台北：台湾"商务印书馆"，2001年版，第38页。

③ Richard M. Nixon, *RN*, *the memoirs of Richard Nixon* (New York: Warner Books, 1979), p. 545。

备的主动政策”[①]。1969 年 1 月，尼克松正式走马上任。7 月，尼克松在访问东南亚前夕，于关岛发表美国即将走向新亚洲政策，日后学者称之为“尼克松主义”(Nixon Doctrine)。除了宣示越战越南化之外，与中国关系正常化是其亚洲政策的重要目标。消息一出，引发国际间的讨论，台湾内部舆论开始感到不安。在第 24 届联大召开时，尼克松在大会中发表演说，暗示中国不要自身孤立于世界。

1970 年 10 月 1 日，中国举行国庆大典，周恩来邀请美国记者斯诺夫妇一同登上天安门城楼，隔日《人民日报》头版新闻作为中美友好的象征，对此作了显著报道。12 月 18 日毛泽东与斯诺会谈，会见中毛泽东主动提出“如果尼克松愿意来，我愿意和他谈”的信息[②]。

经过双方不断秘密沟通，1971 年 7 月 9 日至 11 日，美国总统国家安全事务助理基辛格秘密访问北京。在双方的会谈中，周恩来强调，中美关系改善的前提是“一个中国”的原则，即台湾是中国的一个省，台湾问题是中国的内政，外国不得干预，美国必须从台湾撤军，并废除美台《共同防御条约》。基辛格代表美国政府所表示的立场中包括：美国承认台湾是中国的一部分，不支持“两个中国”、“一中一台”，不支持台湾独立，美国将随着中美关系改善减少驻台军队，并最终解决《共同防御条约》的问题[③]。这次谈话表明美国清楚中国的立场，在“一个中国政策”认识上有共同之处，这是促成尼克松访华达成改善关系共识的一个重要前提。

1972 年 2 月尼克松访华，中美两国领导人着重讨论了台湾问题。尼克松谈到了美国方面解决台湾问题的原则：第一，只有一个中国，台湾是中国的一部分，美国不再发表类似“台湾地位未定“的声明；第二，美国不曾也不会支持任何“台湾独立”运动；第三，在美国逐渐撤出台湾时会竭尽所能运用影响力，阻止日本进入台湾；第四，美国支持任何和平解决台湾问题的办法；第五，不支持台湾方面“反攻大陆”；第六，谋求与中华人民共和国建立外交关系[④]。经过谈判，2 月 28 日中美发表《上海公报》，美国政府在公报中表达：“美国认识到，在台湾海峡两边的所有中国人都认为只有一个中国，台湾是中国的一部分。美国政府对这一立场不提出异议。它重申它对由中国人民自己和平解决台湾问题的关心。

---

① Richard M. Nixon, — Asia After Vietnam, pp. 111—125。

② 毛泽东：《如果尼克松愿意来，我愿意和他谈》(1970 年 12 月 18 日)，中华人民共和国外交部、中共中央文献研究室编：《毛泽东外交文选》，北京：中央文献出版社，1994 年版，第 593 页。

③ 参阅陶文钊主编：《中美关系史(1949—1972)》，中卷，上海：上海人民出版社，2004 年版，第 340—342 页。

④ 参阅陶文钊主编：《冷战后的美国对华政策》，重庆：重庆出版社，2006 年版，第 67—68 页。

考虑到这一前景，它确认从台湾撤出全部美国武装力量和军事设施的最终目标。在此期间，它将随着这个地区紧张局势的缓和逐步减少它在台湾的武装力量和军事设施。"[①]美国在《上海公报》中的这一宣示是美国"一个中国"政策的经典表述，此后美国凡是说到"一个中国"政策都要回到公报的表述；这也是中美两国在台湾问题上的基本共识，是中美关系正常化的基础。

《上海公报》是中美关系缓和的一个标志性文件，尼克松政府为缓和中美关系作出了努力，但由于台湾问题不能得到根本解决，中美关系正常化始终步履维艰。

1974 年 8 月，尼克松受"水门事件"的影响辞去美国总统职位，副总统福特继任。福特政府的对华政策表现摇摆，美国在"战略上放缓了改善中美关系的速度"[②]。但美国逐渐疏远与台湾的关系则被延续下来。1974 年 10 月，美国国会投票决定废除《福摩萨决议案》，这是美台关系疏离的一个重要标志。12 月底，台湾当局提出由周书楷代替沈剑虹出任驻美"大使"，但美国方面拒绝了台湾当局的建议，理由是"目前不是换大使的时机"[③]。美在考虑与中国关系时，不想因台湾问题节外生枝。1975 年蒋介石去世，福特政府更是只派副总统洛克菲勒率团赴台吊唁，引起台湾方面的极大不满。1975 年 12 月 1 日，福特作为总统访华。访华前，台湾当局向福特政府交涉，重申反对美国政府高层级人员对中国大陆的访问，认为这必定会损害其利益，当然这种努力毫无结果。为了安抚台湾当局，福特访华结束后，派遣主管东亚事务的助理国务卿哈比卜赴台，向台湾当局通报情况。尽管美国一再向台湾当局解释，驻美"大使"沈剑虹认为，如果福特在 1976 年大选中获胜，他会在 1978 年年底之前与中共"关系正常化"[④]。

1977 年，吉米·卡特上台执政。尼克松政策在美国的保守势力中有很大的反弹，认为过于接近中国而疏远台湾。因此卡特选前曾经表示，美国政府在寻求与中国关系正常化，不会牺牲台湾利益，这给台湾当局以错觉，以为卡特当政后会改变尼克松的政策[⑤]。卡特当政后，台湾当局曾试图阻挠中美关系正常化。但是，中美两国的国内和国际环境都发生了变化，两国关系正常化的潮流势不可挡。国家安全事务助理布热津斯基努力推动两国外交，中美之间建交谈判紧

① 中美在上海签定的《联合公报》，参见颜声毅：《当代中国外交》，上海：复旦大学出版社，2009 年版，第 422 页。

② William Burr, ed., The Kissinger Transcripts: The Top Secrets Talks with Beijing and Moscow(N. Y.: The New Press, 1998), p. 85。

③ 沈剑虹：《"使美"八年纪要——沈剑虹回忆录》，北京：世界知识出版社，1983 年，第 143 页。

④ 沈剑虹：《"使美"八年纪要——沈剑虹回忆录》，第 152—153 页。

⑤ 沈剑虹：《"使美"八年纪要——沈剑虹回忆录》，第 159—160 页。

张进行。1978年12月16日上午10时(北京时间,美国东部时间为12月15日晚上9时),中共中央主席兼国务院总理华国锋和美国总统卡特在各自国家首都同时宣读了《中华人民共和国和美利坚合众国关于建立外交关系的联合公报》。公报说,两国商定自1979年1月1日起互相承认并建立外交关系,并将于1979年3月1日互派大使并建立大使馆。美国承认:"中华人民共和国政府是中国的唯一合法政府。在此范围内,美国人民将同台湾人民保持文化、商务和其他非官方关系。"公报还说,美国政府"承认中国的立场,即只有一个中国,台湾是中国的一部分"[①]。当天,也就是在中美建交公报正式公布之时,蒋经国发表声明,呼吁台湾民众"共渡此一难关"[②]。

第二节　中美建交之后的美国对台政策

一　《与台湾关系法》下的美台关系

中美建交并不等同于美国已经彻底抛弃它以往干涉台湾问题的立场,其突出的标志是1979年4月10日卡特签署《与台湾关系法》。

从美国国内政治的生态来看,这项法案是美国国会企图制约卡特政府的产物。卡特政府与台湾"断交"时,保留了所有的条约与协议的有效性,只是废除《共同防御条约》及其他军事性协议。为了在没有官方关系情况下处理对台事务,卡特政府向国会提交了《台湾授权法案》,建议成立"美国在台协会"。但国会在讨论时却把所谓台湾的"安全担保"加入了这个法案。1979年3月,美国参、众两院分别以压倒性票数通过了《与台湾关系法》,并于4月10日经由卡特总统签字后,成为美国的国内法。至此《与台湾关系法》成为台美新关系的基础。从《与台湾关系法》的内容以及后来美台关系演变的情况看,美国政府企图在该法案的基础上,继续保持和发展与台湾的"实质性关系"。所谓美台"实质性关系",首先以关心"台湾的前途将通过和平方式解决"为理由,继续为台湾提供某种程度的安全保障,当时的主要方式是继续向台湾出售武器。其次是建立起与台湾当局的特殊关系,即在"非官方"的框架内,保持双方的各种联系[③]。显

① 参见陶文钊主编:《中美关系史(1972—2000)》,下卷,上海:上海人民出版社,2004年版,第59页。

② 李大维:《台湾关系法立法过程——美国总统与国会间之制衡》,台北:洞察出版社,1988年版,第276—277页。

③ 参见苏格:《美国对华政策与台湾问题》,北京:世界知识出版社,1998年版,第474—482页。

然,《与台湾关系法》违背了中美建交公报的一些内容,其实质是为美国继续介入台湾问题、干涉中国内政提供法律上的依据。这一做法当即遭到中国政府强烈反对,4 月 19 日,邓小平在会见美国参议院外委会访华团时指出:"中美两国关系正常化的政治基础就是只有一个中国,现在这个基础受到了干扰;中国对美国国会通过的《与台湾关系法》是不满意的,这个法案最本质的一个问题,就是实际上不承认只有一个中国;卡特总统表示他在执行这个法案时要遵守中美建交协议,中国正在看美国以后所采取的行动。"①4 月 28 日,中国外交部照会美国政府,指出《与台湾关系法》的许多条款都违反了中美建交协议,给两国关系造成了损害。中国政府决不同意美国继续向台湾出售武器,中国反对"两个中国"、"一中一台"的立场是坚定不移的②。

卡特宣布《共同防御条约》在美国与中国建交一年后终止,在这一年内美国冻结销售武器给台湾。1980 年 1 月,美国违背其诺言,宣布将出售 2.8 亿美元的防御性武器给台湾,但是台湾要求 18 项军事用品,美国却只同意出售其中 6 项,而台湾最需要的高性能战斗机、鱼叉舰对舰导弹及标准型舰对空导弹及 F－4 幽灵战斗机等均遭美国拒绝。可见,在中美建交初期,美一方面继续军售,另一方面则对中国有所顾忌。在保守势力的反弹下,1980 年在美国总统选举中, 共和党候选人里根发表竞选"豪言",批评卡特不顾道义出卖其最忠诚的盟友"中华民国",并宣布如果他赢得此选举,他将会恢复台北和华盛顿的"官方关系"③。

1981 年里根执政后,公开宣称要向台湾出售高性能的武器装备,给中美关系带来一场大危机④。中美两国经过艰难的谈判,1982 年 8 月 17 日发表了《中华人民共和国和美利坚合众国联合公报》,即《八一七公报》。美国政府在公报中承诺它向台湾出售的武器,在性能和数量上将不超过中美建交后几年供应的水平,并准备逐步减少对台湾当局的武器销售,经过一段时间直到这一问题(军售)的最后解决⑤。从公报发表直到 80 年代末,美国在对台军售问题上比较谨慎,没有大规模和高性能的对台军售。

---

① 田增佩主编:《改革开放以来的中国外交》,北京:世界知识出版社,1993 年版,第 386 页。

② 刘连第、汪大为编著:《中美关系的轨迹——建交以来大事纵览》,北京:时事出版社,1995 年版,第 9 页。

③ 林正义著:《台湾安全三角习题——中共与美国的影响》,台北:桂冠图书公司,1979 年版,第 216—217 页。

④ 梅孜编:《美台关系重要资料选编》,北京:时事出版社,1997 年版,第 217 页。

⑤ 《中华人民共和国和美利坚合众国联合公报》,1982 年 8 月 7 日,《当代中国外交》,第 430—431 页。

在美台政治关系方面，1979 年初，美国与台湾当局互设了处理双方非官方事务的机构。1980 年 10 月，美台签订了《北美事务协调委员会及美国在台协会特权及豁免权协定》。卡特政府在协定中对美台的非官方性质作了比较严格的规定，不允许美政府高层官员在办公室会见台湾当局驻美机构的代表。

二　李登辉时代的美台关系

20 世纪 80 年代末、90 年代初，国际形势发生巨大变化，东欧剧变、苏联解体，中国大陆也发生政治风波。美国企图借东欧剧变、苏联解体之机，以台湾问题来配合其对华政策，从而达到"西化"中国的战略目的。从 1989 年冷战结束至 1996 年 3 月"台海危机"爆发，美国推行"以台制华"策略，乃从政治、经济、军事等方面不断突破和提升美台"实质关系"。此时，在美国施压下，台湾政局也发生重大变化，政治体制转为美国所乐见的"民主政体"。李登辉则渐显其"台独"面目，不断寻求美国支持，以便所谓"拓展国际空间"。美国则纵容、放任李登辉的图谋分裂活动。

1989 年 7 月和 1991 年 6 月，美国参众两院先后通过了有关台湾前途的 285 号修正案和《美国对台政策》，称："台湾的前途应该以一种和平的、不带任何强制的，并且是台湾人民能够接受的方式来决定，美国和中华人民共和国的良好关系取决于中国当局不使用武力解决台湾前途或不以武力进行威胁的意愿。"①美国政府使该案成为 1992 年度美国援外法案的一部分。美台政治与军事关系明显开始回升。在政治方面，美台间"政府与非政府"的高层人员互访明显增加。1992 年 11 月，美国部长级贸易代表率团访问台湾并会见了李登辉，从而突破了中美建交后 13 年来美国部长级以上官员不得访问台湾的限制②。在军事方面，1992 年美国政府决定售台前所未有的 150 架 F－16 战斗机，总价高达 60 亿美元③。大规模的军售显然已经远远超出了所谓"防御"说辞。

1993 年，克林顿上台执政。美国政府首先就突出抬高《与台湾关系法》的地位。1993 年 7 月，美国参院外交委员会通过了一项对《与台湾关系法》的"修正案"，取消对美售台武器的限制。在 1994 年初国会开始审议国务院授权法修正案时，国务卿克里斯托弗反对国会通过该项修正案，但他同时声称：《八一七公报》并不损害美国对保持台湾安全的承诺，"包括本政府的每一届政府，皆确认

---

① 梅孜：《美台关系重要资料选编》，时事出版社，1997 年版，第 250 页。

② 参阅牛军：《浅析美国对台湾政策及美台关系的历史演变》，《中国军事科学》，1996 年第 3 期。

③ 张清敏：《布什政府向台湾出售 F－16 战斗机的决定——美国对华政策决定因素的一个案例分析》，《美国研究》，2000 年第 4 期。

《与台湾关系法》在法律上优先于 1982 年公报，前者是美国的法律，后者为政策声明”[①]。1994 年 9 月，克林顿政府正式宣布“调整对台政策的解释”(Adjustments to U. S. Policy toward Taiwan Explained)。美国政策调整的实质和方向，支持台湾当局加入某些国际组织等等，使美国介入台湾问题的手段和目标公开化[②]。

1995 年 5 月，美国突然宣布，克林顿总统决定允许李登辉于同年 6 月的第一周到美进行所谓“非官方的、私人的访问”，参加康奈尔大学的毕业典礼。5 月 23 日，钱其琛以国务院副总理兼外长的身份，召见美国驻华大使，就美政府宣布允许李登辉访美一事，向美方提出了强烈抗议。同日，外交部、全国人大外事委员会、全国政协外事委员会分别发表声明，谴责和抗议美国的这一错误行径[③]。

1996 年 3 月“台海危机”的爆发，使中美关系面临严重考验。美再次对美台关系的现状进行新一轮的“检讨”和调整。主要是将前段时期美国以公开支持和纵容台湾当局分裂祖国活动为重点内容的美台关系，予以适度“降温”。在 1997 年 10 月《中美联合声明》中，关于台湾问题，“美方重申，美国坚持一个中国的政策，遵守中美三个联合公报的原则”[④]。克林顿总统也多次公开表示美国“不支持台湾独立，不支持台湾加入联合国，不支持制造‘两个中国’、‘一中一台’的主张”[⑤]。1999 年 7 月李登辉抛出“两国论”后，新保守派“美国新世纪计划”(Project of New American Century)在当年 8 月的一项公开声明中强烈要求克林顿政府“明确宣布，一旦发生对台湾的攻击或封锁，美国就将去保卫台湾，包括金门、马祖等沿海岛屿”，但这遭到了克林顿的拒绝[⑥]。

三　民进党上台后的美台关系

2000 年 3 月，民进党候选人陈水扁当选为台湾新一任“总统”，民进党替代国民党成为台湾的“执政党”。民进党的上台，使台湾公开走向“独立”的可能性大增，从而给两岸关系的发展前景蒙上了一层阴影，美台关系走向更是引起外

---

① 参阅牛军：《论克林顿政府第一任期对华政策的演变及其特点》，《美国研究》，1998 年第 1 期。

② 参阅牛军：《浅析美国对台湾政策及美台关系的历史演变》。

③ 《就美国政府宣布容许李登辉进行所谓私人访问，我国外交部发表声明提出强烈抗议》，《人民日报》，1995 年 5 月 23 日。

④ 《中美发表联合声明》，《人民日报》，1997 年 10 月 31 日。

⑤ 《江主席与克林顿总统会谈》，《人民日报》，1997 年 10 月 31 日。

⑥ 参见陶文钊：《布什当政以来的中美关系》，载《同济大学学报》(社会科学版)，2004 年 4 月，第 15 卷第 2 期，第 7 页。

界的关注。

2001年1月,乔治·W·布什入主白宫,成为美国第43任总统。上台之初,小布什政府把中国当做竞争对手。2001年4月1日,发生中美撞机事件,该事件使得中美关系受到冲击。在这种对华政策的背景下,其对台政策也作了相应调整,试图借台湾问题向中国施压。2001年4月25日,在接受美国广播公司采访时,布什表示“竭尽全力协防台湾”①。

2001年5月,美国众议院通过国务院授权法案,内含多项与台湾有关的内容,认为应给予台湾“等同非北大西洋公约组织主要盟友”的地位,明确把台湾地区划入美国的势力范围。更为严重的是,小布什明确表示要将台湾地区纳入导弹防御体系。2001年7月,负责武器控制和国际安全的副国务卿约翰·博尔顿在一次记者招待会上称:“布什总统已经在早些时候的讲话中明确表示,我们认为台湾的防御十分重要,台湾防御很可能成为导弹防御体系的一部分。”②

但是,2001年9月,美国发生严重的“9·11”恐怖袭击事件,美国对外政策由此转向反恐。此后,美国先后发动了阿富汗战争与伊拉克战争。这使得美国不得不改变亚太战略,以免树敌太多。中美之间找到了新的战略共同点,中美关系得到了明显好转。“9·11”在两个方面改变了中美关系发展走向:第一,反恐改变了美国决策者的战略思想,从强调大国之间的竞争,到重视大国之间的合作。第二,美国对华政策逐渐出现新的共识,中国是反恐的合作对象,中美两国间的共同利益大于分歧③。

长期以来,美台关系要服从美国的整体战略利益,民进党的“台独”党纲显然是违背中美关系在此前达成的协议,美国一再向中国表示不支持“台独”。因此,为缓和外界质疑,陈水扁在就职演说中抛出“只要中共无意对台动武,本人保证在任期之内,不会宣布独立,不会更改‘国号’,不会推动‘两国论’入宪,不会推动改变现状的‘统独公投’,也没有废除国统纲领与国统会的问题”的“四不一没有”政策④。但是,陈水扁不久“越来越倾向于将个人政治利益置于战略目标和美国所关切的事情之上”⑤。陈水扁为了个人政治利益不顾美国的压力,采

① “Bush on ABCs Good Morning America”, Washington Post, April 25, 2001。

② 参见吴献斌:《TMD与台湾问题》,载《当代亚太》,2002年第4期,第42页。

③ 参见陶文钊:《布什当政以来的中美关系》。

④ 台湾《联合报》,2000年5月20日。

⑤ Kerry Dumbaugh, *Taiwan — U. S. Political Relations: New Strains and Changes*, October 10, 2006, CRS Report for Congress, Order Code RL33684, p. 7。

取“当面应付、背后抗拒、事后修补”的策略①。2002 年 8 月，世界台湾同乡会联合会第二十九届年会在日本东京举行，陈水扁透过电视直播方式致词宣称：“台湾是主权独立的‘国家’”，“台湾与大陆，‘一边一国’，要分清楚”，他并鼓吹“公民投票”决定“台湾前途”。陈水扁的言论出台后，即刻引起外界一片哗然。陈水扁急忙派遣蔡英文赴美“解释”，蔡抵美后与美智库进行交流。8 月 8 日，美国外交政策全国委员会会长史瓦伯会后告诉场外媒体，美方与会人士就陈水扁日前的“一边一国论”表达“严重的关切”，认为此说法将对台海现状造成冲击②。可见，陈水扁事前与美并无沟通，这引起美国的不快。从此，陈水扁出于岛内政治等原因，屡屡发表“台独”的惊人言论，挑动两岸关系紧张。其言论屡屡给美国出难题，成为“麻烦制造者”。2003 年 9 月，陈水扁第一次亮出“台独”时间表：在 2004 年“完成历史性首次公投”，2006 年“催生台湾新宪法”，2007 年实施“新宪法”。10 月 6 日他在接受《华盛顿邮报》专访时称：“公民投票一定会落实，新宪法一定会诞生。台湾不是另一个国家的一个省或一个州。任何民主的改革是我们自己的内部事务。我不认为任何一个民主国家可以反对我们的民主理念。”③陈水扁“以实施民主、坚持改革为幌子，表示要坚持他的理念，显示了前所未有抗中拒美的强硬姿态”④。为此，2003 年 10 月 7 日，美国国务院发言人鲍彻在记者招待会上再次重申一个中国的政策，并罕见地把陈水扁 2000 年 5 月 20 日的就职演说又翻了出来，把“四不一没有”的承诺逐字逐句地念了一遍，指出这些承诺应予遵守⑤。为了使美国的上述态度对陈水扁发挥作用，2003 年 11 月底 12 月初，美国国家安全委员会负责东亚事务的资深主任莫健奉布什总统之命三次秘密访台，并带去布什的亲笔信，要求陈水扁帮他“个人一个忙”，停止“公投”。2003 年 12 月 1 日，美国国务院发言人鲍彻就台湾“公投立法”向媒体表示，美国反对任何会改变台湾现状或走向台独的“公投”⑥。2003 年 12 月 9 日，在白宫举行的小布什与温家宝总理联合记者招待会上，小布什表示反对任何单方面改变台海地区现状的决定，并公开指责陈水扁说：“台湾领导人的言行表明，他可能做出决定单方面改变现状，对此我们是反对的。”这是迄今为止美国总统对台湾当局推动“台独”、图谋改变两岸现状言行所做的

---

① 郭震远：《2006：更加复杂的美台关系》，《人民日报·海外版》，2006 年 12 月 26 日。

② 台湾《联合报》，2002 年 8 月 8 日。

③ John Pomfret: "*Taiwanese Leader Condemns Beijing*"*s* "*One China*" *Policy*; *Chen Dismisses Fear in U.S. of Rising Tension*, Washington Post, October 7, 2003, pp. 10—18。

④⑥ 陶文钊：《2004 年台湾地方领导人选举和美国对台政策》，《美国研究》2004 年第 4 期。

⑤ 台湾《联合报》，2003 年 10 月 9 日。

最为清晰的表态①。

2004年3月，陈水扁通过"公投绑大选"，以微弱多数再次赢得了选举。2006年陈水扁经过策划后直接提出废除"国统会和国统纲领"。美国务院副发言人埃尔利已主动要求台湾"克制"，不要采取片面改变现状行动的努力②。

2007年，陈水扁继续推动"台独"，试图推动2008年"大选"时进行公投。美国一再表示，美国不支持台湾公投"入联"。2008年3月，民进党选举失败，国民党再度执政，遏制"台独"的机遇出现了。

第三节 战后50—70年代初期的日本与台湾关系

一 1952年《日台和约》的签订

1951年9月8日，在美国的主导下，以提前结束对日占领状态为名义的片面的《旧金山媾和条约》签定。美国出于建立"远东反共防线"的战略意图，积极推动日台签约"建交"。9月17日，美国驻台"公使"兰金通知台湾当局"外交部长"叶公超称："日本政府已经同意与台湾进行缔约谈判。"③

鉴于台湾当局占据台湾和澎湖列岛等的实际状况，注重现实的日本采取了一系列"动作"，以便在谈判中压制台湾、取得更多利益。10月，首相吉田茂在日本参议院称可以考虑在上海设立商务办事处④。在答复国会议员的质询时亦称日本在处理与中国大陆的关系时宜谨慎决定⑤。吉田茂的言行引发台湾当局的不满，遂通过美国对日本予以"严正约束"⑥。在台湾的要求下，杜勒斯以美国总统特使的身份于1951年12月赴日。杜勒斯明确告诫日本：如果日本不与台湾当局签订和约，美国国会就不会批准《旧金山媾和条约》⑦。吉田茂当面许诺将与台湾当局进行谈判。1952年1月，美国驻台"公使衔代办"兰金约见台湾当局

---

① 台湾《中国时报》，2004年1月2日。

② 台湾《联合报》，2006年6月23日。

③ 林金茎：《梅と樱·战后の日华关系》，东京：产经新闻社，1984年版，第123—124页。

④ 参见乔治·佛里德曼：《下一次美日战争》，北京：新华出版社，1992年版，第121页。朝日新闻社编印：《资料·日本与中国(1945—1971)》，东京：1972年，第3页。

⑤ 林金茎：《战后中日关系之实证研究》，台北：中日关系研究会，1984年版，第118页。

⑥ 台湾"中华民国外交问题研究会"编印：《"金山和约"与"中日和约"的关系》，台北：1966年，第175页。

⑦ 信夫清三郎：《日本外交史》(下)，北京：商务印书馆，1992年版，第788页。

"外交部长"叶公超，传达美国政府反对吉田发言的立场[1]。

为压迫日本政府无条件遵从美国政府的战略安排，不再发生意外，12 月杜勒斯在离开日本时，把一封写好的亲笔信交给吉田茂，并令其签字后送还美国方面。随后，吉田茂正式致函杜勒斯称"完全同意"。由此，在美国的高压下，日本全面接受了美国要求其与台湾当局签约"建交"的"指令"。美日双方以此信为基础进行多次磋商与修改，产生了基本上由美方定稿的"吉田书简"[2]。1952 年 1 月，美、日两国分别向国际社会公布"吉田书简"。蒋介石表示"此乃半年来之奋斗所致"[3]。"吉田书简"遂成为日台签约"建交"的基本准则。1 月，中国外交部副部长章汉夫授权发表声明，对美日政府进行了强烈谴责，指出"吉田书简"的出台是"对中华人民共和国最严重、最露骨的挑衅行为"[4]。

就当时日本对台湾的需要而言，台湾的魅力远低于中国大陆。日本主要出于经济利益的考虑，想同中国大陆保持经贸往来。因为日本战败以前，日本对中国大陆的经济依赖已经达到很高的程度。当时，日本海外资源的 60%以上来自中国，占日本海外商品和投资市场 60%以上的份额也来自中国。战后，随着日本经济的逐步恢复，日本希望能够恢复同中国的经贸往来，重新获得中国的原料与市场。而台湾在经济上对日本则没有太大的吸引力。一方面，台湾的资源不如大陆丰富，市场极其有限；另一方面，国民党军政残余刚刚从大陆败退到台湾，根基未稳，经济尚无大起色。从经济意义上来看，日本同台湾交流的利益十分有限[5]。因之，中国大陆蕴藏的丰富战略资源、辽阔的市场和众多的劳动力，始终吸引着日本的强烈关注。鉴于日本即将恢复国家"主权"，当务之急是尽快恢复国民经济，因而日本仍期待重新获取中国大陆的物产资源和广大市场，此时的日本政府更希望与大陆和台湾同时建立一种"平衡"的关系，以实现日本战后经济重建的目标。

从当时的国际形势来看，由于台湾当局坚持"反攻大陆"，并把希望寄托于第三次世界大战的爆发。但对于正在争取国家主权独立、加速经济恢复的日本

---

① 台湾"中华民国外交问题研究会"编印：《"金山和约"与"中日和约"的关系》，台北：1966 年，第 177 页。

② 日本外务省亚洲局中国课编：《日中关系基本资料集（1949—1997 年）》，东京：霞山会，1998 年版，第 28 页。吉田书简明确指出："日本准备一俟法律允许，则根据与许多国家缔结合约所表达的各项原则，与台湾方面缔结重新恢复与建立两'政府'间正常关系的条约。这个双边条约的条款将适用于现在及以后可能成为'中华民国'政府管辖的全部领土。我确信，日本政府不打算与中共政权缔结两国间条约。"

③ 《蒋介石日记》，1952 年 1 月 16 日，胡佛研究所藏。

④ 《人民日报》，1952 年 1 月 23 日。

⑤ 周永生：《经济外交》，北京：中国青年出版社，2004 年版，第 113—114 页。

来说，近期内发生世界大战的可能性几乎为零，日本朝野一致认为，台湾“反攻大陆”的想法犹如天方夜谭，就连台湾的国民党当局也会因经济状况的恶化而很快处于崩溃的困境[①]。

在美国的强大压力下，日本政府最终选择了台湾当局为和约的谈判对象，但在“吉田书简”中，又“希望最终与日本的邻邦中国建立全面的政治的和平与通商关系”[②]，在与台湾最初的谈判草案中，只想签订一个通商航海条约。台湾当局也很明白，“吉田书简”完全是出于美国政府的政策安排。台湾当局向日本政府提出三项交涉条件：(1) 名称必须是和平条约；(2) 原则上必须与旧金山和约内容相同；(3) 最迟须在旧金山和约生效前签署[③]。

1952 年 2 月，日本政府派遣原大藏大臣河田烈为全权代表赴台，台湾当局则派出“外交部长”叶公超出任台方首席代表，同时还成立了由陈诚、王世杰、张群等 12 人组成的“对日和约最高决策小组”，随时向蒋介石汇报请示[④]。经过反复折冲，日本与台湾当局的缔约谈判终于在台北正式举行。

4 月，美国总统杜鲁门签署文件，《旧金山媾和条约》即将生效。日本抓住台湾急于在生效前完成和谈的心理，继续逼迫台湾让步，而台湾当局几无还击之力，渐屈从于日本政府的外交威逼。经过 67 天的讨价还价，1952 年 4 月 28 日，在《旧金山媾和条约》生效的 7 个半小时前，以损害中华民族利益为特征的《日台和约》在台北签订[⑤]。台湾全面对日退让，放弃了对日战争赔偿。《日台和约》签订的同日，美国参议院迅即批准《旧金山媾和条约》。

1952 年 5 月 5 日，即《旧金山媾和条约》正式生效的当天，中国政府总理兼外交部长周恩来发表声明，强烈谴责美国主导下的《旧金山媾和条约》及《日台和约》，郑重宣布：“对于美国所宣布生效的单独对日和约，是绝对不能承认的；对于公开侮辱并敌视中国人民的吉田蒋介石和约是坚决反对的。”[⑥]

《日台和约》的签订，把“台湾牢牢地绑在了美国冷战战略的战车上，使其与

---

① 陈肇斌：《战后日本的中国政策》，东京：东京大学出版会，2000 年版，第 57 页。

② 日本外务省亚洲局中国课编：《日中关系基本资料集(1949—1997 年)》，东京：霞山会，1998 年版，第 28 页。

③ [日]促进日中贸易议员联盟编印：《有关国会对日台条约的审议》，东京：1969 年，第 327 页。

④ 日本政府希望台湾当局任命张群为首席谈判代表，台湾当局则希望日本政府任命犬养健为首席谈判代表，但日台双方均没有按照对方的意愿行事。参见《蒋介石日记》，1952 年 1 月 17 日。

⑤ 《日台和约》的全称为《日本国与“中华民国”间和平条约》。

⑥ 田桓：《战后中日关系文献集(1945—1970)》，北京：中国社会科学出版社，1996 年版，第 125 页。

日本一道成为美国在亚洲的重要伙伴”①。由于和约的签订，日本与台湾的关系得以“全面恢复”，奠定了此后日台关系的政治基础，美国将日台纳入其远东防线的战略目标顺利实现。

另据当年英、美驻日大使分析，战后初期的日本政府颇为期待蒋介石死后把台湾重新纳入日本的版图，实现所谓的“再统合”。日本某些人还秘密谋划“台日邦联”或“日台联合王国”，为实现这一战略目标，就要把蒋介石国民党当局的统治范围限定在台湾，并暗中支持“台独”势力的活动，同时承认中国共产党在大陆的政权，这样，一旦台湾出现日本预期的变化，便可达成目的。由此不难看出，“一中一台”或“两个中国”最符合日本统治集团的希望②。

二　美日台三角政经关系的形成

在美国反共反华的远东战略主导下，美日台三角政经关系渐次形成。其原因，既有美国将日、台纳入其遏止社会主义阵营的远东防线的战略考量，亦有朝鲜战争等的特殊因素。

1950 年 6 月 25 日，朝鲜战争爆发。杜鲁门总统主持召开国家安全委员会会议，决定全面介入朝鲜战争。27 日，杜鲁门命令第七舰队驶入台湾海峡并进行定期巡航；同时也要求台湾当局停止对大陆的一切武力攻击行为。由于美国军事力量的全面介入，朝鲜战争遂演变成国际性的局部战争。受朝鲜战争的影响，美国大幅改变其对台、对日政策。在军事介入朝鲜战争的同时，插手中国的台湾事务。宣布武力保护台湾，恢复对台的军事、经济援助，重新将台湾纳入其战略防御圈内。同时，美国大力扶植日本恢复经济，并把日本定位为美国远东战略的坚强“盟国”。美国的这一战略调整，最大的受益者显然是同处于战后政治、经济困境中的日本与台湾，使其绝处逢生。

朝鲜战争对于日本战后社会经济秩序的恢复与重建更是发挥出相当重要的作用。几乎瘫痪的日本经济意外获得美军大量军需订货的刺激，成为战后日本经济恢复与腾飞的起点③，更是美日关系巩固发展的重要前提。不可否认的是，朝鲜战争对于日本最大的作用是奠定了日本扮演围堵亚洲共产主义的国际地位。朝鲜战争期间，美国还决定召开旧金山对日媾和会议，提前恢复日本的国家主权。日美还签订了《日美安全保障条约》和《日美行政协定》，使日本在政

① 张耀武：《中日关系中的台湾问题》，北京：新华出版社，2004 年版，第 730 页。

② 陈肇斌：《战后日本的中国政策》，东京：东京大学出版会，2000 年版，第 102—104 页。

③ 新加坡学者李炯才指出：“50 年代初的朝鲜战争是日本经济成功的重要原因。战争中，特别是战争要求的专用物资催化了全面的经济增长。”转引自李炯才：《日本：神话与现实》，海口：海南出版社，1999 年版，第 171 页。

治、经济、军事上从属于美国。美国还推动台湾与日本较早建立了双边贸易关系,以台湾大米、砂糖等农产品供应日本,以稳定日本国内的市场秩序①。日本还派出扫雷舰艇,协助美军作战。朝鲜战争期间,日本列岛俨然成为侵朝美军的出发基地和军需供应基地。朝鲜战争促使美日形成极为密切的同盟关系。

在美日关系、美台关系确立的基础上,美国对未来日台关系进行了战略设计。美国政府认为,作为美军基地,台湾变得尤为重要。另外,台湾是日本粮食(主要是大米和砂糖)的重要供应地,如果台湾不再为美国控制,便将切断台湾对日本的供应,那么日本就可能不再是美国的"资产"而是负担。为此,参谋长联席会议建议,美国应利用外交和经济手段防止中国共产党对台湾实施武力解放,而一个非共产党的政权对美国的军事安全利益是极具价值的②。台湾学者指出:"美国的基本目标是不让台湾和澎湖落入共产党手中。目前为达此目的的最实际手段是把这些岛屿同中国大陆隔离开。"③在美国的一手导演下,1952年日、台签订《日台条约》并建立了所谓的"外交关系",这为战后日台关系的发展提供了所谓的政治法律保障。对战后初期的台湾而言,日台关系仅次于美台关系。就发展经济来看,由于日本长期的殖民统治,日本对台湾的经济影响,其重要性则几乎可以和美国对台援助相提并论。

美国远东战略的调整,大体规定了战后日台的政治与经济的发展动向。战后的日台关系从属于美日与美台关系。同样,战后初期的日台经济关系亦是如此。鉴于台湾与大陆经济联系的中断,在美国的指令下,台湾当局很快与日本重新建立了经贸联系。1950 年 9 月,台湾与日本签订了日台贸易协定,向日本出口蔗糖与稻米。由此,日本因战败而中断的与台湾的经济联系仅仅不到 4 年就又恢复了。台湾当局主管经济工作的尹仲容认为,要想尽快恢复岛内经济,就要积极"发展对外贸易,尤以恢复对日贸易为最重要"④。但此时日本尚未恢复国家主权,日台之间尚未建立任何形式的"官方"关系,仅是就双方紧缺的商品物资品种作了数量有限的易货贸易而已,日本和台湾仅维持着一定程度的民间贸易往来。

在美国的扶持下,日本经济开始恢复至战前水平,并于 1955 年进入战后经济的高速增长期。同时,为扩大其出口商品市场,日本从 60 年代起,积极开展经济"外交",试图通过台湾打开通往东南亚市场的渠道,加强了对台贸易交往

---

① 王键:《光复初期至 1960 年代日台贸易重新启动过程之探析》,载《东北亚学刊》,2007 年第 3 期。

② 宋连生、巩小华:《穿越台湾海峡的中美较量》,昆明:云南人民出版社,2001 年版,第 22 页。

③ 梁敬錞:《中美关系论文集》,台北:联经出版事业公司,1982 年版,第 206 页。

④ 沈云龙编:《尹仲容先生年谱初稿》,台北:传记文学杂志社,1972 年版,第 98 页。

和直接投资。日台双边贸易的规模逐渐扩大，1952年日台双边贸易总额仅为1.196亿美元，1960年增至1.666亿美元。台湾对日出口占其总出口由1952年的48.3%上升至1955年的60.6%。此后，即逐渐下降，1965年为30.6%，但仍占第一位。战后初期，由于大量接受"美援"，台湾从美国的进口多于从日本的进口；1952年，台湾从日本进口占其总进口的比重为31.0%，而同期从美国的进口为45.7%；1955年从日本的进口与美国的进口分别为30.4%和47.5%。但是，到1964年以后，从日本的进口开始超过美国；1965年台湾从日本的进口占总进口的39.8%，超过了从美国进口的31.7%[①]。由于日本经济尚未恢复元气，从1953年到1960年，日本对台湾直接投资累计仅为14项，累计总金额仅为168万美元；但是，从1961年到1970年的10年间，来自日本的直接投资猛增为374项，总额为8732万美元[②]。日本的纺织、玩具和制鞋等劳动密集型产业就是在这段时期陆续转移到台湾的[③]。日台经济联系逐渐密切化。总之，战后初期发轫的日台经济关系是美台经济关系的补充和延续，是美国主导下的美日台三角政经关系中的组成部分。日台关系是从属于美国世界战略的。

60年代，台湾经济逐渐由内向型转变为外向型，出口贸易成为带动经济增长的主导产业部门。此时，台湾对海外资本和技术（尤为日本的技术和机器设备等）的需求极为高涨，日本也急需米糖等台湾传统的农产品供应，日台贸易进展很快。按照美国的战略设计，在"美援"终止时的1965年，日本向台湾提供了第一笔政府贷款，总额为540亿日元（合1.5亿美元），主要用于建设高雄港、曾文溪水库等项目。在互为需要的前提下，更重要的是在美国的主导下，日台关系逐渐发展，美日台三角政经关系继续得以维系巩固。

三　吉田茂内阁以后日本历届政府对台政策

鸠山一郎内阁的对台政策　1954年12月，民主党鸠山一郎内阁成立，开始对吉田茂内阁的对美"一边倒"的外交路线进行调整，以改善日本与中国、苏联的敌对关系[④]。针对鸠山一郎欲以民间贸易形式改善中日关系的策略，台湾当局于1955年4月对日本提出强烈抗议，还通过美国政府施压，日台关系出现阴云。

由于日本经济发展的实际需要，在吉田茂内阁期间签署的第一、第二次中

① 台湾经济建设委员会编印：《*Taiwan Statistical Data Book*》，台北：1990年，第215页。
② 刘进庆：《战后台湾经济分析》，厦门：厦门大学出版社，1990年版，第455、456页。
③ 吴寄南、陈鸿斌：《中日关系"瓶颈"论》，北京：时事出版社，2004年版，第62页。
④ 罗平汉：《中国对日政策与中日邦交正常化》，北京：时事出版社，2000年版，第33—34页。

日民间贸易协定，大都在鸠山一郎内阁期间得以顺利实施。当时日本正处于经济困境之中，对与中国进行贸易抱有很大期望，很想通过从中国输入大豆和优质煤等物资，以解决粮食奇缺和燃料不足的困境。1954 年 10 月中日第二次民间贸易协定期满，在鸠山一郎的支持下，1955 年 5 月中日第三次民间贸易协定签署。由于中日关系的改善，这一期间日台关系出现紧张势头。

鸠山一郎与中国大陆开展民间贸易的同时，也把台湾当作一个“独立的国家”看待，他的做法与其前任并无区别，“两个中国”是他处理对华政策的基调。1954 年 12 月，鸠山一郎在回答记者时声称：“中共、‘国府’（台湾）都是独立国家，我打算分别与其缔结友好关系。”①几天后，鸠山在名古屋发表演讲时仍说：“由于台湾与中共两方都是独立国家，所以只承认一方为独立国家是不正常的。”②1955 年，日本与台湾签订贸易计划与空运临时协定。

岸信介内阁时期的对台政策　1957 年 2 月，岸信介出任日本首相。日本进入岸信介内阁时期，中日民间贸易严重受挫，而日台关系则进入“蜜月期”。岸信介是日本自民党亲台派“始祖”③，也是日本战后唯一因甲级战犯嫌疑而被捕获释后又担任内阁首相的人。上台仅半个月，即 1957 年 3 月，他就迫不及待地推动成立了日台合作委员会；3 个半月后，岸信介访问台湾及东南亚 5 国。访台期间，蒋介石与岸信介进行了三次会谈，签署“共同声明”，公然支持台湾“收复大陆”④。岸信介的真实想法是“企图用中国对亚洲的威胁来诱使美国增加对日本的经济援助，日本用美国的经济援助再充当向包括中国台湾在内的亚洲进行经济侵略的主角”⑤。

岸信介大肆宣扬中国威胁，在台湾问题上与中国为敌。他说：“台湾海峡的形势并非内乱，乃是反对共产主义的国际性质的战争。”⑥岸信介内阁成立后，多次声称无意恢复中日邦交并对既存的中日民间贸易往来也横加阻挠。中日民间贸易第三次协定于 1957 年期满后，岸信介内阁一再拖延新协定的签署，直到 1958 年 3 月，才迫于日本国内各界的强烈要求，主要是面临大选，为增加竞选的资本，岸信介内阁默许日本贸易三团体与中国贸促会签订了第四次中日民间贸易协定。该协定规定：“对贸易办事处，给予悬挂国旗和承认其他外交特权的准

---

① 吉泽清次郎：《日本外交史》第 28 卷，东京：鹿岛和平研究所，1975 年版，第 187 页。
② 古川万太郎：《日中战后关系史》，东京：原书房，1981 年版，第 78 页。
③ 若宫启文：《战后保守のアジア观》，东京：朝日新闻社，1995 年版，第 114 页。
④ 《朝日新闻》，1957 年 6 月 4 日。
⑤ 王俊彦：《战后台日关系秘史》，福州：福建人民出版社，2000 年版，第 69 页。
⑥ 冯瑞云：《当代中日关系发展要论》，长春：吉林教育出版社，1996 年版，第 113 页。

外交机构待遇。”[①]此举引发台湾当局的强烈抗议。

为安抚台湾当局，4月，岸信介亲笔致函蒋介石表示：第四次中日民间贸易协定仅限于民间范畴，不属于政府管辖范围；日本将不给通商代表任何特权，不同意悬挂国旗。同时，日本内阁官房长官爱知揆一发表谈话称：日本目前“没有承认共产党中国，所以不能承认民间商务代表机构所谓有权悬挂共产党中国国旗”[②]。台湾当局表示满意，随即宣布恢复日台之间的商务往来，恢复台北的日台贸易会议。

1958年5月，在日本长崎举办的中国邮票剪纸展览会上，发生两名日本右翼暴徒撕毁中国国旗的严重事件。岸信介内阁无视中国政府的强烈抗议，袒护和纵容肇事的右翼分子。中国政府宣布中日贸易及文化交流全面停止。至此，中日关系恶化到战后以来的最低点。此时的日台关系却上升至“蜜月”时期。

池田勇人内阁时期的对台政策　1960年10月池田勇人内阁成立后，开始对日台关系进行调整，修正岸信介内阁时期过于偏向台湾的政策，恢复并提升与中国大陆的民间贸易，倡导要使中国的自然资源和庞大市场为日本发展经济所用的理念。池田在1960年10月召开的临时国会上发表演讲，表明其重新启动中日贸易的基本态度。池田内阁组阁不到百日，国务大臣高崎达之助访问北京，与中方就恢复双边贸易进行磋商。池田明确提出：日中贸易“本着政治与经济分离的立场，按日本与欧洲之间已经达到的规模进行贸易是适宜的”[③]。这是池田基于“一中一台”的政治考虑所作出的判断，即在保持日台之间密切经济关系的同时，也与中国大陆发展民间贸易。面对池田内阁对华态度的微妙调整，台湾当局高度不安。

池田内阁执行的是一条“政治台湾、经济大陆”的两面政策，他认为这种左右逢源、不偏不倚的政策最适合日本的国家利益。经过20世纪50年代末的“安保斗争”等社会动荡，日本国民逐渐远离政治，更倾向于国计民生的改善与发展。池田的经济构想基本体现了大多数国民的现实需求。在《国民收入倍增计划》通过之后，池田内阁全力争取实现在今后10年内把国民收入增加一倍的目标。积极推进对外贸易与交流，把日本产品打入国际市场，是日本政府的当务之急。在对象选择上，不论是“自由主义”国家还是“共产圈”的国家，都是其经济贸易活动的对象，况且日台之间有着共同的政治合作基础，双方经济贸易

① 田中明彦：《日中关系(1945—1990)》，东京：东京大学出版会，1991年版，第49页。

② 促进恢复日中邦交议员联盟编印：《恢复日中邦交有关资料集(1945—1972)》，东京：1972年版，第197页。

③ 伊藤昌哉：《池田勇人的生和死》，北京：新华出版社，1986年版，第138页。

活动表现出相当的活跃，具有一定的规模。1961年8月前首相岸信介作为池田内阁特使访问台湾，岸信介与蒋介石就日台经济合作问题进行了具体讨论。

根据1962年9月周恩来和松村谦三关于扩大日中贸易的会谈的宗旨，1962年11月，中日签订了半官半民性质的《中日综合贸易备忘录》，也即著名的《廖承志和高崎达之助贸易备忘录》(亦称《LT备忘录》)①。此后，中日在两国首都互设贸易办事处，其作用远远超过了民间贸易的范围。为阻止中日接近，1963年5月，台湾"总统府秘书长"张群访问日本，对日本朝野各界进行游说。张群"告诫"日本政府："即便日本打算进行纯粹的商业贸易，也不要与大陆进行贸易。"②

1963年8月，池田内阁批准日本仓敷株式会社向中国出口维尼龙生产成套设备并决定由日本进出口银行给予200万美元的融资。台湾当局认为，日本向中国大陆出口工业设备是超越民间贸易范围的，是对中国的一种"变形的经济援助"③，"更严格一点说，维尼龙制品在军用上也颇有价值，因此可以算做军援"④。8月，台湾当局对日本作出了一系列强烈反应。9月，台湾"立法院"甚至扬言要与日本"断交"。此时又恰巧发生"周鸿庆事件"⑤，使日台关系出现空前的危机。为抗议池田内阁的决定，台湾当局采取了一系列强硬报复措施。日台关系陷入了全面危机。台湾当局的强硬反应也使池田内阁陷入困境。池田本无彻底与台湾断绝关系而发展与中国大陆关系的意图，又遭到自民党台湾帮右翼政治家的攻击，池田内阁乃积极寻求改善日台关系。

1964年1月，自民党副总裁大野伴睦作为池田内阁特使，偕自民党外交调查委员会委员长船田中到台湾为蒋介石"祝寿"，借此缓和日台关系。2月，前首相吉田茂以私人身份(实际上也是池田首相的特使身份)对台湾进行了为期5天的访问。回国后吉田茂给台湾"总统府秘书长"张群回了一封信，以私人信件

---

① 永野信利：《日中建交谈判记实》，北京：时事出版社，1989年版，第52页。

② 张群：《我与日本七十年》，台北：中日关系研究会，1980年版，第180页。

③ 《时事参考资料》(第234号)，台北：台湾"行政院新闻局"，1963年10月5日。

④ 张群：《我与日本七十年》，台北：中日关系研究会，1980年版，第183页。

⑤ 1963年10月7日，中国油压机械访日代表团准备回国时，该团日语翻译周鸿庆潜入苏联驻日大使馆提出送其去台湾的政治避难要求，第二天被苏方移交日本当局。在爱国华侨的劝说下，周鸿庆于1964年1月9日返回祖国。但台湾当局竟坚持要求日本当局将其"引渡"给台湾方面，由此引起日台关系的高度紧张，日台关系达到濒临"绝交"的境地。这就是"周鸿庆事件"。1964年1月14日，台北发生袭击日本驻台"大使馆"事件及学生的反日"五不运动"(不买日货，不看日本电影，不听日本音乐，不阅日本书刊，不讲日本话)。1月11日，台湾当局颁布了禁止"中华民国"代理机构和企业购买日货的禁令；暂停与日本协商每年对日出口10万吨大米(价值约1500万美元)的贸易等。

的形式说明了池田内阁改善日台关系的想法，即所谓第二次“吉田书简”①。第二次“吉田书简”的主要内容有两点：一是日本对中国的融资只限于民间商业贷款；二是日本政府今后不再批准日本企业使用日本进出口银行贷款②。台湾当局多次宣称“吉田书简”是《日台和约》的补充文件。“吉田书简”表明日本政府将对中日民间贸易进行限制，这在一定程度上安慰了台湾当局的情绪，日台关系开始好转。

从本质上来讲，池田内阁对台政策是以“政经分离”和“两个中国”为其主要特征，维系日本经济高增长的外部环境是其最大战略目标。

佐藤荣作内阁的对台政策　1964 年 11 月，佐藤荣作内阁成立。佐藤内阁成立之初，表面上一度采取了对中国大陆“亲近”、对台湾“疏远”的态势，但很快转向。稍后，佐藤荣作在国会讲话时称：日本“政府将一面维持迄今同‘中华民国’政府之间的正式外交关系，一面以政经分离的原则，同中国大陆之间继续民间贸易以及其他事实上的接触”。同日，在台湾的要求下，佐藤内阁拒绝彭真率领中国共产党代表团入境。

台湾当局为维系政权稳固，发展岛内经济是重中之重。在美国的经济援助下，台湾当局对岛内的控制趋于稳定，经济发展也渐入正轨。但受越南战争的影响，美国开始计划削减对台经援。1964 年 5 月，美国国务院发表声明称，鉴于台湾经济已达到自立程度，美国国际开发署计划于 1965 年 6 月终止其对台经援计划。美国对台经援的停止，对刚刚起步的台湾经济是个考验，当时台湾即将实施第四个经济建设四年计划，该计划至少需要外资 6000 万美元。在这种情况下，台湾当局希冀通过美国的斡旋，由日本提供资金援助。1965 年 4 月，日台双方签署了日元贷款协议。该日元贷款项目总额为 540 亿日元（1.5 亿美元），分 5 年支付。这是日本战后首次向台湾提供政府贷款。日本通过向台湾提供贷款，大大加强了日台关系，确立了日美在台湾问题上分担责任的体制，此亦为战后美日台三角政经关系确立的标志之一。

为发展日台关系，1965 年 2 月，佐藤内阁竟不顾国际信义，公然宣布中日贸易受“吉田书简”的约束，不惜破坏池田时期达成的中方购买日本成套设备贸易时使用日本进出口银行资金延期付款的双边协议。1965 年 10 月，日本在高雄设立“领事馆”。1966 年 3 月，佐藤内阁拒绝中国人民外交学会代表团入境。

① 有关第二次“吉田书简”的出笼过程，至今仍不甚明晰。一说“吉田书简”的幕后策划者为时任外相的大平正芳与法务大臣的贺屋兴宣。转引自林代昭：《战后中日关系史》，北京：北京大学出版社，1992 年版，第 169 页。

② 日本外务省亚洲局中国课编：《日中关系基本资料集（1949—1969 年）》，东京：霞山会，1998 年版，第 423 页。

4月《人民日报》发表评论员文章，指出此举是佐藤内阁“敌视中国人民、追随美帝国主义的反动面貌的又一次大暴露”①。

1967年6月，佐藤内阁拒绝中日友协代表团入境。8月，台湾当局“外交部长”沈昌焕访日，并发表日台共同声明；9月，佐藤荣作再次来到台湾进行活动，期间与蒋介石作了多次“恳谈”。就在佐藤荣作访台期间，日本政府纵容右翼暴徒和警察，在东京打伤廖承志办事处工作人员、新华社驻日记者等多人，制造了严重的反华暴行。10月，前首相吉田茂去世，台湾当局派张群为参加吉田茂葬礼的“特使”；11月，时任台湾当局“国防部副部长”的蒋经国访问日本。访日期间，蒋经国会见日本天皇，并与日本政界亲台政治家进行多次交谈，不断推动日台关系“密切化”。

1971年10月25日，中国正式恢复在联合国的席位。日本经济界掀起访华高潮，特别是1972年8月三菱集团首脑访华，受到周恩来总理的接见，对日本经济界影响甚大②。其实，日本“经济界许多人的根本动机，归根到底还在于对经济利益的追求。日本经济界非常担心佐藤内阁敌视中国的政策会导致美国抢先于日本‘占领’中国市场”③。为挽回颓势，佐藤还向中国政府传递出多次所谓的“外交口信”，企图在恢复中日邦交问题上有所建树，延长其内阁生命，但中国政府对其“故伎重演”未予理会④。

第四节　中日建交后日本与台湾关系的演变

一　中日关系正常化与日台关系

1972年7月，田中角荣就任日本首相。他以实现日本国家利益为宗旨，将日台关系与中日关系的位置进行“置换”。即要在实现中日邦交正常化的同时，继续保持与台湾的经贸联系。这样日本就可以实现其外交战略的最大利益，可同时占有海峡两岸的市场与资源。在田中内阁成立后的首次内阁会议上，外相大平正芳宣称：“日台关系的处理与日中邦交正常化，是同等重要的问题。”⑤

台湾当局对田中内阁的努力进行了多方阻挠。8月，台湾当局“行政院长”

---

① 《人民日报》，1966年4月15日。

② 山村喜晴、山本刚士：《三菱集团的华丽转身》，载《中央公论》，1972年10月号。

③ 黄大慧：《日本经济界与中日邦交正常化》，载《日本学论坛》，1999年第2期。

④ 五百旗头真著，吴万虹译：《日本外交史（1945—2005）》，北京：世界知识出版社，2007年版，第114页。

⑤ 王俊彦：《战后台日关系秘史》，福州：福建人民出版社，2000年版，第141页。

蒋经国发表谈话，督促日本“反省”；台湾当局还通过日本自民党亲台政治家滩尾弘吉、玉置和郎、前尾繁三郎等人对田中内阁施加压力。9月，不顾国内右翼亲台团体的反对，日本首相田中角荣访问中国。抵达北京后，田中首相就对中方表示：“日中邦交正常化的结果，将自动解除日台之间的‘外交关系’。”[①]在日本接受中方“中日邦交正常化三原则”的前提下，中日两国政府发表《中日联合声明》，实现“中日邦交”正常化。在《中日联合声明》中，日本对“台湾是中华人民共和国领土不可分割的一部分”的主张，表示“充分的理解和尊重”[②]。同时，大平外相在北京宣布，签订于1952年的《日台和约》已失效[③]。

台湾当局面对如此困境，发表声明，指责日本政府“罔顾条约义务之背信弃义行为，兹宣布与日本政府断绝‘外交关系’，并指出此应由日本政府负其完全责任”。同时声明“对所有日本反共民主人士仍将继续保持友谊”[④]。如此，中日关系由以往的“民间”形式走向两国“邦交”的正常化，实现了政治、经济、文化关系的全面恢复。曲折发展23年的日台关系则由“官方”下降为“民间”形式[⑤]。为此，《人民日报》以《中日关系史的新篇章》为题发表社论，指出“中日之间战争状态的结束，邦交正常化的实现，揭开了两国关系史上的新篇章”[⑥]。

田中访问北京之前，为“安抚”台湾，特派出与台湾关系密切的自民党副总裁椎名悦三郎于1972年9月赴台进行“解释”，并带去田中致蒋介石的信函。田中信函告知台方，日台“外交关系”将在田中访问北京之后终结，日台“只能通过民间渠道维持贸易经济等务实关系”[⑦]。但在与台湾当局“行政院长”蒋经国会谈时，椎名悦三郎又作出“日台原有关系将继续保持”[⑧]的承诺，使台湾当局一时难以判断其真实性。事实证明，田中角荣的这一外交策略，实为蒙蔽台湾当局的障眼法，一可减少日本国内亲台团体的攻击，为田中访华创造条件；二可麻

---

① 日本外务省亚洲局中国课解密文件：《日中邦交正常化交涉记录——田中总理、周恩来总理会谈记录(1972年9月25日—28日)》，第1页。

② 田桓主编：《战后中日关系文献集(1971—1995)》，北京：中国社会科学文献出版社，1997年版，第111页。

③ 田桓主编：《战后中日关系文献集(1971—1995)》，北京：中国社会科学文献出版社，1997年版，第113页。

④ “中华民国史事纪要编委会”：《“中华民国”史事纪要1972年7—9月》(初稿)，台北：“中华民国史料研究中心”，1983年印行，第745—746页。

⑤ 永野信利著，顾汝钰译：《日中建交谈判记实》，北京：时事出版社，1989年版，第59—60页。

⑥ 《人民日报》，1972年9月30日。

⑦ 田村重信等：《日台断交与日中关系正常化》，东京：南窗社，2000年版，第55页。

⑧ 事实证明，日本政府对日台“断交”采取了“两手准备”。在椎名访台期间，日本驻台“大使”宇山厚曾致电大平外相，称“原有关系的表述非常含糊，里面有不少文章，包括外交在内”。参见永野信利：《日中建交谈判记实》，北京：时事出版社，1989年版，第34—35页。

痹台湾当局，使其不致在田中访华期间，贸然采取极端措施，例如日本政府最担心台湾当局会动用军舰干扰日本船只途经台湾海峡的正常行驶，因为那样一来，日本国内亲台势力就可借此破坏田中的访华。

1972年9月29日前，日本与台湾维持正式“外交”关系，而以“政经分离”的方式处理与中国大陆的民间贸易关系；中日邦交正常化以后，日本把政府承认转移至北京，但仍与台湾维系着密切的经济关系，依旧利用其所谓的“政经分离”手法来合理化其“政治中国、经济台湾”的新外交方针[①]。在中日建交会谈中，中国方面要求日本将台湾排除于《日美安保条约》的“远东”范围之外，并以明文规定，但日本方面竭力回避。

田中首相回到日本后，在记者招待会及国会答辩时，多次表示：日本政府将坚持“远东定义，解释依旧”，“台湾条款不变”[②]。在自民党国会议员联席会议上，大平正芳公然声称：“对于台湾的领土权问题，中国方面主张其为中华人民共和国领土不可分割的一部，但日本只表明理解和尊重中国的此一立场，而未采取承认中国主张的方式。这是两国间永久无法一致的立场。”[③]他仍强调：“存在于日本和台湾间的关系是根深蒂固的，因此，即使外交关系结束，双方间的行政上的联系仍应得到尊重和珍视。……我们仍愿意尽最大的努力，以保持日本与台湾之间业已存在的行政联系。”[④]10月，在自民党内外情势调查会上，大平正芳又说：“一如共同声明所言，中国方面表示台湾是其领土不可分割的一部分，日本方面对此表示理解和尊重，而未以明文加以承认。……对于日本已放弃的领土，其权利究竟属谁，就日本人的立场而言，是即使凭着切掉舌头也无权表示意见的事。”[⑤]大平正芳的这些解释表明，在“一个中国”的问题上中日两国的立场仍然存在相当大的差距，日本并没有与“两个中国”、“一中一台”和“台湾地位未定”的政策彻底划清界限。

二　日台经济贸易关系的提升与密切

1972年日台“断交”后，日台政治关系受到严重冲击，但出于双方的利益需要，日台经济贸易来往并未停顿，反之有扩大之势。20世纪60年代中期至70

---

① 何思慎：《日本的一个中国政策发展》，载《台湾主权论述论文集》（下），台北：“国史馆”，2001年版，第906—907页。

② 日本外务省亚洲局中国课编：《日中关系基本资料集（1970—1992年）》，东京：霞山会，1993年版，第112页。

③ 林金茎：《战后日华关系之实证研究》，台北：中日关系研究会，1994年印行，第323页。

④ 日本《朝日新闻》，1972年10月1日。

⑤ 林金茎：《战后の日华关系と国际法》，东京：有斐阁，1987年版，第104页。

年代末期，台湾完成了工业化的基本过程。工业化时期，台湾对日贸易出口依赖不断减少，1983 年最低时降至 10%以下；对日进口依赖日益增加，1970 年最高时一度达 42.8%[①]。长期以来，台湾对日贸易入超严重，同时日台经济贸易的联系密度亦有所发展。

战后六七十年代以来，在美、日、台三角政经关系渐次形成的大格局中，日台双边的经济贸易往来不断提升。除 1975 年因受世界经济危机影响而呈负增长外，其余年份虽然增长速度快慢不一，都有不断上升之势。1985 年日台贸易额达到 90.14 亿美元，比 1953 年增长了 76 倍。不过，当时的日台贸易在日本的外贸中所占的比重甚低，日本对台湾的出口虽然一直在增加，但在日本的出口总额中所占的比重仅占 2%—4%；日本自台湾进口也仅占日本进口总额的 1.5%—2.5%。我们再将 70 年代"亚洲四小龙"对日贸易在日本外贸中的地位作一比较。见表 15-1。

表 15-1　70 年代"亚洲四小龙"对日贸易在日本外贸中的地位

单位：百分比

对日本出口值 占日本进口总值的比重	台湾地区	韩　国	香港地区	新加坡
1960 年	1.4%	0.4%	0.5%	0.3%
1978 年	2.2%	3.3%	0.6%	1.1%
自日本进口值 占日本出口总值的比重	台湾地区	韩　国	香港地区	新加坡
1960 年	2.5%	2.5%	3.9%	2.2%
1978 年	3.7%	6.2%	3.2%	2.4%

资料来源：根据张贻达：《战后台湾的对外贸易》，厦门：鹭江出版社，1987 年版，第 111 页编制。

20 世纪 50 年代以后，日本有意识地从经济上控制东亚地区，使之成为其经济发展的腹地，奉行所谓的"雁群理论"，即以日本为领头，台湾等"四小龙"为后续，带动东亚经济顺序发展，从而最终保证日本经济本身的持续发展。日本依靠其所累积的经济与技术实力，"利用直接投资与技术转让交互使用的手段，以最低制造成本为依归，通过投资项目与技术相互间的有机结合，在亚洲建立起了以其为中心，以最低生产成本为依属的多国间产业分工体系，台湾被纳入其中的重要一环"[②]。也就是说，"台湾的经济发展正好衔接日本经济成长的后一

① 李非：《台湾经济通论》，北京：九州出版社，2004 年版，第 358 页。
② 胡石清：《简述二战以来台日经济关系及其发展趋势》，《台湾研究》，2004 年第 4 期。

阶段，因而台湾设法引进日本的生产技术及生产设备者固多，而日本也获得了一个资本与商品输出的良好市场”[①]。至70年代末期，美国成为台湾的直接销售市场和日本的间接市场，从而形成日本对台投资，在台湾加工装配为成品，而后销售至美国这样的三角贸易关系。这更进一步使台湾纳入日本和美国的经济体制之中。

台湾工业化的六七十年代，台湾自日本进口商品的结构开始变化，由主要进口生活消费的工业品，转向主要进口工业原料和机器设备。台湾从日本进口工业原材料和机器设备，发展加工工业，产品出口至美国等国家，因而使台湾对日贸易从顺差转为逆差，而台湾对美贸易则从逆差转为顺差。这充分说明了台湾的进出口贸易，在进口方面，对日本的依赖度不断提高，而在出口方面，对美国的依赖度也在提高[②]。

如前所述，1972年9月日台“断交”，并未对日台双边贸易产生重大影响，仍保持了较好的发展势头。1973年台湾对日输出增加20%，自日本输入增长36%，到1979年达到52亿美元，7年间增至近4倍，1982年日台贸易额已增至71.59亿美元。但除了1952年和1955年外，台湾对日贸易逆差持续存在。台湾通过从日本大量进口技术、机械设备、关键部件等，加工后出口到美国等国家和地区，从而促成了台湾出口加工工业的迅速发展，并推动了经济的高速增长，台湾因此也形成了对日本进口市场的严重依赖。换言之，台湾经济增长越快，从日本进口的规模也就越大，这是日本稳居台湾的进口市场榜首、对日贸易存在巨额逆差而难以改变的根本原因。

随后为适应世界经济形势的变化，特别是石油危机的冲击，台湾开始有步骤地调整岛内产业结构，从70年代侧重发展重化学工业，1979年开始转向鼓励发展策略性工业，试图通过大力发展高科技产业并以此带动岛内的“工业升级”。工业升级时期的日台贸易关系进一步发展，双边的贸易结构也发生变化。随着台湾工业升级，对日本进口商品的需求开始转向技术含量较高的机器设备和工业半成品原料等，但日台贸易不平衡更进一步深刻。1953年至1961年，台湾对日贸易逆差额年平均0.2亿美元；1962年至1971年增加到2.1亿美元；1978年突破20亿美元；1981年达34.5亿美元，1985年由于台湾投资意愿不佳，进口大幅度下降，台湾的机器设备大部分自日本进口，1985年自日进口降低了13.8%，逆差额也降为20.9亿美元[③]。

① 《台湾经济研究月刊》，第5卷第12期，1982年12月。

② 林长华：《战后美台经济关系概论》，北京：九州出版社，2001年版，第66页。

③ 张贻达：《战后台湾的对外贸易》，厦门：鹭江出版社，1987年版，第112页。

在战后日台贸易中，日本对台湾的出口贸易结构基本上一直保持优势，出口的商品绝大多数是高附加值的工业品，台湾在对日出口商品结构上也发生了较大的变化。20 世纪六七十年代台湾的对日出口中，粗糖、大米、香蕉占绝对优势，从 70 年代末期开始，对日出口的重点逐渐转向机电设备、食品、金属制品、一般机械等附加值较高的商品上，而且这一发展势头越来越强。这表明，日台间贸易结构上的不平衡正在逐渐缩小，但仍然有相当的差距。台湾对日贸易在 1980 年超过 30 亿美元，1981 年为 34.5 亿美元，1982 年因台湾经济严重衰退，内外投资意愿低落，逆差额暂时减少为 24 亿美元。因此，从 1972 年至 1982 年期间，台湾对日贸易平均每年入超竟高达 17.7 亿美元[①]。总计 1963 年至 1982 年底止的 20 年间，台湾对日贸易逆差累计金额已高达 222 亿美元。1972 年至 1982 年，台湾对日贸易年平均逆差额占台湾年平均出口额的 10.5%，而等于 135.7%。如果将此逆差额按美国经济规模来换算，则平均每年高达 600 亿美元。因此，它已成为台湾经济发展一个十分沉重的负担[②]。

80 年代前期，日本对台出口约占其出口额的 5%，世界排名第 9 位，而台湾从日本的进口却占其进口总额的 25%，世界排名第一位。80 年代中期以后，因日元升值、日本开放国内市场等原因，双方的贸易规模继续增大。1985 年至 1987 年，日台贸易额从 90.1 亿美元增至 187.8 亿美元，三年间增长了 2.1 倍，而且超过同一时期的中日贸易的总额；台湾对日本的出口额占其出口额的比例也从 11.3%升至 14.6%，日本成为台湾的第二大出口市场。从 1987 年起，日台双边贸易总额便连续三年超过日本和中国内地的贸易额，1990 年日本与中国内地的双边贸易总额为 182 亿美元（尚不足 1987 年日台间的贸易额），而日台间的双边贸易额却高达 243.7 亿美元，是日本与中国内地贸易总额的 1.34 倍；其中日本对台出口额为 160.3 亿美元，台湾对日出口为 83.4 亿美元，分别比日台“断交”的 1972 年增长了约 15 倍和 22 倍。日本成为台湾最大的进口国和第三位的出口对象[③]。

日台贸易逆差问题虽已成为日台经济关系中最尖锐的一个问题，同时又是一个无法根本解决的难题，主要纠结点在于台湾工业生产对日本设备与原料的进口的过度依赖。

1985 年 9 月日元升值后，日本制造业在国际市场上渐渐失去竞争力，为了降低生产成本，保持竞争力，日本制造业纷纷寻找海外生产基地。对于日本企

① 台湾经济日报社编印：《台湾经济年鉴（1983 年）》，台北：1987 年，第 39 页。
② 金泓汎、郑泽清、吴能远：《台湾经济概论》，北京：时事出版社，1986 年版，第 344 页。
③ 吴寄南：《日台关系的现状和发展趋势》，载《台湾研究集刊》，1992 年第 1 期。

业来看，台湾距离日本较近，有良好的工业基础，地处海上交通要道，而且可以利用。

从1989年起，日本对台湾投资累计总额超过美国，居外国对台投资之首。1990年日本对台直接投资为8.27亿美元，而当年美国的对台直接投资仅为5.4亿美元。至1990年为止，日本对台直接投资累计总额为34.8亿美元，而同期日本对中国内地的直接投资总额为28.23亿美元①。

三　日台双边关系的新发展

为保持日台"断交"后的双边经贸与人员来往，1972年12月，日本和台湾当局分别在东京和台北设立具有官方性质的"财团法人交流协会"与"亚东关系协会"，以作为对等交流窗口。为此，日台决定互设"交流协会台北事务所"与"东亚关系协会东京办事处"，并确定办事处的功能②。其实，就其功能而言，这两个机构"与一般驻外公使馆办理的官方事务机构几乎没有什么不同"③。在岸信介等右翼政治家的操纵下，1973年3月，以自民党内岸信介派、佐藤荣作派、椎名悦三郎派等152名国会议员为成员的"日华(台)关系议员恳谈会"成立，由滩尾弘吉任会长。该会与台湾政界保持密切联系，企图使"断交"后的日台关系保持准官方的性质，并积极"发展台日间的务实关系"④。该会的成立，标志着在日本政坛形成了"台湾帮"，是日台"断交"以后，维持和推进日台关系的重要右翼团体。

1974年4月，中日两国在北京签订《中日航空协定》。大平外相同时在东京发表谈话称："即日起，日本不承认台湾飞机的旗帜标志是表示所谓的国旗，不承认'中华航空公司(台湾)'是代表国家的航空公司"。同日，台湾方面宣布"日台间停航"，并宣布不允许日本航空公司班机经由台湾的"航空识别区"，由此造成日台关系再次跌宕⑤。

1974年11月，因涉嫌洛克希德公司行贿事件，田中角荣被迫辞去首相和自民党总裁职务。继任的三木武夫内阁对台政策并未出现大的调整，因而日台经

① 吴寄南：《日台关系的现状和发展趋势》，载《台湾研究集刊》，1992年第1期。

② 有关双方办事处的功能，参见黄自进、简佳慧：《林金茎先生访问记录》，台北："中央研究院"近代史研究所，2003年印行，第85页。

③ 若林正丈等：《台湾百科》，东京：一桥出版社，1996年版，第150页。

④ 若林正丈等：《台湾百科》，东京：一桥出版社，1996年版，第152页。

⑤ 1975年7月，在日本亲台势力的压力下，三木内阁决定以民间方式恢复自1974年4月中断的日台航线。参见田桓：《战后中日关系史(1945—1995)》，北京：中国社会科学出版社，2002年版，第306页。

济关系的发展较为平稳。但在三木武夫内阁时期，中日关系出现一定程度的倒退。

1976年12月，福田赳夫在当选日本首相后，起用了较为亲华的园田直为外相，同时举起与所有国家友好相处的“全方位外交”旗帜，以淡化其鹰派色彩，并为缓和东南亚的反日气氛而提出了“和平、心与心、对等”原则的“福田主义”。福田赳夫内阁时期，在继续维持日台既有关系的基础上，中日关系得到了某种程度的加强。

经过中日双方四年的曲折，1978年8月12日《中日和平友好条约》在北京签订，同年10月，中国政府副总理邓小平为参加《中日和平友好条约》批准书互换仪式访问日本。这是中国领导人战后第一次踏上日本的国土。日本天皇夫妇与邓小平夫妇在皇宫实现了历史性的会晤，意味着中日关系新时代的开始。在与日本首相福田举行的会谈中，在谈到台湾问题时，邓小平明确表示：“我们实现台湾归还祖国也要考虑到台湾的现实”，“什么时间，用什么方式解决台湾问题，是中国的内政，美国无权干涉”。关于钓鱼岛问题，“我们这一代人不够聪明，找不到解决的合理办法，我们下一代会比较聪明，大局为重。”[①]两位领导人还强调，双方应该在《中日和平友好条约》的基础上，进一步加强往来，发展经济、文化、贸易等方面的合作。

福田内阁时期中日关系的大幅进步，极大地制约和影响着日台关系。同时，在中日关系发展的过程中，福田内阁对台湾驻日机构的多次外交试探予以拒绝，使日台政治关系一度处于微妙的地步。不过，日台经济联系还是得以缓慢进展。如福田内阁推动了日本与台湾之间的海底电缆建设。1977年7月，日本与台湾秘密商定，由日本官营的KDD出资设立“日本亚洲海缆公司”，与台湾“国际电信开发公司”合资建设一条由台湾头城至琉球间的“台琉同轴海底电缆系统”。此海底电缆的建成，对日台关系的意义极大。

总体看来，福田赳夫内阁时期的日台关系较为暗淡，这主要是国际局势所致，并非日本政府对台湾采取“冷却”的政策。福田赳夫本人是日本右翼亲台派的重量极人物，但更重视日本的国家利益。在美国的督促下，福田赳夫内阁实行了务实的对华政策，其目的就是拉中国与美日接近，共同抵制苏联阵营。同时也为日本经济界着想，趁中国实行改革开放，占领中国市场，实现其经济利益。

---

① 田桓：《战后中日关系史(1945—1995)》，北京：中国社会科学出版社，2002年版，第243页。

第五节　台湾的国际环境及其变化

一　联合国代表权问题

中国是联合国的创始国，在联合国筹建过程中，中国共产党曾经于1945年4月派董必武参加中国代表团[①]。中共早就赞成战后联合国在国际事务中的作用，毛泽东在中共七大上发表《论联合政府》报告，指出：

> 中国共产党对于保障战后国际和平与安全的机构之建立，完全同意敦巴顿橡树林会议所作的建议和克里米亚会议对这个问题所作的决定。中国共产党欢迎旧金山联合国代表大会。中国共产党已经派遣自己的代表加入中国代表团出席旧金山会议，借以表达中国人民的意志[②]。

1949年10月1日，中华人民共和国成立后，联合国席位理应由中华人民共和国继承，但因退据台湾的国民党当局得到美国的支持，继续把持联合国席位，并以代表全中国自称，致使产生了所谓联合国中国代表权问题。联合国中国代表权问题客观上是因为海峡两岸对峙形势所产生，但其产生和演变却可以联系到1950年代的许多重大历史事件，也联系到冷战与中美关系这两个时代主题。

1949年秋，国共内战胜负已决，美国尽管已经确信中共将取得胜利，并开始实行弃蒋政策，想从中国内战脱身。由此，美国国务院在8月15日发表《白皮书》，表明美国已经准备与蒋介石断绝关系。但是，美国并未完全放弃其反共立场，除了不直接出兵，美国支持多方反共力量，多种手段围堵新中国。其中，包括不给予新中国外交承认和反对新中国取代台湾当局在联合国里的代表权。早在1949年9月，美驻南京公使琼斯在回答美国国务院咨询“如何对待新中国的问题上”，给美国国务院的报告中提到：“不给新政权以援助，不对她的‘安逸’做出贡献，设法运用潜在的武器对付她：例如经济制裁、台湾、对日政策、外交承认、侨汇、联合国席位等。”[③]

该报告为当时的美国国务卿艾奇逊(Dean Acheson)所肯定，这是美国首次

---

① 邓野：《旧金山会议中国代表团组成问题》，《历史研究》，1994年第3期，第170—173页。

② 毛泽东：《目前的国际形势和中国共产党外交政策的基本原则》(1945年4月24日)，中华人民共和国外交部、中共中央文献研究室编：《毛泽东外交文选》，1994年版，第43页。

③ Department of State，U. S. A.，Foreign Relations of United States(以下简称FRUS)，1949 Ⅷ，pp. 519—520。

提到要以联合国代表权问题围堵新中国的政策。此后，美国一直在外交承认上给新中国出难题，试图联合英、法等西方阵营拖延对新中国的外交承认。联合国代表权问题事实上也是外交承认问题的一环①。此前，1949 年 5 月，艾奇逊就提出承认一个新政权的三项条件：一、事实上控制该国领土和行政机构，包括维持公共秩序；二、有能力愿意履行国际义务；三、其掌权者得到本国人民的普遍接受。随着中国革命的胜利，其中关键的第二条，也就是是否愿意"履行国际义务"成了美国手中一张可用的牌。美国企图以外交承认为砝码，逼中国"履行国际义务"，以便取得其战略利益。为此，美国驻华大使司徒雷登就"外交承认"，曾试图访问北京，试探可能性②。

1949 年 12 月，国民党政权残余势力败退至台湾。此前，美国曾设想过多种手段"防卫"台湾，但除了出兵外，无一可行③。美国中央情报局估计：如果没有美国的军事占领或控制，台湾"大约将于 1950 年底处于中国共产党控制之下"④。此时，美国预想国民党政权即将"消失"。因此在 12 月底，第五届联合国大会即将到来，美国国务院就代表权问题制定了一个应付方案，提出：如果安理会讨论中国席位问题，只要美国还承认台湾当局，就将投票反对以共产党政权替代台湾当局的席位；但是，这个问题应该视为程序问题，不使用否决权，也反对台湾当局代表使用否决权。如果出现美国尚未承认共产党政权之前，台湾当局已经消失，则届时再议。该方案主要是以拖延战术反对新中国取得代表权，其时，美国估计在第四届联合国安理会会议上，美国的立场可能多一票。在 1950 年 1 月间，美国估计在这个问题上可能会是少数，美国将听任多数决议⑤。

另一方面，中共在新中国成立之初就反对外国干涉中国内政，反对西方阵营以"外交承认"为砝码的外交手段。1949 年 1 月，毛泽东在审阅中共中央关于外交问题时，指示"不允许任何外国及联合国干涉中国内政"，指出："凡属被国民党政府所承认的资本主义国家的大使馆、公使馆、领事馆及其所属的外交机关和外交人员，在人民共和国和这些国家建立正式外交关系以前我们一概不予

---

① 资中筠：《战后美国对华政策的缘起与发展(1945—1950)》，重庆出版社，1987 年版，第 267—270 页。

② 唐耐心：《艰难的抉择——美国在承认新中国问题上的争论(1949—1950 年)》，复旦大学出版社，2000 年版，第 2 页。

③ 参见陶文钊主编：《中美关系史(1911　1949)》上卷，上海：上海人民出版社，2004 年版，第 338 页。

④ The Counsel General at Taipei(Macdonald) to the Secretary of State, Oct. 10, 1949, FRUS,1948 , Vol 7, p. 398。

⑤ FRUS,1949Ⅸ, pp. 258—260。

承认，只把他们当作外国侨民待遇，但应予以切实保护，对于这些国家的武官，应与外交人员同样看待，但对美国武官，因其直接援助国民党打内战，则应派兵监视，不得给以自由。”[①]其时，国民党正寻求外国调节国共内战。毛泽东为防止美国可能借联合国之名干涉内政，故作反对联合国干涉的表示。4月，毛泽东在获悉美国可能承认新中国时，指示“如果美英断绝同国民党的关系可考虑和它们建立外交关系”，指出：“我方对美、英侨民（以及一切外国侨民）及各国大使、公使、领事等外交人员，首先是美、英外交人员，应着重教育部队予以保护。现美国方面托人请求和我方建立外交关系，英国亦极力想和我们做生意。我们认为，如果美国及英国能断绝和国民党的关系，我们可以考虑和它们建立外交关系的问题。”[②]5月，司徒雷登就外交承认问题试探性的与中共进行接触，当时中共代表方面有“空言无补，需要美首先做更多有益于中国人民的事”等话语。毛泽东获悉后，立即指示就此问题参与谈话的黄华注意几个问题，指出：“空言无补，需要美首先做更多有益于中国人民的事。这样说法有毛病，应根据李涛声明表示任何外国不得干涉中国内政，过去美国用帮助国民党打内战的方法干涉中国内政，此项政策必须停止。”毛泽东又解释道：“现在是要求美国停止援助国民党，割断和国民党残余力量的联系，并永远不要干涉中国内政的问题，而不是要求美国做什么‘有益于中国人民的事’，更不是要求美国做什么‘更多有益于中国人民的事’。照此语的文字说来，似乎美国政府已经做了若干有益于中国人民的事，只是数量上做得少了一点，有要求它‘更多地做一些的必要’，故不妥当。”[③]可见，毛泽东当时根本不考虑会就外交承认问题作交易或让步。司徒雷登访问北京的事，也因种种原因并未成行。此后，中共就外交关系问题与英国、缅甸、印度等非社会主义国家谈判时，其根本立场就是要“遵守平等、互利及互相尊重领土主权”，拒绝以外交承认作交易，要求这些国家彻底与国民党断绝关系，以此作为外交承认的第一步。当时，国共内战的形势变化很快，中共也无暇顾及联合国问题。

此后，中共逐步确立起“另起炉灶”和“一边倒”的外交政策。新中国成立后，苏联随即予以承认。1949年12月，毛泽东访问苏联，准备与苏联缔结《中苏友好同盟条约》。就在毛泽东访问苏联期间，第四届联合国大会召开。

1949年11月15日，第四届联合国大会召开前夕，中华人民共和国总理兼

---

① 中华人民共和国外交部、中共中央文献研究室编：《毛泽东外交文选》，中央文献出版社、世界知识出版社，1994年版，第77—78页。

② 毛泽东：《如果美英断绝同国民党的关系可考虑和它们建立外交关系》，《毛泽东外交文选》，第83页。

③ 毛泽东：《黄华同司徒雷登谈话应注意的几个问题》，《毛泽东外交文选》，第87—88页。

外交部长周恩来致电联合国秘书长赖伊(Trygve Lie),声明:

> 中华人民共和国中央人民政府业于十月一日正式成立。中央人民政府毛泽东主席于政府成立之日,即郑重向全世界宣言:只有中华人民共和国中央人民政府才是代表中华人民共和国全体人民的唯一合法政府。现在,中华人民共和国中央人民政府已基本解放了全中国的土地和人民,且已得到全中国人民的热烈欢迎和拥护。而国民党反动派政府已流亡溃散,其残余力量不久即将消灭,它已经丧失了代表中国人民的任何法律与事实的根据。
>
> 因此目前以代表中国人民名义参加联合国组织并出席本届联合国大会的所谓"中国国民政府代表团"已经变成了一小堆流亡分子的御用工具,没有代表中国人民的任何资格。我谨代表中华人民共和国中央人民政府正式要求联合国,根据联合国宪章的原则与精神,立即取消"中国国民政府代表团"继续代表中国人民参加联合国的一切权利,以符合中国人民的愿望[①]。

同时,周恩来也以类似的声明致电联合国大会主席罗慕洛(Carlos Romulo),要求联合国否认台湾当局蒋廷黻代表团的合法性。

这是新中国政府首次透过正式声明的方式向国际社会表达继承联合国席位的合法性和正当性。11月22日,联合国秘书处将电文转给各个会员国,并提交讨论。在周恩来发表声明之后,苏联立即响应,23日,苏联代表维辛斯基(Andrey Yanuaryevich Vyshinsky)在关于禁用原子能问题的大会发言中,表示支持周恩来的声明,否认蒋廷黻代表的合法性[②]。

其时,台湾当局经过酝酿,准备向联合国提交"控苏案",指责苏联违反《中苏友好条约》,侵略中国。周恩来的声明与此事有关,苏联要求中国否定蒋廷黻的代表权,也有意在阻止蒋廷黻的"控苏案"。11月25日,蒋廷黻在第一委员会上正式提出了"控苏案",除了长篇背景介绍外,该案要求大会裁定"各个会员国对中共所建立之任何政府,不给予外交上的承认"。当日,维辛斯基指责蒋廷黻的发言为诽谤,并再次声明否认蒋廷黻代表团的合法性,称其代表团为冒牌的代表团[③]。29日举行的联合国安全理事会上,苏联代表马立克(Jacob

---

① 《人民日报》,1949年11月16日。

② 《人民日报》,1949年11月27日。

③ 《人民日报》,1949年11月29日。

Alexandrovich Malik)率先否认台湾当局代表团的法律地位，认为台湾当局无权代表中国，亦无权代表中国人民发言。台湾当局方面，蒋廷黻则发言反驳，声称中共是苏联“傀儡”，无权代表中国①。这是联合国第一次就中国代表权问题产生交锋。

1950年1月7日，苏联外长维辛斯基向正在苏联访问的毛泽东提出建议：“中国外交部给联合国安理会发一个声明，否认前国民党政府代表蒋廷黻继续为安理会中国代表的合法地位。”并表示“如在中国发了声明后，蒋廷黻仍留在安理会为中国代表，苏联将拒绝出席安理会”。当天毛泽东两次致电国内，要求将他所拟就的声明即刻发出②。1月8日，周恩来遂致电联合国大会主席罗慕洛、秘书长赖伊并转呈各安理会成员国，要求安理会将台湾当局代表开除③。此时美国国务卿艾奇逊指示驻联合国代表奥斯汀：美国不要去促使早日表决；美国代表应当发表声明，没有苏联参与，安理会可以正常运作；在联合国的各个机构中，代表权问题应该是一致的④。在美国的支持下，1月13日安理会表决苏联提案时，只有苏联、南斯拉夫及印度赞成，苏联代表马力克宣布退出安理会会议。当日，维辛斯基与毛泽东谈到联合国问题，建议中国进一步采取行动，建议考虑向联合国派遣代表团，毛泽东接受建议。随后，电示刘少奇，要求中央考虑派遣代表团问题⑤。这是新中国方面首次思考就联合国代表权问题如何因应的具体策略。1月18日，毛泽东决定以张闻天为代表团团长⑥。19日，周恩来正式向联合国发出任命张闻天为出席联合国首席代表的照会⑦。

其时，联合国已被冷战阴影所笼罩，美苏双方在联合国内针锋相对。美国起先并不赞成“控苏案”，按照《白皮书》的说法，国民党的失败责任不在美国而是自己，美国准备从中国脱身。但是到了1949年底，美国国内保守舆论反弹，认为国民党失败美国负有责任，指责美国当局的反共不力。因此，美国决策层

---

① 见陶文钊：《美国、赖伊与中国在联合国的代表权——写在中国恢复在联合国的席位二十五周年之前》，《美国研究》，1996年第4期，第31页。

② 毛泽东：《关于照发拟就的致联合国声明的电报》，《建国以来毛泽东文稿》(第一册)，1993年，第219页。

③ 《人民日报》，1950年1月9日，第1版。

④ 陶文钊主编：《中美关系史(1949—1972)》，中卷，上海人民出版社，2004年版，第60页。

⑤ 毛泽东：《关于中国向联合国派遣代表等问题》，《毛泽东外交文选》，第125页。

⑥ 《建国以来毛泽东文稿》(第一册)，第242页。

⑦ 《人民日报》，1950年5月20日。

改变对“控苏案”的态度，任由台湾当局提案[①]。其时，美国国务院一直在散布中苏不和的言论。等到12月6日，毛泽东访问苏联。艾奇逊亲自布置，散布苏联侵略中国东北的谣言，试图给中苏关系制造摩擦[②]。其目的显然与安抚国内保守力量的需要有关。1月19日，毛泽东以胡乔木的名义发表《驳斥艾奇逊的无耻造谣》，表明美国的分化策略毫无效果[③]。美国的这一举动与台湾当局酝酿的“控苏案”几乎同步。这两起事件都与冷战的大背景有关，而联合国中国代表权问题争议初现，就深陷冷战逻辑之中。

1月20日，赖伊就中国派遣代表团一事发言道，联合国是否接受代表团由联合国各个机构决定[④]。赖伊担心苏联退出联合国会瘫痪联合国的运行，因此专门着手处理代表权问题，所谓“联合国代表权问题之相关法律”备忘录因此而生。此一备忘录于3月8日公布，要点大约有：一、反对将代表权与会员国承认问题并同考虑，强调会籍普遍化；二、会员国代表问题应依据有效统治原则来解决；三、代表权问题，应由各机构审查后投票决定代表的全权证书是否有效[⑤]。赖伊的主张实际上对中国恢复联合国席位有利，当时新中国刚成立，与各国的外交关系建立谈判刚刚开始。

1950年6月25日，朝鲜战争爆发。联合国方面在美国的挟持下，7月7日作出了组成联合国军的决定。美国同时宣布第七舰队开往台湾海峡，“防守”台湾。美国政策的转变对中国代表权问题带来更多变数。

组成联合国军的决议是在苏联代表缺席的情况下作出的，而台湾当局代表则在安理会上支持美国的决议。因此美国意识到台湾当局留在联合国对其有利，故而美国国务卿艾奇逊致电驻联合国代表奥斯汀，明确提出：“鉴于韩国的局势，国务院认为此刻在安理会提出中国代表权问题是不可取的。一旦发现有可能提出此一问题的迹象，应向各国代表表达美国的观点。此外，你可以直接指出在韩国冲突期间，美国更不愿意中国代表权的变更。”[⑥]

8月，苏联结束其抗议台湾当局的行动，按惯例担任安理会主席，在会中随

① 参见萧道中：《冷战与“中华民国外交”：“控苏案”研究（1946—1952）》，台北：《辅仁历史学报》，2006年，第17期。

②③ 参见《毛泽东外交文选》，第126页。

④ 台湾《“中央日报”》，1950年1月21日。

⑤ 张有溢：《联合国中国代表权问题的演变始末》，台湾大学政治学研究所硕士论文，1975年5月，第25—30页。

⑥ The Secretary of the State to the United States Representative at the United Nations (Austin), Washington: June 29, 1950—1 p. m., in The U. S. Dep. of State, ed. FRUS, 1950, Harry S. TrumanAdministration vol. II, The United Nations; The Western Hemisphere, pp. 249—250。

即要求台湾当局代表退出安理会。美国方面则游说反对，在投票表决中，以 8 票对 3 票否决苏联的提议。至此，在第五届联合国大会开会前夕，所有在安理会有关中国代表权的投票都已结束。在此期间，蒋廷黻为反对苏联提案，指责中共以物质援助北朝鲜，要求不要讨论“中共入会问题”[①]。

同月，周恩来致电赖伊，宣布中国已任命张闻天为出席第五届联大的首席代表，李一氓为副代表，并说明台湾当局仍留在联合国是违背了联合国宪章[②]。9 月 17 日，周恩来再次致电联合国，要求驱逐台湾当局代表团，否则一切有关中国的决议均属无效[③]。面对中国的外交宣示，美国当即展开阻挠的准备工作，联合国大会开幕前，美国代表团先与赖伊达成共识：“应当找到一些办法来继续保留‘中华民国’的席位，并暂缓做出有关中共代表权的提议。”[④]19 日，第五届联合国大会正式举行，有关中国代表权的一共有四项草案：一为印度提出应接纳中华人民共和国取代台湾当局的草案；二为苏联所提的驱逐台湾当局的草案；三为苏联提出的接纳中华人民共和国代表中国案；四为加拿大所提，建议大会设置特别委员会处理中国代表权案。随后澳大利亚代表针对加拿大提出修正案，也获加拿大接受[⑤]。联大讨论后，分歧严重，毫无结果。19 日当天，《人民日报》发表社论《联合国第五届大会和它的前途》，社论总结了中国要求参与联合国、驱逐台湾当局代表的全部过程，指出在美国霸占和操控联合国的情况下，联合国所作的决议中国概不承认，并且告诫国际社会，如果联合国继续排拒中国，联合国就会成为美国国务院和国防部的办事处，那么，联合国的宪章精神也将被美帝国主义所毁灭[⑥]。

1950 年 10 月 8 日，中国正式决定派遣志愿军入朝。此前联合国安理会第 507 次会议以 7 比 3 通过《台湾遭受武装侵犯之控诉》(*Complaint of armed invasion of Taiwan*)决议案，会中开始考虑中国是否应列席[⑦]。10 月 17 日周恩来致电赖伊，要求派代表参加相关会议之讨论。随后，周恩来又致电表示中

---

① 台湾《“中央日报”》，1950 年 8 月 4 日。

② 《中华人民共和国对外关系文件集》，世界知识出版社，1957 年，第 137 页。

③ 《人民日报》，1950 年 9 月 18 日。

④ The United States Representative at the United Nations (Austin) to the Secretary of the State, NewYork: September 6, 1950—9 p. m., in The U. S. Department of State, ed., FRUS, 1950, Harry S. Truman Administration vol. II, The United Nations; The Western Hemisphere, pp. 268—269。

⑤ 张有溢：《中国代表权问题的演变始末》，第 31—34 页。

⑥ 《人民日报》，1950 年 10 月 19 日。

⑦ 联合国安全理事会第 S/RES/87 号文件。

国已任命伍修权为大使衔特派代表，乔冠华为顾问，共 9 人出席会议讨论[①]。11 月 8 日，安理会正式通过邀请中华人民共和国列席讨论有关朝鲜战争的相关会议。24 日，中国代表团团长伍修权一行抵达美国。伍修权在 28 日下午会议中正式发表演说，控诉美国“武装侵略中国领土台湾”，并针对美国发布的“台湾地位未定、或由美国托管或中立化”等说法逐一驳斥，反驳美国代表奥斯汀未曾侵略中国领土的说法：“好得很，那么，美国的第七舰队和第十三航空队跑到哪里去了呢？莫非是跑到火星上去了？不是的，美国的第七舰队和第十三航空队并未跑到别的地方，它们是在台湾。那么，莫非是你们说的第七舰队和第十三航空队根本不是美国的武装力量吧？不！第七舰队和第十三航空队确实是美国的第七舰队和第十三航空队，那么问题是在哪里呢？世界上的行动，还有比侵略别国领土更甚的侵略行动吗？”[②]这是新中国代表在联合国中的首次亮相，这对于过去只能发表声明表明立场来说，这次亮相十分鲜明地向国际社会表明了中国的态度。联合国邀请中国代表团出席，使得台湾当局十分紧张。担心美国鉴于中国出兵朝鲜，寻求与中共和谈，从而有意给中华人民共和国代表权。

联合国第五届常任理事会任命的特别委员会，在 11 月 5 日的报告中，表示无法对于中国代表权争议有任何的建议。这种结果自然引起苏联等国的不满，并在次日的总务委员会再度提出将此案列入议程讨论[③]。11 月 10 日，总务委员会讨论苏联提案，泰国代表提议于第六届常任理事会开会期间，不讨论该项问题，苏联、波兰表示反对，英国则表示韩战期间不宜讨论该项富刺激性之议题。泰国提案交付表决，14 个投票国中，苏联及波兰反对、南斯拉夫弃权，11 比 2 通过泰国的建议，第六届联大不讨论相关议题。

1952 年 11 月 13 日举行第六届联合国大会全体会议，苏联代表发言反对前日于总务委员会泰国提出的缓议案，并再度提出将中国代表权议题列入议程。与会各国纷纷发言，但仍无定案。大会遂举行投票，表决结果 37 国赞成泰国缓议案，11 国反对、4 国弃权，确定第六届常任理事会开会期间，不讨论中国代表权问题[④]。此议案即为联合国中国代表权问题缓议案的开端。

第七届联合国大会召开，苏联改变其提案策略，于全权证书审查委员会会议时，延续瑞典代表的建议，提请大会建议“中华民国”的全权证书无效。美国代表认为该委员会无权决定此重大问题，主张在第七届常任理事会期间暂缓审

---

① 卢弘：《新中国派赴联合国的第一个代表团（上）》，《纵横》，1998 年第 8 期，第 15 页。

② 《人民日报》，1950 年 11 月 30 日。

③ United Nations, *Rules of Procedure of the General Assembly* (New York: United Nations, 2006), 1951, pp. 35—37。

④ 台湾《“中央日报”》，1951 年 12 月 8 日，第 1 版。

议“中华民国”代表及准许中华人民共和国进入联合国的任何提案[①]。经过各国辩论之后，此案交付表决，结果以 6 比 3 通过。10 月 25 日，联合国大会召开，苏联再度否定对全权证书审查委员会报告，经过大会辩论，主席皮尔逊（Lester Bowles Pearson）接受苏联请求，将全权证书审查委员会报告分段表决，第一段以 35 对 5 票通过、第二段以 42 对 9 票通过，全案最终以 42 对 7 票获得通过，成为大会决议案[②]。此后，自第八届至第十五届，直到 1961 年美国提出“重要问题案”之前，苏联与印度相继提出中国代表权归属问题案（Question of the Representation of China in the General Assembly），但都因美国提出缓议案阻挠而得不到任何表决。

新中国之初的外交方针是“另起炉灶”、“一边倒”，因此在联合国问题上，与外交承认一样，起初并不积极寻求联合国承认与接纳。1950 年初发生的联合国代表权的争议，等于是向联合国提交“备案”，配合苏联行动的目的要远多于自身的切身需要。但是，朝鲜战争爆发后，形势发生了变化。美国利用联合国组成“联合国军”，把战火烧到鸭绿江边。美国又于 1952 年通过谴责“中共侵略”的决议，还通过对中朝进行经济封锁的决议。两项决议使得新中国的国际环境恶化。同时，台湾当局则利用联合国这个平台频频对新中国进行攻击。对于还处于巩固内政、发展经济的新中国来说，国际环境是一个不稳定因素。

1953 年 7 月朝鲜停战后，中国同意参加于 1954 年 4 月召开的、由美国等西方国家发起的、并邀请中国参加的日内瓦会议。中国同意参加，表明其时准备外交出击，推行积极的外交政策，以便改善国际环境。日内瓦会议是新中国首次参与大型国际会议，这次会议在中国的积极斡旋下，实现了中南半岛的停火[③]。这表明，中国在解决国际争端问题上是不可缺少的角色。会后，周恩来表示“那些试图阻挠这次会议取得成功的西方国家，也不得不提出赞誉”。并表示此次会议“为新中国重返联合国打下了良好的基础”[④]。

从 1950 代中期开始，中国开始积极摆脱西方干扰，拓展与第三世界新兴国家间的外交关系，而不急于解决联合国代表权问题。1955 年 4 月 28 日至 5 月 2 日于印尼万隆召开亚非会议，中国受邀并同意参与会议。此一亚非会议的成员中仅有印度、缅甸、印尼、巴基斯坦、越南民主共和国和阿富汗与中国有外交关

① “中华民国外交部条例司”编：《“中华民国出席联合国大会第七届常会代表团”报告书》，1953 年 9 月，第 124 页。

② 联合国大会第 A/RES/609(VII)文件。

③ 参见：《日内瓦会议上的斗争》，陶文钊主编：《中美关系史（1949—1972）》中卷，第 3 章第 2 节。

④ 张树德：《中国重返联合国纪实》，第 194 页。

系，其余22个国家多是反共国家。中国参与此会，其目的在于消除外界对新中国外交政策的误解，并拓展外交关系。周恩来在会上积极宣传中国与印度、中国与缅甸共同倡导的“和平共处五项原则”，不以意识形态作为建立外交关系的依据，释放善意，消除误解。中国在大会上的行动得到了普遍响应，形象也大为改观，获得极大成功[①]。在会上，周恩来就联合国代表权问题作了补充发言，指出：“去年，科伦坡五国总理会议，还有亚非其他国家，都曾经支持中华人民共和国在联合国的地位。而且，中国在联合国所受的不公正待遇，也可以在这里提出批评。但是，我们并没有这样做。因为这样一来，就很容易使我们的会议陷入对这些问题的争论而得不到解决。”[②]

亚非会议结束一年后，印度尼西亚总统苏加诺访华，1956年9月30日，毛泽东与印尼总统苏加诺举行会谈，完整提出新中国对于联合国中国代表权问题的看法。苏加诺表示支持中国进入联合国。毛泽东表示感谢，并反问苏加诺：“你认为中国进入联合国，是早一点好还是迟一点好?”苏加诺回答：“越早，对联合国越好。”毛泽东却说：“我们曾经想过另外一方面，不参加也不坏。”即使要参加也是“慢一点好”。毛泽东解释，西方国家在承认中国问题上，小看中国，并无打算断绝与台湾当局的关系。因此，“慢一点”，“最好再等五六年。六年之后，我们的第二个五年计划完成了。最好是等十一年，那时候我们的第三个五年计划也完成了”。会谈中毛泽东完全拒绝苏加诺关于以“两个中国”名义进入联合国的设想。毛泽东意思很明确，中国之所以想“慢一点”进入联合国是希望国力增强后，能够获得更加平等的谈判地位，而并不打算采取妥协立场进入联合国[③]。其时，中国领导人意识到，联合国此时还是在美国把持之下，匆忙进入联合国意味着可能留有隐患。此后，毛泽东在不同的场合分别表达了“慢一点”进入联合国的打算。1957年1月，毛泽东在各省市自治区党委书记会议上讲话，谈到中美、中苏关系时，指出：“我们也不急于进联合国，就同我们不急于跟美国建交一样。”[④]1960年，毛泽东在和斯诺的谈话中再次表达了这一观点[⑤]。值得注意的是，毛泽东几乎每次提到联合国代表权问题时，都要与中美关系相提并论。可见，中国领导人在考虑联合国问题时，首要考虑美国的态度，美国态度不

---

① 参见《亚非会议与中国和平外交》，陶文钊主编：《中美关系史(1949—1972)》中卷，第3章第3节。

② 周恩来：《在亚非会议全体会议上的发言》(1955年4月19日)，中共中央文献研究室编：《周恩来外交文选》，第121—122页。

③ 毛泽东：《关于恢复中国在联合国的合法席位问题》，《毛泽东外交文选》，第263—274页。

④ 毛泽东：《中美关系和中苏关系》，《毛泽东外交文选》，第281页。

⑤ 毛泽东：《同斯诺谈台湾问题及其他》，《毛泽东外交文选》，第453页。

转变,联合国中国代表权问题就不会得到合理的解决,所谓“慢一点”就是要等美国转变态度。

1960年后,大量的新兴国家纷纷独立并加入联合国,摆脱美国把持联合国的局面,这使得联合国中国代表权问题进入了一个新的阶段。

1960年美国所提出的缓议案结果以42票对34票,8票之差再度让中国代表权问题排除在联合国大会的议程中[①]。然而,随着联合国新会员的不断加入,美国操控投票变得愈发困难。国际局势发生了很大变化,美苏为争取亚非拉等新独立国家的支持,在联合国会员入会上展开争夺,争相以此作为交易砝码,致使联合国会籍由选择性原则改变为普遍性原则。按照1960年联合国的普遍性原则,美国考虑以“两个中国”的模式解决代表权之争问题,其目的是防止台湾当局被驱逐出联合国。但是,无论是中国大陆还是台湾当局都反对美国的这一模式。

1961年3月3日,美国总统肯尼迪在与新西兰总理等人的会谈中,明确表示了他对处理中国代表权的基本策略,肯尼迪强调无论联合国怎么处理此事,重要的是确保在台湾的“中华民国”不被抛弃。会中新西兰总理谈到缓议案缺乏支持时,肯尼迪同意更换其他策略对付,但认为“在考虑以其他方式处理此问题时,必须避免三个危险:一、该问题的处理要不损害美国国内对联合国的支持;二、解决中国问题的方式不能引发美国国内分裂;三、如果在此问题上失败对于美国声誉的影响,势必削弱美国的领导地位,这不仅仅是美国的不幸,对于整个自由世界皆有影响,他认为一旦美国地位削弱或遭到挫败,将影响到其他国家的安全[②]。肯尼迪的谈话表明,美国在针对联合国接纳中华人民共和国的问题上要改弦易辙,但是不放弃“中华民国”,其意在以“两个中国”的模式入会。

台湾当局频频与美接触,了解到美国政治动向和立场。3月,蒋介石召见叶公超谈论有关中国代表权问题,在听取沈昌焕等的报告后,蒋介石最后做出五项指示:

(甲)对我代表权问题,美国在心理上已生失败主义,乃设计造成“两个中国”之布局,至于不能获得支持票,乃一种说法而已。

(乙)将来无论用缓议案或其他方法,均需美国有决心。否则,我自行拉票,必极困难。

---

① 张有溢:《中国代表权问题的演变始末》,第31—34页。

② Memorandum of Conversation, Washington: March 3, 1961, 1—3 p. m., in The U. S. Dep. of State, ed. FRUS, 1961, John F. Kennedy Administration vol. XXII, Northeast Asia, pp. 20—21。

（丙）接受或默认“两个中国”之安排，政府何以自处，我们应告美方，我们必要时决心退出联合国。倘若联合国大会决议请“匪”入会，则我决心退出。当然我们要奋战到底。以保持我“代表中国”之地位，但“共匪”不能入会。技术上各种方式，你们多研究好了。

（丁）沈“部长”分析我失掉联合国席次后，所将发生种种不利后果，自然要考虑。这是你们的责任，你们外交家自应从国际角度多加研究报告政府。万一我不得已退出联合国，以后如何应对，乃是我“总统”的责任了。

（戊）倘若我退出而“共匪”加入联合国，在国际上绝非一件小事情。对远东及整个世界均将产生重大之变化。对美国及联合国将产生严重之影响也[①]。

蒋介石不接受“两个中国”的模式，但也想不出什么好的方式处理。事实上，随着大量的新兴的发展中国家加入，中国重返联合国已是不可阻挡的历史潮流。台湾当局霸占联合国席位，不但不符合这股潮流，且对解决其他国际问题不利。

1961年12月25日，联合国通过了美国的“重要问题案”提案，不在程序上设置障碍，而是在实体上设置障碍，所谓“重要问题案”指开除会员会籍需要三分之二代表同意。也就是说，接纳新会员的门槛要比开除会员低得多。鉴于海峡两岸都不接受“两个中国”的模式，该案不过是拖延代表权问题的解决的时间。

1970年，第二十五届联大表决中国代表权议案时，美国所提的“重要问题案”与阿尔巴尼亚所提的支持“中国排除国民党案”仅两票之差。台湾当局继续霸占联合国席位已经风雨飘摇。蒋介石电“外交部长”魏道明，如果美国与台湾当局谈判1971年的代表权问题时，应继续保持“汉贼不两立”政策，无论“两个中国”或者是“一中一台”的谋略皆不可取。只有继续提为“重要问题”，否则退出联合国[②]。

70年代初，美国尼克松政府酝酿改变对华政策。1971年1月，在包括营长以上军官在内共1619人参加的“国军”的军事会议上，蒋介石说：“我‘中华民国’在联合国的遭遇是一种耻辱，我们每年在联合国已受尽委屈……恐怕在适当时机干脆离开联合国还比留在那里要好。”[③]表明蒋介石预想到退出联合国的可能，防止事发突然不好收拾。4月9日，基辛格向尼克松建议，派遣特使墨菲

---

① 《蒋介石与叶公超1961年3月27日谈话纪录》，详见周谷：《胡适、叶公超“使美”外交文件手稿》，台北：联经出版社，第366—371页。

② 王正华主编：《“中华民国”与联合国史料汇编：中国代表权》，台北：“国史馆”，2001年，导论。

③ 赖名汤：《赖名汤先生访谈录》下册，台北：“国史馆”，1994年版，第468—469页。

(Robert Murphy)赴台,向蒋介石表明唯一有可能尽量维持台湾当局代表权的方案是“会籍普遍制”、“双重代表权提案”和“逆重要问题提案”(相配合的组合提案),请蒋介石在原有政策和新政策间做出选择。墨菲在台期间广泛会晤了包括蒋氏父子在内的台湾当局高层人物。4月23日,墨菲与蒋介石展开会谈,双方谈话的焦点主要是中国代表权问题。蒋介石将他的立场概括为以下五点:“一、从‘中华民国’的立场出发,我们希望今年继续采用‘重要问题提案’;二、如果美国认为有困难,‘中华民国’不会阻止美国提出新方案,当然前提是新方案不会对‘中华民国’造成任何严重伤害;三、任何赞成联大接纳‘北平政权’的新方案都会对‘中华民国’造成很大伤害,即使‘北平’拒绝加入;四、为了维护‘中华民国’的国本与联合国宪章的尊严,新方案必须确保‘中华民国’在安理会的席位;五、如果任何其他国家试图修正新方案,改变安理会席位的归属,美国须尽最大努力阻止之。”墨菲基本上接受了蒋介石的要求①。但是,对于墨菲接受蒋介石有关保持安理会席位的要求,美国决策层并不同意。5月21日,尼克松召见墨菲。当尼克松询问墨菲是否向蒋介石表明美国根本无法保证台湾当局在安理会的席位时,墨菲作了肯定的答复②。事实上,台北的“外交”人员都知道蒋介石要求保持联合国安理会席位的请求根本难以实现,美国并不支持。蒋介石一再指示,但收效甚微③。

1971年10月25日,“逆重要问题提案”以55国赞成、59国反对、17国弃权、2国缺席被否决。台湾当局“代表团”见败局已定,发表声明宣布退出联合国,而“复杂双重代表权提案”成为没有必要表决的废案。

这样,第二十六届联合国大会第1976次会议以76票赞成、35票反对、17票弃权的压倒多数,通过了阿尔巴尼亚、阿尔及利亚等23个国家提出的要求“恢复中华人民共和国在联合国的一切合法权利,立即把蒋介石集团的代表从联合国一切机构中驱逐出去”的提案,形成第2758号决议④。

长达20多年的联合国代表权之争,经所谓“缓议案”、“重要问题案”最终以中国重返联合国而落幕。台湾当局失去联合国席位后,在外交承认上更是以雪崩的速度失去“盟友”。

中美关系正常化之后,台湾的所谓“外交”完全崩盘,国际主权组织的代表

① Record of Conversation, Taipei: April 23, 1971, in The U. S. Dep. of State, ed. FRUS, 1969—1976, Nixon-Ford Administration vol. V, United Nations, 1969—1972, pp. 666—675。

② The U. S. Dep. of State, ed. FRUS, 1969—1976, Nixon-Ford Administration vol. V, United Nations, 1969—1972, p. 683。

③④ 参见张绍铎:《20世纪70年代初台湾当局对美“外交”与联合国中国代表权问题》,《当代中国研究》,2009年1月。

权为中国所恢复，台湾所谓“邦交国”的数量一落千丈，到本世纪初，台湾所谓的“邦交国”只剩下几个影响力不大的小国。台湾有“外交”关系的国家 1952 年为 40 个，1955 年为 42 个，1960 年为 52 个，1965 年为 59 个，1970 年为 66 个，1975 年为 26 个，1980 年为 22 个，1985 年为 23 个，1990 年为 28 个，1995 年为 30 个，1999 年为 28 个，2008 年为 23 个。

1993 年，李登辉主政的台湾当局，在失去联合国代表权的 20 多年后，要求参与联合国。时过境迁，李登辉此举与两蒋时代争“正统”的想法不同，其目的是推动渐进式“台独”。1993 年 8 月，台湾当局运作尼加拉瓜等七个中美洲国家的驻联合国代表，致函联合国秘书长加利（Boutros Ghali），要求联合国成立一个“特别委员会”，研究“‘中华民国’参与联合国”①。此后，从 1993 年首次运作“友邦”向联合国大会提案，到 2004 年为止，台湾当局连续十二次试图参与联合国。台湾当局此举无一不遭到失败，历任联合国秘书长都拒绝将所谓的提案予以表决。但是，李登辉以及后来的民进党执政当局却执迷不悟，继续进行“金钱外交”，一而再地鼓吹“参与联合国”。

1993 年至 1996 年，台湾参与联合国的策略是，请“友邦”驻联合国代表联名向联合国秘书长提出提案，以基于会籍普遍化原则及分裂国家在联合国已建立的平行代表权模式，审议在台湾的“中华民国”在国际体系的特殊状况。提案并要求联合国大会设立“特别委员会”进行研究，且向下届大会提出适当建议②。

1997 年至 1998 年，台湾当局则要求撤销联大第 2758 号决议中对“中华民国”的不利部分。“友邦”提案的主旨改为“由于国际局势的根本改变以及两个政府同时存在于台湾海峡两岸”，要求撤销第 2758 号决议中，关于将在台湾的“中华民国”排除在联合国之外的部分决定，并恢复在台湾的“中华民国”人民和“政府”在联合国及其所有有关组织的一切合法机制③。

1999 年至 2001 年，台湾当局要求“友邦”的提案强调，联合国应设立一个大会工作组，审查“‘中华民国’在台湾所处的特别国际环境，以确保其二千三百万人民参与联合国工作和活动的基本”④。

2002 年至 2004 年，台湾当局要求确认在台湾的“中华民国”2300 万人民在联合国体系拥有代表权。民进党“执政”以后，台湾当局试图参与联合国的策略变化很大。民进党在 2000 年大选的时候，竞选大纲是要求以“台湾的名义参

---

① 台湾《联合报》，1993 年 8 月 12 日。

②③ 王正华：《“中华民国”与联合国史料汇编——重新参与篇》（下），台北：“国史馆”，2001 年，第 31 页。

④ 王正华：《“中华民国”与联合国史料汇编——重新参与篇》（下），第 32 页。

与联合国”。提案的主要诉求是联合国大会第2758号决议只处理中华人民共和国在联合国及其他相关组织中的代表权问题，并没有确定台湾是中华人民共和国的一部分，也未授与中华人民共和国在联合国和所有有关组织中代表“中华民国”(台湾)2300万人民的权利。提案因此要求联合国大会承认在台湾的“中华民国”2300万人民(2004年改用台湾人民)在联合国体系拥有的代表权①。

尽管台湾当局每年都要运作加入联合国，但是每次都被国际社会和联合国所拒绝，后期的所谓加入联合国议题也往往成为岛内操弄选举的手段。

2007年6月，陈水扁执意要求以“台湾名义加入联合国”进行“公投”，此举在海峡两岸掀起轩然大波。陈水扁试图以“加入联合国”为议题，操纵即将到来的2008年大选。但事与愿违，2008年民进党在“大选”中失败。

二　台湾与欧洲的关系

在中美关系正常化之前，台湾在政治、军事及经济上属于美国为首的西方阵营，台湾的国际活动空间主要在西方各国，但是西方各国也并非完全一致，欧洲各国、日本等都与美国的对华政策有所差异，总的趋势是同情中国的增多。台湾在“外交”上也形成了“重美轻欧”的基本格局，基本以美国马首是瞻。在20世纪50年代，台湾与法国、意大利、西班牙、葡萄牙、比利时和希腊等欧洲国家还保持“外交”关系，但此时台湾当局的“外交”重心在美国，对欧洲经济共同体，台湾缺少关注。60年代，欧洲经济整合已初展成效，这引起了台湾的关注。台湾当局的努力使台欧关系出现了一些有利于台湾的变化：1969年争取奥地利给予台湾“优惠关税待遇”；在西班牙、奥地利设立“孙中山研究中心”、“中国文化研究所”等机构。但是，在台湾被逐出联合国和中美关系正常化之后，欧洲主要国家相继与台湾“断交”，转而与中国建交。1975年5月8日，欧共体与中国达成建交协议。同年9月，中国在布鲁塞尔设立驻欧共体使团。1988年5月，欧共体执委会在北京设置代表团。中国与欧共体的外交关系正式建立。而台湾在欧洲只维持了与梵蒂冈的正式“外交”关系，台欧关系渐行渐远②。

70年代台湾当局的“外交”挫败后，促使当局反思长期依赖美国而陷入困境的“外交”方针。反思后，台湾当局提出“到欧洲发展”的方向，以多元化、分散化为原则，改变台湾对外关系“重美轻欧”的格局。为因应正式“外交”关系中断后

① “行政院新闻局”:《台湾年鉴》(2003年)，第七章《“外交与国防”》，《“我国”参与联合国提案情形比较》，第118页。

② 参见杨丹伟、徐国利:《欧盟:台湾对外关系的新方向》，《欧洲研究》，2004年第2期。

的孤立处境，台湾规避欧洲各国与中国达成的“一个中国”的原则，以变通的方式在欧洲各国设立了“远东贸易中心”、“商务办事处”、“商务观光暨新闻办事处”及“新闻处”等机构，发展与欧洲各国的经贸、文化与技术合作关系。

80 年代，国际政治经济出现的新变化为台欧关系的发展提供了新空间。台欧非官方代表机构恢复。在欧洲地区，台湾除与梵蒂冈保持“外交”关系并设有“大使馆”外，在英国、德国、法国、荷兰、西班牙、葡萄牙、意大利及拉脱维亚等 20 国设有“代表处”，另在德国汉堡、慕尼黑、英国爱丁堡及瑞士日内瓦等地设有“办事处”，合计共有 25 个“馆处”，其功能逐渐全面，名称日趋正规。以荷兰为例：1979 年 8 月，台湾在海牙设立“驻荷兰远东商务办事处”；1990 年 9 月，更名为“驻荷兰台北经济文化办事处”；1996 年 7 月再更名为“驻荷兰台北代表处”。“台湾正利用这种名称外交，把台岛打造成一个政治实体，在西欧无邦交国家制造既成事实，以技术上的调整实现政治层面的质变”[①]。

但是，值得关注的是，欧洲各国在对台军售问题上大开绿灯。1990 年法国密特朗政府决定向台湾出售总价约 48 亿美元的 16 艘拉法叶级护卫舰，1992 年法国又决定出售台湾 32 亿美元的 60 架“幻影 2000”型战机[②]，此事引起中国政府的极大愤怒，田增佩副外长奉命约见马腾大使，向法国提出最强烈抗议。12 月，姜恩柱副外长召见马腾，奉命通知法方：在一个月内关闭法国驻广州总领事馆。

20 世纪 90 年代中期起，随着中国经济的持续增长，中国在欧盟对外政策中的地位越来越重要，欧盟开始调整 90 年代初的对华政策。尤其是《中国—欧洲关系长期政策》报告出台，可视为欧盟国家近十年来对中国政策的一条分水岭。欧盟一改以往经济制裁及在人权问题上“以压促变”的强硬政策，而是强调积极改善中欧关系[③]。

2000 年陈水扁上台后，更加强调台湾对欧“外交”的重要性，以“民主外交”、“人权外交”改善台湾的国际形象，同时设立“台湾民主基金会”，促进政府与民间部门参与政府间及非政府间国际组织及相关活动[④]。

但是，在台海问题上，欧盟仍然以恪守“一个中国”原则、与台湾维持非官方往来的模式，作为处理与台湾关系的基本理念。也就是说，在“政经分离”的政

① 卢晓衡主编：《中国对外关系中的台湾问题》，经济管理出版社，2002 年版，第 192 页。

② 吴东野：《欧洲联盟对台海两岸政策走向之研究》，台北：《远景季刊》，2001 年，第 2 卷第 3 期。

③ 冯仲平：《50 年的中欧关系及其特点》，《现代国际关系》，1999 年第 10 期。

④ 李孟荣：《民进党执政时期的柔性“外交”之研究——以欧盟关系为例》，台湾淡江大学硕士论文，2009 年 6 月。

策下，维系台、欧双边民间层次的交流与经贸互动。

三　台湾与东南亚地区的关系

1949 年，国民党退往台湾后，东南亚一直是台湾当局的“外交”重点。1950 年初，蒋介石曾试图拉拢菲律宾和南朝鲜组成所谓的“太平洋反共同盟”[①]。后因美国反对不得而终。1950 年代初，菲律宾、泰国与南越等东南亚国家因亲美反共，一度与台湾关系密切。1954 年，美国在马尼拉与东南亚的一些国家签订了《东南亚集体防务条约》，其矛头直指中国[②]。而其他一些非亲美国家则对新中国的意图缺乏了解，中国与东南亚国家的关系进展不大。1955 年，中国参加主要有亚非拉国家参加的万隆会议之后，中国与亚非拉等新兴国家的关系取得了突破性的进展。

东南亚是我国华侨的集中地。国民党试图拉拢华侨，以反共的名义对抗新中国，造成该地区华侨的分裂。内战结束后，一小部分国民党军残部滞留在缅甸北部，蒋介石企图借此“反攻大陆”，这也引起泰国、缅甸等国的不安[③]。

在 20 世纪 70 年代以前，台湾在经济上对美国和日本的依赖很大，与东南亚发展经贸关系的动力相对不足。

1971 年，台湾当局被逐出联合国，“外交”上陷入了困境。1974 年 5 月，马来西亚与中华人民共和国建交。1970 年 3 月，柬埔寨朗诺集团发动推翻西哈努克国王的政变后，台湾曾派代表团去了金边，但 1975 年 4 月红色高棉取得政权后，台代表团即被赶走。1975 年 4 月 30 日，越南南北统一，台湾驻原南越的“大使馆”即被关闭。1975 年 6 月，中菲建交。1975 年 7 月，泰国与中国政府建交，与台湾“断交”[④]。此后台湾在东南亚已经没有一个“邦交国”了。总的来看，这一时期是东南亚与台湾政治关系的冷冻时期。与政治关系形成较大反差的是双方经济关系有了大幅加强。70 年代后，台湾跻身“亚洲四小龙”之列，进入 80 年代，台湾经济已发展到一定规模，具有相当实力。由于岛内产业结构升级、台币升值、劳工短缺、工资上涨和环保意识提升、投资环境恶化，使得岛内对外投资快速增加。东南亚有丰富的自然资源，廉价的劳动力，加上华人华侨众多，于是东南亚成了台商对外投资的一个重要地区。

从 90 年代初开始，双方的政治关系突破了民间来往的限制，“官方”与“半

---

① 金学成：《粉碎太平洋反共联盟的阴谋》，《世界知识》，1950 年第 6 期。

② 谢益显主编：《中华人民共和国外交史》，河南人民出版社，1988 年版，第 102 页。

③ 孔德生：《“金三角”国民党残军兴亡与中缅边界谈判进展》，《兰台世界》，2010 年第 11 期。

④ 参阅外交部编：《中华人民共和国外交大事记》，第 4 卷（1972 年 1 月—1978 年 12 月），世界知识出版社，2003 年版。

官方关系”开始松动。双方官员从以前的私下接触、秘密互访，发展到了高层官员的公开往来。台湾当局出于政治、经济、外交和战略上的需要，凭借其经济实力，在这个时期极力推行“务实外交”，打开了高层官员访问东南亚的大门。1990 年，当时的台“行政院长”郝柏村以“度假”的形式访问新加坡，首开台湾高官赴东南亚进行“度假外交”的先例。1993 年后台湾当局抛出了旨在大力加强与东南亚政经关系的“南向政策”，众多的台湾高官纷纷到东南亚访问。先后有“行政院长”连战去马来西亚、新加坡，萧万长去菲律宾、马来西亚、印度尼西亚，其他高官钱复、胡志强、许水德、刘泰英、江丙坤、章孝严等先后去马来西亚、印度尼西亚、越南、新加坡、菲律宾等国家访问，1994 年 2 月，李登辉以“私人度假”的名义，先后访问了菲律宾、印尼和泰国，会晤了三国的总统和国王。李登辉的东南亚之行被称为“破冰之旅”，国际舆论认为这为台湾加强与“非邦交国”的实质关系提供了先例，其恶劣影响至为深远①。

更重要的是，台湾当局将其与东南亚的经济关系纳入了两岸关系和“大陆政策”的通盘考虑之中。台湾当局想通过发展与东南亚的经贸，特别是增加对东南亚的投资，来抵消台商的“大陆投资热”，分散所谓的“投资风险”。90 年代初，随着两岸关系的缓和、祖国大陆改革开放的深化，台资快速涌进大陆。1992、1993 两年，台商对祖国大陆的投资占同期台湾对外投资的 66%，远远超过了对东南亚的投资。投资带动了两岸贸易的发展，两岸贸易在台湾对岛外贸易总额中的比重，从 1986 年的 1.5%增至 1993 年的 8.4%，并不断增加。据台湾海关的统计，台湾对祖国大陆市场的依存度已达近 17%，大大超过了台湾当局规定的 10%的警戒线，台湾当局认为台湾对祖国大陆的经贸依赖“已经到了非常危险、不确定的地步”。为此，他们一方面对发展与祖国大陆的经贸关系“戒急用忍”，大踩刹车，另一方面则推出“南向政策”，企图以“南向”来制衡“西进”②。

“南向政策”是 90 年代台湾当局着力实施的一项兼具经济、政治和安全用意的对外投资政策。内容是利用“政府”的力量，推动台商向东南亚投资与贸易，目的是通过加强台湾与东南亚的经济关系，促进双方的政治关系，加速岛内的产业结构调整，减少岛内经济发展对祖国大陆的依存度。该政策于 1993 年下半年出台，在 1994 年和 1995 年达到高潮，使得台商对东南亚的投资出现了第二个高峰，台湾成了东南亚的第二大外资来源地（仅次于日本）③。

---

①② 参见吴献斌：《90 年代东南亚与台湾的关系》，《东南亚纵横》，1996 年第 4 期。

③ 刘荣茂、李岳云：《“南向政策”挡不住西进潮流》，《现代经济探讨》，2005 年第 8 期。

四　台湾与非洲、拉丁美洲的关系

非洲、拉美以及太平洋地区的小国是目前台湾当局维持"邦交国"关系的主要国家，这些国家的共同特点是比较贫穷、落后。台湾当局往往以"金援"为后盾，积极开展、维持与他们之间的所谓"外交关系"。

1949 年至中国恢复联合国合法席位之前，这是台非关系的发展期，也是海峡两岸在非洲进行"外交"拉锯的时期。"二战"结束初期，非洲真正意义上的独立国家只有埃及、埃塞俄比亚和利比里亚，当时国民党政权与埃及建有大使级外交关系，与南非、莫桑比克、马达加斯加等少数国家建有领事级外交关系①。1949 年国民党败退台湾后，在较长时间内只保持与南非的"领事级"关系②。随着 20 世纪 50 年代末到 70 年代初的非洲民族独立运动迅猛发展，非洲约有四分之三的国家相继获得独立，台湾当局对非活动转趋积极，利用在联合国占据的席位谋求与非洲国家发展关系。从 50 年代开始，台湾当局就制定了"先锋计划"，对非洲国家提供技术合作及援助，其主要做法就是派遣"农耕队"、"农技团"或"渔技团"赴非洲"友邦"协助农渔业生产。1961 年，台湾当局专门成立"先锋专案执行小组"，1962 年该组织扩大为"中非技术合作委员会"，并于 1972 年与"外交部海外技术合作委员会"合并为"海外技术合作委员会"(海外会)。

据统计，从 1950 年至 1972 年间，台"官员"共计出访 635 人次，访问次数最多的地区就是非洲③。台湾当局还针对非洲新独立国家普遍急于解决粮食供应危机的状况，从 60 年代初就向非洲提供技术援助，派驻各种"农技团"，协助非洲国家满足粮食的自给自足。整个 60 年代，台湾当局与祖国大陆在非洲展开激烈的外交拉锯战，但台占据明显优势，台在非"邦交国"最高达 22 个，与大陆最高差距曾一度达 9 国之多④。非洲国家经济基础薄弱，急需外来资金来解决社会发展难题，执政当局往往也需要外来资金以度过内部政治危机，这就为台湾当局以经济、农业、医疗卫生、教育等名目向非洲国家提供各种援助提供了条件，"援助"成为台湾当局巩固"邦交"、发展与非洲国家"非官方"关系的主要方式之一。

---

① 卢晓衡主编:《中国对外关系中的台湾问题》，经济管理出版社，2002 年版，第 164 页。

② 高朗:《"中华民国外交关系"之演变(1950—1972)》，台北:五南图书出版公司，1993 年版，第 78 页，第 164—165 页。

③ 高朗:《"中华民国外交关系"之演变(1950—1972)》，台北:五南图书出版公司，1993 年版，第 164—165 页。

④ 刘佳雁、潘飞:《台湾当局与非洲关系的历史演变及发展趋势》，《台湾研究》，2006 年第 6 期。

1971年后，台湾“邦交国”开始萎缩，台多方努力，收获不大。从1988年李登辉上台执政迄今，台湾当局积极推行“务实外交”政策，在巩固既有“邦交”的同时，对非关系也取得了一定进展。1989年至1992年，台湾当局先后与利比里亚恢复“外交”关系，与莱索托、几内亚比绍、中非和尼日尔“建交”，至1992年底台湾当局在非洲的“邦交国”达到8个[①]。但是，随着中国经济的快速发展，综合国力不断增强，国际地位和影响日益提高，越来越多的台“邦交国”开始重视对华关系。从2000年至今，相继有利比里亚、塞内加尔等国与台“断交”，台湾在非洲的“邦交国”仅剩5个，且基本上处于不稳定状态。

拉丁美洲则是台“外交”工作的另一个重点地区。

1949年至1970年初，是台拉关系承袭期。当时与台湾当局有“外交关系”的13个拉美国家都与台湾继续了这样一种关系。在50年代，台湾与这些国家基本都建立起“正式的大使级关系”，并且互相派驻了“大使”，完成了台拉关系的建立。1956年至1957年，台湾当局在上述13国的基础上，又与6个拉美国家建立“邦交关系”。至此，台湾共与19个拉美国家建立了“邦交关系”，基本实现了与拉美独立国家建立“邦交关系”的目标[②]。

从1970年12月15日智利与中国恢复正常的外交关系起，台拉关系的基础开始发生动摇，拉美国家纷纷与台“断交”，台拉关系陷入了严重的危机之中。70年代，在过去20多年民间往来的基础上，中拉关系的发展进入了一个新的时期。1971年，在第二十六届联合国大会上，智利、秘鲁、厄瓜多尔、圭亚那、墨西哥、古巴、特立尼达和多巴哥7个拉美国家投票支持恢复中国在联合国的合法席位，另外一些国家，如阿根廷、巴巴多斯、哥伦比亚、牙买加、巴拿马等国也改变了以往的态度，投了弃权票。自此，拉美国家纷纷与中国建交，中拉关系揭开了新的一页[③]。在短短的十多年中，中国与台湾当局在拉美的力量对比发生了量和质的变化。在数量上，与中国建交的拉美国家迅速达到了17个，而且拉美主要国家无一例外都与中国建立了外交关系，台湾在拉美的影响极大削弱[④]。

80年代末期起，台湾当局全面推行“务实外交”，试图在拉美的非“邦交”国中建立“实质关系”。在这一变化中，拉美在台湾“外交”中的地位有了提高，台拉关系出现了一些新的变化。为配合台湾在国际上推行“务实外交”，台湾当局在拉美将“护盘”（维护与拉美“邦交”国家的关系）和“开拓”（拓展在拉美非“邦

---

① 高朗：《“中华民国外交关系”之演变（1950—1972）》，台北：五南图书出版公司，1993年版，第84页。

② 柳嘉信：《台湾与拉丁美洲关系》，台北：丽文文化事业股份有限公司，2006年，第37页。

③④ 宋晓平：《发展中拉友好合作关系创造21世纪美好未来》，杨福昌主编：《跨世纪的中国外交》，世界知识出版社，2000年版。

交”国家中的活动空间)相结合,将李登辉的“两个中国”、“一中一台”的设想付诸实践。台湾在拉美的“外交政策”发生了明显变化,它在“外交”上加紧向其在拉美的非“邦交”国进行利诱和拉拢。1989 年 7 月,台湾与格林纳达“建交”,这是台湾在国际上第一个与中华人民共和国有外交关系的国家(在未与中华人民共和国断绝关系的情况下)建立正式“邦交关系”,企图造成事实上的双重承认的局面。但是,由于中国坚持“一个中国”的原则立场,与格林纳达断绝外交关系,从而挫败了台湾当局搞“两个中国”的阴谋。次年,台湾又与尼加拉瓜恢复了中断五年的“外交关系”[①]。陈水扁上台后,也非常热衷与拉丁美洲的“邦交国”发展关系,但收效甚微,无实质性进展。

① 参阅吴国平:《中国对外关系中的台湾问题》,经济管理出版社,2002 年版。

第十六章　李登辉主政时代“台独”势力的形成和发展

第一节　李登辉时代台湾政治发展与变化

一　终止“戡乱”与“后蒋经国时代”的台湾局势

1988年1月13日，蒋经国去世，李登辉得以“副总统”继任“总统”，成为第一位台湾籍的台湾当局领导人。作为台湾威权统治历史结束的界标，要到1991年国民党当局废除《动员戡乱时期临时条款》为止。1990年李登辉当选为“总统”后全面掌权，台湾政治开始围绕李登辉为轴心运转，李登辉时代才真正确立。此前这段时间，可以称为“后蒋经国时代”。

“后蒋经国时代”是台湾西式民主化转型关键时期，主要特征是：一、民主化成了不可逆转的趋势。包括解除戒严令、新政党合法化与公民权力的保障及其承诺。但是，民主化同时也造成过去被压制的各种矛盾涌现，如在政治上表现有省籍矛盾、派系矛盾、统独矛盾；经济上有劳工问题、公私纠纷；文化教育上有所谓本土意识、中国意识之争。大规模的街头抗议游行、学生绝食、出租车罢工等，种种矛盾又通过言论自由的推波助澜直接呈现出来，加深了人民对改革的忧虑。二、民主化改革基本上是台湾当局上层既得利益阶层在旧体制下的改革，并最终导致旧体制戏剧化的自我瓦解。三、民主化改革过程是台湾当局推动“台独”势力走向政治舞台的过程，是启动“去中国化”的过程。

20世纪80年代末、90年代初期，国民党的威权政治逐渐走向末路。一方面，美国主导的一波民主化浪潮席卷世界，东欧巨变，苏联解体。处于冷战前沿，与台湾处境相似的韩国、菲律宾都相继出现了大规模民主化的运动。这给台湾当局造成了巨大的外部压力。另一方面，岛内的反对运动在外部变化的鼓舞下，暗潮涌动，此起彼伏，不断挑战国民党的权威。迫于压力，蒋经国在晚年，决意推进政治“自上而下”的改革，并作出了还政于民的承诺。

1986年3月，蒋经国主持召开国民党十二届三中全会，决议“要以党的革新带动全面革新”，“要以今年为党务革新的出发点”。此次会议成为国民党实施全面革新、进行政治转型的转折点，被称之为“丙寅变法”。同年9月，民主进步党成立，国民党对此采取了容忍的态度。1986年10月，蒋经国在接见美国《华盛顿邮报》董事长葛兰姆时表示，不久将取消“戒严令”。蒋表示无论什么样子的新政党都必须遵守：一、“中华民国宪法”；二、支持“反共”国策；三、与“台独”划清界限①。这可以说是蒋经国给政治转型定的三个条件，整个“后蒋经国时代”的台湾政治基本上也是围绕这三个条件展开。作为三个条件的“法制化”，1987年台湾当局制定了“动员戡乱时期国家安全法”，并在“立法院”通过。其中规定“人民的集会、结社不得违反宪法，不得主张分裂国土”。台湾当局同时在“公职人员选举罢免法”和“人民团体组织法”加入同样的修正文字。台湾当局制定“国安法”，在草案总说中提出“期于完成立法程序及其施行细则订定施行时，依法宣告台澎地区解严”，民进党由此质疑“国安法”真实性，于该年6月发动“六一二反国安法”的街头游行②。7月15日，蒋经国正式宣布解严，消除了外界的疑虑③。1988年1月1日，台湾当局解除报禁，取消对新报纸的限制，放宽发行量的限制。

蒋经国试图给台湾政治改革定下保存旧有体制下进行改革的大框架，但是这充满了矛盾：第一，台湾沿用的“中华民国宪法”是1946年在中国大陆制定的。对国民党来说，对外，维护“宪法”就等于维护国民党“正统中国”的法统形象。而实际上台湾当局的“正统中国”已经被中华人民共和国取代。对内，由于历史原因，国民党维护“正统中国”法统形象，事实上成了外省籍精英主导台湾的政治，并由此形成一个特殊利益集团的重要法理依据。民主政治势必会让这些利益分化组合，从而改变台湾政治生态。第二，反共。此时，冷战时期的两极格局逐渐松动，直至苏联解体，冷战结束。世界政治经济格局有转向多极化的趋势。台湾问题原本是中国内战遗留问题，但自从20世纪50年代初朝鲜战争开始及美国第七舰队开入台湾海峡，台湾问题又被迫卷入雅尔塔体系的冷战格局之中，“反共”一度是两蒋时代国民党政权外部最重要的生存条件。但是，随着中美关系的正常化，以及中国在经济上的崛起和国力的逐渐增强，台湾当局“反共”条件事实上已经丧失。因此，继续执行“反共政策”不得人心，成了反对派眼中国民党片面维护所谓“法统”的一个不切实际的说辞。第三，反对“台独”。从民族大义和台湾当局的“法统”来看都是必要的。但是，外省精英主导

① 台湾《“中央日报”》，1986年10月8日。

② 《谈“国安法”解除戒严》，台湾《民众日报》，1987年3月18日社论。

③ 薛月顺，许瑞浩，曾品沧：《从戒严到解严》，《战后台湾民主运动史料汇编》(一)，台北：“国史馆”，2000年版，第434页。

台湾政治近 40 年，政治上的省籍矛盾很容易造成台湾的族群对立，从而为“隐性台独”存在提供空间。另外，如何处理台湾当局在威权时代造成的一些政治事件的历史遗留问题也会因为“台独”挑动而变得棘手。如关于“二二八事件”的定位和赔偿、“美丽岛事件”如何善后等。

蒋经国的三个条件不仅理论上有很大的自相矛盾性，实践当中也有很多棘手的问题不易处理。“国安法”一出台就遭到了民进党的强烈反对，认为是制定了不利民主政治的游戏规则，并强烈质疑为人诟病的“万年国大”通过该法案的程序正当性。蒋经国的“不妥协、不接触、不谈判”三不政策也难以为继。允许台胞赴大陆探亲，又对探亲设置多种限制，允许赴大陆探亲者只限在大陆有血亲、姻亲、三亲等以内的亲属人员；服役的军人及党、政、财、文单位任职的“公职人员”不在探亲之内；开放探亲限制在“单向”轨道上，即“只出不进”。更为重要的是，已经有台商通过香港和祖国大陆建立起了经济联系，但是政策并没有对此进行确认。另外，对民进党提出台湾前途由“住民自决”的主张也缺少切实的应对方法。

蒋经国突然去世，台湾当局失去了凭借他个人权威进行调整的可能性。同时，民主化一旦开闸，各种利益的相互分化组合势必会给台湾政局带来太多的不确定因素。因此李登辉上台后面对的政治局面颇为复杂，外界普遍认为李登辉难有作为。这个时期，李登辉从蒋经国手中承继了“总统”的职权，接受了蒋经国遗留下来的一切政治衣钵甚至人事安排。由于其权力地位尚未巩固，李登辉在接收蒋氏政治遗产时，即在内外政策上基本采取了“萧规曹随”的做法。

关于“台独”。1988 年 2 月，李登辉在继任“总统”后首次记者会上明确表示：“‘中华民国’的国策，就是只有一个中国的政策，而没有两个中国的政策。”①此后一段时期内，他还曾多次表示过这一态度。12 月，他在“行宪纪念会”上称：“今日‘政府’虽然立足台湾，但是我们必须共同确认，中国只有一个。”②

关于“反共”。李登辉也频频做出“反共”的各种姿态，一再表示坚持“三民主义统一大陆”的政策，他在集会上声称：“蒋故‘总统’在遗嘱中期勉我们要始终一贯，积极推行民主宪政建设，并坚守‘反共复国’决策，完成以三民主义统一中国的大业，我们自当切实研究，努力躬行实践。对于蒋故‘总统’近年来锐意推动的一连串改革措施，我们更应承续努力，务期早日达成。”又说：“当前我们的‘国家’，虽然新遭大故，但是，‘执政党’和‘政府’，不但并未延缓政治革新的

① 台湾《“中央日报”》，1988 年 2 月 23 日。
② 台湾《“中央日报”》，1988 年 12 月 26 日。

进行，并且必将秉持经国先生的精神，继续推广革新的领域和速度。”①

关于“宪法”。李登辉一再表示将回归“宪法”。1987 年通过的《“国安法”》修正条例，由于蒋经国的去世，直到 1989 年 1 月才生效。同年 5 月，国民党自己依“法”向“内政部”登记，随后，民进党也不再坚持，也向“内政部”做了登记。这标志着，在法制层面上，政党登记制度已经完成。李登辉做出完全接受蒋经国三个政治条件的姿态，这消解了民意对其是否是继承蒋经国政策的疑虑。

1988 年 1 月，台湾当局《“集会游行法”》修正通过，允许人民有集会游行的自由。该法案通过距蒋经国去世不过几天，此前对游行集会，当局已经松动。但是该法案如此迅速通过，表明当局对民主化的步骤没有停止。1989 年 1 月，修改《“选罢法”》，规定主持的“选举委员会”成员，同一政党不得超过一半。同时修订《“人民团体法”》，该法案允许反对党成立，实际上对此前已经成立的政党除罪化。两项法案都加入了“人民的集会、结社不得违反宪法，不得主张分裂国土”的条款，这项条款可以看作是约束“台独”的主张。

1990 年，“国民代表大会”通过“国民大会代表”每年出席一次、现任增额“国代”延长任期为九年、提高会议出席费等扩权法案。该法案引起了外界的强烈质疑，3 月发生台大学生游行事件，集结于国民党中央党部抗议，提出“废除动员戡乱时期临时条款”、“解散国民大会，‘总统’直选”、“召开国是会议，促进改革”、“提出政经改革时间表”等要求，并发生绝食抗议等行动②。3 月，李登辉如期由“国民大会”选举为“总统”后，即与学生代表见面，李登辉保证解散“国会”，实行政治改革以及召开国是会议，学生抗议、绝食、罢课活动乃宣告结束。1990 年 6 月，大法官会议也作出“第一届资深民代应于民国八十年十二月三十一日前终止行使职权，政府应适时办理第二届中央民代选举”的解释令③。该事件意义十分重大，直接导致 1991 年 4 月 22 日的“国会”全面改选。

1991 年 5 月 1 日，李登辉宣布废除作为戒严时期的法律依据《动员戡乱时期临时条款》，等于终止所谓“动员戡乱时期”，作为缓冲，金门、马祖则是在 11 月解严，次年，李登辉撤销“台湾警备司令部”④。至此，解除了台湾政治转型的法律障碍。

① 李登辉：《敬悼蒋故“总统”经国先生百日追思感言》，台湾《联合报》，1988 年 4 月 22 日。

② 台湾《联合报》，1990 年 3 月 18 日。

③ 台湾《联合报》，1990 年 6 月 22 日。

④ 薛月顺、许瑞浩、曾品沧：《从戒严到解严》，《战后台湾民主运动史料汇编》(一)，台北：“国史馆”，2000 年版，第 434 页。

二　国民党内部斗争与李登辉权力巩固之路

李登辉意外继承“总统”职位，之所以外界普遍认为他比较弱势，原因是他在台湾当局的政权体系中并无派系优势。因此，李登辉一再表示自己服膺蒋经国的“治国”理念，借以改变自己的弱势形象。

李登辉尽管接任“总统”，但他同时也面对蒋经国留下的所谓“接班四人帮”，这就是“行政院长”俞国华（掌握行政权）、国民党中央党部秘书长李焕（掌握党权）、“参谋总长”郝柏村（掌握军权）以及“国安会秘书长”蒋纬国（掌握秘密警察）。这些人都是清一色的外省籍国民党精英，在政治上省籍矛盾逐渐公开化的政治生态中，对李登辉全面掌权构成威胁。

李登辉 1923 年出生于台湾北部淡水郡三芝庄（今台北县三芝乡）埔坪村，父亲李金龙在警署工作。李登辉为次子；上有年长他两岁的哥哥李登钦，第二次世界大战后期被日军征调至南洋菲律宾参加日本的侵略战争，并于当地战死。这样的家庭背景使得李登辉对日本殖民者颇有好感[①]。他在日据时期完成初等学业，后又留学日本和美国。在留学之前李登辉曾经加入共产党，因为这段曾为共产党员的经历，李登辉被怀疑与共产党有牵连，曾被连续审查，获释以后很长一段时间仍被要求定期汇报并且被监视[②]。与其他台籍政治人物相比，他的资历尚浅，他甚至很晚才加入国民党。李登辉在美国康奈尔大学毕业后回台，在“中国农村复兴委员会”工作，该委员会是个美援机构，其时李登辉是位农业专家。

1970 年蒋经国访美，发生“台独”人士黄文雄暗杀蒋经国未遂的事件；主嫌黄文雄与郑自才恰为李登辉康乃尔大学时期家中牛排宴上的座上客，而其关系为台湾特务机关怀疑。同年 6 月，李登辉以台湾农业技术援助团团长身份访问曼谷时还被禁止出境，时任“内政部长”的徐庆钟，与“农复会”上司沈宗瀚为之斡旋，李登辉才平安无事。不过因此事件，徐、沈二人将李登辉以农业问题专家介绍给蒋经国；蒋经国对其十分赏识，并由经济学者王作荣介绍其加入国民党[③]。

---

① 李登辉并不讳言自己对日本的好感，反而引以为荣。他在《台湾的主张》中说：“或许有人会对我的沉迷日本文史哲，感到不解。但是，在一九四五年，也就是我二十二岁之前，台湾一直都在日本统治之下。我接受正统的日本式教育，当然也深受日本传统的影响。”见李登辉：《台湾的主张》，台北：远流出版事业股份有限公司，1999 年版，第 40 页。

② 参见蓝博洲：《共产青年李登辉：二进二出共产党第一手证言》，重庆：红岩出版社，2000 年版，第 62—67 页。

③ 参见王作荣：《与登辉老友话家常》，台北：天下文化，2003 年版，第 33—36 页。

1972 年，李登辉被蒋经国提名为“政务委员”，开始了他的从政之路。在 1978 年蒋经国出任第六任“总统”时，李登辉被蒋经国看中，任命为台北市市长。1981 年，任台湾“省主席”。1984 年 5 月，李又被蒋提名为“副总统”。李登辉在谈到蒋经国为什么选他当“副总统”时，说他自己也揣摩不透，因为蒋经国事前既没有跟他商量、也没有征求过他的意见，甚至任何提示或暗示都没有。李登辉事后唯一能给出的解释是，蒋经国深受社会主义思想的影响，而李认为自己就是因为有社会主义倾向而被选中的[①]。李登辉后来说：“虽然经国先生身体很衰弱，但还有充分的精力，所以周遭的人都判断大概还不用讨论接班人的问题。如此突如其来的死，恐怕就连他自己也没料到吧。”他也曾在与司马辽太郎的对谈中提到，蒋经国虽然让李登辉成为“副总统”，但“蒋经国先生是否打算让我当他的接班人，这一点并不明确”。根据由李登辉唯一受访写成的《李登辉执政告白实录》中的说明，李登辉的生涯规划中，原本以为获得提名“副总统”已经是人生的顶端，在 1990 年完成任期后，就是他结束仕途的理想终点，因此，从 1987 开始，他开始逐步把几个从“省府”带进“总统府”内的干部，一一安排到其他单位发展，为退休做准备[②]。当时的李登辉并没有料到自己有一天能有机会登上“元首”的职位[③]。所谓“没有枪，拳头又小，在国民党里头也没有派系”[④]，这的确是他当政之初的真实反映。

李登辉的弱势主要体现在：他与其他当政的台籍精英不同，它早年与国民党或者抗日人士渊源甚少，在党国体系里纯属技术官僚。

蒋经国个人威权统治，在体制内已经造成了“党外无党，党内无派”政治局面，他的去世必然导致国民党中央权威的衰弱。中央任何一位国民党的头面人物都没有足够政治资本相号召。但是，处于民主化浪潮下的国民党确又需要一位强势人物，以防止政权倒台，普通民众也不希望政局动荡。台湾《联合报》报道，随着民主潮流的推演，蒋经国逝世后，台湾将不再有强人，但“却不能没有强势领袖”，“强势领袖权力越大，越能推动国家进步”[⑤]。1988 年 1 月，国民党举行临时中央常务会议（中常会），推举代理党主席。当时，“副总统”李登辉和“行政院长”俞国华均欲争夺党主席一职。面对宋美龄等人不同意李登辉立即代理党主席的攻势，李登辉利用宋楚瑜等人在会上发难，拒绝代表蒋家意志的宋美龄等人的意见，顺利出任代理党主席[⑥]。代理党主席之争揭开了蒋经国去世、李登辉上台

① 参见李登辉：《蒋经国“总统”与我》，台北：允晨文化，2004 年版，第 203 页。

② 邹景雯：《李登辉执政告白实录》，台北：印刻出版有限公司，2001 年版，第 49 页。

③⑥ 上坂冬子：《虎口的“总统”》，台北：先觉出版，2001 年版，第 158 页。

④ 司马辽太郎著，李金松译：《台湾纪行》，台北：东贩出版社，1995 年版，第 537 页。

⑤ 台湾《联合报》，1988 年 7 月 2 日。

后国民党内部政争的序幕。尽管后来对此戏剧性事件，不同的人有多种看法，但是，“总统”兼任党主席是威权统治时代的惯例。表明国民党主流当时无意改变蒋经国时代的政治模式，更愿意接纳一个比较弱势的威权人物作为过渡。

从1990年起，国民党开始具体兑现它当初有关民主化的承诺，进行第二阶段的改革。改革具有鲜明的李登辉特色，因此直到2000年李登辉下台，这个时期一般定义为李登辉时代。但与蒋经国主导政治改革不同，李登辉并不具备足够的政治权威，国民党这一时期的改革与其说是李登辉主导，还不如说是国民党内部利益彼消此长、相互博弈的结果。民主化改革的主要议题——关于“宪法”、“议会”、“总统”和“行政院”的权力划分和国民党内部斗争交织在一起，结果是李登辉个人权力逐渐膨胀。

在两蒋时代，国民党号称是“党外无党，党内无派”。但是，政治利益不可能完全“均沾”，这种说法只是表明不同的利益诉求最后都靠两蒋的个人权威裁定。政治利益的分配不均势必会造成各种松散的利益集团，形成所谓派系之争以及由派系所引发的特殊的“班底政治哲学”①。另外，国民党在台湾的政权事实上还存在着省籍利益分配不均的矛盾，外省籍的政治精英长期垄断政治，形成了最大的一个既得利益派系，而与它相对应的所谓“本土派”则处于不利位置。派系政治是威权时代国民党内部政治斗争中一个显著特征：政治人物往往不是根据政治主张或者想法相近结盟，而是根据自身利益或者相似人格结盟。李登辉本身就是个例子，他自己并没有多少引人注目的政治主张，而且屡屡使用许多“犯规”或者破坏政治“潜规则”的手段达到目的，批评者认为他是弄权高手，手段并不光明正大。但是许多台湾本省人支持他，仅仅因为他是台湾人的首任“总统”。随着民主化的展开、反对党的成立，原先的国民党内潜在的利益集团纷纷公开化，并通过各种利益渠道展开明争暗斗。

蒋经国去世后，国民党籍增额“立委”纷纷在“立法院”成立各种团体，包括“DC俱乐部”、“建设研究会”、“集思早餐会”等12个不同“问政团体”，突破了所谓“党内无派”的政治格局，使得政治斗争公开化。其中以推动“本土化”为目的、拥护李登辉的台湾籍国民党议员组成的“集思早餐会”和以外省籍国民党第二代议员组成的“新国民党连线”之间的斗争最为引人注目。1990年因为“副总统”候选人问题，“集思早餐会”支持李登辉，并以其为基础形成所谓“主流派”。反对李登辉的“新国民党连线”，则集合其他团体形成所谓“非主流派”。1991年

---

① 国民党派系之争由来已久，蒋经国上台后曾竭力防范各种小团体、小组织的存在，但实际上不可能做到消灭派系。有学者认为，李登辉因纯为技术官僚，无派系特征，故而为蒋经国所看重。参见陈明通：《派系政治与台湾政治变迁》，台北：月旦出版社，1995年版，第169页。

"集思早餐会"为了筹集资金,向"内政部"登记成了具备类似政党功能的派别。与之相抗衡,"新国民党连线"则吸收新成员,成立了"国会功能改革会"[①]。实际上,主流派和非主流派只是台湾报纸如是称呼,这些政治人物的界限有时也很模糊,分分合合。但不管政治人物如何纵横联合,其中最大的一个特点是以本省籍标榜的"本土派"逐渐壮大。

李登辉的首任本省籍"总统"身份,使他在台湾政治本土化这股势力中受益,使他具有大陆籍政治精英所没有的政治后援力量。

早在1972年蒋经国出任"行政院长"时,蒋经国就推动了所谓"吹台青"[②]政策。从20世纪70年代初到80年代,蒋经国的"吹台青"政策,提拔了大量的台籍新技术官员,以便平衡向来为外界所诟病的政治上的"省籍"问题。随着形势的发展,台湾政治本土化局面逐渐被打开,尤其是在1986年3月底的国民党十二届三中全会后,台湾当局的"五院院长",也逐渐向台湾人开放,如"监察院长"由台湾籍的黄尊秋出任,"司法院长"也由国民党中常委、台籍的林洋港出掌。还有一大批台籍人士受到重用,如连战、施启扬、刘阔才、吴伯雄、苏南成等。李登辉本身就是这种"本土化"政策的最大的受益者。但是,80年代以来台湾当局的省籍不平衡依然遭到反对势力的不断抨击。迫于压力,蒋经国本人也表示要继续推动本土化,一时"本土化"似乎成了朝野共识,所不同的是以何种方式推进的问题。

"本土化"浪潮给了李登辉机会,他借此在国民党内空前的内斗当中占尽主动。

1988年7月,国民党第十三次代表大会召开,这是国民党退据台湾近40年来面临重大政治转折和空前挑战的背景下召开的一次会议。李登辉在会上顺利当选党主席,成为国民党的最高领导人。当时,部分改革派人士运作将党主席产生的方式改为票选,党中央连夜说服中央委员,最后以鼓掌起立的方式产生党主席,确认李登辉的领导地位。结果是亲蒋纬国的中常委中有12人被撤换,中常委完成自第七次代表大会以来规模最大的一次改组。第十三次代表大会的"本土化"趋势十分明显,首次由本省籍人担任党主席,首次在中常委中本省籍成员超过半数,首次中央委员中本省籍成员超过三分之一。

第十三次代表大会后,李登辉在党内的领导地位得到巩固。"十三全"开

① 参见若林正丈:《台湾:分裂国家民主化》,台北:月旦出版社,1994年版。

② "吹台青",是当时台湾人对一些善于演讲的台湾青年人的称呼,所谓会吹牛的台湾青年。蒋经国推动本土化政策,倡言拔擢所谓"青年才俊",在干部任用上开始启用一批台湾本地的青年,被人形象地称为"吹台青"政策。

完，配合中央党部换届，李登辉在 7 月完成改组“行政院”，“行政院长”由俞国华留任，利用不强势的俞国华来实现对“内阁”的人事布局。1989 年 5 月，俞国华向李登辉提出辞职。李登辉顺水推舟，提名国民党中央党部秘书长李焕继任“行政院长”，从而完成了对国民党的全面控制。

1989 年 11 月，郝柏村的“参谋总长”任期再次到期，李登辉利用国民党中常会的名义决定郝柏村出任“国防部长”，遗缺由“空军总司令”陈龄接任。把郝柏村从具有调动、指挥军队权力的最高军令长官“参谋总长”的职位上拉了下来。

1989 年 12 月，增额“立委”选举，民进党大有收获，其政治人物，如陈水扁、谢长廷、彭百显、陈定南、叶菊兰等首度进入“立法院”，直接向国民党挑战。国民党新一代的增额“立委”，也开始酝酿路线分裂。以赵少康、郁慕明等外省籍“立委”为主的“新国民党连线”，逐渐走向非主流，乃至最后另立新党；而本省籍的主流派“立委”，则集结于黄主文领导的“集思会”旗下。虽然表面上李登辉与“立法院”间保持超然距离，但实际上“集思会”则成为贯彻李登辉意志的力量[①]。

1990 年 2 月，又是国民党临时中央全会提名新一届正、副“总统”的日子。岛内政局波涛汹涌，“国民大会”将于 3 月选出第八任正、副“总统”。李登辉权衡后，提名外省籍政治革新的搭档李元簇为“副总统”，引发国民党内的反弹，有人认为李登辉有独裁倾向，违反蒋经国晚年以来的集体领导行为，并形成所谓“主流”（李登辉派）与“非主流”（反李登辉派）对立，被称为“二月政争”[②]。其导火线是反李阵营反对李登辉提名李元簇担任“副总统”，真正的缘由则是李登辉依靠权谋逐渐收编党、政、军权所产生的大争议。2 月 21 日国民党全会，李焕、林洋港主张票选正、副“总统”提名人，党内分裂自此台面化，大会最后经过表决，维持以起立方式决定“总统”候选人[③]。然而，全会只是主流与非主流激烈战役的开始，接下来在国民大会正式开打，另一组候选人“林蒋配”也在老“国代”间进行连署。李登辉也积极向老“国代”拉票，后来林、蒋退选，政争危机才正式解除。

李登辉通过各种手段，成功地击败了林洋港、陈履安、蒋纬国等人的挑战，1990 年 3 月，李登辉、李元簇（原“总统府秘书长”）在“总统”、“副总统”选举中分别以高票当选。李登辉当选“总统”后，立即改组任期还不到一年的“李焕内阁”，任命其极为反感的郝柏村出任“行政院长”。

① 参见何洛：《李登辉全纪录 1923—1996——李登辉先生与台湾的政治发展轨迹》，台北：生活智库出版有限公司，1996 年版，第 105 页。

② 何洛：《李登辉全纪录 1923—1996——李登辉先生与台湾的政治发展轨迹》，第 165 页。

③ 邹景雯：《李登辉执政告白实录》，台北：印刻出版公司，2001 年版，第 75 页。

不久，李登辉运用手中的大权，结合民进党势力，又击败了“军事强人”郝柏村。1993年元月，一败涂地的郝柏村只得发表辞职声明。2月，国民党中常会通过了连战出任“行政院长”的决议，3月，新“内阁”正式就职。经过此波高层人事调整后，“五院”中唯有“监察院长”陈履安是大陆籍，“行政”、“立法”、“司法”、“考试”“四院院长”连战、刘松藩、林洋港、邱创焕全部为台籍人士。这样国民党主席和“总统”为同一人，国民党中央党部秘书长、“行政院长”已经全由台籍人士出任。尽管在本届“内阁”中，外省籍仍占20人，本省籍占17人，但从重要“部会”大多由本省籍掌握的情况看，标志着大陆籍势力与本土势力的力量消长对比发生了根本性的逆转和变化，台籍本土势力全面执掌台湾政权的新时期来临。同时，这也标志所谓省籍情节作为政治内斗的借口开始衰退。

三　宪政改革与台湾当局体制的变化

1991年4月第一届“国大”第二次临时会议上决议废除《动员戡乱时期临时条款》，表明国民党回归宪政体制，初步落实了宪政。但是，原有的《“中华民国宪法”》在“总统”权力的设定上是有限制的。因此决议同时又保留了“动员戡乱时期‘总统’紧急权”与“动员戡乱时期”设立的三机构：“国家安全会议”、“国家安全局”与“行政院人事行政局”等，以保证李登辉能够继续掌握“动员戡乱时期”的“总统”实权。这就注定国民党主导的“修宪”具有深厚的李登辉色彩。李登辉一再声称“修宪”的目的是为了符合当前的政治需要，认为：“‘中华民国’经过四十多年的‘动员戡乱时期’，累积了许多宪政体制问题，如果不彻底解决，对政党政治的建立及民主政治的进一步发展，必将产生很大的阻碍。”①又说：“以修宪而不制宪的方式，把当前许多有关宪政的问题，如强化民意机关的代表性，促进地方自治的法制化以及各级政府首长产生的方式等，重新检讨修正，使宪法更能合乎当前的需要。”②

李登辉主导的几次“修宪”，表面上是进一步民主改革的需要，是为了巩固自己的权力。实际上，李登辉“修宪”，是要造成与“两个中国”、“一中一台”相适应的政治体制，借“修宪”挑动两岸关系，借“修宪”引“台独”势力介入政党纷争，借“修宪”培养一代台湾人的“台湾主体性”意识。李登辉不断强调“修宪”的必要性与迫切性，他曾在1993年、1994年分别表示“修宪”明年可完成、这是最后一次“修宪”，但是，到1996年他仍然认为宪法“还有很多问题存在”、“就连小问题也要去修”。由于不断敦促“修宪”，外界甚至认为李登辉政治改革最重要的事就是不断“修宪”，而他主政的12年，差不多就是一部“修宪”史。

---

①② 台湾《联合报》，1991年4月23日。

“修宪”可以分为四个阶段：

1991年是第一阶段。根据“国是会议”的结论，“修宪”主要针对“万年国会”①。当时“国会”依然保留大陆时期选出来的“代表”，其间虽经增补，但是这些老迈代表仍然占有优势，而且待遇优厚。因此，改组“万年国大”几乎是当时朝野共识。此次“修宪”算是最有民意基础的一次。国民党提出“一机关两阶段”的方式进行。意思是第一届资深“国代”只做出程序性的决议，理由是两岸分治事实，目的是要结束“临时条款”以及赋予二届“国代”和“立委”产生的法源基础。再由新的“国大”进行“实质修宪”。结果，国民党以经济补偿等方式完成了对“国大”的改组。第一阶段的“修宪”造成两个后果：第一，实质性冻结了1947年“中华民国宪法”中关于主权领土表述。卸任后的李登辉，在他所撰写的《亚洲的智略》一书中，提出了当时的看法：“修宪条文中有关‘中华民国’的领土，依其固有之疆域并未明示疆界范围，目前台湾有效支配的地域为台、澎、金、马。我们也可以说，这就是国家‘中华民国’的领土范围，并不需要特别修订‘宪法’来界定国家的领土，以免以宪法重新界定疆界，刺激了美国和中共，使他们采取某些（不利于台湾的）行动。”②李登辉的意思，是“修宪”后的“中华民国”领土已经实质改变，局限在台澎金马地区，但为了不刺激中共与美国，徒增处理上的困扰，所以维持“宪法”原文，但内涵却可以经过重新解释而改变。1991年“修宪”后，废除《动员戡乱时期临时条款》，“宪法”增修条文因而出现第一条、第二条、第四条规定之“国民大会”代表、“总统”、“立法委员”均由“中华民国自由地区”选出之规定③。部分学者认为，增修条文第十一条规定，“自由地区与大陆地区间人民权利义务关系及其他事物之处理，得以法律为特别之规定”，明确指出两岸人民的权利关系由法律定之，但对大陆地区人民的权利义务关系及其他相关事物，则放弃规定，宪法的适用地区，已缩至台、澎、金、马，不再包括大陆④。显然，“修宪”之后“中华民国政府”的最高权力来源，及“有效国家权力”都限定在台、澎、金、马地区，明确地与中国大陆地区做出了区别。第二届“中央民意代表”选举带来的必然结果是“中央民意机构”性质蜕变，以大陆籍人士为主、“代

① 参见李炳南：《宪政改革与“国是会议”》，台北：永然文化出版股份有限公司，1992年版，第203页。

② 李登辉、中鸠岭雄著，骆文森、杨明珠译：《亚洲的智略》，台北：远流出版社，2002年版，第41页。

③ 参见：《“中华民国宪法”》增修条文第一条、第二条及第四条之相关规定。

④ 许宗力：《两岸关系法律定位百年来的演变与最新发展：台湾的角度出发》，黄昭元主编：《“两国论”与台湾“国家定位”》，第132页。

表全中国”的“国民大会”变为以本省籍人士为主、代表台湾地区的“区域性议会”①。第二,“国民大会”实现了台湾化。第二届“国代”选举结束后,以大陆籍为主的资深“中央民意代表”全部退出,退台的老一辈政要也被逐一排出权力核心,新生的台湾籍中生代上台,“国代”、“立委”等民意机构台籍人士占了绝对优势。在新选举的403名“国大”代表中,外省籍79人,占总数的19.31%,本省籍324人,占总数的80.69%,“中华民国国民大会”实现了台湾化,成为“台湾国会”。“民意机构的台湾化、本土化,决定了政府机构的台湾化、本土化”②。

这次“修宪”对于“国安会”、“国安局”及“人事行政局”三个一直没有合法地位的机关,“宪法”增修条文第九条则规定,“‘总统’为决定‘国家安全’有关大政方针,得设‘国家安全会议’及所属‘国家安全局’。‘行政院’得设‘人事行政局’。前二项机关之组织均以法律定之,在未完成立法程序前,其原有组织法规得继续适用至‘中华民国八十二年’十二月三十一日止”。这三个机关权力极大,都由“总统”掌握,极有可能产生“总统”滥权的后果,这为李登辉后来大权独揽埋下伏笔。1993年,“立法院”在议事有瑕疵的情况下,强行通过三机关的“组织法”;三机关至此完成“法制化”。新的“组织法”明确赋予“国安会”政策研究、协调与统合的功能,“总统”还得聘请“国安会咨询委员”,其层级比照部会首长。

1992年开始第二阶段。此时“万年国代”退出政治舞台,新的“国民大会”将着手进行“修宪”。二届“国代”选举,国民党在选举中获得大胜,掌握“修宪”的主导权。

对于“总统”选制,国民党内爆发出“直选”与“委任”之争。争议的背后,隐藏着激烈的派系斗争。国民党对于公民直选“总统”一直抱持着抗拒的态度,其所以抗拒的实际理由,是国民党系靠临时条款而掌握“总统”权位数十年的政党,担心公民直选后会失去政权。因此,国民党的“修宪”策划小组在研议时,便将心力集中在设计与推销“委任直选”案。然而,民进党则主张从“总统”、“省长”到北高市长都应该直选,才能彻底实现民主政治。社会各界的态度也不同,民意则较支持“总统”直选。有学者担心“总统”民选会造成强人“总统”,对宪政架构的稳定有所影响;但也有学者认为,委任选举在程序上有许多不能解决的问题,包括“国代”角色与美国选举人团不同,委任制的实行很容易产生争议③。

① 刘红、郑庆勇:《国民党在台50年》,九州出版社,2001年版,第173页。

② 宋连生、巩小华:《对峙五十年》,台海出版社,2000年版,第291页。

③ 参见张慧英:《李登辉1988—2000执政十二年》,台北:天下远见出版公司,2000年版,第125页。

但李登辉表示“总统”直选是潮流趋向，且台湾多年来也习惯于强势领袖的政治文化，应主动规划因应，让国民党能够挟优势通过“总统”直选的考验云云。然而，他的考虑与国民党“修宪”成员完全相反，也未曾沟通，直到国民党即将举行十三届三中全会敲定“修宪”案，党内还在往委任案方向规划，李登辉只好迂回暗示，“不要只研究一个案子吧”。自此，决策方向转变，国民党转向公民直选案①。李登辉之所以决心直选，实际上是试图摆脱国民党可能对他的束缚，等于是直接借助民意，巩固和扩张其“总统”权力。

委任与直选的攻防线，顿时从朝野政党移到国民党的流派间。非主流质疑，公民直选会产生“台湾国总统”，且会成为有违“宪法”精神的独裁“总统”；统独意识与省籍心结于是引爆。国民党内分裂成主流与非主流两派，李登辉和郝柏村各自为其领袖；后经过党秘书长宋楚瑜和“总统府秘书长”蒋彦士分头进行协调，最后终于做出“暂不决定”的妥协结论，并请党内大佬都签字，才化解这场冲突。因此，三中全会通过妥协方案，决议“‘总统’选举方式由‘总统’于‘民国八十五年’五月二十日任满以前，召集国民大会代表召开临时会，以增修条文方式解决”，延长战线使争议暂时平复。在野的民进党随即发动“四一九‘总统’直选大游行”。要求“总统”公民直选，并在台北车站前静坐②。除了“总统”选制悬而未决、缩小“行政院长”副署权未获采纳外，其他的“修宪”案，国民党三中全会大致照“修宪”策划小组的案子通过，并在提交“国民大会”之后，于 1992 年 5 月 27 日完成三读。此次“修宪”，重点包括“省长”民选（台湾地区首度大范围的行政首长直选），及“总统”、“副总统”、“国代”任期从六年改为四年，同时回归“宪法”中“总统”、“副总统”连选连任一次的规定，终结“总统”一再连任的可能。此次“修宪”大幅强化了“总统”职权，将“监察委员”、“考试院正副院长”及“委员”、“司法院正副院长”及“委员”都改由“总统”提名、“国大”同意。于是“中华民国”的“五院”里，“总统”就握有四个院的重要决定权，李登辉成功借助“修宪”扩权。其中，“监察院”的定位调整，引起最大争议。以往，“监察院”为民意机构，由“省”市议员间接选举产生；这样的方式，容易产生贿选问题。“监察院”也因而常被讥讽为“金牛院”，故不少人主张裁撤“监察院”，将监察功能并入“立法院”。但国民党坚持五权体制不能更动，在“修宪”时却将其定位调整为准司法机关，改由“总统”提名，“国大”同意，引起原为“监委”选民的“省议会”和北高市议会反对；岛内舆论对此大加批判，认为此将使“总统”职权过于膨胀，且由“总统”提名的“监委”不可能对“总统”发挥监督制衡的力量。李登辉与国民党挟绝对多

① 邹景雯：《李登辉执政告白实录》，台北：印刻出版有限公司，2001 年版，第 333—344 页。
② 台湾《联合报》，1992 年 4 月 20 日。

数席次通过“修宪”案。李登辉也在同年12月，首度依新制提名二届“监察委员”，以及向“国大”提出“国情报告”。另一个争议点，是“国大”的扩权。原本是无给职、不固定集会、位尊权虚的“国民大会”，经过这次“修宪”后，变成可以每年集会、听取“总统”“国情报告”及提“国是建言”，以及对“总统”提名的多项人事行使同意权等，这些权利都是因为将削去国大“总统”选举权之前的政治补偿。

李登辉的扩权行为直接刺激了党内反对派的反弹，接着1993年非主流出走成立新党后，党内权力定于李登辉一人。1992年12月，台湾地区举行第二届“立委”选举。继“国大”后，“立法院”也将全面改选，由台湾人民直接选出。这次选举由于民进党力量大增，国民党黄复兴党部又自行配票支持非主流派候选人，结果不但导致国民党席次大减(国民党95席、民进党51席，其他15席)，被视为李登辉亲信的“集思会”大将黄主文、林钰祥等人更纷纷落马，而非主流派的赵少康、王建煊均高票当选。

1994年为第三阶段。顺利通过“总统”和“副总统”改为公民直选，并且决定“总统”依“宪法”经“国民大会”或“立法院”同意任命人员的命令，无须经过“行政院长”的副署。这个条款缩小了“行政院长”的副署权，也等于减少“行政院长”对“总统”的牵制。这次“修宪”加上前两次“修宪”的结果，李登辉已掌握了“国安会”、“国安局”及“监察”、“考试”、“司法”、“行政”等“四院”的同意权，并且减少“行政院”对他行使权力的牵绊。而前一年国民党也已经是李家天下，至此，李登辉充分掌握了国家机器的所有权力，成了一个超级“总统”。该次“修宪”，李登辉明显有违民主宪法中的相互制约精神。其中“总统”、“行政院”与“立法院”之间关系缺少制衡。一方面“行政院”不再是“国家”最高行政机关，沦为“总统”的办事单位，却仍受“立法院”监督，受“立法院”质询，并对“立法院”负政治责任；另一方面，“总统”变成“国家”最高行政机关，主导“国家”施政并决定“国家”安全大政方针，却不受“立法院”监督，不接受“立法院”质询，也不对“立法院”负政治责任，甚至可以解散“立法院”，从而造成“总统”有权无责(无须对“立法院”负责)、“行政院院长”有责无权的“宪政”败笔。这次“修宪”结果，确立“中央政府”体制将逐渐趋向“总统制”、“行政院长”为“总统”执行长的方向发展，而“国民大会”不断扩权，也成为朝野争相攻击的对象。这个“修宪”方向，实际上隐含着为“台独”建国扫除法理障碍，当然为“台独”势力欢迎。

1997年为第四阶段。李登辉在1996年通过直选当上“总统”，其权力和威望达到了顶峰。1997年12月召开“国家发展会议”，决定再次“修宪”。此次“修宪”的目标是“精省”[①]、取消阁揆同意权、建立解散“国会”及倒阁机制。在国民党与民进党各有所图和新党退席的情况下，国民党、民进党两党“国代”，终于在1997年7月第四次“修宪”中，联手完成“精省”（但实际结果是将“省政府”功能冻结，因此社会舆论往往称“冻省”）“修宪”[②]，名义上，“中华民国政府”中的“省”一级政府不复存在了，实际上冻结掉的只是“台湾省政府”。“台湾省省长”宋楚瑜在这次“修宪”中败北。“冻省”之举，为李登辉的“中华民国在台湾”奠定了法理基础。另外，“取消阁揆同意权、建立解散国会及倒阁机制”，“行政院长”成为“总统”政策的执行长，独尊“总统”权、弱化立法权，而倒阁与解散“国会”的机制又将使台湾面临少数人分赃式政治的危机。根据民调显示，在“修宪”的过程中，有超过半数民众认为“民意未获重视”[③]，因此外界质疑，此时的“修宪”已“脱离民意”，成为政党之间的游戏。“中华民国宪法”自从开始“修宪”以后，虽然本文始终原封未动，却一再以“宪法修正案”增修条文，不仅使宪法本文再度冻结，增修条文也违反宪法本文的精神，一再扩张“总统”职权，并削弱其他监督机制。李登辉借“人民民意”推进“修宪”，却以实际行动收编人民权利，结果使宪政体制与政治生态都出现根本性的扭曲和变动。

此次“修宪”并决定“冻省”，引发国民党内部新一轮的内斗。李登辉先与民进党的许信良联手达成了“冻省”共识，“冻省废省”等于“废宋”。宋楚瑜在“省长”任上“所取得的成就”和“所凝聚的人气”，使得他在岛内的声望和影响日益高涨。此前，宋楚瑜一贯被认为是李登辉的盟友。1997年7月“修宪”结果一出，宋楚瑜立即宣布，将不参加国民党大会、不参加中常会、不参加“行政院”院会的“三不”声明。1999年7月，宋楚瑜宣布自行参加2000年“总统”大选。同年11月，国民党中常会一致通过开除独立“总统”候选人宋楚瑜的党籍，同时撤销吴容明等6位宋团队核心干部的党籍。此次内斗对国民党伤害很大，导致国民党历史上少见的大分裂。

李登辉主导的“修宪”存在多种问题：第一，关于法源问题。“中华民国宪法”是国民党在大陆时期制定的。按照国民党“正统中国”的说辞，宪法的法源

---

① 1949年国民党退据台湾，将台湾视为“复兴基地”，为展现“光复大陆”的决心，并维持“中华民国政府”组织的完整性，使得台湾这块狭小的土地上，同时存在有“中央”、“省”（市）、县（市）及乡镇等级“政府”。所谓“省政府”，有“福建省”和“台湾省”，“福建省”只是一个空架子，实际运作的只有“台湾省政府”。“台湾省”因人口密度大，加上1960年代后经济快速发展，在提高行政效率的压力下，台湾的行政组织机构重叠、政出多门、人浮于事，常被社会各界诟病。为提升行政效率，遂逐渐兴起“精省”考虑。所谓“精省”，实即裁减“台湾省”的行政运作能力，确保“中央”一级的行政效率。

② 台湾《联合报》，1997年7月19日。

③ 台湾《联合报》，1997年7月21日。

来自于全中国人民的授权。现在单独由台湾地区的人民来修正，本身就违反了宪法，是一个难解的矛盾。同时，“台独”势力一直声称要以“制宪”来废除“中华民国宪法”。因此“修宪”事实上就是违宪。这在法理上和逻辑上，是无法回避的矛盾。第二，“修宪”也涉及两岸关系，涉及“统”、“独”问题。1994年，在李登辉“宪政改革”主张的操纵下，二届“国大”开展第三次“修宪”，强行通过了“总统直选”的原则规定，1996年执行。这表面上涉及“内阁制”到“总统制”行政体制的变化，实际上，借此改变，确立了“中华民国在台湾”的原则。所谓“总统直选”增修条文规定：“‘总统’、‘副总统’由‘中华民国自由地区’全体人民直接选举之。”“总统”从委任到直选的改变，改变了台湾是中国的一个省的宪法原则，“总统”由台湾地区人民自由选出，与全中国人民无关。1997年“修宪冻省”之举，是李登辉与民进党制衡宋楚瑜的重大政治举措，但是它的核心在于告别“一个中国”，明确“中华民国在台湾”，是走向“台独”的重要过渡步骤。第三，国民党来台后，以“正统中国”自居，把大陆时期整个行政体系几乎原封不动搬来，形成了错综复杂的利益格局。而以国民党“主流派”主导的“修宪”自然会打破原来的格局。前期的“万年国会问题”，其后所谓“冻省”问题都反映了这一过程。第四，民主化后，国民党面临失去政权的恐惧。“修宪”也必然会引起岛内政治生态的变动，造成与“台独”走向相一致的政治体制。

李登辉时代的“修宪”，已经显示台湾在法理上与祖国大陆分裂的寓意。1999年李登辉“两国论”的发表，将此一运作推向最高点。“两国论”代表了李登辉所主导的“修宪”的政治意义，也充分凸显主政者对“修宪”所代表的制度变革与制度认同的期望，其中包含了台湾必须“独立”于中国之外的政治意涵。

四　“总统”直选与党国体制终结

国民党的党国体制是指国民党在台湾政治制度里的决定性作用，国民党能够有效的垄断权力，并且控制政府与军队的运作。这种模式，国民党在“党外无党、党内无派”的前提下运作多年。前已提及，由于李登辉的肆意扩权，导致1993年新党成立，国民党分裂已经公开化，加上民进党的挑战，国民党已经不能完全左右政治运作的方向。同时由于一系列的政治转型，国民党垄断权力的制度性保障也已不复存在。通过几次“修宪”，台湾多数公职都需民选产生。多党竞选成了政治转型后台湾政治的常态。1994年第三阶段修宪，顺利通过“总统”和“副总统”改为公民直选，表明党国体制实际上随着“解严”进程已经终结。

但是，首次“总统”直选是否顺利，直选后的政治是否运行正常，是否符合西式民主政治的游戏规则，是考验其政治转型是否成功的要素。其中关键是政府制度及其相关法律转变，直接涉及政府机构的功能、权限和人事安排。

1994 年 12 月第一次省市长直接选举结束，岛内各党各派随即进入“总统”选举狂潮。国民党内也是一样，各派政治力量纷争不断。1995 年 8 月，国民党召开第十四届第二次全国代表大会，决定由党代表投票选出党提名“总统”候选人；此时，李登辉初次表明参选意愿。此前，李登辉本人不断声明不再连任下届“总统”，其政客作风颇受外界质疑。8 月底，国民党进行党内初选，李登辉以 91％的得票率确定参选；李登辉并提名连战为“副总统”候选人。9 月，国民党召开临时中常会，正式核准提名李登辉为国民党第九任“总统”选举候选人，随后李登辉推荐国民党副主席、“行政院长”连战为国民党“副总统”候选人。由此“李连配”正式确定①。

另一方面，主张由全体党员投票进行初选的林洋港，表示退出党内初选，脱党参加选举。“监察院长”陈履安也突然宣布角逐首届民选“总统”，并于次日向国民党中央党部寄出党证，宣布退出国民党，不久后辞去“监察院长”职务。未获国民党提名的林洋港和退党的陈履安，放弃政党推荐，改由公民推选的方式投入选举。陈履安指定“监察委员”王清峰担任竞选伙伴；林洋港则与非主流派的郝柏村搭档参选。民进党内以初选方式决定“总统”候选人，结果由彭明敏胜出；彭提名台北市立法委员谢长廷为“副总统”候选人。

1995 年 6 月李登辉访美，将台湾当局在国际上制造“两个中国”的分裂活动推向高潮。中国政府和人民作出强烈反应，1995 年 6 月至 1996 年 3 月从政治、军事、外交各方面进行了声势浩大的反分裂、反“台独”斗争。李登辉借此大打悲情牌，以博得选民同情。台湾“华视”举行“总统”候选人电视政见发表会，李登辉重申当选后优先处理结束两岸敌对状态的立场，并提出“五大共识”、“五大发展”的具体政见。彭明敏则在政见中继续推销其“台独”理念，重申什么“台湾一向是一个独立主权的国家”。陈履安认为两岸关系之所以紧张，系由李登辉所挑起。林洋港也表示，中共“文攻武吓”，李登辉个人应负重要责任②。李登辉的政见一方面表明局势在己掌控之中，消解其挑动两岸关系对自己的不利影响，另一面则讨好和倾向民进党的政治诉求，产生所谓“李登辉情结”③。

1996 年 3 月 20 日，台湾历史上第一次“总统”选举进行投票。投票结果，李登辉得票率高达 54.0％，彭明敏 21.1％，林洋港 14.9％，陈履安 10.0％，投票率是 76％，李登辉当选④。

---

① 参见台湾《联合报》，1995 年 9 月 2 日。

② 参见台湾《联合报》，1996 年 3 月 2 日。

③ 徐火炎：《李登辉情结的政治心理与选民的投票行为》，台湾《选举研究》第 5 卷第 2 期，1997 年，第 35—71 页。

④ 参见台湾《联合报》，1996 年 3 月 21 日。

李登辉当选“总统”后，在“总统府”首度就两岸关系发表讲话，表示进一步加强两岸的正常发展，是目前所要努力的，并强调，台湾永远打开两岸协商大门，更不放弃和平的期望，同时还表示，台湾坚持“一个中国”是指“中华民国”，而决不是“中华人民共和国”①。李登辉的表态无新意，但对岛内非主流国民党派来说是个安抚。5 月 20 日，李登辉就任“中华民国”第九任“总统”，李登辉发表就职演说，对两岸关系的未来举措并没有提及。只是泛泛谈到，希望海峡两岸于迈进 21 世纪前夕，致力终结历史的悲剧，开创“中国人帮中国人”的新局，期能在 21 世纪完成和平统一的大业②。

李登辉在就职演说中还承诺，将尽快召开能凝聚全民改革共识的咨商会议。然而，李登辉当选之后，连续爆发公共工程围标、司法与警政的黑白挂勾弊案③。另外，由于李登辉的肆意挑动，两岸关系陷入僵局，海协、海基两会也已断绝沟通。此时，国民党在“国民大会”中也失去优势，第三届“国代”选举，国民党未获四分之三绝对多数，丧失一党“修宪”的主导权④。李登辉宣布将在 1996 年 12 月召开“国家发展会议”，讨论宪政体制与政党政治、经济发展、两岸关系三项议题。李登辉之所以要召开“国家发展会议”，表明其控制国民党能力削弱，不得已在“修宪”之前朝野达成妥协。三党推派代表及学者专家共同草拟的“国家发展会议两岸关系”分组书面报告出炉，报告中建议两岸领导人架设热线，两岸互派代表，以增进沟通了解，化解歧见，海基会董事长辜振甫对此表示肯定⑤。与此同时，民进党主力“建国会”也召开“国家发展会议”，“建国会”发表大会宣言声称，国家发展的根本之道在于国家定位的确立，只有“台湾独立”，才能克服内外困境，建构一个自由、民主、法治、生态保育的国家⑥。国民党中央政策会扩大邀请党籍“国家发展会议”代表进行座谈，会中确定了中央体制采“改良式混合制”、“总统”任命阁揆不需“立法院”同意、“行政院”得咨请解散“国会”、“立法院”可提不信任案等宪改基本主张⑦。李登辉此举，其目的还是在于扩权。其时李登辉的势力在“国大”中已经丧失绝对优势，为了贯彻自己的主张，李登辉积极与民进党合作⑧。“国发会议”期间，新党因认为国民党与民进党之间有“秘密

---

① 台湾《联合报》，1996 年 3 月 27 日。

② 台湾《联合报》，1996 年 5 月 20 日。

③ 参见李路曲：《台湾政党政治的腐败与政治转型》，《东南亚研究》，2005 年第 6 期；彭邦富：《台湾反黑“愈反愈黑”的原因浅析》，《台湾研究》，2002 年第 2 期。

④ 台湾《联合报》，1996 年 3 月 21 日。

⑤ 台湾《联合报》，1996 年 12 月 7 日。

⑥ 台湾《自由时报》，1996 年 12 月 16 日。

⑦ 台湾《联合报》，1996 年 12 月 21 日。

⑧ 许介鳞：《李登辉与台湾政治》，中国社会科学出版社，2002 年版，第 113 页。

协商”，质疑政党协商诚意不够，向国民党提出“中央政府体制、选举制度、军政军令一元化、国民党党产、反对冻结省长选举”五个条件进行磋商，新党表示，如果国民党无善意回应，新党全体成员将退出“国发会”①。随后新党退出，表明该“国家发展会议”事实上无法达成全面共识。

此次“国发会议”一共得到 192 项结论：在“宪政体制与政党政治”议题，共得到 22 项共同意见；“两岸关系”议题，36 项；而“经济发展”议题，则有 134 项。每个主要议题中都存在着各种不同意见，共同意见则分别达成具体的共识结论。

在两岸关系的定位上，该组的共同意见多为李登辉的主张背书，强调“中华民国为一主权国家”；“两岸成为两个对等政治实体”②。此外，还包括两岸协商的原则、推动“两岸论坛”，并呼吁在适当时机，就两岸和平协定进行协商，并促成两岸领导人的互访；另外，也建议“总统”在国统会之外，另设两岸关系决策之咨询机构，而其成员包括在野政党及具代表性之各界人士③。李登辉在这几年里有意挑动、制造两岸僵局。“国发会”的主张实际上响应了李登辉，对两岸关系解决并无新意。而所谓“两个对等的政治实体”一说，是为后来李登辉的“两国论”的先声。

其次，有关“中央政府”体制上的共同意见，李登辉扩权主张基本得以实现，明确肯定以“总统”为最高权力核心的双首长制，并调整“五院”和“国民大会”的相关职权与运作规范，包括“‘总统’得任命‘行政院长’，不需经‘立法院’同意”；“‘总统’于必要时得解散‘立法院’，而‘行政院长’亦得咨请‘总统’解散‘立法院’，但需有必要之规范或限制”；“‘立法院’得对‘行政院长’提出不信任案”；“审计权改隶‘立法院’”；“对‘总统’、‘副总统’之弹劾权需符合‘宪法’严格程序，并改由‘立法院’行使”；“‘立法院’各委员会建立听证制度及调阅权之法制化”。

会议还决定事实上废除“国民代表大会”，这项决议等于彻底废除了国民党行之多年国家制度的理论根基。决定：“冻结国民大会之创制、复决权，人民得就全国性事务行使创制、复决权”④，自下届起停止“国大代表”选举。另外，在行政体制的变革上，“宪政体制与政党政治”组的意见，明显表示将调整四级行政体制，“调整精简省府之功能业务与组织，并成立委员会完成规划及执行，同时

① 台湾《联合报》，1996 年 12 月 27 日。

②③ “行政院新闻局”：《“国家发展会议”“两岸关系”议题总结报告》，1996 年。

④ “行政院新闻局”：《“国家发展会议”“宪政体制与政党政治”议题总结报告》，1996 年。

自下届起冻结省自治选举”,“取消乡镇市级之自治选举,乡镇市长改为依法派任”[①]。废“国大”和“冻省”的主张表面上是为了精简机构,实际表明台湾政治制度上彻底的“在地化”,与民进党主张渐行渐近。

“经济发展”组的共同意见,除强调加速法令增修及文官制度改革外,又特别强调简化政府层级,明确划分“中央部会”机关权责,以提升行政效率[②]。“经济发展”的主要议题上,总结报告强调三大总体发展策略:其一是加速自由化、国际化;其二是提升“国家”竞争力;其三是强调“政府”改造工程,以建构“小而能”的“政府”。其中,第三策略是在配合政治民主化改革,并进一步提出“精简合理的组织架构、健全的法令规定、现代化的文官制度”等诉求,目的要改造“行政院”组织体系、文官体制及相关的法规以便“政府再造”。

新党宣布退出“国发会”后,“台湾省省长”宋楚瑜也在12月请辞;李登辉好言挽留,宋楚瑜于次年1月以“请辞待命”的形式回任“省长”,他与李登辉从此产生裂痕。民进党内部对此次“国发会议”的成果也有争议,质疑许信良是“一件西装去换四条内裤”[③]。

李登辉在“国发会”闭幕时宣布,将在“总统府”成立“国家发展咨询机构”,下设宪政体制、经济发展与两岸关系三个研究咨询小组,仿佛要将政党协商制度化。但“总统府”后来名义上成立宪政体制与两岸关系两个研究咨询小组,却未曾运作。

第二节　两岸关系与李登辉的主张

一　两岸关系发展形势

1987年11月,蒋经国宣布开放台湾地区民众赴大陆探亲。这项历史性的决定不仅使两岸在对峙40年后呈现良性发展契机,且开启了双边日益复杂的互动关系。此后,整个李登辉时代,两岸之间的经贸和人员往来日益频繁,成为一股不可阻挡的洪流。两岸关系自1987年11月“探亲”解禁与1990年3月起允许商务“出国”以来,往来日趋紧密,从台湾到大陆访问人数,在1989年时为50余万人次,1990年已超过100万人次,从1987年至1990年为止,赴大陆总人数超过了200万人次。此外,台湾与中国大陆的间接贸易方面,1990年达

① “行政院新闻局”:《“国家发展会议”“宪政体制与政党政治”议题总结报告》,1996年。
② “行政院新闻局”:《“国家发展会议”“经济发展”议题总结报告》,1996年。
③ 《访民进党主席许信良谈他在“国发会”期间的角色》,《新新闻周刊》,第513期。

40.43 亿美元，约为 5 年前的 4 倍，比 1989 年增加了 16%，对中国大陆输出比率占了台湾输出总额的 3.3%以上。另外，台湾企业到中国大陆投资设厂数量，依当时“经济部”的统计，累计件数有 2503 件，投资金额达 7.54 亿美元①。此后更是逐年增长，到 2001 年(此时李登辉刚下台不久)，该年大陆赴台经贸团组达 1547 个，赴台经贸人员 8413 人次，分别比上年同期增长 34.4%和 37.9%。在文化交流上，2001 年交流项目超过 350 个、人员达 4000 多人次。两岸贸易总额为 261.5 亿美元②。

李登辉时代，两岸之间政治接触也以民间形态开始。1990 年 11 月 21 日成立了得到官方授权的与大陆联系与协商的民间性中介机构——海峡交流基金会(简称海基会)，出面处理官方“不便与不能出面的两岸事务”。为便于与海基会接触、商谈，中共中央台办、国务院台办于 1991 年 12 月 16 日成立海峡两岸关系协会(简称海协会)，并授权以坚持一个中国原则作为两会交往和事务性商谈的基础。1992 年 10 月 27 日至 29 日，两会在香港商谈中，就海峡两岸事务性(公证书使用)商谈中如何表述坚持一个中国原则的问题进行了讨论，经双方多次函件往还，海协会和海基会达成了各自以口头方式表述海峡两岸均坚持一个中国原则的共识，排除了两会开始接触和会商以来所遇到的主要障碍，使双方很快就海峡两岸公证书使用和海峡两岸挂号函件遗失查询及补偿问题达成协议，并为海协会会长汪道涵和海基会董事长辜振甫 1993 年历史性的会谈铺平了道路。1993 年 4 月 27 日，举世瞩目的“汪辜会谈”在新加坡举行。海峡两岸关系协会会长汪道涵和台湾海峡交流基金会董事长辜振甫主持这次会谈。这是两岸授权民间团体最高负责人首次举行会谈。“汪辜会谈”的成功，营造了两岸事务性会谈的良好气氛。两岸在民间团体形式下，高层负责人就经济、事务取得共识，是隔绝 40 多年后两岸接触方面迈出的历史性的一步。人们满怀喜悦心情，预测 1994 年的两岸关系将在继续朝着缓和、协商、合作的方向发展，在某些领域可能会出现新的突破。可惜，期望值过高。1994 年的两岸关系并不像预测的那样顺畅，而是充满了强烈的不和谐音，使人们闻到了火药味和血腥味。

1994 年 3 月 31 日，浙江省淳安县发生意外的杀人抢劫、导致两岸 32 人死亡的“千岛湖案”，台湾当局借此煽动民情，两岸关系陷入低潮；11 月，小金门台湾军人炮击厦门，造成炸伤 4 人、炸毁建筑物的惨案。在政治层面上，李登辉与司马辽太郎谈话，说国民党政权是台湾的“外来人政权”，要“出埃及”，倾吐了

---

① 井尻秀宪：《台湾经验与后冷战的亚洲》，台北：政治大学国际关系研究中心，1995 年，第 10 页。

② 王建民：《2001 年回顾——两岸经贸篇》，《台湾周刊》，2002 年第 3 期。

“皇民”苦衷和“台独”阴暗心理。台湾当局在两岸关系中,鼓吹“搁置主权”,鼓噪“对等政治实体”,用“重返联合国”和“度假外交”、“务实外交”、“金钱外交”,大搞“两个中国”和“一中一台”。

两岸缓和的大好局面就这样被破坏了。1995年李登辉高调私人访美,恶化了两岸关系,两会协商被迫停止。李登辉的内外政策是导致两岸关系在其任内逐渐走向僵化和紧张的重要原因。一方面,他以两岸关系为议题,挑动民意以便服务其对内政策;另一方面则利用其对内政策限制两岸关系的发展。他主政期间出台政策主要在三个方面:一是两岸经贸上“戒急用忍”政策;二是极力挑战一个中国原则的“务实外交”政策;三是逐渐走上“两国论”大陆政策。特别是所谓的“戒急用忍”政策,极大地限制了两岸之间业已开展的经贸联系。

从蒋经国宣布解严并开放大陆探亲后,台湾岛内进入经济及产业转型调整期,大陆相对廉价的劳动力、广阔的市场极大地吸引了台商的投资热情。1992年,台湾的岛外投资流向发生了重大变化,邓小平南巡讲话发表及中共十四大召开,明确了发展社会主义市场经济的方向,台商的大陆投资热情高涨,台湾的岛外投资流向发生了重大变化。同1991年相比,1992年台湾对美国、东南亚的投资额及其对外投资总额均下降5成左右,而对祖国大陆的投资件数却上升了11.4%,金额也大幅上升了41.8%①。到20世纪90年代中期,台商对大陆投资有渐趋大型化、规模化的趋势。就在此光明前景下,李登辉突然抛出“戒急用忍”政策。

1996年9月,在台湾“全国工业总会”举行的经营者大会中,李登辉首度提出,对大陆投资需采“戒急用忍”政策。同年12月“国家发展会议”亦决定,“政府”对企业赴大陆投资,须作政策性规划,循序渐进;对大型企业赴大陆投资,须审慎评估,合理规范。而“经济部”后来也委托学者制订一套规范,主要内容包括:两岸产业分禁止类、准许类及项目审查类:禁止对大陆投资金额庞大、回收期长之重大基础建设;采累退方式依企业规模大小,订定个别厂商对大陆投资金额上限②。这套规范于1997年7月实施。李登辉的政策实际上立即对两岸日趋紧密的经贸关系造成了损失。根据台湾“经济部”公布的统计数字,1997年5月,台商获准到大陆投资的件数为52件,金额仅为3123.3万美元,较上年同期的27件、7199.9万美元而言,平均投资规模大幅减少77.48%。同年6月,台商获准投资金额为1.055亿美元,虽较5月有所增加,但较上年同期的

① 舒萍:《台湾当局的“戒急用忍”政策及其对台资流向的影响》,《南开学报》,1999年第1期。
② 台湾《经济日报》,2000年2月16日。

1.15614亿美元仍下降约9%[①]。

"戒急用忍"政策的出台，有一定的历史背景。当时，由于两岸政治关系没有实质突破，两岸之间的经贸关系没有得到台湾当局明确的政策界定。另外，两岸分离多年，一般民众对祖国大陆的自由市场决心尚存疑虑。特别是李登辉在"千岛湖事件"和1996年台海危机中的刻意挑动，造成一般民众对祖国大陆的政策取向认识模糊。李登辉有意渲染这种对祖国大陆形势的不安全感。

"戒急用忍"出台后，李登辉一再宣称该政策是为了"国家安全"。他误导说，中共方面采取一个"以民逼官"、"以商围政"的"冷处理"手法，"针对这种情势，我们更必须秉持'戒急、用忍'的大原则，来因应两岸当前的关系[②]。同时，李登辉把两岸关系僵局责任推给对岸。1997年，他说什么："在两岸敌对状态尚未消失之前，登辉企盼国内工商业界，要体认商机虽然重要，但国家生存发展更为重要，配合政府'戒急用忍，行稳致远'的政策，在两岸的和平竞争中，取得有利地位。"[③]又称："因为中共一直没有具体的承诺和保证，使三通（通邮、通商、通航）至今未能实现。而为了使台商对大陆的投资，不致影响台湾的经济发展，我也呼吁国人要'戒急用忍'。"[④]

李登辉的政策制造了两岸经贸障碍，遭到了岛内的舆论、特别是台商的反对。为了安抚台商，李登辉声称"戒急用忍"政策绝不是从政治出发，而是纯经济考虑。他甚至危言耸听地说："很多人批评李登辉是搞分离，也有企业界抱怨戒急用忍让他们无法做生意，但是，如果没有戒急用忍，现在大陆赔钱的台商，可能是现在的好几倍。"[⑤]显然，李登辉这种说法不能自圆其说，其真实的目的是故意疏离两岸关系，以便为其所谓"务实外交"和"两国论"的对外政策找到内政的支撑点。

二　"国统纲领"与大陆政策的演变

1988年2月，李登辉在首次记者会上提出："台湾海峡的问题，必须有一新的观念来处理。但这个问题并不是主观的，而是客观问题，要从客观情况着手。"李登辉同时声称："'中华民国'的国策，就是只有一个中国的政策，而没有

---

① 台湾《联合报》，1998年5月30日。

② 《莅临"中华民国工商总会"第三届"全国经营者"大会》，台湾《联合报》，1996年9月14日。

③ 李登辉：《在第三届"国民大会"第二次会议提出"国情"报告》，台湾《联合报》，1997年7月21日。

④ 《亚洲的智略》，第49页。

⑤ 台湾《经济日报》，1999年11月26日。

两个中国的政策。”[①]李登辉首次以“总统”身份亮相，外界对李登辉如何以新观念处理大陆政策充满猜测。

中国大陆在“一国两制”构想下积极发展两岸关系，不断向对方释放善意。台湾当局则囿于蒋经国的“三不政策”，其大陆政策在执行上虽有松动，但在指导理论上并无转变。

1988年7月，中国国民党于台北召开“十三全”大会，除通过李登辉接任党主席之外，还通过了《现阶段大陆政策案》，并提出“四化”。所谓“四化”是指：政治民主化、经济自由化、社会多元化、文化中国化。此案是李登辉大陆政策的起点，其本意为因应中国大陆提出的“一国两制”的解决方案。此时，由于两岸交流日益频繁，由此给台湾带来不少行政事务上的问题。8月，台“行政院”设置任务编组“大陆工作会报”，责成“行政院”研考会担任幕僚工作，陆续拟定许多开放民间交流的措施。经过一年多的运作，由于大陆事务繁杂，且工作量急剧增加，已非会报形式及少数兼职工作人员所能承担。1990年6月，台湾当局召集朝野各界人士142人在台北召开了“国是会议”。国民党、民进党、民意代表、学者专家、工商领袖和新闻界代表就宪政改革和大陆政策等一系列问题进行磋商[②]。9月，以咨询顾问编组方式，成立“国家统一委员会”（简称“国统会”），邀集朝野各界集会，针对国家统一方针提供研究及咨询意见[③]。

“国家统一委员会”章程第一条提到“国统会”的角色与定位：“‘总统’为在自由、民主的原则下，加速国家统一，研究并咨询有关国家统一之大政方针，特以任务编组方式，设置‘国家统一委员会’。”1990年10月7日，“国家统一委员会”召开第一次会议，陶百川提出制定“国家统一纲领”的构想，经讨论后提交国统会研究委员草拟“国家统一纲领草案”。据“总统府副秘书长”邱进益事后表示：“草稿拟就后，为博采周咨、广征各界意见，曾两度与专家学者、三度与民意代表、两度与新闻界举行座谈会。之后，幕僚小组与研究委员也开过五次会议，五度修订纲领草案。”[④]

1990年12月“国统会”第二次会议，讨论“国家统一纲领草案”。这个“纲领草案”于1991年2月在“国统会”第三次会议讨论通过，并于1991年3月正式公

---

① 台湾《“中央日报”》，1988年2月23日。

② 台湾《“中央日报”》，1990年7月2日。

③ “行政院大陆委员会”：《跨越历史的鸿沟两岸交流十年的回顾与前瞻》，台北：“行政院大陆委员会”，1997年，第32页。

④ 邱进益：《“国家统一纲领”与两岸关系——与邱进益先生一席谈》，台北：《亚洲与世界月刊》，第十四卷第四期，总第八十二期，1991年，第9页。

布。概括来说，“国统纲领”的内容可以归纳为“一国”、“两区”、“三阶段”、“四原则”①。

所谓“一国”，纲领强调“大陆与台湾均是中国的领土，促成国家的统一是中国人共同的责任”。在前言部分开宗明义地提出“共同重建一个统一的中国”，明白将国统纲领的目标与功能指向“一个中国”的统一。

所谓“两区”指的是，“大陆与台湾均是中国的领土”、“台湾固为中国之一部分，但大陆亦为中国之一部分”。

所谓“三阶段”指的是统一采取的步骤，无确定的时间表，提出“以交流促进了解，互惠化解敌意”，表示“逐步放宽限制，开放‘三通’，扩大两岸民间往来”，调整“三不”政策，提出“摒除敌对状态”，“推动两岸高层人士互访”，建立“沟通管道”，“分阶段促进两岸统一”的目标。

“四原则”指的是，逐步完成统一的过程中，必须把握“理性、和平、对等、互惠”四个原则。“理性”的原则指处理两岸事务基本的出发点而言；“和平”的原则就是放弃武力侵犯；“对等”的原则就是彼此不否定对方为政治实体；“互惠”的原则则强调双方双赢的概念②。

“国统纲领”通过后，大陆方面即刻作出反应。新华社认为：“现在，台湾当局也制定了这份称为‘统一纲领’的文件，这是台湾当局对统一问题作出的一个有意义的表示。这份文件主张只有一个中国，中国应当统一，表示同意要‘开放两岸直接通邮、通航、通商’，‘推动两岸高层人士互访’，我们对此表示赞赏。”文章指出：“这个文件仍然提出了一些不合情理的条件，人为的拖延实现直接‘三通’及两岸高层人士互访等许多现在就可以做的事情，仍然坚持台湾当局在统一问题上的固有主张，这只能延误统一进程；甚至有的人还总是幻想以台湾的模式‘转变大陆’，这显然太缺乏自知之明了。”文章呼吁：“中国共产党和中国国民党对祖国统一大业负有不可推卸的历史责任，应当以全中国人民的利益为宗旨，及早进行直接的对等的协商。在协商过程中，可以邀请其他党派有代表性的人士参加，充分听取各团体和各界人士的意见。总之，只有通过商谈，双方本着一个中国的原则，才能消除分歧，达成共识，实现祖国的和平统一。”③

3月25日，国务院总理李鹏在《关于国民经济和社会发展十年规划和第八个五年计划纲要的报告》中，针对“国统纲领”指出：“最近一个时期，台湾当局多

① “国家统一纲领与大陆政策”编审小组：《“国家统一纲领”与大陆政策》，台北：“国立编译馆”，1993年，第7—13页。

② 有关“国统纲领”内容的解读，参见刘炜铮：《“国统纲领”及其影响之研究》，台湾“中央大学”硕士论文，2005年。

③ 《有关方面负责人就台当局“国家统一纲领”发表谈话》，《人民日报》，1991年3月16日。

次发表了有关主张国家统一的言论，并准备采取某些客观上有助结束两岸间敌对状态，发展两岸关系的措施。对此，我们表示欢迎，但是，我们也不能不看到，台湾当局迄今未放弃‘一国两府’的立场，在国际上继续推行‘弹性外交’，在两岸关系上仍然限制直接‘三通’和双向往来。”李鹏指出：“我们希望，台湾当局继续真正多做一些有利于两岸直接‘三通’和双向交流，有利于国家统一的实事。中国共产党早已表示，愿意同中国国民党在平等的基础上尽早一起进行商谈，可以先谈国家统一问题；也愿意同台湾各党派、各团体和各界人士接触沟通，增进了解，共商国是，我们欢迎台湾同胞积极参与祖国大陆现代化建设，我们将为此继续提供方便，凡是符合国家产业政策的项目都可以享受规定的优惠。”[①]李鹏这项针对“国统纲领”所发表的谈话，是“国统纲领”自1991年2月23日通过后，中国大陆最正式的善意回应。

“国家统一纲领”的制定，至少有两方面的含义：一方面，为了应对中共“一国两制，和平统一”以及“三通”的呼吁，把国家统一的目标放到很长远，既可以等待时局变化，又可以应付中共攻势；另方面，制定这个纲领表明了中国国民党对国家统一的期望，这个纲领在一定意义上排除了“台独”倾向，或者政治上走“台独”路线的可能性。

1991年8月，“国家统一委员会”第八次会议通过“关于‘一个中国’的涵义”的文件。这份文件进一步说明对于“一个中国”的原则与涵义，认为“一个中国”应指1912年成立迄今之“中华民国”，其主权及于整个中国，但目前之治权，则仅及于台、澎、金、马。该文件表明，台湾当局并未脱离“三民主义统一中国”的说辞。文件还提出“民国三十八年起中国处于暂时分裂之状态，由两个政治实体分治海峡两岸”[②]。此即“两岸分裂分治”。对“一个中国”的释义，为李登辉今后对两岸关系进行“重新定位”作了“政治伏笔”。

1992年底，李登辉在宴请“国策顾问”、“战略顾问”时别有用心地说：“先‘总统’蒋公从来不说一个中国，他只说‘中华民国’，这是很了不起的……光简单的讲一个中国就中了中共的圈套。”[③]1993年2月，他在接见民进党籍“立委”时称，“我主张‘中华民国’在台湾，始终没有讲过一个中国”。10月，他在接见民进党参与联合国赴美宣达团一行的谈话中解释说：“‘中华民国’目前统辖台、澎、金、马，拥有绝对而且完整的主权与治权，这就是为什么我说‘中华民国在台湾’

---

① 李鹏：《关于国民经济和社会发展十年规划和第八个五年计划纲要的报告》，人民出版社，1991年版。

② 台湾《“中央日报”》，1992年8月2日。

③ 台湾《“中央日报”》，1992年12月16日。

的原因。"1993 年 11 月,台湾"经济部长"在参加亚太经合组织西雅图会议期间又毫不隐讳地声称:"'中华民国'和中华人民共和国实为……互不隶属的两个主权国家。"[①]

此后,李登辉不断冲击"一个中国"原则,尤以 1994 年 7 月发表的《台海两岸关系说明书》和 1997 年 2 月发布的《透视"一个中国"问题说帖》为标志,公开否定"一个中国"原则。声称:"自 1949 年中共政权成立起,中国即处于分治的状态。其后由于台北与北京均未统治过对方,所以谁也不能代表对方,当然谁也不能代表全中国,而只能代表各自有效统治的一部分。准此,我们认为,与其去说'一个中国',不如说'一个分治的中国',就像现在的韩国、过去的德国或越南一样。"[②]

1998 年 8 月,李登辉指示成立"强化中华民国主权国家地位"研究小组,由蔡英文召集多位年轻法政学者参与研究,并由当时的"国安会"两位咨询委员张荣丰、陈必照与"总统府副秘书长"林碧炤担任小组顾问。经过密集的开会研讨,小组之研究报告终于在 1999 年 5 月初步完成,并由蔡英文提交"国安会",经秘书长殷宗文同意后,正式呈送李登辉批示。这份研究案在"前言"的部分,即明确定位两岸至少应为"特殊的国与国关系",立论的依据是自 1991 年以来历次"修宪"的演变[③]。蔡英文的报告实际为李登辉所接受。1999 年 7 月 9 日,李登辉接受德国之声广播电台访问时公然宣称:

> "我国"并在一九九一年的"修宪",……将"宪法"地域效力限缩在台湾,并承认中华人民共和国在大陆统治权的合法性……使[台湾]所建构出来的国家机关只代表台湾人民,"国家"统治的正当性也只来自台湾人民的授权,与中国大陆完全无关。一九九一年"修宪"以来,已将两岸关系定位在"国家与国家",至少是特殊的"国与国"的关系,而非一合法政府,一叛乱团体,或一中央政府,一地方政府的"一个中国"的内部关系……[④]

李登辉公然抛出"两国论",将两岸关系定位为"国家与国家,至少是特殊的国与国关系",这是对"一个中国"原则的背弃。不但中国大陆强烈反对,美国等主要国家政府、舆论也出现少见的对台湾不利的反应。美国总统克林顿特别声

---

① 台湾《"中央日报"》,1993 年 11 月 7 日。

② 台湾《"中央日报"》,1997 年 2 月 23 日。

③ 参见《李登辉执政告白实录》,第 223 页。

④ 台湾"行政院陆委会"编著:《李"总统"登辉特殊国与国关系:"中华民国政策"说明文件》,1999 年,第 2 页。

明，对台湾提出的“特殊国与国关系”不予支持，并重申中美关系的三个支柱——支持“一个中国”、支持“和平解决争端”以及支持“两岸和平对话”①。“两国论”抛出后遭到中国大陆和国际社会的强烈质疑和谴责。

“两国论”的提出，明确地将“中华民国”国家认同与两岸关系的走向，由两蒋时代追求国民党主导下的终极统一目标，转向不相隶属的两个国家的方向推进，这种推进是李登辉主政下的国家认同转变的轨迹，实质是走向“台湾独立”。

毫无疑问，两岸关系的发展受到多种因素的牵制，其中交织着历史、现实、国际关系等多种复杂因素。从李登辉时代台湾当局的内部变化来看，李登辉个人的政策主张影响致深。尽管他不断表明并不放弃“统一”的终极目标，但从相关论述及其行动来看，两岸导向分离倒是其希望的最后的结果。

三　从“务实外交”到康乃尔大学之行

1971 年台湾被逐出联合国后，台湾在与中国大陆的外交角逐中大溃败，不仅被排除在所有联合国的下属组织之外，在绝大多数的官方国际组织中也被中国大陆取而代之。这本是顺应历史潮流的必然结果，但对“以正统中国自居”的台湾当局来说则是莫大的打击，危及其长期以来的所谓外部正当性。因此，一些国民党内部新兴人士试图自救。1988 年 7 月，当时新上任的“外交部长”连战提出了“务实、前瞻、灵活”的“外交”理念，开始打出“务实外交”的名号②。这与国民党保守派坚持“汉贼不两立”的政策来说不啻是正视现状的做法。通过国共商谈，台湾的对外关系也不是没有回旋的余地。但是，李登辉上台后尽管执行的是“务实外交”，其种种表现却是有着“隐性台独”的倾向。

1988 年 4 月，李登辉派代表出席因为改名而缺席两年的亚洲开发银行年会，使得那一年在马尼拉举行的亚银年会出现了国际官方组织中首次两岸同场的场面。次年 5 月更决定由“财政部长”郭婉容率团，前往北京参加亚银年会③。李登辉的举动立刻引起岛内舆论反弹，质疑其是否在搞“两个中国”企图。其时，国民党内“汉贼不两立”的气氛还是很浓厚，对中共还有很深的历史成见。1990 年 3 月的国民党十三届二中全会上，李登辉便公开宣称：“对于当前我们一时无法在大陆有效‘行使治权’的现况，我们应该有面对的勇气。”④

李登辉“务实外交政策”的基石就是“承认‘中华民国’在台澎金马的现状”，

---

① 克林顿：《美对两岸政策不偏离“三个原则”》，台湾《中国时报》，1999 年 7 月 23 日。

② 参见张慧英：《李登辉 1988—2000 执政十二年》，台北：天下远见出版社，2002 年版，第 233 页。

③ 参见《虎口的“总统”》，第 158 页。

④ 参见张慧英：《李登辉 1988—2000 执政十二年》，第 212 页。

这不禁让人想起20世纪60年代美国在鼓吹“两个中国”所提建议时的理由，美国当时的目的是通过双重承认，以便分裂中国①。因此，李登辉的务实外交一出台就遭到海峡两岸有识之士的反对，恐其最终导向“两个中国”或者“一中一台”。实际上，1991年民进党开始提出加入联合国的诉求，以国民党主流派“立委”为主的次级团体“集思会”，同样也提出要求“行政院”申请重返联合国的决议案，并且获得“立法院”通过。朝野在“务实外交”上合流，且越走越远，迈向实质性的“两个中国”。

1993年之后，李登辉积极放手推动“重返联合国”的计划，从请所谓“友邦”发言呼吁，改由“友邦”联名向大会提案，要求成立特别委员会研究两岸在联合国的代表权问题；1998年更明白宣称“‘中华民国’政府不再声称代表全中国，只寻求代表其二千一百八十万人民”。而在中国大陆的努力下，这种公然挑战一个中国的行为无一不遭到失败。

除了积极推动重返国际组织，李登辉在上任后，通过种种手段出访以便为“务实外交”造势。1989年3月，李登辉应李光耀的邀请，前往新加坡访问。新加坡方面以“台湾来的李总统”称呼李登辉，李登辉不以为意，在答复媒体询问时表示：“不满意，但可以接受。”②

1994年2月，李登辉以“度假”的方式，访问了几个东南亚国家——菲律宾、印度尼西亚、泰国。5月的“跨洲之旅”，李登辉的足迹从亚洲、中美洲再到非洲南部，专机绕了地球一圈，访问尼加拉瓜、哥斯达黎加、南非、斯威士兰四个国家，过境美国、新加坡两地。1995年6月，李登辉以参加康乃尔大学校友会为由前往美国。

李登辉认为，为了“证明台湾存在的事实，就必须与其他国家建立关系”。因此，所谓“务实外交”其目的是要证实其存在③。李登辉的说法具有很大的迷惑性。一方面，他以“打擦边球”的方式展开“外交”，企图以渐进的方式获得国际认同，寻求西方支持；另一方面又故意挑动两岸对立，形成所谓“中共打压”的外部形象，以便借力打压反对派。1995年，李登辉的康奈尔之行，理所当然地遭到中国大陆强烈反对，逐渐演变成1996年的台海危机，使两岸关系急剧倒退。

李登辉的“务实外交”并没有给台湾的“外交”带来所谓的“承认”的好处，相反由于逆世界大势而为，只能借助于金钱“拉拢”。李登辉上台后，为了争取更多国家的“外交承认”，公开提出外交要以“经济开道”，于是，一时间“金钱外

---

① 参见陶文钊主编：《中美关系史（1949—1972）》中卷，上海人民出版社，2004年版。

② 《新加坡返“国”记者会》，台湾《联合报》，1989年3月9日。

③ 《台湾的主张》，第126页。

交”、“银弹外交”、“经贸外交”等纷纷出笼，对一些政局多变、经济困难的国家，利用经援、投资、贷款、赠款等手段，甚至直接进行贿赂、收买、拉拢等方式来达到获得“外交承认”的目的。由于外交经费使用秘密，实际上是另一种形势的黑金政治，遭到了许多有识之士的抨击[①]。其结果，台湾在90年代相继失去了韩国、南非、沙特阿拉伯等重量级“邦交国”，得到的却是一些在岛内舆论看来无足轻重的非洲、拉美等小国。可见，以金钱为后援的“务实外交”实为逆世界潮流而动的“务虚外交”。

所谓“务实外交”一开始就遭到大陆的反对、抨击。1988年12月，中国外交部发表《台湾当局推行弹性外交就是在制造“两个中国”或“一中一台”》的文章指出，“台湾当局竭力推行所谓的‘弹性外交’，就是在制造‘两个中国’或‘一中一台’”。这不仅违背了它一再声称的“中国只有一个”的立场，也与海内外关心祖国统一的中国人的心愿相悖[②]。此后，在相关的外交领域，中国大陆都在国际社会上，反复要求坚持一个中国立场，以防止李登辉借“务实外交”之名，行“两个中国”之实。

1990年初，台湾当局正准备通过“国统纲领”。由于此前李登辉种种言论以及推动“务实外交”的行为，中国大陆的对台专家觉察到李登辉的行为实际上是“独台”。学者指出，从某种意义上说，“独台”较“台独”更具欺骗性和危险性[③]。

四　李登辉的主张与“台独”主张合流

李登辉时代的台湾政治一向被政治学学者概括为民粹主义[④]。民粹主义，原本是相对于精英主义、专制主义而言的。简单的说是一种声称代表普通人(大众、人民)利益的政治。从不同的视角看来，它既是一种政治思潮，又是一种社会运动，还是一种政治策略[⑤]。在台湾完成西式民主化转型过程中，李登辉扮演了政治策略运用者的角色，对民粹主义政治思潮及其社会运动起了推波助澜的作用。早在1992年台湾因为“总统”直选话题而热烈争论之时，就有观察家指出，李登辉政权已经出现民粹主义的现象：国民党对内以政治斗争的手段，制造内部分裂；对外，则以强烈的“反中国意识”、“台湾意识”为核心[⑥]。一般认为，

---

① 参见许介鳞：《李登辉与台湾政治》，北京：社会科学文献出版社，2002年版。

② 《人民日报》，1988年12月20日。

③ 李家泉：《“独台”，一条灾难之路》，《瞭望周刊》，1990年3月14日。

④ 参见郭中军：《台湾政治转型中的民粹主义》，复旦大学博士论文，2006年。

⑤ 俞可平：《现代化进程中的民粹主义》，《战略与管理》，1997年第1期。

⑥ 台湾《联合报》，1992年3月29日。此后又有多位政治学者论及李登辉时代台湾西式民主化转型过程中的特色。

李登辉的民粹主义始于1993年，这一年，李登辉利用党政资源完成了中国国民党和政治体制的“台湾化”，巩固了其在党、政、军、特的领导地位，有人将1993年戏称为“登辉元年”。李登辉的“民粹威权”在时间上是从1993年到2000年。“在这个阶段，政治强人可以绕过体制，直接向人民发话，然后回过头来挟持、扩充政权机器”①。

为了政治博弈的需要，李登辉会根据民意的风向，在各个时期说出相互矛盾的言论，往往根据不同政治情势发表不同的政见主张。李登辉的朋友、“台独”分子彭明敏将在位时的李登辉与年轻时熟识的学者李登辉进行对比：“总感觉李登辉常在台湾人‘总统’与国民党主席两角色中交战，以致前后矛盾，身份冲突，必须见人说人话，见鬼说鬼话，直到卸任后，李登辉才真正还原自我。”②由于民粹主义直接诉诸民意，具有很大的煽动性。

凭借被操纵的所谓“民意”，李登辉获得的各种民调支持度，甚而在台湾社会有所谓的“李登辉情结”，他也得到西方世界的青睐，被称为“亚洲民主先生”。但是，李登辉除了政治博弈的需要，其民粹主义政治的最终倾向则是“隐性台独”。从而使得他在离任之时褪去光环，民意跌到谷底。

李登辉于1998年5月发表自传体裁著作《台湾的主张》。据作者称，这本书“是许多友人、知己尽心协助的成果”。所谓“友人”、“知己”只是个日本人，据日本东京一家中文报纸透露，此书原来是李登辉口述，由一个日本人代笔的，最初用日语写成。后考虑政治需要，由人翻译成中文才在台湾首发③。其时，李登辉权力已经巩固，且不久将退任，言论无所顾忌。该书被看作是“两国论”的蓝本，其中杂糅了各个历史时期形形色色的“台独”论述，表明李登辉的主张已经与“台独”主张合流。

前述提及，蒋经国的政治遗产，也就是民主化转型前提条件，即遵守：第一，“中华民国宪法”；第二，支持“反共”国策；第三，与“台独”划清界限，就已经预示到民主化转型过程中可能给“台独”势力留下空间。自台湾光复以后，“台独”势力就一直存在，其存在的前提因素，如日据时代皇民化遗留，美国等西方势力培植，“二二八事件”影响等，也一直存在于台湾社会民主化转型的过程当中。从历史脉络来看，“台独”意识的论述主要集中在三个方面：

台湾地位的归属，是“台独”论述的重要方面。二次世界大战后，依《开罗宣

① 参见郭中军：《台湾政治转型中的民粹主义》，复旦大学博士论文，2006年，第84—87页。

② 邓志松：《民主社会中的民粹运动：一个理论面的探讨》，载《台湾政治学会第七届年会暨“跨越2000年的政治学研究：两岸学者讨论”研究会论文集》，台北：台湾政治学会，2000年。

③ 许介鳞：《李登辉与台湾政治》，北京：社会科学文献出版社，2002年，第46页。

言》和《波茨坦公告》的规定，台湾归还中国本已无异议。但是，朝鲜战争爆发后，美国总统杜鲁门公然提出"台湾地位"未定。廖文毅、王育德等人先后都以此为论述，试图得到西方势力的支持。台湾地位未定是假，企图得到支持"建国"是真。此后，这一议题反复为"台独"人士提起，或著书立说，或故意混淆视听，制造话题，声称台湾当局为"外来政权"，并不合法。

李登辉在与司马辽太郎谈话中提出："以往掌握台湾权力的，全都是外来政权。最近我已不在乎如此说。即使国民党也是外来政权，只是来统治台湾人的一个党罢了。"在当时，这句话无疑造成国民党内的极大反弹[①]。李登辉的"两国论"实际上颇为切合"台独"主张，不同的只是打着"中华民国"的招牌。他说："如果强调'两个中国'，美国要保护台湾就有充分的理由。如果只讲'一个中国'，台湾问题就是中共的国内问题，任何动作都会造成干涉内政，美国也就无须保护台湾、无须怕台湾被中共夺走了。这对美国来说真是两面为难的问题。因此最近美国好像变得不提'一个中国'了。如果能渐渐如此定调就好了。"[②]

族群和文化论述，是"台独"势力中阐述最多的论述，其基本理论是："因为台湾人不是中国人，所以独立合理。"早期的"台独"理论，如廖文毅的"台湾人种种族主义说"、史明的"台湾民族说"都从这个角度阐述。后来的海外"台独"的"无差别认同"则是这种学说的进一步发展，进而又在岛内衍生出所谓"台湾意识"和"中国意识"之争等带有文化论述色彩的理论。台湾政治转型后，这种争论无所不在，在有关所谓教育、文学艺术、历史知识等各种领域内有广泛的议题。在民进党时期，这种理论被简化成"去中国化"，成了执政党的一个政策。早期李登辉地位不稳定，在这个问题上遮遮掩掩。1988 年 1 月，李登辉首次以"总统"身份接见美国政界人士——众议院外委会亚太小组主席索拉兹，当被问及是否支持"台独"或自决时回答说："自决是殖民地人民的主张"，"本人是台湾人，但也是中国人。"[③]李登辉地位逐渐巩固之后，在他的多种言论中，逐渐抛弃了"也是中国人"的定位，而是以"台湾人"自许。"台湾人"在李登辉的言论中是一个具有复杂概念的词汇。有的时候"台湾人"指称族群概念，有的时候"台湾人"却又指称国家——"中华民国"。但这都与他所谓"台湾认同"密切相关。李登辉在《亚洲的智略》一书中提到，nationalism 一词究竟是指民族主义、国家主义或是有其他说法并不明确，因此重点在于应该对台湾有 identity 上。他认为，现在台湾的传统，是基于 identity 的主体性认同，如果说是 nationalism 的话，就

① 《亚洲的智略》，第 36 页。

② 《台湾的主张》，第 87 页。

③ 台湾《联合报》，1988 年 1 月 18 日。

会陷入大陆的民族主义[①]。可见李登辉虽不提什么“台湾民族”，但与“台独”主张相同的是所谓“台湾认同”和“台湾民族论”都以排除中华民族这个概念为目的。1993 年底，李登辉提出“生命共同体”的理念，强调命运与共的“台湾意识”，其意图是区隔并消除从前的“中国认同”。1994 年，李登辉在与司马辽太郎对话时，提到了“台湾人的悲哀”，把矛头直指中国大陆，并将国民党视为“外来政权”，质疑“中国”的概念，甚至明白无误地表示，北京的两岸统一之念“是奇怪的梦呓”[②]。1995 年 9 月，李登辉以国民党主席的身份，提出“新台湾人”的观念。他说“国民党在‘中华民国八十四年’历史当中，在大陆的时期和在台湾的时期，哪一个较长”，“认同台湾，爱惜台湾，为台湾努力奋斗的人”才是台湾人，我们应该提倡“新台湾人”的观念[③]。李登辉所谓“新台湾人”的主张，也为后来的民进党所继承，民进党上台后一连串的“去中国化”，挑起族群对立，使台湾深陷族群政治的混乱当中。

关于国家制度论述，也是“台独”理论家用心的地方。早期“台独”主张独立建国，但对于建立何种国家制度语焉不详。1964 年，彭明敏等人在所谓的《台湾人民自救宣言》中提出“我们的目标”，其中包括“建设新的国家”、“重新制定宪法”等内容，提出了一些制度上的设想。1970 年，“台独理论家”陈隆志在《台湾的“独立与建国”》一书中提出，“台湾宪法体制”的建立是完成“建国工作”的重要步骤，并对于“制宪”的必要性、“新宪法”的原则和内容进行了一些论证。1975 年许世楷起草了第一部“台独宪法”版本，即所谓的“台湾共和国宪法草案”，并提交给海外“台独”组织——“台独联盟”讨论和参考[④]。总体来说，“台独”主张彻底以台湾名号，想象依照西方民主制度原则建立起“国家制度”。其理论依据是台湾是西方民主阵营一方，而中国大陆则不是。因此“台独”势力其实也是国际反华势力中的一环，极力妖魔化中国大陆。他们对改革开放后中国大陆所取得的成绩视而不见，拒不接受大陆释放的种种善意，一概以“中共统战”视之。李登辉上台后，一度表示继承蒋经国“三民主义统一大陆”的政策，但是不久就抛弃国民党的这个志向，而另起炉灶。李登辉常将台湾与大陆的环境做二元对立的对比。对他而言，台湾象征着经济自由、政治民主，而大陆却是社会封闭、政治专制[⑤]，甚而说，“中国大陆尚不是文明国家，而台湾是文明国

① 《亚洲的智略》，第 264　265 页。

② 李家泉：《欲把台湾人民引向何方？——评李登辉与司马辽太郎对话》，《台声杂志》，1994 年第 7 期。

③④ 许介鳞：《李登辉与台湾政治》，第 58 页。

⑤ 《台湾的主张》，第 155 页。

家”①。1994年，“千岛湖事件”发生，李登辉极力渲染，在各种场合极力抹黑大陆。在因他肆意破坏而导致两岸紧张局面时，则往往通过媒体渲染大陆刻意打压台湾的“专制、蛮横”形象。

总体来看，李登辉的所作所为为两岸互动交流设置了障碍。一方面，他借修辞策略，建构两岸政经发展上进步与落后的差异，塑造台湾民主、进步的国际形象，以便取得国际社会的支持。另一方面又以“国家定位”和“政经差距”的问题，作为阻隔两岸互动的安全阀。他声称，只要中共不承认两岸为对等政治实体、不放弃武力犯台、且坚持一个中国原则，两岸就没有和谈的机会；只要中共的经济不自由、政治不民主、民生不均富，两岸也没有统一的条件。

李登辉的主张已经彻底与“台独”合流。

第三节 民进党的挑战与“台独”势力发展

一 战后“台独”势力的缘起与其理论建构

“台独”势力最初主要在海外活动，海外“台独”势力兴起的因素比较复杂，有日据时代皇民化遗留问题，也有美国等西方势力培植问题，还有“二二八事件”影响②。二次大战结束之初，过去亲日的台籍闻人辜振甫等人，曾与在台日本少壮军人密谋计划台湾独立。他们结合日本少数在台的少壮军人，于1945年8月中，在草山(今阳明山)举行秘密会议，欲图抗拒回归，名为独立，实际上不甘失败，最终倾向是继续维持日本统治，此事后来因台湾总督安藤利吉的反对而失败③。

海外“台独”运动初期最著名的人物廖文毅，原先在大陆教书，他感觉国民党即将失败，便周旋于美国人周围以便寻求机会。当时，在美国试图抛弃国民党的氛围中，一部分美国军政人物企图运动“台湾托管”，阻止中共解放台湾。廖嗅到美国人的这种气味后积极配合，梦想在美国人保护下实现“托管”台湾。1948年9月，廖文毅的“台湾再解放联盟”在香港向联合国提出第一份“台湾独立请愿书”，要求“台湾独立”，提出：“随着中国大陆局势的逆转，‘台湾再解放联盟’为免台湾沦于中共之手，今天以七百万台湾人的名义，向联合国提出有关台

---

① 台湾《自由时报》，1994年4月14日。

② 汪小平：《“台湾地位未定论”与美国对台政策》，见中国社会科学院近代史所编：《青年学术论坛》，社会科学文献出版社，2004年版。

③ 见《辜振甫等内乱案判决书全文》，台湾《新生报》，1947年7月30日。

湾托管的请愿书，主张台湾先脱离中国，暂置于联合国托管理事会之下，再由全体台湾公民投票决定台湾的前途是隶属于中国或独立自主。"[①]从此，"台独"运动粉墨登场。

1950 年 1 月，廖文毅将"台独"组织由香港迁往日本发展。2 月，在东京召开"二二八民变三周年纪念会"，鼓吹台湾独立。台湾当局驻日代表团要求盟军总部予以取缔，盟军总部于 3 月将廖文毅拘捕，以非法入境罪判处 6 个月有期徒刑，解送东京巢鸭监狱服刑，期满驱逐出境。5 月，廖文毅等人在东京正式成立"台湾民主独立党"，仍以廖文毅为主席。1955 年 2 月，台湾民主独立党举办的"台湾二二八革命第八周年纪念会"中，廖文毅等人决定成立临时国民议会，以及"台湾临时国民议会筹备委员会"，此后即开始积极策划、筹备。同年 9 月，廖文毅等人在日本东京成立"台湾临时国民议会"，主张"反蒋、反共、永世中立"，并订立目标为：解放台湾脱离"中华民国政府"之统治，建立"独立之台湾共和国"，而其将来之外交政策为"亲日反共，及在联合国保护下获得独立"。"台湾临时国民议会"决议于 1956 年 2 月台湾"二二八革命第九周年纪念会"上，宣布成立"台湾共和国临时政府"，廖文毅就任为"大统领"，吴振南为"副大统领"。并将"台湾临时国民议会"改称为"台湾共和国临时国民议会"，郭泰成为"议长"、郑万福为"副议长"。同年 9 月，公布"台湾共和国临时宪法"[②]。

1960 年 2 月，因"二二八事件"流亡日本的王育德在东京成立台湾青年社，后改为"台湾青年独立联盟"。具有左翼色彩的另一流亡者史明结合几个团体于 1967 年 4 月成立台湾独立联合会，次年解散，后再创"独立台湾会"。一般来说，廖文毅"台独"的方式是寄希望于外国武装干涉，而王育德和史明则鼓吹社会革命，希望通过内部暴动的方式夺取政权。

"台湾民族论"是战后海外"台独"势力的主要意识形态，宣传台湾人不是中国人，国民党是外来殖民政权。"台湾民族论"这种意识形态与当时台湾的族群政治有相当的重合，一方面"台独"宣传的台湾民族是以本省籍作为他们"理论上民族"的基础，而在当时族群政治的生态中，本省籍在权力分配上恰处于不利的状态。国民党专权的特征也恰为它的"民族压迫"做了注脚。所谓"台湾民族论"实际上是为"暴力革命"服务的一种意识形态。这种意识形态与日后的台湾族群政治有莫大关系。

"台湾民族论"的始作俑者是廖文毅，在他著作的《台湾民本本义》中，他主张："先天的我们（台湾人）继承印尼、葡萄牙、西班牙、荷兰、福建、广东以及日本

① 转引自黄纪男：《老牌台独——黄纪男泣血梦回录》，台北：独家出版社，1991 年版，第 204 页。
② 参见陈欣欣：《廖文毅与"台湾共和国临时政府"》，台湾淡江大学硕士论文，2006 年，第 7 页。

人的血统，换句话说，融合原住民、汉、日、拉丁、条顿诸民族的血统。"廖文毅首次将"台湾民族"作为"台独"运动政治实体，他所鼓吹的台湾"民族主义"也成了"台独"运动理论的起源①。正因为廖文毅认为台湾人本来就不同于中国人，所以追求"台湾独立"，对中华民族来说并非是数典忘祖，而台湾当局则是外来的，寻求外国武装干涉，或托管或独立都是正义的诉求。廖的"台湾民族论"有很强的种族主义特色，这种血统论事实上完全不顾台湾人的主体为闽粤籍移民的历史事实，廖的种族学说因过于荒谬而没有得到流传。但是，廖的学说却提供了一个"台湾民族论"意识形态的论述原型：不同的台湾人—外来政权—暴力斗争—"台湾独立"。

"台湾民族"这一词早在1920年代台湾共产党就使用过。1928年台湾共产党的《政治大纲》上，文件的第一段即描述"台湾民族"发展：

> 台湾最初的住民是野蛮人，所谓的生番。……此后由中国南部移入的汉人与日俱增，所谓的台湾民族就此等南方移民渡海来台所结成。……
>
> 在此种革命气氛高涨之时，满清终于战败，将台湾作为赔偿割让给日本。在革命气氛弥漫之际台湾共和国诞生了。其主要任务为对抗日本侵略台湾。这个革命运动的主力是资本主义中的地主、商人及急进武士。……
>
> 在上述的情势下，台湾民主共和国原拟建立一个民族独立的共和国，迈向资本主义的道路，惟在经济、政治动荡的过程当中，终因中日战争的结果，被日本强夺而成为殖民地。……

在这里，"台湾民族"只是"台湾的汉民族"的意思罢了。显然，所谓"台湾民族"只是针对日本统治下的台湾而言。《政治大纲》又指出：

> 民族独立的要求惟有包含在废除阶级的要求中始具有意义。由历史的发展来看，民族独立运动（特别是台湾的独立运动）以和平的方法或者逐

① 廖文毅（1910—1986），出身台湾云林望族。1928年到南京金陵大学读书，毕业后赴美，于1935年在俄亥俄大学获得博士学位，回国后在浙江大学任教。因为在中国大陆学习及任教，又因留美，富于自由主义精神，所以长期为日本当局所不容。"二二八事件"后，初主张追求台湾高度自治，后又转向台湾独立。1956年他在日本成立"台湾共和国临时政府"，自任"大统领"。但在台湾当局的软硬打压之下，1965年穷途末路的廖被迫回台，向国民党当局悔过投降，从此寂寥以终。转引自黄昭堂：《战后台湾独立运动与台湾民族主义的发展》，载施正锋编：《台湾民族主义》，台北：前卫出版社，1994年版，第200页。

渐改良的方法无法达到。……全世界革命运动所获得的过去及现在的丰富经验与教训为：倘若没有先进资本主义国家的工人阶级与苏联的积极援助，或殖民地工农的革命性反抗以及共产党的领导，欲求民族独立之成功证明是不可能的[①]。

《政治大纲》提供了在台湾进行革命的理论：被压迫的民族（封建时代意义上的民族）—民族资产阶级产生及其民主革命的失败—无产阶级革命的兴起壮大—暴力革命—殖民地解放。事实上，台湾共产党的革命理论宣传对当时的台湾抗日运动具有重要的理论意义，此前台湾右翼所进行的议会请愿运动，希望在不得罪日本当局的情况下，通过议会路线为台湾民众争得权利的方式，证明是失败的，因为议会请愿运动始终也没有在日本议会当中为台湾民众争得一席，而台共的武装革命路线对当时的日本殖民统治却是实实在在的大打击[②]。日据时期，台湾政治右翼也提倡民族斗争，与台共一样，他们所说的台湾民族就是指台湾的汉民族或者居住在台湾的“中华民族”[③]。

在50年代的时空背景下，当台共提供的这一套论述模式与廖文毅的论述模式（不同的台湾人—外来政权—暴力斗争—“台湾独立”）隔代相会的时候，就有了所谓“台独”左翼的“台湾民族论”，“台独”左翼人士史明认为：

我们台湾人所赖以生存的台湾社会，是在于四百年来的移民与开拓，近代化与资本主义化，以及久年的殖民地解放斗争的这些历史过程里，从华南移住过来的汉人开拓者与其后代成为主要的成员，并和原住民共同居住，而吸收它同化它，结果，以台湾特有的“共同地缘”（自然地理环境）和殖民地被压迫的“共同命运”（社会环境）为主要因素，逐渐结成为单一、固有的统一共同体——民族，并且成员之间的共同意识也随之发生。就是说到了二十世纪的今日，在于台湾岛内已经形成了和近代的民族概要吻合，但

---

① 引自宋邦强：《评1928年台共政治大纲中的“台湾民族论”》，《南昌工程学院学报》2009年第2期。

② 从后来发展的历史来看，台共的台湾民族革命说，有强烈的政治实践意义，并不拘泥于人种学说上的所谓“民族”概念，并不意味着对中华民族的否定，实际上在中华人民共和国成立后，当年的台共要人如谢雪红等纷纷响应，最后都以认同中国为依归。

③ 如右翼的领袖人物蒋渭水所言：“民族是人类学上的事实问题，必不能仅用口舌，便能抹消的。台湾人不管怎样豹变自在，做了日本国民，便随即变成日本民族，台湾人明白地是中华民族即汉民族的事，不论什么人都不能否认的事实。”转引自吴睿人：《台湾非是台湾人的不可》，林佳龙主编：《民族主义与两岸关系》，台北：新自然主义股份有限公司，第70—72页。

是和中国完全不相同的“台湾民族”①。

史明不否认台湾人的主体是汉族(汉人),但是他认为,台湾人通过被压迫已经成为不同于中国人的“台湾民族”,而压迫者是各种外来殖民政权。史明及其后来号称“台独”左翼运动人士都鼓吹,既然台湾民族已经形成或者正在形成,那么通过暴力革命的方式,推翻台湾当局就是合理的路径。“台湾民族革命”的论述模式是:台湾民族—外来殖民政权—暴力革命—“独立建国”。其核心就是理论化廖文毅的“台湾民族”说,合流其暴力主张,并以“革命”理论修饰这一主张,最终达到“建国”的目的。

“台独”理论家的“台湾民族论”具有鲜明的族群意识。在他们眼里,所谓“台湾民族”就是本省籍人,而外省籍人则是中华民族。早期的“台独”系统作为台湾反对派运动的一环,他们相互之间既有联合,也有派别。他们的刊物反映了各系统之间的理论差异:如在日本成立的“台湾独立建国联盟系统”的刊物有自由主义、全民运动的特点。而史明的“独立台湾会”的刊物却明显是基于社会主义革命路线②。但是,台湾民族主义却是其各个派别政治主张的核心,他们反对在台外省籍人与本省籍之间合作。这与1950年代岛内兴起的反对派运动主张格格不入,事实上两者之间也没有联系。1964年彭明敏与谢聪敏、魏廷朝提出《台湾自救宣言》,尽管也提出了“台独”的主张,但是他们对台湾民族论并不完全认可,而是希望不分省籍之间合作共进,推动台湾民主改革。

但是随着时间的推移,两种不同政治主张之间的反对派运动逐渐产生了交汇。海外“台独”运动逐渐接受了省籍合作,产生了所谓“无差别认同论”。1970年代中叶,在“台独”运动阵营里面产生了新的概念:“不管出生何地,不管何时来台,凡是认同台湾的,都是台湾人。”③“无差别认同论”所带来的影响使得台湾“独立”运动的“台湾民族论”主张比以前少了。但是事实上,“台独”势力并未放弃台湾民族论的“民族革命论”,继续主张通过暴力革命的方式推翻台湾当局,只是对他们所谓的“台湾民族”进行了“扩容”④。

台湾“独立”运动随着留学生的激增由日本扩展到美国、加拿大及欧洲。许多团体相继出现,如“全美台湾独立联盟”、“欧洲台湾独立联盟”、“在加(加拿

---

① 转引自吴明勇:《战后台湾史学的“台湾民族论”:以史明为例》,台湾成功大学历史语言研究所硕士论文,1994年。

② 见黄昭堂:《战后台湾独立运动与台湾民族主义的发展》,施正锋主编:《台湾民族主义》,台北:前卫出版社,1995年版,第203页。

③ 见黄昭堂:《战后台湾独立运动与台湾民族主义的发展》,第203页。

④ 参见张灿鍙:《台湾独立运动三十年》(上、下册),台北:前卫出版社,2003年版。

大)台湾人权委员会”等。进入20世纪70年代,分布在日本、美国、欧洲地区的部分“台独”组织联合组成全球性的“台湾独立联盟”(总部设于美国)。1979年台美“断交”后,又有许多其他组织出现,这些团体组织,在海外发行刊物,鼓吹“台湾独立”①。关于岛内反对派人士与海外“台独”之间的交汇,现在还缺少综合研究的成果,其间的分合在现有的资料当中多语焉不详。不过,部分岛内反对派人士越来越受台独的“民族革命”论影响。

1977年8月,岛内比较顽固的“台独”倾向的台湾基督长老教会(此前事实上也是国民党正统中国论的支持者),发表了一份“人权宣言”,表示:

> 面临中共企图并吞台湾之际,基于我们的信仰及联合国人权宣言,我们坚决主张:“台湾的将来应由台湾一千七百万住民决定。”我们向有关国家,特别向美国国民及政府,并全世界教会紧急呼吁,采取最有效的步骤,支持我们的呼声。为达成台湾人民独立及自由的愿望,我们促请政府于此国际危急之际,面对现实,采取有效措施,使台湾成为一个新而独立的国家②。

长老教会的“人权宣言”引起台湾当局极大的关注。由于长老教会历史悠久,在地方上人多势众,在当时渐趋高涨的地方选举中,所谓“人权宣言”成为极有诱惑力的政治口号。进入80年代后,具有浓厚本土化意识的“美丽岛事件”发生,反对派运动逐渐分野,1986年民主进步党成立后,提出的政见第一条即是:“台湾前途应由台湾全体住民,以普遍且平等方式共同决定。”原来只是针对国民党的正统中国论而言的国家认同危机,已不再是一个民主化的问题,而是演变成抗拒两岸统一的“台独”问题。

这一演变,与始终存在的海外“台独”势力有很大关系。自1988年到1991年之间,出现“海外黑名单闯关回国浪潮”。许多在海外从事“台湾独立运动”而被台湾当局放逐在外的人,纷纷闯关潜回台湾,与岛内主张“台独”的势力合流,逐渐从台后走向台前。多数“台独”团体在追寻“台独建国”的目标时,都声称将建立一个民主的政权,其终极目的似乎与岛内的民主运动的目标重合。但是,“台独”一开始在国家认同上就以认同“台湾独立”相标榜,且在以后的运动当中

① 见黄昭堂:《战后台湾独立运动与台湾民族主义的发展》,施正锋主编:《台湾民族主义》,台北:前卫出版社,1995年版,第203页。

② 潘克宽:《长老教会在党外运动中的角色》,载《透视党外势力》,风云论坛编辑委员会编:《风云论坛》,1983年。

从未松动。更加值得注意的是,“台独”势力的“建国”企图是以依靠外国武装干涉或者煽动暴力革命的方式推翻国民党统治,以达到独立“建国”的目的。尽管暴力革命在台湾从未发生,但是直到蒋经国开放党禁为止,部分海外“台独”团体都不曾放弃暴力斗争的方式。这与岛内民主化进程当中渐进的、非暴力的方式截然不同,它反映的是一种膨胀的族群意识,将台湾族群之间存在的历史纠葛上升到了民族对立的地步。

二　民进党的成立及其“台独”主张

民进党最初源于蒋经国时代“党外”势力的联合。在台湾,所谓“党外政治势力”指的是不满国民党党国体制的松散政治反对派,萌芽于两蒋时代有限的自由舆论空间和地方自治中。1949 年以来,“党外势力”就一直存在,其重要特征是“党外势力”以自由民主派为主,而倾向社会主义的左翼“党外势力”则力量微弱。进入 20 世纪 70 年代,借助经济起飞和社会进一步开放,台湾“党外势力”创办了大量政治性刊物,鼓吹自己的政治主张,包括《台湾政论》、《这一代》、《夏潮》、《春风》、《鼓声》、《八十年代》、《美丽岛》等,其中《大学》杂志是早期影响最大的党外杂志。70 年代末,随着力量的发展壮大,党外势力开始积极投身各项选举活动,局面有超出了追求言论自由的变化,因为缺少严密的政治组织支撑,“党外”选举活动有很明显的“街头”政治色彩。在 1977 年 11 月的“地方选举”中,党外势力初战告捷,得票率超过 30%,在个别地区甚至达到 60%以上,4 人当选县、市长,21 人当选“省议员”。在准备 1978 年的“中央民意代表”增额选举时,出现了统一的“台湾党外人士助选团”,统一政治诉求、统一竞选口号、统一助选服务,声势空前,为其后台湾成立反对党积累了丰富的经验①。

很快,党外的“街头政治”遭到国民党保守势力的反弹。1978 发生“中坜事件”②,1979 年发生“美丽岛事件”③。“美丽岛事件”之后,党外运动陷入低潮,反对运动街头路线暂时挫败。从 1980 年到 1986 年民进党组党成功为止,是反对

① 陈世宏、张建隆:《从党外助选团到党外总部,战后台湾民主运动史料汇编》(三),台北:“国史馆”,2001 年。

② 1977 年 11 月,全台举办五项地方公职选举,是台湾实施地方自治后规模最大的一次地方选举,但因为执政的国民党在选举过程中发生舞弊,民众检举后没有得到立即处理,引发警民冲突。在桃源县,上万群众攻入中坜警察局,许信良在此事件后顺利当选桃园县县长。这个过程称为“中坜事件”。

③ 1979 年 12 月 10 日,美丽岛杂志社主要成员黄信介、施明德、姚嘉文、张俊宏、林义雄等与其他“党外人士”,以庆祝“国际人权日”为由,于当晚在高雄市街头组织 2 万人集会,公开喊出“争自由、争民主、争权利”的口号,要求“开放党禁、报禁”,“取消戒严令”,并与台湾当局发生严重冲突,伤亡 200 余人。此次事件,史称“美丽岛事件”。

运动改变政治策略的关键时期。反对运动团体对内从批判到谋求合作，后美丽岛民主运动大致可以分成两类主要成员：一是美丽岛事件政治犯的家属以及美丽岛政治犯的辩护律师，其中许多人事后参与选举，由于他们在事件中的表现而成为反对运动团体的标杆性人物，他们多少继续保持了体制外“街头政治”色彩；二是以立委康宁祥为代表的反对运动人士，是一群较为“温和务实”立场的“议会路线派”。这两者分合斗争的复杂关系，是构成后美丽岛民主运动发展的一条重要线索。1983 年相继成立了“党外编联会”[1]和“党外公政会”[2]。1985 年底地方选举，迫于形势需要，“党外公政会”与“党外编联会”合组“党外选举后援会”，提出 20 项共同政见，并以“新党新气象，自决救台湾”为共同口号，俨然已具备政党雏形。1986 年 9 月，民进党组党开始进行，当月间扩大参与成员，完成党名及党纲、党章初稿，而于 28 日在圆山饭店，以“党外后援会推荐大会”为幌子，宣布成立民主进步党。

民进党成立是台湾民主化转型中重要的一环，它的成立除了前面述及的国民党体制的内在因素以外，台湾本省籍的中产阶级政治化也是非常重要的因素。在 70 年代中期以前，岛内基本上是官僚资本势力“一霸天下”的局面。但此后，新兴地方资本势力不断膨胀，此时期台湾民营企业固有资产总值已达 32 亿美元，约占全体民营资产总值的 43%。80 年代以来，其发展速度更超过以前，资本总值约是省籍资本的 3—4 倍[3]。就此类台籍中产阶级以及他们的企业而言，他们可以主要依赖国际贸易而生存，拥有相对独立的商业脉络，这与大陆籍的“军公教人员”主要依存国民党政权体制相比有明显的差异。民进党的早期成员主要由这些台籍中产阶级组成，注定民进党拥有明显的地方色彩。但是，其为“台独”特色的政党则有复杂的历史脉络。

1964 年彭明敏与谢聪敏、魏廷朝提出《台湾自救宣言》，提出“一中一台”以便“解救台湾”。他们在宣言中说：

> “一个中国，一个台湾”早已是铁一般的事实！不论欧洲、美洲、非洲、亚洲，不论承认中共与否，这个世界已经接受了“一个中国，一个台湾”的存在。……团结一千二百万人的力量，不分省籍，竭诚合作，建设新的国家，成立新的政府。重新制定宪法，保障基本人权，成立向国会负责且具有效

---

① 江鹏坚：《江鹏坚的历史参与和前瞻》，台北：前卫出版社，1995 年。

② 连城璧：《党外编联会的政治角色》，《风云论坛 16：透视党外组党》，台北：风云，1986 年。

③ 见李家泉：《李登辉主政台湾之后》，中国言实出版社，1997 年版，第 3—6 页。

能的政府,实行真正的民主政治。以自由世界的一分子,重新加入联合国[①]。

这是岛内反对运动中首次公然出现"台独"倾向的政治宣言。不过整个70年代,反对派论述的主流却一直是党外主张的"民主改革",少有挑战国民党的正统中国论,不但不挑战中国认同,还努力地将自身所从事的民主运动抽象到中国近代的民主化历史当中[②]。也因此,他们很少质疑"中华民国宪法",反倒是"回归宪法"成为争取台湾民主改革的主要诉求。即使他们也认为"中华民国宪法"有其不尽合理之处,但都在维护宪法的前提之下企图做局部的修正。后来成为民进党主席的姚嘉文以他的法学知识写了一本《护法与变法》,立论如何在拥护"宪法"正统的同时,让"中华民国宪法"成为推动台湾民主自由的武器。台籍"党外"势力对族群间的相互融合充满了自豪的情绪,如张俊宏说:

> 七十年前近代中国大陆民主革命的主流,横越台湾海峡和台湾半世纪来的民族回归运动结合,三十年来,一群拥有共同血统的民族,虽然来自不同的地域却血肉相连的结合在拥有共同命运的土地上,其所开创的文化将足以作为未来中国的领导者[③]。

"美丽岛事件"之后,这种局面发生了变化。1980年代,岛内反对运动先锋人物许信良在美国创办《美丽岛周报》,海外"台独"人士之中有一部分与他联合。海外"台独"知名人士史明于1980年代走访美国各地,于1982年8月成立"独立台湾会","独立台湾会"与美丽岛周报社成立"台湾民族民主革命同盟",以后许信良于1985年与洪哲胜成立标榜社会主义、民族革命的"台湾革命党"[④]。此后,海外"台独"势力的主张逐渐得到党外反对派的响应。李登辉当政期间,出现"海外黑名单闯关回国浪潮"。许多在海外从事"台独"而被国民党当局放逐在外的人,纷纷闯关潜回台湾,与岛内主张"台独"的势力合流,逐渐从台后走向台前。1991年,作为海外"台独"势力代表力量的"台独联盟"集体加入民进党,成为该党内部五大派系之一。

1986年9月,民进党"一大"通过党纲,提出"台湾前途应由台湾全体住民自

① 彭明敏:《彭明敏看台湾》,台湾彭明敏文教基金会,1994年,187—198页。

② 萧阿勤:《认同、叙事与行动:台湾1970年代党外的历史建构》,《台湾社会学》,2003年第5期。

③ 黄煌雄:《国民党何去何从》,台北:长桥出版社,1978年版,第7页。

④ 见黄昭堂:《战后台湾独立运动与台湾民族主义的发展》,第203页。

决”的原则；1988 年 4 月，“二大临时会”进一步称“台湾国际主权独立”；1990 年的“四大二次会议”，民进党再次以决议方式通过“台湾事实主权不及于中国大陆及蒙古”；1991 年 8 月，民进党提出“台湾共和国宪法草案”，将“国号”定名为“台湾”，并以“事实主权”的原则规范台湾的领土范围。同年 10 月，该党“五大”将“台独”主张列入党纲修正案。至此，民进党最“激进”的“台独”主张出炉。

三　“台独”势力的发展与变化

民进党 1991 年将“建立主权独立的台湾共和国”纳入党纲后，立即遭到各个方面的强烈反对，“台独”主张并未获台湾民众的广泛认同，当年就造成它在所谓“国大代表”选举中的严重失败，当选者数目没达到要在“国民大会”反对国民党所需“国大代表”总数的四分之一，只能任由国民党“一党修宪”，使民进党及其他“台独”势力要通过一次性修改“宪法”，用来否定“中华民国宪法”，进而迅速推动“台湾独立”的“急独”想法受阻，从而引起民进党内对“台独党纲”的思考。当时，刚卸任的党主席黄信介认为，“台湾共和国”的主张人民还不认同，是“真正的问题”，并提出就此党“要好好检讨一下”①。由此，民进党走向“隐性台独”或者“务实台独”的“台独转型”方向。

前面述及李登辉在台湾民主化转型过程中几个重大事件，如制定“国统纲领”、“修宪”，都有意引入民进党势力，以便塑造所谓“朝野一致”的形象。因此，在“言论自由”的遮掩下，民进党的“台独”主张并未得到清算，相反为民进党的“台独转型”提供了活动空间。李登辉以“言论自由”为由特赦“台独”分子，允许岛外“台独”分子返台，如 1990 年发布特赦令，宣告黄信介、许信良、姚嘉文等 9 人罪刑无效；1991 年允许流亡海外 23 年的“台独教父”彭明敏返台；促使施明德出狱，并使许多“台独”分子从牢房中走出来。这些人都先后成为了民进党的领导骨干。李登辉的政策是“海外黑名单闯关回国浪潮”以及民进党能够顺利合流海外独派人士的重要原因。

1992 年 10 月，民进党发表《公共政策“白皮书”》，就两岸关系和所谓“中国政策”、“宪政改革”、“国防”、“外交”、“国土规划”，以及经济发展、族群与文化、教育、传播、劳动和社会福利等十几个方面，首次系统地拿出了它治理台湾的“大政方针”。“白皮书”回避使用“台独”、“台湾共和国”等字眼。在当年的“立法委员”选举中，民进党也尽量淡化“台独”诉求，强调“公共政策”。1995 年 9 月，民进党主席施明德在华盛顿宣布什么：“民进党不是两岸或台海关系的问题制造者”，“民进党将来必将成为执政党，一旦民进党执政之后，没有必要也不会

① 台湾《联合报》，1991 年 12 月 22 日。

宣布台湾独立,因为台湾事实上在 1949 年就已是主权独立国家。"[1]1996 年 5 月,民进党《新世代》发表《台湾独立运动的新世代纲领》。它提出什么:"台独不是神圣的使命,而是务实的政治主张","台湾独立运动可能将不再是反对运动,而是国家的整体目标。"[2]1999 年 5 月上旬,民进党召开八届二次全会,通过了《台湾前途决议文》。决议文称什么:"台湾,固然依目前宪法称为'中华民国',但与中华人民共和国互不隶属","台湾是一主权独立国家,任何有关独立现状的更动,必须经由台湾全体住民以公民投票的方式决定。"[3]该决议文与 1999 年李登辉出台的"两国论"旨趣相同。在"台湾独立"这个议题上,"朝野"逐渐合流是李登辉时代台湾政治的一个重要特征。

民进党"台独转型"政策的应用以及李登辉的有意容纳利用,为"台独"的发展提供了有利的空间。

在 1992 年底台湾第二届"立委"选举中,民进党赢得了 33%的选票和近三分之一席次(50 席)。在 1993 年 11 月台湾县市长选举中,国民党获 15 席,民进党获 6 席,得票率 41%;1994 年陈水扁当选台北市长。1996 年在"立法院正副议长"选举中,党主席施明德以一票之差落败。1996 年彭明敏代表民进党竞选第一届民选"总统"并"显示了力量",从而增强了民进党取得政权的信心。民进党宣称要在本世纪结束前夺取政权,使国民党成为在野党。在 1997 年底的县市长选举中,民进党夺得了 12 席县市长职位,得票率 43%,其中吕秀莲当选桃园县长。此次选举民进党不仅在总席次和得票率上首次超过国民党,更重要的是所执政县市总人口占全岛的 71.59%,地方税收占 83.1%,地方总预算占 69.2%,成为地方政权的"第一执政党",民进党执政首度于地方全面展开[4]。

2000 年 3 月台湾"总统"大选,由于国民党内部分裂等因素,民进党候选人陈水扁以 39.3%的选票当选,从而使民进党由在野党变成了"执政党",在台湾历史上首次完成了相对平稳的政党轮替,表明李登辉主导下的民主化转型告一段落。而"台独"势力,包括民进党也发生了新的变化。

---

① 台湾《中国时报》,1999 年 4 月 25 日。

② 郭正亮:《民进党的转型之痛》,台北:天下远见出版股份有限公司,1998 年版,第 289—293、297—300 页。

③ 台湾"中央社",1999 年 5 月 8 日自高雄报道。

④ 李凤舞:《论台湾民进党的演变及其对两岸关系的影响》,暨南大学国际关系学院,2004 年,第 14 页。

第十七章　民进党"执政"与"台独"危机

2000年5月，鼓吹"台独"的民进党上台。上台执政的台湾当局领导人陈水扁不顾朝小野大的政治现实，相继组建"全民政府"、"少数政府"、"战斗内阁"，力拼经济。由于政策混乱，缺乏施政人才，各部门执行不力，效果不彰，台湾经济陷入衰退，其竞选支票难以兑现。陈水扁提出"四不一没有"，来消解大陆的疑虑，却自陷于"台独"党纲，继续推行"台独"分离路线，大搞"文化台独"，两岸关系出现前所未有的持续紧张状态。国民党分化改组，宋楚瑜组建亲民党，共同的利益促使连战、宋楚瑜走到一起。为了竞选连任，陈水扁挑起族群对立与冲突，不断刺激中国大陆，"公投法"涉险过关，制造"和平公投"。在2004年大选中，陈水扁再次惊险连任。

第一节　第一次政党轮替　陈水扁上台"执政"

一　陈水扁提出"新中间路线"竞选策略

作为"台独"基本教义派的骨干分子，陈水扁的"台独"理念根深蒂固。1991年，陈水扁就提出"两岸基础条约草案"，试图在两岸之间架构出一个和平稳定的关系。他多次参与民进党大陆政策的草拟，鼓吹"一中一台"。1994年当选台北市长后，他开始从一名搬弄是非的"讼师"向"政治人"转变。陈水扁任内，做了一些服务民众的事务，市民满意度颇高，1998年参选连任却败在马英九手下。他不得不反躬自省，重新包装。

民进党内围绕许信良和陈水扁参加大选的提名之争展开较量，陈水扁靠党主席林义雄、秘书长游锡堃、新潮流系、正义连线的支持，迫使许信良、陈文茜退出了民进党。1999年8月，民进党成立"选战指挥中心"，党主席林义雄担任总指挥，张俊雄担任总干事，邱义仁担任执行总干事。

为确保2000年"总统"大选的获胜，民进党加速转型的步伐。1999年5月8日，民进党八届二次党代会通过《台湾前途决议文》，妄称什么："台湾是一主权独立国家，任何有关独立现状的更动，必须经由台湾全体住民以公民投票的方式决定。"鼓吹："台湾并不属于中华人民共和国，中国片面主张的'一个中国原则’与‘一国两制’根本不适用于台湾。”“台湾应扬弃‘一个中国’的主张，以避免国际社会的认知混淆，授予中国并吞的藉口。”表示：“台湾，固然依目前‘宪法’称为‘中华民国’，但与中华人民共和国互不隶属，任何有关独立现状的更动，都必须经由台湾全体住民以公民投票的方式决定。”胡说什么：“在波谲云诡的国际政治及诸般利害因素的交错下，台湾必须审时度势，妥善规划安全、谨慎、渐进的中国政策。”“民主进步党中国政策的最终目标，是要和中国建立互惠而非歧视、和平而非冲突、对等而非从属的关系。”①

1990年代后期，“第三条道路”盛行于西方社会，争取中间力量成为资本主义社会各政党追逐选票的策略。为了巩固民进党的基本票源，消除民众对民进党候选人当选会引发两岸紧张关系的疑虑，争取中间游离选民，陈水扁提出“新中间路线”，对“台独”主张重新包装。陈水扁提出的竞选口号是“政党轮替”、“年轻台湾、活力政府”。竞选宣传的主轴是“新中间路线”，走柔性中间路线，博取中间选民的认同。

1999年9月20日，陈水扁在民进党“中国政策扩大会报”上发表演讲，公然妄言什么：“不管你主张统一或独立，都得承认，台湾主权独立，不受中华人民共和国统治，都得承认台湾领土范围仅及于台澎金马。”“我们必须主动寻求使双边关系正常化的机会与方法。如果只会一味逃避，我们不但无法突显对等独立，也可能失去主动塑造两岸关系的新好机会。具体地说：第一，我们欢迎并接受就任何议题，包括政治性议题，进行谈判。第二，我们希望建立制度性的互访与对话。第三，我们希望以军事互信机制（CBM）来降低军事冲突的风险。第四，我们主张在不危害国家安全的前提下，依市场、比例、互惠、对等原则，开放对通航、通商、投资的限制。第五，我们主张在中国承认台湾的对等国家地位、遵守联合国‘和平解决争端’原则、不预设未来走向等三原则前提下，与中国签订基础条约或和平协定，作为暂时规范两岸关系的新架构。”②

不同于“台独”党纲，新中间路线所要强调的是“现状即台独”，民进党上台后，不会立即更改“中华民国国号”，台湾“独立”现状的改变必须由台湾人民决定。这与李登辉的“中华民国在台湾”、“两国论”并没有什么本质区别。在对大陆政策上，陈水扁与国民党已经没有明显的区别，以化解中间选民对民进党“急独”的疑虑。关于两岸经贸交流，民进党则主张应该加强，以获取大资产阶级、

---

① 《台湾前途决议文》，全国台湾研究会编：《民进党大陆政策演变》，北京：2001年，第113—115页。

② 《陈水扁在民进党“中国政策扩大会报”上的演讲》，全国台湾研究会编：《民进党大陆政策演变》，第217—219页。

中产阶级的支持。

二　2000 年“总统”大选民进党获胜

1999 年 7 月，李登辉抛出“两国论”，将它纳入国民党十五全二次会议的政策决议文中，并图谋“入宪”或制定含有“两国论”的“基本法”，从法律上加以落实，在各种因素的制约下未能如愿。

宋楚瑜在统独问题上与李登辉保持距离。两人因“冻省”等问题摩擦不断。围绕着后李登辉时代的接班问题，国民党内的中生代相互卡位。李登辉强行“冻省”，宋楚瑜失去了施政平台。李登辉为首的国民党主流派把“以民意对抗党意”的宋楚瑜看作主要对手，不理党内“连宋配”的呼声。宋楚瑜的高民意支持度，使得国民党内包括高层人士在内对是否与李登辉保持一致问题上摇摆不定。宋楚瑜对李登辉过河拆桥的做法做了强烈抗争，脱党自行参选“总统”。国民党内的政、经、军、警、特分化，基层组织各拥其主。这是国民党主政台湾以来最大的一次分裂。国民党在确定连、萧搭档，开除宋楚瑜及宋家军骨干党籍，调整中央党部辅选人马和“九二一大地震”救灾工作告一段落以后，局面慢慢稳定下来。

宋楚瑜宣布张昭雄为搭档，初步化解了被开除的不利影响。为了拖垮宋楚瑜，12 月 11 日，国民党籍“立委”杨吉雄揭发宋楚瑜的儿子宋镇远在中兴票券持有 1.4 亿元的资金。随着社会和舆论界的关注，宋“贪钱”的数额增大，国民党借机穷追猛打，质疑宋楚瑜的操守。宋楚瑜先后召开三次记者会，提出不同的解释，应对失策，声望大降。

宋楚瑜政绩明显，有较好的亲民形象，却遭到“兴票案”的拖累。连战背负国民党的黑金包袱，能力备受质疑。陈水扁出身贫苦，有打拼精神和 4 年台北市长的经历，选民有“换人做做看”的心态。

2000 年 3 月初，台湾大选进入白热化阶段，谁能胜出，难以逆料。为了阻止宋楚瑜胜选，3 月 10 日，李远哲与陈水扁联合举行记者会，公开表态支持陈水扁，同意若陈水扁当选将出任其“国政顾问团顾问”。13 日，李远哲向“总统府”提出辞去“中研院院长”一职，全力支持陈水扁。

以李远哲在台湾社会的清流声望，呼应民众要求变革的心理，突显了陈水扁反黑金的形象。李远哲等人的态度某种程度上向国民党的支持者传出“弃连保陈”的讯息，影响了一部分支持连战的民众的投票取向。

3 月 18 日，台湾举行第十届“总统”选举。民进党提名候选人陈水扁、吕秀莲以 497.7737 万张选票、39.3％的得票率胜出，独立参选人宋楚瑜、张昭雄以 466.4932 万张选票、36.84％的得票率落选，连战以 292.5513 万张选票、23.1％

的得票率名列第三，独立参选人许信良、朱惠良得票 79429 张、得票率 0.63%，李敖、冯沪祥得票 16782 张、得票率 0.13%[①]。

陈水扁以微弱多数侥幸当选，坐收国民党分裂之利。李登辉为首的国民党主流势力把斗争矛头对准宋楚瑜，导致国民党分裂，连宋两败俱伤，在此基础上的族群歧见、弃保效应，形成了有利于陈水扁的客观条件。陈水扁和民进党上台，是李登辉在岛内长期推行分裂路线、扶植民进党和"台独"势力的结果。

台湾民众长期生活在国民党一党专制的威权统治下。李登辉当政 12 年，台湾社会黑金政治泛滥，腐败贪渎横行，社会乱象丛生，民怨沸腾。连战背负着国民党的包袱，"兴票案"的爆发伤害宋楚瑜的道德形象，暴露了国民党黑金政治的本质，陈水扁成为台湾民众扫除黑金的希望。选举结果反映了台湾部分民众对国民党黑金政治的厌恶及求新求变的心理。

从竞选策略看，陈水扁针对岛内民众痛恨的黑金与腐败打出了"反黑金牌"和"改革牌"。针对外界质疑的"台独"立场，他提出了"新中间路线"，模糊"台独"立场。民进党包装"台独"路线，一定程度上迎合了美国维持现状的需要，美国公开支持经"民主程序"当选的台湾领导人。

民进党赢得"执政"地位，结束了国民党在台湾 50 多年的统治。百年老店国民党沦为在野党。1949 年以来，台湾第一次实现政党轮替、朝野易位，标志着威权统治走入历史，引发政治生态的重组。

民进党长期从事反抗运动。民进党的精英主要是律师、中小企业主、地方人士等，长于对"执政党"的批判、破坏，没有"执政"准备，没有从事社会建设的经验和政策设计，拙于协商、建设，缺乏执政人才。陈水扁能够胜选，并非民进党基本纲领得到广大民众的拥护、政党自身成熟，而是得益于国民党的分裂。在缺乏思想准备、组织准备、政策准备的情况下，民进党仓促上台，先天民意不足，手忙脚乱，难以应对执政的新局面、新挑战。

为了稳住政局，化解美国及中国大陆的疑虑，在李登辉的指点下，3 月 29 日，陈水扁召开"国政顾问团"会议，确定由现任国民党籍的"国防部长"唐飞出任"行政院长"。

台湾现有政治体制需要"执政党"拥有多数民意和"立法院"多数席位，以简单多数当选的陈水扁和在"立法院"中只占三成席位的民进党，面对"朝小野大"，若组织民进党"一党政府"，必然挑战现有体制，无法突破在野党的制衡。

民进党无意与反对党分享政治权力，面对外界的质疑及党内缺乏执政人才的现实，陈水扁延揽了一批理念相近的国民党员、学者、工商界人士"组阁"，筹

---

① 台湾《中国时报》，2000 年 3 月 19 日。

组“跨党派政府”，标榜“全民政府、清流共治”，要求“入阁”的民进党员辞去党职，退出党务活动，在“新内阁”42 名成员中民进党仅占 12 名。陈水扁与民进党保持距离，不让民进党主导“新政府”的政策，企图通过模糊政党分际来保证其施政的顺畅，突破“朝小野大”的困境。

三　陈水扁上台，台湾社会波折不断

从“全民政府”到“少数政府”　2000 年 5 月 20 日，陈水扁、吕秀莲宣誓就任“中华民国第十任正、副总统”。陈水扁发表“台湾站起来，迎接向上提升的新时代”的“就职”演说，阐述了未来四年的施政纲领，包括“清流共治”、“内政改革”、“外交方针”、“大陆政策”。

关于施政方针，陈水扁表示：“‘全民政府、清流共治’是阿扁在选举期间对人民的承诺，也是台湾社会未来要跨越断层、向上提升的重要关键。”

他保证：“个人将以全部的心力做好‘全民总统’的角色。正如同全民‘新政府’的组成，我们用人唯才、不分族群、不分性别、不分党派，未来的各项施政也都必须以全民的福祉为目标。”“‘清流共治’的首要目标是要扫除黑金、杜绝贿选。”“新政府将以最大的决心来消除贿选、打击黑金，让台湾社会彻底摆脱向下沉沦的力量，让清流共治向上提升，还给人民一个清明的政治环境。”“在活力‘政府’的改造方面，面对日益激烈的全球化竞争，为了确保台湾的竞争力，我们必须建立一个廉洁、效能、有远见、有活力、有高度弹性和应变力的‘新政府’。”

关于两岸关系，他表示：“海峡两岸人民源自于相同的血缘、文化和历史背景，我们相信双方的领导人一定有足够的智慧与创意，秉持民主对等的原则，在既有的基础之上，以善意营造合作的条件，共同来处理未来‘一个中国’的问题。”他表示，作为“总统”，“自当恪遵‘宪法’，维护国家的主权、尊严与安全，确保全体国民的福祉。因此，只要中共无意对台动武，本人保证在任期之内，不会宣布‘独立’，不会更改‘国号’，不会推动‘两国论’入宪，不会推动改变现状的‘统独公投’，也没有废除国统纲领与国统会的问题。”这就是他提出的所谓“四不一没有”政策①。

针对陈水扁的就职演说，5 月 20 日，中共中央台办、国务院台办受权就当前两岸关系问题发表声明：“是否接受一个中国原则，是检验台湾当局领导人是维护国家主权与领土完整，还是继续顽固推行‘台独’分裂政策的试金石。”表示：“只要台湾当局明确承诺不搞‘两国论’，明确承诺坚持海协与台湾海基会 1992 年达成的各自以口头方式表述‘海峡两岸均坚持一个中国原则’的共识，我们愿

---

①　台湾《中国时报》，2000 年 5 月 21 日。

意授权海协与台湾方面授权的团体或人士接触对话。"[1]民进党毕竟是一个长期鼓吹"台独"的政党,大陆与民进党的交道不多,对陈水扁需要一个观察与认识的过程,采取"听其言、观其行"的方针,以静制动,静观其变。

民众升高建立新社会的期待,台湾财政却每况愈下,两岸关系不确定性加剧。面对挑战,5月24日,唐飞主持"新内阁"首次"院会",提出六大"施政目标":一、"国家安全",改善两岸关系;二、扫除黑金,提升人民福祉;三、加强灾区重建,再现宝岛风采;四、厚实产业基础,再创经济繁荣;五、深化教育改革,加强文化建设;六、推动政府再造,提高行政效能。"唐飞内阁"在稳定两岸关系及台湾军队等方面起到了重要作用。但是,"全民政府"改变不了"朝小野大"的困局,"行政院"与"立法院"对立日益尖锐。

国民党、亲民党、新党在"立法院"占有多数席位。不管"全民政府"承诺要做什么,开出什么支票,只要不符合在野党的诉求,送到"立法院"都会碰壁。"行政院"提出的周休二日、缩短工时、老人福利津贴暂行条例等草案,都在以国民党为主的在野党的强力主导下或被推翻,或被改版。

7月22日傍晚,在嘉义县番咯乡八掌溪吴凤桥下,8名工人在施行河床固体工程时,突遇山洪爆发,其中3男1女被困在河中央,从晚5点多到7点多两个小时无法脱身,救援的直升机迟迟未到,在孤立无助和恐惧中被山洪冲走。在电视实况转播的强烈冲击下,广大民众对新当局的不满和愤怒终于爆发出来,痛斥官僚无能,要求相关官员引咎辞职。台湾的公权力系统检讨反省并承担责任,"行政院副院长"游锡堃下台。八掌溪事件成为民众对新政府不满的导火索,造成严重的杀伤力,陈水扁的民意支持度开始下滑。

核四即台湾第四座核能电厂。1999年,李登辉不顾环保团体的反对,强行兴建核四,以缓解台湾电力的不足。陈水扁上台之前,核四工程已经先期投入了大量资金。反对兴建核四是民进党的神主牌。

9月20日,民进党坚持反对兴建核四电厂立场。22日,唐飞强调,如果停建核四,他一定辞职。10月3日晚,唐飞以健康欠佳为理由,第三次向陈水扁提出辞呈并获得批准。运作仅137天的"全民政府"垮台。

"全民政府"失败后,陈水扁仍拒绝与其他政党协商合组"联合政府",也不考虑民进党在"立法院"的实力,立即筹组"少数政府"。10月4日,陈水扁任命张俊雄接任"行政院长",游锡堃出任"总统府秘书长",并指示小幅度调整"内阁"人事,强化财经阵容。10月6日,"新内阁"出台,大法官赖英照出任"行政院副院长",邱义仁转任"行政院秘书长",颜庆彰升任"财政部长"等。

---

① 《中共中央台办、国务院台办声明》,新华社北京2000年5月20日电。

陈水扁不愿面对弱势“执政”的现实，通过体制外与在野党领袖的会面，力图缓解“行政院”与“立法院”的对立，并促成政党领袖圆桌会议的召开。“少数政府”名义上由民进党主导，实际上是陈水扁一人主导。

陈水扁从就职之初，施政就出现问题。“新总统”朝令夕改，“行政院”意气用事，职能部门互相推诿，公共、大陆政策严重失误。新当局提不出能够为民众接受的政策，无论是兑现竞选支票，还是落实民进党以反核和“台独”为核心的政纲，几乎全部遭挫。

核四风暴　10月27日，国民党主席连战受邀与陈水扁会面，进行“政党和解”会谈，商讨核四问题。连战向陈水扁提供建言。会谈结束半小时后，“行政院长”张俊雄突然宣布停建核四。这种不尊重对手和程序，有“违宪”之嫌的做法引起舆论大哗。国民党、亲民党、新党积极酝酿和推动“罢免陈水扁案”。

29日，为应付停建核四引发的社会和政局动荡，陈水扁首度召开“总统府”、“行政院”、“立法院”、“考试院”、“监察院”协调会议。30日，“行政”、“司法”、“考试”、“监察”“四院”座谈，要求核四争议回归“宪政”体制。

国民党提出罢免案，亲民党则推动“倒阁案”。10月30日下午，连战拜会新党召集人郝龙斌。次日，宋楚瑜与郝龙斌举行会谈，三党达成最晚于下周启动“主流民意对话机制”，实现三党党首圆桌会议。

10月30日，国、亲、新三党“立院党团”组成“在野联盟”，达成了包括“关闭与民进党立院党团协商大门”、就罢免“正、副总统”进行修法等在内的五点共识。

针对停建核四激起的反对声浪，陈水扁被迫退让。11月5日，他发表电视公开谈话，为核四停建、罢免风波引发的政局纷扰，向国民党主席连战及台湾民众道歉。

12月22日，在野联盟将146位“立委”共同连署的罢免陈水扁、吕秀莲案送交“立法院”议事处，罢免案进入第一阶段。12月25日，国民党发动反扁大游行，要求陈水扁政府解决台湾经济萧条、劳工失业等问题。

2001年1月15日，台“司法院大法官会议”公布“第520号释宪案”，认定“行政院”停建核四的决定存在“程序瑕疵”，未判定“行政院”的决定是“违宪”或“合宪”。

2月13日，经过朝野双方，“立法院”与“行政院”的多次协商，“行政院长”张俊雄、“立法院长”王金平共同签署“核四复工续建协议书”，达成了四项共识：“行政院”即日宣布核四复工，以非核家园为终极目标，讨论能源相关法案问题，核四复工后“立法院”朝野党团开启协商大门①。至此，核四风暴暂告平息。

① 台湾《中国时报》，2001年2月14日。

唐飞下台及停建核四重创岛内民众对民进党执政的信心，股市狂跌，唐飞下台次日台股跌破6000点。12月27日，台股最低跌至4555点。同时，汇市动荡起伏，经济景气指数下降，失业率居高不下，房地产低迷，金融痛苦指数已超过亚洲金融风暴期间的最高点，民间重大投资停顿。

在未能掌握“立法院”多数席位的情势下，民进党拒绝组建“联合政府”，在“政府”各部门及事业单位展开人事大换班，全面绿化，加剧与在野力量的矛盾。“全民政府”的总预算案两度被“立法院”退回。“少数政府”成立后，总预算案被撤回重编。2000年12月30日，“立法院”二读结果，1.6亿元的岁出被删236亿，1.4亿元的岁入被删900亿元。民进党提出的核四公投法案、乡镇长官派修法、地方小型工程补救款、老人福利津贴等也在“立法院”遭到在野党的抵制。

民众选择陈水扁，期望能够扫除黑金，带来生活品质的提升，但在“政党轮替”、“全民政府”、“清流共治”等正当口号下，民进党迅速传承国民党的种种弊端，如绑桩贿选、裙带关系、暴力施政、政治分赃等。民进党已经蜕变为过去自己所批评的对象。

经济衰退 进入2000年以后，在全球景气持续稳健成长，世界贸易量稳定扩张的大环境下，台湾经济开始摆脱“九二一大地震”的影响，表现出较强的发展势头，出口、民间投资、民间消费等各项主要经济指标表现都比预期要好。第一季度，出口额较上年增长18.5%，民间投资方面，投资设备产量增长12.7%，进口资本设备金额增长近40%，民间消费增加超过300亿元新台币。从第三季度开始，景气突然急转直下，股市持续大幅下挫，岛内投资及民间消费意愿从旺盛转为低落。第三季度增长乏力，出现下滑的迹象，第四季度跌到4.08%，在上半年经济增长强劲带动下，全年经济成长率为5.98%。

2001年一季度经济成长率仅1.06%，第二季度为负2.35%，台湾民间和当局投资大幅衰退，民众消费趋于紧缩。第三季度台湾经济增长率为负4.29%。2001年台湾经济负增长2.1%，民间投资衰退37%。

这是战后50多年来台湾经济出现的首次负增长。从经济增长来源看，内需衰退是经济衰退的主因。从外需看，全年台湾对外进出口贸易双双呈现大幅衰退。

由于全球尤其是美国高科技产品市场大幅下降，对以电子产业为龙头的台湾工业产生了很大冲击。台湾传统产业竞争力进一步衰退，全年工业生产大幅度滑坡。

2001年股市狂泻，由8000点剧降至5000点。7月24日，股市跌至4040点作收。受“9·11事件”影响，9月11日至21日，台北股市跌幅超过12.6%，下跌幅度为全球第五，9月26日更跌至3411点。2001年以来股市总市值减少了

1.68兆元，仅第三季度就少了1.52兆元。

失业率继续升高　2001年5月达4.22%。受企业大幅紧缩人力的影响，6月份升至4.51%，10月份为5.33%，52万人失业，受失业波及的总人口达120万。2001年平均失业率达4.57%。据民间单位进行的调查，岛内失业率已逾12%，远远超过台湾当局公布的统计数字。

经济低迷，不但动摇了民众对新“政府”的信心，而且使下层劳工饱尝失业之苦。大批劳工走上街头，举行大游行，高呼“劳工要生存，社会要公平”，“要工作，反失业”。

针对失业率一再上扬、经济快速下跌，2000年9月，台湾当局推出“振兴传统产业方案”：协助传统产业改善经营体制，建立传统产业取得资金环境，调整人力供给，缓解劳工短缺，组建全球运筹体系，拓展行销渠道。台“经建会”就中高年失业问题推出七项措施：推动就业促进措施，促进中高年就业津贴，雇用奖助津贴等。

11月，台当局召开“知识经济发展会议”，计划以十年为期建设知识化绿色矽岛。12月，成立“行政院永续促进就业小组”，主张“扩大内需”，制定“8100方案”，连续推出“八项行动方案”、“扩大内需方案”等计划，增加投入1115亿元新台币，以总计8100亿元新台币的资金，重点落实99项基础建设工程项目。研拟“政府部门创造就业机会方案”，包括：开拓就业机会，提供不需公务员任用资格的基层服务就业机会；加速培训专业人员，减少结构失业；建立活力的劳动市场，改善劳工退休制度，放宽失业给付等相关规定。还协助传统产业升级或转型，培养及延揽高级科技管理人才，提升产业竞争力。加速推动公共工程建设及中部灾区公共建设复建计划，实施《健全房地产市场措施》，以刺激建筑业复苏。创造地区型就业机会，缓和短期失业现象，预计可创造4.4万个工作机会。但成效甚微，失业率依然向上攀高，民众生活痛苦指数逼近6%。

2001年1月，台湾当局推出“知识经济发展方案”，加快实施上年10月核定的“全球运筹发展计划”，通过“扩大公共投资提振景气方案”。5月2日，核定“旅游发展方案”，及拟定“全球出口拓销方案”等，相继出台一系列重要经济举措。还在金融方面通过“金融六法”、“央行”连续12次大幅降低利率等。

同年1月，台湾当局通过“各部门创造就业具体方案”，计划全年投资新台币655亿元，向27万人提供就业机会、职业训练、就业服务及奖励津贴，帮助失业者再就业。拟定“新世纪人才发展方案”，就人口、教育、劳动政策、职能开发等方向，研订四年具体发展策略与相关配套措施，以解决人口老化、中高年失业、基层人力不足与外劳引进等问题。

针对失业问题，“行政院长”张俊雄提出五大对策：“(1)‘政府’增加支出直接创造就业需求，预计透过《‘政府’部门创造就业机会方案》和《扩大公共投资提振景气方案》直接创造约10万个就业机会。(2) 透过推展‘国内’旅游和办理商展等，刺激民间投资与消费，间接创造就业机会。(3) 强化职业训练，提供充裕的人才。(4) 提高劳动市场调节功能。(5) 提供失业者相关协助措施。”[①]“行政院”还决定：“8100经建工程优先雇用本地劳工，新招标重大工程，全面限用本劳；失业劳工劳贷可展延半年免缴本息；或展延两年缴息不还本；成立就业安全会；制订《大量解雇劳工保障法草案》。”

陈水扁上台之际，台湾经济转型与产业结构升级面临新的调整。传统的产业结构走向疲软萧条，而高科技产业过多吸收资源，风险极大，稍有不慎，台湾经济即呈低迷状态。“新政府”未能对症下药，制定明智的产业政策，导引产业走向均衡发展。反而为兑现竞选诺言，无的放矢，诸多政策的不确定性使社会付出高昂的成本。台湾经济持续低迷，非短期内所能根治，而“新政府”解决失业问题的对策亦是临时抱佛脚，既不能立竿见影，控制失业人口继续扩大，缓和民生疾苦，更不能釜底抽薪，解决台湾经济转型面临的诸多难题。

5月，“经济部”召开工业发展会议，提出产业结构调整的政策：“(1) 引导知识密集与技术密集产业为产业发展主轴，主要措施是成立工业发展基金，以推动重点产业；建立创新与创业机制，扶植创新企业，并开发前瞻创新关键技术。(2) 协助厂商建立全球运筹管理及设立营运总部，主要措施为放宽工业区土地使用类别，结合制造、行销、研发、设计、物流配送等复合功能运筹管理营运总部，协助厂商进行全球化、资讯化及网络化，以及协助厂商进行企业合并与分割，以便进行全球运筹管理。(3) 加强高科技人才的供给，提高人力素质，降低转业障碍，引进欧美及大陆科技人才长期在台从事研发工作。”[②]

7月，陈水扁成立“经济发展咨询委员会”(下简称“经发会”)，希图广纳各界建言，寻求发展经济对策。“经发会”拟定五大议题：加速产业升级，开创新兴产业；改善投资环境，促进投资；推动财政改革，提升金融效能；促进就业，健全社会福利；促进两岸经贸交流，根留台湾。8月，陈水扁在“经发会”总结大会上提出以“积极开放，有效管理”取代“戒急用忍”，却不接受一个中国的原则。“经发会”达成322条共识，670项应办理事项[③]。“经发会”主要突破点应在两岸关系上，陈水扁却拒不承认“一个中国”，决定了其共识难以真正落实，因而流于造势及执行不力。

① 台湾《中国时报》，2001年5月1日。
② 台湾《中国时报》，2001年5月8日。
③ 台湾《中国时报》，2001年8月27日。

四　两岸关系陷入僵局

两岸关系的紧张与缓和是影响岛内政局的主要因素。陈水扁作为一个弱势“总统”，施政备受各方掣肘，面对“朝小野大”，要确立其稳固的统治地位，就必须把握大陆政策的主动权，以“两岸牌”缓和朝野矛盾，化解施政危机，稳定政权。

陈水扁认为只要不制造新问题，不挑衅大陆，就可以维持台海局势的稳定。他拒不接受“一个中国”原则，否认“九二共识”。为了争取稳定内部的时间和空间，对“一个中国”采取回避模糊，搞文字游戏。

2000 年 6 月，陈水扁称：“处理未来‘一个中国’问题不仅是台湾一方的责任，更是海峡两岸双方共同的责任。‘中华民国’已拿出最大诚意与善意，愿与中共重启协商大门，我们对未来两岸的协商或谈判并无预设立场，对政治或三通议题都不排斥。”①

7 月，陈水扁在第二次记者会上将“九二共识”换为“九二精神”：“虽然九二年尽管没有一致的共识结论，但是九二年的精神是非常重要的。九二年的精神就是‘对话、交流与搁置争议’，如果能够在既有的基础之上本着九二年精神，相信对重建两岸的良性互动绝对是一个非常好的开始。”②

陈水扁上台后，内心并不认同“中华民国”，却仍然打着“中华民国”的旗号。陈水扁试图突破“中华民国”的“宪法”框架，大搞“文化台独”，架空“国统会”与“国统纲领”，否认“九二共识”，企图使两岸分裂的状态长期化、固定化，想在 WTO 架构下与中国大陆展开“三通”，使台湾问题国际化。

陈水扁始终不承认自己是中国人，以“两岸华人”来定位两岸中国人，并将“一个中国”定性为未来式，以隐性“台独”的方式推行“实质台独”，图谋依赖国际势力的支持和台湾民众自主意识的增强，积累拒统趋独的筹码。

陈水扁多次重申两岸关系正常化的第一步是经贸关系正常化，“三通”议题是其中的一项。2000 年 9 月在就职后的第四次记者会上，他表示：“三通，特别是通航的问题，已经是时候了。”台湾当局以维护“国家安全”为由，表示两岸加入 WTO 后，经过两岸协商及对话才能开放“三通”。在中国政府提出“只要认同是一个国家内部的航线，两岸通航的办法可以尽可能简化”后，台湾当局仍然以各种借口为“三通”设置障碍。陈水扁坚持“戒急用忍”政策的实质精神，是试图在 WTO 架构下，绕过“一个中国”原则，处理两岸事务。

---

① 台湾《“中央日报”》，2000 年 6 月 6 日。

② 台湾《“中央日报”》，2000 年 8 月 1 日。

迫于岛内各界的压力，台湾当局以“小三通”回避“三通”。2000年6月，“陆委会”开始对“立法院”早已通过的“离岛建设条例”，就开放离岛“小三通”进行评估与规划，9月初完成评估报告，决定年底前试办小额贸易“可操之在我”的部分。12月，“行政院”通过“试办金门、马祖与大陆地区通航实施办法”草案，定于2001年元旦开放金门、马祖地区与大陆福建省进行有条件的“小三通”。

陈水扁上台后，在大陆经贸政策上，继续坚持以“限制为主，步步设防”的“戒急用忍”政策，避谈“三通”，以“台湾安全”为由对民间自发的各种交流采取“踩刹车”、“政策转弯”等“冷处理”方式。

对陈水扁蓄意回避、拒绝一个中国原则，否认“九二共识”的“台独”言行，国民党抨击陈水扁两岸政策的基本点是“远离中国”。在野联盟成军后，提出“六点共同声明”，要求陈水扁回归“九二共识”，尽早突破两岸僵局。

2000年12月31日，陈水扁发表元旦贺词，表示“依据‘中华民国宪法’，‘一个中国’原来并不是问题”。呼吁：“从两岸经贸与文化统合开始着手，逐步建立两岸间的信任，进而共同寻求两岸永久和平、政治统合新架构，为21世纪两岸人民最大的福祉，携手开拓无限可能的空间。”[①]陈水扁提出“统合论”，主张将两岸经济统合作为两岸关系改善的第一步，鼓吹两岸关系正常化首先是经济的正常化。

中国大陆一再要求陈水扁接受一个中国原则作为两岸复谈前提，陈水扁当局则以不预设前提和平对话、共同解决“未来一中问题”为回应。民进党上台一年多来施政乏善可陈，内外交困。布什政府对台政策的底线是“不统、不独、不战、不和”，给陈水扁加油打气，放话“两岸应不预设前提恢复对话”。

为使台湾经济摆脱困境，陈水扁想借助回归“宪法一中”来换取中国大陆对其政策的回应。陈水扁向来访的美国参议员邦德称：“我是依‘中华民国宪法’、由人民选出的‘总统’，而两岸关系要进一步解决，依照‘中华民国宪法’思维、定调，应该可以化解对两岸关系的歧见，这也是为两岸人民和‘政府’对‘一个中国’问题，找到双方都可以接受的最好答案。”岛内舆论认为：陈水扁表态从“未来一中”迈向“宪法一中”，已是他向一个中国靠拢的最大步骤，某种程度上默认了一个中国[②]。

“9·11事件”发生后，美国认识到与中国合作，具有共同打击国际恐怖主义的战略利益，2001年10月布什总统来上海出席APEC非正式首脑会议，中美两国领导人就两国建立建设性的合作伙伴关系达成共识，中美关系出现了

① 台湾《中国时报》，2001年1月1日。
② 台湾“中央社”，台北2001年8月10日电。

转机。

陈水扁、吕秀莲等人不断出访，借国际舞台突显台湾“主权独立”，稳住“邦交国”，争取在“建交国”上有所突破，提升与无“邦交国”的实质关系。台湾当局全力迎合美国的利益需要，在台美关系上寻求突破，争取美国布什政府对陈水扁当局现行政策的支持，对台湾提供武力保护。

广大台湾民众的主流民意是求和平，求安定，反对“台独”，主张发展和改善两岸关系。陈水扁上台后，自知是“少数总统”、“少数政府”，在两岸关系上，数番保证不会宣布“台湾独立”，但拒不承认一个中国的根本原则，绵里藏针，柔软身段，与中国大陆百般周旋，制造两岸关系虽没有大的突破、但亦未如李登辉执政时的剑拔弩张。

五　民进党“执政”下台湾政党转型动态

民进党的转型之困　民进党从在野党转变成“执政党”，角色与定位发生很大变化。“台独”主张与民进党“执政”依据的“中华民国宪法”及掌控和运作的“宪政体制”是对立的。作为“执政党”，修改“台独党纲”是与大陆展开直接互动的重要一环。民进党推行的政党转型就应该是调整路线，淡化“台独”主张，改善社会形象。民进党却未能审时度势，转型为一个成熟的政党。

2000 年 6 月，谢长廷在民进党第九届党主席选举中，顺利当选为民进党主席。7 月，民进党在台北召开第九届全体党员代表大会。陈水扁、吕秀莲及多位“部会”首长与会。会议通过大会宣言，选出新一届党的领导架构。

民进党内反对修废“台独党纲”的声音较大，会前曾提案废除“台独党纲”的“立委”陈哲南在会议开幕前一刻撤案。“九大”通过的宣言称，民进党不论“执政”与否，对于“台湾主权独立自主”的主张绝不动摇，对台湾 2300 万人民是台湾命运最终决定者的主张绝不动摇。

与大陆互动，是“执政”后的民进党必须要面对的问题。谢长廷试图探索出一条新路。7 月，谢长廷赴厦门访问的申请函被“行政院”以内容模糊为由退回，次日谢长廷为尊重“法令”规定，决定取消厦门之行。

针对民进党内一部分人自限于“台独党纲”，9 月、11 月，谢长廷提出“民进党不排除统一”、“‘中华民国宪法’就是一个中国架构”，激起党内的强烈反弹，甚至有人提出要罢免谢长廷。在党内“急独”力量的压力下，谢长廷虽有心与大陆交往，也无法说服党内不同派别，只得搁置自己的设想。

民进党内的务实派与基本教义派之间，元老辈与中生代、新生代之间，对于“台独”的认知及落实的路径看法不一，追求“台独”可以说是共同的目标，至于如何实现则各持己见。民进党修改“台独党纲”的最大障碍是党内普遍存在的认知偏差和错误，没有明确的主流共识，总体上采行模糊、拖延、观望的处理办法。“台独党纲”成为民进党无法与大陆直接沟通和互动的最大障碍。

民进党贯彻以党辅政的原则，为了协调党政“立院”党团的互动关系，以利于推动“政府”施政，在“少数政府”上台后，陈水扁主导成立了“九人决策小组”，每周召开例会，协调各方面的意见及行动。

2001年10月，民进党在高雄市召开第九届第二次党员代表大会。陈水扁等人在致词时，除了继续为其施政失误进行辩解，将责任推给在野党，再次向选民喊话，称2000年进行的只是政党轮替的第一期工程，即“行政权”的交接与“执政”经验的累积；第二步，就是“国会”的轮替势在必行，让选民继续给民进党以机会。大会通过“开创台湾经济新局决议文”。决议文宣示，“戒急用忍”政策在国际社经环境剧变下，缺乏有效管理规范，台湾资本仍然快速流失，民进党主张以“积极开放、有效管理”的新观念突破老旧经济体系。决议文主要内容包括“知识产业建国”、“经济开放自由”、“社会公平福利”、“政府廉能效率”、“全球经贸布局”等方面，同时将多项当局政策列入决议文，以拉近党与“政府”的政策距离。这是民进党高层为因应全球化及两岸经贸环境改变而对该党经贸政策的调整。

民进党九届二次全代会通过党主席谢长廷的提案，修正党章第十四条第二项，“经全国党代表大会就‘国家’重大政策所做之决议文，视为本党纲领之一部分”。此案讨论过程中引发争议，赞成者力主民进党应进行二次转型。这一决议的通过意味着1999年5月民进党八届二次全代会通过的《台湾前途决议文》将具有和民进党党纲同等地位的效力[①]。此举意在承认台湾依“宪法”所称“中华民国”“国号”，确保“独立现状”，消解中间选民对其“台独”立场的疑虑。

陈水扁胜选和民进党“执政”后，民进党内一度出现了政治转型的诉求，但没有成为主流意识。“台独”成为民进党的神主牌，民进党顽固坚持，在施政中加以具体化、政策化、实质化。党的政治路线不成熟，成为民进党发展的瓶颈，也是民进党无法顺利施政和政局混乱的根源。

国民党　2000年3月18日，“大选”结果出来后，国民党的惨败引起广大国民党基层党员及支持群众的强烈抗议，数千群众当夜包围了国民党中央党部大楼，强烈要求李登辉下台。一些深蓝群众走上街头，要求李登辉承担败选责任。在党内基层及社会各界人士的愤怒声讨中，3月，在国民党临时中常会上，李登辉被迫辞去党主席职务，由连战任代理主席，由“交通部长”林丰正担任秘书长。

国民党失去政权后，全党上下要求进行民主改革。3月，国民党中常会通过

① 台湾《中国时报》，2001年10月21日。

“改造委员会”成员名单，由连战任召集人，“行政院副院长”刘兆玄、“经建会主委”江丙坤任副召集人。4 月，国民党召开第一次改造委员会议，确定了改造党的组织、落实党内民主、加强党意和民意结合、重塑国民党形象、加强对党产和党营事业管理等六大主题，开始全面推行。6 月，国民党召开第十五届临全会，连战以 94.8%的高得票率当选为国民党主席，萧万长、王金平、蒋仲苓、吴伯雄、林澄枝当选为副主席。之后，又进行了首次 31 席中常委票选工作。改组后的中常委有 18 位新任，13 位连任，亲李登辉的人马或淡出，或被赶出权力核心。连战强调，这是国民党中兴的时刻，他将让国民党成为主导台湾“民主自由、繁荣进步的最大动力”。以连战为首的新的领导机构，带着国民党逐渐走出败选和“两国论”的阴影，凭借在“立法院”第一大党的实力，发挥制衡作用。

国民党号称有 200 万党员。清理党员队伍，清查党员人数，成为国民党改造的首要任务。党员重新登记活动，从 2000 年 9 月 1 日起至 12 月底结束，加上为期一个月的补登记期，于 2001 年 1 月 30 日完成。至 2001 年 3 月，国民党共有党员 928175 人。党员重新登记和发展新党员工作没有停止，至年底“立委”选举投票前夕统计有 112 万名党员。党员重新登记，多少有助于提高国民党的战斗力，改善国民党的形象。

国民党改造的另外一个重要举措是改变党的领导机构产生方式。2001 年 3 月，国民党举行创党以来的首次党主席直接选举，连战以超过 97%的得票率当选党主席。党员直选党主席，改变以往由上届领导人决定“政治接班人”、党内民主选举只是走过场的模式，党主席的民意基础大为加强。

行政资源的丧失，使原本被行政资源优势所掩盖的党内矛盾暴露出来。李登辉操纵台联，不断攻击国民党“脱离本土路线”，进一步分化国民党，取得了政权的民进党拉拢“蓝皮绿心”的国民党员，国民党面临着进一步分裂的危险。

2001 年 7 月，国民党召开第十六次代表大会。在桃园举行开会典礼及造势大会，打出“抢救经济为人民、族群融合爱台湾”的选战口号，以拉抬国民党年底“立委”及县市长选情。随后在台北市召开正式会议，通过副主席的同意任命案，及国民党中央评议委员及中央评议委员主席团主席名单的聘任案。大会审查修订了国民党党章、政纲，并通过了相关选举办法，选举产生了 210 名中央委员和 105 名候补中央委员，组成新一届中央委员会。7 月 30 日举行的国民党十六届一中全会选举产生了 33 人组成的新一届中央常务委员会①。

在十六全上，取消过去李登辉时期盛行的参选中委和中常委的特殊限制，取消“指定中常委”的规定，充分尊重参选者的意愿和权利，中常委全部改为票

① 台湾《联合报》，2001 年 7 月 31 日。

选产生。在决定参选公职候选人人选时，按照党内决定的游戏规则和程序，通过民调和党内民主决定的方式推举。党的领导机构成员由变相指定改为全部票选产生，是一场具有重要意义的变革，是国民党走向民主决策、实施民主运作程序的重要标志。

为了加强对“执政党”的监督，国民党、亲民党、新党逐渐走到一起。2001 年 6 月 10 日，连战与宋楚瑜会面，举行记者会，发表四点声明，公开表示双方将在“立委”、县市长选举以及其他重要政治议题上展开合作。

国民党与民进党正面作战，基层受亲民党蚕食，背后还遭到李登辉为首的台联党攻击。9 月，在基层党员的强烈要求下，国民党中央考纪会决议撤销李登辉党籍。

亲民党 面对李登辉等国民党高层人士的一再打压，在 2000 年“大选”中，宋楚瑜获得了约 466 万张选票的支持。他在“台湾省长”任内勤跑基层，关心民生疾苦，给民众留下良好印象。

宋楚瑜以 31 万票之差落败后，在原“立法院长”刘松藩等人的强力主导下，为了顺应支持者要求组党的愿望，于“大选”结果公布的当天晚上，宣布“新台湾人服务团队”将着手组建新政党。3 月，宋楚瑜阵营正式宣布组织政党。先拟议成立“新台湾人民党”，最终定名为亲民党，意取《四书・大学》强调的“大学之道，在明明德，在亲民，在止于至善”。

3 月 31 日，亲民党举行成立大会，宋楚瑜、张昭雄任正、副主席，钟荣吉任秘书长，会议通过了亲民党的十大党纲。亲民党成立后，在岛内各县市开展新党员登记活动，掀起一股入党潮。亲民党的成立导致岛内政局由两大政党对决进入三党鼎立时期。

新党 2000 年“大选”中，在支持新党的选民与拥护宋楚瑜的选民重叠的情况下，新党的公职人员为宋楚瑜辅选。随着亲民党的崛起，新党趋于边缘化。为了突显新党的存在，新党利用一切可能的机会在台湾政坛发声、曝光，以争取民众对其认同与支持。为因应亲民党成立对新党的影响，3 月，新党召开公职人员大会。会议一致决议：新党绝不与亲民党合并，双方只会在议题上进行合作。

新党面对变天的局面，逐步改变与国民党、亲民党争民意、争支持者的做法，向共同维护泛蓝利益的角度调整。三党认识到，民进党上台是泛蓝分裂的结果。2000 年 10 月底“核四案”爆发后，三党组成在野联盟，实现三党领袖会晤和建立秘书长会议。

伴随着实力的衰落和泡沫化的传闻，新党人气不足。内讧激烈，元老不断出走，召集人李庆华及部分“立委”转向亲民党。形象相对清新的郝龙斌“入阁”做官等，新党人心涣散。新党以往虽有政党补助经费，但缺乏财团及社会奥援，经费相对不足。新党一般党务及竞选活动多靠义工帮忙，限制了新党的发展。

台湾团结联盟　李登辉下台后，图谋东山再起。2001 年 5 月起，亲近李登辉的前国民党要员黄主文及“立委”许登宫等人开始策划成立台湾本土联盟，意图推出 25 位至 30 位具本土形象人士参选“立委”，成为“立法院”第三势力，协助民进党取得“国会”主导权。6 月，李登辉与陈水扁共同出席台湾本土社团——台湾北社成立大会。8 月，台湾团结联盟宣布成立，前“内政部长”黄主文出任首任党主席，公开推荐了共 39 位“立委”参选人。其基层党员主要来自国民党和民进党、建国党，但骨干分子仍以前国民党员为多。李登辉亲自出席，为台联党提名候选人站台造势，公开指称国民党“联共反台”①。

李登辉筹组台联党，重新介入政坛，害怕遭到政治清算，防堵陈水扁偏离其政治轨道。投入台联党旗下的各路人马则想借李登辉的政治光环捞取选票，延续政治生命，获取利益。

第二节　陈水扁“施政”与台湾社会运动

一　“施政”困境

“拼经济”未得要领　陈水扁上台两年来，政策摇摆不定，经济上毫无建树。幸赖反对党不团结，民进党成为“立法院”第一大党，陈水扁总算稳住了阵脚。他誓言“拼经济”，为 2004 年“总统”大选铺路。

2002 年 1 月，台湾正式成为世界贸易组织第 144 个会员。陈水扁发表元旦祝词称：“我们乐见两岸先后加入世界贸易组织，也愿意以更积极的作为来推动两岸经贸迈向‘建设性的合作关系’，为两岸人民谋求最大的利益和福祉。”②

陈水扁随之进行“内阁”改组。2002 年 1 月，游锡堃接任“行政院长”。2 月，游锡堃向“立法院”提交施政报告，提出“朴实新政治、科技新经济、牵手新社会、人文新台湾”四大政策方向。认为：“全球竞争的核心内涵，是脑力的竞争而不是体力的竞争，是品质、创意与速度的竞争，不是价格和数量的竞争；如何培养、争取以及留住人才，已成为维系台湾竞争力的核心问题，唯有留住人才，具备脑力及竞争力，才能在激烈的全球竞争中屹立不摇。北京举办奥运会的 2008 年将是备受瞩目的一年，‘行政院’将以此为目标，研究一项为期 6 年，包含经

① 台湾《中国时报》，2001 年 8 月 13 日。

② 台湾“中央社”，台北 2002 年 1 月 1 日电。

济、人文与生活三个方面的'国家总体建设计划'。"①

5月,"行政院会"通过"挑战2008——国家发展重点计划"。该计划提出"改革积弊、投资未来"的原则。"改革积弊"将从"政治改造"、"财政改革"、"金融改革"三方面入手;"投资未来"则以培养和引进人才、加强研发创新、建立"全球运筹通路"和改善"生活环境"为"四大投资主轴"。自2002年至2007年间实施,预期可以达到7大目标。6年内当局将投入新台币1.27万余亿元、地方政府1100余亿元、民间投资9300余亿元、特种基金3200余亿元,总计新台币2.65万余亿元。十大计划是:E世代人才培育计划、文化创意产业发展计划、国际创新研发基地计划、产业高值化计划、观光客倍增计划、数字台湾计划、营运总部计划、全岛运输骨干整建计划、水与绿建设计划、新故乡社区营造计划。预期达到创造70万个新工作机会、失业率降到4%以下、经济成长率超过5%、至少15项产品或技术居世界第一。来台旅客达到现在两倍以上(即每年突破500万人次)、研发投资占岛内生产总值(GDP)达3%,宽频到家普及率超过600万户②。

该计划确定今后台湾的产业升级方向,即以建立创新与研发体系,发展高附加价值产业来提高台湾的国际竞争优势。以吸引企业在岛内设立营运总部和推动新兴服务业发展,来提高台湾在国际产业分工中的地位和加强第三产业的国际竞争力。

相较以往的"国家建设计划","挑战2008"充斥着国际化、数字化、人文化字眼,似乎是一幅美妙的蓝图。台湾财力空虚已是不争的事实,当局举债不断,又要筑新的债台,"挑战2008"的天文数字般的资金从何而来,难以落实。

陈水扁拒不回到一个中国的原则立场,两岸关系存在着巨大的不确定性。台湾要想"积极开放,布局全球",必须与大陆就台湾的地位等一系列问题交换意见。两岸迟迟未能"三通",外商无兴趣浪费人力、物力及时间于冗长的两岸辗转换机、换船作业。就是台商,考虑到"三通"的难处,视投资台湾为畏途,"建设台湾成为台商及跨国企业设置区域营运总部的最佳地区"只能停留在纸面上。"挑战2008"照搬陈水扁的竞选文宣,徒具空头口号,暴露技术层面的盲点,不具可操作性。

8月,在"经发会"召开一周年之际,陈水扁召集"总统府"、"行政院"及民进党高层人员在桃园大溪宾馆举行经济战略会议,达成十项结论,以落实"深耕台湾、布局全球"的经济战略。主要包括:一是加速推动台湾与美、日及东盟国家

---

① 台湾《中国时报》,2002年2月27日。

② 台湾《中国时报》,2002年5月9日。

签署自由贸易协定(FTA);二是就两岸直航进行评估规划;三是全面提升产业竞争力;四是加快推动金融改革,在两年内使金融机构呆坏账比例降至5%,资本充足率维持8%以上,即“二五八金改计划”;五是规划建立南北双核心的综合竞争力;六是加强人才的培育与引进;七是投资优先、经济优先、投资台湾优先;八是加强公共建设,吸引更多投资及产业聚集;九是尽速推动成立“拼经济”的“国会多数联盟”;十是以后将不定期召开高层决策会议①。

11月,台湾当局召开“失业问题及相关经济议题”财经会议,确定在2003年将失业率降至4.5%以下,要求今后5年内每年岛内重大投资额至少保持在1.2万亿元以上。为此,台湾当局推出“公共服务扩大就业计划”、“扩大公共建设方案”、“投资台湾优先具体方案”等。

2003年初,陈水扁在元旦讲话中重申“四不一没有承诺”,慎重提出:“海峡两岸有必要将建立和平稳定的互动架构,作为现阶段共同努力的重大目标。”“要迈出第一步,可以从协商和推动两岸直航及相关的经贸议题着手,为双方文化与经济进一步的交流提供条件,进而使两岸能够在既有的基础及渐进的互信之上,秉持民主、对等、和平的原则,共同来处理更长远的问题。”

陈水扁一度考虑将稳定两岸关系、争取中间选民作为寻求连任的选战策略,摆出“拼经济、拼改革”的架式。为扭转民进党不会搞经济的形象,陈水扁在元旦讲话中明确提出全年的任务是“拼经济”。

随着“大选”临近,陈水扁大开福利支票。2003年7月,在短短数天内,陈水扁就送出多项利多政策,如编列近50亿元的预算处理教师退休金问题;将老农津贴从每月3000元增至4000元;增列近30亿元将退抚基金提拨率提高1%等。

针对岛内怨声最多的失业工人的就业问题,陈水扁推出共计700亿元投资,宣称要解决11万失业工人的就业问题。

10月5日,陈水扁提出7大竞选承诺,称到2008年的时候,希望达到台湾精致产品世界第一、观光客倍增、岛内生产毛额增长3%、失业率降低到4%以下、经济增长率提高为5%、网路宽频用户达到600万户以及创造70万就业人口。

“行政院”从年初到年终先后抛出了“699亿扩大公共服务建设方案”追加预算,3年3000亿公共建设预算,5年5000亿“新十大经济建设计划”方案。这些预算加上“六年重点发展计划”中的巨额投资,成为民进党吸引大企业和地方政府的经济大餐,来换取各级地方政府的支持。这样的计划停留在口头上,事实上难以实现。

---

① 台湾《中国时报》,2002年8月27日。

2002年初，受到美国经济成长的带动，台湾电子信息等产业出口增加，引发了大量贸易顺差，带动了台湾工业的发展。从需求面看台湾经济增长的来源，外需扩张是带动台湾经济增长的主要动力。主要来自台湾对外贸易的增长和贸易顺差的持续扩大。据台湾海关统计，2002年台湾对外贸易总额为2432.32亿美元，较上年增长5.7%。其中出口额达1306.41亿美元，增长6.33%；进口额1125.91亿美元，增长4.99%。全年对外贸易顺差为180.5亿美元，较上年大幅增长15.5%，成为拉动台湾经济增长的重要因素。

2002年初，股市有所反弹，失业率居高不下，又由于台湾以台、澎、金、马单独关税区的名义正式成为世界贸易组织的会员，产品关税降低，岛内产业保护能力下降，对台湾工业发展带来一定的影响。

2003年上半年，受到伊拉克战争及SARS疫情的冲击，岛内经济形势更加低迷。SARS疫情过后，国际经济形势趋于复苏，同时两岸经贸关系快速发展，带动了台湾经济景气逐渐回温。

自2002年以来，台湾经济逐渐步出2001年衰退的谷底而逐渐复苏，失业率却未出现同步下降，呈现结构性失业特征，影响岛内民间消费的增长。

由于浅碟型加工经济对外部环境的高度依赖性，制造业代工的局限性，产业升级与转型面临新的瓶颈，以中小企业为主体的台湾产业竞争力具有脆弱性，在投资环境恶化后，经济环境一直不景气。

政党轮替使台湾政治生态发生剧变，长期处于较稳定环境下的台湾经济面临新的挑战。民进党上台后，意识形态挂帅，政争不断。当局缺乏长远眼光和具专业素养的财经人才，政策摇摆不定，连连失误。在经济运行环境遭到人为破坏的情况下，短短4年时间，台湾经济即由稳定的中速增长迅速陷入低速增长甚至负增长的衰退低谷。所谓“拼经济”，也只是口号而已。

社会抗争运动频起　陈水扁当局推行某些改革措施，具有浓厚的政治色彩，决策过程摇摆不定，执行手段简单粗糙。从劳工、农渔民、教师到基层乡镇市长，涉及的范围越来越广，规模越来越大。社会中下层与民进党当局的矛盾积蓄与加深，便走上街头游行抗争。接连不断的民众抗议活动，频率密集，涉及劳工、农渔民、教师、基层公务员等社会阶层。民进党从街头运动的组织者变成街头运动抗议的对象。

2002年5月1日，台湾劳动人权协会发动劳工游行示威，抗议“劳动恶法”，反对官方、资本家联手压迫劳工。

8月27日，由“总工会”、“劳工联盟总会”、“产业总工会”、“联合总工会”、“医疗改革基金会”等80多个团体联合组成“八二七全民反健保调涨大联盟”，发动3万余人走上街头，抗议民进党当局调涨健保费。

9月28日，在民进党庆祝建党16周年的时候，6万余名教师举行了“九二八教师节大游行”，提出了“教师团结、教师尊严、劳动条件要协商”等诉求。抗议胡乱进行教改，主张保障教师尊严。

11月10日，台湾工运界年度盛事“秋斗大游行”，数千劳工打出“活不起、住不起、生不起、读不起、老不起、病不起”等口号，抨击当局只会拼选举，无视劳工死活，是“垃圾政府”。

12月1日，“高雄市失业劳工自救联盟”发动“反失业、争生存”大游行，要求高雄市长谢长廷保障劳工的工作权与尊严，呼吁当局重视日益严重的失业问题。

其时台湾有344家农渔会，主要从事推广科技，组织农渔业生产。台湾的农渔业基本上还没有商业化，缺乏足够的规模与正规的金融体系打交道。几十年来，其信用部经营方式与银行不同，农民无须以动产或不动产权契抵押担保，就可获得贷款。

2002年8月22日，“财政部“突然接管了36家农渔会信用部，然后由政府拨款900亿新台币垫消这些信用部呆账，将其悉数交给私人大财团银行去经营管理。在2002年底之前，接管全部农渔会信用部。

广大农渔民痛感饭碗不保，对民进党“执政”深表失望，群起抗争，决定走上街头，举行游行示威。11月23日下午，近年来岛内规模最大的“一一二三与农共生大游行”在台北市举行。据台湾农渔会自救会统计，这次游行一共动员了近13万名农渔民，各县市农渔民分乘超过2500辆的游览车向“中正纪念堂”集结，从“中正纪念堂”爱国东路侧门经中山南路、信义路、杭州南路、济南路、中山南路至3点钟时到达凯达格兰大道“总统府”前广场，高喊：“支持改革！反对消灭！”的口号。下午5时，游行队伍开始在“总统府”前和平解散①。

13万农渔民为生计走上街头，造成民进党自“八掌溪事件”、“核四风暴”之后的第三次“执政”危机。

推行“渐进式台独”　“台独”分子视国民党政权为外来政权，凡与中国有关的一切东西必欲去之。2001年12月，民进党成为“立法院”第一大党，激进的“独派”势力大受刺激，鼓吹“台湾正名，国家制宪”，加快了“去中国化”的步伐。

陈水扁宣布新台币为“国币”，准备分阶段对现有的驻外机构进行更名，逐渐改称为“台湾代表处”。以“台湾”名义申请加入世界卫生组织(WHO)，使“台湾”成为“国名”。“台独”分子要将英语定为第二官方语言，或讲河洛话(闽南话)，逐渐取代国语(普通话)。台联“立委”罗志明建议将台北“故宫博物院”改

① 台湾《中国时报》，2002年11月24日。

名为"福尔摩沙博物馆"。民进党及台联"立委"提出将"中正纪念堂"更名为"台湾民主纪念馆"、"国会广场",甚至主张将"立法院"搬到"中正纪念堂"。

陈水扁等人拒不承认自己是中国人,推行"渐进式台独",通过蚕食的手法,落实"台独"理念。"台湾正名"就是要以"台湾"取代中国,使台湾人不知道自己是中国人。

2002 年 3 月 17 日,由海外"台独"组织拼凑的"世界台湾人大会"再次在台北召开大会。民进党当局照例为"台独"分子回台开安全通道,陈水扁、吕秀莲等设宴款待并亲临致词,民进党主席谢长廷到会发表专题演讲。3 月 18 日,"台独"组织"世界台湾人大会",举行以"台湾正名,国家制宪"为主题的集会,陈水扁在会上称:"除了拼经济、'外交'、安全、'宪改',还要拼'台湾正名,国家制宪'。"

"台独"分子靠街头运动起家,惯于制造轰动效应,扩大知名度。5 月 11 日下午,"台湾正名运动联盟"在台北举行"五一一台湾正名游行",各路"台独"组织约 1 万人走上街头。

李登辉及台联党继续充当激进"台独"势力的急先锋。在开放 8 英寸晶圆、制订"公投法"等议题上频频发难。为了宣扬"台独"理念,李登辉利用"李友会"、"群策会"等"台独"组织,四处奔走煽动,鼓吹"制订台湾基本法"、"2008 年台湾独立建国"等。台联党在"立法院"抛出"总统台生条款"、"修改国籍法"、"重新确定领土范围"等"台独"主张。

2003 年,台湾当局完成"人民团体法"修正草案,删除了人民团体设立时"不得主张分裂国土"的限制;正式废止实施数十年的"国语推行办法",通过"语言平等法",将闽南语、客家话以及"原住民语"共 14 种语言列为"国家语言",取消国语的通用语言地位。

9 月 22 日,台湾"教育部"公布了 2005 学年度的"高级中学历史课程纲要草案",依据该草案,明代中叶以后的历史包括清朝及中华民国的建立、海峡两岸的关系等,全都归类到高二要学的世界史中。

2003 年 6 月 12 日,台湾当局就以有利于辨识为借口,正式宣布在 9 月"立法院"开议之前确定在新版"护照"上加注"台湾"字样,加注版是以现行"护照"封面为依据,直接在徽标下加注"TAIWAN"字样。9 月 1 日,台湾当局正式发行封面加注"TAIWAN"字样的新版"护照"。

二　大陆政策摇摆、彷徨

陈水扁是一个政客,惯于抄短线,搞投机。如果公开宣布放弃"台独"立场,支持他的铁票将流失;一味搞激烈的"台独"动作,也是以卵击石。他几次表示很想回福建漳州诏安老家看看，流露出心中的无奈与彷徨。

2002 年 5 月 9 日，陈水扁带领台湾各媒体总编辑来到金门附近的大担岛（靠近厦门），称："两岸必须重启协商的大门，方能减少误会及误判，复谈的第一步就是先行互访。8 月 1 日以后，阿扁将推动'执政党中国事务部主任'率团访问中国大陆，以促进彼此的了解与政党的和解。"①

次日，陈水扁以"三军统帅"的身份视察九鹏导弹基地，在谈到两岸"三通"时，首次提出了"不能被矮化、地方化和边缘化"三个原则，明确表示两岸"三通"可以考虑授权民间谈判；政府不必站在第一线，透过委任授权也是方式之一②。陈水扁继续在两岸关系上玩弄两手策略，企图以善意言论欺骗岛内民众和国际社会，将两岸无法复谈的责任推给大陆。

在两岸经贸上，自 7 月开始要求未经核准赴大陆投资的厂商补办登记，对违规者加大处罚。"经济部"制订"台晶圆厂到大陆投资管理办法"，加强对高科技企业赴大陆投资的监管。

在岛内过去的历次重大选举中，两岸关系与大陆政策是其中的一个重要议题，从未成为贯穿竞选过程的主导议题。2003 年春以来，陈水扁迫于自身政绩不佳，蓝军顺利整合的压力，将操弄"台湾认同"，煽动民众的"反中仇共"情绪，挑动省籍矛盾，制造两岸关系紧张作为竞选的主攻方向。

陈水扁"拼经济、大改革"的努力未见成效。4、5 月份，对中国大陆、香港地区非典疫情持隔岸观火、幸灾乐祸态度却疏于自身防范的台湾当局，吃到了苦果。非典疫情对台湾经济与台当局执政力造成严重冲击，给处于劣势的陈水扁提供了口实。

陈水扁以 SARS 疫情的爆发及台加入世界卫生组织图谋第七次挫败为契机，开始由渐进"台独"朝向急进"台独"方向转变。陈水扁操弄民粹，煽动岛内民众"仇共仇中"情绪，将对手扣上"联共卖台"的红帽子。在两岸部分地方非典疫情出现后，陈水扁当局缺乏起码的人道主义和道德良知，将岛内 SARS 疫情扩大的责任归咎于大陆，要将 SARS 正名为"中国急性肺炎"，称台湾的非典都是台商"西进引的祸"，是上帝对台商的惩罚，无理拒绝大陆捐赠的医疗物资。台湾当局利用一切机会宣扬、塑造被大陆打压的"悲情形象"，将其图谋加入世卫组织（WHO）受挫说成是中共不顾台湾民众的生命。

陈水扁在 2000 年竞选时曾明确承诺，若当选，将立即开放"三通"，上台后面临着兑现竞选承诺的压力。8 月 12 日，陈水扁抛出"两岸直航三阶段论"：

① 台湾"中央社"，台北 2002 年 5 月 9 日电。

② 台湾《中国时报》，2002 年 5 月 11 日。

一、在大选前为准备阶段，推动两岸货运便捷化，进行直航各项准备；二、大选后为协商阶段，“经由对等、尊重合作过程，让直航谈判顺利展开”；三、2004年底前为实践阶段，“完成协商，循序推动逐步落实直航措施”。行政当局公布了延宕已久的《两岸直航之影响评估》报告，承认直航可以给台湾带来巨大的经济效益，明确提出“直航不是要不要做的问题，而是应该怎么做的问题”，提出直航应循序渐进、逐步推动，并为最终的实施设定了超高难度的前提条件。

10月，“立法院”经过长达一年的艰难协商，三读通过“两岸人民关系条例”修正案，成为该条例1992年颁布实施以来最大规模的调整。其修法的要点为：在两岸谈判上设立“委托”和“复委托”的机制，当局可授权委托民间团体参与两岸商谈；两岸直航改采“许可、管理并行制”，行政部门须在18个月内拟订许可及管理办法；开放两岸经贸、大陆资金入台，金融保险证券期货可直接往来，大陆物品、劳务可在台促销广告；台商赴大陆投资由“许可制”改为一定金额以下采申报制的“许可申报并行制”①。

台湾当局称此次“修法”的指导思想由过去的“原则禁止，例外许可”调整为“原则开放，必要管制”，从技术层面为台湾当局适应两岸交流迈出一小步，修正案也确实改变了许多早已不合时宜甚至名存实亡的限制措施，对推动两岸交流有一定的积极意义。总体上看，开放的幅度有限，且多为对走在“法律”前面的事实的“追认”。

三　党派动态

民进党的党务改革　民进党的组织设计以推动民主运动为目标，未考虑到“执政”后政党和“政府”间的互动关系，在“执政”后无法避免发生党政互动、协调沟通和政策整合不力等许多问题。从“执政党”开始的“以党辅政”，党中央力图强化协调功能，到“少数政府”时期的“以党强政”，设“九人决策小组”，名为“执政党”，党中央却未能参与行政资源的分配和重大政策的决定，只有为施政背书，承担失误的责任，又无参与决策的权力，造成党内意志消沉。党中央及各派系反弹强烈，要求迅速改变党中央有责无权的处境。

2002年4月，民进党召开临时“全国”代表大会，会议通过一系列党章修正案，推动新一轮的党务改造，以压倒性多数通过由陈水扁兼任党主席一案。此次临全会通过的党章修正案包括“民进党‘执政’时，由‘总统’兼任党主席；非‘执政’时，党主席由党员直选产生”。陈水扁提出捍卫“政策理念、党政功能互补、培育适当人才、重整党务组织、强化选举机制”等五大强化党务功能方向。

---

① 台湾《中国时报》，2003年10月10日。

7月，民进党十届一次“全国”党代表大会在台北市召开，通过《团结为台湾、民主最进步》的大会宣言；选举产生新一届30名中执委和10名中常委、11名中评委，重组新的中央领导机构；一批党籍“立委”出任中央党部各部会主管。

陈水扁以“党政同步”为由兼任党主席，大权独揽，使中常会成为制度化的决策机制，党中央真正承担起协调“总统府”、“行政院”、“立法院党团”的平台作用，有机会真正掌控、有效使用“执政”资源，使民进党真正成为“执政党”，将原本派系共治的权力生态改变成“一人领导、派系共生”的结构。

民进党“执政”后，利用各种节庆活动举办入党仪式。至2002年10月，该党有党员41万多名。大批中产阶层的军公教人员加入民进党。中间特质的党员剧增，有助于民进党淡化极端的意识形态。

国民党　2002年1月，在国民党中常会上，国民党主席连战指出，国民党今后的路线，将坚持在“中华民国宪法”的定位下，维持“国家尊严”、“国家认同”；坚持台湾优先，“反共保台”；促进族群融合等。

8月，国民党在台北召开十六届二中全会。以“关怀人民，再创繁荣”为会议主轴，突显“只有国民党才能让民众安居乐业”。连战宣布，国民党要启动“2004年人民幸福工程”，以进行二次政党轮替。连战在致词中批评陈水扁提出“一边一国”、“公投急迫”的激进言论，呼吁台湾当局“歹路不要走，台独不可行”。批评民进党因意识形态无法了解九二年两岸会谈“一中各表”的重要性，坐失两岸对话的契机。

2000年连战接任党主席后，党产中七大投资公司资产为新台币719亿元。2002年时，党营事业账面净值为330亿元。2002年2月，台湾“法务部”拟定的“政党不当取得财产处理条例”草案出炉，草案规定由“行政院”专门设立一个独立委员会，负责清查国民党的党产。依此条例，国民党现行90％以上的财产包括中央党部大楼都可能被充公。为了反制，国民党提出将主动清理党产，并于3月在“立法院”通过《政党协调合作纲要》草案，决定未来在“立法院”加强与其他政党或政团合作，以维护国民党的利益。

面对民进党的清算图谋，国民党采取了一系列应对措施。9月，国、亲两党在“立法院程序委员会”以“未与在野党商量”为名，将民进党提交的“政党法（草案）”和“政党不当取得财产处理条例（草案）”退回“行政院”。同时，加快党产信托工作，主动交还一些党产。10月，国民党举行公开仪式，将当年接受捐赠、后来被认为“有争议”的156笔不动产的所有权状交给委任律师团，依照法律程序处理，总值约为新台币8亿元。

亲民党　2002年5月，亲民党首届党主席直选，宋楚瑜一人参选，以63.39％的投票率，99.46％的高得票率当选为亲民党主席。

6月，亲民党第一届“全国”委员会在台北召开。包括青年学生、海外代表400多人出席会议。会议通过了“国民党与亲民党合作，赢得2004年‘总统’大选案”等决议案。宋楚瑜在闭幕词中强调亲民党的理念是“中道”、“理性”、“优质”、“专业”；亲民党的发展方向是“全民政党”、“民主政党”、“创新政党”；亲民党对台湾未来发展的四项主张是“政治清明”、“经济发展”、“族群和谐”、“两岸和平”。这是亲民党成立以来第一次规模空前的党务会议，亲民党的党务工作开始向规范化迈进。

5月底，宋楚瑜在接受台湾东森新闻台的专访时，针对两岸关系首度提出“一中屋顶、两岸两席、三段三通”理论，阐释他对两岸关系的看法。

亲民党的固有矛盾如成立时间较短，缺人缺钱，缺乏基层组织等问题在短时间内无法解决。国民党重新崛起，国亲选民有极高的重叠性。随着国民党内部民主机制的建立，连战威望的提高，马英九人气的旺盛和国民党基本盘的趋于巩固，压缩了亲民党的发展空间。由于宋楚瑜缺乏行政资源和活动舞台，其勤政爱民的形象渐渐被淡忘，活动能力毕竟有限。

连宋结盟　陈水扁上台两年半来，政治混乱，换了三任“行政院长”，换了30多个“部会首长”，许下的诺言几乎没有兑现的。经济持续低迷，失业率超过5%，房市、股市缩水一半以上。标榜清流的民进党迅速与大资产阶级结盟，广大底层民众十分失望。教师、农民、工人纷纷走上街头，游行示威，表达他们的不满。陈水扁的任期只剩下一年多，台湾的乱象很难扭转，为蓝营实现台湾政权的再次轮替提供了机会。

国、亲两党在实力对比较悬殊的场合，大体上两党能够相忍为公，很快取得一致的立场，并收到良好的效果。对于马英九竞选连任台北市长，亲民党起初持保留态度，是要用支持马英九来换取国民党支持亲民党在高雄市提出人选。在高雄市，国、亲两党迟迟未能共同推出一名候选人，是造成选举失利的重要原因。亲民党发展面临瓶颈，实力决定宋楚瑜、亲民党必须屈居老二。国民党放下老大心态，消除宋楚瑜与国民党的恩怨，适度尊重。国民党大佬的屡屡劝诫，给宋楚瑜造成极大的心理压力，不愿再致蓝营分裂。

国民党是“百年老店”，是中国最老的政党，在台湾具有正统地位，虽然沦为在野党，还有庞大的党产和政经人脉。亲民党是从国民党出走的精英力量，缺乏必要的政经资源，只有与国民党合作，才能发挥作用。

2003年1月29日，国民党公开就“兴票案”向宋楚瑜道歉。2月12日，宋楚瑜发表《建构台湾未来的愿景》万言书，强调自己不计较权位，国亲必须且确实要合，连、宋两人中只会有一人选“总统”，他“尊重连战先生”，“不能为了栽培宋楚瑜而让团队无法成形，宋楚瑜不去计较什么位置”。2月14日，连战特地到亲民党中央党部与宋楚瑜见面，两人在会谈了90分钟后，正式签署“共同书面声明”和“国亲两党政党联盟备忘录”，设立“国亲政党联盟决策委员会”①。

3月30日，国民党“十六全二次会议”召开，党主席连战发表“政策白皮书”，称在赢得“总统选举”后立即访问大陆；在“九二共识”基础上，与大陆签署“投资保障协议”、“租税协定”以及综合性的“两岸协议”。大会通过提名党主席连战为下届“总统”候选人，并授权连战得推荐非党籍人士为“副总统”候选人，为“连宋配”取得了正当性。大会任命江丙坤、马英九为副主席，副主席人数增至6人，依序为萧万长、王金平、吴伯雄、林澄枝、江丙坤、马英九。

4月18日，国亲联盟召开第一次国亲政党联盟委员会议，“决定由连战主席、宋楚瑜主席代表国亲政党联盟参加第十一任‘总统’、‘副总统’选举，为‘总统’、‘副总统’参选人”。“国亲政党联盟决策委员会”无异议推荐“连宋配”代表国、亲两党参加2004年“总统”选举。

第三节　2004年“总统”大选乱象

一　陈水扁鼓吹“一边一国”、“公投制宪”

2002年7月21日，陈水扁在民进党十届一次全代会就任党主席的演说中，针对当天瑙鲁与中华人民共和国建交、同时与台湾当局“断交”事件，脱稿称：“‘台湾主权独立’绝对不能被剥夺和限制，我要呼吁大家，请求各位，不能对中共心存自我矮化、妥协求和的幻想。”“如果我们的善意无法得到中共相对的回应，我们要思考是否要走自己的路，走咱台湾的路，走出台湾的前途。”②

街头运动起家的陈水扁拼经济是外行，拼政治则办法颇多。8月，陈水扁在“总统府”以视讯方式向在东京召开的世界台湾同乡联合会第二十九届年会发表开幕致词：“台湾跟对岸中国‘一边一国’，要分清楚。”“台湾的现状是否要改变？不是任何一个国家、任何一个政府、任何一个政党、任何个人可以替我们决定，只有2300万伟大的台湾人民，才有权利对台湾的前途、台湾的命运和现状来做决定。”而有需要的时候如何决定？就是“公民投票，公民投票是基本人权，也是2300万人民的基本人权，不能被剥夺和限制的”③。

陈水扁抛出“一边一国”论，表明其有意放弃上台时所作的“四不一没有”承

① 台湾《联合报》，2003年2月15日。
② 台湾《中国时报》，2002年7月22日。
③ 台湾“中央社”，台北2002年8月3日电。

诺，公开挑战一个中国原则。

距2004年3月台湾“总统”大选临近，标榜“绿色执政，品质保证”的陈水扁当局，施政乏善可陈，政局动荡，经济低迷，反黑不力，广大民众普遍怀疑其施政能力。国、亲两党共组竞选团队，陈水扁难有坐山观虎斗的机会，要想寻求连任十分困难，所能做的并且能够立竿见影的就是挑起族群冲突、两岸对立。

2003年3月，“立法院内政委员会”对“公民投票法草案”进行审查，经过激烈争吵，会议主席提出停止讨论动议，“公投法”闯关失败。

5月，台湾当局借“非典”之机挤进世卫组织的图谋遭到挫败后，陈水扁立即提出要相关部门与岛内各界“共同研议推动台湾加入世界卫生组织的公民投票”。6月，陈水扁在非核家园大会中称：“在下一届‘总统’大选之前，也就是在明年3月20日或者之前，政府将对核四和其他重大公共议题举行公投，由人民直接做成最后的决定。”①至此，陈水扁在公投道路上又迈出实质性的一步。

9月，陈水扁提出：2006年，“2300万的台湾人民跟民主进步党，要共同催生‘台湾新宪法’的诞生”②。连战严词抨击陈水扁提出的“制宪时间表”：“陈水扁既然是依‘中华民国宪法’当选‘总统’，现在却又依附‘中华民国’不存在的说法，其领导‘国家’的基础已经消失，陈水扁实在有必要对外说清楚、讲明白，你现在是哪一国的‘总统’？”

陈水扁想在2004年3月的“总统”大选中，以“制新宪、建新国”的竞选主轴，对付连宋的“保卫中华民国”，煽动岛内中间选民对连宋的反感，挑战美国和中国大陆的压力，制造自己才是为台湾民众争取“主权”的“悲情英雄”，争取民意。

10月，民进党与台联党等“独派”团体联手在高雄市举行“全民公投、催生新宪”大游行，共号召约20万人参加。陈水扁与李登辉同台造势，陈水扁在大会上竟然称：“台湾为主权独立的国家，台湾与中国一边一国”，“台湾人民要建立正常、完整、伟大的国家，需要一部合身的台湾新宪法，于2008年正式实施。”“要透过公投于2006年共同催生台湾新宪法，2007年5月20日公布，2008年正式实施。”③陈水扁进一步抛出了“台独时间表”。

同日，岛内数家民间机构自发组织“民间保国大联盟”大游行，主题为“庆祝台湾光复，反对台独制宪”。

在陈水扁提出要催生台湾“新宪法”后，民进党当局一直回避到底是“修宪”

---

① 台湾《中国时报》，2003年6月28日。

② 台湾《中国时报》，2003年9月29日。

③ 台湾《中国时报》，2003年10月26日。

还是“制宪”，是“宪政改革”还是“独立建国”。陈水扁在美国大谈“制宪”，其“台独”程度超过1995年李登辉访美和1999年李登辉鼓吹“两国论”。美国个别政客大谈“布什总统是台湾的保护天使”，美国“不支持台独”，但从未说过“反对台独”，“台湾人民有权落实民主政治”，不断向“台独”分子发出危险信号。

随着岛内统独对峙升温，广大台湾民众对自己的身份认同立场不一，期待早日确定自己的真实身份。相当一部分人在不能统或独的情况下，选择了拖延，也就是维持现状。陈水扁利用广大民众要求当家作主的愿望，借助公民投票，还政于民，让广大民众自我选择，升高掌握自己命运的期望。如果大陆文攻武吓，则可将祸水引向大陆，指责大陆无权剥夺台湾人民的民主权利。

“公投法”闯关成功　国民党在公投攻防战中不甘被民进党牵着鼻子走，压缩蓝营在选战中的角色与空间，但又担心在“国家定位”等议题上，被民进党丑化，掩盖蓝营的主张，对“大选”相当不利，进退失据。

2003年6月，国民党“立法院”党团强调，公投可以落实，必须限定议题，国民党在公投问题上坚持“四不一没有”：不涉及“制宪、修宪”议题；不涉及“领土、国旗、国歌”变更；不涉及进行中或已完成之重大公共建设；不涉及预算案、租税案、薪俸案、人事案等事项；以及没有一己一党之私的选举考量，公投和选举必须分开举办。

国、亲两党转守为攻，要求加快公投立法，尽快完成核四公投，力争将公投与“总统”大选隔离开来，化被动为主动，反而将了民进党一军。“公不公投决定权在扁政府，后果也应由扁政府负责”。如果公投结果是停建核四，则台湾经济损失惨重，美国政经界也将对台湾履约的信誉产生怀疑。

10月，国、亲两党“立院党团”提出“国亲版公投法草案”，强调发动公投的主体为人民，排除政府机关提案权；基于谨慎发动原则，“全国性”公投提案、连署门槛需达最近一次“总统”大选人口1％、5％；地方性公投提案、连署门槛则为县市长选举人口2％、10％。

草案提出，有关“国号”、“国旗”、“领土”变更、有关“宪法”制定以及“外交”、“军事”、“国安”、“宣战”、“媾和”、预算、租税、人事、薪俸、社福、特定族群等事项，“需排除在公投范围外，宪政层次问题，也不宜以公投解决”。草案指出，“基于政治安定原则，将排除特定族群事项、社会福利事项为公投议题，并限制公民投票不得与‘总统’、‘副总统’选举或县市长选举同日办理”。为规范政府举办咨询性公投，草案建议，“禁止政府机关违反公投法规范，办理或委托任何形式、议题公投”[①]。

---

① 台湾《“中央日报”》，2003年10月24日。

为避免国、亲两党以“行政院”没有版本为由拒绝就公投议题协商，10月底，“行政院会”决定，通过与民进党版相同的“政院版公投法草案”，并即送“立法院”审议。民进党“立院党团”则要求国、亲两党立即协商“公投法”。

国亲“立院党团”炮轰“行政院”怠惰，照单全收民进党版本。事已如此，“立法院长”王金平表示，等所有版本送至“立法院”，他会尽速召集政党进行朝野协商，尽快交付“院会”审查。

蓝营坚持一个中国，反对台湾“独立”，对涉及“国家定位”的公投持抵制立场。11月10日，连战在国亲联盟辅选会议中强调，自己要对台湾2300万人民负责，“哪怕是不当选”，还是要挡下统独公投，不让台湾陷入可能危机。

面对陈水扁的“台独”攻势，连宋的支持度逐渐降低，有点招架不住，已经无法回避台湾定位问题。国亲部分人士认为，民进党看准国亲会反对公投，才连出险招，以“公投制宪”带动民意，同时把国亲反对统独公投的立场打成反改革、反民主。只有转守为攻，才能破解陈水扁的民粹牌，应该在“立法院”同意民进党版“公投法”，对统独议题不设限，逼迫民进党表态。

11月中旬，蓝营宣布改变对“公投立法”的立场，不再坚持反对“涉及‘国旗’、‘国号’、‘领土变更’及宪政层次的公投”，也就是不再排斥决定统独的公投，并将主动召集协商，让“公投法”在11月底前通过。

民调的滑落和舆论反应的震撼，连宋政策诉求曲高和寡，促使他们对难以获得民众的广泛认同进行反思。蓝营内部的民调显示，台湾主流民意已快速变化，在台湾“国家定位”议题上，倾向台湾自主的比率已比三年半前大幅增加，国亲维持现状式的选战，无法满足选民的胃口。国亲调整策略，在精神上反对“台独”，技术上赞成公投不设限，全力促成“行政院版”的“公投法”通过，让民进党当局为自己所颁订的这一部“公投法”负起完全的政治责任。至此，台湾两大政治势力在公投问题上取得相近的立场，不反对甚至支持台湾民众用公投的方式来决定台湾前途。

中国大陆忍无可忍。11月17日，国台办负责人就陈水扁当局通过“公投立法”进行“台独”分裂活动发表谈话，指出：“他们在‘公投立法’过程中，企图塞进有利于进行‘台独’分裂活动的条文，为其今后实施‘台独公投’制造‘法律依据’，图谋通过公投、‘制宪’并建立所谓‘台湾国’，实现其‘台独’主张。这是一个非常危险的分裂行径，是对一个中国原则的公然挑衅，是对两岸关系的破坏，是对台海局势和亚太地区和平稳定的威胁，也是对包括台湾同胞在内的13亿中国人民的严重挑衅。陈水扁的所作所为，早已一而再、再而三地背弃了他曾经作出的‘四不一没有’承诺，彻底暴露了其分裂国家的真面目。”“我们正告陈水扁当局，不要再欺骗、愚弄台湾民众，必须悬崖勒马，立即停止利用‘公投立法’进行分裂国家的罪恶活动。”①

美国国务院负责亚太事务的副助理国务卿帮办薛瑞福申明：“如果公投与新宪触及台湾独立的问题，美国就不支持。”②美国政府首次就台“公投制宪”问题公开表态，反对以“制宪”方式单方面改变台海现况的做法。

几十年来，公投在岛内没有市场。即使李登辉在当政12年中，完全有能力操纵公投，仍然害怕落实公投宣布建立“台湾共和国”，会导致台海局势失控。陈水扁上台之初，对公投采取了冷处理。由于陈水扁的冒险，加上美国的纵容，以及蓝营的选情压力，近几个月来，“公投立法”在台湾已是势在必行。

11月27日，在国、亲两党实质主导下，“立法院”深夜三读通过“公民投票法”。内容以国亲“立法党团”提出的修正条文为主体，“全国性”公民投票范围包括：法律的复决、立法原则的创制、重大政策的创制或复决、“宪法”修正案的复决，“行政院”不能提案公投，公投提案要由人民和“立法院”提出。

“公投法”的通过让蓝营占据了稳健本土派的位置。经过台湾当局的欺骗性宣传，公投被定位为深化民主的措施，所以长期反对公投主张的国、亲两党一直处于被动挨打的地位。此次蓝营主动出击，宣称“公投不设底限”，使自己的主张更开放。在程序上阻止统独公投和“台独”“制宪”设置了多道安全阀，降低了两岸冲突的可能性。公投议题不再是民进党的专利。

防御性公投条款增加了“台独”活动的隐患。国、亲两党怕带上“卖台”的帽子，所以开放党籍“立委”投票，让“行政院版”的这项条款予以通过。由于防御性公投没有详细规定发动条件，该条文极有可能被滥用。“公投法”的通过，是“台独”势力谋求台湾法理“独立”的一个重要突破。

11月28日，国台办发言人在回答记者有关询问时表示：“我们严重关切台湾地区‘公投立法’的有关情况，正在密切关注这一事态的发展。我们对这个问题的态度是十分明确的。世界上只有一个中国，台湾是中国神圣领土不可分割的一部分，中国的主权和领土完整不容分割。我们坚决反对任何人借‘公投立法’进行‘台独’分裂活动。任何人试图把台湾从中国分割出去，是我们绝对不能容忍的。”③

主权在民是指主权属于一个国家的全体人民，而不是属于某一部分或某一地区的人民。台湾人不是中国领土上的特殊公民。他们与中国其他省份居住的公民一样，只拥有与全体中国公民共同参与或拥有的权利。对台湾的主权，

① 新华网北京2003年11月17日。
② 大公报网2003年11月23日。
③ 新华网北京2003年11月28日。

属于包括台湾同胞在内的全中国人民，而不属于台湾一部分人。有关中国领土和主权的问题，中国任何一个地区都无权举行公投，台湾也不例外。

“台独”势力推出“和平公投” 在陈水扁当局宣布要举行公投之后，中国政府对台湾当局施加了压力。2003年12月初，温家宝总理访问美国，成功地促使布什总统对台湾公投计划明确表达反对立场，并公开批评陈水扁试图单方面改变两岸关系现状的言论和行动。日本、欧盟、俄罗斯、法国、菲律宾以及其他周边国家，也就台湾公投问题作出了类似的表态。陈水扁当局在国际社会空前孤立。

2004年1月1日，美国向陈水扁发出新警告，批评他的“防卫性公投”计划。国务院副发言人艾瑞里在记者会上声明：“我们反对影响状况、现状的任何片面举动，包括这个(3月20日的)公投。”“我们已经非常清楚地表明我们的关注。我认为这是公开记录和私下会谈的问题，我们要呼吁台湾政府小心注意。”“我们相信海峡两岸对话是解决这些问题的途径，而我们继续向双方表明这种立场。”针对陈水扁提到“四不一没有”的承诺在中国导弹威胁下不存在的说法，艾瑞里也坚定地指出，美国仍然认定陈水扁在2000年就职演说中所作出的“四不”承诺是有效的，并相信这一承诺会继续维持有效①。

中国大陆坚持“和平统一”，不想立即开战，台湾也经不起战争。美国不愿陈水扁走得太快、太远，将自己卷入一场无法控制规模和期限的战争。陈水扁的公投最终是要实现台湾“法理独立”，当前最大的功用是吸纳选票。在岛内中产阶级可以拥护的诉求内，陈水扁转变方式，提出搞反对所谓大陆布设导弹、坚持和平解决台海冲突的公投。

1月中旬，陈水扁公布了公投题目，共两条：一、“台湾人民坚持台海问题应该和平解决。如果中共不撤除瞄准台湾的飞弹，不放弃对台湾使用武力，您是否赞成‘政府’增加购置反飞弹装备，以强化台湾自我防卫能力?”二、“您是否同意‘政府’与中共展开协商，推动建立两岸和平稳定的互动架构，以谋求两岸的共识与人民的福祉?”②

陈水扁善打选战，打“一边一国”、打“台湾正名”、打“台湾人对中国人”、打“全民公投”、打“公投制宪”、打“国民党党产”、打“连战家产”，最后打“和平公投”。几个月来连连出招，陈水扁争得主动，反对党则疲于奔命。

从“一边一国，全民公投”，到“防卫性公投”，现在是“和平公投”，陈水扁进二步、退一步，在冲撞与妥协中寻求平衡点。从“和平公投”的内容上看，陈水扁

---

① 大公报网2004年1月2日。

② 台湾《中国时报》，2004年1月17日。

当局从涉及台海现状的既定思考中作出了大幅度退缩;从措辞上看,公开对抗和挑衅中国大陆的意味有所淡化。议题设置充斥着软性和温情,根本不必民众的公投。陈水扁意不在此,要激发起 1996 年台湾民众第一次直选“总统”的狂热,公投是最佳的选择。

17 日,国台办发言人表示:“陈水扁罔顾台湾人民的切身利益和国际社会的普遍反对,打着和平与民主的幌子,一意孤行地推行挑动两岸民众对立、破坏两岸关系的所谓公投。这是对台海和平与稳定的单方面挑衅,其实质是要为今后利用公投实现‘台独’做准备。对他这种执意在‘台独’分裂道路上走下去的行径,我们坚决反对。”①

二　蓝绿选战对决白热化

以分隔彰化县和云林县的浊水溪为界,台湾在选举版图上被切割为南北,浊水溪以北的选民以支持国民党为主,浊水溪以南则被认为是拥护民进党,北蓝南绿。

南部以农业县市为主的社会对民进党较为认同。从嘉义县市以南,民进党的力量比较强。国民党“当政时期”,公共建设重北轻南,政府整体预算北部占 7 成,南部只有 3 成。南部人长期不信任国民党,对国民党没有好感。

陈水扁选“总统”,要扩大选票,必须争取半数以上的民众。因此,陈水扁在稳定“台独”铁票的前提下,逐渐淡化“台独”立场,诉诸和平稳定色彩,争取中间选民的支持和认同。

为了在选战中不被陈水扁牵着走,蓝营坚持主打经济牌、两岸牌、安定牌,避免中了陈水扁的圈套。2004 年 2 月 9 日,连战与宋楚瑜在国民党中央党部主办的新春茶会致词时,重申了他的五阶段“台海和平路线图”。第一阶段,连战在“当选”后“就职”前,在对等与尊严的前提下赴大陆进行“和平之旅”,要求北京冻结并开始撤除瞄准台湾的导弹。第二阶段,开展制度性对话,建立台海“空中安全走廊”。第三阶段,搁置政治主权争议,两岸共同参与国际组织及活动。第四阶段,促进经济合作,签订类似“自由贸易协定”的条约,最终建立“两岸共同市场”。第五阶段,终止敌对状态,签订“两岸和平协议”。他表示,唯有透过两岸对话,以及向美国采购军备以壮大台湾的自卫能力,才能在台海维持和平与稳定。连战批评陈水扁政府执意推动公投的做法,斥其为“动员选民的操作”②。连宋要使广大民众相信,选择他们,才能真正为台湾带来和平与繁荣。

① 新华网 2004 年 1 月 17 日。

② 联合早报网 2004 年 2 月 10 日。

2月14日，台湾举办有史以来首次“总统”候选人电视辩论会。两岸问题是辩论的焦点。陈水扁质疑连战：“你在2000年说‘特殊的国与国关系’是务实的自我定位；2001年你又改称要主张‘两岸的邦联制’；在去年，你一下子说‘一中各表’，接下来又说要回避‘一中’；现在，你到底主张什么？”连战列举陈水扁四年来的发言反击说：“假如是处理‘未来一中’和‘统合’，那么我要请教你，跟今天的台独公投以及‘一边一国’，中间的差别，你自己怎么划分？”连战表示，国民党的主张是两岸搁置“主权”争议，共同争取经济发展①。

在公投议题上，连战质疑陈水扁违法发动“防御性公投”（“和平公投”），因为台湾的现状并没有被改变。陈水扁反驳，大陆用导弹瞄准台湾，又强迫台湾接受“一中原则”，台湾人必须通过公投来守护台湾民主和台海现状。

在两个半小时的现场电视转播中，双方也就税制、财政、教改、司法改革等议题发表看法。

为了破解陈水扁的公投牌，避免投票造成混乱，蓝营决定拒领公投票。2月，宋楚瑜明确表态，“不领非法公投选票”。连战表明个人拒领“违法公投”选票。新党主席郁慕明表示将发动民众拒领公投票。前“司法院长”施启扬等180名台湾法律界专家、学者和知名人士发表联合声明，呼吁民众向“台独”势力推动的“三二〇”公投说“不”，拒领公投票或投废票。

2月28日，台湾举办了有史以来最大的群众动员，由亲“政府”的“手护台湾大联盟”主办的“二二八百万人牵手护台湾”活动，共动员了220万人。群众以手牵手的形式，形成一条从基隆市到屏东县的“人链”，表达“反飞弹，要和平”的愿望。

针对绿营的动员造势活动，蓝营在高雄举办“千万人心连心”和平圣火路跑以及捐血活动。连战对现场约7万群众，用闽南语朗读由歌曲《你侬我侬》歌词改编的诗歌《你血中有我，我血中有你》，呼吁民众踊跃捐血，建议从2005年起2月28日为“全国捐血日”。

当晚，国亲联盟在台北举办“千万人心连心晚会”，连战呼吁“停止蓝绿仇恨”。他要求陈水扁告诉他的支持者，冷静面对“大选”的结果，停止暴力行为。

选情进入了白热化阶段，蓝绿民意支持度的差距正在缩小，约在3%—5%间。绿营擅长动员民众，民进党以“执政”优势，大量运用行政资源辅选，连宋的领先幅度逐步被蚕食。

为了反制绿营的动员造势，蓝营选在3月20日投票日前的最后一个“超级周末”发起百万人造势活动。3月13日，蓝营举行“三一三百万人站出来”造势

---

① 大公报网2004年2月14日。

活动，下午3点20分，全台同步齐声高喊“黑金下台，阿扁下台”、“换总统”，凝聚蓝军人气。竞选总部把原来计划在北中南三地举办的“三一三”活动，扩大到全台湾25县市127个点集结。

绿营继续发动强大宣传攻势。继“手护台湾”让全台广电媒体大联手报道后，绿营的“三一三大游行”再度让电视媒体携手，共出动11家电视台、21部SNG现场直播车、4架直升机、500名工作人员及6部转播车，驻守80个采访点，耗资逾2000万元新台币①。

从候选人的知名度、蓝绿的组织动员及文宣造势来分析，双方相差不过在几个百分点内，任何一个微小的动作都有可能改变选举结果。依蓝营估计，可能以微弱多数赢得大选。照前两次大选的选战模式来观察，双方的造势活动应在大选投票日前一个星期达到高潮。精于算计的陈水扁根据民进党的内部民调，对获胜并无把握，为了使对民进党“执政”4年颇为失望的绿营选民全部站出来投票，他想尽办法。

据新闻报道：3月19日下午1点45分，陈水扁、吕秀莲在行经台南市文贤路、金华路附近扫街拜票时，遭到枪击。吕秀莲觉得右膝盖非常痛，当时鞭炮声相当大，以为是被鞭炮炸到，陈水扁觉得下腹部湿湿的，惊觉状况不对，安全人员立即将陈水扁等人紧急送到台南奇美医院就医。

奇美医院的医生在记者会上展示陈水扁的伤势和伤口缝合后的照片，显示子弹由腹部右侧擦过从左边外皮层出，伤口深约2厘米，只是在皮肤层，未进入腹腔肌肉层。子弹是在陈水扁的衣物上发现，经过清创及缝合后，陈水扁意识清楚，生命迹象很稳定。

从时间上看，这个诡异的枪击案发生在“大选”投票前一天，从地点上看，枪击案发生在台南市，这是绿营的大本营；从民众的反应看，枪击案一发生，周围民众不是悲伤，而是欢欣鼓舞；从绿营的宣传看，枪击案一曝光，绿营的地下电台全部开动，称“外省人枪杀本省人”。一些原本对陈水扁失望的下层民众，转而同情陈水扁，对连宋产生恶感。

“总统府”立即启动“国安机制”。台湾“总统选罢法”第二十九条规定：“总统候选人之一于登记截止后至选举投票日前死亡，‘中央选举委员会’应即公告停止选举，并定期重行选举。”“中选会”表示，这次“总统大选”继续举办，明天照常投票②。民进党当局拥有公权力，完全可以中止选举，却坚持“大选”照常，但客观上限制了一部分人的投票权利。

---

① 联合早报网2004年3月13日。

② 东森新闻网2004年3月19日。

对陈、吕遭枪击一事，连战十分震惊，致电问候陈水扁，并要求与他直接通话，遭到婉拒。为了不趁人之危，连战宣布，取消“今晚台北、桃园、台中、台南及高雄的大型造势活动”，并呼吁民进党一同取消活动，以让台湾有一个平静的晚上。连战要求有关部门尽快调查，并于“今晚前向人民交代真相，人民有权了解为何在关键时刻发生这样的事情”①。因对胜选颇具信心，连战并未立即提出停止大选的诉求，只想早点开完票。从竞选策略看，连宋有盲目乐观的倾向。

三 “三二〇大选”结果民进党获胜，蓝营民众抗议不公

3月20日，台湾举行第十一届“总统、副总统”选举及第一次全台公投，下午4时投票结束，各地投票秩序大致良好，平和顺利，仅发生数起撕毁选票等情。

晚9时20分，“中选会主委”黄石城宣布，陈水扁、吕秀莲当选第11届“总统及副总统”。“陈吕配”获6471970票，得票率为50.11%；“连宋配”获6442452票，得票率为49.89%，废票337297张。

陈吕以29518票、0.23个百分点险胜连宋。若加上337297张废票、2.5%的废票率，陈吕得票率就变成48.83%，连宋得票率48.61%，双方都没有过半数。

在废票率上，上届有效选举人口为15462695人，共投出12786671张，投票率高达82.19%，废票122278张。此次有效选举人口为16507179人，共投出13251719张选票，投票率为80.28%，废票则开出337297张，令人惊讶。

在蓝绿阵营的正反宣导下，双方选民在是否投领公投票的问题上壁垒分明。绿营支持者踊跃投票，许多蓝营群众则拒领公投票。在国民党大本营之一台东县，投票率低至24%，少数民族乡镇的投票率甚至不到5%。

部分投票站20日下午5时左右完成“总统”选举开票作业后，就开启公投票，晚上10时左右结束。

两项公投，在“强化国防”题目上，赞成6456010票，得票率92%；反对577001票，得票率8%。在“两岸协商”题目上，赞成6264937票，得票率92%；反对542094票，得票率8%。因领票人数少于1645万名合格选民的一半，即约822万人，投票率分别为45.16%和45.11%，均未达到“法定”门槛的50%，因此两项公投均不成立②。陈水扁当局花了近5亿新台币举办、甚至不惜与美国闹翻的“和平公投”，以失败收场。

20日夜，中共中央台办、国务院台办就台湾当局举办公投发表声明：“3月

①② 联合早报网2004年3月21日。

20 日，台湾当局执意举办所谓‘和平公投’，试图挑衅两岸关系、分裂国家，公投结果无效。事实证明，这一非法行径不得人心。任何把台湾从中国分割出去的企图都是注定要失败的。”①

在投票的关键时刻，陈水扁利用“三一九枪击案”，造成对自己有利的态势。枪击案刚发生，民进党的宣传车和地下电台就在中南部散布“是外省人刺伤了阿扁”，对选民的投票意向产生了一定影响，使陈水扁获得了许多同情票。“行政院长”立即主持召开“国安会议”，宣布启动“国安机制”，军警进入紧急状态，造成多达十几万人无法行使投票权，而这十几万军警多是蓝营的传统支持者。废票太多，判断有人做了手脚。陈吕最终以不足 3 万票、0.23 个百分点的微弱优势惊险连任。民进党的竞选策略，在这场势均力敌的选战中发挥了关键作用，最终决定了选举结果。

本以为可以赢得大选的蓝营，面对近 3 万票落败的事实，一时难以接受，群情激愤，强烈抗议选举不公。3 月 20 日晚，选举结果基本出炉，脸色凝重的连战由宋楚瑜、王金平陪同，在竞选总部发表感言。他感谢支持者的努力，呼吁他们要理性和冷静。他指出：“昨天的枪击案始终没有一个明白的真相的说明。它对于我们这次选举的影响是不言而喻的，是直接的，是全面的。”他认为，这是一场不公平的选举，如果缄默面对，将无法向台湾的历史、民主制度、人民和子孙交代。国亲联盟一致决定，“准备要提出选举无效之诉”。台下聚集的支持者顿时高喊：“无效！”、“无效！”连战要求“中选会”立即查封所有票柜，以备作为未来验票的依据。连宋计划亲自到“高等法院”提出申诉，担心激起民众情绪，改由代表律师出面。在连战提出要申诉选举无效后，大批镇暴警察开始部署在“高等法院”外②。

21 日凌晨，连宋宣布带领支持者到“总统府”前静坐，抗议示威。大批国亲支持者则冲击台北“高等法院”。1 万多人聚集在“总统府”前，要求立即全面验票、陈水扁马上验伤。民众聚集在凯达格兰大道上，高呼口号并唱歌，“总统府”前则是拉起蛇笼，镇暴警察严阵以待。

21 日下午，连宋来到“总统府”前，连战向群众发表谈话，痛斥选举不公，向当局提出三项诉求：第一、陈水扁的枪伤案，邀请海内外专家组成“弹道及医疗”专案小组来查明陈水扁的枪伤；第二、强调当选无效，要求立即、集中、公正、公开验票；第三、陈水扁应该出来面对此事，厘清相关疑云。

同日，聚集在台中地检署前的蓝营支持者推倒地检署门前的隔离障碍，打

① 新华网 2004 年 3 月 20 日。
② 联合早报网 2004 年 3 月 20 日。

破大门玻璃，试图冲进地检署，与警方发生冲突。高雄市蓝营支持者突破封锁线，冲撞地检署大门，冲入地检署，警民发生严重冲突①。

22日，蓝营群众抗争进入第三天。民众聚集在“总统府”外，与上万名警察对峙，气氛紧张。

面对群情激愤的蓝营群众，陈水扁压力重重。23日，在发表“当选”感言后失踪72小时的陈水扁，以约见“五院院长”茶叙的方式首度公开露面，并提出政治解决与修法，试图化解危机。他表示“不排斥来做验票的工作”，呼吁连宋把“总统府”外已经聚集四天的群众劝散，虽然他可以理解落选者及他们支持者的心情，但也关心抗议群众对社会安定所造成的影响。他哽咽回忆枪击过程，表示没有人比他更想知道凶手是谁，并当场掀开衣服把枪伤伤口给“五院院长”看。

24日，针对连战提出“选举无效”和“当选无效”之诉，“高等法院”经过选举法庭合议决定，“中央选举委员会迄今未公告‘总统’‘副总统’当选人名单”，因此连战不能提出诉讼，予以驳回。根据相关“法律”，连宋必须在公告之后的15天内，提“选举无效”之诉；在公告之后的30天内，提“当选无效”之诉。26日，“中选会”正式公告选举结果，陈水扁、吕秀莲当选“正、副总统”。

经过近7天的观察与评估，26日晚9时许，国台办发言人通过新华社对“中选会”正式公布选举结果发表谈话：“我们注意到，台湾地区选务机构不顾参选一方的强烈反对，径行发布有关选举结果的公告。我们也注意到台湾参选的一方表示对此不能接受，并在继续进行抗争。我们密切关注事态的发展。”强调：“台湾同胞是我们的骨肉兄弟，如果台湾局势失控，造成社会动荡，危及台湾同胞的生命财产安全，损害台海地区的稳定，我们将不会坐视不管。”②陈水扁不敢用暴力镇压抗争的蓝营群众，与中国大陆的强硬立场有关。

27日，国亲发动的“三二七”抗议示威行动声势浩大。“总统府”到国民党党部大楼之间的广场，人山人海，估计有50万人参加集会，活动从下午2时到晚间6时为止。国亲以“要真相、拼公道、救民主”为诉求，台北支持民众自动前往会师，中南部大批群众则北上。

陈水扁不惧群众的抗争，与美国的偏袒有莫大关系。27日凌晨1时许（美国东部时间26日中午），美国白宫发表声明，祝贺“陈水扁先生”“连任”，但声明也说，认识到选举仍有些法律问题悬而未决。白宫的声明，从头到尾没有提到布什总统的名字，与四年前做法有差异。2000年时，白宫在陈水扁“当选”后，立

① 联合早报网2004年3月21日。
② 新华网2004年3月26日。

刻以克林顿总统名义发出声明祝贺。陈水扁对白宫声明“表示感谢”，肯定白宫支持依现有法律机制解决争议的说法，并希望在既有的基础上加强台美关系①。

29 日深夜，连宋委托律师团，再度向“高等法院”提起“当选无效”之诉，被告为“正、副总统”当选人陈水扁、吕秀莲。由于“选举无效”之诉的控告对象为“中选会”，且提出“当选无效”之诉后就可以展开司法验票，因此，国亲先提“当选无效”之诉。

4 月 2 日下午，“高等法院”开庭审理连宋提出的“当选无效”之诉，由于双方律师对验票问题无法达成共识，“高等法院”裁示双方律师应在 5 天内，对验票的程序、范围和方法进行协商。

4 月 3 日以后，民众继续走上街头抗争，对陈水扁当局施加压力。

由于没有公权力，蓝营的群众抗争活动虽然声势很大，对陈水扁却构不成真正的威胁，也无法改变选举结果。对于采取体制内或街头抗争的手段，蓝营内部意见不一。

4 月 10 日，天气晴朗。国亲联盟在“总统府”前举行 20 万人“公投拼真相”集会。国亲联盟提出“立即验票、追求真相、说明国安机制依何激活”三项主张，举办“成立三一九枪击真相调查委员会”连署行动。许多民众带着身份证影印本，踊跃参与连署。按照“公民投票法”，提案的门槛是 8.3 万人，连署人数必须是提案人数的十倍②。集会气势不如 3 月 27 日，连宋开始面对在野的政治现实，把目标转移到年底的“立委”选举。

陈水扁以微弱票数当选，尽管充斥着种种传言，如“自导自演三一九枪击案”、“非法做票”等，但在有确凿证据以前，其当选毕竟符合台湾现行“法律”及“法定”程序。连宋哑巴吃黄连，有苦说不出，愤起发动群众抗争。由于缺乏公权力，在不采取体制外手段抗争的情况下，司法介入改变不了选举结果，连宋只能眼看着陈水扁连任。美国主张连宋循体制内程序解决争端，对连战等人构成了不小的压力，客观上帮陈水扁渡过难关。以中产阶级为主体的蓝营群众温和理性，呼唱口号，羞于打、砸、抢、烧，并不擅长街头抗争，冲击“总统府”，逼迫陈水扁下台。这种绵羊式的抗争活动，对街头起家、坐过大牢的陈水扁而言，无非听到几句刺耳的话。若台湾社会动荡下去，必然造成股市、楼市暴跌，中产阶级将未享其利，先遭其害。在宣泄完怒气后，蓝营群众不得不默认选举结果，自行散去，透过司法渠道，继续抗争。

---

① 联合早报网 2004 年 3 月 28 日。

② 联合早报网 2004 年 4 月 11 日。

第四节 陈水扁"执政"危机

一 陈水扁"就任"后继续操纵"拼选举"政治

台湾当局继续进行"台独"分裂活动，恶意扭曲台湾民意，煽动仇视大陆，竭力挑衅大陆和台湾同属于一个中国的现状，图谋通过"宪政"改造等方式进行分裂活动，将两岸关系推到了危险的边缘。台湾当局的"台独"挑衅行径严重危害台海和亚太地区的和平与稳定，激起了包括广大台湾同胞在内的13亿中国人民的坚决反对，也受到了越来越多国家的质疑和谴责。

2004年5月20日，台湾当局举办第十一任"总统、副总统"就职典礼。陈水扁发表了《为永续台湾奠基》的"就职"演说。关于族群问题，他表示："不管是认同台湾或者认同'中华民国'，其实都是相同的归属。'族群多元、国家一体'是台湾这一块土地上最美好完整的图像，没有本土和外来之分，也没有少数和多数之别，2300万台湾人民应该是一个命运相同、荣辱与共的整数。"他提出未来的"施政"方针是"团结台湾、稳定两岸、安定社会、繁荣经济"。关于"宪政"改造，他保证："在2008年阿扁卸任'总统'之前，能够交给台湾人民及我们的'国家'一部合时、合身、合用的'新宪法'。"关于两岸关系，他表示："如果两岸之间能够本于善意，共同营造一个'和平发展、自由选择'的环境，未来'中华民国'与中华人民共和国或者台湾与中国之间，将发展任何形式的关系，只要2300万台湾人民同意，我们都不排除。"①

由于中国大陆不承诺放弃武力，因"台独"而引发战争损失实在太大，台湾大部分民众反对不惜一切代价搞"台独"。中国大陆正日益成为一个开放和民主的社会。祖国大陆经济的增长使得海峡两岸的力量对比越来越不利于台湾。

陈水扁"连任"后，图谋全面"执政"、长期"执政"，加速党内独裁，强人治台，全面扩张个人权力。随着陈水扁就职，"总统府"确认了"行政院长"游锡堃、"总统府秘书长"苏贞昌、"国家安全会议秘书长"邱义仁的任命。随后"内阁"团队举行成立仪式，就任新职。"行政院长"游锡堃提出四大施政主轴，包括"在人文领域，落实台湾主体性；在社会领域，完备生活安全网；在政治领域，建构正常政体；在经济领域，开展策略联盟布局，打造永续新台湾"。

陈水扁连任以后，将制定台湾新"宪法"改称为"宪政"改造，并承诺这次"宪改"不涉及领土、主权、统独等问题，但实际上一直在图谋通过"宪改"实现台湾

① 台湾《中国时报》，2004年5月21日。

法理“独立”。

2004 年 9 月以后一直到年底，在台湾“立委”选举期间，陈水扁以“总统”身份，主导“立委”选战，抛出“台独”主张，涵盖了台湾“宪改”在内几乎所有的方面，企图修改公民投票法和“去中国化”，有计划、有步骤地从各方面做准备。围绕“主权定位”、“国家认同”，从台湾正名、更改“国徽”、改教科书，到“连宋之乱说”、“两岸战争说”、“党产之争说”、“柔性政变说”，不断抛出议题，冲击台海局势。

“台独”势力一直通过正名台湾一举达到“独立建国”的目标。陈水扁上台后，将带有中国字样的刊物、机关、团体、街道逐步予以正名，更进一步升级到变更“国号”的层级。

陈水扁当局继续在教育领域大搞“去中国化运动”，为培植“台独意识”奠定基础。陈水扁自上台后便不断在思想文化领域推动“去中国化”运动，全面深入高中教科书以及公务员考试层面，意图割断台湾与大陆的历史、文化脐带。在新编高中历史教科书中，将台湾史从中国史中分割出来，并各自独立成册，以造成“两个不同国家的历史”的印象。

台湾社会向来动荡不安，特别是陈水扁上台以来，“拼经济”、“拼外交”、“拼改革”，全都是为了拼政治、拼连任。他不惜一切炒作“公投”、“统独”等最敏感议题，发动数以十万人计，甚至百万人的大游行，造成社会撕裂分化，许多亲朋好友、同学同事反目成仇。对民生冷暖，陈水扁却拿不出有效措施。

台湾政局发展与两岸关系密切相关，蓝营在“立法院”过半，一直扮演“台独”的刹车器。陈水扁和李登辉在选举的最后关头拉高姿态，让一场应该是关系民生议题的选举变质为“建国”之争，拼命在“台独”议题上冒进，膨胀了基本教义派的胃口。

12 月，台湾第六届“立委”选举结束。在共 225 席的“立委”席次中，国民党获得 79 席，亲民党 34 席，新党 1 席，加上国民党支持的 2 席无党籍候选人，蓝军共 116 席；民进党 89 席，台联 12 席，绿军只有 101 席；无党联盟 6 席，无党籍候选人 2 席。民进党“终结连宋”的设想落空。

求和平、求安定、求发展仍然是岛内的主流民意。渐趋理性成熟的广大民众对陈水扁的民粹政治心有余悸，对恶劣的政治生态深怀不满，对台湾前途忧心忡忡，烦躁郁闷，选择了冷漠与逃避，特别是一些对民进党抱同情态度的选民竟然也不出来投票。这届“立委”投票率只有 59.16%，远低于 3 月“总统”大选 8 成多的投票率，比三年前“立委”选举 66.16%的投票率少了 7 个百分点，为近 4 届“立委”选举的最低。广大选民不愿民进党一党独大，对处于低迷状态的蓝营伸出援手。蓝营席次过半，是台湾人民反对李登辉、陈水扁“正名”与“制宪”

的意见表达。

蓝营怀着巨大的危机感，抱定背水一战的信念。国民党吸取上次“立委”过度提名失败的教训，采取保守提名策略，把配票精致化。蓝营这次共提名116席，但民进党提名120席已经是超额提名，显示国、亲、新总量管制成功。国、亲、新在这一次的选战中充分合作，席次极大化，实现救弱补强，把处在危险边缘的候选人都救了出来。蓝营以“总量管制”、“比例均衡”、“团结合作”作为提名及选战基调，候选人以现任“立委”为主，稳扎稳打，配票也较为成功。配票的成功是蓝营过半的重要原因，造成席次冲高，终于稳住了半壁江山，岛内蓝绿阵营对决的局面终于确定下来。

从得票率看，台湾北蓝南绿的政治版图没有改变。民进党试图利用“总统”大选在中台湾得票率大幅增长的气势，抢攻台中县市、彰化县和南投县的策略未能奏效，在这些地区的席次并无增加。

“立委”选举结束，陈水扁在民进党中常会召开前，发表公开谈话，辞去民进党主席。

民进党执政5年，成效不彰，改革、清廉沦为空谈。民进党的本土化使得两岸关系日趋紧张，台海笼罩在不安定的阴影中。

2005年12月，台湾举行三合一选举，依照县市长、县市议员、乡镇市长选举顺序开票。县市长候选人数总计76人（应选23席），其中民进党提名19席、当选6席；国民党提名20席、当选14席；新党提名1席、当选1席；亲民党提名4席、当选1席；台联党提名2席参选，未当选。另外，无党籍及未经政党推荐29席，在这次县市长选举中获1席。较上届各党在县市长选举所获席次，国民党增加5席，民进党减少3席。

2005年全台县市长的选举人数总计为13645079人，投票人数9035144人，投票率是66.22％，比四年前的66.45％稍低。国民党与民进党相比是14比6，泛蓝与泛绿相比是17比6，民进党萎缩到1980年代创党时水平。国民党拿下3个深具意义的指标县，包括拥有371万人口、民进党“执政”16年的台北县，有“民主圣地”之称、民进党“执政”24年的嘉义市、宜兰县。得票率大增，与上一届相比，国民党得票率从45％上升到51％。在国民党取胜的县市，得票数大为增加，即使在国民党未能取胜的县市，得票率也大幅成长。

马英九在国民党中央党部发表胜选感言说：“这次选战的胜利，真正的赢家是全体台湾人民。国民党没有打败民进党，是民进党打败了他们自己。国民党今次重夺台北县这个大票仓，亦在民进党手中夺得嘉义和宜兰的县市长议席，这两个地方一直被称为民主圣地。国民党的胜利，显示台湾人向‘执政’民进党投下不信任票。”[①]苏贞昌、游锡堃、谢长廷在民进党中央党部召开记者会，说明选后感言。苏贞昌表示，这次的选举结果是民进党的重大挫败，也是台湾人民给民进党的警讯。他将扛下责任，辞去党主席职务[②]。

国民党自2000年丢失“政权”后，危机越来越大，尤其是在2004年再次选败后，陷入困境。马英九的清廉、公正、活力形象与国民党的新形象划上等号。台湾民众对一个崭新的国民党重新寄托希望。马英九效应代表着人民对诚信、清廉、正直、守法的期望。通过这次选战，马英九力克民进党，取得了泛蓝新共主的地位，自信心大为增强。

台湾广大民众希望两岸关系缓和、稳定。在这一次选举中，陈水扁一再挑起统独牌，打两岸关系牌，效果却在递减。民进党败选，主要原因是民进党“执政”能力的低下以及清廉形象的丧失。

二　“立委”选举后的台湾政治局面

台湾经济要取得长足进展，必须有一个稳定的政治环境，岛内的主流民意就是发展经济、改善民生，不管是“执政”的民进党，还是在野的蓝营，都不能背离这股民意，否则只会遭到广大选民的唾弃。陈水扁通过“国家认同”，煽动民粹，动员选民的做法几近极限。他一手主导的“立委”选战以失败告终，为朝野政党互动带来新的变数，显示极端民粹政治在岛内不得人心。

“立委”选举中亲民党席次大幅萎缩，成为最大的输家，支持亲民党的群众不断回到国民党内，国亲合并已是大势所趋，加速了宋楚瑜的边缘化。陈水扁对宋楚瑜的困境心知肚明，接连放话，称宋楚瑜若不嫌弃，可以屈就海基会董事长，甚至以“行政院长”一职相诱惑。

2005年2月，“扁宋会”经过近两个小时会谈，双方签署共同声明，计有十点结论，包括不会更改“国号”、更改“国统纲领”，推动宪政不涉及“国家”主权。陈水扁也承诺任内不会宣布“独立”，承认“中华民国”，不排除两岸之间未来发展，无意与对岸进行军事装备竞争，并致力于消弭族群对立等。为了延续自己的政治生命，宋楚瑜和陈水扁合作，在蓝绿阵营间待价而沽，重新建构自己的政治平台。

中国大陆为了挫败陈水扁“台独”分裂活动、推动两岸关系和平发展，邀请国民党政治领袖连战以及亲民党领袖宋楚瑜相继登陆，开展两岸政党交流，引发一波两岸关系交流热潮，“台独”分子承受强大的民意压力。

---

① 华夏经纬网2005年12月4日。
② 中新社台北2005年12月3日电。

5月，在台湾“任务型国民大会代表”选举中，蓝绿仍然是平分秋色。绿营（民进党、台联党及建国党）得票占49.87%，其中民进党为42.5%。蓝营（国民党、亲民党及新党）得票占45.91%，其中国民党为38.9%。整体投票率只有23.35%，创下台湾选举历史最低纪录。根据投票结果，赞同“修宪”的政党（国民党、民进党等）得票率高达83%，表示在新选出的“任务型国代”会议中，“修宪案”过关已成定局。

民进党、国民党全力支持“修宪案”，它们成为“国民代表大会”中第一、第二大政党，台联党、亲民党等反对党只能利用程序发言等手段抵制“修宪”。6月，“任务型国大”还是表决通过了“修宪案”。该案包括：(1) 废除“任务型国大”，“立法院”所提“宪法修正案”、“领土变更案”，从“国大复决”改由“公民投票复决”，有效同意票达到选举人总额之半数即告通过。(2)“总统、副总统弹劾案”处理程序，由“立法院”提交“国大”同意改为由“立法院”申请“司法院大法官”处理，经“宪法法庭”判决成立，被弹劾人应即解职。(3) 自第七届起，“立委”席次由225席减为113席，任期由3年改为4年。“立委”选举制度采取“单一选区两票制”，区域立委为73席，不分区为34席，山地及平原住民“立委”各3席，其中妇女保障名额不得低于二分之一。

实行“立委”席次减半和“单一选区两票制”，在岛内蓝绿对决、社会严重分裂的情况下，蓝绿双方支持者会将选票投给最有希望当选的大党候选人，可能出现“大蓝吃小蓝”、“大绿吃小绿”的情况，小党和独立参选人的空间将进一步被压缩，两党政治的雏形逐步确立。

通过“修宪案”，完成了“公投入宪”和废除“国民大会”。陈水扁宣布启动第二阶段“宪政改革”。其目标要以体制内“修宪”的方式落实“制宪”理念，以新的“国家主权论述”来“取代以往以‘大中国意识’为基础的主权概念”，建构台湾是“主权独立国家”的政治体制和法律体系。同时借助宪改，让更多的台湾民众接受所谓“台湾已是一个‘主权独立国家’、与中华人民共和国不相隶属”，“台湾前途应由2300万人民公投决定”的“台独”观念。最终通过“第二阶段宪改”完成“法理台独”。

连战、宋楚瑜相继登陆，陈水扁在两岸政策上失去了着力点，常把“陈胡会”挂在嘴边，先抛出盼邀国家主席胡锦涛来台，随后又称愿在第三地会面，后又希望8、9月在美国会晤，最后则变成了在APEC上会面。9月，在过境美国时，陈水扁声称，愿意邀请对岸领导人“不设时间地点、不设前提条件”，“双方握手和解，理性对话”。陈水扁拒不接受“九二共识”，就从根本上否定了两岸会谈的政治基础，其目的无非是为了抢回在两岸议题上的发言权。

陈水扁称，未来台湾处理两岸关系的指导方针为“台湾优先、全球布局、互惠双赢、风险管理"，并坚决反对由亲民党力推的"两岸和平促进法"。陈水扁多次强调要坚持走"和解路线"，将"争取谈、不怕拖"为"两岸协商新思维"，"和解不退缩、坚定不对立"仍是其推动岛内"政党和解"及"两岸关系正常化"的基本原则。

10月以后，岛内"三合一"选举的气氛越来越浓。在深陷"高捷弊案"、选情不利的情况下，陈水扁开始不断升高"台独"调门，逐步将台湾当局大陆政策的主线拉回到"内斗外抗"的老路上去。

与陈水扁挑衅式、对抗式路线有所不同的是，民进党内部多种力量开始思考新的方向。2005年2月，谢长廷出任"行政院长"，就提出了和解共生理念，主张在"宪法一中"下，开放两岸经贸交流。

三 马英九出任国民党主席

国民党主席连战任期到2005年8月为止。国民党副主席马英九和王金平都明确宣示参选。

马英九祖籍湖南湘潭，1950年在香港出生。其父马鹤凌，早年曾当过蒋介石的侍卫官，后来在蒋经国的"救国团"任职。马英九从台湾大学法律系毕业后，以优异成绩考入美国哈佛大学法学院，获得法学博士。1981年，31岁的马英九学成返台，很快就成为蒋经国的英文翻译，3年后便补任国民党中央党部副秘书长。蒋经国去世后，马英九曾任职"陆委会"，对促进两岸民间交流起了积极作用。马英九形象清新，有政治"不沾锅"之称，两次当选台北市长，代表着国民党内求新求变的中生代、新生代。其大陆籍背景则是其弱项，能否赢得台湾中南部下层民众的认可则有待考验。

游走台湾政坛多年的国民党副主席王金平，担任"立法院长"，处事圆融，广交三教九流，对国民党主席一职志在必得。党内要求改革的力量对他的沉稳并不看好，以王金平广泛的人脉关系，深得国民党内本土力量的拥戴。

2005年7月，国民党举行党主席选举投票。马英九以绝对优势胜出。8月，中国国民党第十七次"全国"代表大会举行。连战将党旗交给马英九，象征民主传承，马英九正式出任国民党主席。国民党"十七全会"通过政策纲领，以"民主、和平、新希望"为主轴，在两岸关系方面，国民党表明反对"台独"，主张回归"九二共识"，重启两岸会谈，并以"连胡会"五项共同愿景为基础，搁置政治争议，推动签订和平协定，致力经贸合作。在经济发展方面，国民党主张：循序迈向两岸共同市场，将台湾打造成自由贸易岛；持续提升产业研发创新能力；推动精致服务业，全面开放大陆人士来台观光；发展优势农业，开拓大陆市场；平衡政府财政收支[1]。此次大会以“民主传承、和平双赢”为主轴，以“改革、团结、壮大、执政”为目标，标志着国民党进入马英九时代。

国民党世代交替完成，党内中生代开始掌握权力核心，客观上为国民党加速改革、脱胎换骨提供了动力。连战出任荣誉主席，帮助马英九过渡，不仅可以避免党内分裂危机，还可减少改革阻力，重新树立国民党的形象。

亲民党中央在2004年底“立委”选后开始走“民亲、橘绿、扁宋合作”路线。选民当初支持宋楚瑜，是希望亲民党能促成“国亲合作、泛蓝团结、监督制衡”。既然扁宋走到一起，蓝营群众自然转向国民党。

宋楚瑜为了延续自己的政治生命，可以与国、民两党保持等距，甚至与陈水扁搞合作，但党籍“立委”却根植于泛蓝选民。亲民党籍“立委”纷纷出走，回归国民党，宋楚瑜的压力越来越大，对亲民党是否与国民党合并左右为难。

2005年12月“三合一”选举后，泛蓝基层民众要求国亲合并，重夺“执政权”的呼声高涨。不少亲民党“立委”做好重返国民党以延续政治生命的打算。李庆安、孙大千等公开要求党中央正视民意，林郁芳则借机宣布退出亲民党。

马英九和宋楚瑜举行会谈，达成两党“合作优先、暂不合并”的共识，强调两党今后将在“国会合作”、“政策整合”、“选举提名”等议题上加强合作。马宋对“组阁、军购案和监委同意权”想法几乎一致，而这三项议题都涉及到国亲合作与联盟，往后将维持国、亲、新三党合作模式，以维护泛蓝政党在“立法院”的多数。

第五节　“台独”政治与民众反贪倒扁运动

一　陈水扁终止“国统会”、“国统纲领”

2005年以来，通过两岸同胞的共同努力，尤其是连战、宋楚瑜相继到大陆访问，国共两党达成五项愿景，两岸关系有缓和迹象。这使陈水扁推行“台独”分裂路线更加困难。民进党在2005年底县市长选举中遭到失败，内政压力增大。为了转移内部矛盾，稳住权位，陈水扁试图制造新的台海危机。

2006年1月，陈水扁发表“民主台湾，生生不息”元旦祝词，声称：“六大改革中最重要的宪改工程，未来的推动必然是由下而上、由外而内、先民间后政党，以全民共同的智慧与力量，在2008年为台湾催生一部合时、合身、合用的新‘宪法’。”[2]

---

① 香港中国评论网2005年8月20日。

② 香港中国评论网2006年1月1日。

2月，陈水扁主持“国安高层会议”，裁定终止运作“国统会”，终止适用“国统纲领”。陈水扁虽然用了“终止运作”和“终止适用”裁示“国统会”与“国统纲领”，没有用“废除”，但两者意思并无二致，都是让“国统会”与“国统纲领”从此被废。这是陈水扁激进“台独”分裂活动的一个重要步骤。

“国统会”和“国统纲领”是李登辉当政前期的产物，一个中国和追求统一是其核心内容，相当程度上体现了当时岛内反对“台独”、追求和平的主流民意。1992年两岸的“九二共识”，台方就是在这一基础上与大陆达成的。在两岸陷入政治僵局下，“国统会”和“国统纲领”有着一定的象征意义。陈水扁上台后，将“国统会”、“国统纲领”搁置。为了向美国有所交待，不过分刺激中国大陆，他多次保证不会废除“国统会”和“国统纲领”。

陈水扁宣布终止“国统会”和“国统纲领”，国民党召开党内高层扩大会议因应。国民党发言人郑丽文转述，党主席马英九认为，陈水扁不但订定了“急独”时间表，并且采取具体行动，严重破坏现状，危及台湾利益。

针对陈水扁出尔反尔，蓄意挑衅中国大陆，2月28日，中共中央台办、国台办授权就陈水扁决定终止“国统会”运作和“国统纲领”适用发表声明：“他分明是企图借终止‘国统会’和‘国统纲领’，加速推进‘台独’活动，却谎称‘不涉及现状之改变’；分明是恶意挑衅台海和平，制造两岸关系紧张，却借口大陆威胁台湾；分明是自己推翻两岸商谈的既有基础，关闭了两岸协商大门，却侈谈‘透过协商对话建立互信交流的有效机制’；分明是为一己之私，企图把极少数人的‘台独’噩梦强加给二千三百万台湾人民，却说成是‘尊重台湾人民自由意志的选择’。陈水扁的骗术早已被世人识破，他上演的这出闹剧，只能是搬起石头砸自己的脚。”①大陆方面表达了自己的严正立场，奉劝陈水扁不可一意孤行。

3月2日，美国国务院在其网页发表书面声明，要求陈水扁公开重申没有废除“国统会”，“我们期待台湾当局针对终止‘国统会’运作一事，公开更正发言记录，必须丝毫不含糊的申明，2月27日的宣示不是要废除‘国统会’，也没有改变现状，并且再次保证，陈水扁的所有承诺继续维持有效”②。美国政府对陈水扁既打又护，告诫他不可冲得太快。

2006年1月，陈水扁宣布前民进党主席苏贞昌接任“行政院长”一职。苏贞昌表示，愿扛下重担、迎向挑战，走正道、做实事，以不负民众期待。

民进党在2000年主政后，先后共任命了唐飞、张俊雄、游锡堃、谢长廷4任“阁揆”。唐飞被称为“全民内阁”，张俊雄号称“合作代替对抗”的“合作内阁”，

---

① 香港中国评论网2006年2月28日。

② 香港中国评论网2006年3月3日。

游锡堃号称“战斗内阁”，谢长廷号称“和解内阁”。苏贞昌定位自己内阁的方向是“实事内阁”。苏贞昌“内阁”面临三大难题：一是经济发展与两岸关系；二是“新宪公投”；三是与“立法院”的互动。

动荡的两岸关系不利于台湾内部的稳定。苏贞昌有意与陈水扁在两岸关系问题上保持一段距离，当陈水扁执意刺激中国大陆，作为行政团队的首领，苏贞昌不得不跟进。随着权力基础的稳固，苏贞昌开始在大陆政策上转趋积极，争取人心，扩大优势。在开放大陆民众赴台旅游、两岸客货运包机上动作积极，相继宣布扩大“小三通”业务范围等。苏贞昌力图在两岸政策上走一条与陈水扁不同、较为务实灵活的路线，被外界称为“苏修路线”。

为了凝聚共识，使长期搁置、停摆的重大议题能够得以推进，7月，苏贞昌主导召开了“台湾经济永续发展会议”。这是2001年以来台湾规模最大的财经会议。会议包括“完善社会安全体系”、“提升产业竞争力”、“财政金融改革”3个分组议题，达成的共同意见大都是那些原本就不太有争议的公共议题，效果有限。

台湾金融业对促进经济发展、产业升级贡献巨大。20世纪末，台湾金融问题开始显现，影响到金融机构的正常运营，金融业无法担负起相应功能与责任，二次金改应运而生。

第一次金改，从2001年开始，以“除弊”为主轴，以“二五八”为政策目标，即在两年内将整体银行不良贷款比率降至5%以下，将资本适足率提升到8%以上。第一次金改取得了一定成效，银行不良贷款比率明显降低，资本充足率得到提升，银行信用方面也从负增长转为正增长。但银行盈利能力仍然不佳，缺乏创新，存放款利差为盈利主要来源。

第二次金改，从2004年开始，台湾当局订出官股减半为6家、14家金控公司整合为7家、至少有1家金控到海外挂牌或引进外资、提升3家金控公司市场占有率超过10%的目标，要求公股银行减半及促成3家金融机构市占率达10%以上，于2005年底完成，其他金改部分于2006年底完成。

在二次金改的执行过程中，民进党当局与大商人、大财团串通一气，政策制定粗糙草率，中饱私囊。有民间人士指出，民进党高官借二次金改，掏空了台湾。民众对民进党当局的贪污腐化行为，深恶痛绝。

民进党执政后，一些党员身居高位，放弃了以前的理念，贪污受贿，令党内清流人士不耻。2006年1月24日，前民进党主席林义雄发表“永为民主国家主人——为退出民主进步党告同志书”，宣布退出民进党。

施明德为“政党大和解”、许信良为“大胆西进”论，不容于民进党基本教义派，被迫退出民进党。林义雄却是基于公平正义退党，无疑是在否定民进党的道德正当性，令民进党上下十分难堪。

二　施明德发起“反贪倒扁运动”

2006年4月以来，陈水扁家人及亲信的一系列弊案陆续曝光。

前东帝士集团董事长陈由豪在2004年以后陆续揭发，在1998年陈水扁竞选台北市长和2000年陈水扁“大选”期间，曾给陈水扁和他的妻子吴淑珍提交大批政治献金，都没有收到收据。2006年6月，“立委”邱毅爆料，吴淑珍以权谋私，利用“第一夫人”的身份，拿某私人300多万元的君悦住宿发票，用作“总统国务机要费”核销。吴淑珍在强大社会压力之下，曾公开将价值近亿元新台币的基金、股票全部出清，并将估计过千万元新台币的获利捐赠给弱势团体及慈善机构。在办理“指定信托”之后，仍进行内线股票交易，并在“富邦一号”认购严重超额、一股难求之下，拿到4000万的额度。“审计署”派员赴“总统府”查账，事后将疑涉不法的相关资料函送“高检署”查黑中心调查。10月，“法务部”批准查黑中心检察官陈瑞仁暂调台北地检署办事，为侦结全案负责。

5月，陈水扁女婿赵建铭承认，购买“台开”股票的资讯系来自国票金董事蔡清文。邱毅爆料，从2004年4月到2006年2月，陈水扁家族介入四家金控公司的经营权之争，收受的“调解费”总额逾1亿元新台币，陈水扁官邸简直成为二次金改的“收钱中心”[①]。

民进党在野时，一直标榜清廉、清流，视反黑金为党的核心价值之一。民进党上台后，陈水扁及其亲朋好友占据了台湾公营事业的肥缺要津部门，官商勾结，大搞利益输送，中饱私囊，将公平正义弃置一旁。当政6年来，民进党高官弊案不断，广大民众怨声载道，精英阶层实在看不下去。蓝营提出罢免陈水扁案。绿营从政人士建议陈水扁交棒，交出权力。

6月，“立法院”完成了台湾“宪政”史上首次“总统”罢免案表决。共有133位“立委”投票，赞成罢免的票数是119票，0票反对罢免，14票是废票。因没有超过148票的罢免门槛，罢免案失败，无法进入第二阶段的公民表决。

在这场反罢免的斗争中，民进党打族群牌、本土牌，捍卫本土政权，实质上是在力挺贪腐高层。在清廉与贪腐的对决中，民进党高层站在陈水扁一边，在清廉议题上不再拥有任何道德制高点。

7月，台北地检署侦结“台开”内线交易案，依违反“证交法”等罪嫌，将赵建铭求刑8年、赵建铭父亲赵玉柱求刑10年、前“台开”董事长苏德建求刑8年。

随着“台开”案的爆发及赵建铭被押，吴淑珍涉及SOGO礼券案的新事证不断被披露，绿营内部发生争论，一派认为，陈水扁固然令人失望，但泛蓝也太过

---

① 香港中国评论网2006年5月31日。

分，主张全力保扁。另一派认为，陈水扁不等于本土政权，如果他赖在位子上不走，反而会让本土与贪腐划上等号。

陈水扁执政6年，民进党的核心价值丢失大半。陈水扁当局快速向大财团靠拢，赋税不公，偏袒财团。当局不断透过如促进产业升级条例等减税条例，每年为财团大幅减税，财政困难，债留子孙，贫富差距越来越大。绿营富有正义感的前辈人士忍无可忍。

面对在野党罢免陈水扁，泛绿学者连署促陈水扁辞职，民进党和本土社团则高举“捍卫本土政权”旗帜护扁。2006年7月中旬，民进党前主席施明德接受专访时强调，“捍卫本土政权是神圣的，但不能被拿来当成贪渎的遮羞布，更不能作为腐败的避风港”。所谓“本土政权”，是指2300万人民合法选出的政权，不管当选者的省籍或祖籍。施明德指出，6年前陈水扁筹组“国政顾问团”，找来财团和学界人士，酝酿成“白金政府体制”、“掌权者会勾结财团”①。

8月，施明德在台北“二二八”和平纪念公园举行“百万人民倒扁运动”记者会。近千名台北市民举着标语牌表示支持。施明德希望，一个月内征集百万台湾民众，每人各出100元新台币“承诺金”。一旦形成百万之众募得亿元经费，他就要重披战袍，亲率民众上街，瘫痪凯达格兰大道。

陈水扁拒不辞职下台，迫使“倒扁”运动由“立法院”转向大街。施明德希望通过大规模的群众运动，动摇陈水扁信心，迫使其辞职。

9月9日晨，连下了几场大雨，民众一起赶赴凯达格兰大道参加“反贪腐”静坐活动。民众穿上红衫，新闻媒体把这支反贪倒扁的群众队伍称为红衫军。施明德等人发表《九九运动宣言——百万人民集结前的最后呼吁》：“在陈水扁还可以选择尼克松模式下台的时候，我们奉劝陈家政权不要选择全斗焕、卢泰愚模式。70%的民意要你走，代表选出你的647万选票已经消耗殆尽，再强拉住18%，这就叫反动！当中间温和的人民被反动政权激怒时，陈家政权的家人能否立足台湾都不可知，届时陈水扁势将求马科斯模式而不可得。”②

9月15日傍晚，百万人反贪腐总部发起“萤光围城”游行。“围城之战”大游行沿台北市公园路左转襄阳路、衡阳路、中华路二段，经和平西路接重庆南路、罗斯福路，抵“中正纪念堂”回凯道后，再经公园路、馆前路进入终点台北车站南二门广场，全长约5.5公里。约30万民众手持烛火，缓缓前行，将夜幕下的台北城团团围住，表达了反贪倒扁的诉求。游行队伍尽管十分庞大，民众举止却较为理性平和，没有流血与暴力冲突。

---

① 香港中国评论网2006年7月19日。

② 香港中国评论网2006年9月9日。

几十万人围城圆满成功，施明德十分激动。他在台北火车站发表讲话宣布：“台湾人民胜利了，感谢上帝，赐给台湾这么可爱的人民，感谢上苍！”讲到此处，施明德深情地跪了下来，民众也跟着跪了下来。他高呼：“台湾人民万岁！”①

台北地区的静坐抗议活动，直接参与者多半属于北部都市中产阶层。他们守法意识较强，容易接受和平理性的诉求方式。倒扁不等于反民进党，反民进党不等于卖台。几十万人民反贪倒扁，是台湾民主化以来，第一次不分族群、不分阶级、不分性别、不分老少、不分党派，共同投入的民众运动，对台湾公民价值的重建与市民运动的发展具有重要推动作用。

陈水扁以“外省人欺负本省人”、“北部人欺负南部人”为诉求，动员南部中下层民众，加以反制，拒不下台。陈水扁是否下台，不仅关系到他自己的身家性命，更涉及到民进党获利阶层的切身利益。为了避免遭到政治清算、司法调查，民进党实力派人物不得不力挺陈水扁，帮助他渡过这场政治风暴。

受到民气的鼓舞，施明德决定持续抗争。10月10日为台湾“双十节”，按惯例，要举办“国庆”活动。施明德决定在10月10日展开“天下围攻”。10月10日上午，台湾“总统府”举办“国庆”活动。“百万人民反贪腐”总部发起的十几万人“天下围攻”集会游行，在台北市区上演。参与民众在陈水扁办公场所周边集结，高呼口号，表达反贪腐的诉求，场面火爆。6年不出席“国庆”的蓝军政治人物，几乎全部到齐，当面呛扁。被阻绝在“拒马”外数十万的民众，齐声高喊倒扁，遵守法纪，未爆发大规模的肢体冲突。

从9月9日静坐开始，到移师台北火车站，再到转战全岛，有数十万人参加的“天下围攻”，历经一个多月，终于降温。为了不使民众受累，施明德含泪作出“刀枪入库”的决定，仅留下数百人驻守台北车站广场。

“总统”罢免案需经“立法院”三分之二多数同意才有可能过关。目前“立法院”共有220席“立委”，过关门槛是147席“立委”赞成。国、亲两党甲级动员掌握112席，再加上无盟6席，总共掌握118席，离过关门槛还有29席的差距。争取不到民进党“立委”的倒戈，泛蓝党团的二次罢免案难以过关。

10月，“立法院”表决二次罢免陈水扁案。共有130人投票，其中116票赞成，1票反对，13票废票。罢免陈水扁案未获三分之二“立委”同意，二次罢免案闯关失败。蓝营在“立法院”内的“体制内倒扁”，与施明德街头的“体制外倒扁”一样，属于“明知不可为而为之”的立场宣示。

陈水扁当局立即采取措施。“天下围攻”被台警方、“法务部”、“内政部”认定违法。“警政署”经过搜证后，将包括施明德在内的19个人，分别依照违反

---

① 香港中国评论网2006年9月15日。

"集会游行法"、妨害公务罪名，移送台北地检署侦办。警方陆续传唤了施明德等人，威吓打击。

施明德领导的"反贪腐倒扁运动"展现出排山倒海的人气。民众长期占据街头，引起媒体及社会各界的持续关注，以示威游行的方式，试图从体制外造成压力，使陈水扁知难而退，辞职下台。对于一个道德沦丧、弊案缠身的"总统"，下台对他及亲信意味着负法律责任，是坐牢。为了保全身家性命，陈水扁顽抗到底，拒不请辞。施明德又害怕示威游行失控，反对流血冲突，将抗争限定在当局"法律"可以容忍的范围内。以红衫军的老弱病残民众与陈水扁当局长期抗争，力量高下立现，师老兵疲，施明德等人的落败无法避免。

赵建铭被检方收押，揭开扁家一连串丑闻，包括 SOGO 礼券案、"国务机要费"案等，使民进党陷入"执政"以来最大的危机。扁家弊案重重，终于引爆民众的愤怒。施明德发起的"反贪倒扁"运动，数日内得百万人捐款，在凯达格兰大道与台北火车站集会长达两个月，形成空前的倒扁红潮，被誉为"台湾的新公民运动"。经过倒扁总部一个多月来以各种方式诉诸国际媒体，陈水扁连篇谎话，其亲朋滥权贪利，世人共知，其鼓吹的清廉正义彻底破产。"反腐倒扁"运动最终无法突破蓝绿对决格局，却给台湾市民政治运动的发展，提供了一个新的思考方向。

11 月，检察官就陈水扁"国务机要费"全案侦结，吴淑珍、前后任"总统府办公室主任"马永成与林德训等四人提起公诉。陈水扁则以涉及贪污与伪造文书罪嫌疑，待其卸任后检方再进行追溯。这起所谓"国务机要费"案件，由"立委"邱毅爆料后，经过台湾社会舆论广泛质疑，正式进入司法程序，检方二度讯问陈水扁，创下台湾司法史上新页。

三　台北、高雄市长选举是对陈水扁"政权"的初步检验

2006 年台北、高雄两市市长选举既是争夺两大都市执政权的斗争，又因特殊的时间和背景，被赋予 2008 年"大选"前哨战及对陈水扁信任投票，重要性超出地方选举的范畴。蓝绿阵营高度重视。

2006 年 1 月，前"环保署长"郝龙斌宣布，将参加台北市长选举，并由新党推荐，重返国民党。国民党经过党内初选，由郝龙斌代表国民党角逐年底的台北市长选战。6 月，国民党高雄市长第二轮初选揭晓，黄俊英获国民党提名参选高雄市长。

同时，民进党召开中执会，通过提名谢长廷、陈菊分别参加台北市长和高雄市长选举。

蓝绿对决，实际上变成国民党与民进党对决。亲民党加速边缘化，宋楚瑜

心有不甘，想通过参选台北市长，引起国民党高层的重视，换取一些政治利益。国民党难以做出妥协，宋楚瑜最后参选到底，国亲在台北市长选战中合作破局。

12月，北高市长选举结果揭晓。台北市，郝龙斌以69万多票、53.81%的得票率击败其他候选人谢长廷、宋楚瑜、周玉蔻等，当选台北市长。高雄市，民进党候选人陈菊得37.9万票，得票率49.27%。黄俊英以1114票的微弱劣势惜败。他抗议选举不公，循司法途径解决，最后不了了之。

为保证自己阵营的候选人赢得选举，两市产生自动弃保效应。台北市，蓝营选票集中投给了郝龙斌，宋楚瑜只拿到4%的选票。在高雄市，绿营的选票集中投给了陈菊，代表台联党参选的罗志明仅得6000多票。

选举结果基本维持了南绿北蓝的生态。在民进党气势低迷，民众对国民党高度期待的情况下，国民党未能如预期赢取高雄市市长选举，民进党守住了“民主圣地”高雄市，陈水扁的政治压力得以纾解，蓝绿基本盘没有发生结构性变化。

宋楚瑜努力走遍台北449个里，依旧无法唤起群众的热情，只拿到5.3万多票，连5%的基本门槛都没有跨过。以无党籍身份参选台北市长、得票极少的亲民党主席宋楚瑜，选后召开记者会，正式宣布即日起退出台湾政坛。

第十八章　20世纪80年代以来海峡两岸关系的演变与发展

第一节　两岸由对峙转向对话

一　“和平统一，一国两制”基本方针的确立

1978年12月16日，中美发表建交公报，明确宣布：“中华人民共和国和美利坚合众国商定自1979年1月1日起互相承认并建立外交关系。”美国“承认中华人民共和国政府是中国的唯一合法政府。在此范围内，美国人民将同台湾人民保持文化、商务和其他非官方关系”；美国政府“承认中国的立场，即只有一个中国，台湾是中国的一部分”。在建交公报发表当天，美国政府声明，在中美建交的同日，“即1979年1月1日，美利坚合众国将通知台湾，结束外交关系，美国和‘中华民国’之间的共同防御条约也将按照条约的规定予以终止。”①中美两个长期敌对的大国建立了外交关系，为和平解决台湾问题创造了重要的外部环境。

1978年12月，中国共产党召开十一届三中全会，决定将工作重点转移到经济建设上来。中国共产党对内改革，对外开放，需要一个和平稳定的内部环境和外部环境，必须妥善解决包括台湾在内的历史遗留问题。

1979年元旦，全国人大常委会发表《告台湾同胞书》，指出：“近三十年台湾同祖国的分离，是人为的，是违反我们民族的利益和愿望的，决不能再这样下去了。”“早日实现祖国统一，不仅是全中国人民包括台湾同胞的共同心愿，也是全世界一切爱好和平的人民和国家的共同希望。”强调：“在解决统一问题时尊重台湾现状和台湾各界人士的意见，采取合理的政策和办法，不使台湾人民蒙受损失。”表示：“我们寄希望于一千七百万台湾人民，也寄希望于台湾当局。”因为“台湾当局一贯坚持一个中国的立场，反对台湾独立。这就是我们共同的立场，合作的基础。”表示：“中国政府已命令人民解放军从今天起停止对金门等岛屿

① 《中美建交公报》、《美国政府声明》，《人民日报》，1978年12月17日。

的炮击。”“台湾海峡目前仍然存在着双方的军事对峙，这只能制造人为的紧张。”建议：“首先应当通过中华人民共和国政府和台湾当局之间的商谈结束这种军事对峙状态，以便为双方的任何一种范围的有效接触创造必要的前提和安全的环境。”倡议：“我们希望双方尽快实现通航通邮，以利双方同胞直接接触，互通讯息。”“我们相互之间完全应当发展贸易，互通有无，进行经济交流。”①

《告台湾同胞书》词恳意切，语重心长，晓之以理，动之以情，郑重宣告了中国政府和平解决台湾问题的大政方针，呼吁两岸就结束军事对峙状态进行商谈，尽快实现“通商、通邮、通航”，在海内外激起巨大反响，标志着中国共产党对台政策正式由“一定要解放台湾”转向通过和平协商、政治谈判的方式实现国家统一。

为了缓和两岸关系，降低敌意，中国大陆方面采取了一系列措施。1979年元旦，中国人民解放军驻福建前线部队奉命从即日起停止对大金门、小金门、大担、二担等岛屿的炮击。停止炮击后，台海一带渔民可以正常从事海上捕捞活动，展开接触、交流。交通部、邮电部、民航总局、外贸部等部门相继出台多项政策，准备与台湾展开通商、通邮、通航。

中美建交后，美国并未抛弃台湾。1979年3月，美国参、众两院先后通过《与台湾关系法》，4月10日经美国总统签署生效。其要点是所谓对台湾的“安全承诺”：美国决定同中华人民共和国建立外交关系是基于台湾的前途将通过和平方式解决这样的期望；以非和平方式包括抵制或禁运来决定前途的任何努力，是对西太平洋地区的和平和安全的威胁，并为美国严重关切之事；美国将向台湾提供防御性武器②。

美国表示恪守中美联合公报，执行一个中国政策，却以《与台湾关系法》为基础，继续维持与台湾的军事关系，干涉中国内政，阻挠台湾与大陆的统一。美国的插手是两岸迟迟难以和平统一的关键因素。

考虑到以中央政府对地方政府展开接触，台湾当局不愿接受，党对党沟通较为可行，为了推进祖国和平统一进程，1981年9月30日，全国人大常委会委员长叶剑英发表了关于实现国家和平统一的重要讲话（简称“叶九条”），进一步阐明解决台湾问题的方针政策，主要内容是：建议举行中国共产党和中国国民党两党对等谈判，实行第三次合作，共同完成祖国统一大业；双方可先派人接触，充分交换意见；建议双方共同为通邮、通商、通航、探亲、旅游以及开展学术、

---

① 《告台湾同胞书》，《人民日报》，1979年1月1日。

② 《与台湾关系法》，国务院台湾事务办公室研究局编：《台湾问题文献资料选编》，北京：人民出版社，1994年，第1034—1035页。

文化、体育交流提供方便,达成有关协议;国家实现统一后,台湾可作为特别行政区,享有高度的自治权,并可保留军队;中央政府不干预台湾地方事务,台湾现行社会、经济制度不变,生活方式不变,同外国的经济、文化关系不变;私人财产、房屋、土地、企业所有权、合法继承权和外国投资不受侵犯;台湾当局和各界代表人士,可担任全国性政治机构的领导职务,参与国家管理;欢迎台湾工商界人士回祖国大陆投资,兴办各种经济事业,保证其合法权益和利润;欢迎台湾各族人民、各界人士、民众团体通过各种渠道、采取各种方式提供建议,共商国事[①]。1982年1月,邓小平在一次谈话中说:"九条方针是以叶剑英委员长名义提出来的,实际就是'一个国家,两种制度'。"

美国对台军售,是影响中美关系最严重的问题之一。为解决美国售台武器问题,1981年12月,中美开始就美国向台湾出售武器问题进行谈判。1982年8月15日,双方达成协议,8月17日发表中美联合公报(简称"八一七公报")。中美双方重申了"上海公报"和建交公报中确认的各项原则,美方声明:"它不寻求执行一项长期向台湾出售武器的政策,它向台湾出售的武器在性能和数量上将不超过中美建交后近几年供应的水平,它准备逐步减少它对台湾的武器出售,并经过一段时间导致最后的解决。"[②]"八一七公报"和上海中美建交公报一道成为中美关系发展的法律基础和政策框架。但由于该公报本身是双方妥协的产物,公报中美国政府阐述立场部分包含了一些含糊措辞,为美方故意曲解公报条文、继续向台湾出售武器寻找法律根据留下了空子。

在思考解决香港、澳门问题的同时,邓小平也在思考如何解决台湾问题。他认为,"一个国家,两种制度"是一种切实可行的办法,大陆坚持搞社会主义,台港澳仍搞资本主义,港澳回归后,其政治制度、经济生活方式不作变更,台湾与大陆统一后,也是如此。其时,在中国大陆,主流意识形态坚持社会主义制度远优于资本主义制度、公有制好于私有制,邓小平提出这样的思路,展现出难能可贵的探索勇气。

1983年6月26日,邓小平在北京会见美国新泽西州西东大学杨力宇教授时,对"一国两制"予以具体化、系统化,谈话要点是:(1)台湾问题的核心是祖国统一。和平统一已成为国共两党的共同语言,但不是我吃掉你,也不是你吃掉我。(2)要实现统一,就要有个适当方式,所以我们建议举行两党平等会谈,实行第三次合作,而不提中央和地方谈判。双方达成协议后,可以正式宣布,但万万不可让外国插手,那样只能意味着中国还未独立,后患无穷。(3)坚持一个中

① 《叶剑英委员长谈话》,《人民日报》,1981年10月1日。

② 《中美八一七公报》,《人民日报》,1982年8月18日。

国，制度可以不同，但在国际上代表中国的，只能是中华人民共和国。邓小平表示，“实现和平统一需要一定时间。如果说不急，那是假话，我们上了年纪的人，总希望早日实现。要多接触，增进了解。我们随时可以派人去台湾，可以只看不谈。也欢迎他们派人来，保证安全、保密。”[①]

“和平统一、一国两制”是建设有中国特色社会主义理论的重要组成部分，包括四个基本点：一个中国，这是实现“和平统一、一国两制”的前提；两制并存，在一个中国的前提下，大陆的社会主义和台湾的资本主义长期并存，共求发展；高度自治，统一后，台湾将成为特别行政区，享有高度的自治权；和平谈判，通过接触、谈判，以和平方式实现国家的统一。

“和平统一，一国两制”的基本方针与“一定要解放台湾”相比，从武力消灭敌人到与对方和平协商，从消灭资本主义制度到容忍其存在，无疑是一大历史性突破，体现了中国共产党维护国家统一的坚定性与解决历史遗留问题的灵活性。当然，台湾不是殖民地，不同于港澳。台湾问题是中国内战的产物，加上美国的介入，远比港澳问题复杂、艰巨。

海内外中国人对中国共产党和平解决台湾问题的倡议表示欢迎，要求台湾当局顺应历史潮流，积极回应大陆的善意，早日结束两岸对峙，走向统一。

蒋经国“执政”当局继续奉行“反共复国”政策。中国共产党首倡“三通”，提出了“和平统一、一国两制”构想在内的一系列对台方针政策，在军事上主动采取降低敌意的措施，两岸关系由对抗转向缓和。世界大势及台湾的实力决定了“反攻大陆”极不现实，“中华民国”也无法代表整个中国。面对中国共产党和平解决台湾问题的呼吁，蒋经国小心应对，其大陆政策出现了一些松动。

1981年3、4月间，国民党召开了第十二次党员代表大会，蒋经国主持大会，通过了“三民主义统一中国案”，发表宣言，强调“建设台湾与统一中国是不可分的，惟有建设台湾，才能实现以三民主义统一中国；也惟有以三民主义统一中国，才能使台湾永远保持安定与进步”；要求国民党以“三分军事，七分政治；三分敌前，七分敌后”和“以政治为前导，以军事为后盾”等为最高指导原则[②]。国民党中央成立了由严家淦、黄少谷、马纪壮等党政军负责人和学者专家共65人组成的“三民主义统一中国设计委员会”。

国民党开始放弃武力“反攻大陆，复兴建国”的大陆政策，调整为“以三民主义统一中国”。国民党强调“三不变”：“‘反共复国’的基本政策决不改变，‘中华民国’所定的国体决不改变，以三民主义统一中国的目标决不改变。”蒋经国强

---

① 《邓小平会见杨力宇时的谈话》，《台湾问题文献资料选编》，第273—274页。

② 台湾《“中央日报”》，1981年4月3日。

调两岸是制度之争，并不一定要使用武力，等待大陆发生变化。他对中国共产党提出的和平统一、国共两党对等身份进行谈判心怀疑虑，称这是中共的“统战阴谋”。蒋经国在大陆政策上提出了“不接触、不谈判、不妥协”的“三不”政策，严禁台湾同胞讨论和平统一问题。

廖承志先生与蒋经国先生有着深厚的亲朋关系。人到老年，愈加怀旧。考虑到台湾问题久拖不决，对蒋经国等人不利，亦不利于两岸关系降低敌对状况。经过再三考虑，廖承志决定给蒋经国写信，阐明自己的态度。他几易其稿，反复斟酌。1982 年 7 月 24 日，廖承志发出一封致蒋经国先生的公开信，对其“不接触、不谈判、不妥协”的大陆政策表示“期期以为不可”。指出：“祖国和平统一，乃千秋功业。台湾终必回归祖国，早日解决对各方有利。台湾同胞可安居乐业，两岸各族人民可解骨肉分离之痛，在台诸前辈及大陆去台人员亦可各得其所。”奉劝蒋经国：“吾弟一生坎坷，决非命运安排，一切操之在己。千秋功罪，系于一念之间。”并以鲁迅诗句“度尽劫波兄弟在，相逢一笑泯恩仇”共勉[①]。廖承志致蒋经国的公开信，晓之以理，动之以情，催人泪下。这封信公开发表后，引起海内外中华儿女的强烈共鸣，对台湾国民党大陆籍人士产生了一定的影响力。他们中的一部分人认同廖承志的和平统一祖国的呼吁。

邓小平设计的“和平统一，一国两制”，照顾到台湾当局的现实利益，有助于降低两岸的敌意。在中华人民共和国与“中华民国”的中国正统之争中，中国共产党已取得压倒性的胜利，台湾作为中华人民共和国的一个特别行政区可以说是一种较为可行的安排。如果台湾宣布“独立”，首先必须否定“中华民国”的法统，对蒋经国而言，无疑是政治自杀，他不能走上这条绝路。两相比较，蒋经国接受“一国两制”，虽然取消“中华民国”的招牌，仍然可以维持国民党在台湾的统治。但国共怨隙已久，要蒋经国放弃国民党的正统思维，实在很难。

1986 年 5 月，台湾“中华航空公司”B198 号波音 747 货机机长王锡爵驾机自泰国曼谷飞往香港途中，在广州白云机场降落，要求在中国大陆定居。为妥善处理这起事件，经过中国民航两次电邀，台湾当局终于同意华航代表与中国民航代表进行商谈。双方通过四次商谈，达成了协议。这是 1949 年以来，海峡两岸有关方面就处理具体问题进行的第一次公开商谈。

1986 年 3 月，蒋经国在国民党十二届三中全会上作了《中国之统一与世界和平》的报告，强调“中国只有一个，中国必将统一”，必须“统一在福国利民的三民主义制度之下”，“绝不与中共妥协”，攻击“一国两制”是“统战骗局”[②]。1987

① 《廖承志致蒋经国信》，《人民日报》，1982 年 7 月 25 日。

② 台湾《“中央日报”》，1986 年 3 月 30 日。

年7月，台湾当局正式宣布解除戒严，开放党禁、报禁。11月2日，宣布开放台湾民众赴大陆探亲。

鉴于蒋经国晚年患有严重的糖尿病，身体每况愈下，随时可能撒手人寰，邓小平多次派人传话，希望尽快举行国共高层对话，先就台湾问题的大框架定下基调，避免蒋经国身后岛内局势可能失控。由于台湾社会的民主化浪潮高涨，美国对台压力增大，蒋经国的主要精力仍放在岛内政治革新，在坚持一个中国前提下，探索统合两岸关系、寻求国家重归统一的新途径，"反共复国"的基本政策并未改变。他对邓小平的呼吁十分谨慎，害怕骤然调整两岸政策可能带来的巨大冲击。

邓小平、陈云等中共领导人在多种场合表达了举行国共和谈的愿望。陈云认为现在"两边虽然吵架，但都坚持只有一个中国、反对'台湾独立'的立场。在这一点上，我们两边是一致的"，他还说："将来我们这边的老一辈人不在了，接我们班的人仍然会坚持这个立场，并且能够坚持下去。但他们那边的老人不在时，接他们班的人是否会坚持这个立场；如果坚持，客观上是否能坚持得住，这些就很难说。"因此，"要趁我们这些老人还在的时候，早做打算，早下决心，先把国家统一起来"[①]。这些先见之明有感而发，透露出对蒋经国身后两岸关系的忧虑。

蒋经国通过"革新保台"，台湾经济飞速发展，民主化运动高涨，台湾本土籍精英迅速成长，都给两岸关系的发展带来新的变数。然而，解除戒严、开放党禁和开放民众赴大陆探亲，毕竟使两岸封闭隔绝的大门打开了，为海峡两岸关系的发展带来新的契机。

大量台湾民众赴大陆探亲访友，隔绝了近40年的两岸民间交流重新启动。两岸学术、文化、科技、体育等各种交流活动广泛开展起来，两岸经贸关系得到发展，两岸邮电间接开通。探亲潮引发的大陆热，特别是台湾对大陆在经济上显现出来的依存性，使台湾当局非常害怕，它虽然采取一些措施来冷却大陆热，却难以阻挡台湾民众要求改善、发展两岸关系的呼声。

二　海峡两岸的接触与"江八条"的提出

1988年1月13日，台湾当局领导人蒋经国病逝，李登辉继任。上台初期，李登辉延续了蒋经国的大陆政策，强调要坚持"中华民国宪法"，宣称"本人是台湾人，但也是中国人"。在继任"总统"后的首次记者会上，表示"'中华民国'的国策，就是一个中国的政策，而没有两个中国的政策"，必须以"新观念"来处理

① 《1983年12月25日陈云关于台湾问题的谈话》，《台湾问题文献资料选编》，第285页。

两岸关系，一切政策措施要以台湾“安全作出发点”。

1988年7月，国民党第十三次党员代表大会召开，通过《中国国民党现阶段大陆政策案》，维持了蒋经国生前确定的反共、反“台独”的基本立场和原则，强调现阶段大陆政策应体现“立足台湾，放眼大陆，胸怀全中国”，“应有前瞻性，但不是浪漫的憧憬；应有开放性，但不可撤除安全防线，以‘国家安全’为前提”，“必须将中共与中国分别界限；将大陆同胞与中共政权分别对待”，反对“一国两制”，“清除马列主义共产制度”，以“自由、民主、均富统一中国”。决定在党的系统设“大陆工作指导小组”，对中央常务委员会负责；“政府”方面设立“大陆工作会报”专责机构，协调处理“部、会”间有关大陆事务。

李登辉在多种场合下强调“一个中国”政策，称“今天‘政府’虽然立足于台湾，但我们必须共同确认，中国只有一个，而且必须统一于自由民主的制度之下”。“中国人的血脉断难分离，中国人的命运终为一体”，“中国统一是我们未来最确定的目标”。但“我们与中共是一个敌对的关系，我们如不能统一大陆，中共就要统一我们”。

在承袭蒋氏父子“一个中国”政策的同时，李登辉开始表露出一些与蒋经国不同的想法。1988年2月，当记者问他是否接受以“中国台北”的名称加入亚洲银行问题时，李登辉表示：“最重要的问题是，‘中华民国’改了名称以后，以正式会员名义参加的时候，权益上有没有受到损失？”为了突破“外交”上的困境，他“不需要去计较名称”，“‘双重承认’的问题，如果在可能的情况下，我当然很高兴”。不计较名称与可以接受“双重承认”，这与蒋氏父子的“汉贼不两立”是完全不同的。

随着岛内外形势的变化，李登辉深感必须制订出新的政策，来解决两岸关系的定位，否则台湾在与大陆的对抗中，愈加被动。1990年5月，李登辉发表谈话：“愿意同中共进行政府对政府的对话，对话必须在一个中国、政府对政府和双方地位平等的基础上进行。我们愿意谈判，但不能由两个政党进行谈判，因为国家的统一不仅仅涉及两个组织。一个国家，两个政府，这是事实。”李登辉在“总统”就职演说中正式使用了“中共当局”的提法，表示“愿以对等地位建立双方沟通管道”，明确提出了两岸统一谈判的三个条件，要中共“推行民主政治及自由经济制度，放弃在台湾海峡使用武力，不阻挠我们在一个中国的前提下开展对外关系”[①]。李登辉接受了“一国两府”的构想，在实际运作中按此构想来规划处理两岸关系。

1990年10月，由李登辉主导，台湾当局在“总统府”内成立了“总统府国家

① 台湾《“中央日报”》，1990年5月21日。

统一委员会”(简称“国统会”),负责国家统一大政方针的研究与咨询。“行政院”院会成立“行政院大陆委员会”(简称“陆委会”),次年1月正式组成。“陆委会”承“行政院长”指示,从事全盘性及大陆工作的研究、规划、审议、协调及部分执行工作。半官方的具有民间财团法人资格的中介机构“财团法人海峡交流基金会”(简称“海基会”)1991年3月正式挂牌工作,它是台湾当局大陆政策执行机构。海基会受“陆委会”委托,负责办理海峡两岸有关纠纷处理(包括经贸、旅行、渔业、著作及一般民事计5类15项)和犯罪防制(包括偷渡、走私及海盗计3类4项)共19项业务,几乎涵盖两岸间的一切交流事务。台湾当局的大陆政策形成了从政策制订到具体事务执行的完整体系,彰显了“政府”功能,有意使大陆政策和两岸事务的决策与执行脱离党务系统,置于“政府”系统之下。

1991年2月,李登辉主持召开“国统会”第四次会议,制订并通过了《“国家统一纲领”》(简称“国统纲领”)。其主要内容是:“海峡两岸应在理性、和平、对等、互惠的前提下,经过适当时期的坦诚交流、合作、协商,建立民主、自由、均富的共识,共同重建一个统一的中国。”“大陆与台湾均是中国的领土,促成国家的统一,应是中国人共同的责任。”“中国的统一,其时机与方式,首应尊重台湾地区人民的权益并维护其安全与福祉,在理性、和平、对等、互惠的原则下,分阶段逐步达成。”在“近程—交流互惠阶段”,“以交流促进了解,以互惠化解敌意;在交流中不危及对方的安全与安定,在互惠中不否定对方为政治实体,以建立良性互动关系。”在“中程—互信合作阶段”,“两岸应建立对等的官方沟通管道”,“开放两岸直接通邮、通航、通商。”在“远程—协商统一阶段”,“成立两岸统一协商机构,根据两岸人民意愿,秉持政治民主、经济自由、社会公平及军队国家化的原则,共商统一大业,研订‘宪政’体制,以建立民主、自由、均富的中国。”“国统纲领”中使用的“一个中国”原则、“对等”前提、“不否定对方为政治实体”三个提法,就是“一个中国”下的“两个对等政治实体”①。

“国统纲领”是台湾当局40多年来公开提出的第一个关于“国家统一”的方案,被李登辉称作是“未来大陆政策的最高指导方针”。它淡化主权之争,换取“对等承认”,追求“一国两府”或“一国两区”,台湾与大陆平起平坐,力争维持现状,在拖以待变的基础上,尝试以交促变。

4月,李登辉宣布从5月1日起终止《动员戡乱时期临时条款》。他称:“大陆地区现在为中共所控制,这是我们应该面对的事实。在‘国家统一纲领’中,

① 台湾《“中央日报”》,1991年2月24日。

我们曾明白指出，在一个中国的原则下，海峡两岸应在交流互惠中不否定对方为政治实体，故我们今后将视中共为控制大陆地区的政治实体，我们称它为大陆当局或中共当局。"[①]李登辉正式承认了"中共政权"为"政治实体"，改变了蒋氏父子几十年来"叛乱团体"的定位，并要求中共承认台湾是一个与大陆对等的"政治实体"。这是岛内政局演变和两岸关系发展的必然结果，为结束岛内非常时期统治、实行有条件的"宪政"，在法理上清除了障碍，为两岸民众实现"三通四流"准备了客观条件。

为使两岸交流有法可依，1992 年 7 月，台"立法院"三读通过了研拟策划四年之久的"台湾地区与大陆地区人民关系条例"。其主要内容有：第一，有条件地开放两岸通讯、投资、贸易、劳务和技术合作等，授权"行政院"根据需要采取限制或禁止措施。第二，许可文物及出版、影视等文化领域的交流。第三，许可共产党员入台，对"申请时据实申报者免于追诉处罚"。第四，根据"对等"原则，许可大陆法人、团体或其他机构在台设立分支机构[②]。它以"中华民国法统"为基础，按"一国两府"架构设计，是台湾当局处理两岸民间交流事务的法律依据，具有台湾本位、台湾优先的原则、禁罚原则、委任立法原则，对促进两岸民间交流，尤其是大陆人士入岛具有一定积极意义，条文中有不少对大陆同胞限制性、歧视性、保留性条文，人为地对两岸民间的各种交流设置障碍，具有相当大的局限性和消极的一面。

因两岸交流的扩大，涉台事务急剧增加，1989 年 1 月，中国国务院成立台湾事务办公室，台湾事务办公室遵循政府制定的方针、政策，积极组织、指导、管理、协调国务院各部门、各省、自治区、直辖市的涉台工作，推动两岸关系的良性发展。

随着两岸经贸、文化、人员往来交流关系的发展，两岸事务性、经济性的问题日益突出。经双方共同努力，海峡两岸的这类接触与商谈由借助媒体"间接对话"逐渐过渡到半官方性质的直接对话商谈。1989 年 12 月，大陆"海峡两岸经贸协会"与台湾"海峡两岸商务协调会"在香港举行了首次会议，双方就有关事宜签订了"协议书"。1990 年 7 月，两个协会在北京举行了第二次会议，并设立了调解仲裁、商标专利、法律服务、工商咨询四个专业委员会。9 月，两岸红十字会首次在金门进行商谈，达成海上"遣返协议"。

两岸人员往来与交流衍生出许多具体问题，涉及两岸人员的各种纠纷和犯罪活动等突发事件，两岸无法回避事务性商谈。双方接触和商谈后即发现，虽

① 台湾《"中央日报"》，1991 年 5 月 1 日。

② 台湾《"中央日报"》，1992 年 7 月 17 日。

然商谈的是事务性问题，但要顺利地解决问题，一个重要的事实必须首先明确：两岸间的事务性商谈，不是国与国之间的谈判，而是一个国家内部的事情。1991 年 4 月和 11 月，海基会代表访问北京，就海上走私、抢劫犯罪活动问题进行程序性商谈，大陆方面提出了处理海峡两岸交往中的事务性问题应遵循五条原则，其中第二条是："在处理两岸交往事务中，应坚持一个中国原则，反对任何形式的'两个中国'、'一中一台'，也反对'一国两府'以及其他类似的主张和行为。"希望就一个中国原则问题与台湾方面达成共识。这一次商谈，未能达成共识。

1992 年 3 月，海协会、海基会在北京开始了两会成立后第一次事务性商谈。关于两岸文书的使用和挂号信件查询问题，海基会采用了国家间处理此类事务的措辞，海协会认为这些措辞和做法违反了一个中国的原则。台湾方面虽然表示坚持一个中国政策，但强调双方在其涵义上的分歧，提出用"各说各话"的方式说明一个中国的涵义。台湾方面的这一立场意在凸显其"主权"和"司法管辖权"，谋求所谓"对等政治实体"的地位。两会商谈虽然没有达成协议，但双方通过面对面的直接沟通，更清楚和准确了解了对方的立场，在分歧一时难于化解的同时，在一些问题上取得了共识。分歧的症结是一个中国原则问题。随后，海协会建议海基会认真考虑径直引用"海峡两岸均坚持一个中国原则"的表述。双方同意在香港继续商谈。

10 月 28—30 日，海协会、海基会在香港进行了商谈。商谈的主题实际上是如何排除双方在事务性协商中在一个中国原则问题上的分歧。双方都被授权讨论这个问题。海协会的基本态度是，海峡两岸交往中的具体问题是中国的内部事务，应本着一个中国原则协商解决。在事务性商谈中，只要表明坚持一个中国原则的基本态度，可以不讨论一个中国的政治涵义，表述的方式可以充分协商。海基会提出："在海峡两岸共同努力谋求国家统一的过程中，双方虽均坚持一个中国的原则，但对于一个中国的涵义，认知各有不同。"双方立场虽有所接近，并没有达成协议。会后，海协会认为这次工作商谈，不但在具体业务问题上取得了相当大的进展，而且也在海峡两岸事务性商谈中表述一个中国原则的问题上取得了进展，建议海基会对这次工作商谈结果进行评估。海基会致函海协会，建议"以口头声明方式表述一个中国原则"。海协会在 11 月 16 日的函件中正式通知海基会，表述的要点是："海峡两岸都坚持一个中国的原则，努力谋求国家的统一。但在海峡两岸事务性商谈中，不涉及一个中国的政治涵义。"12 月 3 日，海基会函复海协会，对达成共识未表示异议。从以上两会来往的信函中可以看出，双方的共识是"海峡两岸均坚持一个中国原则，努力谋求国家的统一。"[①]

1992年共识，是海协、海基两会在相互谅解的前提下，抱着解决问题的诚意，认真协商、相互妥协的结果，并得到了双方上级主管单位的充分授权，它对于今后处理两岸事务是一个重要的指导原则。

中国共产党探索建设有中国特色的社会主义道路，坚持邓小平制定的"和平统一，一国两制"的基本方针。1992年10月12日，江泽民总书记在中国共产党第十四次全国代表大会上所作的报告中指出："台湾是中国神圣领土不可分割的一部分。我们坚决反对任何形式的'两个中国'、'一中一台'或'一国两府'，坚决反对任何旨在制造台湾独立的企图和行动。我们将继续促进两岸直接通邮、通航、通商，推动两岸人民的往来和各个领域的交流合作，特别是大力发展两岸经济合作，共同振兴民族经济。我们再次重申，中国共产党愿意同中国国民党尽早接触，以便创造条件，就正式结束两岸敌对状态、逐步实现和平统一进行谈判。在商谈中，可以吸收两岸其他政党、团体和各界有代表性的人士参加。在一个中国的前提下，什么问题都可以谈，包括就两岸正式谈判的方式问题同台湾方面进行讨论，找到双方都认为合适的办法。"[②]中国共产党希望国共两党尽早走到谈判桌前，解决双方的歧见。

经过两会的多次协商，1993年4月，海协会会长汪道涵与海基会董事长辜振甫在新加坡举行两岸授权民间机构领导人的会谈。会谈中，海协会积极主张进行两岸经济合作，提出现阶段应把两岸经济交流与合作放在两岸关系的首要位置上，政治上的歧异不应当妨碍经济合作；提出两岸直接"三通"应当摆上议事日程；提出劳务、浦东与三峡建设、能源与资源开发、科技等方面的合作和共同筹开民间性经济交流会议等具体建议。在两岸经济交流问题上，达成"双方均认为应加强两岸经济交流，互补互利"的重要共识，并确定择时择地继续商谈台商在大陆投资权益保护与相关问题、两岸工商界人士互访等问题，磋商加强能源、资源的开发与交流的问题。在两岸科技交流问题上，商定促进科技人员互访，交换科技研究出版物、探讨科技名词统一与产品规格标准化，共同促进电脑及其他产业科技交流。在文教交流方面，进一步商定青少年、新闻界交流的具体项目。两会还商定建立联系与会谈制度，包括双方相互给予经商定的两会会务人员适当入出境往来与查验通关等便利。4月29日上午，汪道涵与辜振甫签署《汪辜会谈共同协议》、《两会联系与会谈制度协议》、《两岸公证书使用查证

---

① 参见许世铨：《1992年共识海协海基两会协商之回顾与评析》，《台情研究·两岸关系》，2000年第4期。

② 《人民日报》，1992年10月21日。

协议》、《两岸挂号函件查询、补偿事宜协议》。“汪辜会谈”是1949年以来，两岸高层人士以民间名义公开进行的最高层次的会谈，标志着两岸民间对话迈出了历史性的一步，引起海内外的广泛关注。

针对岛内“台独”声音的抬头及台湾当局对两岸关系的定位，1993年8月，国务院新闻办公室发布了《台湾问题与中国的统一》的白皮书，回顾了台湾问题的由来，阐明了中国政府解决台湾问题的基本方针是“和平统一、一国两制”，指出：“台湾问题纯属中国的内政，不同于第二次世界大战后经国际协议而形成的德国问题和朝鲜问题。因此，台湾问题不能和德国、朝鲜问题相提并论。中国政府历来反对用处理德国问题、朝鲜问题的方式来处理台湾问题。台湾问题应该也完全可以通过两岸的协商，在一个中国的架构内求得合理的解决。”强调：“世界上只有一个中国，台湾是中国不可分割的一部分。中华人民共和国政府作为代表全中国人民的唯一合法政府，得到了联合国及世界各国的普遍承认。”“极少数‘台独’分子鼓吹‘独立’，甚至投靠外国，妄图将台湾从中国分裂出去，这是违背包括台湾同胞在内的全中国人民的根本利益的。中国政府严重关注这一事态的发展，对任何制造‘台湾独立’的行径绝不会坐视不理。”①

对此，台“陆委会”发表看法，认为只有“中国问题”，没有“台湾问题”；“中共不等于中国”，“大陆与台湾均是中国的领土；台湾固是中国领土的一部分，大陆也同样是中国领土的一部分”。“‘中华民国’是国际社会的一员，中共不能代表台湾地区人民”。“中共‘一国两制’的立场是中国统一的最大障碍”。认为“所谓‘一国两制’之说，就是要求我们向中共全面投降，因此，客观上并无可行性，主观上我们也绝不接受”。“海峡两岸应以和平方式解决统一问题”②。台湾当局在基本完成内部的“宪政”改造后，便把施政重点和主要精力放在处理台湾的对外关系和两岸关系，力争实现其与大陆同为国际上“两个对等政治实体”，实即“两个中国”或“一中一台”。1993年11月，台“经济部长”在西雅图APEC会议上代表台湾当局竟发表声明宣称：“中国只有一个，地理文化上台湾是属于中国，我们在一个中国的原则下，主张分裂主权的两个国家并存，是以一个中国为指向的两个中国政策，台湾与中华人民共和国是两个主权互不隶属的国家。”③至此，李登辉的大陆政策中有关两岸关系的定位，已发生质的变化，由“一个中国”变成了“两个中国”。

---

① 《台湾问题与中国的统一》，姜殿铭主编：《台湾一九九三》，北京：中国友谊出版公司，1994年版，第384—400页。

② 台湾《中国时报》，1993年9月17日。

③ 台湾《中国时报》，1993年11月22日。

随着执政地位的稳固，李登辉的“台独”面目逐渐暴露出来。1994年3月，他与日本作家司马辽太郎对谈，称：“中国这个词也是含糊不清的”，“如有机会与江泽民先生见面的话，我想告诉他：‘在讨论台湾政策或是国家统一问题之前，先研究一下何谓台湾？’如果还是像以前一样持有统治台湾人民的想法，必会引起类似‘二二八事件’的。”“摩西以及人民今后都有得拼的。总而言之，已经出发了。”还说：“一想到牺牲许多台湾人的‘二二八事件’，‘出埃及记’就是一个结论。”①分裂国家的立场袒露无遗。

1994年3月，台湾长风旅行社旅游团一行24人乘“海瑞号”游轮在浙江淳安县境内的千岛湖游览时，3名歹徒登船抢劫并纵火焚船，致使该船24名台湾居民以及8名大陆居民（2名导游，6名船员）全部遇难，从而酿成一起特大抢劫纵火杀人案，即“千岛湖事件”。

事发后，中国共产党领导人高度重视，责成公安部、浙江省委、省政府迅速破案，妥善处理。浙江省公安机关在当地群众的大力支持下，案发后仅17天即侦破了此案。经有关方面授权，海协会邀请台湾海基会人员和专家及台湾遇难者家属代表赴大陆，安排台方人员观看“海瑞号”游船出事水域、查获的凶器、赃物及与案情有关的幻灯、录相等资料，请办案专家介绍情况并回答台方人员问题，澄清事实，减少了台湾民众的误解。

千岛湖事件纯属一起突发的重大刑事案。事件发生后，在台湾当局的导向下，岛内媒体大炒特炒，李登辉攻击“中共是一堆恶势力，是土匪”。“台独”势力趁机煽风点火，鼓吹“台湾独立”。台有关当局还作出了停止两岸旅游、文教、经贸交流等活动的决定。

7月，台“陆委会”公布了“台海两岸关系说明书”，称只有大陆承认台湾为政治实体，才能解开两岸40年的结，使其朝统一的方向发展，要求在中国未达成统一之前，两岸应搁置“主权争议”，“各自有平行参与国际社会的权力”；强调“两岸分裂分治的本质是制度之争”，把两岸分裂的根源归咎于两岸政治、经济、社会制度和生活方式上的差别②。李登辉辩解：“自1945年日本归还台湾以来，‘中华民国’在台湾一直存在着，而中华人民共和国则在其后，他们从未踏上台湾的领土，从未收过台湾一毛钱的税，而其法律也从未在台湾执行过，台湾的主权一直存在，并且为人民所有，而不是上面阶层的少数人。”并表示：“如果未来我会晤江泽民，我将告诉他要了解台湾人民的想法。”③台湾当局大陆政策的核

---

① 《生为台湾人的悲哀》，台湾《自立晚报》，1994年4月30日至5月2日。
② 台湾《“中央日报”》，1994年7月6日。
③ 台湾《“中央日报”》，1994年10月4日。

心就是“一国两体、分裂分治、偏安求存、拖以待变”。

为了早日结束海峡两岸的敌对状态，1995年1月30日，江泽民总书记发表了《为促进祖国统一大业的完成而继续奋斗》的讲话，提出了在新形势下发展两岸关系、推进祖国统一进程的八项主张，主要内容是：(1) 坚持一个中国的原则，是实现和平统一的基础和前提。中国的主权和领土决不容许分割。任何制造“台湾独立”的言论和行动，都应坚决反对；主张“分裂分治”、“阶段性两个中国”等等，违背一个中国的原则，也应坚决反对。(2) 对于台湾同外国发展民间性经济文化关系，我们不持异议。我们反对台湾以搞“两个中国”、“一中一台”为目的的所谓“扩大国际生存空间”的活动。(3) 进行海峡两岸和平统一谈判。在和平统一谈判的过程中，可以吸收两岸各党派、团体有代表性的人士参加。双方可先就“在一个中国的原则下，正式结束两岸敌对状态”进行谈判，并达成协议。在此基础上，共同承担义务，维护中国的主权和领土完整，并对今后两岸关系的发展进行规划。至于政治谈判的名义、地点、方式等问题，只要早日进行平等协商，总可找出双方都可以接受的解决办法。(4) 努力实现和平统一，中国人不打中国人。(5) 要大力发展两岸经济交流与合作，以利于两岸经济共同繁荣，造福整个中华民族。我们主张不以政治分歧去影响、干扰两岸经济合作。(6) 中华各族儿女共同创造的五千年灿烂文化，始终是维系全体中国人的精神纽带，也是实现和平统一的一个重要基础。两岸同胞要共同继承和发扬中华文化的优秀传统。(7) 2100万台湾同胞，不论是台湾省籍还是其他省籍，都是中国人，都是骨肉同胞、手足兄弟。要充分尊重台湾同胞的生活方式和当家做主的愿望，保护台湾同胞一切正当权益。(8) 我们欢迎台湾当局的领导人以适当身份前来访问，我们也愿意接受台湾方面的邀请，前往台湾。可以共商国是，也可以先就某些问题交换意见，就是相互走走看看，也是有益的①。

“江八条”是中国共产党第三代领导集体对邓小平“一国两制”构想的重大发展和完善。它集中针对当前两岸关系的现实需要，回答了人们所关心的重大问题，以务实的主张突破两岸关系发展的现状，合情合理，务实可行，为两岸关系展现出了光明的前景。

4月，李登辉在“国统会”发表讲话，作出了六点回应：(1) 在两岸分治的现实上追求中国统一。(2) 以中华文化为基础，加强两岸交流。(3) 增进两岸经贸往来，发展互利互补关系。(4) 两岸平等参与国际组织，双方领导人借此自然见面。(5) 两岸均应坚持以和平方式解决一切争端。(6) 两岸共同维护港澳繁

---

① 《为促进祖国统一大业的完成而继续奋斗》，《人民日报》，1995年1月31日。

荣,促进港澳民主[1]。“李六点”旨在分裂中国的主权与领土完整,突显海峡两岸“分裂分治”、“对等的两个政治实体”,要在国际上拓展台湾的“主权地位”。

纵观1980年代后期、90年代初期的两岸关系,在中国共产党的大力推动下,台湾当局被迫调整大陆政策。两岸执政当局虽未走到谈判桌上来,但通过媒体展开的高层“隔岸喊话”、“间接对话”明显增多,双方都提出和谈统一的条件和设想。随着台湾当局提高开放赴大陆探亲人员的层次,一些高层退休官员、“国大代表”、“立委”等纷纷赴大陆考察访问,把一般性的探亲旅游、参观访问推向了政治性的接触对话,双方中高层次的半官方、准官方的政治性接触明显增多。两岸政治僵局虽未打破,经济文化交流却快速发展,掀起台商大陆投资热。两岸交流日趋频繁,两岸官方和半官方事务性接触增多,层次提高。两岸人员往来大幅增加,文化、学术、体育等交流频繁,趋于上层化和局部双向化。两岸交流日趋规范化、法制化,台湾当局的“三不政策”有所松动,在两岸交往中“单向性、民间性”的原则逐渐被突破。

两岸关系缓和中有紧张,交往中有斗争,发展中有曲折。台湾当局以民间交流为渠道,经贸投资为载体,文化交流为先导,通过扩大两岸交流,加强与大陆各阶层的接触与沟通,逐步扩展“政治渗透”的深度和广度,提升台湾经验的影响力,并在开放缓和中建立“交流的秩序和规范”,力图主导两岸关系的发展。

三　台海危机与反分裂斗争

经过海峡两岸的共同努力,1990年代初期,两岸关系出现了良性互动的势头。但这改变不了两岸政治上的敌对关系。中国政府坚持台湾是中国的一部分,反对台湾“独立”。台湾当局认为“中华民国是主权独立的国家”,反对大陆对台湾在政治上的“矮化”、军事上的威慑、“外交”上的封杀。这是台海发生危机的根源。

冷战结束后,美国一超独大,90年代初,“中国崩溃论”在美国十分流行。美国政府把对中国施压,迫使中国改变政策作为重要的政策选项。“以台制华”正是这种选项的体现。正是在美国的支持与纵容下,以李登辉为首的“台独”力量逐渐坐大。

1995年6月,李登辉在美国的纵容下,到美国康奈尔大学访问,发表《民之所欲,长在我心》的演讲,大谈台湾经验、“中华民国在台湾”,鼓吹“双重承认”,表示要“向不可能的事物挑战”,要争取台湾的国际生存空间[2]。美台“断交”16

① 台湾《“中央日报”》,1995年4月9日。

② 台湾《中国时报》,1995年6月10日。

年后台湾当局最高领导人的首次访美，是美国提升美台实质关系的一个重要举动，引发了中美之间以及海峡两岸在政治、军事、外交上的尖锐斗争。中国政府给予美国明确地反击，使美国试图让中国吞下李登辉访美的苦果的意图落空。

中国大陆接连在《人民日报》发表评论员文章，对李登辉的分裂言论展开批判；在1995年7月和1996年3月，先后在台湾海峡举行包括导弹试射在内的军事演习，对“台独”势力的嚣张给予了严正的警告。岛内一时人心惶惶，资金大量外流，李登辉承受着巨大的压力。台岛地窄人稠，缺乏战略纵深，经济依赖出口，根本经不起现代化战争的消耗。1996年的台海危机使“台独”分子感受到中国共产党处理台湾问题的原则立场。

面对中国政府的强烈反应，克林顿政府派出两个航母战斗群逼近台海，来显示美国有决心和能力兑现对台湾的安全承诺。但是，美国政府感受到中国政府维护国家主权与领土完整的原则立场，考虑到中美关系恶化对双方都没有好处，克林顿政府对李登辉施加压力，令其不可过分刺激大陆，挑起武装冲突。在中美双方的共同克制下，1996年3月的台海危机和平落幕。

1996年3月李登辉当选“总统”后，稍微收敛了“台独”言行，不得不正视两岸政治谈判的问题。5月，李登辉在就职演说中表示：台湾已经“成为密不可分的生命共同体”，已经“确立了以台湾为主体的奋斗意识”，称“‘中华民国’本来就是一个‘主权国家’。海峡两岸没有民族与文化认同问题，有的只是制度与生活方式之争”，建议“海峡两岸，都应该正视处理结束敌对状态这项重大问题，以便为追求国家统一的历史大业”。主张“中国人帮中国人”①。李登辉收敛“台独”言行，不过是在内外压力下的权宜之计，其分裂国家的立场无丝毫改变。

发展两岸经贸交流是连结两岸人民情感的一项重要举措。在政治上难以做出让步的情况下，大陆坚持不以政治分歧干扰两岸经济交流，大力吸引台资。台湾大企业、集团企业不断来到大陆投资，台湾对大陆的经济依存度不断加强。

李登辉等台湾当局高层人士多次称“台湾经济要以大陆为腹地”，一再强调现阶段两岸关系“以经贸为主轴”。出于对台商大陆投资热的恐惧，会导致台湾产业的“空洞化”，台湾当局对发展两岸经贸关系进行了重大政策调整，采取了降温和急刹车行动。8月，李登辉表示，“以大陆为腹地，建设亚太营运中心的论调，必须加以检讨”，要对台商到大陆投资设一定的比例②。他主张对两岸经贸交流采取“戒急用忍，行稳致远”的方针，认为发展两岸经贸应台湾安全第一，台湾利益优先，考量政治风险，循序稳步地推动以及规范大企业赴大陆投资。当

---

① 台湾《中国时报》，1996年5月21日。

② 台湾《经济日报》，1996年8月15日。

局鼓励台商到东南亚国家投资，来规避到大陆投资的所谓风险。实际上，台湾当局的这些限制措施效果有限，无法阻挡台商赴祖国大陆投资的热情。

1997年2月，台“行政院新闻局”发布《透视“一个中国”问题》说帖，反对大陆的“一个中国”政策，认为许多国家承认“中华人民共和国是代表中国的唯一合法政府”，而这些国家又同意“只有一个中国，台湾是中国的一部分”，“所以依逻辑推演，台湾自然就变成中华人民共和国的一部分了，但这是在台湾的中国人所不能同意的”。称自1949年起，“中国即处于分治的状态。其后由于台北与北京均未统治过对方，所以谁也不能代表对方，当然，谁也不能代表全中国，而只能代表各自有效统治的一部分。准此，我们认为，与其去说‘一个中国’，不如说‘一个分治的中国’，就像现在的韩国、过去的德国或越南一样”①。台湾当局去掉了过去所用的两岸“分裂”的字眼，而以“一个分治的中国”的概念来取代“一个中国”。这些说辞与“一国两府”、“一国两体”、“阶段性两个中国”等提法类似，用“先分后合”、“双重承认”为内涵的“东西德模式”等直接套用于海峡两岸关系，这是大陆所不能接受的。

1997年7月，李登辉操纵台湾“国民代表大会”，通过了包括“冻省”案在内的“中华民国宪法增修条文”。他以“冻省”的形式，“修宪”的包装，试图改变“台湾是中国一个省”、“台湾是中国不可分割的一部分”的现实，建立与“两个中国”、“一中一台”相适应的“国家形态”，为台湾独立从体制上、法源上做出准备。

中国共产党与“台独”分裂势力展开了坚决的斗争。1997年9月12日，江泽民总书记在中国共产党第十五次全国代表大会上作报告，宣示“要坚持‘和平统一、一国两制’的基本方针和发展两岸关系、推进祖国和平统一进程的八项主张。要坚持一个中国的原则，反对分裂，反对‘台独’，反对制造‘两个中国’、‘一中一台’，反对外国势力干涉，绝不允许任何势力以任何方式改变台湾是中国一部分的地位。要努力用和平方式实现统一，但不能承诺放弃使用武力，这决不是针对台湾同胞，而是针对外国势力干涉中国统一和搞‘台湾独立’图谋的。”并再次郑重呼吁：“作为第一步，海峡两岸可先就‘在一个中国的原则下，正式结束两岸敌对状态’进行谈判，并达成协议；在此基础上，共同承担义务，维护中国的主权和领土完整，并对今后两岸关系的发展进行规划。希望台湾当局认真回应我们的建议和主张，及早同我们进行政治谈判。在一个中国的前提下，什么问

① 《透视“一个中国”问题》，姜殿铭主编：《台湾一九九七》，北京：九洲图书出版社，1998年版，第576—578页。

题都可以谈。"①

1997 年 10 月，江泽民主席访问美国时，美方重申一个中国政策，表示不支持"台湾独立"，不支持台湾"加入联合国"，不支持"两个中国"、"一中一台"。1998 年 6 月，克林顿总统访华时，公开声明"三不支持"的立场，并将其中"不支持台湾加入联合国"的外延扩大，表述为"不支持台湾加入以主权国家为成员的国际组织"。美国政府的表态对"台独"势力是一个不小的打击。

两岸关系在经过一段时间的斗争后逐渐趋于缓和。海协会与海基会的商谈因李登辉访美中断三年来，面对岛内外日益增大的促谈压力，台湾当局在恢复两岸对话问题上做出一些松动的表态。大陆采取务实灵活的措施，积极推动两岸政治谈判的进程。

1998 年 10 月，辜振甫率领海基会参访团在上海、北京进行为期 6 天的访问。中共中央总书记江泽民会见辜振甫夫妇，中共中央政治局委员钱其琛会见辜振甫一行。在上海，汪道涵与辜振甫两度会晤，无拘束地交换意见后，达成了四项共识：(1) 两会决定进行对话，内容包括政治、经济等方面，由两会负责人具体协商作出安排。(2) 加强两会各层级人员的交流互访。(3) 就涉及两岸同胞生命财产安全的事件加强个案协助。(4) 应辜振甫邀请，汪道涵愿意在适当时候访问台湾。

按照两会的协商，海协会会长汪道涵先生准备于 1999 年秋访问台湾。大陆有关方面进行了充分的准备，汪会长准备带去大陆人民对广大台胞的问候，表达改善两岸关系的善意。李登辉图谋"台独"之心不死。他害怕汪会长访台，会使两岸关系的敌意降低，一部分民众会感受到来自大陆的善意。台湾走向独立是建立在两岸关系高度对抗的基础上的。为了阻挠汪道涵先生访台，李登辉决定采取一切可能的手段，来恶化两岸关系，挑起两岸关系新的冲突。

2000 年台湾"大选"临近。李登辉任期将满，已不可能再参加"大选"，为了给台湾"大选"定调，确定国民党未来对大陆政策的方向，他决定重新定位两岸关系，将两岸定位为"国与国"或"特殊的国与国的关系"，来鼓吹"台独"分裂主张，向中国大陆挑衅，为自己的所谓"历史地位"定位。

面对两岸关系的改善，李登辉坐不住了。他利用手中的行政权力，鼓吹台湾本土意识，进行"宪政改造"，厚植"台独"根基，与民进党一唱一和。李登辉不甘心拖以待变策略的失败，决定孤注一掷。1999 年 5 月，李登辉公开抛出《台湾的主张》一书，对他主政以来所进行的"实质分裂"活动和所提出的分裂理论、主

① 《高举邓小平理论伟大旗帜，把建设有中国特色社会主义事业全面推向二十一世纪》，姜殿铭主编：《台湾一九九七》，第 402—403 页。

张进行了系统的整理，宣扬台湾的“国家主体论”和“主权独立性”，提出要把中国分成“七块”。7 月 9 日，李登辉在接受“德国之声”电台记者专访时公然宣称，“自 1991 年‘修宪’以来，已将两岸关系定位在‘国家与国家’，至少是特殊的‘国与国’的关系，而非一合法政府、一叛乱团体，或一中央政府、一地方政府的‘一个中国’内部关系。”[①]这就是所谓“两国论”，标志着李登辉为首的台湾当局彻底抛弃了“一个中国”原则。“两国论”是李登辉在分裂的道路上走出的十分危险的一步，是对国际社会公认的“一个中国”原则的严重挑衅，暴露了他蓄意分裂中国领土和主权，企图把台湾从中国分裂出去的本意。

大陆方面对“两国论”高度关注，严厉批驳李登辉的分裂言行。中共中央台办随即发表谈话，坚决反对台湾分裂势力按照李登辉“两国论”进行“修宪”的图谋。美国政府对李登辉蓄意挑起事端予以回击，施加压力。海内外爱好和平的人们纷纷谴责“两国论”。李登辉在各方压力下，被迫放弃了“修宪”的计划。

2000 年是岛内的选举年。为应对岛内“总统”大选后的变局，2000 年 2 月，国务院台办、国务院新闻办发表了《一个中国的原则与台湾问题》的白皮书，进一步向国际社会阐述中国政府坚持一个中国原则的立场和政策，“主张和坚持世界上只有一个中国，台湾是中国的一部分，中华人民共和国政府是代表全中国的唯一合法政府。”宣示：“仍然尽一切可能争取和平统一。但是，如果出现台湾被以任何名义从中国分割出去的重大事变，如果出现外国侵占台湾，如果台湾当局无限期地拒绝通过谈判和平解决两岸统一问题，中国政府只能被迫采取一切可能的断然措施，包括使用武力，来维护中国的主权和领土完整，完成中国的统一大业。”[②]

从 1990 年代以来，李登辉逐步背离一个中国原则，鼓吹“以一个中国为指向的阶段性两个中国”、“一个中国、两个政治实体”、“一个分治的中国”、“一国两区”、“一国两体”、“中华民国在台湾”，纵容、扶持“台独”分裂势力。在台湾政权体制方面，李登辉通过“宪政改革”，想将台湾改造成一个“独立的政治实体”，以适应制造“两个中国”的需要。在对外关系方面，制造“两个中国”为目的的“拓展国际生存空间”活动。在军事方面，大量向外国购买先进武器，谋求加入美国的战略导弹防御系统，与美、日建立某种形式的军事同盟。在思想文化方面，力图抹杀台湾同胞、特别是年轻一代的中华意识，灌输“台独”意识，挑起台湾同胞对大陆的误解和疏离感。

---

① 台湾《“中央日报”》，1999 年 7 月 10 日。

② 《一个中国的原则与台湾问题》，姜殿铭、许世铨主编：《台湾二〇〇〇》，北京：九州出版社，2001 年版，第 380、387 页。

两岸在一个中国问题上的分歧，是两岸争论的焦点，也是台海危机不断的根源。由于两岸政治上的僵局难以打破，两岸事务性商谈无从取得进展。

四　两岸政治僵局与新时期中国政府的对台政策

2000 年 3 月，一贯主张建立“台湾共和国”的民进党在“总统”大选中侥幸获胜，引起海内外的高度关注。5 月，陈水扁在“就职”演说中声称：“海峡两岸人民源自于相同的血缘、文化和历史背景，我们相信双方的领导人一定有足够的智慧与创意，秉持民主对等的原则，在既有的基础之上，以善意营造合作的条件，共同处理未来‘一个中国’的问题。”他保证：“只要中共无意对台动武，本人保证在任期之内，不会宣布‘独立’，不会更改‘国号’，不会推动‘两国论’入宪，不会推动改变现状的‘统独公投’，也没有废除‘国统纲领’与‘国统会’的问题。”[①]

中国共产党一再要求陈水扁接受一个中国原则，作为两岸复谈前提。陈水扁则以不预设前提和平对话、共同解决“未来一中问题”回应。

2000 年 8 月，钱其琛副总理会见台湾联合报系访问团时指出：“世界上只有一个中国，大陆和台湾同属于一个中国，中国的主权和领土完整不容分割。”[②]这表达了大陆追求国家统一的原则立场与强烈愿望，突显台湾与大陆的对等地位。但陈水扁认为，无论接受何种程度上的一个中国，都是在向大陆妥协，堵死“台独”通道。10 月，中国共产党十五届五中全会将完成祖国统一列为新世纪三大任务之一。这项历史性的战略决策，体现了祖国大陆尽早实现国家统一的坚强意志。2002 年 1 月，钱其琛副总理表示，除了“极少数顽固的台独分子”，欢迎“广大民进党员以适当身份”访问大陆，以及“关于建立两岸经济合作机制”的倡议等。但是，民进党中央党部一再坚持，该党一级主管必须以“党职”身份前往大陆。陈水扁兼任民进党主席后，在不修改“台独党纲”的情况下，无法到大陆来访问。2002 年 11 月 8 日，江泽民总书记在中共十六大作政治报告，充分论述“一国两制”和实现祖国的完全统一。他强调：“坚持一个中国原则，是发展两岸关系和实现和平统一的基础。世界上只有一个中国，大陆和台湾同属一个中国，中国的主权和领土完整不容分割。”再次呼吁：“在一个中国原则的基础上，暂时搁置某些政治争议，尽早恢复两岸对话和谈判。在一个中国的前提下，什么问题都可以谈，可以谈正式结束两岸敌对状态问题，可以谈台湾地区在国际上与其身份相适应的经济文化社会活动空间问题，也可以谈台湾当局的政治地

---

① 台湾《中国时报》，2000 年 5 月 21 日。

② 中新社北京 2000 年 8 月 25 日电，www. chinanews. com. cn/2000－08－26/26/43344. html。

位等问题。我们愿与台湾各党派和各界人士就发展两岸关系、推进和平统一交换意见。”①

中国政府为解决台湾问题，政策之坚定、策略之灵活、态度之恳切，有目共睹，两岸统一却是十分艰难，美国插手是一个重要原因。2000年小布什上台后，美国政府的台海政策转向“战略清晰”，扩大对台军售、建立美台准军事同盟、着手将台湾纳入TMD，就是要阻止两岸走向统一。2001年“9·11事件”发生后，美国遭到恐怖分子的突然袭击，损失惨重，将首要任务调整为反对恐怖主义，美国有求于与中国联手反恐，对中国的压力才有所缓解。

美国政府奉行了几十年的“一个中国”政策是中美关系的政治基础，符合美国的国家利益。就代表权问题，中国大陆的代表性远高于台湾；就“台独”问题，美国朝野不乏同情者或利用者，但为了经贸利益，根本不愿与中国大陆发生武装冲突。美国不支持“台独”并非指美国反对“台独”，也不是美国非要支持中国大陆的统一政策，实是害怕被“台独”势力拖累，卷入一场无法估量的战争灾难。布什政府的台海政策从冒进趋向务实，坚持一个中国，主张“台湾不独，大陆不武”。

上台两年来，陈水扁对中国大陆搞文字游戏。大陆忙于经济建设，对台湾问题采取“听其言，观其行”的方针。陈水扁认为大陆拿他没有什么办法。2002年7月21日，陈水扁正式就任民进党主席。8月3日，陈水扁在“总统府”以视讯方式向在东京召开的世界台湾同乡联合会第二十九届年会发表开幕致词，称：“台湾是我们的‘国家’，不能被欺负、不能被矮化、不能被边缘化、不能被地方化，台湾不是人家的一部分，不是人家的地方政府或一省，也不能成为第二个香港和澳门，台湾是‘主权独立国家’，台湾与对岸，‘一边一国’，要分清楚。”主张“台湾的未来、现状改变与否不是任何国家、政府、政党或个人可以片面替我们决定，只有2300万伟大台湾人民才有权利对台湾前途、命运、现状做选择或决定。”建议“大家应认真思考公民投票立法的重要性与急迫性”②。陈水扁公开表示以“一边一国”来定位两岸关系，以“全民公投”来决定台湾的政治命运，放弃了对大陆稍显缓和的姿态，暴露了推行“台独”的真实面目。

2003年3月11日，中共中央总书记胡锦涛在参加十届全国人大一次会议台湾代表团审议时，就做好新形势下的对台工作谈了四点意见：“一是要始终坚持一个中国原则；二是要大力促进两岸的经济文化交流；三是要深入贯彻寄希

① 《全面建设小康社会，开创中国特色社会主义事业新局面》，《人民日报》，2002年11月18日。

② 台湾《中国时报》，2002年8月4日。

望于台湾人民的方针；四是要团结两岸同胞共同推进中华民族的伟大复兴。”他强调，“中国是两岸同胞的中国，是我们的共同家园”，“凡是有利于台湾同胞的、凡是有利于祖国统一的、凡是有利于中华民族伟大复兴的，我们都乐意去做”，坚决反对任何旨在制造“台湾独立”、“两个中国”、“一中一台”的言行，重申“在全体中华儿女的共同努力下，台湾问题一定能够早日得到解决”[①]。“四点意见”反映出新一届党中央统驭全局的高超艺术，体现了祖国大陆对台方针政策的一贯性、连续性和与时俱进的创新性。

随着台湾大选的来临，紧绷两岸关系，刺激大陆，挑起统独对决成为陈水扁的选举策略。2003 年 6 月，陈水扁摆出誓办核四公投的架势，即使无公投立法也要办。11 月底，台“立法院”通过《“公民投票法”》，陈水扁在走向“台独”的路上多了一个与大陆抗衡的筹码。

2003 年 6 月 1 日，国家主席胡锦涛与布什总统在法国埃维昂会晤时，表达了对台湾公投的关注。中方认为，台湾哪怕只举办一次限于公共政策的公投，也应予以反对，“这种做法只是不断的试探，就像切香肠一样，一次一小片，最终会走向不可避免的冲突引爆点”。胡锦涛主席对布什总统重申一个中国原则及不支持“台独”表示赞赏。

2004 年 1 月，陈水扁公布了公投题目，共两条：“一、台湾人民坚持台海问题应该和平解决。如果‘中共’不撤除瞄准台湾的飞弹、不放弃对台湾使用武力，您是否赞成‘政府’增加购置反飞弹装备，以强化台湾自我防卫能力？二、您是否同意‘政府’与中共展开协商，推动建立两岸和平稳定的互动架构，以谋求两岸的共识与人民的福祉？”[②]陈水扁强行将公投与大选绑在一起，在“总统”选举当日同时举办公投，因投票人数未达总投票人数的一半，公投无效。台湾地区第一次全岛公投开了一个恶劣的例子，为两岸关系的起伏埋下了伏笔。

陈水扁上台后，大陆采取听其言、观其行的政策。由于陈水扁拒不接受一个中国原则，否认“九二共识”，两岸关系陷于僵局。一些人估计陈水扁无法连任，“三一九枪击案”改变了选举的结果。2004 年 3 月 20 日，陈水扁以微弱多数再次当选台湾“总统”。

针对陈水扁顽固的“台独”立场，大陆展开了坚决的斗争。2004 年 5 月 17 日，中共中央台办、国务院台办受权就两岸关系问题发表声明，重申：“我们坚持一个中国原则的立场决不妥协，争取和平谈判的努力决不放弃，与台湾同胞共谋两岸和平发展的诚意决不改变，坚决捍卫国家主权和领土完整的意志决不动

① 《人民日报》，2003 年 3 月 12 日。
② 台湾《工商时报》，2004 年 1 月 17 日。

摇，对‘台独’决不容忍。”表示：“未来四年，无论什么人在台湾当权，只要他们承认世界上只有一个中国，大陆和台湾同属一个中国，摒弃‘台独’主张，停止‘台独’活动，两岸关系即可展现和平稳定发展的光明前景。”指出：“有两条道路摆在台湾当权者面前：一条是悬崖勒马，停止‘台独’分裂活动，承认两岸同属一个中国，促进两岸关系发展；一条是一意孤行，妄图把台湾从中国分割出去，最终玩火自焚。何去何从，台湾当权者必须作出选择。”[①]大陆不等陈水扁新的“就职”演说发表，率先表明立场与态度，主动出击，掌握了两岸关系中的主动权。

5月20日，陈水扁在“就职”演说中称，在2008年“卸任”之前，“能够交给台湾人民及我们的‘国家’一部合时、合身、合用的‘新宪法’。”对于两岸关系，他表示：“如果两岸之间能够本于善意，共同营造一个‘和平发展、自由选择’的环境，未来‘中华民国’与中华人民共和国或者台湾与中国之间，将发展任何形式的关系，只要2300万台湾人民同意，我们都不排除。”陈水扁的“台独”立场没有丝毫松动，用一些模糊说词，来搪塞岛内外要求改善两岸关系的舆论。

2004年12月，台湾第六届“立委”选举结果揭晓，民进党遭到挫败，蓝军获得“立法院”过半席位，陈水扁不得不辞去民进党主席一职。岛内“台独”力量受到限制，为两岸关系的和缓提供了一次契机。

2005年1月3日，台湾海基会董事长辜振甫先生病逝。台“陆委会”及海基会连番向汪道涵先生发出邀请，希望汪先生能到台北，送老友最后一程。为了打破两岸关系的僵局，汪道涵先生明知年事已高，无法成行，经过反复权衡，委托他的“个人代表”孙亚夫、李亚飞，参加辜振甫的追思告别会。孙亚夫任海协会副会长、国台办副主任，是2000年民进党上台以来，大陆赴台的最高层级代表。

面对日益猖獗的“台独”活动，两岸之争的焦点是海峡两岸的中国人共同反对和扼制“台独”，确保台湾留在中国的版图上。两岸关系处在十字路口，妥善处理台湾问题是对国家振兴的最大挑战。这不但需要中共新一代领导人坚持一个中国的原则立场，而且考验着他们的政治智慧与斗争方法。

2005年3月4日，国家主席胡锦涛就新形势下发展两岸关系提出了四点意见：“第一，坚持一个中国原则决不动摇。第二，争取和平统一的努力决不放弃。第三，贯彻寄希望于台湾人民的方针决不改变。第四，反对‘台独’分裂活动决不妥协。”“胡四条”的核心就是坚持一个中国，共谋两岸发展[②]。在外力操纵下，台独分子试图通过“公投”、“制宪”等方式，使台湾脱离中国版图，实现“法理独

① 新华网台湾频道2004年5月17日。

② 新华网台湾频道2005年3月4日。

立”，这是所有中国人绝不容忍，也绝不答应的。胡主席再次强调了大陆设定的底线，绝不允许任何人、以任何方式把台湾从中国分割出去。

为了使两岸分裂长期化、固定化、合法化，台湾当局试图通过“宪政改造”、公民投票等方式来改变大陆与台湾同属一个中国的现状，把台湾从中国版图上彻底分割出去。这日益成为两岸关系发展和祖国和平统一的最大障碍，成为台湾海峡地区和平稳定的最大威胁。为了反对和遏制“法理台独”，避免“台独”势力改变两岸现状，损害台湾同胞的人身安全和合法权益，必须有法可依。

2005 年 3 月 14 日，全国人民代表大会通过审议，高票通过了《反分裂国家法》。该法明确阐示：“为了反对和遏制‘台独’分裂势力分裂国家，促进祖国和平统一，维护台湾海峡地区和平稳定，维护国家主权和领土完整，维护中华民族的根本利益，根据宪法，制定本法。”该法首次以法律条文的形式对中国共产党 20 多年来对台方针、政策进行总结。从其强调“反分裂国家”可知，该法是预防性、防御性法律，不是进攻性法律，不是“对台动武法”，是“两岸和平法”，旨在一定时期内确保两岸维持现状，而不是改变两岸现状，确保“大陆和台湾同属于一个中国”。中国政府以国家大法的形式明确规定台湾问题是中国的内政，为今后采取各种方式维护台湾作为中国一部分的地位、解决台湾问题提供了法律依据。

针对“法理台独”，该法设定了底线：“‘台独’分裂势力以任何名义、任何方式造成台湾从中国分裂出去的事实，或者发生将会导致台湾从中国分裂出去的重大事变，或者和平统一的可能性完全丧失，国家得采取非和平方式及其他必要措施，捍卫国家主权和领土完整。”[①]这是该法案的重要内容，列出了对台动武的条件，表明了大陆的立场和原则，即反对台湾当局通过“宪政改造”、公民投票等方式把台湾从中国版图上分割出去，对于台湾滑向“法理独立”的举措绝不会坐视不管，也不能容忍“台独”势力使台海分裂的局面无期限的拖延下去。

《反分裂国家法》体现了国家意志，定义了“台独”分裂势力的活动底线，明确授权国家行政机关对以任何名义、任何方式造成台湾从中国分裂出去的事实，或者发生将会导致台湾从中国分裂出去的重大事变，或者和平统一的条件完全丧失，构成台湾独立、分裂国家的行为时，采取非和平方式以及其他必要措施，以便在危机发生时，国家行政机关有实施维护国家统一作为的法律依据。这种授权是符合宪法原则的。

《反分裂国家法》明确了国家处理海峡两岸关系、实现国家统一的有步骤、分阶段的战略战术原则。这个战略战术原则，是符合海峡两岸关系目前的发展

---

① 新华网台湾频道 2005 年 3 月 14 日。

形势的，是符合党和国家历来有关和平统一、不放弃武力的主张的。它是对“台独”分裂势力的严正警告，是对台湾地区领导人的“台独”活动的严正警告，也是对今后台湾地区上台的任何领导人的执政原则的警告。因此，《反分裂国家法》是一部保证台海两岸和平的法律。

3月26日下午，在陈水扁推动下，台湾举行有史以来第一次有“总统”、“行政院长”和“内阁部长”参加的大游行，抗议大陆制定《反分裂国家法》。

为了早日结束台海分裂状态，中国共产党主张通过与国民党对话与沟通的方式，来捐弃前嫌，共谋国家统一。中国国民党虽然沦为在野党，但坚持一个中国，承认“九二共识”，反对“台独”活动，构成了与中国共产党对话与沟通的政治基础。

2005年3月，国民党副主席江丙坤率领中国国民党代表团访问大陆，拜谒了广州黄花岗七十二烈士墓、南京中山陵、北京香山孙中山先生衣冠冢，与中国共产党高层就两岸交流急待解决的问题交换意见。这是1949年退出中国大陆后，56年来中国国民党第一次正式组团来大陆访问，与中国共产党展开党对党的交流与沟通。中共中央政治局常委贾庆林代表中共中央和胡锦涛总书记向连战发出了访问大陆的邀请，中共中央台办主任陈云林表示欢迎亲民党组团来访，欢迎宋楚瑜在他认为方便的时候来大陆访问。

4月下旬，中国国民党主席连战启程，赴大陆访问，展开历史性的“和平之旅”，到南京拜谒中山陵，在北京大学发表演讲。4月29日下午，中共中央总书记胡锦涛在人民大会堂会见了国民党主席连战。双方就促进两岸关系改善和发展的重大问题及两党交往事宜交换意见，在坚持“九二共识”、反对“台独”的原则下，共同发布《两岸和平发展共同愿景》的新闻公报。公报的主要内容是：(1) 促进尽速恢复两岸谈判，共谋两岸人民福祉。(2) 促进终止敌对状态，达成和平协议，建构两岸关系和平稳定发展的架构。(3) 促进两岸经济全面交流，建立两岸经济合作机制促进两岸展开全面的经济合作，建立密切的经贸合作关系。(4) 促进协商台湾民众关心的参与国际活动的问题。(5) 建立党对党定期沟通平台①。

国民党是台湾的在野党，不代表台湾的公权力。两党联合声明以“共同愿景”为名，强调多项“促进”工作，表达了共同改善和推动两岸关系的愿望。“胡连会”是国共两党最高领导人60年来的第一次会面，对改善国共两党关系、两岸关系发展具有重要的意义。两党领导人所达成的新共识是“九二共识”的具体化和新发展，展示了两岸关系发展的方向。

受中共中央和国务院的委托，5月3日，中共中央台办、国务院台办主任陈

---

① 新华网台湾频道2005年4月30日。

云林在上海宣布，大陆同胞向台湾同胞赠送一对象征和平团结友爱的大熊猫；同时宣布，大陆有关方面将于近期开放大陆居民赴台湾旅游，扩大开放台湾水果准入并对其中十余种实行零关税。

5月，台湾亲民党主席宋楚瑜率团抵达古都西安，展开他的“搭桥之旅”。12日，胡锦涛总书记与宋楚瑜主席举行正式会谈，发表了会谈公报，双方都主张：促进在“九二共识”基础上尽速恢复两岸平等谈判；坚决反对“台独”，共谋台海和平与稳定；推动结束两岸敌对状态，促进建立两岸和平架构。双方基于两岸合则两利、分则两害、通则双赢的共同体认，就加强两岸经贸交流、促进建立稳定的两岸经贸合作机制达成9项共识，包含了许多新的具体构想、步骤与措施，包括大陆方面进一步简化台湾同胞往来大陆的入出境手续，尽快实施在大陆就读的台湾学生与大陆学生同等收费标准，放宽台湾同胞在大陆就业政策，以利于维护台湾同胞利益、增进台湾同胞福祉①。

7月，新党主席郁慕明率领新党纪念抗战胜利60周年大陆访问团，先后访问广州、南京、大连和北京，进行“民族之旅”。中共中央总书记胡锦涛会见了新党访问团全体成员。新党访问团与中共中央台办的座谈中，双方就涉及两岸同胞权益的若干事宜深入交换了意见。

江丙坤的“缅怀之旅”、“经贸之旅”重在追寻国民党的成长历程，与大陆就两岸经贸交流中衍生的问题达成共识。连战的“和平之旅”实现了国共两党领导人60年来的再次会晤，建立起两党沟通的平台。在国民党登陆后不久，中国共产党紧接着邀请宋楚瑜访问大陆，正是对亲民党坚持一个中国的高度肯定，就是要团结一切可以团结的人，争取一切可以争取的力量，共同反对和扼止“台独”。

中国共产党始终坚持寄希望于台湾人民的一贯立场，愿意与台湾坚持一个中国立场的各政党、各团体接触和交流。中国共产党与中国国民党以一个中国为基础，理性交换意见。在完全平等的情况下，讨论若干问题，能为两岸带来和平，为台海带来安定，为未来带来希望。中共邀请台湾政党领导人访问大陆，是两岸关系发展迈出的重要一步，具有重要的历史意义。

两岸政冷经热，海协会与海基会的交流已中断多年，循民间对民间、行业对行业的方式处理一些民间事务，仍然存在着诸多障碍。中国共产党通过与岛内主张缓和两岸关系、推动两岸“三通”的政党或民间团体加强交流，得到了广大台胞的呼应。中国共产党是一个拥有几千万党员的执政党，而国民党、亲民党、新党在台湾是在野党，党员人数仅是中国共产党的零头，但中国共产党不以大压小，完全以平等的姿态对待对方。中共中央总书记与国民党主席、亲民党主

① 新华网台湾频道2005年5月12日。

席、新党主席直接会面，坦诚交换看法，建立起两岸政党直接交流的新模式。这种协商模式缩短了两岸政党间的距离，为今后继续沟通搭建起平台，得到岛内积极回应。

9月，第一届两岸民间菁英论坛在上海举行，中共中央政治局常委贾庆林、亲民党主席宋楚瑜等人出席，两岸各界人士就两岸农业交流合作的前景与方向、两岸投资贸易正常化等问题展开探讨，形成了四点共同建议：鼓励台商在大陆投资及保障其正当权益；积极推动两岸直接通航；促进两岸农业交流与合作；促进两岸经济关系正常化。

大陆采取灵活务实的方针，寄希望于台湾人民，不以政治分歧而影响两岸经济交流和合作。虽然两岸在政治上的斗争不断，但两岸关系有朝积极方向发展的一面。2005年12月，民进党在台湾县市长选举中挫败，陈水扁的压力增大。为了稳固铁票队伍，他强化了“台独”立场。

2006年2月，陈水扁决定终止“国统会”运作和“国统纲领”适用。次日，中共中央台办、国务院台办发表声明，指出：“当前陈水扁通过‘宪改’进行‘台湾法理独立’活动的冒险性、危险性继续上升，一旦得逞，势必造成两岸关系高度紧张，严重威胁台海地区乃至亚太地区的和平与稳定。坚决反对和制止陈水扁通过‘宪改’进行‘台湾法理独立’活动，是当前我们最重要、最紧迫的任务。”[①]明确表达了反对台湾当局借“宪政改造”谋求台湾“法理独立”的立场。

4月，国共两党在北京举行两岸经贸论坛，主题是“两岸经贸交流与直接通航”。中共中央政治局常委贾庆林、国民党荣誉主席连战等人参加会议。中共中央台办主任陈云林受权宣布和通报大陆方面将进一步采取的“促进两岸交流合作、惠及台湾同胞的15项政策措施”。

4月16日，胡锦涛总书记会见出席两岸经贸论坛的连战荣誉主席和台湾各界人士时强调，“和平发展理应成为两岸关系发展的主题，成为两岸同胞共同为之奋斗的目标”，并提出四点建议，主要内容是：坚持“九二共识”，是实现两岸和平发展的重要基础；为两岸同胞谋福祉是实现两岸关系和平发展的根本归属；深化互利双赢的交流合作，是实现两岸关系和平发展的有效途径；开展平等协商，是实现两岸关系和平发展的必由之路[②]。这个重要主张着眼于两岸同胞共同的长远利益，顺应当今时代的发展趋势，符合两岸同胞的普遍期待。

10月17日，由中共中央台办海研中心与国民党国政研究基金会共同举办的两岸农业合作论坛，在海南省博鳌举行，中共中央政治局常委贾庆林和国民

---

① 新华网台湾频道2006年2月28日。

② 新华网台湾频道2006年4月16日。

党荣誉主席连战出席论坛开幕式，并发表演讲。本届论坛主题是“加强两岸农业合作，实现两岸农业互利双赢”。与会人士就“加入WTO后两岸农业合作面临之机遇与挑战”、“当前两岸农业合作模式之探讨”、“两岸农业合作发展之问题与对策”进行了广泛而深入的研讨，达成《两岸农业合作论坛共同建议》，主要内容是：(1) 促进两岸农业交流与合作，实现双赢。(2) 欢迎台湾农民、农民企业到大陆投资兴业。(3) 采取措施保障台湾农产品输入大陆快速通道顺畅。(4) 继续帮助台湾农产品在大陆销售。(5) 维护农产品贸易的正常秩序。(6) 推动构建两岸农业技术交流和合作机制。(7) 推动建立两岸农业安全合作机制，支持两岸民间农业组织就传统病虫害、重大病疫、基因食品与农产品污染等农业安全问题进行探讨①。

2007年4月，第三届两岸经贸论坛在北京举行，中共中央政治局常委贾庆林、国民党荣誉主席连战等人参加会议，两岸各界人士就直航、教育交流、旅游观光问题深入探讨，达成共同建议：(1) 促进两岸空中直航与航空业交流合作。(2) 两岸海上通航和救援合作。(3) 继续拓展福建沿海与金门、马祖、澎湖直接往来的范围和层次。(4) 积极促进两岸教育交流与合作。(5) 继续推动实现大陆居民赴台旅游。(6) 促进两岸关系和平发展。教育部、公安部、人事部、交通部、民航总局、国家旅游局负责人一共宣布了13项进一步促进两岸交流交往与合作的政策措施②。

10月15日，胡锦涛总书记在中国共产党第十七次全国代表大会上作报告，关于台湾问题，提出了一系列新主张、新建议，表示：“我们将遵循‘和平统一、一国两制’的方针和现阶段发展两岸关系、推进祖国和平统一进程的八项主张，坚持一个中国原则决不动摇，争取和平统一的努力决不放弃，贯彻寄希望于台湾人民的方针决不改变，反对‘台独’分裂活动决不妥协，牢牢把握两岸关系和平发展的主题，真诚为两岸同胞谋福祉、为台海地区谋和平，维护国家主权和领土完整，维护中华民族根本利益。”指出：“尽管两岸尚未统一，但大陆和台湾同属一个中国的事实从未改变。中国是两岸同胞的共同家园，两岸同胞理应携手维护好、建设好我们的共同家园。台湾任何政党，只要承认两岸同属一个中国，我们都愿意同他们交流对话、协商谈判，什么问题都可以谈。”再次呼吁：“在一个中国原则的基础上，协商正式结束两岸敌对状态，达成和平协议，构建两岸关系和平发展框架，开创两岸关系和平发展新局面。”强调：“十三亿大陆同胞和两千三百万台湾同胞是血脉相连的命运共同体。凡是对台湾同胞有利的事情，凡是

① 新华网台湾频道2006年10月17日。
② 新华网台湾频道2007年4月29日。

对维护台海和平有利的事情，凡是对促进祖国和平统一有利的事情，我们都会尽最大努力做好。”“我们愿以最大诚意、尽最大努力实现两岸和平统一，绝不允许任何人以任何名义任何方式把台湾从祖国分割出去。”①

中国共产党新一代领导人着眼于国家与民族的复兴大业，不计较一时的得失，在对台工作中提出一系列新主张，以民为本，反独优先，主动谋和，追求双赢，强调两岸的和平发展、共同发展，最大限度团结、争取广大台湾同胞，体现了维护国家主权与领土完整的坚定决心，表达了发展两岸关系的诚意与善意。

为了缓和与改善两岸关系，大陆主动释放善意，推动两岸春节包机直航获得突破，派孙亚夫、李亚飞赴台参加辜振甫的追思活动，邀请国民党、亲民党、新党领导人来访、达成“反独促和”的共识，开放大陆居民赴台旅游，简化台胞往来大陆的通关手续，逐步放宽台胞在大陆就业的条件，对在高等院校就读的台生实行与大陆学生同等收费制并设置专项奖学金，对台商提供300亿人民币开发性融资贷款项目，提出“支持海峡西岸和其他台商投资相对集中地区的经济发展，促进两岸经济技术交流和合作”的建议，将两岸经济技术合作纳入国家整体发展规划中，等等。中国共产党对台工作的新主张、新做法，巩固并扩大了以国共对话为主轴的反独促和阵线，为两岸交流注入了新的活力。

第二节　两岸经贸关系

1979年中国大陆开始实行改革开放，两岸经贸交流从简单的商品互通，逐渐走向复杂的要素贸易，进而扩大两岸经贸交往的内容并提高合作的层次。海峡两岸人民不能直接“三通”，导致双方无法维持正常的经贸往来。两岸的贸易往来主要通过香港作为中转口岸；台商对大陆的投资要经第三国家或地区（中转站主要为港澳地区、日本、美国、维尔京群岛、开曼群岛）。

海峡两岸经贸往来处于非正常状态，给统计带来很多困难。就贸易量，中国大陆外经贸部（现为商务部）根据香港等地的转口量、两岸的小额贸易及各省市对台的贸易，综合统计得出。两岸通过香港的转口贸易仅仅是两岸贸易总量的一部分，随着闽台间小额贸易的频繁、两岸间接直航的开通，份额在递减；台湾“经济部”主要依据台出货到大陆及香港的转口贸易来统计。日本、美国等经济部门对两岸的贸易量的看法也不完全一样。各方的统计数字有一定的出入，甚至有较大的差异，这并不奇怪。在分析过程中，我们以双方经香港转口的数额作为底线，参照中国大陆及台方的统计数字（见表18－1、表18－2、表18－3）。

① 新华网2007年10月25日。

表 18 - 1　1979—1998 年海峡两岸经香港贸易统计

金额:万美元

年　份	两岸贸易总额	大陆对台出口	台对大陆出口
1979 年	7713	5583	2130
1980 年	39760	7842	24205
1981 年	46671	7631	39040
1982 年	29819	8996	20823
1983 年	26477	9606	16871
1984 年	70940	12803	42660
1985 年	110294	11590	98684
1986 年	95764	14422	81342
1987 年	151550	28900	122650
1988 年	272090	47870	224220
1989 年	348340	58690	289650
1990 年	404360	76540	327830
1991 年	579310	112600	466720
1992 年	740690	111900	628790
1993 年	868900	110360	758540
1994 年	980950	129230	851720
1995 年	1145700	157420	988280
1996 年	1130000	158240	971760
1997 年	11445890	174780	971570
1998 年	1001900	165490	836410

资料来源:全国台湾研究会编:《台湾一九九八》,北京:九州图书出版社,1999 年 6 月,第 511 页。

表 18 - 2　1989—2008 年海峡两岸贸易统计

金额:百万美元

年　份	大陆海关统计			台　湾　统　计		
	自台进口	向台出口	总　额	出口大陆	进口大陆	总　额
1989 年	—	—	—	3331.9	586.9	3918.8
1990 年	2255.0	319.7	2574.7	4394.6	765.4	5160.0
1991 年	3639.0	594.8	4233.8	7493.5	1125.9	8619.4

续表

年份	大陆海关统计			台湾统计		
	自台进口	向台出口	总额	出口大陆	进口大陆	总额
1992年	5881.0	698.0	6579.0	10547.6	1119.0	11666.6
1993年	12933.1	1461.8	14394.9	13993.1	1103.6	15096.7
1994年	14084.8	2242.2	16327.0	16022.5	1858.7	17881.2
1995年	14783.9	3098.1	17882.0	19433.8	3091.4	22525.2
1996年	16182.2	2802.7	18984.9	20727.3	3059.8	23787.1
1997年	16441.7	3396.5	19838.2	20535.0	3915.4	24450.4
1998年	16630.0	3870.0	20500.0	18400.4	4110.5	22510.9
1999年	19530.0	3950.0	23480.0	21221.3	4524.3	25745.6
2000年	20830.0	4170.0	25000.0	26160.0	6220.0	32380.0
2001年	27340.4	5000.0	32340.4	24060.0	5900.0	29960.0
2002年	44670.0	6590.0	51260.0	33060.0	7947.7	41007.7
2003年	49362.3	9004.7	58367.0	35357.7	10962.0	46319.7
2004年	64778.6	13545.2	78323.8	34013.2	16678.7	50691.9
2005年	74680.0	16550.0	91230.0	40886.0	19928.3	60814.3
2006年	87110.0	20740.0	107850.0	51808.6	24783.1	76591.7
2007年	101020.0	23460.0	124480.0	74280.0	28020.0	102300.0
2008年	103340.0	25880.0	129220.0	66886.4	31415.9	98302.3

资料来源:全国台湾研究会编:《台湾二〇〇八》,北京:九州出版社,2009年版,第460页。

表18-3 1978—2008年大陆对海峡两岸贸易统计

单位:亿美元

年份	贸易总额		大陆对台出口额		大陆自台进口额		贸易顺差
	金额	同比(%)	金额	同比(%)	金额	同比(%)	
1978年	0.5		0.5		0.0		0.5
1979年	0.8	67.4	0.6	21.7	0.2	41900.0	0.4
1980年	3.1	303.9	0.8	35.7	2.4	1019.1	−1.6
1981年	4.6	47.6	0.8	−1.3	3.8	63.4	−3.1
1982年	2.8	−39.4	0.8	12.0	1.9	−49.5	−1.1
1983年	2.5	−10.8	0.9	7.1	1.6	−18.6	−0.7
1984年	5.5	123.0	1.3	42.2	4.3	169.0	−3.0

续　表

年　份	贸易总额		大陆对台出口额		大陆自台进口额		贸易顺差
	金额	同比(%)	金额	同比(%)	金额	同比(%)	
1985年	11.0	99.1	1.2	−9.4	9.9	131.8	−8.7
1986年	9.6	−13.3	1.4	24.1	8.1	−17.7	−6.7
1987年	15.2	58.7	2.9	100.7	12.3	51.3	−9.4
1988年	27.2	79.5	4.8	65.7	22.4	82.7	−17.6
1989年	34.8	28.0	5.9	22.5	29.0	29.2	−23.1
1990年	40.4	16.1	7.7	30.4	32.8	13.2	−25.1
1991年	57.9	43.3	11.3	47.1	46.7	42.3	−35.4
1992年	74.1	23.9	11.2	−0.6	62.9	34.7	−51.7
1993年	144.0	94.3	14.6	30.5	129.3	105.6	−114.7
1994年	163.2	13.4	22.4	53.2	140.8	8.9	−118.4
1995年	178.8	9.5	31.0	38.4	147.8	5.0	−116.8
1996年	189.8	6.1	28.0	−9.6	161.8	9.5	−133.8
1997年	198.4	4.5	34.0	21.2	164.4	1.6	−130.5
1998年	205.0	3.3	38.7	13.9	166.3	1.1	−127.6
1999年	234.8	14.5	39.5	2.1	195.3	17.4	−155.8
2000年	305.3	30.1	50.4	27.6	254.9	30.6	−204.5
2001年	323.4	5.9	50.0	−0.8	273.4	7.2	−223.4
2002年	446.7	38.1	65.9	31.7	380.8	39.3	−314.9
2003年	583.6	30.7	90.0	36.7	493.6	29.7	−403.6
2004年	783.2	34.2	135.5	50.4	647.8	31.2	−512.3
2005年	912.3	16.5	165.5	22.2	746.8	15.3	−581.3
2006年	1078.4	18.2	207.4	25.3	871.1	16.6	−663.7
2007年	1244.8	15.4	234.6	13.1	1010.2	16.0	−775.6
2008年	1292.2	3.8	258.8	10.3	1033.4	2.3	−774.6
累　计	8573.9		1518.4		7056		−5537.6

注：1992年以前的数据来源于香港海关的统计，1992年以后的数据来源于大陆海关的统计。

资料来源：商务部台港澳司2009年2月公开发布的统计资料。

经济学理论界定，对外投资涵括直接、间接及技术合作三种形式。直接投资指投资者在国（地区）外创办企业或与当地资本合营企业；间接投资主要为用于购买国（地区）外公司的股票与其他证券的投资；与国际贸易密切相联的各种资金形态的、实物形态的、智力形态的经济技术合作方式，如贸易信贷、技术引进、信托投资、国际租赁、“三来一补”（来料加工、来样加工、来件装配及补偿贸易）等，亦视作对外投资①。台商对大陆投资涵盖上述三种形态。需要说明的是，行文中台商对大陆“直接投资”与“间接投资”，专指台商是否经第三国家或地区转赴大陆投资，而非国际投资学定义的直接投资、间接投资。对“三来一补”，台湾“经济部”视作贸易行为，也不符合国际惯例②。

台商赴大陆投资是自发展开的。为避开拦阻及处罚，他们通过第三国家或地区转投资大陆，或与跨国公司组建策略联盟，联手进入大陆，不愿向台湾当局报备。两岸对台商投资的认知也不尽一致。大陆台资的真实数量到底是多少？恐怕很难得出一个绝对准确的数字。一般估计，至 2007 年底，约 8 万家、1000 亿美元。岛内一些专家根据汇出资金的数量，判定约 1500 亿美元进入大陆。

迟至 1991 年，台“经济部投审会”才开始对台商赴大陆投资作规范管理，其统计系以投资人实际投资金额为统计基础。许多台商偷跑大陆，本来就不愿与台湾当局纠缠，特别是一些大企业、集团企业为抓住商机，将巨额资金透过维尔京群岛、开曼群岛进入大陆，“投审会”的统计数字只能反映台商在大陆的部分情况。台方的统计资料比较详细，便于应用。大陆各地、各部门在吸引外资的过程中，为扩大知名度，喜欢用协议金额（指经过契约签订同意的项目投资金额，它并非签定后立即汇入，而是经由建厂等程序逐渐流入）计算，每年实际到位金额并不太高。外经贸部统计台资数量挤出了一些水分，但也不能确定其绝对准确。考虑到来自中国香港地区、新加坡、美国、日本、维尔京群岛、开曼群岛等国家及地区的部分资金实为台资，相对来说，外经贸部的统计数字基本上反映了台资在大陆的真实情况，可惜不够详细。

为了避免分析的随意性，在总体评估两岸经贸关系现状过程中，我们倾向于外经贸部的统计数字（见表 18－4）。具体探讨台商在大陆的特征时，偏向于台“投审会”的资料。

近 30 年来，世界形势发生了巨大变化，经济全球化不可阻挡，海峡两岸的中国人一路走来，坎坎坷坷，在冲突中求合作，在竞争中谋发展。根据海峡两岸关系发展及经贸交流的规模，我们把两岸经贸关系大致分为四个阶段。

---

① 崔援民主编：《现代国际投资学》，北京：中国经济出版社，1991 年版，第 3 页。

② 台湾《大陆经贸投资月报》第 21 号，第 20 页。

表18－4　台商投资大陆件数与金额

金额:亿美元

数字 时间	大陆对外公布资料①			台湾核准资料②	
	件　数	协议金额	到位金额	件　数	核准金额
1987年以前	80	1			
1988年	435	5.2			
1989年	552	4.37			
1990年	1117	9.84		补办2503	7.53③
1991年	3446	27.83	8.44	237	1.74158
1992年	6430	55.43	10.50	264	2.46992
1993年	10948	99.65	31.39	1262	11.40
				补办8067	20.28④
1994年	6247	53.95	33.91	934	9.62209
1995年	4778	57.77	31.62	490	10.92713
1996年	3184	51.41	34.75	383	12.29
1997年	3014	28.14	32.89	728	16.14
				补办7997	27.19⑤
1998年	2970	29.82	29.15	641	15.19
				补办643	5.15⑥
1999年	2499	33.74	25.98	488	12.5278
2000年	3108	40.41	22.96	840	26.0714
2001年	4214	69.14	29.79	1186	27.84
2002年	4853	67.4	39.7	1490	38.58
				补办3950	28.64⑦
2003年	4495	85.58	33.77	3875	76.98
2004年	4002	93.06	31.17	2004	69.40
2005年	3907	103.58	21.62	1297	60.069
2006年	3752	113.4	21.4	1090	76.42
2007年	3299	17.7		996	99.61
2008年	2360	19.0		478	90.00

资料来源:①《中国对外经济贸易年鉴》等。

② 台湾"经济部投资审议委员会"编:《对大陆间接投资统计月报》、台湾经济研究院编撰:《两岸经济统计月报》等。

③ 1991年4月8日前事后报备的数字。

④ 1993年6月3日前事后报备的数字。

⑤⑥ 1997年修正后之"两岸人民关系条例"规定提出申请许可案。

⑦ 2002年12月31日前事后报备的数字。

一　两岸经贸发展的四个阶段

试探阶段(1979—1987 年)

中共十一届三中全会之后,中国大陆实现工作重心转移,以经济建设为中心,对内改革,对外开放。中美建交及冷战趋于缓和,对峙长达 30 年之久的两岸局势出现了转机。大陆主张两岸“通商”、“通邮”、“通航”,提出“和平统一,一国两制”的基本方针,“寄希望于台湾当局,更寄希望于台湾人民”,主动打开海峡两岸交往之门。

1980 年 2 月,大陆设立深圳、珠海、汕头、厦门四个经济特区,1984 年 4 月再开放沿海 14 个城市及加速海南岛建设。1985 年 2 月,进一步将长江、珠江三角洲及闽南漳、厦、泉三角地带,辟为沿海经济开放区。1985 年 3 月,开放辽东半岛及胶东半岛。大陆对外开放的范围,由点到线,由外而内,形成一条对外开放的弧形地带。

海峡两岸经贸关系从中断转向恢复,其表现形式主要是两岸通过香港的转口贸易,进而引发或带动其他尚处在萌芽中的经贸交流活动。1979 年至 1987 年间,两岸通过香港的转口贸易货值从 0.78 亿美元增至 15.15 亿美元,增长了 18 倍,其中台湾货物经港输往大陆从 0.22 亿美元增至 12.27 亿美元,增长了 55 倍。

在两岸贸易的促进下,台商开始对大陆进行试探性投资,主要表现为零星、分散、隐秘、少量的特征,通常以华侨的名义,避免被好事者戴上“资匪”的帽子。

从 1983 年就有台商到深圳等地投资设厂。台商摸索试探,对大陆投资处于秘密及非法状态。至 1987 年底累计 80 余项,1 亿余美元[①]。以吸引台资最早的福建省为例,在这 5 年间,全省台资企业不过 58 家,协议金额 0.39 亿美元,占大陆吸引台资的 4 成。

成长阶段(1988—1991 年)

1980 年代中后期,大陆改革重点从农村转到城市。这个时期赴大陆投资的台商日益增多,基本上紧盯大陆扩大沿海开放地带而推进。

1987 年,台湾当局解除“戒严”,放宽外汇管制,推行对外投资自由化政策,开放民众赴大陆探亲,两岸交往得到有限度的开放,经贸交流转趋活跃。随着两岸经贸联系逐渐加深,贸易与投资相辅相成的作用日益突出。转口贸易继续稳定扩张,台湾货物源源不断地输往大陆,从 1988 年的 22.42 亿美元增至 1991 年的 46.67 亿美元,以人造纤维纱布、电机与电子零组件、塑胶原料及机械设备

① 《台湾工作通讯》1993 年第 6 期,第 16 页。

为主，占台湾对大陆转口输出总额的69.97%[①]。

台湾经济正由劳动密集型向资本密集型与技术密集型转移，大力发展资讯电子等高科技产业，曾为出口创汇作出重要贡献的劳动密集型产业失去比较优势，纷纷寻求去处。在“探亲热”、“观光热”的引导下，大批台商赴大陆考察投资环境，寻找合作伙伴。为充分吸引台资，1988年7月，国务院颁布《关于鼓励台湾同胞投资的规定》，明确规定对台商的优惠措施比照外商，对台商资产不实行国有化，并可适用涉外经济法规。据大陆有关方面的统计，仅1988年进入大陆的台资项目就达435项、协议金额5.2亿美元，远远超过前几年的总和。

为了加强两岸的经贸交流，1988年6月国务院第十次常务会议通过《国务院关于鼓励台湾同胞投资的规定》，主要内容是：台湾投资者在大陆可以下列形式进行投资，包括举办台湾投资者拥有全部资本的企业，举办合资经营企业、合作经营企业，开展补偿贸易、来料加工装配、合作生产，购买企业的股票和债券，购置房产，依法取得土地使用权开发经营；台湾投资者可以在大陆的工业、农业、服务业以及其他符合社会和经济发展方向的行业投资；台湾投资者在大陆投资举办拥有全部资本的企业、合资经营企业和合作经营企业(以下统称台胞投资企业)，除适用本规定外，参照执行国家有关涉外经济法律、法规的规定，享受相应的外商投资企业待遇；台湾投资者可以用自由兑换货币、机器设备或者其他实物、工业产权、专有技术等作为投资；台湾投资者在大陆的投资、购置的资产、工业产权、投资所得利润和其他合法权受国家法律保护，并可以依法转让和继承；国家对台湾投资者的投资和其他资产不实行国有化；在台胞投资企业集中的地区，台湾投资者可以向当地人民政府申请成立台商协会。

1989年春，台商大陆投资热不减。工商界风闻台湾当局拟正式开放厂商赴大陆投资，倍受鼓舞。其间一度受春夏之交的北京政治风波冲击，但大陆政局很快稳定，继续走改革开放的道路，台湾当局也推出“经济促统一”的对策，两岸经贸交流保持稳定状态。1989年大陆批准台资项目552件，协议金额4.37亿美元。

1990年初，台湾当局宣布开放工商界赴大陆考察参展，在“法律”上追认两岸经贸往来的事实，台商对大陆投资终于公开与合法。10月，台“经济部”公布实施“对大陆地区从事间接投资或技术合作管理办法”，规定“直接投资禁止，间接投资许可”原则，企图规范业者对大陆投资及技术合作，约束台商“非法行动”，但不能挡住台商对大陆注入资金的激流。1990年，大陆共批准台资项目1117件，协议金额9.84亿美元。

---

① 台湾《“自由中国”之工业》，1991年第9期，第2页。

台商对大陆投资的机器、原材料多来自台湾，随着大陆台资企业猛增，促进了两岸转口贸易量的扩展，1990 年台湾经香港输往大陆的货品中，以人造纤维纱布、电机与电子零组件、塑胶原料及机械设备为主，共占台湾对大陆转口输出总额的 69.97%①。台资流向大陆增长幅度已超过同年两岸间接贸易增长额，双方经贸交流的格局由转口贸易为主向投资独大的方向转变。

1991 年台湾当局落实大陆投资报备审核制度，严格控制资金流向大陆，称大陆台资企业多处于亏损状态，鼓励台商到东南亚国家发展，作用不大。1991 年 4 月向台湾当局报备的先行赴大陆台资企业共计 2503 件、7.54 亿美元，遍布资讯电子、车辆、制鞋、食品、成衣等 40 多个行业。这与外经贸部的统计数字相近。

台湾一些大型企业、集团企业通过正规管道进入大陆投资，统一企业在上海、北京和新疆建立 3 家企业，金额达新台币 2 亿元；正新橡胶在厦门投资 300 万美元，生产自行车、机车轮胎；光男、味全、英业达电子、西陵电子、鸿海业精机等多家集团企业抢占大陆市场，使台商对大陆投资的规模、地区、行业及技术层次都发生较大变化。据外经贸部统计，全年新增台资项目 3446 件、27.83 亿美元。

据香港海关统计，1991 年两岸贸易总额达 57.93 亿美元，比上年增长 43.3%，其中台湾输往大陆货品金额 46.67 亿美元，大陆货品至台湾 11.26 亿美元。台湾至大陆的货品仍集中于工业用原料及零配件，包括人造纤维纱布、塑料、机械设备、电器零组件。大陆到台的货品主要是中草药、香烟、羽毛、纺织品、针织内衣。

1991 年两岸贸易量大幅成长，是由台商扩大在大陆投资带动的。建立在东南沿海地区的台资企业大多属加工出口企业，从事“三来一补”，原料与市场均在海外，随着对大陆投资的增加，加大了对台湾原料的进口。

台商对大陆投资从小到大，两岸的经贸交流初具规模，稳步前进。台商充分体会到，台湾经济的腹地就在大陆，必须抓住机遇，寻求更大的突破。

发展阶段(1992—1999 年)

1992 年 1 月，邓小平视察深圳特区，肯定“深化改革，扩大开放的路线”。中共十四大正式确立了社会主义市场经济的发展方向。四年之久的治理整顿终告结束，大陆经济强劲增长，给予台商巨大的冲击与震撼。巨额台资流向大陆，势头之猛前所未有，掀起第一波台商大陆投资热。两岸经贸关系进入了发展阶段，台商对大陆以投资为主导的趋势日益明显，在深度与广度上都出现新的

① 台湾《“自由中国”之工业》，1991 年第 9 期，第 2 页。

变化。

台湾前 20 家大企业集团的核心人物大部分都来到大陆考察，所辖一些企业已在大陆投资或准备投资。资产总值居首位的霖园集团 1992 年 7 月组团到大陆考察保险和营建市场，台塑集团准备结合中下游业者赴长江沿岸投资石化业。1992 年大陆新批准台资项目 6430 个，协议金额 55.43 亿美元，分别比上年增长 3.3 倍与 4 倍，增幅超过历年。

广大台商强烈要求台湾当局放宽限制。1992 年 10 月以来，台湾当局再度放宽投资限制，台商到大陆投资的行业向全方位迈进，除先前的劳动密集型产业外，第三产业投资引人注目，以房地产热最为突出。仅福建一省，1992 年便批租了 10 多块土地供台商成片开发，其中最大者达数十平方公里。台商与上海合作开发的浦东陆家嘴永华商贸综合大厦破土动工。饱受岛内股市重挫的台商看好大陆证券市场。1992 年初，深圳发行“B 股”，台商参与承销，颇有收获。

据台“投审会”统计，至 1993 年 6 月 3 日止，先前几乎所有偷跑大陆的台资企业基本曝光，共计 7438 家，实际投入金额 20.32 亿美元，平均每件 27 万美元[①]。大陆开始成为台湾对外投资额最大的地区，并呈强劲上升之势。台湾大企业陆续到大陆考察，上市公司纷纷制定和提出对大陆的投资计划。在总共 270 家上市公司中，有 104 家、占 40%的公司股东会，授权董事会决定对大陆投资。如久津实业、中兴纺织、致福、大成长城等 10 家上市公司提出 12 项大陆投资计划获准。在投资带动下，两岸贸易持续发展。据香港海关统计，1993 年经港间接贸易额达 86.9 亿美元，台货品至大陆 75.9 亿美元，大陆货品至台 11 亿美元。

台商到大陆投资由短线操作转变为打持久战，购地自建厂房，延长合同期限，追加资金，准备在大陆扎根。在上海等地有多项投资的声宝公司，1993 年投资 1650 万美元在广东东莞兴建冷汽机厂。许多大中型企业集团规划中长期的投资资金。广东惠州、汕头、海南等地区兴建台商工业城或台资开发区。这种群聚合作开发不同于前一、二年在东南沿海台商投资集中地区出现的鞋城、灯饰城，是由岛内工商团体或产业公会出面落实。

台商对大陆的投资由单打独斗向群聚效应发展。在大陆各地台办部门的协助下，北京、深圳、海南、广州、东莞等地的台商组建了台商投资协会，加强与当地主管部门的沟通，解决投资中发生的难题。在大陆的台商还建立行业组织，如台湾汽车零组件行业成立“汽机车零件业大陆联谊会”。

1994 年 3 月 5 日，第八届全国人大常委会第六次会议通过《中华人民共和

---

① 台湾《工商时报》，1993 年 6 月 12 日。

国台湾同胞投资保护法》,主要内容是:国家依法保护台湾同胞投资者的投资、投资收益和其他合法权益。台湾同胞投资必须遵守国家的法律、法规。国家对台湾同胞投资者的投资不实行国有化和征收;在特殊情况下,根据社会公共利益的需要,对台湾同胞投资者的投资可以依照法律程序实行征收,并给予相应的补偿。台湾同胞投资者投资的财产、工业产权、投资收益和其他合法权益,可以依法转让和继承。台湾同胞投资,可以举办合资经营企业、合作经营企业和全部资本由台湾同胞投资者投资的企业,也可以采用法律、行政法规规定的其他投资形式。在台资企业集中的地区,可以依法成立台湾同胞投资企业协会,其合法权益受法律保护。台湾同胞投资者依法获得的投资收益、其他合法收入和清算后的资金,可以依法汇回台湾或者汇往境外。

1994年,台湾当局扩大开放大陆物品进入岛内,大陆对台出口迅速升幅。据大陆海关统计,全年贸易总额达163.3亿美元,大陆自台进口140.8亿美元,对台出口22.4亿美元。大陆对台出口货物中,农业原料占重要地位,工业原料及半成品增长较快,台资企业的产品返销约占其中的一半。1994年台湾获得贸易顺差120亿美元。大陆自台湾进口货物中,机电设备、化纤原料、化工原料居前三位,其中很大一部分是台资企业所需要的材料,只是所占比例或增长速度有所下降,表明台资企业扩大就地采购原材料,台湾的劳动密集型产业整厂迁移告一段落。

前几年台商在大陆投资协议金额增长迅猛,实际投资金额并不理想,如1992年为5比1,1993年为3比1。大陆各部门在招商引资上痛下功夫,不做表面文章,情况有所改观。据大陆统计,1994年批准台资项目6247项,协议金额53.95亿美元,分别比上年下降42.9%和45.9%;全年实际利用台资33.9亿美元,较上年增长8%。

台商投资大陆正由加工出口为主转向生产内销为主,从充分利用大陆廉价劳动力和土地转向注重开拓市场,人力或劳力供给、看好大陆内销市场、降低生产成本是台商赴大陆投资的主要因素。

1995年以来,大陆完成“八五”计划,并制定“九五”计划,随着经济大幅增长,内销市场每年以16%的速度成长,大陆准备加入世界贸易组织(WTO),迅速开放内销市场,成为吸引台商投资大陆的巨大诱因。

1995年6月李登辉访美,散播分裂国家的言行,大陆展开反分裂反“台独”斗争,一时岛内人心惶恐,股市低迷,投资下跌。两岸关系影响到双方的经贸交流。据大陆海关统计,全年两岸经香港转口贸易总额达178.8亿美元,大陆自台进口147.8亿美元,大陆对台出口31亿美元。

投资方面,两岸政治关系转趋紧张,一度影响了台商到大陆投资的步伐。

据台“投审会”统计，共批准台商到大陆投资490件，金额10.92亿美元，平均每件投资额222.9万美元，与上年相比，件数大幅下降48%，而金额则增长14%[①]。这与大陆引进外资由偏重数量转向提高质量相关。台湾大企业、集团企业对大陆市场前景看好，提出多个超过1000万美元以上的大项目：中华汽车公司投资1490万美元在福州、厦门建造汽车生产基地；南亚塑胶公司投资1200万美元在厦门海沧生产PVC附出接头；大成长城公司投资1100余万美元生产饲料等；光阳集团投资1900万美元生产摩托车零件。

1995年6月，大陆公布《指导外商投资暂行规定》及《外商投资产业指导目录》，确立外资政策方向，并具体罗列鼓励、限制和禁止投资项目，鼓励农业新技术、基础建设、材料工业、高新技术、节约能源、防治污染新技术和对中西部投资限制。

1996年3月，台湾举行首次“总统”直选，两岸关系严重对峙，台商处于观望中，暂缓对大陆的投资。台湾选举后，几近于战争状态的两岸关系出现缓和，台商恢复了对大陆投资的信心。特别是大企业、集团企业扩大在大陆的投资，向“投审会”提出多项1000万美元以上的投资案，得以获准赴大陆投资的有：国乔石化公司投资1200万美元，在镇江建立国亨化学公司，生产苯乙烯系列塑胶制品等；台塑集团的南亚塑胶公司投资3400万美元，在江苏南通建立南通南亚塑胶公司和南英塑胶公司，生产PVC塑胶皮、PU合成皮；远东纺织集团投资2400万美元，在上海建造聚酯化纤厂；声宝集团投资2300万美元，在天津成立新宝公司，生产冰箱、空调设备等[②]。

据台湾工商协进会1996年4月19日公布的对岛内80家股票上市公司的调查，没有一家表示要从大陆撤资，却有35%表示将继续扩人在人陆的投资[③]。

1996年前4个月，台“投审会”审核投资件数较去年同期减少19件，金额3.69亿美元，较去年同期增9%。整个上半年，台商赴大陆投资共200项，较去年同期下降26.2%，投资额从1995年同期的5.9亿美元降为5.6亿美元，下降5%，呈迟滞状态。

1996年6—7月，台商投资大陆呈强劲反弹，“投审会”6月核准金额较5月大增61%，7月又较6月激增99%，创1993年9月以来单月核准金额的新高，而且平均每件金额600万美元，创1991年台湾当局统计大陆投资案件以来平均投资金额最高纪录。

---

① 台湾《工商时报》，1996年1月11日。
② 台湾《工商时报》，1996年7月5日。
③ 台湾《工商时报》，1996年4月20日。

台资再次大规模涌向大陆，中小企业及劳动密集型产业已不再占主导地位，基本上是大企业、集团企业，属资本密集型与技术密集型产业，数额是上千万美元，很可能导致台湾产业空洞化。李登辉再也坐不住了。8月，他匆忙提出“戒急用忍，行稳致远”的大陆经贸政策，严格控制大企业、集团企业赴大陆投资。台商对大陆的投资申请案一度停滞，两岸经贸往来受到严重制约。台塑集团拟投资33亿美元在福建漳州建发电厂，遭到阻拦，被迫撤案。

据大陆海关统计，全年经香港贸易总额为189.8亿美元，自台进口161.8亿美元，对台出口28亿美元。两岸间接贸易低速成长，大陆对台出口出现自1993年以来的首次衰退。

投资方面，据外经贸部统计，全年新批准台商投资项目3184个，协议金额51.4亿美元，实际利用台资34.7亿美元。据台“投审会”统计，全年核准台商到大陆投资383件，较上年降低22%；金额12.29亿美元，较上年增长12%；平均每件223万美元，是上年平均规模103万美元的2.2倍。台商在大陆投资的平均规模有明显提高，但与其在欧美、东南亚地区投资规模相比差距仍然较大。

广大台商反对“戒急用忍”政策，强烈要求加强与大陆的经贸交流。1997年3月，王永庆公开证实，在福建漳州投资电厂，已经开工。他多次直言，“没有政策挡得住两岸经贸往来”，“已有3万多家台商忍不下去了”。

华新丽华、统一、中兴纺织等三家公司到大陆设立投资公司，效果较好。味全、益华等多家公司也提出申请。台湾当局不得不暂停批准这类投资案，提高审查标准，规定台商在大陆设投资公司须经专案审查，其在大陆的各项转投资案须逐案向“投审会”申请获准，投资公司必须在每年结算后4个月内出具会计师签证的财务报表，交“投审会”，以便掌握投资流向。

1997年，台湾当局公布新版的“企业对大陆地区投资审查办法”，于7月实施，规定近几年“违规”赴大陆投资台商补办登记手续，至9月完成登记手续，逾期未报者，将处新台币100万至500万元罚款。据统计，共接获补办申请案件7739件，共计投资金额29.13亿美元。1997年5月，据台“经济部”统计，赴大陆投资的台商家数占所有海外投资家数比重达72%[①]。

1997年7月，亚洲爆发金融危机，两岸经贸也不可避免地受到冲击。台“经济部”核准台商投资大陆项目728件，金额16.1亿美元。两岸产业分工层级提高，投资行业进一步向资本和技术密集方向转变。电子电器、非金属制品、食品及饮料、基本金属及制品、石化制品等居台商投资前5位。

在贸易方面，1997年保持较快增长速度。据台“经济部”统计，两岸贸易额

---

① 台湾《工商时报》，1997年5月15日。

为244.5亿美元,较上年增长10.1%。其中,台对大陆出口额达205.3亿美元,较上年增长7.2%。台自大陆进口39.1亿美元,较上年增长27.8%。

受亚洲金融危机影响,1998年台湾经济增长趋缓。9月,接连传出企业财务危机,台商对外投资十分谨慎,特别是对东南亚地区。大陆政治稳定,内需市场庞大,仍是台商对外投资的首选。广大台商抢占大陆内销市场,以零售流通业表现突出。大陆已成为台湾电脑硬体的重要生产基地,宏基、大众、神达、金宝、英业达等大型电脑产品集团都到大陆投资。1995年至1998年,电脑硬体占台湾总产值的比重由72%降至57.3%;在大陆生产比重由14%升至28.9%。电脑软体业者到大陆寻求多种形式的合作。

亚洲金融危机使大陆整体进口贸易出现衰退,很大程度上波及到台湾产品的出口。台湾经济体质强健,其产品在大陆市场面临货币贬值幅度相对较大的东南亚与韩国产品的激烈竞争,台资企业从大陆就地采购原料比重也在逐年增加,这些因素导致台湾对大陆出口增长缓慢。台"经济部"公布,1998年两岸贸易总额为225.11亿美元,比上年衰退7.9%。台对大陆出口184亿美元,从大陆进口41.11亿美元。

1998年下半年,台商对大陆投资呈低迷状态。1999年延续了衰退势态。据大陆外经贸部统计,全年台商赴大陆投资2499件,协议金额33.74亿美元,到位25.99亿美元。据台方统计,台商赴大陆投资488件,金额12.53亿美元。

1999年12月5日,国务院发布实施《中华人民共和国台湾同胞投资保护法实施细则》,主要内容有:台湾同胞投资可以依法采用举办合资经营企业、合作经营企业或者全部资本由台湾同胞投资者投资的企业,合作勘探开发自然资源,开展补偿贸易、加工装配、合作生产,购买企业的股票、债券,购置房产,取得土地使用权开发经营,购买国有小型企业或者集体企业、私营企业,法律、行政法规允许的其他投资形式。投资于大陆中西部地区的台湾同胞投资项目,可以按照国家有关规定给予鼓励或者适当放宽限制。台湾同胞投资企业符合贷款原则的,可以按照国家有关规定给予必要的信贷支持。台湾同胞投资者或者台湾同胞投资企业协会在台湾同胞投资集中的地区,可以按照国家有关规定申请设立台湾同胞子女学校。经批准设立的台湾同胞子女学校应当接受教育行政部门的监督。台湾同胞投资企业在购买机器设备、原材料及辅料等物资以及获得水、电、热、货物运输、劳务、广告、通信等服务方面,享有与大陆其他同类企业同等的待遇。国家机关对台湾同胞投资企业收费的项目和标准,应当与大陆其他同类企业相同。任何机关或者单位不得对台湾同胞投资企业另立收费项目或者提高收费标准。国家依法保护台湾同胞投资者个人及其随行家属和台湾同胞投资企业中的台湾同胞职工及其随行家属的人身自由和人身安全。除依照国家有关法律规定办理的外，不得对台湾同胞采取限制人身自由的强制措施。

以投资为主导的海峡两岸经贸关系，其表现形式主要是台商赴大陆，促进贸易及其他形式的经济交流持续发展。在长达十几年的高速成长后，累积性突发冲动及基数小等因素的惯性作用逐渐减弱，两岸经贸交流回落并进入稳定增长状态。

亚洲金融危机使台湾出口商品对大陆市场的依赖性进一步加强。人民币汇率稳定，新台币则有一定幅度的贬值，这有利台湾继续扩大对大陆的出口扩张。与东南亚诸国相比，中国大陆政局稳定，经济发展，呈“高增长、低通胀”的良好态势，总体而言，对台商投资具有更大的吸引力。

随着大陆改革开放的深入，国际资本大举进军大陆市场，对台资企业形成强大的竞争压力。台商赴大陆投资已从往日分散、单打独斗型向行业整合、策略联盟型转化。最典型的是顶新集团与统一集团两家食品业巨头的策略联盟，整合资金技术优势，进一步增强市场竞争力，提高市场占有率。台湾皇统光碟、大宇、华彩、巨盛、正航等软件厂商积极筹组“九洲软件联谊会”，结合各方资源，形成相互配套的产业群体，形成上、中、下游一起发展的产业链，以降低成本，开拓大陆市场。

持续增长阶段(2000—2008年)①

经过20年的改革开放，大陆发生了巨大的变化，初步建立了市场经济体制，与世界经济接轨的步伐加快，释放出的潜能举世震惊。看好加入WTO后大陆投资市场更加改善的有利条件，许多跨国企业将电子信息产品的生产基地向大陆转移，增加在大陆的投资。2000年，摩托罗拉再投资15亿美元在天津设立半导体芯片厂，全球第二大电脑系统厂商戴尔公司再投资6000万美元在厦门设厂生产台式电脑。IBM公司开始把芯片、打印机及部分笔记本电脑的生产基地设在上海。

台湾信息业厂商主要充当美、日跨国企业的代工伙伴。为降低生产成本，美、日跨国企业将台湾代工伙伴是否有大陆投资布局纳入下单与否的重要考虑。英特尔、康柏、夏普等美、日大厂明确要求台湾代工伙伴须自2001年起在大陆生产基地出货。著名跨国企业纷纷进驻或扩大大陆市场，台湾高科技厂商

① 本小节参考了王建民撰：《2003—2004年两岸经贸形势回顾与展望》，全国台湾研究会编：《台湾二〇〇三》，北京：九州出版社，2004年版；王建民撰：《2005年两岸经贸形势分析》，全国台湾研究会编：《台湾二〇〇五》，北京：九州出版社，2006年版；王建民撰：《2006年两岸经贸形势回顾与展望》，全国台湾研究会编：《台湾二〇〇六》，北京：九州出版社，2007年版。

深感压力，急于“登陆”。张忠谋等台湾高科技产业大佬公开呼吁“戒急用忍”松绑。从国际产业分工格局的变化看，台湾高科技产业掀起大陆投资热是大势所趋。

台湾电脑及周边设备厂商纷纷来到大陆掘金。2000 年 11 月，全球最大的笔记本电脑制造商广达电脑集团，在上海松江投资 2600 万美元，生产笔记本电脑主机板及外壳。至此，台湾五大笔记本电脑厂商广达、宏基、英业达、仁宏、华宇，及八大电脑系统厂商宏基、神达、大众、广达、仁宝、英业达、华宇、鸿海，全部来到大陆投资。宏基、神达、大众、鸿海等已在大陆建立完整的准系统上下游产业供应链。

台湾资讯电子产业硬件厂商将生产基地移到大陆，台湾厂商在大陆加工生产的硬体产品产值和比重逐年增加。据台湾资讯工业策进会资讯市场情报中心统计，2000 年在大陆生产产值约 185.77 亿美元，占台湾资讯电子硬体海内外总产值比重达 38.6%。其中，鼠标、电源供应器九成在大陆生产，扫描器、显示器、机壳、监视器大陆生产比重达六至八成，主机板、桌上型电脑近五成[①]。不过，台湾资讯电子产业以大陆为生产基地的大多属于技术成熟度高，必须靠降低成本保持竞争优势的产品，而靠研发保持竞争优势的产品仍以台湾为主要生产基地。

软体、网络业者积极布局大陆市场。他们继续利用大陆人才，设立研发中心，抢占大陆市场。台湾著名软体厂商怡申科技、翔威国际、普扬资讯、大宇资讯等分别在上海、杭州、北京等地设研发中心。

受制于台湾当局的严厉禁止，支撑台湾资讯电子产业半壁江山的晶圆（半导体）产业迟迟未能赴大陆投资。2000 年伊始，随着美国、日本、德国的半导体产业准备赴大陆发展，情况发生了明显变化，台湾半导体 IC 上、中、下游业者也把目光投向大陆。上游 IC 设计业中，有扬智在上海成立设计中心，威盛在北京成立分公司；中游 IC 制造业中，有台湾前世大集成电路总经理张汝京在上海设立“中蕊积成电路”，生产 8 英寸芯片，宏力集团王文洋与大陆有关方面合作在浦东设立 8 英寸芯片厂“宏力半导体”；下游 IC 封装业中，有矽格、日月光、矽品等厂商申请或规划赴大陆投资[②]。台积电、联电、华邦、旺宏等的高层主管频频到大陆考察，准备登陆。

在大陆取得良好业绩的台商掀起了增资热，扩充产能，抢占大陆加入 WTO 后及西部大开发的新商机、新市场。灿坤实业公司增资 7.5 亿元新台币，扩大

---

① 台湾《联合报》，2000 年 11 月 7 日。

② 台湾《经济日报》，2000 年 11 月 9 日。

厦门厂。高锋、杨铁、中精机及神速裕等上市上柜工具机企业到大陆投资，将华东地区作为二次创业的基地。昆山市就有160多家台资企业增资扩股，累计达9.5亿美元。

据大陆统计，2000年批准台商投资项目3082件，较上年增长22.2%，合同台资金额39.88亿美元，增长16.5%；实际到位23.8亿美元，下降9.4%。

据台湾统计，全年核准台商到大陆投资金额26.07亿美元，较上年大幅增长108%；投资件数840件，增长72.1%。平均每件投资金额310万美元，高于1999年的257万美元，更高于1998年的159万美元和1997年的50万美元。

自1996年台湾当局推行“戒急用忍”政策，限制大企业、大项目到大陆投资以来，不仅台商在大陆投资平均规模下降，台商对大陆投资占台湾整个对外投资的比重也逐年下降，从1995年的44.81%下降至1999年的27.71%①。这种情况到了2000年发生了变化，台商对大陆投资金额占整个对外投资比重走出谷底，强劲反弹，达到33.93%左右。

与1980年代末、1990年代初出现的以劳力密集型产业和中小企业为主的第一波、第二波台商大陆投资热相比，第三波台商大陆投资热以资讯电子等高科技产业为主导。2000年经台湾核准的赴大陆投资金额中，电子电器占56.2%，其中超过1000万美元的个案高达四成，其余居二至五位的为基本金属、塑胶制品、服务业、化学品四个行业②。

受国际经济成长、大陆与台湾外贸快速增长以及台商大陆投资热潮的带动，两岸贸易发展势头好于上年。大陆方面统计，2000年大陆对台出口41.7亿美元，从台进口208.3亿美元，总额250亿美元。依台湾统计，全年台对大陆出口261.1亿美元，进口62.2亿美元，总额323.8亿美元。

2001年美国经济遭到挫折，“911事件”对世界经济打击很大。受国际经济不景气影响，大陆进出口贸易增幅下降，台湾外贸出现二成左右历史最大跌幅。两岸贸易也受到一定程度的影响。据大陆统计，全年两岸贸易总额323.4亿美元，自台进口273.4亿美元，分别比上年增长5.9%和7.2%；对台出口50亿美元，较上年降0.8%。据台湾方面统计，两岸贸易总额299.6亿美元，其中对大陆出口240.6亿美元，自大陆进口59亿美元，分别比上年下降7.4%、8%、5.2%。由于台湾资讯电子产业增加赴大陆投资，带动关键零组件自台湾进口，台对大陆出口与总体出口大幅衰退相比，表现仍然较好，导致台对大陆贸易依

① 台湾《经济日报》，2000年9月26日。

② 台湾《经济日报》，2001年3月5日。

存度上升。2001年第三季度对大陆出口占总出口比重首次突破20%,9月达到21.6%[①]。

两岸贸易商品结构没有明显变化。大陆自台进口商品主要为机器设备与零组件及工业原料等,其中电机设备及其零件、机械用具及其零件、塑胶及其制品、钢铁、人造纤维丝与棉及工业用纺织品等居前五位。大陆对台出口以农工原料为主,消费品与工业制成品有所增加,其中电机设备、机械用具、矿物燃料及矿油、钢铁、玩具及运动用品等居前五位。

岛内政争不断,投资环境恶化,台商加强对大陆的投资。2001年,大陆批准台资项目4196件,协议金额69亿美元,实际利用台资31.4亿美元,同比分别增长36.2%、73.1%和32.8%。

据台"投审会"统计,全年核准台商赴大陆投资1186件,金额27.84亿美元,分别较去年增长41.2%和6.8%,其中电子电器业居投资行业首位,其次为基本金属、化学品、塑胶制品与精密器械,五项合占近七成,投资地区以江苏居冠,对该地区投资额首次超过投资总额的半数,达51.5%[②]。至2001年第三季度,台湾上市公司中有236家已到大陆投资,占上市公司总数的44.95%,投资金额1137亿元新台币。

2001年11月,台湾当局决定开放笔记本电脑赴大陆投资,当天广达电脑董事会即通过增加大陆投资1800万美元。台湾二线笔记本电脑企业大众电脑,在苏州建立笔记本电脑制造中心,成为大陆著名电脑品牌联想电脑的最大代工厂商。

台商在大陆投资北移西扩。由珠江三角洲向长江三角洲集中,进而向环渤海经济区发展;由东部沿海地区向中西部地区拓展。西部大开发战略提出和实施后,台商对西部地区更加关注。据大陆统计,至2001年7月底,台商在西部地区投资4300件,协议金额35亿美元,实际到位18亿美元。与其在整个大陆投资相比,台商在西部投资呈现项目、金额较少、平均规模不大、产业关联性小等特点。

随着全球景气复苏及大陆内外需同步扩增,两岸贸易额增加。2002年第一季度,大陆占台出口市场比重达22.6%,占进口市场比重达6.5%。台湾已成为全球最依赖大陆市场的地区。

8月,台"经济部国贸局"公布两岸最新贸易情势,2002年上半年台湾对大陆贸易总额预估为183.92亿美元,较上年同期增长27.7%,占台湾同期对外贸

① 台湾《工商时报》,2001年11月28日。
② 台湾《经济日报》,2002年1月23日。

易总额的16%，比重较上年同期增加3.9%，对大陆进出口贸易都有大幅成长。上半年台湾对大陆输出金额估计为148.41亿美元，较上年同期成长28.8%，占台湾出口总额的23.8%，比重较上年增加5.5%；以电机设备及其零件、机械用具及其零件为主，两者合计超过四成。台湾自大陆输入金额35.51亿美元，较上年同期成长23.1%，占台湾进口总额6.7%，较上年同期增加1.6%，贸易顺差为112.91亿美元，较上年同期成长30.7%。主要以电机设备及其零件占最大宗，占总金额三分之一①。

据大陆方面统计，2002年两岸贸易总额达446.7亿美元，其中大陆对台出口65.9亿美元，进口380.8亿美元。据台湾方面统计，全年两岸贸易总额达410.1亿美元，较去年同期增长36.9%，占台湾对外贸易总额的16.9%。其中，台湾对大陆出口330.6亿美元，增长37.4%；台湾从大陆进口79.5亿美元，增长34.7%。

台商继续扩大在大陆投资。据大陆方面统计，2002年台商对大陆投资项目4853件，较去年增长15.2%；协议金额67.4亿美元，较去年下降2.5%；实际投资金额39.7亿美元，较去年增长33.2%。依台方统计，全年批准台商对大陆投资1490件，金额38.59亿美元，较去年增长38.6%，占台湾对外投资总额的53.4%。

统计显示，台商除对珠江三角洲和长江三角洲地区投资呈上升势头外，开始向北部、西部发展延伸，但对地缘接近的福建沿海地区投资则趋缓。珠江三角洲已成为以电子信息产业为主体的台商投资基地，长江三角洲则成为以半导体等高新科技产业为主体的台商投资基地。

投资结构上，传统制造业仍是台商投资大陆的重点，但投资领域已逐渐由劳动密集型产业发展为资本密集型产业；作为高科技产业核心的半导体企业正掀起投资大陆的热潮；金融、保险、电信、旅游、商业零售和批发等第三产业也成为台商投资热点领域；台商内销型投资也逐渐成为新主流。

据外经贸部统计，截至2002年6月底止，两岸间接贸易总额累计超过2429亿美元，其中大陆对台出口为388.43亿美元，大陆从台湾进口为2035.54亿美元。台湾对大陆出口顺差超过1600亿美元。大陆累计台资项目达53411个，合同投资金额599.27亿美元，实际到位金额314.89亿美元。

据台“投审会”统计，2002年台湾对外投资核准金额为33.7亿美元，较上年同期减少23.26%。其中，受到全球经济不景气的影响，台商对外投资电子电器制造业及投资美国的金额均大幅减少，但对大陆投资却在成长，2002年台湾对

---

① 台湾《工商时报》，2002年8月28日。

大陆投资金额为 38.59 亿美元，较上年同期增长 38.6%。台商对大陆投资金额占台湾整体海外投资金额由原本约四成上升到 53.38%。2002 年台商对大陆投资以地区分，主要集中于江苏省、广东省及福建省等地，合计约占台商对大陆投资总额的 82.66%[①]。

2003 年 1 月，台"中央银行"总裁彭淮南表示，自 1990 年台湾方面开放间接对大陆投资，累计到 2002 年底，台湾"经济部"统计的金额为 252 亿美元；但大陆对外经贸部统计的台商投资协议金额为 616 亿美元，实际到位资金为 332 亿美元；而台湾"央行"透过多方管道统计的金额为 668 亿美元[②]。

事实上，计入 2002 年底台商补办的报备投资 61 亿美元，两岸的统计数字已十分接近。若计入台商经开曼群岛、维尔京群岛等地转投资大陆的金额，台商对大陆投资超过 600 亿美元。据岛内有关专家的估计，台商在大陆投资的实际金额约 1000 亿美元。无疑，大陆已成为台湾对外投资的主体。

2003 年，两岸市场相互有所开放，两岸贸易出现高增长。据大陆方面统计，2003 年两岸贸易总额为 583.6 亿美元，较上年增长 29.4%，其中大陆对台出口 90 亿美元，从台进口 493.6 亿美元。据台方统计，全年贸易总额 463.2 亿美元，其中对大陆出口 353.6 亿美元，从大陆进口 109.6 亿美元。

2003 年 11 月，台"经济部"宣布今后将台港贸易纳入两岸贸易范围，使得两岸贸易额迅速增长。据台方统计，2003 年台湾与大陆、香港的贸易总额为 624.7 亿美元，其中对大陆、香港的出口额 497.9 亿美元，进口 126.8 亿美元。

不论是大陆的统计还是台湾的统计，两岸贸易总额均超过台湾地区与美国、日本的贸易总额，大陆从台湾的第三大贸易伙伴上升为台湾的第一大贸易伙伴。台湾对大陆的贸易依存度增加。

虽然受到 SARS 等方面因素的影响，台商对大陆投资保持较快增长。据大陆方面统计，2003 年批准台商投资项目 4495 件，协议金额 85.6 亿美元，实际投资金额 33.8 亿美元。这与大陆电力供应紧张及整个外商投资普遍下降密切相关。据台湾方面统计，全年批准台商对大陆投资项目 1837 件，金额 45.9 亿美元。

台商投资的产业领域扩大，产业集中度在降低，特别是制造业投资进一步向大陆集中。台商投资地区仍以长江三角洲与珠江三角洲为主，一些内陆省份投资增长较快。例如，台商对江西省的投资再创新高，江西省全年批准台商投资金额 7.2 亿美元，较去年增长 107%。商业、物流、水泥建材、新兴科技、医疗

---

① 香港《大公报》，2003 年 2 月 23 日。
② 中新社 2003 年 1 月 17 日电。

等成为新的投资热点。台资企业国祥制冷公司首次获准在大陆发行A股并上市，许多台资企业已提出或规划在大陆上市。

全球经济处于景气阶段，大陆经济增长迅速，台湾经济也在恢复中，带动两岸贸易的成长。据大陆方面统计，2004年两岸贸易总额达783.2亿美元，其中对台出口135.5亿美元，从台进口647.8亿美元。大陆是台湾最大的出口市场，台湾则成为大陆第二大进口市场。据台湾方面统计，全年两岸贸易总额616.4亿美元。

台商对大陆投资继续增长，投资行为出现一些变化。据大陆方面统计，2004年共批准台商投资项目4020件，合同金额93.1亿美元，到位金额31.2亿美元。据台湾方面统计，全年批准台商投资项目2004件，投资金额69.41亿美元。

造成如此大的统计差异是由多方面因素造成的。许多台商通过海外离岸金融中心对大陆投资，如通过维尔京群岛、开曼群岛等地对大陆投资。许多台湾大企业通过国际离岸金融中心成立控股公司的方式，再对大陆投资，一定程度上降低了台商投资的统计份额。很多台商以港商名义对大陆投资。大陆投资环境发生变化，特别在长江三角洲与珠江三角洲地区，电力供应紧张、廉价劳动力缺乏，严重制约台资企业的营运活动与台商的投资意向。一些台资企业转投资越南等地，以降低成本。

在台湾岛内外贸增幅明显放缓的情况下，两岸贸易仍然快速成长。据大陆方面统计，2005年两岸贸易总额912.3亿美元，其中对台出口165.5亿美元，从台进口746.8亿美元。据台湾方面统计，全年贸易总额717亿美元，其中从大陆进口199亿美元，对大陆出口518亿美元。大陆在台湾对外贸易中的地位持续上升，台湾地区在大陆对外贸易中的地位下降，被韩国超过。

受大陆经济结构调整与投资环境的影响，大陆利用外资出现下降局面，实际利用台资下降幅度较大。据大陆方面统计，2005年批准台商投资项目3907件，同比下降2.4%；实际利用台资21.52亿美元，同比下降31%。据台湾方面统计，全年台商对大陆投资1297件，同比下降35.3%；金额47.3亿美元，同比下降31.8%。

统计表明，大陆投资环境发生重要变化，岛内企业对外投资能力下降，台商对大陆投资在经历了前几年快速增长后步伐放慢。但是，台商生产基地继续向大陆转移的趋势没有改变。大众电脑公司关闭了在台湾的最后一条生产线，全部转向大陆和海外。在大陆投资的上市公司仍在增加。台湾中小企业对大陆投资有所下降，而大企业对大陆投资仍在扩大中。

在大陆区域经济发展政策调整与经济发达地区生产成本相对上升的情况

下，台商在不同地区采取不同的发展策略，开始新的区域投资布局。长江三角洲与珠江三角洲仍是台商投资最多的地区，集中度却明显下降，大陆实际利用台资最多的江苏省投资比重降为 24.1%，广东省为 13.8%，上海市为 12%，均较前几年有所下降。福建实施海峡西岸经济区发展战略，台商对福建投资快速回升，投资项目与金额均大幅增长。台商向环渤海地区转移的趋势日益明显。中西部地区与东北等政策支持或热点经济区域，台商投资也出现不同程度的增长。

受大陆对外贸易摩擦与人民币升值等因素的影响，台商加快向东南亚地区转移，特别是纺织业等传统产业特别明显。由于大陆投资环境的变化及台湾当局的政策引导，部分中小企业开始返台投资。

台商在大陆投资主要是从事以加工或代工为主的制造业，在大陆经济环境发生变化后开始寻求跨行业发展，特别是向第三产业发展，使得大陆台资企业的投资领域迅速扩大。台商进入大陆医疗市场取得新进展，台塑集团经过多年努力，获准在厦门建立长庚医院，标志着台商在大陆经营医院进入一个新的阶段。

随着两岸政党交流的展开，2006 年国共两党有关方面成功举办两岸经贸论坛、两岸农业合作论坛系列活动，两岸“三通”取得新的进展，两岸信息产业技术标准交流合作成效显著。各地两岸经贸活动日益热络，形式多样，内容丰富。

2006 年，两岸贸易继续增长。据大陆方面统计，2006 年两岸贸易总额达 1078.4 亿美元，其中大陆对台出口 207.4 亿美元，从台进口 871.1 亿美元。据台湾方面统计，全年贸易总额 881 亿美元，其中对大陆出口 633 亿美元，从大陆进口 248 亿美元。

由于台资企业的需求，大陆从台湾进口的主要是机器设备、原材料及关键零件、集成电路与微电子组件、液晶显示板、钢材、印刷电路板、初级塑料等，占从台进口总额的 55.8%。大陆对台出口主要是台资企业在大陆加工后返销的产品以及岛内缺少的大宗商品。

在两岸贸易中，台资企业是对台贸易的主体，加工贸易是对台贸易的最重要形式，电子电机产品是最大贸易货物。其中，在大陆集成电路与面板市场庞大需求与供应不足的情况下，台湾半导体与液晶面板及零组件对大陆出口持续扩张，全年出口额达 300 亿美元。同时，台湾对大陆机电设备、光学产品的需求也迅速上升。

台商对大陆投资保持较快增长，平均规模迅速扩大。据大陆方面统计，2006 年批准台资项目 3752 件，实际利用台资 21.4 亿美元。据台湾方面统计，全年对大陆投资项目 1090 件，金额 76.4 亿美元。平均单项投资规模超过 700

万美元,创历史新高。

大陆方面十分重视保护台商的权益,积极解决经贸纠纷等相关问题。2007年4月,全国台湾同胞投资企业联合会在北京成立,这不仅是一个全国性的台商团体,而且是一个直接服务台商、解决台商经营面临困难与保护台商权益的组织。"台企联"成立后,台商纷纷向联合会反映台商经营与生活中遇到的问题,通过组织向有关部门反映他们的心声与意见,成为解决台商经营问题的重要渠道。

大陆经济强劲发展仍为台湾经济增长的主要支撑点。依商务部台港澳司的统计,2007年,海峡两岸贸易达到1244.8亿美元,同比增长15.4%,台湾是大陆第七大贸易伙伴,大陆是台湾最大贸易伙伴。其中,大陆对台出口234.6亿美元,同比增长13.1%;自台进口1010.2亿美元,同比增长16%。与大陆总体对外贸易增长以及与其他主要国家或地区对大陆外贸尤其是对大陆出口相比,受台湾经济发展放慢与台湾当局政策限制,两岸贸易增幅有明显放慢趋势。但与美、日及欧洲等发达国家及周边地区相比,两岸贸易在台湾总体对外贸易发展中的增幅仍是最大的,也是支撑台湾外贸与经济增长的重要因素。

在大陆经济环境变化以及相继出台一系列涉及税收、劳动等经贸政策的情况下,大陆台资企业与台商对大陆投资格局出现新的变化,逐步进入新一轮的调整与重新洗牌的时期。

2003年以来,台商对大陆投资项目与实际投资金额一直呈现下降趋势。2007年,受大陆经济环境变化与政策调整的影响,台商对大陆投资出现观望态势,投资步伐进一步放慢。依商务部统计,2007年,大陆批准台商投资项目3299个,同比下降12.1%;实际利用台资金额17.7亿美元,同比下降20.4%,为近年最大降幅。这主要是台商为寻求更低廉成本外移东南亚等地及受台湾当局政策影响回流岛内所致。

两岸贸易与台商对大陆投资,受两岸政治关系的影响,出现较大起伏。2008年上半年,两岸经贸关系仍然延续近年来基本平稳发展态势,两岸贸易保持较快增长,台商对大陆投资持续增加。然而,下半年开始,受国际金融危机冲击,作为国际经济链环的两岸经贸关系发展受到明显影响,两岸贸易由较快增长转变为下半年的负增长。

依商务部统计,2008年,两岸贸易总额为1292.2亿美元,年增长3.8%;其中,大陆对台出口258.8亿美元,同比增长10.3%;从台进口1033.4亿美元,同比增长2.3%;大陆对台贸易逆差达775亿美元[①]。

① 《人民日报·海外版》,2009年2月5日。

尽管如此，大陆仍为台湾第一大贸易伙伴和第一大出口市场，是带动台湾经济增长的最重要源泉。大陆受国际金融危机冲击，加之内部经济环境变化等因素，经济增速放缓，两岸贸易增幅也随之下降。大陆宏观政策调整及经贸环境变化影响台商投资，进而减少了自台湾的进口。近年来，大陆通过调整出口退税、加征出口关税以及限制加工贸易等措施，加大对“两高一资”产品的出口调控和促进加工贸易转型升级。同时，大陆劳动力成本上涨、人民币升值等因素也削弱了中国制造的价格优势。这在短期内使在大陆从事加工制造和以产品外销为导向的台商企业受到冲击，经营绩效下滑明显，部分台商开始向越南等东南亚新兴地区转移投资，从而使两岸贸易发展的动力趋缓。此外，台湾产品出口竞争力不断弱化也对两岸贸易产生负面影响。

2008 年 5 月，国民党重新上台“执政”，两岸关系进入和平发展新阶段。海协会与海基会两次协商会谈，达成了开放大陆赴台旅游和实现两岸直接“三通”的目标，标志着过去对立的两岸关系进入了以经济为轴心的探索合作阶段。在第四届两岸经贸文化论坛上宣读的“九项建议”，涵盖合作应对金融危机、产业合作和建立两岸经济合作机制等内容，指明了两岸将在金融、基建、高科技、油气开采、制造业、服务业、渔农业及航运物流等领域进行发展合作。九项建议将推动两岸经贸关系的重心由制造业向服务业领域延伸，有助于台湾服务业拓展大陆市场，深化两岸产业分工与合作，提高台湾产品附加值与国际竞争力，摆脱其在全球产业分工体系中处于代工环节的相对弱势地位；与九项建议相呼应的十项惠台措施将直接有助于大陆台资企业拓展大陆内需市场和实现营运模式的转型升级，逐步摆脱对美、日的市场依赖，使大陆台资企业能够切实分享大陆经济高速增长的红利而获得长足发展。因此，两岸经济合作为台湾经济发展拓展了新的空间，减弱其因全球衰退而受到的负面冲击。

二　两岸经贸关系的特征

两岸贸易往来严重失衡

海峡两岸贸易关系包括间接贸易和直接贸易，目前主要集中在商品贸易，涉及到劳务贸易、技术贸易等方面的内容。迄今，两岸间接贸易经过香港等地转口。随着两岸准“直航”的落实，直接贸易处在发展中，大有取代间接贸易之势。

海峡两岸转口贸易一般是由台湾或大陆在第三地的商业机构中介操作。货物一般由输出地运至第三地，原封不动地停靠、装卸，转运至输入地。进入或离开第三地时，与其他进出口货物一样，必须办理报关手续。

两岸间的贸易方式，除转口外，还有转运、过境货物和非法直航等方式，每种方式的操作成本不同，其中以转口贸易的成本最高，因转口贸易多须经二次报关及二次保险，财务手续、所需时间较多。转运方式不须经香港海关，只须购买一次保险及负担一次财务费用，成本较低，时间延误少。采用过境方式，不用经香港海关，不须转换运输工具，可免除装卸货物等运输时间及相关费用。

由于台资企业大多采“两头在外”的经营形态，产品大部分外销至国际市场，其原材料、机器设备和零组件亦大多从海外采购，由于与台湾母公司整体经营规划的关联性，它们所需的机器设备和原材料大都自台湾地区采购供应。随着台商赴大陆投资的增加、经营业绩的发展，两岸间的商品贸易日趋发展。

就贸易结构而言，两岸贸易形态与工业国家和发展中国家间贸易相似。台湾转出口以消费性工业品为主，其次为机械和运输设备、电子零组件和塑胶原料。在1988年以前制成品和机械及运输设备占转出口总额比重均在80%以上，其中制成品所占比重有所下降，而机械及运输设备则逐年上升。大陆输往台湾的商品结构，以原料为主。随着台商将劳动密集产品移往大陆制造，部分产品则运回台湾，如成衣、羊毛纤维、皮革。两岸间的商品贸易，由于两岸存在自然资源和生产要素禀赋差异，又存在明显的技术和经济发展水平的差距。两岸贸易具有产业间贸易和产业内贸易的特点。

台资大举进入大陆，在建厂过程中从台湾输入了大量的机器设备，企业建成投产后又不断从台湾进口大量的原材料和半成品，引起了台湾对大陆出口额的急速扩张，两岸经贸关系发展才进入投资带动贸易形态。这种投资带动贸易形态是与台湾的劳动密集型产业向大陆转移直接相关的。

就两岸贸易商品结构来看，大陆出口至台湾的商品早期以农工原料等初级产品为主，近年来工业半制品及廉价的劳动密集产品所占比率已大幅提高，此与台商将在台湾已不具生产比较利益的制品移至大陆生产，再将该半制品回销台湾，组合成最后成品，以降低产品成本及提高产品报价有关。台湾出口至大陆的商品多为中间材料、技术密集度较高的零组件及机械器具。

新世纪以来，台商赴大陆投资趋向大型化、上中下游配套投资，从劳动密集型向技术密集型转化，对大陆资源、制造业生产情况以及市场情况逐渐熟悉，在投资方式上采取配套投资，甚至上、中、下游生产配套投资，降低了生产成本，提高了竞争力。第三波台商大陆投资热，主要是台湾大企业、集团企业把在岛内不具竞争优势或闲置的机器设备转运到大陆，利用大陆廉价的土地、人力及庞大的市场，来获取比较利益，攫取最大利润。如一条8英寸晶圆生产线，成本约8亿美元，拆卸后转运到大陆，算作台湾对大陆出口的货物，无形中刺激了台湾对大陆贸易量的激增。

从1970年代末两岸开展转口贸易，台湾当局对两岸贸易就严格设限，不开放“三通”，只许间接贸易。对大陆商品出口至台湾，开始几年都采正面表列，至 1996 年 7 月才采负面表列①。允许大陆出口台湾的产品，主要是工矿原材料和初级加工品，多属低附加价值，例如金属半制品、烟煤、生铁、木片、花岗石等等。而台湾输往大陆产品主要集中在机械、电机设备零件及塑胶、化纤加工原料等。

海峡两岸这种贸易结构的差异，不可否认存在两岸资源和加工工业差异的因素，更要看到，台湾当局为了提升其产品在世界市场的竞争力，充分利用大陆丰富的自然资源及初级产品价格低廉的优势，以降低其产品的成本价格。这样的政策导向，人为地形成两岸贸易商品结构的差异，引发了日益严重的贸易不平衡。

现阶段两岸贸易交流主要是由台商扩大对大陆投资拉动的。早期赴大陆投资的，一般都是处于生产过程下游的劳动密集型的产业，它们所需的设备和原材料大多由台湾中、上游生产商供应。随着大陆台资企业进入长期布局阶段，特别是寻找到原材料替代市场后，其生产设备和原材料的进口趋向减少，生产和出口能力则大幅提高。其进口生产资料所产生的逆差，通过产品外销或部分返销台湾而获取外汇收支平衡。

大陆对台贸易逆差的存在甚至继续扩大，与台湾当局对大陆经贸政策中采取“出松进严”的贸易倾斜措施不可分割。台湾当局对台商投资大陆，只许从台湾出口设备和原材料等生产资料，却不开放这些厂商的产品返销台湾。这种只出不进的政策导向，自然会加剧两岸贸易的失衡。台湾当局只有开放台商在大陆设厂生产的产品回销台湾，就可以缩小两岸贸易失衡。

台商对大陆投资的层次与规模逐渐提高和扩大

1996 年以前，台商对大陆投资以劳动密集型产业为主，主要是纺织成衣、制鞋、皮革加工、塑胶制品、日常用品、玩具、电子电器制品、农产加工等。投资计划以中小型为多，计划金额大多数每件在 100 万美元以下，且建厂至投入生产营运时间较短。“台湾接单，大陆加工，香港转口，海外销售”为主要营运方式，产品外销比例较高。投资地区主要集中在大陆东南沿海，如以广州、深圳为中心的珠江三角洲地区，以厦门、福州为中心的闽东南地区，以上海、杭州、南京为中心的长江三角洲地区。

1996 年以来，两岸产业分工层级提高，投资行业进一步向资本和技术密集方向转变。电子电器、非金属制品、食品及饮料、基本金属及制品、石化制品等居台商投资前五位。台商对大陆投资项目逐渐向资本、技术较密集的产业转移，生产方式已不再局限于简单的加工装配制造，投资规模日趋扩大。投资地

---

① 台湾《工商时报》，1996 年 7 月 2 日。

区由南向北推进，由沿海向内地扩张，由以往的单项开发向区域性综合开发拓展。投资型态由以往单纯的租用厂房、引进设备、采行简单装配加工的短期行为，转变为自拥资金、生产设备、购买厂房及土地使用权等营运方式，投资年限不断延长。投资策略由早期多属中小企业规模及外销市场导向逐渐转变为大型企业登陆及内销市场取向。经营形态由合作经营或合资方式，发展为独资经营，然后又转变为以合资经营方式为主。投资方式由个别产业转向联锁产业，形成采上、下游垂直整合或中心卫星体系方式共同前往，设厂地点也由零散而日趋集中。

2000 年以来，在投资结构上，传统制造业仍是台商投资大陆的重点，但投资领域已逐渐由劳动密集型产业发展为资本密集型产业；作为高科技产业核心的半导体企业正掀起投资大陆的热潮。台湾生物科技流通企业积极评估大陆市场的经销体系，先进基因公司和云南白药集团合资成立云南白药先进中草药芯片公司，生产中草药芯片，共同进军国际市场。金融、保险、电信、旅游、商业零售和批发等第三产业也成为台商投资热点领域。台湾世华、彰化、合作金库、华南、第一、土地等 6 家银行在上海、昆山、北京、深圳等地设立代表处，大陆累计批准台湾保险公司与证券公司在大陆设立 6 家和 12 家办事处。台湾大润发、特易购、乐购等连锁企业扩大在大陆设立的销售据点，台湾大荣货运、远翔、永储与山隆等物流企业扩大与大陆合作。台商对专业服务、医疗、教育、出版等领域的投资或合作日益增多。

2002 年底台"全国工业总会"进行调查显示，近年来台商投资大陆有大型化趋势，投资金额在 100 万美元以下的比例为三成一；投资金额在 100 万至 500 万之间者占三成八；500 万至 1000 万美元者占一成四，1000 万美元以上者占一成五。同时，台商生产产品在当地销售已成为台商大陆厂主要销售流向，约占四成四。台商普遍认为，大陆内销市场最大竞争者为大陆当地企业，其次是韩国、日本①。

两岸产业分工多元化

两岸产业分工关系已从原先较单一的垂直分工形式转为多元化分工形式，水平分工不断出现，垂直分工的形式也逐渐呈现多样化，即在产业结构中，台湾方面不仅可作为主体，大陆方面也可以处于上游和主要地位。另外，两岸分工合作范围日渐扩大，逐步由制造业扩展到第一、三产业，制造业则由劳动密集型向资本、技术密集型拓展。

台商将研发基地移至大陆成为一种趋势。近几年，神达、仁宝、大众、华邦

① 台湾《新生报》，2003 年 1 月 3 日。

等科技企业在大陆筹设研发中心、IC设计中心及软体开发基地。最早在大陆设立软体开发据点的英业达公司，目前聘用大陆专业人士上千人。大众公司在上海设立IC设计中心，在上海与东北设立电脑周边软体开发与通讯软体开发基地；仁宝公司在昆山设立开发中心。随着台商将研发基地逐渐转移大陆，台湾经济对大陆的依赖将会不断加强。

特别是台商已由重生产加工制造、外销转为更重流通领域，如电脑、资讯、汽车、食品等台资厂商在大陆广设据点，力求在大陆内销市场占一席之地。台湾资讯通讯商联强、捷元、宏科、国众等企业纷纷增资，设立批发或零售据点，如捷元已有500家经销商、宏科有7个经销据点及1500家连锁店。台湾中华汽车公司与福建合资的东南汽车公司扩大市场布局，抢占加入WTO后竞争更为激烈的汽车市场。

2002年，台中油公司与中国海洋石油公司签订南日岛盆地联合开发协议，准备投资2250万美元合作开发，开启了两岸公营企业的合作。台中油公司和台塑集团与大陆企业合作，代炼原油，再转运大陆，拓展大陆相关油品市场。台湾中华软体协会与江苏省软件行业协会签署了“苏台软体业长期合作备忘录”，加强双方在软件领域的研究开发与市场合作。

资讯电子业对大陆投资高涨

新一波台商对大陆投资热以资讯电子业为主体。2000年，台湾有330家股票上市、上柜电子企业赴大陆投资，占台商对大陆投资总额的55%。台湾信息硬件产值在大陆生产的比重由1999年的33%上升到40%，岛内生产比重由53%降为45%①。已有30多家网络公司在大陆投资，台湾数位联合电信公司与中国联通公司合作，在上海成立办事处，以代理经营宽频业务的方式提供当地台商网络专线相关服务。台湾五大企业结合海外法人机构，集资3.5亿美元，成立亚太科技基金，由怡和创投集团主导，进军大陆半导体、通迅及网际网络等高科技产业。

台“经济部”统计，1991年至2000年6月，资讯电子业对大陆投资3411项、40.4亿美元，各占台对大陆投资总额的15.2%和25.9%。其比例从90年代初期的二成上升为近年的四至六成。台湾资讯电子业4500家企业中，约3000家在大陆投资、生产。1991年至1999年间，台湾资讯电子业对外投资73.6亿美元，其中36.8亿美元投资在大陆。

另据台湾主计部门公布，2002年台湾资讯硬件产业产值高达478亿美元，居全球第四位，近五年来的平均年增率为9.6%。该产业中来自大陆的产值比

① 台湾《工商时报》，2000年6月27日。

重约占三成，显示大陆已渐成台湾资讯硬件产业的主要岛外生产基地[①]。

支撑台湾资讯电子业半壁江山的晶圆（半导体）产业看准大陆市场，一直想赴大陆投资。经过数番抗争，2002年3月底，台湾当局被迫宣布开放8英寸晶圆赴大陆投资。联华电子已在苏州工业园作尝试性投资，台积电在上海松江工业园投资，这在台商投资大陆过程中具有划时代的意义。

江苏成为台商新的投资热点

台商在厦门、福州、福田与漳州为中心的福建沿海地区投资增幅放慢，甚至下降。对以深圳、东莞、广州与中山等为中心的珠江三角洲地区投资持续增加，特别是以上海、昆山、苏州、吴江等为中心的长江三角洲地区成为台商新的投资热点，台商高科技产业投资大多集中在这里。2000年，江苏新批台资企业项目719项，协议金额32.8亿美元，实际到位16亿美元[②]。在大陆投资总额前50名的企业有三分之一在昆山投资，台资企业已达900多家，协议利用台资近50亿美元，实际到位达25亿美元[③]。总投资达18亿美元的南亚项目动工兴建。

2002年上半年，江苏地区占吸引台资的57.94％，而在江苏投资的电子产业也占总投资金额的32.5％。

2007年以来，地处苏北腹地的淮安市成为台资在江苏新的聚集区。在淮安经济开发区，已签约、在建或建成的知名品牌企业已达11家，包括富士康科技城、达方电子、大同电子、韩泰轮胎、康师傅方便面、宏盛箱包、美的电机、红豆纺织等。2007年，台湾富士康科技集团在淮安经济开发区启动总投资不低于18亿美元的富士康淮安科技城项目，其一期3亿美元项目于2007年1月17日开工，当年11月8日全面竣工投产。二期工程已动工兴建。台湾明基集团投资5亿美元建设达方电子新生产基地，亚洲最大的箱包生产企业台湾宏盛皮具集团投资1.3亿美元兴建箱包生产基地，台湾大同电子公司投资具有高科技含量的锂电池项目[④]。

在大陆西部大开发战略政策引导下，台商逐渐将目标转向中西部地区，投资虽未明显增加，但已开始部署，可能成为未来十年台商投资的又一重点。

台资企业进入获利期

因牵涉税收、竞争等诸种因素，就账面而言，在大陆的一些台资企业似乎经营亏损。台湾当局出于阻止台商去大陆发展，多番称大陆台资企业亏空严重，

① 中新社香港2003年3月12日电。

② 台湾《工商时报》，2001年2月9日。

③ 台湾《经济日报》，2001年2月7日。

④ 香港中国评论网台湾频道2008年1月2日。

台商则讳莫如深。海峡两岸的舆论一致认为，利之所趋的事实表明台商在大陆多有收获。

经过数年的打拼，在大陆投资的台商已全面进入收获期。1994年以来，经营绩效逐渐显现，尤其是近年在大陆投资的上市公司收益明显。据台"财政部证管会"对上市公司在大陆投资的统计，其获利公司家数和金额均大幅增加[①]。台资企业获利面扩大，其盈利对母公司的贡献也相应增大。据台"经济部"的调查分析，在台湾已有基础的企业到大陆投资90%以上能赚钱。台商上市公司在大陆转投资的近150家，事业效益普遍较好，赚钱行业遍及鞋类、纺织、车胎等制造业，以及百货、餐饮、货柜运输等服务行业。

进入1990年代末特别是2000年以来，在大陆投资的台资企业不是盈利大幅增加，就是开始扭亏为盈。统一集团在大陆开始赢利，全年超过1亿元人民币。宏基信息公司全年营业收入达50亿元新台币。许多台资企业成为在台湾总公司获利的主体，如灿坤公司在大陆厂的获利已占母公司总赢利的八成以上。

台商在大陆投资收益汇回台湾趋势明显。据台"证期会"统计，投资大陆的上市上柜公司在2002年第三季度汇回台湾的投资收益达新台币6.8亿元，较上半年累计汇台的新台币2亿元大幅增长。

据台湾"全国工业总会"针对已赴大陆投资台商进行调查的结果显示，台商在大陆的经营绩效上，只有3.4%的受访厂商表示2002年是严重亏损，有15%表示略有亏损，收支平衡者占26.6%，而略有盈余的占51.7%，大有盈余的则有3.4%。同时，对2003年大陆投资经营的利润预估，表示2003年将大有盈余的受访厂商占7.1%，略有盈余的占66.3%，收支平衡者占19.9%，略有亏损者占6.7%[②]。显然，近八成的台商在大陆经营收支平衡或有盈余，看好在大陆的发展，充满着拓展事业的信心。

第三节　两岸经济交流领域的扩大

从两岸经贸关系发展所涉及的领域范围来看，近30年来，贸易、投资一直是两岸经贸关系的主要内容，在最初的十几年中是两岸经贸往来的全部内容，几乎未涉及到其他经济活动领域。最近十几年来，两岸在"通航"、金融、农业等领域展开交流，取得一定程度的进展，丰富了两岸经济合作的内容，提高了双方

① 台湾《工商时报》，1994年9月12日。
② 台湾《工商时报》，2003年1月3日。

交往的层次。

一　两岸“通航”的摸索与实践

近30年来，两岸在政治上对立，短期内难有化解的迹象。中国大陆“不以政治分歧去干扰经济交流”，务实地处理彼此的歧见，争议暂且放一边，经济唱主角，两岸“三通”取得了实质性的进展。

台湾当局严禁中资入台，两岸“通商”是单向的、间接的、不平等的。“通邮”基本不涉及人员、货物往来，手续较为简便，台湾当局乐观其成。1998年8月，台湾与新加坡合作的“中新一号”通信卫星发射成功，认定“中新一号”为两岸以外的“第三地区”，开放台湾中华电信公司通过“中新一号”经营两岸卫星通信直播业务。通过两岸电信部门的努力，实际上的直接“通邮”逐渐变成现实。

海峡两岸间的“通航”中转站一般是港、澳。虽然变相直接“通航”正在推动之中，但两岸想通过台湾海峡，形成直接的、大规模的、不受人为限制的海运与空运还有待努力。

鉴于两岸的政治僵局短期内很难化解，1991年6月，中台办负责人提出“由海峡两岸有关部门和授权团体或人士，尽快商谈实现直接三通与双向交流的问题”①。通过搁置争议，绕开政治难题，以双方可以接受的方式来务实地商谈“三通”问题。

为了减少营运成本，广大台商强烈要求执政当局开放直接“通航”。李登辉不得已，委托专人研议，缓解来自民间的压力。1992年9月，台“陆委会”发表《两岸直航问题与展望说帖》：“由于两岸为两个互不相属的政治实体，各有不同的主管机关及法律规范，这样的直航显然与台北至高雄的‘国内’航线，或台北至东京的国际航线均不相同，所涉及的问题极为复杂。”台湾当局以“国籍与国旗问题”、“证件相互承认问题”、“法律适用与纠纷处理问题”等为由反对两岸直航②。

1995年初，台“行政院”通过了《现阶段两岸经贸关系发展规划案》，确立“亚太营运中心”与两岸经贸关系间密切关连的发展原则③。5月8日，启动高雄“境外航运中心”，准许两岸的权宜船及外籍轮“不通关、不入境”直航两岸，作为“海运转运中心”的第一步。

1996年2月，台“陆委会”通过了“两岸通航准备工作方案（海运部分）”，授

① 《人民日报·海外版》，1991年6月8日。

② 台湾《中国时报》，1992年9月13日。

③ 台湾《工商时报》，1995年1月14日。

权台湾民间航运团体就不涉及公权力的技术层面问题先行与大陆沟通商谈。台湾航运和民间协商团体“海峡两岸航运协会”于4月获准正式成立。

1996年,跨越九七的港台航空续约达成协议。具中资股份的港龙航空公司得以进岛。这在某种意义上突破了台湾当局禁止两岸直航的禁令。8月,交通部、外经贸部先后公布了《台湾海峡两岸间航运管理办法》、《关于台湾海峡两岸间货物运输代理业管理办法》,明确规定:“两岸航运属于特殊管理的国内运输。”[1]11月,公布了两个《管理办法》的实施细则,体现了两岸通航应遵循“一个中国、双向直航、互惠互利”的原则,明确了两岸间的航线是实行特殊管理的国内航线,对航行于台湾海峡的两岸所属船公司和揽货公司进行规范化、法制化管理。大陆开放福州、厦门作为两岸海上直航港口。

1997年1月,大陆“海峡两岸航运交流协会”与台湾“海峡两岸航运协会”在香港商谈,就福州、厦门与高雄港“境外航运中心”之间试点直航的有关问题达成共识。4月,厦门轮船公司所属“盛达轮”首航高雄;台湾立荣海运公司所属“立顺轮”从高雄港直航厦门港,两岸试点直航正式启动。虽然试点直航仅限于两岸运载转口货物的权宜轮(即挂有第三地旗帜的船舶),不能通关入境运送两岸贸易货物,但中断近半个世纪的闽台航运逐渐恢复。

中国政府顺利实现香港九七回归,落实“一国两制”。香港作为中转站的角色发生微妙变化,间接“三通”很大程度上在中国自己的国土上展开。台湾当局为防范大陆的迂回渗透,仍坚持绕道港、澳的模式,维持甚至扩大两岸间的中转距离,保持战略纵深。

福州港、厦门港与高雄港开通两岸“试点直航”后,海峡两岸间的转口集装箱运输量不断增加。1998年2月,两岸航运部门达成“双向同步,互动互惠”的共识。台核准大陆上海锦江航运公司的“通顺轮”与“通利轮”经第三地的两岸定期航线,实现了两岸班轮经第三地湾靠即可原船载货往返在台湾和大陆港口的航行。

多年来,广大台胞强烈要求台湾当局开放两岸直航。面对越来越强大的压力,2002年5月,陈水扁跑到金门附近的大担岛,称两岸关系正常化必须从经贸关系正常化开始做起,两岸必须重启协商大门、两岸“三通”是必须要走的路[2]。他还表示“三通”可以考虑透过民间、委托民间协助推动两岸通航谈判事宜[3]。

台湾工商界纷纷呼应陈水扁的积极姿态。台塑企业集团董事长王永庆认

---

① 《人民日报》,1996年8月21日。
② 台湾《中国时报》,2002年5月10日。
③ 台湾《中国时报》,2002年5月11日。

为:“谈判人选不必用到海基会,由企业界代表最好;如果政府派我的话,将义不容辞。‘三通’后,台湾一定会大兴土木,兴建港口等配套设施。届时,人民就业机会增加,台湾经济将由死水变成活水,台湾股市一定涨。‘三通’下个月就要通,再拖下去,台湾都没有竞争力了。”①

陈水扁当局顽固坚持“两岸直航为国际航线”的立场。台湾当局在不承认一个中国的前提下,想与大陆政府机构谈两岸“三通”,制造“两个中国”或“一中一台”,这是不现实的。

经过两岸民间业者的共同努力,两岸空中通航与合作取得一定进展。2003年1月26日,两岸春节包机正式启动,台湾航空公司的民航飞机到上海接运台商,54年来台湾民航客机首次航运两岸。两岸民航企业为缩短两岸经港、澳的转机飞行时间,寻求新的合作方式。7月,台湾长荣航空公司与上海航空公司签署上海与台北经澳门的“两岸航空货运联运合作协议”,以开展互换舱位与共挂班号的方式,实现了两岸航空运输货物的合作。

2005年1月,中国民用航空协会、海峡两岸航空交流委员会与台北市航空运输商业同业公会在澳门协商,台“交通部”与大陆民航总局官员以民间团体成员身份参加,以民间机构谈判方式达成协议,两岸官方各自认可,达成“多点开放、直接对飞、双向载客、不中停第三地”的春节包机直航方案。在两岸同胞的共同努力下,2005年台商春节包机从1月29日启动,中国国际航空公司CA1087号航班飞往台北。这是56年来首架飞往台湾的大陆民航班机。在大陆民航航班飞台的同时,台湾中华航空公司、长荣航空公司的两个航班相继从台北桃园机场起飞,前来北京。这次台商春节包机首次实现“共同参与、多点开放、直接对飞、双向载客”,两岸直接通航有了新的突破。台湾长荣、中华、立荣、华信4家航空公司获准经大陆空域飞往欧洲和东南亚有关国家。台湾华航为首的4家台湾公司与海南航空公司达成协议,获得海航旗下扬子江快运航空有限公司49%的股权,开创两岸航空公司首次以股权转让方式合作的先例。

根据两岸有关方面的协议,2006年两岸春节包机顺利实现,两岸各6家航空公司的144个航班参与。在两岸民间航空行业组织循既有模式进行多次沟通、协商并经双方业务主管部门认可后,两岸于6月间在客运包机节日化、专案货运包机、紧急医疗包机、特定人道包机四个方面达成共识,两岸客运包机从春节包机扩大至清明节、端午节、中秋节。两岸中秋节包机、数项专案货运包机、医疗救助包机顺利实现。泉州港石井港区对金门客运通航口岸开通,成为继厦金、两马“小三通”之后增加的第三条航线;宁德城澳港、白马港区对金门、马祖、

① 台湾《联合报》,2002年5月23日。

澎湖海上货运直航口岸开通。

二　两岸金融合作渐次展开

台商在祖国大陆通过地下渠道融资困难。为此，台湾当局于 1990 年 5 月开始办理台湾个人对大陆的间接汇款业务，由“中央银行”指定的外汇银行或邮政储金汇业局，经由香港和大陆以外的第三地外商银行将资金间接汇到大陆。

1993 年 4 月，台“财政部”公布《台湾地区与大陆地区金融业务往来许可办法》，规定：台湾地区银行海外分支机构可与外商银行在大陆地区的分支机构、大陆地区银行海外分支机构及其在海外的大陆地区法人、团体、其他机构、个人进行金融业务往来；业务往来范围包括收受客户存款、办理汇兑、签发信用状、进出口押汇、代理收付等。1994 年 7 月华南商业银行首准开办以来，至 1997 年底，已有 12 家岛内银行的 40 家海外分行获准办理这些业务，累计承作业务量 2.5 万余笔，总计金额 17 亿美元。

8 月，台“财政部”公布了第一批可与大陆银行海外分支机构开展直接业务往来的台湾银行海外分行名单，取消了外商银行作为两岸金融机构接触的中介机构，在业务程序、作业成本上较以前简化和节省，业务内容有所突破。

由于大陆银行资金宽松与地方积极吸引台商投资，台商融资贷款情况有所改善。有些地方，台商可以用购得的土地作担保，取得当地金融机构的贷款。上海台资协会与上海担保公司合作成立信保基金，解决台资企业融资问题。大陆上海银行通过香港上海银行作为中转行，成功向台湾上海储蓄银行开出第一笔信用证，为台湾凯英热科公司、上海谊智进出口公司完成一笔进出口业务。

两岸经贸交流推动了两岸金融的合作，台湾当局虽百般阻挠，也不得不应对岛内金融机构与大陆金融界交流与合作的大势，作出适度的开放。1995 年和 1997 年，两家台资企业协和银行和华一银行分别在宁波和上海设立办事处并营业。1999 年台湾当局批准了国泰人寿、新光人寿等数家保险公司赴大陆设立办事处。台湾十余家产险和寿险公司提出到大陆设立办事处申请。2001 年初，台湾国泰人寿、新光人寿、富邦产险经大陆批准正式设立办事处。

在大陆融资困难一直是台商反映最强烈的一个问题。大陆政府一直十分关心台资企业的融资困难。1989 年就专门设立了人民币和外币的专项配套资金，用于解决台资企业基础建设中的资金困难。到 1997 年，该项资金已达到 30 多亿人民币。政府还采取了其他的措施积极解决台商的融资困难。金融机构一直尝试着对台资企业融资。

为适应两岸经贸关系发展的新形势，台湾当局被迫加快了两岸金融业务往来政策的调整，继 2000 年底开放保险业与证券业赴大陆设立办事处后，于 2001

年6月修正公布《台湾地区与大陆地区金融业务往来许可办法》，开放台湾银行赴大陆设立办事处。

2002年3月，中国人民银行批准世华银行在上海、彰化银行在昆山设立办事处。大陆希望台湾也能准许大陆银行到台湾开设分行或办事处，扩大两岸的金融交流。

近几年来，应台湾金融业界进入大陆市场的要求，国共两党通过党际交流平台，多次开展深入推进两岸金融交流与合作的探讨。大陆银行关注台资企业在大陆的发展，出台支持台资企业发展的融资便利政策，为台资企业创造较好的融资环境。各地两岸金融交流活动也逐渐升温。

两岸金融业的合作牵涉到太多的法规，目前的合作仍处于初级阶段，存在很大的提升空间。

三　两岸农业领域的交流

台湾在农业技术的研发、管理、资金的取得、农产品的深加工以及市场的开拓方面较大陆具有一定的比较优势。大陆农业生产成本低廉、市场广阔、资源丰富，但缺少资金技术管理方面的经验。大陆利用台湾较为先进的农业生产技术，在东南沿海建立"两岸农业合作试验区"，引进台湾农作物、水产等优良品种，对吸收消化与推广台湾农作物栽培、水产养殖、畜牧养殖的先进经验，以及农产品加工保鲜技术、农产品销售和农业经营管理机制，提高农业生产集约化、产品商品化、产销一体化和市场多元化水平会有帮助。

台商在农业投资较为集中的福建、海南、广西、江西等地的投资与合作得到发展。1996年、1997年两年，台商在福建投资于农业的项目就达10亿美元，取得了较好的效益。台商在福建、广东、海南等地投资现代农业项目相继取得成功，高科技农业示范区在大陆各地出现。

2000年以来，两岸农业的交流与合作出现新的发展势头。2002年11月，大陆海峡两岸农业交流协会与台湾财团法人农村发展基金会共同举办"两岸农业论坛"，就加入WTO后两岸农业合作、农业政策调整、农业科研、农业产品质量、提升农业竞争力等议题展开讨论，寻求合作。

2006年4月，中台办主任陈云林在两岸经贸论坛上宣布惠及台胞的15项政策措施，以农业最多。10月，在海南两岸农业论坛上，大陆再次提出两岸农业交流与合作的20项措施。大陆有关部门三次采购台湾过剩香蕉，解决台湾香蕉过剩问题，帮助台湾农民解决燃眉之急。至2006年底，台湾水果准入大陆品种从18种扩大到23种，零关税进口台湾水果从12种扩大到15种，对11种蔬菜、8种水产品实施零关税措施。

海峡两岸农业试验区范围不断扩大，从原来的 5 个增加到十多个。台湾农民创业园先后建立。台湾农产品交易与展示中心相继建立。厦门建立台湾水果集散中心，上海建立台湾农产品交易中心，北京兴建两岸农业交流中心。通过两岸相关部门的共同努力，两岸农业交流与合作持续升温，农业领域的交流、农产品贸易、农业合作项目或投资持续发展。

在两岸渔业界的共同努力下，2006 年 2 月，商务部宣布恢复对台渔工劳务合作业务，5 月正式启动两岸渔工劳务合作，随后派出首批对台渔工输出。

四　两岸人员往来与交流

1979 年以来，中国大陆方面高度重视和关心两岸交流，始终坚持采取积极举措促进两岸交流交往。1987 年 10 月，国务院办公厅公布了关于台湾同胞来大陆探亲旅游的接待办法。此后，大陆各有关部门分别制定颁布相关领域配套政策措施。在两岸同胞的共同努力特别是在台湾同胞的强烈要求下，台湾当局自 1987 年 11 月 2 日起允许部分台湾居民回大陆探亲。此后，岛内各界民众又冲破当局种种限制来大陆旅游观光、投资兴业，掀起了交流热和投资潮。20 年来，两岸交流和人员往来从无到有、由暗到明、从小到大、由浅入深，规模不断扩大、领域不断拓宽，走过了一段不平凡的发展历程。特别是 2000 年以来，两岸文化、科技、教育、体育、卫生等领域及工人、农民、妇女、青年、少数民族等界别交流热络。

据统计，至 2007 年 9 月底，台湾居民来大陆累计达 4583 万人次，大陆居民赴台累计超过 156 万人次；常住大陆的台胞近 40 万人，定居大陆的台胞 1.8 万余人，两岸通婚约 27 万对。持续发展的两岸人员往来和经济文化交流，增进了两岸同胞相互了解，扩大了两岸同胞的共同利益。

两岸人员往来增进了相互了解，并促使两岸其他交流的渐次展开。人员往来从单纯的探亲到从事多种形式的交流活动，由单向到双向发展，由低层次向高层次转变。两岸学术交流由单向转为双向，并向各个领域深入。两岸科技文化等方面的交流日益频繁，并显示出极大的活力。

在两岸民间交流中，大陆方面一开到底，而台湾当局在不得已逐步放宽后仍有较多限制，两岸交流呈现出不均衡状态，来大陆交流的多、去台湾的少。由于台湾当局对两岸交流采取拖拉、限制策略，并强调“安全为先”、“主从原则”，对两岸交流的开展造成诸多不便。

两岸交流范围不仅在逐年扩大，而且有关座谈会、交流会、研讨会将讨论和研究与解决现实问题相结合，使两岸交流在内容和层次上不断深入与提高。两岸学术、文化交流 20 年来从无到有、从间接到直接、从单向到双向，为维系两岸同胞情感、推动两岸交流发展发挥了独特的作用。

在台湾当局于1987年11月开放台胞来祖国大陆探亲后，岛内学术界、文化界一些人士开始与大陆同行接触，一些台湾歌手来到大陆演唱，成为两岸学术、文化交流的开始。1992年5月，大陆3位中国近代史学者应邀出席台北“黄兴与近代中国学术讨论会”，7位自然科学家应邀访问了“中央研究院”，把两岸学术界的单向交流变成了双向交流；8月，由12名艺术家组成的“大陆艺术家演出团”首次进入台湾，实现了两岸的双向文化交流。

此后，在大陆方面的持续推动下，经过两岸同胞的共同努力，两岸文化交流与合作不断深化、发展。据不完全统计，自1991年至2007年底，仅经文化部同意的两岸文化交流项目就达5000多项、5万多人次。目前，两岸文化交流已遍及文学、美术、音乐、戏剧、舞蹈、曲艺、杂技、文物、民俗、艺术教育、图书馆、文化管理等各个领域。

通过积极举办综合性两岸文化交流活动，大陆方面为搭建两岸交流平台做出了不懈努力。特别是近年来，文化部所属中华文化联谊会连续成功举办“情系三峡”、“情系黄山”、“情系香格里拉”、“情系敦煌”、“情系中原”、“情系湖湘”等两岸文化联谊活动。两岸间先后成功联合举办“海峡两岸文化艺术节”、“海峡两岸歌仔戏艺术节”、“海峡两岸南音展演暨民间艺术节”、“海峡两岸民间艺术节”、“海峡两岸文化节暨京台文化周”、“两岸城市艺术节——城市文化互访系列（台北周、北京周）”等大型文化交流活动，不断密切着两岸的文化联系。

大陆方面大力推动优秀传统文化、文物精品及当代文化精品赴台交流，满足了台湾同胞了解大陆文化发展的愿望和需求。“秦兵马俑特展”、“永远的孔子大展”、“康雍乾盛代精华展”、“圆明园重现台湾——保利博物馆珍藏文物展”、“屈原的故乡——楚文化特展”等集中反映中华民族灿烂文化的珍品展览使台湾同胞大饱眼福。“《红楼梦》文化艺术展”、“风云再现——《三国演义》文化艺术展”、“齐白石作品大展”、“吴昌硕书画艺术回顾展”、“傅抱石百年大展”等在台成功展出，为两岸文化交流增添了不少佳话。中央芭蕾舞团、中国京剧院、北京人艺、浙江小百花越剧团、上海昆剧团、中国残疾人艺术团、上海交响乐团等大陆优秀艺术团体相继赴台演出，以精湛的艺术、浓郁的特色、无穷的魅力打动了台湾观众。福建闽剧、歌仔戏、南音、高甲戏等地方戏曲团体频频应邀赴岛内、金门和马祖交流，成为闽台文化交流中一道亮丽的风景线。

同时，大陆方面积极邀请台湾文化团体和文化界人士来大陆参加各类文化艺术活动，努力为台湾文化艺术界人士来大陆发展文化事业提供更好的服务和更大的发展空间。云门舞集、汉唐乐府、国光剧团、朱宗庆打击乐团、台北市国乐团、台北新剧团等台湾著名艺术团体应邀来大陆巡回演出，受到了大陆观众的热烈欢迎。台湾艺术家的精品展览在大陆进行巡回展出，赢得了大陆文化界的广泛关注。台湾文化业者还以自己独特的方式在大陆广阔的市场上深耕，台湾画廊业者积极抢占大陆文化市场先机，台湾流行歌手不断开拓大陆商业演出市场，均已取得丰硕成果。

此外，两岸图书馆、博物馆、美术馆以及艺术院校广泛开展了人员交流，互通经验、分享成果、深化合作，同样硕果累累。

两岸文化交流推动了中华文化艺术在海峡两岸的传承与创新，在两岸民众间架起了心灵沟通的桥梁，这种交流的大趋势是任何人都难以阻挡的。大陆方面愿意与台湾同胞携手推动两岸文化交流与合作，为弘扬中华优秀文化传统、增进两岸同胞的骨肉亲情、弥合两岸隔阂做出积极的努力。

第十九章　台湾光复后的教育与文化

1945年10月台湾光复后，台湾的日本皇民化教育尚未根除，台湾岛内百废待兴，教育事业方面可谓困难重重。国民党败退台湾后，教育人才得以扩充，政府下大力投入教育，使台湾光复初期面临的种种困难逐渐得到解决。可以说，光复后台湾教育取得了很大进步。

20世纪70年代以后，台湾的经济进入飞速发展时期，这种发展有赖于台湾教育培养的大量人才，反过来又促进了台湾教育资源的充实和教育理念的更新。经济的发展使台湾人民逐渐过上温饱生活，参与政治的积极性也与日俱增。1987年，台湾当局正式宣布解严。与此同时，民间教育团体如雨后春笋般地涌现，面对民众革新教育的呼声，"教育部"最终妥协，台湾正式走上了"教育改革"的道路。在教育改革前期，民间教育团体的要求得到了逐步的实施，教育事业呈现出繁荣景象。然而，十多年后的改革结果却不尽如人意，一方面由于台湾当局改革经验不足，对于教育改革的后果未能作出充分的估计和规划就贸然实行，另一方面也由于台湾的政治民主化进程发展尚不成熟，民众的热情很难上升为结果层面的理性。

尽管如此，台湾教育经过战后几十年的发展，逐步走向成熟。基本形成了完整的教育体系，教育已经普及到全民、普及到终身。从幼儿教育开始，具备作为义务教育的国民教育、中等教育、大学教育以及研究生教育，或者选择职业教育等，最终进入社会。在社会上，还有完备的社会教育、成人教育，基本实现了终身教育。

战后台湾的文化发展大抵经历了这样一个过程：光复以后，因为白色恐怖的高压或威权政治体制的压迫，文化并未从战前的困境中完全解脱，没有得到自主性的发展。但因为根深蒂固的民间本土文化的强劲生命，使得本土化运动和台湾意识在20世纪70年代再度兴起，本土意识得以落实，学术界"台湾研究"渐成风气，台湾本位的史观得到普遍接受。解严之后，政治的民主化带来文化的自由化、多样化，"台湾"所意指的台湾意识，随政治的民主化而逐渐明朗甚至出现偏激的情况。

战后半个多世纪以来，台湾文化的发展经历过低潮，遭到过压制，也出现过曙光，最终形成丰富多彩的多元文化。同时，也不能不正视当今台湾文化所面临的问题：中西文化之间尚未有效融合，出现不和谐的病症，商业化、功利化倾向日益加深等现象。这也是新一代台湾人所面临的挑战。

教育与文化的关系密不可分，发展教育往往是发展文化最直接、最有效、也是最具体的方式。一个时代的文化，影响和制约着教育，而另一方面，文化的生存和发展又依赖于教育。教育担负着保存、传递文化的功能，文化也通过教育的选择、传递、传播而不断更新、代代相传。当我们把光复后台湾的教育与文化发展结合起来时，便可发现二者在发展任务和发展目标上的一致性。

第一节　战后初期台湾的教育

从 1945 年台湾光复至 1955 年，可称为台湾教育除旧布新时期，一方面要尽快涤除日据时期皇民化教育的影响，另一方面又要在台湾推行祖国教育，以便重新建立起中国人的观念，其过程之曲折和复杂程度不难想象。下面，主要从教育政策的变化以及由变化带来的成果两个角度分述光复初期的台湾教育。

一　国民党退守台湾前的教育政策

台湾光复之初的教育面临除旧和布新的双重任务，首先要洗刷 51 年来日本殖民统治在台湾文化和精神方面留下的毒素。日据时期，殖民统治当局在台湾各级学校强迫推行日语教学，禁止学习和使用汉语，官厅文告也通用日文，社会教育、文化团体都被责令以传习日语为主要任务。光复初期，台湾教育肩负着铲除殖民教育制度、改造社会奴化心理、培养人才、促进两岸整合的重任。在某种意义上，这是一种比政治、经济、文化、军事的重建更为艰巨和紧迫的任务。教育所担负的这一重任，不仅是台湾社会长远、健康发展的需要，也是国民政府稳定政权的需要，对于政治发展具有重要意义。

实施祖国化的教育，改革学制　光复初期，台湾教育经历了接收、改造、实行中国教育制度的重大转型。台湾省行政长官公署下设教育处，成为掌理全省教育行政及学术文化的最高机构，其政策的主要精神为："针对过去的缺点，以废除不平等的限制与取消皇民化之教育为原则。"①考虑台湾的实际需要，制定出过渡性质的暂定学制。在国民教育方面，取消国民学校原有的第一、第二、第三号课表的区别，将原来的国民学校、国民学校分教场及高山族教育所等，一律改为国民学校，授以同等课程。虽然沿用日据时期的六年制基础教育，但将"日

① 陈鸣钟、陈兴唐主编：《台湾光复和光复后五年省情（上）》，南京出版社，1989 年版，第 410 页。

人限制台胞升中学而设的高等科一律撤销”[①]，增设县立中学，解除学生升学的限制。中学方面将日本战时实行的四年制一律改为三三制，并按我国学制分为高、初级中学。原有的公立高等学校改为省立高级中学，中学校改为中学，高等女学校改为女子中学。中等教育还包括职业教育，1946年6月，台湾省行政长官公署教育处颁布了《台湾省职业学校新旧制调整办法》，将日据时期的实业学校改为省立、县立和私立，同时建立三三制高级、初级职业学校，分别招收初中及国民学校毕业生。在转变学制上，高等教育最为复杂，专科以上学校修业年限及规定入学资格与大陆相去甚远，为适应过渡时期的需要，制定了暂行学制。专科学校因招收学生的程度不同，分为一年制、三年制和四年制。大学本科由原来的三年制改为四年制。医学院和师范学院规定为五年制。

原来台湾教育序列中“各种纯以实施‘皇民化’为鹄的训练所、练成所等设置”，“一律予废止”[②]。教育处还废除了日本在台湾推行的学年学期制，统一执行教育处规定的学年学期制、课时数及节假日安排。日据时期台湾学制采用日制，“不但与我国现行学制不符，且多违反我整个国家的教育宗旨”[③]，因此原有学制的改革势在必行。但是台湾学校众多，贸然改变学制必然会给广大学生、家长造成不便，甚至可能造成一定的社会混乱。因此，教育处在学制改革时，采用了灵活、变通的方式：“依照我国现行学制分别改革，废除不平等之限制，取消皇民化之学校，至于其过去设施之优点，而不悖于我国教育宗旨及学制者，则仍予保留。”[④]这种务实而灵活的处理方法，使台湾教育实现了学制的平稳过渡。

补充师资　日据时期台湾的师范教育对台湾青年入学严格控制，不轻易让台湾青年接受师范教育。师范学校只限于为初等教育培养师资，中等以上师资均来自日本国内，或是日本国内大学毕业的台湾人才可担任。刚刚摆脱日本殖民统治的台湾教育面临着极为严重的师资紧缺问题。按照国民政府的《师范学校法》，设置普通师范科，规定修业年限为三年。同时，为应对国民学校师资紧缺的状况，专门在师范学校内附设师资训练班和简易师范班。师资训练班招收中学校或高等女学校毕业生，培训一年。简易师范班招收国民学校高等科毕业生，修业年限为两年。

为解决师资不足的燃眉之急，向重庆、福建两地邀约一部分教员到台湾任教。在大专院校和中等教育中还实施了准予留用日籍教师的办法。省教育局

---

① 陈鸣钟、陈兴唐主编：《台湾光复和光复后五年省情（上）》，南京出版社，第410—412页。

② 汪知亭：《台湾教育史料新编》，台北：台湾“商务印书馆”，1978年版，176页。

③ 陈鸣钟、陈兴唐主编：《台湾光复和光复后五年省情（上）》，南京出版社，第401页。

④ 陈鸣钟、陈兴唐主编：《台湾光复和光复后五年省情（上）》，南京出版社，第392页。

还通过短期训练的方法培训本地教师，也缓解了当时师资不足的压力。

日据时期大部分台湾学校的校长均为日本人，这意味着光复后需要的新校长在千人以上，教育处鉴于形势迫切，在国民学校方面，立即责成各州厅接管委员会选派本省籍人士接收学校、代理校务，资历相当者则可任命为校长。在中等学校方面，从重庆和福建两地选派资历相当者赴台就任校长。

扩大教育机会　台湾省行政长官公署在接收台湾后不久确立的新教育方针中，十分重要的一项内容就是“实施教育机会均等”。日据时期，殖民统治当局严格限制台湾人接受中等以上教育。“台湾同胞重回祖国怀抱，教育机会自应均等，以满足本省学子求智之愿望”[①]。这一方针的确立，给台湾民众提供了扩大受教育的机会。光复前，设有高等科的国民学校共 254 所，鉴于设置国民学校高等科是日本统治者为限制台湾同胞子女升中学的一种措施，因此予以废止，解除了升学限制，并大力增设初级中学，扩大了教育机会。

日据时期针对山地儿童设立的教育所也被一律改为国民学校，并以合格的教师取代日据时期由警察兼任教师的做法。台湾省行政长官公署教育处对来自山地或家庭困难的学生专列预算，免收学费；给予家境贫寒而品学兼优的学生颁发奖学金；还免费向困难儿童提供课本和文具。这一系列的措施使得国民学校的学生人数逐年增长，受教育的民众也越来越多。

积极推行国语　光复初期，台湾教育的重建还包括社会教育，要实现台湾社会从日据时期的“皇民化”向光复后的“祖国化”转变，语言文字的“祖国化”是核心问题。长达 51 年的日本殖民统治使许多台湾同胞，特别是年轻一代对汉语相当生疏，对中国的历史文化缺乏了解。只有实现语言文字的“祖国化”，才能使台湾的年轻一代通过了解中华民族悠久的历史和灿烂的文化增强民族意识，根除殖民奴化教育造成的心理影响和社会后果。因此，在台湾省内普及国文、国语的社会教育，成为战后重建台湾教育的一项重要内容。

1946 年，台湾省政府正式成立“台湾省国语推行委员会”，以北京大学中文系教授、著名语言学家魏建功为主任。省政府采取措施：一方面，学校禁用日语，取缔日语书籍，清除带有日本色彩的事物乃至习惯；另一方面，主要通过教育系统、电影资讯传播系统等大力推广国语（北京标准音）。国民政府同时要求所有学校、乡镇公所均订阅有注音符号的国语日报，凡正式公开场合的演说、教学均禁止使用台语，“广播法”中亦对闽南语的广播加以限制。学校推行国语最

① 陈鸣钟、陈兴唐主编：《台湾光复和光复后五年省情（上）》，南京出版社，第 392 页。

为彻底，凡不使用国语的都要受到处罚①。

二　国民党退守台湾之后的教育政策

1949年，国民党败退台湾，众多知识分子随之入台，给台湾教育界带来了一批生力军。大陆的教育人才涌入台湾，使得台湾师资短缺情况得到极大改善，另一方面，台湾当局根据新情势重新制定了新的教育政策，台湾的国民教育质量显著提高。

实施计划教育　计划教育的目的在于"人尽其才"、"才尽其用"。要达到这两个目的，必须在升学和就业等方面下功夫。在升学方面，教育厅根据历年的统计资料和未来的发展趋向，给各级学校制定升学率指标，要求各学校根据指标制定各自的教学计划；在就业方面，自1949年起，除师范学院及师范学校毕业生仍全部分配任教外，其余全省职业学校及省立农工学院的毕业生，一律集中台北予以两周的训练，成绩合格者由政府统一分配试用半年，经服务机关考核成绩优良者，才被正式聘用。1950年又下达进一步的规定，凡本省公私立专科以上学校及高级职业学校的毕业生，除自行就业外，必须参加就业考试，经考试及格，又通过训练结业后，再予以分配就业②。这种集中毕业生训练并统一分配就业的方式一直持续到1953年，由于军训的原因而停止。

推行教育改革　在教育改革方面主要包括两方面的措施：一是加强民族精神教育。规定国民学校以爱国、守法、孝顺、信实、礼节、勤俭、合作、整洁为道德教育的中心内容。中等学校以忠勇、孝顺、仁爱、信义、廉耻、礼节、勤俭、合作等为训导的准则。对于高等教育的课程，1952年进行了第一次较大幅度的修订，增加通才教育的共同必修科目，包括三民主义、国文、中国近代史、国际组织与国际形势等。二是加强生产训练和劳动服务。教育处规定国民学校应使儿童了解劳动服务的重要意义，掌握劳动服务的简单技能。中学、师范学校及非技术性质的专科院校，应使学生掌握劳动生产的技能，培养劳动生产的乐趣，养成刻苦耐劳、手脑并用的习惯。

实施文武合一的教育　为抵御帝国主义侵略，也为防范共产党，国民党当局在教育体制的各级各类学校中实施军事训练。首先在各师范院校试行军事训练，并从1952年起，要求全省大专学校毕业生接受为期一年的预备军官教

---

① 林淑心：《台湾文化百年史的回顾》，载《台湾文化百年论文集》，台北："国立历史博物馆"，2007年，第14页。

② 汪知亭：《台湾教育史料新编》，台北：台湾"商务印书馆"，1978年版，第181页。

育。当局还在全省推行童子军教育，定期对少年儿童进行集中军事训练，培养他们的吃苦能力以及团队协作能力。每年举办童军节活动，童子军教育为台湾军事在资金和人才上提供了很大的帮助。

推行卫生教育　为增强在校学生的身体素质，加强学校的卫生管理，国民党当局十分注重在各级各类学校推行卫生教育。教育部要求台湾各国民学校逐步施行诸如防止沙眼、预防蛀牙、改善营养的措施。学校环境卫生以及卫生设备也得到了极大改善。教育部还要求各学校定期办理卫生讲习，并对肺结核病人进行免费治疗。经过数年的坚持，卫生教育不仅提高了台湾学生的身体素质，台湾教育界在卫生管理方面也大获成功，而且也为东南亚地区加强学校的卫生管理做出了良好的示范。

三　战后初期教育改革的成果与局限

战后初期的台湾，因长期受日本殖民教育的影响，许多人不认识汉字，不会说汉语。国民党退据台湾后，为了恢复台湾人对中国的认同，十分重视教育改革。光复初期国民党政府实施的措施，无疑对刚刚摆脱日本殖民统治的台湾教育产生了极大影响。以下，从国民教育、中等教育以及高等教育的发展，来分述台湾光复初期的教育成果和局限。

国民教育　国民教育即义务教育。1944 年颁布的《国民教育法》规定，6—10 岁之学龄儿童，一律受基本教育，免纳学费。其贫苦者由政府供应书籍，已逾学龄未受基本教育之国民，一律受实习教育，免纳学费，其书籍亦由政府供给。国民党当局接收了原有的“国民学校”，取消一切与日本有关的校名，一律以学校所在地命名。实施六年义务教育，招收年满 6 岁的儿童，此时的教育以积极肃清日本殖民统治的残余文化毒素、清除皇民化以及武士道的内容为主要目的。

由于积极推行义务教育，学校数、班级数以及学生数量均有大量增加。至 1955 年，台湾全省国民学校已达 1390 所、23911 班，学生 1237904 人[①]，与日据时代最繁荣时期(1944 年)的学生数相比，增加 31%。不仅如此，由于台湾当局积极补充师资和推行国语教育以及卫生教育，各国民学校的教学质量和设备均有很大提升。

中等教育　日据时期台湾人的中等教育被限定于职业教育，以初级农、工、商、水产学校为主，接受低级的生产技能训练，毕业后从事各种行业的生产与运销工作，以供日本人奴役。台湾光复后，国民政府首先把日据时期各州县立实

① 汪知亭：《台湾教育史料新编》，台北：台湾“商务印书馆”，1978 年版，第 185 页。

业学校均改为省立，并提高到高中程度。在中学教育方面，接收后台湾有省立男女中学 39 所，原有的国民学校高等科取消后，一般国民学校毕业生的升学机会减少，为解决这一问题，台湾省行政长官公署教育处通令各县市，迅速筹办县市立初级中学，以应需要。国民政府对中等教育投入资金并补充师资，使中学得以广泛设立。据 1955 年的统计，全省共有中学 229 所、4441 个班，学生 212977 人，与日据时代相比，学校数量和学生数量均增长了 3 倍多，全台湾省平均每 43 人即有 1 名中学生[①]。光复初期的 10 年间，在台湾当局的积极推动以及农村经济稳定发展的背景下，教育机会均等的体制在台湾逐步建立。

高等教育　在高等教育方面，由于日据时期殖民统治当局对台湾高等教育相当重视，相继成立了台北帝国大学、台北经济专门学校、台中农林专门学校、台南工业专门学校等，开创了台湾高等教育的历史。这些专为在台日本人而设的高等院校教学设施完善，师资力量充足。台湾光复后，台湾省行政长官公署教育处将这些学校一一接收过来，打破其原来只招收日本学生的限制，面向广大台湾同胞招生。其中，台北帝国大学改为国立台湾大学，直属教育部；其他三所学校分别改称省立法商学院、省立农学院、省立工学院，另设省立师范学院培养师资，改设省立台北工业专科学校培养高级工业人才。

光复初年，由于社会不稳定，经济濒临崩溃边缘，无力更多地投入高等教育的发展，台湾大学生入学率缓慢提高，1946 年大学生总人数达到 2983 人、1947 年为 3176 人、1948 年为 4112 人、1949 年达到 5909 人[②]。

此外，教育处还对留日返台学生“加以审查后转发各级学校转学”，妥善安排了出国留学的台湾学生。还“奖励本省学生升学内地专科以上学校”[③]，扩大了台湾与内地的高等教育交流，增强了台湾大学生的祖国认同感。

战后初期教育政策的局限性　在当时的历史条件下，推行祖国教育不仅是应当的而且是必要的。国家文化和认同可以深入一个人的心灵，语言更能激发民族的认同感和归属感。因此，教育方面的改革可以说是真正收复台湾的必要步骤。然而，这项运动难免有它的历史局限性。首先，学校强制禁用方言的做法，导致台湾“地方意识”受到压制，引发知识分子和民众的不满。实际上反而加强了台湾人对祖国及大陆来台人员的抵触心理，造成了台湾文化和眷村文化长期的隔离，甚至埋下了日后台湾对祖国大陆的认同冲突。此外，台湾师资力量的薄弱，使得教授国语的教师大都是来自大陆的“外省人”，由于大陆也没有

---

① 汪知亭：《台湾教育史料新编》，第 192 页。

② 李正心：《论光复时期台湾高等教育祖国化》，《教育研究》，第 20 卷第 12 期，1999 年。

③ 范寿康：《台湾教育之展望》，《台湾月刊》，第 3、4 期合刊，1947 年。

很好地推行“国语”，所以，这些教师在教授过程中免不了带有大陆各地浓重的乡音，教师自身也不能统一教学。

最后，在推行祖国文化的改革中，由最初禁止日文、日语，消除“奴化思想”的荼毒，后来扩大到毁损或修改各种与日本有关的古迹、建筑、地名、街名等。这种直接抹去历史痕迹的做法，从文化层面分析，造成所谓“历史的空白”或中断，对台湾自主性文化的发展产生了负面的影响。

第二节　解严前台湾的教育

一　教育改革前台湾的教育

自1956年起，台湾教育正式从光复初期的青黄不接，走向了独立迅速发展的阶段。1955年至1994年的40年间，台湾在教育方面制定了各种重要的制度和措施。其中最为显著者为1968年开始实施的九年国民教育，使国民小学毕业生得以免试进入国民中学就读。1972年又通过九年国民教育强迫入学条例，使得九年国民教育成为义务教育，由此义务教育成为制度，保证了学龄儿童的就学机会，台湾人的知识水平和素质普遍提高。

台湾教育行政机构的建立及其功能　台湾最高教育行政机构是“教育部”，最初只有4司1处2室，随着台湾教育的发展，“教育部”的组织编制逐渐扩充，根据1973年7月修订的“教育部组织法”，台湾的“教育部”设“部长”、“政务次长”、“常务次长”、参事、主任秘书等职位，下属司、处、室等也大规模扩编，共有8司5处4室1中心。此外，还有十几个专门委员会、十几个“部”属机构、几十个“部”属学校及驻外文化单位等①。“教育部”的职责主要有三：其一，主管台湾学术、文化与教育行政事务；其二，对于各地方行政长官执行“教育部”主管的事务时，有指挥、监督之责；其三，“教育部”就主管事务对各地方行政长官的命令或处分，被认为有违背法令或超越权限者，得提经“行政院”会议议决后方可停止或撤销②。从三项职责的内容可以看出，“教育部”不仅对台湾的教育、学术、文化发展具有引领、指导作用，而且在教育事务方面，对地方行政长官具有政治权力，能够命令“教育部”的仅限于“最高行政机关”——“行政院”。

台湾教育行政管理系统中的二级管理单位，是省级教育行政主管单位，共有三个：“台湾省政府教育厅”、台北市政府教育局和高雄市政府教育局。省级

---

① 罗祥喜：《台湾教育与经济发展》，福建教育出版社，1994年版，第9—11页。

② 郑旦华、于超美：《今日台湾教育》，广东教育出版社，1996年版，第110页。

行政组织的职责主要有：关于省(市)内学校教育、社会教育等各类教育的事项；关于省(市)内教育及学术团体上的事业监督事项；关于省(市)内图书馆、博物馆、公共体育场的筹划及管理事项；省(市)内其他教育行政事项。台湾最基层的教育行政组织是县(市)级的教育行政组织，其职责主要有三：关于县(市)内学校教育事项，关于县(市)内图书馆、博物馆、公共体育场及公园筹划和管理事项，以及县(市)内其他文化及社会教育事项[①]。台湾的各级各类学校，既有直属“教育部”管理、也有分属“省政府”管理，区分严格、职责分明。

这一时期，教育行政方面的主要建树有：创立了教师福利制度，设置了教育建设基金，举办了中小学教育普查，精简了中等学校行政事项，建立了公开公正的教育人事制度。

幼儿教育的发展 台湾的幼儿教育在日据时期基础薄弱，至1945年台湾光复，幼儿园仅28所，入园儿童6534名。至1950年，幼儿园没有增加，但入园儿童增加到17111名。

与其他方面的教育相比，战后台湾的幼儿教育起步晚、发展缓慢。1959年，台湾“教育部”国民教育司协助热心幼教的专家学者，成立了台湾第一个幼教学术团体——幼稚教育学会，在它的影响下，幼儿教育研究机构逐渐增多，对推动幼教的发展起到重要作用。1970年，台湾召开儿童少年发展研讨会，通过幼教发展方案四点纲要：(1) 在各师范专科学校增设幼儿教育师资科，并指定优秀的公私立家事专科学校及家事职业学校开设幼儿科目。必要时，政府实施幼师资格考试，以保证幼稚园与托儿所之师资需要；(2) 加强幼稚园及托儿所教师的在职进修，特别注重幼儿生活与智能训练等课程；(3) 颁布幼稚教育法，完善幼稚园设备与课程标准，使之适合实际需要；(4) 鼓励私人或团体创办幼稚园，并对办理成绩优良者予以奖励[②]。四点纲要对于培养幼教师资、幼儿教育的法制化以及发展私立幼儿园等起到了推动作用。同年，幼稚教育学会在第五次教育会议上提出幼教改革方案，被教育革新方案采纳。这不仅意味着台湾的幼教随着社会发展在不断地改革与创新，也意味着台湾当局对幼教发展非常重视。

1981年11月公布的“幼稚教育法”第二十四条规定，由“教育部”制订施行细则，并于1983年5月公布施行。“幼稚教育法”及其施行细则的公布实行，将台湾的幼稚教育纳入“法治”范围，对于消除学前教育的弊端、规范幼稚教育、幼稚教育的长远发展有着重大的意义。

实施九年国民教育 在国民教育方面，1968年，台湾义务教育由六年延长

---

① 郑旦华、于超美：《今日台湾教育》，广东教育出版社，1996年版，第117页。

② 郑旦华、于超美：《台湾教育四十年》，湖南教育出版社，1992年版，第23页。

为九年。此措施的实施，提高了台湾的教育水平，亦奠定了1970年代台湾经济起飞时中级技术人才的人力资源基础。

台湾的六年制国民教育始于日据时期。1941年台湾总督府修正《台湾教育令》，将“公学校”、“小学校”改为六年制的“国民学校”。自1943年起实施，1944年台湾学龄儿童的就学率约为71%。1945年国民政府接收台湾，依据《中华民国宪法》第二十一条规定，对6—12岁之学龄儿童实施小学教育，小学毕业后的教育为初级中学，分为公立和私立两种，皆以联考方式招生。

随着1960年代经济的发展，社会各界对受教育的需求日益强烈，台湾“教育部”于1968年公布“九年国民教育实施条例”，将台湾的义务教育由六年延长为九年。“国民教育法”第二条规定：“凡6岁至15岁之国民，应受国民教育。”

教育内容以民族精神教育和生活教育为中心。国小毕业生免试升学，取缔恶性补习，推行营养教育。同时兼顾就业及升学的需要，注意职业科目及技艺训练。另外还实施了针对特殊儿童的教育政策。实施“国民教育”所需经费，由所在地区的地方税中筹集。九年国民教育的实施，到了1986年，国小毕业就读国中的比例为99%。

中等教育的改革和发展　台湾的中等教育，原本包括中学（含初中、高中）、师范学校和职业学校（含初职、高职）三类，但自实施九年国民教育后，初中改为“国民中学”，成为国民教育的一部分。其毕业生可根据意愿进入社会就业，也可通过考试分别升入高级中学（高中）或高级职业学校（高职），但非义务教育。年龄不满18岁的，还可申请进入“延读班”就读①。

高级中学的教育宗旨是培养青年的学习兴趣与能力。而高等职业学校，同样招收国民中学毕业生，或同等学历者，学制3年，其教育宗旨是培养青年的生产知识与技能，使其进入社会后，在生产领域能够从事技能工作。根据经济发展的需要，台湾当局大力推进职业教育，改进高职入学考试，调整高中与高职学生的人数比例。从1968年起，大致按照6∶4→5∶5→3∶7的比例调整。1985年以后出现逐渐增加高中学生名额的趋势，高中、高职在校学生人数比例逐渐接近②。在职业教育方面，政府还大力实施初中工艺教育，在职业学校中创建技艺训练中心，举办学生技艺竞赛与展览等。发展水产教育，改进农职教育，加强工职教育等等。

扩充高等教育　台湾当局自50年代中期开始扩充大学，至70年代初，台湾的大学教育形成繁荣局面。由于学龄人口激增，要求上大学的高中毕业生不

---

① 罗祥喜：《台湾教育与经济发展》，福建教育出版社，1994年版，第3页。
② 郑旦华、于超美：《台湾教育四十年》，湖南教育出版社，1992年版，第63页。

断增加，台湾当局强调大学要敞开大门，让有志之士得到深造的机会，大力推动大学教育的发展，先后设立台湾“政治大学”、台湾“清华大学”、台湾“交通大学”。当局还鼓励兴办私立大学，东吴大学、东海大学、中原理工学院、高雄医学院等私立大学均在1954年至1960年先后设立，私立大学也呈现繁荣局面。仅仅几年时间，台湾的公私立大学扩增到15所，比1950年增长3倍多，本科生与研究生共达27172人，比1950年增长4倍。

进入60年代，随着台湾经济建设的发展，社会各行各业的繁荣，对具有高等学历的人才日益迫切，加之社会上升学主义、文凭主义盛行，年轻一代接受高等教育的愿望日见殷切，这都为台湾高等教育的进一步发展提供了机会。这一时期，大批专科学校应运而生，大学院校至1970年也增至22所，比1960年增设7所①。

70年代至80年代中期，大学教育发展速度有所减缓，进入整顿和稳定增长阶段。由于十多年来过快的发展，台湾的高等教育出现办学条件不足，教学设施欠佳，教育质量下降，专业设置未能密切配合台湾经济建设需要，造成大学生就业困难等多种问题，尤以私立大学为甚。鉴于此，台湾教育当局调整了高考政策，限制量的发展，力求质的提高，促使高等教育的发展与社会经济发展相适应。为解决高等教育内容脱离社会实际、高级专业人才不符合生产实际需要的问题，台湾教育当局于1975年起对高等院校的专业布局做出调整，并就高等教育如何培养经济建设所需技术人才问题采取了一系列措施，要求大学及研究所今后应“培养高素质的科技人才，奠定发展科技的坚实基础”。此后，大学和研究所，主要发展科技工程及工商管理专业，文、史、法、政、教等专业学生相对减少②。1971年至1986年的15年间，台湾大学的数量增长远不如上一阶段，但专业结构趋向合理，在配合台湾社会经济发展方面前进了一步。

80年代中期以后，台湾高等教育又恢复到快速发展水平。当局认为，与发达国家相比，台湾大学生占人口比例仍然很低。特别是到了90年代，经济发展需要更多的高级专门人才，必须加大高等教育的发展速度。1987年，台湾“教育部”高教司制定了高等教育20项重点发展计划，其中包括开放新设私立大学，增设由“教育部”管理的院校等。扩充、发展大学教育的主要政策包括：一、质与量并重；二、改变大学院校中技术与工学院偏少的情况；三、改变大学大多集中在台北市、台中市的不合理布局等。

① 王忠烈主编：《台湾、香港、澳门学位制度与研究生教育研究》，北京：中国人民大学出版社，1997年版，第45页。

② 王忠烈主编：《台湾、香港、澳门学位制度与研究生教育研究》，第50页。

社会教育　台湾的社会教育可分为正规、非正规、非正式三种。正规的社会教育是通过正规的学校体系，有组织、有系统地安排社会教育课程，比如开创了空中补习教育，强迫失学民众入学。非正规的社会教育指正规学校系统以外的有系统的教育活动，主要通过社区学校、研习班、研讨会及个别咨询的方法来实施。非正式的社会教育则指个人在日常生活环境中的学习活动，主要通过广播、报纸等大众传媒，通过图书杂志、电影戏剧等手段。当局还通过建设省立体育场等加强民众的体育教育。

数据表明，在这期间台湾的学校数量、学生数量、教育经费以及就学率均有很大幅度的提高。在学校建设方面，1950 年，各类学校总数量为 1504 所，1980 年达到 4950 所，增长指数为 229%。在学生数量方面，1950 年的学生总数为 1054927 人，30 年后达到了 4570132 人，增长指数达到了 333%。在教育经费方面，1951 年的公私教育经费总额为 213082 千元新台币，占国民生产总值的 1.73%，而 1980 年的公私教育经费总额为 59907853 千元新台币，占国民生产总值的 4.39%。在就学率方面，1950 年的国民小学就学率为 74.98%，30 年后增长到了 99.72%，中学就学率从 31.99%增长到了 96.78%，高中就学率从 61.88%上升到了 66.37%，而高中毕业生升入高等教育机构的比率也从 1950 年的 72.57%上升到了 1980 年的 79.9%①。

二　解严前台湾教育的缺陷

上述数据反映了台湾地区自 1955 年到 1994 年在教育方面的飞速发展，但这并不表明台湾教育不存在问题。20 世纪 70 年代以来，台湾经济发展迅速，社会变化令人目不暇接，这使台湾的教育制度与社会的实际需要发生了脱节和分离的情况。

幼儿教育质量过低　1988 年进入幼儿教育阶段的幼儿约为 78 万人，其中 19 万人进入已立案的公私立幼儿园，17 万人进入已立案之托儿所，其余 42 万幼儿部分未入学，大部分则进入未立案的托儿所或幼儿园②。与此同时，师资未达每班二人标准的幼儿园居多，再加上幼儿园或托儿所的教师进修机会少，其专业管理亟待加强。

国民中小学教育质量低　国民中小学教师的教育程度低，普遍不能达到大学毕业的程度，这直接影响了中小学的教育质量。虽然台湾的义务教育已延长至 9 年，国民教育已形成体系，但因师资缺乏、教学水平低，使得国民中小学的

① 以上数据根据台湾教育部门统计资料汇编而成。
② 林清江：《教育的未来导向》，台北：台湾书店，1996 年版，第 122 页。

教育质量难以提高[①]。另外,受到社会上升学主义的影响,国民中小学教育成为升学的预备场所,教师在教学中只求灌输书本知识,忽视了培养学生的创造性能力。如此培养出来的人才,难以适应迅速发展的台湾社会的实际需要,不利于台湾的政治、经济、社会的发展。

高中、高职教育未达其主要功能 高中教育深受大学联考的影响,在"大学联考对大学教育影响"的研究报告中,台湾学者林文瑛、杨国枢等指出:"大学联考的竞争,使得学生只重答题技巧,不重视分析问题的能力。只关心标准答案,懒得去思考或分析答案形成的过程。在某种程度上,大学联考甚至惩罚那些有与标准答案不同的学生,让学生在追求标准答案的学习过程中,丧失了培养怀疑、批判能力的机会,也无法培养逻辑的分析能力。"[②]大学联考采取的标准化评分模式,使得学生们在准备联考时变得缺乏想象力,脑子里充斥着僵化的概念,甚至造成性格古板、畏缩。这样的学生考进大学后普遍缺乏想象力和创造力,影响知识的发展和超越。

在高中与高职的区分上,本来高中注重普通教育,培养学生的学问能力,为考大学做准备;而高职注重职业技术教育,培养学生的实际应用能力,为毕业后就业做准备。两者的不同使国中毕业生在入学前就要做出抉择。但是,由于很多高中教学水平低、教育质量差,甚至出现了零升学率的高中,没有学生能够考进大学。另外,高职、专科和技术学院尚未正式纳入学校制度,因此在教育管理上存在种种问题。

大学区分不适当 教改前,台湾的大学分为"国立"和私立,并有大学和学院之分。就前者而言,私立大学的经费比"国立"大学少四分之一,其拥有的学生数量却比"国立"大学多三分之一。长此以往,必定造成私立大学的学习环境、教学质量日益降低,学生受教育的程度也随之下降。就后者而言,教育水平、教学质量相同的大学,只因其规模大小而划分为大学和学院两种类型,使考生在择校时产生困惑,在社会上形成模糊、混乱的印象,并不利于大学教育的长期发展[③]。

终生教育体系仍未建立 终生教育顾名思义是活到老、学到老,反映在教育制度上便是当局应该提供一生的学习机会,而不是只有一次机会,只许成功不许失败不应成为教育的理念。然而,40 年来台湾的成人教育、进修教育并未得到应有的重视,80 年代以前,台湾甚至没有一部"成人教育法",也没有相应的

---

①③ 林清江:《教育的未来导向》,台北:台湾书店,1986 年版,第 150 页。

② 林文瑛、杨国枢:《大学联考对大学教育影响》,《教育研究资讯》,1993 年第 1 卷第 6 期,第 93 页。

成人教育机构，当局对成人教育的关注极少。总体而言，在这段期间，台湾的成人教育是零散而无序的，未能实现全民教育与终生教育的理想。

第三节　解严后台湾的教育

20 世纪 80 年代末，台湾开始了第三次经济转型，并进入高科技产业迅猛发展的阶段。1987 年台湾当局宣布"解除戒严令"，民众获得了基本人权，1988 年解除报禁。随着台湾当局政治体制改革进一步推动，实行了"总统直选"和多党政治，台湾的社会、文化都随之发生变化。在教育领域，民主风潮逐渐萌芽。旧的教育体制已越来越不能适应时代的需要，民间要求"教育改革"的呼声越来越高。台湾社会进入全面转型，教育体制也进入全面调整时期，进入 90 年代，改革教育体制已成为官方和民间竭力推动的一项改造工程。

一　教育改革的提出与推动

民间教育改革团体成立　1987 年以后，民间教育改革团体纷纷成立，主要有"振铎学会筹备会"(1987 年)、"教师人权促进会"(1988 年)、"人本教育基金会"(1988 年)、"主妇联盟"(1988 年)等。其中，"振铎学会"最初致力于研究教育改革理论和实践，后来加入到教改的行列。"教师人权促进会"则以推动教育改革、保障教师人权、维护教师尊严、尊重学术自由为宗旨，对于教师的基本人权具有强烈的诉求。"人本教育基金会"则联合家庭、学校、社会的力量协助教育当局革除教育积弊，共同推动以人为本的教育。这个学会重视学生受教育的权利，同时强调学习的主体性，反对体罚。"主妇联盟"主要以推动亲子教育、改善教育环境、组织家长发挥作用、尊重父母的教育权为教育改革的诉求[①]。1988 年 1 月 31 日，"人本教育基金会"、"主妇联盟"等 32 个民间团体召开"第一届民间团体教育会议"，针对当时的教育弊端提出意见和建议，掀起了台湾解严后第一个教育改革浪潮。

1989 年以后，民间教育团体的数量继续增加，随着"大学教育改革促进会"、"台湾教授协会"等教育团体的成立，台湾当局在制定新的教育政策时压力越来越大。1990 年，"人本教育基金会"在台湾建立森林小学，1994 年，"毛毛虫儿童教育基金会"开办"毛毛虫亲子学院"，随即宜兰县的森林学院、新竹县的雅歌实验小学相继成立。这些由民间团体建立、以人本为诉求的实验学校，对台湾的教育改革起到很大的推进作用。

---

① 周祝瑛:《谁捉弄了台湾教改》，台北:心理出版社，2003 年版，第 5 页。

"四一〇教改大游行"与教改机构的搭建 1994年4月10日,台大教授黄武雄等人发起民间"四一〇教改大游行",旨在要求台湾当局进行教育改革。这是一场由台湾各民间教育团体推动、广大民众积极参与、要求台湾当局进行教育改革的游行活动,在全台湾引起巨大反响。这次大游行主要有四项基本诉求:一是落实小班小校;二是广设高中、大学;三是推动教育现代化;四是制定"教育基本法"。

面对岛内解严后在政治、经济、社会等方面的重大变化,台湾当局根据民间教育改革的要求,于1994年正式着手推动"教育改革",并将这一年命名为"教育改革年"。同年4月发布了"教育白皮书",6月,"教育部"召开"第七次台湾教育会议",主题为"推动多元教育、提升教育品质、开创美好教育远景"。讨论议题包括:教育资源的分配、建立弹性学制、革新课程发展、改良师资培育、提升大专品质、推展终身教育、推动全民教育、两岸学术交流等八大项目。同年9月,成立了"行政院教育改革审议委员会"(简称"教改会"),由"中央研究院院长"李远哲博士担任召集人。至此,台湾教育改革的机构平台已经搭好。1994年到1996年间,"教改会"组织多次教育改革的讨论,并于1995年4月和10月,先后发布了4期教育改革咨议报告,明确指出了台湾教育改革的方向。

教改方案的出炉 1996年11月教改会总咨议报告书的定稿,标志着教改方案出炉,正式确定了台湾未来"教育改革"的五大方向、六个重点、八大优先推动项目。该年6月,从美国返台的流体力学专家、台湾成功大学校长吴京接任台湾"教育部长",成为台湾教育改革的又一催化剂。吴京短时间内提出多项重大教育改革构想,包括大学联招以系选校;大学不分流、高中不分组等等开创性的措施,"吴京现象"、"吴京旋风"等成为当年台湾的流行语。在他的推动下,一批重大改革方案出台,涵盖了学制、课程、教科书、考试等多个方面。

二　教改后教育体制的重大变化

"九年一贯合科教育" 1998年9月,台湾"教育部"颁布了《国民教育阶段九年一贯课程总纲纲要》,将原来的国民小学和国民中学统筹在九年国民基本教育一个体系下。2000年9月又颁布《国民教育阶段九年一贯课程暂行纲要》及实施配套方案等,开始了台湾地区基础教育的重大变革——"九年一贯课程"的实施。新的课程纲要具体规定了学习目标、基本内涵、学习领域、十项能力等教育内容。和原来的教育内容相比,新的课程纲要更重视学生能力的培养,并具体提出了有关的能力指标,不再规定课程教学进度和教学内容,这样就给各个学校提供了实施"特色教育"的空间。

在学习阶段的划分方面,新的课程纲要改变了国小低年级、中年级、高年级和国中四个学习阶段的划分，注重根据学生自身的特点和学习内容的结构以及连贯性来划分学习阶段，并且按照该学习阶段的划分重新编排教科书。对此，人们褒贬不一。赞成者主要拥护该计划对学生能力的培养和学生个性的体现；反对者认为该大纲变动过于剧烈和频繁，教育界难以适应。因为担心合科教育会引起教育质量下降，影响高中阶段的教育水平，高中阶段并没有做与"合科教育"相适应的调整。

国民基本教育年限延长计划流产　台湾光复后几十年来一直实行九年制国民基本教育。随着八九十年代台湾经济的腾飞、教育改革的迅猛发展，教育界出现了延长国民教育年限的呼声。2000 年 1 月，台湾"教育部"发布了 2003 学年实施十二年国民教育的八项配套措施。不仅如此，"教育部"还明确宣布，将制定"第二期教育改革行动方案"，把实施十二年国民基本教育所需经费，纳入 2004 年至 2008 年教育发展五年计划①。

台湾岛内曾普遍认为，延长国民教育年限不仅是一项造福后代、造福台湾的大事，同时也与台湾目前的经济实力相匹配。不过遗憾的是，2003 年 9 月，"教育部"在"台湾教育会议"上急踩刹车，宣布十二年国民教育暂停实施。事实上在十二年国民教育方案出炉后，质疑声音便不绝于耳。反对者认为，落实十二年国教面临着很多现实困难，一是经费问题，如果教育经费不增加，无法确保十二年国教的推行。另外学生的素质和教育水平、师资的缺乏和教学质量都成为阻碍十二年国教落实的难题。十二年国民教育在台湾教育改革进程中最终只是一个美好的愿景，在各种现实问题和来自各方的批判中流产。

改革高考制度，畅通升学渠道　改革高考制度始于 1980 年代末，是教育改革的重要组成部分。改革的进程大致可以分为三个阶段：第一阶段批判原有的"联招联考"制度；第二阶段建立"多元入学方案"；第三阶段完善"多元入学"制度。台湾在 1954 年就建立了大学联考制度，其弊端为：仅根据少数科目的成绩评价学生，偏重智育培养，使学生的视野无法扩展，因而阻碍了学校教育的发展。1990 年代开始的台湾教改首先从大学的"联招联考"制度入手，实施"多元入学方案"②，内

---

① 崔萍：《台湾教育改革纵论》，北京：首都师范大学出版社，2006 年版，第 47 页。

② 多元入学方案是台湾 1990 年代以来一连串教育改革中的一项重要措施，改革考试制度是其主要内容。针对以往联考制度的弊端，多元入学方案可避免一试定终身的缺点，具有特殊才能的学生可通过多元入学管道就读对口的大学科系，而各学校和科系也可根据自身需要与特色筛选适合的学生。其中，高中多元入学管道包括四项内容：(1) 免试入学；(2) 申请入学；(3) 甄选入学；(4) 登记分发入学。大学入学多元方案以学科能力测试(高三上学期期末举办)和指定科目考试(7 月举办)的两种成绩作为入学申请的依据。入学管道分为"甄选入学"和"考试分发入学"两类。但是，多元入学方案实施后，在公平性等方面遭到质疑。

容包括“招考分离”、“两类院校”分别操作、基础学科考试、指定科目考试、甄选入学和考试分发等。一言以蔽之，就是将过去的“统一考试”变为“多元入学”。这种“多元招生入学方案”疏通了学生和学校相互选择的渠道，使得适当的人才得以进入合适的大学。1999年，“大学多元入学新方案”正式提出，2002年开始实施。

大学入学方式的多元化也带动了高中入学方式的改革，使高中的入学考试除了联考之外，也增加自学方案分发、推荐甄试、保送甄选等途径，推动了高中的多元入学，使高中向更加综合的方向发展。

在广设高中大学的口号下，台湾的四年制大学院校，由1990年的46所增加至2001年的135所，增加了2倍；学生数从原先的26万多人，增加到78万多人之多，也增加了2倍①。

一纲多本的民间教科书　为回应民间教育改革对本土化和自由化的要求，台湾“教育部”宣布从1989年起，打破当局长期对教科书的垄断，开放部分科目的教科书由民间编印，开始了教科书松绑的政策，朝向统编审定并行制。1992年，“立法委员”提案要求中小学教科书全面开放，且重新检讨“国立编译馆”的定位。由于“行政院教育改革审议委员会”也建议全面开放私人编写教科书，“教育部”于是宣布中小学教科书将逐年采用审定制。2002年，“国立编译馆”全面退出教科书编辑市场，“统编本”教科书正式成为历史名词。

教科书的开放，一方面打破台湾当局对教科书的长期垄断，降低当局在意识形态上的主导，增加了市场自由竞争，会引进更多的相关课程学者专家投入教材研究发展领域，再加上“政府”审查与民间编辑的互动，这项措施可能有助于提升教科书、教材的水准；另一方面，开放教科书，可以让教师依据学生的个别差异，选择性地提供补充教材，发挥教师教学的自主权，达到因材施教的效果。

三　教育改革带来的问题

引发台湾地区民众热议和追捧的“教育改革”虽然取得不少进展，但也有不少问题。综合岛内各界的反应，主要集中在以下几点：

“九年一贯”课程并不衔接，增加了中小学生的负担　“九年一贯”课程是教育改革的中心内容，与传统的教学体制相比，最大的不同之处在于，新课程采用“七大学习领域”，包括语文、健康与体育、数学、社会、艺术与人文、自然与生活科技、综合活动。特别是取消了传统的道德教育课程，将其融入生活、社会、语

① 夏人青：《台湾地区高校招生考试制度的改革发展》，载《教育发展研究》，2006年第23期。

文等学习领域，致使“道德教育”一词很难在课程改革中出现。一时间，台湾“无德”教育在台湾学术界、教育界，甚至在整个台湾地区的民众中引起各种不同反响。

实施“九年一贯”课程的目的在于，不再强调学生的成绩和分数，而是希望学生具备生活能力，能够适性发展，成为一个身心健全的人，而不是考试的机器。这样的目标和愿望无疑是正确和良好的，但是由于教育部门未能及时进行合理规划，导致在实施过程中相关配套措施残缺不全，实施的程序更是毫无章法。举例而言，“九年一贯”课程从 2001 年起，自一年级开始实行，一年以后就立刻扩大到一、二、四、七年级。其中，四、七年级原本学习旧课程，突然改用新课程，学习形态骤然改变，不仅造成学生适应上的困难，而且课程内容衔接不上，更产生了教学上的障碍。

“九年一贯”课程中所谓的“课程统整”，其实是把各种专家学者所能想到的学科内容，譬如：咨询、环境、两性、人权、生涯发展、家政等六大议题，都融入“七大领域”的课程之中，成为台湾国民教育课程的一部分。台湾的小学生除了要掌握原来的数学、自然与社会课外，还得学会母语、国语和英语，导致学习压力更加繁重。

“九年一贯”课程的“审定本”教科书，未经试用便仓促面世，错误百出　在“一纲多本”的政策下，民间教科书行业推出不同的审定本教科书，价格却比传统教科书贵了 3—4 倍，加重了家长的经济负担，使经济条件不好的学生在学习资源方面受到很大限制。“一纲多本”政策不但造成书价上涨，而且因不同版本的内容有差别，导致每个学生需看几套教材，并大量参加课后补习班。2002 年，台湾“立法院教育委员会”因此通过两项决议：一是要求“教育部”恢复“国立编译馆”编写国中小教科书，二是要求“教育部”立即勒令民间教科书行业退出“九年一贯”国中小教科书市场，这等于是要回到教改前的原点。

“多元入学”的假象　根据台湾“教育部”的说法，高中多元入学方案的主要精神是发挥学校多元特色、启发学生多元智能、提供升学渠道多元选择。其主要目的是：既要教育好每一个学生，又要缓解学生的升学压力。

台湾高中生的升学压力来自于两次大考：高中联考和大学联考。教改后，联考被取消，取而代之的是基本学力测验。台湾的基本学力测验相当于大陆的会考，它决定一个初中生或高中生是否有资格进入下一个阶段的学习。然而方案推行之后，原本计划的以三年表现取代联考入学制度遭到众多学生及家长的反对，其主要原因是三年表现将容易在学生中造成恶性竞争，增大学生压力，同时也有媒体指责中学老师的评分缺乏公正性。在这样的情况下，“教育部”最终做出妥协，把基本学力测验搬上来充当联考的功能，基本学力测验摇身一变成为台湾30多万考生的超级大联考①。

由此可见,教改后的多元入学方案虽然有三种入学渠道,分别是申请入学、推甄入学和登记分发入学,但无论哪种入学方式,都以基本学力测验为最重要的参考标准。可以说多元入学的实质是"一种考试,多种入学渠道"。基本学科成绩差的学生,尽管可能具有其他才艺,但要入学还是十分艰难。

广设高中、大学,增加学生和家长负担 在"广设高中、大学"的思想指导下,普通高中与大学的数量迅速增加,导致职业高中的减少与大学录取率超过100%。教改十多年来,台湾教育当局放任大专院校改制扩张,很多师资和教学设备不够标准的职业学校升格为技术学院,进而升格为大学。这种在"改牌换制"政策下成立的大学,教育质量十分令人担忧。另外,广设高中、大学需要大量教育经费,这一政策造成的另一后果就是教育经费紧张。在财政困难的情况下,政府一面缩减对高等教育的补助,一面提高学费,将巨大的资金压力从政府转嫁到学校,再从学校转嫁到学生,最终增加了家长的经济负担。

教育改革中的"台独"倾向 "台独",即"台湾独立建国"的简称,本来是一个政治词语和政治目标。"台独"倾向从政治领域扩大到教育、文化等领域,是"台湾意识"被一小撮"台独"分子异化的结果。"台独"在教育、文化领域的具体表现,借鼓吹教育"台湾化",推动"教育本土化"、"文化台独"活动。尤其在李登辉当政期间和民进党当政期间,"台独"倾向在台湾教育领域的表现越来越明显。

台湾《民众日报》1996年8月14日载文《加速教育台湾化的步伐》,声称:"以往的台湾教育政策不是为培养台湾的国民而设的,而是为培养中国的国民而设的,都在为将来的中国统一做准备,对于台湾历史、地理着墨很少。"该文呼吁台湾教育要"突破传统藩篱,真正走上台湾化的目标"②。加强本土化教育成为1996年台湾教育改革中值得注意的现象。

2000年民进党"执政"后,打着"台湾主体性"、"台湾精神"的幌子,在意识形态领域加速推动"文化台独",企图削弱、甚至根除中华文化的影响,为最终实现"实质台独"铺路。而教育更是其推行"文化台独"政策的重要领域。民进党"执政"后在教育及文化领域采取的"台独"政策主要有以下几项:

其一,拼凑"通用拼音"。2000年9月16日,民进党"执政"后不过4个月,"教育部国语推行委员会"就提出用"通用拼音系统"取代"汉语拼音系统"。所谓"通用拼音系统",是以台语(实为闽南语,下同)发音为基础的拼音。在台湾,

① 周祝瑛:《谁捉弄了台湾教改》,台北:心理出版社,2003年版,第256页。
② 《加速教育台湾化的步伐》,台湾《民众日报》,1996年8月14日。

汉语拼音在学习中文、电脑软件、社会生活、日常交往中已十分普及,因此,“通用拼音系统”的实用性遭到质疑,最终未能强制使用。

其二,实施“本土化教育”政策,2002年3月底,台湾当局公布“本土化教育”政策,实际上是基于“台湾主体意识”,进行“去中国化”的历史、文化教育。民进党当局先后通过推行台语教育、乡土教学、发行试用《认识台湾》教材以及设立“台湾文学系”等,强调台湾文化与大陆文化的不同。

“本土化教育”政策利用学校教育,在小学、中学和大学里对学生强行灌输。以陈水扁为首的民进党利用青少年价值观和世界观尚未成形,鉴别与判断问题的能力有限,强制性地向他们灌输“台独文化”,企图使他们“不认识中华文化与中国”,削弱他们的中华民族意识,最终达到培养以“台湾”为核心的“民族认同”与“国家认同”的政治目的。

人的一生成长,其基本的世界观、人生观的养成,在相当程度上,实在得益于中学语文、历史课教育。历史课教育恰恰是塑造青少年世界观、人生观的不可或缺的重要手段。青少年接受以中国为主体编写的历史教科书知识,就会形成青少年一个中国的世界观和人生观;相反,青少年接受以台湾为主体编写的历史教科书的知识,就会形成以台湾为主体的世界观和人生观。“台独”势力深明此理,他们知道在现实上很难实现“台湾独立建国”的“理想”,便在塑造台湾青少年的世界观上下功夫,提出了“台湾同心圆”理论①,要求历史教育结合现实政治的需要,即在建立所谓台湾“国家民族”认同的基础上,重新解释历史,以取代以中国历史文化为核心价值的民族主义②。

以所谓“台湾同心圆”理论为指导,教育行政当局制定了2004年“高中历史课程纲要”,把台湾史从中国历史中分离出来,台湾史、中国史、世界史的教学比例安排在1∶1∶1,强行要求以此为准编写高中历史教科书。这个以“台湾同心圆理论”为核心的“课纲”,是一个以台湾为叙述主体的纲要,是一个彻头彻尾“去中国化”的纲要,引起了台湾教育界和台湾社会的强烈批评。但是“台独”势力我行我素,罔顾民意,强制推行。2006年,按照这个课程纲要编写的各种高中历史教材进入市场③。

---

① 所谓“台湾同心圆”理论,要求历史课程架构为:第一圈是乡土史,第二圈是台湾史,第三圈是中国史,第四圈是亚洲史,第五圈是世界史。在历史课程教育阶段分配上,“小学中低年级历史教育的中心放在第一圈,高小一、二圈,国中二、三圈,高中二、三、四圈,大学三、四、五圈”。引自杜正胜:《历史教育要如何松绑》,台湾《联合报》,1995年1月23日。

② 参见杜正胜:《台湾心,台湾魂》,台北:河畔出版社,1998年版,第161页。

③ 参见李理:《教育改造与改造教育——“教育部”审定高中台湾史课程纲要及教科书研究》,台北:海峡学术出版社,2010年版。

四 教育改革的解救之路

台湾教育经过十多年的教育改革，虽取得不少进步，但也存在许多盲点，“尤其在许多主事者不了解台湾本土文化的特色，又漠视人类智能的差异之余，透过台湾政治解严、社会渴望松绑之际，提出很多民粹主义式的口号，再借助行政资源，强行推动一系列未经试办、评估而又相互矛盾的改革措施。几年下来，不但教师疲于奔命，学生一片茫然，家长的负担也急剧上升”[①]。面对教改后的混乱现象，台湾的官员和学者纷纷撰写论文、发表讲话或文章、出版书籍等方法表达自己的见解，台湾学者周祝瑛在《谁捉弄了台湾教改》一书中，对教育改革提出了十大建议，如“终结教改乱象、回归教育本质、摒除文化霸权、发展公共论坛、确保正当程序、保障弱势群体”等。台湾“清华大学”的讲座教授刘兆玄则认为，整个教改的最大问题在于师资的配合与培训，他认为，教育过程中若缺乏良师，则一切都枉然。此外，台湾当局在整个教改中未能扮演政策的“规划者”，而成为政策的“救火队”，也是教改失败的主要原因。

十多年来，台湾教育改革离改革当初的目标渐行渐远。台湾教育的关键是舍弃“台独”理念，全面恢复中国文化、中国历史，才能使台湾教育走上一个中国的正轨。

五 困境中的发展

尽管教育改革的理想并未实现，但并不代表着在解严后的台湾教育全无可圈可点之处。

幼儿教育方面 20世纪90年代以前，台湾幼教师资主要由9所设有幼儿园教育师资科的师范学院提供。这些学院招收高中、高职毕业生，学制为两年，毕业后可获得专科学校学历。1990年8月，台北市立师范学院首先成立教育学系。这改变了幼儿师资停留在师专一级培养的状况，师资的素质得到进一步提高。1992年，台湾其他8所师范学院同时增设幼儿教育学系，使幼教师资达到大学毕业水平[②]。

随着幼教师资的增加和素质的提高，台湾的幼儿园也有所增加。到1991年，台湾共计有幼儿园2495所，其中公立716所，私立1779所；每平方公里上约有0.06所。自1993年起实行幼儿园免费入学方案[③]。

---

① 周祝瑛：《谁捉弄了台湾教改》，台北：心理出版社，第263页。

② 《第六次“中华民国”教育年鉴》，台北：正中书局，1986年版，第1098页。

③ 郑旦华、于超美：《今日台湾教育》，广州：广东教育出版社，1996年版，第27页。

中小学教育方面　解严后的台湾教育以注重综合能力、推进课程整合为主线，在教育管理上从“集中管理”向“分层管理”转型，在教师教育上从“分流培育”向“合流培育”转型，在教育改革上从“自上而下”到“上下结合”转型，逐步实现从强化均衡发展向强调多元趋向的转型。在教育改革的大背景下，台湾中小学不断落实教育民主，趋向多元发展，有利于培养全方位的人才。

社会教育、终身教育方面　社会教育、终身教育的理念开始得到官方和民间的重视，1989 年 4 月，“教育部”先后制定四种成人教育实施计划，即：老人教育实施计划、妇女教育实施计划、休闲教育实施计划、台湾地区公立社会教育机构推行环境教育五年计划。这四种成人教育计划的实施，使得台湾参与成人教育的人群大幅度增加，成人教育的目的也得以扩大，为成人教育向终身教育转型打下了基础。1991 年，台湾“教育部”发布“发展与改进成人教育五年计划纲要”。其目标是：增进成人生活基本技能，以提高成人教育的程度；增进成人就业技能，提供就业新知，增进工作技能，以适应工作、转业和生活之需；培养成人具有卫生保护、环境保护、休闲娱乐之正确观念与技能；加强法制观念，提升民主素养，以追求理性、健康快乐之生活；协助成人充实生活内涵，调试生活转变，增进个人发展，以提升生活品质①。此项“计划纲要”实施 5 年后，完成失学国民脱盲识字标准及字汇之研究等项目研究及评估 40 多项。截至 2004 年，台湾共有 101 个大学院校总共提供硕士在职专班 11987 个进修机会；博士班则提供在职生 434 个进修机会②。

高等教育方面　进入 20 世纪 90 年代以后，台湾的高等教育日益注重促进经济发展的教育功能，把更加有效地为台湾社会和经济发展服务作为高等教育发展和改革的目标。各大院校在“教育部”的要求下逐渐突出自身发展的特色，在课程安排、教师资格审查和学籍审查方面也获得更多的自主性。正式确立了大学自主、教授治校和学生自治为中心的大学管理结构。1994 年，台湾当局颁布新修订的“大学法”，大学教育的宗旨为“研究学术，培育人才，提升文化，服务社会，以促进国家发展”③。“大学法”公布之后，台湾高等教育明显向宽松与更加弹性化的方向发展，办学也更倾向于自主自律。最后，值得一提的是，台湾加入 WTO 之后所带来的竞争压力，促使高等教育不断调整发展策略。台湾高等教育开始走向资源合并，整合优势资源。2002 年 3 月 1 日，台湾“清华”、“交通”、“阳明”、“中央”四校在原校名与组织不变的基础上，组成了“台湾联合大学

---

① 黄新宪：《台湾教育的历史转型》，上海人民出版社，2010 年版。

② 《“中华民国”教育年报》，台北：教育资料馆，2005 年版。

③ 林杰：《转型之下的台湾高等教育》，《教育学报》，2006 年第 2 期。

系统”(简称台湾联大)。合并之后,四所大学向学生提供考进一校,享受四校的求学机会,而且四校相互承认学位。在这一举措的带动下,台湾“大学系统”纷纷建立,通过教师的短期互换、学生互选课程、学分互相承认、加强网络教学、共设研究中心等方式推动台湾的高等教育迈向新的台阶。

留学教育方面 90年代以后,台湾高等教育发展迅速,各研究所培养的高级人才日益增多。各部门和机构都有选送人员到国外进修的计划,个人也有经济能力自费留学。但是进入新世纪后,受到高等教育蓬勃发展和国外学费高涨等因素的影响,台湾青年学子出国留学人数一度锐减。为鼓励出国留学,自2003年起实行留学奖学金制度。2006年至今,台湾“教育部”不断加大奖助范围,以多种渠道选才为原则,通过与各大学合作,尽可能帮助更多学子赴海外留学。2006年,公费留学生共计457名,2007年,名额增加为799名[①]。总而言之,从培养精英人才到鼓励民众留学,台湾的公费留学制度在这一时期得到了很大的完善。

第四节 光复初期台湾的文化

一 从期待到失落

1945年8月15日,日本昭和天皇发表《终战诏书》,日本宣布无条件投降。多年来遭受日军侵略的中国大陆军民喜极而泣;而海峡的另一边,遭受了50年殖民统治苦难的台湾民众对未来则充满了期待。1945年8月15日傍晚,在台南佳里行医的医生作家吴新荣得知日本已宣布投降,欣喜之中,他与友人“各脱衣裳,跳下溪中,洗落十年来的战尘与五十年来的苦汗”,从此迎接“光明的生活”。作家吴浊流在竹北车站,看见每个人的脸上,都有抑制不住的喜色。在南部服役的林书扬也得知了日军战败的消息,他感慨:“台湾的苦难不再,前途光明。”[②]台湾民众一心期盼祖国接收人员的到来。各地纷纷成立“欢迎国民政府筹备会”、“三民主义青年团”等组织,维护地方秩序。民间展开了学习国语的运动,四处悬挂了青天白日旗。10月中旬,当国民政府的军队抵达基隆时,30万市民夹道欢呼,高唱《欢迎国军歌》:“台湾今日庆升平,仰见青天白日青,六百万

① 《“中华民国”教育年报》,台北:教育资料馆,2006年版。

② 廖彦博:《战后初期台湾的文化缩影:1945—1966年》,载《台湾人文四百年》,台北:经典杂志,2006年版,第172页。

民同快乐，壶浆箪食表欢迎。”[①]1945 年对台湾人而言，似乎是一个希望无穷的开端。

光复初期的台湾文学被称为“光复文学”，表达了台湾人民摆脱殖民统治，扬眉吐气、重见光明的喜悦。与此同时，一些文学作品还讽刺了日据末期台湾一些御用士绅的“皇民化”行为。《台湾新报》发表了《新台湾之建设与“御用士绅”问题》和《关于改姓名日籍台胞问题》两篇社论，要求那些“失去了民族精神”的人自我反省。这是台湾人内部的“去殖民”过程，自我反省和批判成为光复初期社会的主要潮流之一。国民党接管台湾后，也提出“清除殖民遗毒”、“清除奴化思想”的口号，二者的区别在于，前者是台湾民众和知识分子的自发行为，而后者是当政者的政治行为。

1945 年 9 月 1 日，台湾省行政长官公署与台湾省警备总司令部成立。国民政府委任陈仪为台湾省行政长官，负责接收台湾与军政事务。当时关于如何接收台湾，主要有两种不同的看法：一是认为应与一般沦陷省区一样接收；二是认为应区别对待，不设省政府，赋予独立的行政立法军权，以便应付特殊的环境。时任国民政府主席的蒋介石最终采取了后一种方法，使陈仪成为集台湾省司法、立法、军事、行政等大权于一身的一元化领导。陈仪于 1945 年 10 月 24 日抵台，次日，正式接收台湾。台湾的接收工作分别从政治、经济、文化三个方面进行，当时称为“政治建设”、“经济建设”和“心理建设”。

“政治建设”及“经济建设”　陈仪曾担任福建省主席，并曾到台湾考察，为官也清廉勤勉，的确是当时接管台湾的不二人选。然而，他赴台后所采取的一系列政治经济改革措施，却未能收到积极效果。首先，他在政治上实行集权式的“行政长官公署”制，借口台湾人需要时间学习政治，高级职位多由大陆来台人员担任。当时长官公署的 9 个重要处室的 18 位正副处长中，只有一位副处长是台湾省籍人。这种做法遭到了以知识分子为首的台湾人民的反感。其次，陈仪在经济政策上，垄断了几乎所有的现代化部门，米糖、化肥、烟草都纳入专卖，矿山、港口、铁路也被接收公营，几乎是日本统治台湾手法的翻版。这种与民争利的做法打压了台湾私人企业和民生贸易的发展，造成人民的不满和失望。加上战后台湾工农业生产能力的下降、日本技术和管理的丧失以及日台贸易的停止，使得当时物价飞涨、通货膨胀，大批工人和复员军人失业，成为政治上不安定的因素。最后，在人事管理上，陈仪依靠其私人性的幕僚来组成统治台湾的核心，却造成贪污腐化和任人唯亲。时为台北市商会理事长的蒋渭川，即曾当面批评陈仪：“长官深居内院，被自称官民桥梁的少数投机分子，和万恶

① 黄秀政、张胜彦、吴文星：《台湾史》，台北：五南图书出版公司，2008 年版，第 245 页。

官僚等所包围，社会民情无从而知，上情亦不能下达。”①这些大陆赴台军政人员大多历经长期的抗日战争，对日本文化深恶痛绝。他们一方面欠缺现代生活知识，对台湾较为先进的生活方式颇为好奇；另一方面却带着接收人员的优越感，处处以为高人一等，看不起受日本“奴化教育”的台湾人，使得台湾人自尊心深受伤害。语言不通，加上教育背景及生活习惯的差异，使得台湾人和外省人之间难以沟通，军民矛盾、官民矛盾越来越深，台湾人对祖国的感情从热烈欢迎转为深深的失望，最终导致了“二二八事件”的爆发。

“文化建设” “心理建设”亦称“文化建设”，即文化重建工作。1945 年 12 月 31 日，陈仪通过广播向全岛发布“民国三十五(1946)年度工作要领”：强调分为政治建设、经济建设与心理建设三大端。其原则依据经委员长(蒋介石)核定的“台湾接管计划纲要”，“心理建设在发扬民族精神。而语言、文字与历史，是民族精神的要素。台湾既然复归中华民国，台湾同胞必须通中华民国的语言文字，懂中华民国的历史。明年度的心理建设工作，我以为要注重于文史教育的实行与普及。我希望于一年内，全省教员学生，大概能说国语、通国文、懂国史”②。

关于“心理建设”的具体方案，陈仪在“台湾省行政长官公署施政方针”的报告中进一步做了详细说明：

> 心理建设，在发扬中华民族精神，增强中华民族意识。此为以前日本所深恶痛嫉，严厉防止，而现在所十分需要者。其主要工作：第一，各校普设三民主义、国语国文与中华历史、地理等科，加多钟点，并专设国语推进委员会，普及国语之学习。第二，增设师范学院、师范学校，大量培养教员。第三，各级学校广招新生，以普及台胞受教育之机会。第四，对于博物馆、图书馆及工业、农业、林业、医药、地质等试验、研究机构，力求充实，以加强研究工作，提高文化。第五，设置编译馆，以编辑台湾所需要各种书籍并着重中小学教科书之编辑③。

由上述内容可以看出，“心理建设”的目的，就是通过国民教育，肃清日本殖民统治的文化毒素，重建中国文化，这是战后初期台湾文化发展的主要目标。

---

① 《二二八事件研究报告》，台北：时报文化，1994 年版，第 12 页。

② 《民国三十五年度工作要领——三十四年除夕广播》，台湾省行政长官公署宣传委员会编：《陈长官治台言论集》，第 1 辑。台北：台湾省行政长官公署宣传委员会，1946 年，第 41—45 页。

③ 台湾省行政长官公署编：《中华民国三十六年度台湾省行政长官公署工作计划》，台北：台湾省行政长官公署，1947 年，第 4 页。

由于教育与文化的关系密不可分，发展教育往往是传播文化最直接、最有效的方式，因此，战后初期台湾文化与教育二者在发展任务与发展目标上具有一致性。

文化冲突　陈仪为了尽快铲除日本殖民统治的毒素，在教育和文化政策上采取了一系列措施：组织国语推行委员会，普及国语教育，创立师范学院，积极培养合格教师。大陆两位重要的国语推行专家魏建功与何容，于 1945 年 11 月抵台，担任国语推行委员会的主任委员和副主任委员，在台中、新竹、高雄等八市、县设立"国语推行所"。著名台湾作家叶石涛(1925—2009)回忆在战争结束时，他甚至连台湾话都不会说。根据推算，台湾光复前夕日语普及率约为 70%，当时台湾的人口约 600 万，故日语的使用人口至少有 420 万①。

1946 年 9 月，长官公署下令中学禁止使用日语，举办全省国语演说竞赛，举办公务员语文实习班，将全省铁路、公路、民营公司站名牌以及台北市街巷名称，一律换成中文，并加上注音符号，以各种措施普及国语。被迫改用日本姓名者一律恢复原有姓名，并禁止民间新建房屋沿用日本样式。

10 月，长官公署"以本省光复已届周年，为推行国语、国文以及执行国策起见，特将本省各种新闻纸、杂志日文版撤除。公告自本年 10 月 25 日起撤除本省境内所有新闻纸、杂志附刊之日文版，并令各县市政府遵照"②。陈仪此举导致 30 余万接受日本中等以上教育的台胞，顿成文盲或半文盲。陈仪认为："充实公务人员的能力，最要紧的是要公务人员能通晓国文国语。现在台湾的公务人员，本省籍的占四分之三。这四分之三的公务人员，负责任，守纪律，服理从善，办事认真；而其唯一的缺点是不通国文国语，以致影响工作效率。为提高工作效率起见，必须使全省公务人员迅速通晓国文国语以充实工作能力。"③

陈仪的一系列措施激起台胞的反弹，人们逐渐由希望到失望。一些台籍精英反对大陆来的贪官污吏，主张台湾不但要中国化，更应台湾化。大陆籍官僚则认为台胞过于注重现实，缺乏大度的胸怀。针对一些台胞缺乏中华意识和文化传统，陈仪加速台湾中国化的进程。他的做法一是过于武断，凡是日本文化，就是反动的，全面予以清除，而没有取其精华、去其糟粕，使一些老台胞产生逆反心理，拒绝使用汉语国文。二是操之过急，摒弃旧有文化、接受新式文化需要

---

① 张良泽：《台湾に生き残つた日本语——"国语"教育より论する》，《中国语研究》第 22 号，采华书林，1983 年，第 17 页。

② 《台湾省行政长官公署 1946 年工作报告》，陈鸣钟、陈兴唐主编：《台湾光复和光复后五年省情》(上册)，南京出版社，1989 年版，第 235 页。

③ 《陈仪在台湾省参议会第一届第二次大会上的讲话》，《台湾光复和光复后五年省情》(上册)，第 239 页。

一个漫长的过程，最佳的方式是潜移默化，陈仪却采取强制措施，力求立竿见影，使许多台胞无所适从。三是缺乏同情心，台胞为了谋生曾被迫接受日本文化。陈仪强行要求台胞放弃日本文化、接受中国文化，这对理工科专业的人士、医界人士影响不太大，而从事社会科学工作的人，如律师、日语教师，则顿时失去饭碗。

二 "二二八事件"及其文化影响

抗战胜利不久，蒋介石政府很快挑起内战，大陆的经济、军事形势恶化，后果直接波及台湾，导致岛内粮食供应短缺，物价飞涨；同时在国民党"接收"官僚的贪污腐败下，台湾中小企业纷纷倒闭破产，加上农业歉收，一时间人心惶惶。

2 月 27 日，在查缉台湾私烟贩林江迈的行动中，台湾民众与大陆籍的专卖局人员发生冲突。第二天，台北市民展开游行，罢工、罢课、罢市，包围行政长官公署等机关，与军警发生流血冲突。卫兵开枪打死打伤多人，请愿群众则以暴易暴，殴打甚至残杀在台外省人员。同时，台湾知识分子迅速组织起来，联合组成"二二八事件处理委员会"，要求实行地方自治、保障人民基本权益、废除专卖制度，但该委员会的各项努力并没有实际扭转局势。3 月 9 日起，国民政府开始进行军事镇压和报复性屠杀，行政公署再度宣布戒严，并宣布"二二八事件处理委员会"为非法组织，许多处理委员会的成员遭到逮捕和杀害，台湾人伤亡惨重。军事镇压结束后，国民党又开始进行"清乡"运动，追查事件的相关者，造成社会恐怖的气氛，许多台湾社会精英因此遭到逮捕迫害。

"二二八事件"最直接的影响，就是打退了台湾本土知识分子参政的热情。许多社会精英包括报社主管、文化名流遭到捕杀，民间领袖一度消失。台湾民众对政治产生了恐惧、灰心、失望的心理，政治文化不断恶化。在这种白色恐怖的影响下，台湾政坛迅速成为台湾人难以涉足的"禁地"。此后相当一段时间内，对国民党的忠诚度作为进入军政系统的优先考量，造成奉承与冷漠的政治文化盛行。"二二八事件"之后，反抗国民党统治的岛内知识分子对政府普遍不满，许多青年走上左倾之路，从事推翻国民党政府的运动，"台湾独立"的构想也在少部分知识分子中流传。

但是，一部分有过大陆经历的台籍志士，对自己同胞在"二二八事件"中的一些过激行为也不认可。他们认为，关键在于台湾没有经历过类似大陆的新文化运动以及凝聚中华民族意识的抗日战争。要想使本省人与外省人在感情上和心理上彼此包融，必须改造台湾的文化。1947 年 4 月底，台籍志士刘启光、游弥坚、谢东闵、林忠与台籍士绅林献堂、杜聪明、谢娥、陈逢源等人，发起"台湾新文化运动委员会"，旨在"发动长期性的大规模民众启蒙运动，号召台胞认识新时代、新环境，树立新意识、新生活”，认识自己是祖国不可缺的一分子。

战后台湾出现一种新身份：“外省人”，指的是那些新近来台的大陆人。生活习惯、文化背景乃至社会地位的不同，造成了“外省人”和“本省人”的隔阂。文化与民族的血脉相连，如果处置妥当，原本可以逐渐消除大陆与台湾由于分隔半个世纪所导致的隔膜。然而，“二二八事件”却大大加深了大陆人和台湾人之间的分歧。“二二八事件”的性质基本上是官民冲突，台湾行政当局的主要组成人员多是大陆人，所以，人民对统治集团的疑虑就扩大到对整个外来族群的敌意。

“二二八事件”暴露了国民党政权打压台湾本土文化、压制台湾人社会影响力的企图，使得“中国意识”和“台湾意识”的对立开始出现并长期存在，族群鸿沟日益扩大。

以上可见，战后初期台湾文化鲜明的展现出它的冲突性和过渡性。既有日本文化和中华文化的冲突，也有大陆文化和台湾本土文化的冲突。因为这个时期的台湾处于一个过渡阶段，由日据时期的殖民地开始回归祖国怀抱，回到中华民族的大家庭，而文化的更替不能像政权更迭那样迅速和清晰，它必然有一段过渡期。日本文化不可能一朝就被清除，甚至可能永远都不能完全清除，总会留下它的历史印记。同样，中华文化也不能一蹴而就地进入已经被“皇民化运动”浸染过的台湾人生活中。两种文化可能会碰撞，可能会融合。大陆文化和台湾本土文化也是同样，也有一个冲突和融合的过程。这也正是这个时期台湾文化最鲜明的特点。

1945 年至 1949 年间，经历了日本殖民统治的台湾作家在《中华日报》日文版、《桥》副刊、《公论报》、《新新》等刊物上仍有一些作品发表。如黄昆彬、邱妈寅、叶石涛等。但长官公署禁止使用日语，撤除台湾所有报纸、杂志附刊之日文版的命令，使大批作家面临中文创作的困境，造成台湾战后文学的断层。另一方面，台湾受日本殖民统治 51 年，能够读通中文的人并不多，文学作品的读者非常少。从大陆赴台的人们，终日为衣食奔忙，没有多少人有余力购买文学作品书籍。

叶石涛的《三月妈祖》是最早以“二二八事件”为背景写成的小说。“二二八事件”使台湾知识分子所受的伤害和损失是巨大的。文人被捕或遭通缉逃亡国外，使得一部分作家不再提笔为文，也有一部分作家发誓终身不学中文或用中文创作，战后台湾文学的重建和复兴被中断。这就形成了台湾历史上的“文艺沙漠时期”。

第五节　解严前台湾的文化

一　五六十年代的台湾文化

20世纪五六十年代的台湾，是政治经济变动相当激烈的时期，社会文化思潮以及文化层面也反映了这种变化。国民党当局败退台湾后，延续大陆时期制定的《动员勘乱时期临时条款》，实施戒严令，进行"反共抗俄"的政治宣传、文化宣传，并在社会上营造"白色恐怖"。50年代是"白色恐怖"最为严重的时期，在台湾，白色恐怖和前述"反共抗俄"国策、戒严令以及《动员勘乱时期临时条款》密切相关。国民党以维护"国家安全"为由，成立各种情报机关，形成一套情报特务系统。50年代中期，成立"国家安全局"，统摄情报机关，如"警备总部"、"调查局"、"情报局"等。这些特务机关除了整肃匪谍之外，也整肃异己、镇压和"政府"持不同见解的异己分子。从1949年的"四六事件"，到1960年的"雷震案"，十年之间，台湾一共发生了上百件政治案件，约有2000余人遭到处决，8000多人被判重刑[①]。白色恐怖影响到所有居民的日常生活，居民不得不时时小心自己的言行。这种政治氛围对文化形成了重压，造成了思想禁锢，导致文化不能自由发展。不过，这一时期的文化也并未就此停滞，并且涌现出了《自由中国》等思想之花和不少优秀的文艺作品。同时，在60年代，台湾当局也发出了鼓励"国际化"的信号，台湾现代艺术的根苗也开始慢慢萌芽。

蒋介石重塑道统　蒋介石在退台之初系统总结在大陆的失败教训后认为：这不仅是政治上、军事上、经济上的失败，而且是思想、伦理、教育上的失败。国民党缺乏正确的哲学思想做基础，没有树立思想体系，党内思想不统一，因而得不到人民的拥护，特别是年轻人的拥护。上世纪50年代，蒋介石撰写了一系列文章，旨在重建国民党的思想体系，具有代表性的有：《反共抗俄学说》、《三民主义本质》、《解决共产主义的若干问题》、《总理知难行易学说与阳明知行合一学说之综合研究》等。还包括1953年11月在国民党七届三中全会上的讲话——《民生主义育乐两篇补遗》，标志着"蒋记"三民主义体系形成。

蒋介石在重塑国民党思想体系的过程中，打出三面旗帜：孙中山、三民主义、中国传统文化。孙中山被国民党尊为国父，其思想体现了推翻封建王朝统治，建立共和国的立国精神。而蒋介石一向以孙中山的继承者自居，并以此证明其统治的合法性。三民主义既是中国近现代思想史上的重要里程碑，也是国

---

①　李筱峰：《台湾史》，台北：玉山社，2006年版，第73页。

民党多年来最具影响力和号召力的思想体系。对于中国传统文化，孙中山曾经提出“伦理科学民主”的口号，指出伦理的重要性，表明其对中西文化的态度和对实现现代化的思考。蒋介石对此做了新的解释：“伦理的”民族主义，“民主的”民权主义，“科学的”民生主义。蒋介石试图用三民主义来凝聚国民党，重新建立思想体系。并通过维护中国传统文化，特别是以重振“四维八德”（“礼义廉耻，国之四维，四维不张，国之将亡，忠孝仁爱信义和平，国之八德”）来发扬固有的道德，把道统和法统作为蒋家王朝统治的精神基础，并宣称国民党是中国传统文化的继承者和保护者，攻击中国共产党是破坏者。

蒋介石在台湾进行重塑道统活动，不仅是对其在大陆期间统治失败的反思，也是稳定国民党在台统治、进而“反攻大陆”的重要手段。蒋介石以军事反共为主，同时以高压手段控制台湾政治、经济、社会等各个方面，由乱趋稳，使国民党由溃逃状态到落定状态。重塑道统是国民党在台湾确立官方哲学和统治思想的努力，也是试图统一台湾整个社会的思想的手段。

畸形的文化种种　国民党当局退据台湾后，以“反共抗俄”为旗号，正式建立了其威权政治体制，教育和文化领域尤其感受到其重压。

学校的课程与教材都不遗余力地宣扬三民主义，还定期实施“动员月会”，加强学生的“爱国主义教育”。所有课程，特别是国文、史地等都必须配合“反共抗俄”的国策，对国民党的施政全面加以歌颂。而对蒋介石的个人崇拜，更是达到了无以复加的地步，学校里也要开展对蒋的造神运动。为独裁统治服务的傀儡教育系统和浸透“反共”宣传的八股教材，蒙蔽了学生的视听，造成学生思想的偏狭及僵化，使他们失去了独立思考的能力。

在台湾社会，国民党以“戒严”、“勘乱”为借口，剥夺人民的言论、集会、结社自由，控制出版物、广播、杂志及一切资讯传播媒体，所有的媒体新闻都要切合“反共抗俄”的决策。在国民党的独裁政治体制下，文艺也受到钳制。文艺的方向、创作的自由、文学自主权全都丧失，能够出版作品的作家，均是由“政府”以种种文艺奖等奖励方式造就；所谓“国家文艺的代言人”，即是配合“反共抗俄”政策的文艺工作者。曾有人在文中表示：“自由作家到台湾，面临到生存的危机，为争求生存，自自然然要从事反共活动，要撰写反共的作品。”[①]文艺创作应有其客观立场，失去了客观，失去了独立，这种文艺作品便会失去其恒久性，成为一时的附庸品。

在这种政治氛围下，产生了所谓“战斗文艺”、“反共抗俄文学”。台湾当局为了在意识形态领域有所作为，1950 年成立“中华文艺协会”，提倡“反共抗俄”

---

① 刘心皇：《“自由中国”文学三十年》，《“国立编译馆”馆刊》，第 9 卷第 2 期，1977 年。

文学，以及适应"战斗时代和战斗任务"的战斗文艺。使"战斗文艺"、"反共抗俄文学"成为这一时期文学的主流。这是一群由大陆撤退到台湾的文艺工作者所创作的文艺作品，以反共和怀乡两种题材为主，对当时的台湾社会和军队产生了很大影响。主要作品有姜贵的《旋风》、王蓝的《蓝与黑》、端木芳的《疤勋章》、潘垒的《红河三部曲》等。另一方面，"中华文艺协会"亦提倡"文艺到军中去"，因而产生了一批独具特色的军旅作家。小说是"战斗文艺"中最为活跃的形式，因为各个文艺刊物需要大量小说充填版面，而且还有各种奖励。其他诸如诗歌、散文、剧本也出现了很多作品。"战斗文艺"对遭受惨痛失败的国民党军队、对颓丧的社会氛围和社会心理，起到提振和鼓舞的作用。

与官方"战斗文艺"相对的是"鸳鸯蝴蝶派"文艺的兴起，反映出人们在战争、苦难以及台湾当局的政治高压下，逃避现实、追求心理上的麻醉的倾向。

1967 年 7 月，"中华文化复兴运动推行委员会"成立，蒋介石亲任会长。这是国民党退据台湾后设置的第一个官方文化机构。在此之前，1966 年 11 月，蒋介石亲自宣布定每年 11 月 12 日为"中华文化复兴节"。

"中华文化复兴运动"是针对大陆的"文化大革命"而发动的一场政治口号下的文化统战运动。蒋介石在 1968 年文化复兴节的讲话中就说道："我们知道，今日'中华文化复兴运动'，乃是针对中共'文化大革命'进行思想战与文化战的重要武器。"[①]显然，这场运动的政治意义远远大于其文化意义，文化成为政治的武器。不过客观看来，这场运动在某种意义上可以看作是光复后台湾文化政策的破土与萌芽，为以后文化的发展起到了铺垫作用。

《自由中国》杂志的出现与下场 1949 年底，来自中国大陆的自由主义知识分子雷震、胡适等人创刊《自由中国》杂志。当时，胡适受蒋介石的委托，远赴美国为国民党作宣传，争取美国政府的支持。他在上海至旧金山的轮船上为《自由中国》创刊号撰写了发刊词。后来由于长期在美，胡适辞去了杂志发行人一职，由雷震接任，自己出任编委。《自由中国》杂志在编务上主要由雷震、殷海光负责，而在思想上则受胡适的自由主义思潮影响较大。

胡适、雷震等办《自由中国》杂志，其宗旨就是要在台湾宣扬西方自由主义的那一套民主政治理念，因此，它与蒋介石集团的矛盾与生俱来，不可避免。但在退台初期，蒋介石为了讨美国人的欢喜，争取更多的美国军事和经济援助，对杂志采取了容忍的态度。但随着台湾局势的稳定，彼此的冲突逐渐加剧。

---

① 杨式昭：《光复后台湾重要文化政策之观察》，《1901—2000 台湾文化百年论文集(1)》，台北："国立历史博物馆"，1999 年。

《自由中国》原本以批判中共及苏俄为立论基础，然而随着蒋介石政权的法西斯色彩日渐浓厚，《自由中国》渐渐将攻击的方向转移到对国民党当局不当施政的批判上。除了倡导言论自由、揭露国民党的专制独裁统治外，《自由中国》杂志还把矛头指向了国民党统治的“法统”，质疑国民党代表“全中国”的“正统性”，公开倡导“反攻无望”。1956 年 10 月，时值蒋介石七十大寿，《自由中国》推出“祝寿专号”，请胡适、徐复观等多名知识分子发表文章，对蒋氏政权提出检讨和建言，接连针对反对党问题、“修宪”问题、政党承认问题等敏感尖锐问题发表文章，步步踏入国民党的禁区，揭露蒋介石政权的本质。《自由中国》迅速成为社会关注的焦点，在社会上引发民主思潮。

然而，《自由中国》对“政府”的批评，却引起国民党及军方有计划的围剿。1960 年 3 月 21 日，蒋介石凭着新修订的《动员勘乱时期临时条款》，突破“宪法”限制连任的规定，顺利当上第三任“总统”，引起了双方的直接交锋。《自由中国》继续倡导在台湾地区实行言论自由、军队国家化、建立自由教育等方针，并提出不少批评“总统”的言论。不仅如此，1960 年七八月间，雷震等知识分子和台籍社会精英相结合，酝酿组建新的反对党，取名中国民主党，参与人士约 400 人。

面对一个新的反对党即将成立，国民党惊恐莫名。1960 年 7 月，国民党控制的三大报，台湾《“中央日报”》、《中华日报》、《台湾新生报》同时在头版头条刊登文章，诬指成立反对党是阴谋配合中共“统战”，企图在台湾制造混乱，“颠覆政府”，发出了镇压组党行动的信号。9 月 4 日，蒋介石下令台湾省警备司令部，以涉嫌叛乱为由，逮捕了雷震、主编傅正等人，雷震被判处 10 年徒刑，筹组中的“中国民主党”也胎死腹中，民主运动转入低潮。虽然《自由中国》乃至“中国民主党”最终没有在台湾引起实质性的改变，但不可否认，它对于台湾后来的民主运动，起到了启蒙以及催化剂的作用。

威权政治体制下的文学活动与现代派文学　尽管国民党的威权政治体制对文化的自由发展形成了钳制，但 20 世纪五六十年代的台湾，文学艺术活动还是从战前几乎停顿的状态逐渐有所恢复。

台湾光复后，不少战争期间出国的知识分子返台，以及 1949 年底以后大量大陆人员来台，形成了台湾艺术家组成的复杂化。既有一直在台湾生活、坚持创作的艺术家，也有返台的原台籍艺术家，还有许多大陆知识分子及艺术家随国民党当局来台，形成艺术家群体的多样化与复杂化。在绘画领域，以创作作品分类，可分为中国传统的水墨画、日据时期居主流地位的东洋画、受西方印象派、野兽派影响极深的西画(包括水彩画和油画)3 种。日据时期台湾重要的美展有“台展”和“府展”①。台湾光复之后，画家杨三郎、郭雪湖向行政长官陈仪建议举办全省性美展，经采纳后，于1946年10月22日，在台北市中山堂举办了为期10天的“台湾全省美术展览会”，对光复后台湾绘画艺术的复兴产生了重要影响。此后，“全省美展”成为台湾地区规模最大且每年持续举办的公办美展。在“全省美展”的带动下，各地美术协会和团体逐渐恢复了因战争爆发和时局紧迫而停办的美展。进入20世纪50年代，台湾各种美展纷纷举办，其中“台阳展”规模最大，其他还有“青云展”、“南美展”、“纪元画展”、“今日画展”等。50年代末还出现了一些新的美术团体，如后来对台湾现代绘画运动产生重要影响的“东方画会”；将台湾绘画从古典保守风格转向现代艺术风格的“五月画会”等。60年代，“东方画会”和“五月画会”以大胆的画风、自由的绘画题材、概念和手法等成为台湾现代绘画的前卫团体。

60年代台湾文艺界的一个重要现象是新思潮的渗入。尽管文艺在国民党白色恐怖的阴影下变得相当压抑，但是面对新思潮，国民党当局有意鼓励台湾的精英分子走国际化发展之路。许多学子以官方提供的奖学金到国外留学，将西方抽象的现代表现艺术带回台湾。这些西方艺术的理论探索，似乎正好填补了因被白色恐怖压抑而空洞的心灵，对于台湾艺术内涵的质变，有相当重要的推动作用。

就传播平台来看，李仲生所主持的《新艺术》，以及《文星》、《笔汇》等杂志成为当时新思潮传播的重要媒介，而部分资讯亦可间接地从日文的《艺术新潮》、《美术手帖》的论述及报道中获得②。台湾的青年和艺术家们通过这些刊物得到艺术的新动向，在岛内当时极端封闭的资讯环境中，得到些许新艺术观念。

1960年，以白先勇为首的一群年轻作家因不满“反共文艺”和“鸳鸯蝴蝶派”小说，继纪弦《现代诗》之后，再度兴起“现代派文学”。现代派文学有其独特的贡献，在当代台湾文学史上占有重要地位。首先，涌现了一批优秀作家和作品，许多作品对正确认识台湾社会都有积极的意义；其次，现代派文学对新的艺术手法和表现方式做了努力探索，丰富了文学的表现力，对提高文学创作水平功不可没；再次，台湾现代派文学的发展历程，对如何认识现代与传统有重要的启迪作用，对创造新的民族文学有重要意义，同时，它不满“反共文艺”，反击了“反共文学”和庸俗文学，为后来乡土文学的崛起与发展起到了“清道夫”的作用。

---

① “台展”为台湾美术展览会之简称，1927—1936年，由台湾教育会主办。“府展”为台湾总督府美术展览会之简称，1937—1943年，由台湾总督府文教局主办，为“台展”之延续。

② 林淑心：《台湾文化百年史的回顾》，收录于《1901—2000台湾文化百年论文集(1)》，台北：“国立历史博物馆”，第32页。

台湾现代派文学的发端以现代派诗的兴起为标志。20 世纪 50 年代的台湾诗坛，现代派诗潮风起云涌，诗社与诗刊、创作与论争十分活跃，台湾新诗坛一片繁荣景象。就表现形式而言，开创了以往不曾尝试的领域。现代诗在表象上呈现晦涩，用诗句的排列、字体的错置抒发诗情。就表现内容而言，多为情绪性的表达，如苦闷、迷失、愤怒、忧伤、彷徨等，思索“战争的正义与非正义”，“人存在的意义和价值”，并抗议、反对现实。作为开路的先锋，现代派诗的兴起、发展在理论上和实践上都为随之而来的现代小说的兴盛开拓了道路，从而在 60 年代，由现代小说创造出了现代派文学的黄金时代。

台湾大学“学院派”创办的《文学杂志》和《现代文学》，对台湾现代小说的兴盛、大批文学新人的出现起了重要的推动作用。《文学杂志》于 1956 年 9 月由台大外文系主任夏济安等创办。其初衷正如创刊号《致读者》所言：“我们的希望是要继承数千年来中国文学伟大的传统，从而发扬光大，我们虽然身处动乱的时代，我们希望我们的文章并不‘动乱’。我们不想逃避现实。我们的信念是，一个认真的作家，一定是反映他的时代、表达人的时代精神的人。我们并非不讲求文字的美丽。不过我们觉得更重要的是让我们说老实话。”①《文学杂志》提倡写实文学，倾向于 19 世纪西方批判现实主义，介绍西方现代文学潮流，发表了大量台湾作家创作或翻译的现代主义作品。同时，它对中西文学理论和作品的评价，也推动了台湾文学水平的提高，提升了纯文学的地位。

1960 年 3 月 5 日，当时台大外文系的一批青年学生白先勇、王文兴、陈若曦、欧阳子、叶维廉、刘绍铭等共同组织创办了《现代文学》，标志着现代主义在台湾小说领域中的崛起和趋向成熟。这些人多是在《文学杂志》上崭露头角的青年作家。《现代文学》的基本倾向是现代的、试验的、西化的，它系统地介绍了大量西方现代艺术学派和潮流。第一期是卡夫卡专号，第二期推介了托马斯。王文兴在第二期上说：“我们以后将要不竭地推出作风崭新的小说。吃惊也罢，咒骂也罢，我们非要震惊台湾的文坛不可。”此后又推出了介绍劳伦斯、福克纳、加缪、沃尔芙、乔伊斯等一些西方现代派作家的评介专号。

《现代文学》是台湾小说现代派的大本营，它对推动台湾现代派小说创作产生了深远的影响。其主要贡献之一是为文坛造就了白先勇、陈映真、黄春明、陈若曦、王拓、欧阳子、王文兴、王祯和、于梨华、七等生、丛水晶、施叔青、李昂等一大批作家。该刊从 1960 年 3 月到 1973 年 9 月共出版 51 期，刊载小说作品 206 篇，作者 70 人。其作家群在经历现代主义的洗礼后，于 70 年代中期，以更加洗练、内省的笔触创作具有高度艺术性的作品。《现代文学》也曾发表过一些有乡

① 夏济安主编：《文学杂志》创刊号《致读者》，重印合订本，台北：联经出版社，1977 年版。

土特色的反映下层民众生活的佳作,因此,它在一定程度上也促进了台湾文学对本土意识的确认。

二　七八十年代的本土化运动

台湾当局的文化政策　1978年之前,台湾进行了著名的十大建设,但由于这一时期两岸的军事对峙始终没有缓和,因此,十大建设的主要目的是储备力量"反攻大陆",十大建设中并不包含文化建设。蒋经国成为台湾地区领导人后,台湾当局开始着手制定推动文化发展的各项政策,其文化迎来发展的高峰期。

1978年9月,蒋经国在"立法院"作施政报告时,郑重宣布当局在十项建设完成后,将在进行新的十二项建设中,加入文化建设。蒋经国时代采用的开明政策,为文化领域带来了新气象,他在任期间,着手进行了持续较久的全盘文化规划,使台湾的文化环境得到很大改善。

11月,"行政院"通过了《"教育部"建立县市文化中心计划大纲》,文化中心的设立是当局推行十二项建设中的一项首要工作,该项计划的内容是在五年之内每一县市都要建立文化中心,作为地方文化活动的基地。制定这样的计划,说明当局已经注意到文化建设是一项由点及面、由都市到乡村的全面建设工作。

作为对该项大纲的落实,上世纪80年代台湾开展了如火如荼的"文化中心"建设,从1981年高雄文化中心成立起,到1986年底,全省19处文化中心相继筹建完成,带动了地方基层文化工作,亦使许多地方文化开始复兴。如台北的陶瓷工业文化、桃园的传统木器文化、南投的竹艺,都在此次文化中心的建设中得到了展示的机会。而且,文化的复兴还带动了经济的发展。

与上述《"教育部"建立县市文化中心计划大纲》同步进行,"行政院"在1978年12月通过了《加强文化及娱乐活动方案》,以期真正达到文化建设的效果。这个方案的最大特点就是贴近民生、细致入微。如第七条规定:关于人才之培育,建议设置中小学艺术特殊班,建立培育艺术人才的制度;在大学各学院开设文艺鉴赏或中华文化史课程;设立国学艺术学院;在已设艺术科系之大学设立艺术研究所。第九条规定,关于国剧(即京剧)和话剧的推广和扶植,建议电视台加强国剧节目的播演;辅导业余国剧团之组织;普遍推广学童国剧欣赏会;建立电视剧的剧本库;提供话剧演出场地[①]。该活动方案事无巨细,均显示出台湾

① 杨式昭:《光复后台湾重要文化政策之观察(1945—1994)》,《1901—2000台湾文化百年论文集(1)》,台北:"国立历史博物馆"。

当局繁荣市民文化与娱乐，打破僵化、沉闷的社会风气的意图和决心。

1981 年，“行政院文化建设委员会”成立，这是台湾第一个主管文化的“政府”机构。该机构的设立是对《加强文化教育及娱乐活动方案》中第一项建议的落实①。也说明当局希望通过机构的完善，实实在在地推动文化建设。在“文建会”成立后的 10 年间，即 80 年代的文化政策，大都是由“文建会”制定或与“文建会”相关。“文建会”成立后，台湾文化建设实实在在地进入了一个新阶段。

不可否认，一项适宜的文化政策能够对文化建设起到明显的扶持作用。就这一时期的台湾来看，十二项建设中之文化建设可以说是台湾文化建设切实付诸具体实施的开始，为当局有计划的推动文化建设的政策张本。而 1978 年所制定的《“教育部”建立县市文化中心计划大纲》，则是由文化建设方案衍生出的具体措施，也可以看作是当局注意利用地方的文化力量与资源，在台湾各重要县市所投注的台湾全面性的地方建设，对地方文化振兴有相当正面的意义。与 1978 年年底通过的《加强文化及娱乐活动方案》，以十二项细致入微的措施和建议，涵盖了台湾社会文化的各种需求面，这些建议均切中实际，具体可行，可以看作是蒋经国时代最重要的文化政策。

本土文化意识与乡土文学　本土文化是指生长扎根于台湾本土而形成的文化，或是具有浓郁台湾特色的文化。台湾文化的本土化运动，经过 20 世纪 60 年代潜在的酝酿，随着时代环境的变化、政策导向的变更而逐渐明确和扩大，并反映到文化的各个层面。在思想层面，曾经一向被视为禁忌的台湾乡土意识，也得到越来越多的认同。

70 年代是台湾发生剧烈变化的时期。台湾当局被逐出联合国，并先后与日本、美国“断交”。蒋介石逝世，将经国主政，台湾的政治前景充满了不确定性，“反攻大陆”政策似乎已经很难实现，当局需要对台湾现状重新定位。

这一时期台湾当局打出新的口号：庄敬自强，处变不惊。配合这一口号，出现了“新台湾人”理论。所谓新台湾人，是指脱离于大陆乃至中华民族这个宏大群体，以“台湾主体意识”为衡量标准的台湾人。强调台湾有“独立的历史”、“独立的文化”、“独立的政府”、本土化的台湾人民。在人才任用上，打破国民党原来的用人框架，即所谓“中央用外省籍、地方用本省籍”的原则，大量提拔任用台籍青年。只要是在台湾出生、成长、受教育的“新台湾人”，均可以作为培养的对象，也就是实现人才任用的本土化。这种转变改变了人才的认定标准，事实上

① 《加强文化与娱乐活动方案》第一项建议：文化建设与文化政策之推行，宜有统一实权之机构，以加强其决策、规划、推动与督导之功能。建议在适当时候设置直隶于“行政院”之专管机构，如“文化部”或“文化专管委员会”。

引起了人才观、价值观的变化。

文学的本土化可称之为乡土文学。20世纪30年代，台湾曾出现一股乡土文学潮流，进入60年代，沉寂已久的台湾乡土文学出现了新的转机。1964年老作家吴浊流创办《台湾文艺》，林亨泰、赵天仪、吴瀛涛创办诗刊《笠》，都是以描写和反映台湾本土文化为主要内容的文学刊物。1977年5月，叶石涛发表《台湾乡土文学史导论》，指出"所谓台湾乡土文学应该是以台湾人(居住台湾的汉民族和原住民)所写的文学"，"台湾的乡土文学应该是以台湾文为中心写出来的作品"。此文引起朱西宁的质疑，遂掀起70年代长达数年的乡土文学论争。

以黄春明、陈映真、王拓、杨青为代表的乡土文学作家创作出大量文学作品，反映了当时台湾的社会现实，也反映了这一时期乡土意识中的重要主题：(1)台湾文学负有建构台湾民族文化之使命。(2)台湾文学是从台湾现实出发的文学。(3)台湾作家与台湾历史、命运有密不可分的关系。(4)台湾文学以台湾话语创作。(5)台湾文学具有反霸权、反统治的历史背景。(6)台湾文学是站在受压迫最深的农民、工人、车夫、摊贩、妇女等弱势者一边发言的文学，台湾文学具有极为明确的性格，那就是属于台湾人的文学①。陈映真②是台湾乡土文学理论的开拓者和奠基者之一，他认为文学来源于社会并反映社会，提出建立民族文学的风格，主张文学为人生服务，文学要明确其"人间性"品格，并指出台湾文学具有鲜明的中国属性。陈映真的一系列文艺观点对建设台湾乡土文学理论产生了积极影响，对于台湾社会的思想文化及文学的发展，都有着重大的理论和实践指导意义。这一时期他的主要作品有:《夜行货车》、《上班族的第一日》等。主要探讨跨国企业对台湾经济、文化的侵略，以鲜明的意象描画了台湾民众心灵的扭曲、颓废，描写了民众的抗拒与挣扎。

乡土文学作品的大量涌现，在台湾文学界引起争议，争论的主要内容是台湾文学应该走什么路，乡土文学的定义等等。陈映真在乡土文学论战中发表了《建立民族文学的风格》、《文学来自社会反映社会》、《乡土文学的盲点》等。乡

① 彭瑞金:《当前台湾文学的本土化与多元化》,《文学台湾》,1992年9月。

② 陈映真(1937—),是台湾著名现实主义作家和评论家,1968年7月,台湾当局以"组织聚读马列共党主义、鲁迅等左翼书册及为共产党宣传等罪名",逮捕陈映真等"民主台湾联盟"成员36人,陈映真被判处10年有期徒刑并移送绿岛。1975年陈映真因蒋介石去世而被特赦,提早3年出狱。之后在写作上转趋现实主义,并且在台湾乡土文学论战中发表小说与评论。陈映真始终坚持中国统一的主张,1988年与胡秋原等人成立"中国统一联盟"并担任首届主席,他的许多作品都表现了这一理念。身为台湾文学的重要旗手,陈映真也是当代最被议论的小说家之一。鉴于他在文学创作和研究中做出的贡献,中国社会科学院于1997年授予他名誉高级研究员称号。他的作品有小说集《将军族》、《第一件差事》、《夜行货车》、《陈映真小说选》、《山路》,以及《华盛顿大楼》(第一部),评论集《知识人的偏见》、《孤儿的历史、历史的孤儿》等。

土文学论战一直持续到1979年"高雄事件"为止。关于乡土文学的争论反映了在台湾经济腾飞,但国际处境日益孤立的情况下,台湾人民寻求突破和创新的愿望。乡土文学运动成为台湾70年代最重要的文化运动之一,对后来台湾文学艺术的发展产生了重要影响。

艺术的本土化运动和文学的本土化运动一样,也源于台湾人对乡土的关怀意识。在当局开始全面推动文化建设的过程中,民间掀起了收藏艺术品、文物的热潮,表现本土文化的艺术品变得十分畅销。以绘画作品为例,著名本土画家的作品,因为公立美术馆,如台北市美术馆、台中美术馆及各地文化中心全力收购典藏他们的作品,一时形成洛阳纸贵的收藏热潮。不仅如此,画廊、收藏家也加入炒作,造成本土艺术家的作品价格飞涨,甚至出现公立博物馆因为经费有限,而无法收藏购买的情况[①]。

本土艺术的收藏热,引发了本土艺术研究的各项议题,其中最具影响力的艺术杂志——《雄狮美术》对这些艺术研究作出了重要贡献。艺术界整体的重视,各种主题性资深本土艺术家的展览,再加上系列性的学术研究,共同催化了台湾艺术的自主性,台湾本土艺术的发展脉络变得更加清晰,定位也更加明确。

国民党退据台湾、两岸的对峙导致台湾光复不久,便又一次与"独立"扯上了关系,"统独意识"又一次进入民众生活。而乡土文学以其强烈的"台湾色彩",更触发了对"统独意识"的讨论。于是,这一时期的台湾乡土文学不断被倾向统派的人士打击,并以"边陲文学"、"台独文学"、"地方文学"、"僵化的意识文学"、"窄化的文学"等偏颇的言论加以攻击,双方你来我往的论战,形成了所谓"本土论"与"反本土论"泾渭分明的文学疆土保卫战。1977年8月,彭歌在《联合报》发表《不谈人性,何有文学》,批评尉天聪、王拓、陈映真三人是"用阶级观点,来限制文学",成为双方展开论战的重要发端[②]。此后,双方互不相让,一方打着"中华文化"的旗帜,一方以"新台湾"为主要立场,"统独论战"成为一个重要的文化现象和思想交锋。

第六节 解严后台湾的文化

解严后台湾社会的最大变化就是所谓政治民主化,受政治民主化的影响,

---

① 郭少宗:《八十年代台湾美术现象的横剖与纵切》,台北市美术馆:《现代美术》第28期,1990年。

② 彭歌:《不谈人性,何有文学》,台湾《联合报》副刊,1977年8月17日。

文化领域也走向“去中国化”，由中华文化中心主义走向本土化与全球化。在威权统治时期，文化艺术只能为当局掌控的政治服务，必须配合反共和“发扬中华文化”的目标，当局透过种种控制手段，来掌握文化与艺术的创作走向。走向“民主化”之后，文化政策有很大调整，以协助民间、开发民间的方式，鼓励多元的文化艺术发展，“发扬中华文化”的目标也改为“发扬本土文化”。

一　文化多元化的出现

所谓多元化，指的是承认每个人的独特性，并承认每个人在资讯充足的情况下，做出不同的认知与价值判断。它意味着一种不论大小、相互平等的个体关系和自由环境。这一时期的台湾文化，鲜明地呈现出这一特征。党禁、报禁的开放，以及外国杂志、书刊的开放进口，各种西方及现代艺术资讯如洪水般涌入。同时，20 世纪六七十年代台湾的留学生相继回台，不论在学术机构工作或是教学著述，都将新的艺术、文化观念传入并在各地传播，这些都激发了各种新的创作理念的产生，使当代的台湾艺术，呈现一种相当复杂而难以归类、多元发展的独特现象。

欧美文化的输入与移植　由于台湾实行出口导向型经济政策，台湾经济被纳入国际分工体系，加之台湾与美国之间特殊的紧密关系，导致以美国文化为核心的西方文化对台湾的影响加深，台湾文化吸纳了不少的外来文化元素，内容更为丰富。这些元素可以从社会文化和政治文化归为两类：一是源自美、日的大众消费文化传入台湾。这种以个人主义、享乐主义、急功近利、满足个人感官需要为核心要素的“速食”文化迅速流行起来，蔚为风气。二是以民主选举、政党制度、议会政府为核心要素的美国政治文化，逐步代替了注重权威、强调服从、轻视个人的传统政治文化，成为台湾政治文化中的重要乃至主要元素。这种文化的输入与移植，被台湾学者总结为“横向移植”，部分知识分子主张采用这种“横向移植”的方式来清除传统文化之弊。

从 20 世纪 60 年代末期起，许多在国外获得硕士、博士学位的人，开始陆续回台湾服务。他们的思维和价值观深受欧美思潮的影响，而台湾社会也明显地接受他们的一些主张。学生是对新文化最敏感的群体，在台湾，20 世纪 70 年代和 80 年代的学生运动表明欧风美雨已经开始得到学生群体的认可、接受。台湾学者马康庄撰文指出，学生运动的文化，是一个真正国际性的文化，在相同的时代中，全世界的学生都在阅读相同的书籍，接受相同文化思潮的冲击。70 年代后期，留学海外的社会学学者先后返台任教，带来了诸如依附理论、批判理论、结构主义、左派文学批评理论等等，这些理论和思想立即成为台湾大学生的思想新宠①。

大众文化的流行 所谓大众文化，是指以社会金字塔的中层为代表的大多数人的文化生活。他们受过一般性教育，没有高深的文化意识，容易受到流行时尚的影响，欠缺理性的分析能力，容易趋于群体认同。他们重视现实利益，喜爱感官满足，比较缺乏理想性格。这一时期台湾的大众文化主要是受到来自西方强势流行文化潮的入侵，西方的衣、食、住、行、娱乐乃至思维模式，都以"国际化"的名义进入台湾并得到迅速传播和模仿。

互联网和电视作为典型的文化传播新媒介，使地球仿佛变成一个小村落，流行与时尚几乎实现了全球同步。在这一大环境下，台湾社会对西方文化和日本文化的吸纳到了不加选择、囫囵吞枣的地步，从 MTV、卡拉 OK 到麦当劳，从好莱坞电影到日本色情漫画和畅销书籍，这些直接为大众消费而制造出来的文化商品，广受台湾读者欢迎。年轻一代对传统的伦理道德有了新的认识，被称为台湾"e 世代"的"新新人类"的生活观念与行为越来越开放。包括电视综艺节目在内的精神快餐，造就了华而不实和逃避现实的社会文化。富而无礼，富而不义，社会日益浮躁，功利主义盛行。年轻一代丧失历史感，追求刺激，随遇而安。今日台湾的大众文化，已显现出后现代社会的特征，色情、现实、功利、物化、精神空虚等现象层出不穷，值得重视。

文学思潮的多元化与文化的激荡与融合 进入 20 世纪 80 年代，随着本土意识的加强，乡土文学成为历史名词，出现"台湾文学"的概念。由于政治解严，一些作家开始开拓政治小说、诗歌的领域，以揭露政治的黑暗面以及戒严时期人们所受到的政治迫害为创作题材。还有一些作家通过描写社会状况以抨击时弊。80 年代以后，文学作品开始和电影结合，很多具有现实意义的小说被改编成电影，扩大了影响。台湾文学的形式逐渐多样化，出现言情小说、武侠小说、推理小说、科幻小说等等。另外，报告文学的兴起、摄影与文学的结合等等，使文学作品更加贴近现实社会。

由于解严和大众文化的兴起，后现代、女性主义等新思潮的涌入，八九十年代的台湾文学，首先值得注意的是都市文学的兴起。张大春的《大说谎家》使用颠覆性的语言嘲弄所目睹的一切，黄凡《房地产销售史》对都市人集体潜意识的显像，李昂《杀夫》、《暗夜》中女性主体意识的崛起等，都对都市潜意识做了深刻挖掘，是 80 年代都市文学中具有代表性的作品。90 年代的台湾步入后工业社会，马尔克斯的"魔幻写实"的"新马潮"、暴露作者写作意图和写作过程的"后设

---

① 马康庄:《炙热的秋天——台大学生运动的社会学分析》，载许津桥、蔡诗萍编:《1986 台湾年度评论》，台北:圆神出版社，1987 年版。

潮”等，在 90 年代后现代文化环境下成为重要的文学景观。尤其是“后设潮”这个本身就带有后现代主义的文学潮流，愈来愈被 90 年代文坛所重视。90 年代的文学创作者所接受的社会、文化冲击远比 80 年代更为剧烈，其创作手法的多元驳杂也使作家有了更大的空间。像林耀德《一九四七高砂百合》、张大春《寻人启事》便采用后设和魔幻写实的手法，经营起文字迷宫。

网络小说的出现是另一个值得注意的现象。90 年代以后，网络媒体迅速发展，许多创作者往往借网络之便发表各种小说，促使了新一代网络小说家的涌现。如蔡智恒《第一次亲密接触》，其黑色幽默的笔触，曾引起一番热烈的讨论和广泛的关注。

台湾文化具有多元性特征。就其形成渊源来看，中国传统文化、闽粤民间文化、高山族文化、近代西方海洋文化、日本殖民文化、现代欧美政治文化和大众消费文化，都是台湾文化的源头，都曾被接纳到台湾文化之中，都对台湾文化的形成发展起到过一定的作用。当然，中华传统文化是主流。这些多元性特征并不是仅仅在 90 年代突然形成的，而是在漫长的历史年代和波澜壮阔的历史进程中逐渐凝炼而成。台湾“解严”以后，尤其是 90 年代“台独”思想影响下的文化环境的宽松和对文化事业的扶持，则是这种多元文化得到充分展现和发展的历史契机。

台湾文化的多元性表现在多个层面。在政治文化层面，近 30 年来传入的西方政党政治理念和中国传统的政治理论、道德观念并存；在经济文化层面，台湾经济起飞所引入的以优胜劣汰为内核的市场竞争原则和以“仁义礼智信”为核心的传统观念并存；在社会文化层面，西方的个人主义和东方的纲常伦理并存；在宗教文化层面，东方的道教、佛教、妈祖与西方的基督教、天主教并存；在文学艺术层面，西洋艺术表现手法与传统艺术表现手法并存；在衣食住行生活方式层面，台湾更是东西文化的大拼盘①。

然而，多元与复杂也造成台湾社会某种程度上的“消化不良”。本土与西潮、台湾与大陆、传统与现代，各种思潮在台湾激荡交融，难免产生价值判断的冲突与混淆。不仅如此，社会也开始产生脱序、失衡的不安定感，精神的迷失、人际的疏离、社会的混乱、对未来的不确定因素、严重的环保问题，各种问题纷至沓来。原本相对纯粹的艺术也趋于物质化、商业化、通俗化。文化的不协调性日益突出，现代与传统的文化冲突使社会支离破碎，一切事物都被打上商品的印记，就连一贯标榜思想独立的知识分子也开始随波逐流，或误导社会。

多元化似一把双刃剑，给台湾带来活力的同时也带来了问题。然而，文化

① 赵会可：《话说台湾文化》，载《台湾观察》，2005 年第 15 期。

主体原是容纳且乐于接受多元化的，但在接受外来文化的冲击时，是否有维持自身文化屹立不倒的基质存在，才是确保自身文化生机的决定性因素。

二　中华文化与台湾文化的一致性

百年来，台湾孤悬海外，“台湾意识”也在潜滋暗长。从 20 世纪 60 年代以来，“台湾意识”便一直是一个敏感且热门的话题，包括 70 年代的本土化运动，莫不与“台湾意识”相关。从 20 世纪 80 年代末，“台湾意识”渐渐带有“台独”的色彩，成为两岸关系的一个敏感点。对此，岛内也有不同看法和观点。有人认为“台湾意识”是统一的“中华意识”下的“地方意识”，也有人认为“台湾意识”是独立形成和发展的，“独立”是它的基本特征，进而台湾本身也应该是独立自主的。

蒋经国去世后，“本省人”李登辉成为台湾地区领导人。20 世纪 90 年代中后期，在权位逐步稳固的基础上，李登辉开始抛弃两蒋时期的“反攻大陆”政策，寻求所谓的“台湾独立”。为此，李登辉不仅在政治上提出“两国论”，而且在文教方面进行“去中国化”，塑造所谓的“台湾意识”。李登辉所谓的“台湾意识”便是“去中国化”，是典型的“台独”意识。

“台独”声称中国文化仅是台湾文化的一个源头，其地位与荷兰、西班牙文化、日本文化、欧美文化相同。“台独”极端者甚至声称“中国是敌国”，“台湾不是中国的一部分”，“台湾文化不是中国文化”，且“中国文化粗鄙不堪”，必须从台湾文化中清除出去，因此有必要删除学校里中国历史、“国语”的课程，删减中国文言文的课时，提高“台语”的地位，创造“台文罗马字”，增加台湾本土文学的课时等等。

民进党“执政”期间，一直打着“台湾主体性”、“台湾精神”的幌子，在意识形态领域加速推动“文化台独”，企图弱化、甚至根除中华文化的影响，为最终实现“实质台独”铺路。教育作为文化推广领域中极为重要的环节，更是其推行“文化台独”政策的重要领域。在大、中、小学教育方面，大幅缩减文言文教学比例，减少语文课程课时，将“中华民国史”以 1945 年为界割裂为“中国史”和“台湾史”，将“中国史”编入“外国史”，“国父”孙中山成为“外国人”①。民进党当局妄图通过推动学校教材的“本土化”，重塑所谓对台湾历史文化的认知。

在文化政策方面，民进党当局规定，岛内公文在行文时一律称“台湾”，而不是“中国”或“中华民国”，称中国大陆为“中国”，在与外国签订文书时使用“中华民国(台湾)”，在“护照”上加注“台湾”，公营企业如“中船”、“中油”、“中华邮政”

---

① 张华：《传承与交融——台湾文化发展的历史影像》，载《台海关注》，2010 年第 4 期。

等也被迫全部改成“台湾国际造船股份有限公司”、“台湾中油股份有限公司”与“台湾邮政”。这些是“文化台独”的明显表现。

台湾绝大多数民众并不否认与中华文化的血脉联系，也承认中华文化是台湾文化的核心要素。但是，由于李登辉和陈水扁当局十几年来在文化领域的分裂活动，使一部分台湾民众对台湾文化与中华文化的关系产生了模糊认识，出现了诸如“台湾文化与中国文化已经呈现完全不同面貌”，“已各自成为两个有关却日渐不同的文化体系”[①]等错误看法。

“去中国化”事实上是“文化分离主义”的一种，不少文化分离主义者以“去中国化”、“台湾意识”为口号，把文化问题与“统独”问题、国家认同、族群纷争等纠葛在一起，越来越甚嚣尘上，这是中华儿女所不能容忍的。

台湾虽然光复，却仍然和大陆隔绝了几十年。无论怎样，两岸都保存了中华民族文化的基本内核，这是中华文化的强大生命力所决定的。也正因为这样，在分裂对抗了几十年之后，两岸才能又一次携起手来，共同为中华民族的复兴而奋斗。就文化而言，台湾文化与中华文化是同质性的文化，其内涵具有高度的一致性。中华文化是台湾文化的根基和核心，台湾文化传承了中华文化的传统，并非是独立于中华文化之外的另一种文化。陈孔立教授就曾指出，台湾虽然是一个移民社会，历经社会变迁，但它依然保持了作为一个中国社会的特质，从语言、文字到传统道德，从民间风俗到思维方式，都保持了中国式的风貌，延续了中华文化的传统，而且还抵挡了日本文化的强力冲击[②]。这一点，是无可否认的，汉字，不仅是中国传统文化的一种象征，更是两岸文化同根同源最有力的证据。

综上所述，两岸文化存在着千丝万缕、永远无法割断的联系，两岸同文同种、同根同源，中华文化在台湾根深叶茂，台湾文化丰富了中华文化的内涵。台湾文化永远改变不了中华文化的背景，台湾文化只是中华文化在台湾的发展，而不是独立于中华文化之外的文化。

---

① 徐晓迪：《台湾“非政府组织外交”评析》，载《世界经济与政治论坛》，南京：2010年第1期，第125—136页。

② 陈孔立：《台湾历史与两岸关系》，北京：台海出版社，1999年版，第245页。

第二十章　政党再次轮替　国民党重新“执政”

第一节　民进党“执政”后期加紧“法理台独”步伐

2008年“大选”即将来临，陈水扁决定孤注一掷，加紧推行“台独”路线。“台独”分裂活动进一步发展，成为两岸关系和祖国和平统一的最大障碍，成为台海地区和平稳定的最大威胁。

2007年1月1日，陈水扁发表元旦讲话，强调“台湾主体性”，称台湾“绝对不是中国一部分”，“在没有民意共识下，不松绑两岸经贸政策”，未来将继续“坚持台湾主体意识”与“落实社会公平正义”两大施政主轴，全力达成“增加投资台湾”、“创造就业机会”、“拉近城乡距离”、“缩短贫富差距”四大目标①。

1月26日，陈水扁出席“全球新兴民主论坛”倡议大会。他声称，希望以“台湾”名义申请加入联合国，因为这不但是70％到80％的台湾民意，也超越统独跟意识形态。陈水扁升高“台独”诉求，为“立委”选举和“总统”大选定调。

为呼应陈水扁、独派大佬辜宽敏提议的“第二共和”，“台湾大学国家发展研究所”教授陈明通等人主笔起草“中华民国第二共和宪法草案”，于3月18日发表。草案主要内容有：保留原“宪法”总纲，包括“国号、国旗、既有疆域”都不变动；采“内阁制”，“总统”要“彻底虚级化”，将原来“宪法”赋予“总统”的权力全都拿掉，包括“三军统帅权”，并改为间接选举，由“总统推荐委员会”提名人选，经“国会议员”过半数以上同意当选；“‘中华民国’与中华人民共和国建立任何形式政治关系，须经对等、和平协商后，交付公民投票”②。

陈明通等人在草拟“第二共和宪法草案”过程中，征询蓝绿人士意见。美国和中国大陆都对此案表示关注。蓝营质疑该草案是谋求“法理台独”，绿营则批评“还不够独”。该草案虽保留“中华民国”之名，却行“法理台独”之实。这种以“修宪”之名行“制宪”之实的行为，不仅破坏台海现状，也会让台湾陷入危险

① 香港中国评论网2007年1月1日。

② 香港中国评论网2007年3月19日。

境地。

过去10年台湾都以观察员名义申请加入世界卫生大会(WHA),2007年第一次以“台湾”名义申请加入WHO会员国。2007年4月26日,台湾向世界卫生组织申请成为会员国案,遭世卫“以台湾不是主权国家”为由否决。

5月16日,陈水扁表示,台湾首度以“台湾”名义申请成为WHO会员案虽然没有成功,但已经引起国际社会的注意与讨论,这是很好的第一步,今年9月将以“台湾”的名义申请加入联合国[①]。陈水扁当局的这种举动严重破坏了两岸关系,损害了两岸同胞根本利益,严重危及台海乃至亚太地区的和平稳定。

7月19日,陈水扁致函联合国秘书长潘基文,表明要以“台湾”名义加入联合国。24日,联合国退回陈水扁的信函。

陈水扁当局不惜在文宣上斥巨资,进行炒作。9月15日,民进党借“台湾入联大联盟”之名,在高雄上演“入联公投”的大游行。同日,国民党在台中市举行“全民拼生活、重返联合国”大游行。

9月19日,台湾当局首次以“台湾”名义申请加入联合国,遭到联合国封杀。这是台湾第十五度叩关失败。

陈水扁不甘心申请以“台湾”名义加入联合国的失败,决意举办“入联公投”,扩大声势。10月10日上午,陈水扁在“总统府”大礼堂主持的“双十”典礼上发表谈话,声称“入联公投”案若能在10月底完成二阶段连署并经“行政院公投审议会”审议通过,将在明年3月22日与“总统”大选合并举行。

10月24日,民进党推动“全民传圣火、前进联合国”环台路跑活动。

陈水扁一再向中国大陆挑衅,战略目标是为了民进党能够在2008年大选中获胜,延续民进党政权,避免遭到政治清算。

谋求“法理台独”是民进党的最终目标。2007年8月1日,游锡堃正式抛出“正常国家决议文”,称“国号”应正名为“台湾”,“台湾是主权独立的国家”,主张以“台湾名义加入联合国”。

9月30日,民进党第十二届二次党员代表大会通过了“折中版”的“正常国家决议文”。决议文指出:“目前‘国家’存在五大不正常:‘国际关系’不正常、‘宪政’体制不正常、‘国家认同’不正常、社会公义不正常、政党竞争不正常。”强调:“台湾要积极追求正名、制宪、加入联合国、落实转型正义与建立台湾主体性,团结一致建立一个正常而伟大的‘国家’。”决议文是民进党迈向“法理台独”的一步。

民进党主席游锡堃因特别费案遭起诉,9月23日宣布辞职。依党章规定,陈水扁将接任党主席。10月17日,陈水扁宣誓就任民进党主席。

---

① 香港中国评论网2007年5月16日。

陈水扁当局为图谋台湾“法理独立”，不顾台湾人民的幸福与安宁，恶意挑衅中国大陆，制造台海紧张局势，两岸关系险象环生。

第二节　大陆与台湾岛内的反“台独”斗争

陈水扁的激进“台独”活动，使台湾岛内政局混乱，两岸关系处于紧张状态。中国大陆采取一系列措施，坚决反击陈水扁的“台独”分裂路线，遏阻“台独”活动。广大台湾同胞渴望社会安定，对陈水扁的“台独”活动也表示反对。国际社会不认可陈水扁的倒行逆施，关注台海的和平与稳定。

2007年1月2日，国台办发言人批评陈水扁“元旦讲话”，再次逆势而动，大肆鼓吹“台独”分裂主张，蛮横限制两岸经济交流与合作，蓄意毒化两岸关系气氛，破坏两岸关系和平稳定发展。

陈明通等人在草拟“第二共和宪法草案”时，岛内舆论以及美国和中国大陆都对此案表示关注。蓝营质疑该草案是谋求“法理台独”。在中国大陆、台湾岛内民众及美国的重压下，陈水扁不得不暂停“制宪”活动，“第二共和宪法草案”一抛出就难以落实下去。

2007年，陈水扁当局以“台湾”名义申请加入世界卫生组织（WHO），严重危及台海乃至亚太地区和平稳定，遭到中国政府和人民的坚决反对。5月30日，国台办发言人李维一表示：“陈水扁、民进党通过所谓以‘台湾’名义申请加入联合国‘公投’，其实质是图谋改变台湾的地位，把台湾从中国分裂出去，我们高度地关注这一事态的发展，绝不容忍‘台独’，绝不允许‘台独’分裂势力以任何名义、任何方式把台湾从中国分裂出去。”①

7月24日，中共中央台办、国务院台办负责人就陈水扁向联合国秘书长提出所谓“以台湾名义加入联合国”申请书遭退回发表谈话，指出：“在台湾地区即将举行选举之际，陈水扁为了一己、一党之私，全然置2300万台湾同胞的利益于不顾，不断进行‘台独’冒险，肆意对包括台湾同胞在内的13亿中国人民进行挑衅。这也再次证明，陈水扁是一个不折不扣的阴谋家，一个不惜断送台海地区乃至亚太地区和平稳定的破坏者。”②

对于陈水扁的盲动行为，美国政府表明立场。8月28日，美国副国务卿内格罗蓬特接受凤凰卫视采访时表示，对以台湾名义加入联合国公投的议题，美国声明反对这类概念的公投，因为“我们（美国）认为这是朝向宣布台湾独立的

① 中国台湾网2007年5月30日。

② 新华网2007年7月25日。

一步，也朝向改变现状”[①]。

针对陈水扁的“入联公投”挑衅行为，中国大陆以静制动，不随陈水扁的节拍起舞，牢牢把握两岸关系发展的主动权，加紧应对“台独”重大事变的军事斗争准备，联手美国、俄罗斯、日本、欧盟等，坚决阻击“台独”势力的挑衅，扩大建立在“九二共识”基础上的“反独促和”统一战线，推动两岸民间全方位的交流交往。陈水扁刺激中国大陆、嫁祸蓝营的图谋未能如愿。

对于台海紧张局势加剧，岛内有识之士忧心忡忡，思考台湾前途与两岸关系，希望两岸应以和平发展为重，捐弃前嫌。一向不愿明确表达政治立场的工商界大佬，如王永庆、张荣发、张忠谋、曹兴诚等人，多次表达反“入联公投”立场。

11月12日，联电荣誉董事长曹兴诚，以“关心国事的小民”，在台湾三大报刊上登出文字广告，认为两岸问题让台湾陷入分裂混乱，迷失于政治恶斗，他不得已野人献曝，呼吁国、民两党“总统”参选人宣布合作推动制定“两岸和平共处法”，确立台湾不会举办“独立公投”。

之后，曹兴诚又连发三论，继续以“真假台独”为议题，痛批陈水扁、李登辉“装神弄鬼、色厉内荏”。曹兴诚此举背后的推动力是岛内渴望两岸和平稳定的强大民意。

2007年9月30日，民进党第十二届二次党员代表大会通过了“折中版”的“正常国家决议文”。对此，10月1日，中共中央台办负责人发表谈话，指出：“所谓‘台湾是主权独立国家’，完全是自欺欺人的谎言。所谓‘台湾独立建国’，是一条走不通的绝路。‘台独’分裂活动违背13亿中国人民坚决维护国家主权和领土完整的坚定意志，是注定要失败的。我们希望广大民进党成员认清两岸关系发展的趋势和世界大势，以台湾人民福祉和台湾发展前途为念，摒弃‘台独’分裂主张，反对实行‘台独’分裂路线，阻止‘台独’冒险将台湾人民推入灾难。”[②]

民进党推行“台独”分裂路线，恶化了两岸关系和台海局势，使台湾经济难有起色，引起广大台湾人民的不安和不满。中国大陆坚持推动两岸关系朝着和平发展的方向迈进，对陈水扁的“台独”活动予以坚决还击，团结台湾岛内的国民党、亲民党、新党及其他党派人士，确定了坚持“九二共识”、反对“台独”的政治基础，达成了和平发展的意向，获得了越来越多的台湾民众的认可与支持。

针对陈水扁的激进“台独”活动给台湾经济与社会造成的伤害，广大台湾民众对民进党的执政更加不满，逐渐厌恶陈水扁操纵的“台独”分裂活动，唾弃民

---

① 香港中国评论网2007年8月28日。

② 新华网2007年10月1日。

进党的锁岛经济发展政策、对两岸关系的不合作态度。国民党提出的开放型经济发展、两岸关系和缓等政见，获得许多选民的认同。人心思变，理性的台湾民众呼应中国大陆的对台大政方针，为台湾“第二次政党轮替”打下了强大的民意基础。

第三节　“大选”前国民党、民进党党内推选竞选人

陈水扁一再向中国大陆挑衅，战略目标是为了民进党能够在2008年“大选”中获胜，延续民进党政权，避免遭到政治清算。

民进党内共有苏贞昌、谢长廷、游锡堃、吕秀莲登记参加党内“总统”初选。为获得基层党员的支持，所有参选人争相比绿，党内反省和改革之声消失。2007年5月，民进党举行2007年“总统暨立委提名”初选的党员投票。结果显示，“总统”候选人谢长廷胜出。民进党召开中执会，正式提名谢长廷为民进党2008年“总统”参选人。8月，谢长廷宣布，苏贞昌愿意出任他的副手，民进党“谢苏配”成局①。

国民党方面，从台北市长卸任后担任中国国民党主席的马英九清廉有为，在历次民调中，支持度一直大幅度领先，是“大选”中民进党的最大政敌。陈水扁身陷“国务机要费案”，官司缠身，为了保住“执政”权，民进党利用手中的权力，操纵司法打击马英九，并以“特别费案”作为切入点。2006年8月，民进党“立委”谢某、黄某告发马英九，将部分市长特支费直接汇入私人账户，当做生活费甚至还用于女儿在美国的生活费。

台湾所谓“国务机要费”和“首长特别费”，都是供“政府首长”级支用的公费，两者性质却不同。“国务机要费”一年约新台币4800万元，是台湾地区领导人行使职权相关费用，包括政经建设访视、军事访视、犒赏及奖助、招待与礼品致赠等。“首长特别费”则要少得多，用途相对笼统，只规定用在“因公招待、馈赠及犒赏所需”，至于如何用、何时用、额度多少，属于“首长”的权限，但是支用的程序必须合法，并应接受“审计部”的查核。

“国务机要费”和“首长特别费”案都牵扯到假发票核销，差别在于前者无公务支出，后者则有实际支出。民进党想把马英九描成跟陈水扁一样贪婪，从而达到“打马救扁”的目的。11月，马英九两次接受检察官传讯，就特别费使用情况协助调查。经过第二次约谈，马英九表示，一旦自己因为特别费案被起诉，就会马上辞去党主席的职务。2007年2月，马英九因市长特别费被以贪污起诉。

---

① 香港中国评论网2007年8月15日。

马英九立即举行记者会，重申信守承诺，辞去国民党主席，并决定“化悲愤为力量”，毅然宣告参选2008年台湾“总统”。

4月，国民党主席补选，党中央的计票中心公布的结果显示，吴伯雄当选。吴伯雄在国民党内声望较高，具有丰富的从政经历，人脉关系丰厚。他当选党主席后，以“稳定为原则”，慰留了准备辞职的秘书长吴敦义等人。为了能够重新夺回政权，国民党上下普遍看好马英九，代表国民党参加2008年“总统”大选。“立法院长”王金平颇想放手一搏，却没有得到党内多数同志的呼应，难免落寞。

依照国民党党章及“总统”初选机制，5月，国民党中常会正式提名马英九为国民党“总统”参选人。为争取国民党内本土派的支持，马英九瞩意王金平做副手。王马心结颇深，王金平婉拒做马英九的副手。从省籍平衡的角度出发，经过反复考量副手人选，马英九认为萧万长经验丰富、贡献卓著、不分党派、新意不断。马英九宣布由前“行政院长”萧万长出任竞选搭档。萧万长能够出线，主要在于他的人格特质、财经专长、台南背景。“马萧配”是“阳光清廉加财经专业组合”，有助于选战主轴定调。6月，中国国民党第十七次全代会第二次会议在桃园召开，国民党主席吴伯雄宣布，一致通过马英九、萧万长为国民党2008年“总统”、“副总统”候选人。

国民党失去政权，沦为在野党，不再拥有庞大的行政资源。2004年连宋卷土重来，功亏一篑。在没有庞大行政资源、缺乏大财团资助、党产所剩无几的情况下，传统的国民党选战难以为继。面对民进党当局的百般打压，马英九决意打一场与传统国民党不一样的选战，不再落入跑摊、红白帖、绑桩、拔桩等传统选战的旧套路。

受到电影《练习曲》听障男主角坚持骑脚踏车环岛的精神感召，马英九决定要以骑脚踏车的方式，深入认识这片他居住多年的土地。5月，他自台湾岛最南端的恒春鹅銮鼻灯塔出发，沿途行经台湾西半部沿海18个县市，抵达终点——台湾岛最北端的富贵角灯塔，开展这项名为“青春铁马向前行”的南北大纵骑活动，全长总计618.9公里。马英九利用单车纵走台湾南北，“亲近本土”，配合地方拜会，达到运动、拜访基层的双重功效。

在执政无能、弊案缠身的情况下，民进党不断操弄本土化议题，指责“国民党是外来政权”，马英九是外省权贵，不能让“外来政权复辟”，试图将“总统”大选演变成“本土政权保卫战”。为了反制民进党，马英九阵营决定与民进党同台上演“台湾主体意识”的对手戏，国民党也大胆向本土政党转型。

6月，马英九出版新书《原乡精神·台湾典范的故事》，论述他对何谓“本土”的认识，讨论何者才是真实的台湾。“新本土论述”强调：只要“爱台湾，就是本土”,“开放、务实、包容、勤奋”是“台湾人”所具有的特质;“本土”不应区分来台湾的时间先后,更不是“去中国化”,而是不断再生、再创造的过程,是包容与移民文化的总和。他认为,“经由全台湾2300万人民透过民主选举产生的政权就是本土政权”[①]。以马英九新本土论述为基础,国民党十七全二次党代会通过了党章修正案,将“台湾”写入党章,宣誓将以“以台湾为主,对人民有利”作为党的信念。在党员资格章节删除“统一”字眼,改以“和平发展”代替。随后,国民党高层又力促通过“重返联合国”的“公投提案”,积极朝本土政党路线转型。

马英九团队把台湾分成中彰投、云嘉南、高高屏、桃竹苗、宜花东、北北基六个区域,从7月中旬开始,马英九启动“爱乡向前行”的“中南部长住计划”(Long Stay),历时4个月。通过“劳工一日”、“渔民一日”、“鸭农一日”等活动,马英九陪同基层农渔民、劳工全天候工作,博取基层百姓的感情。拜访各行各业、各界人士,与青年学子、产业界、医界人士座谈,直接沟通,倾听他们的心声,拉近与民众的距离。这一计划的实施,有效地拓展了中南部的票源。

针对民进党“执政”后台湾经济状况不佳的现实,国民党以经济牌唤起民众对台湾经济曾经辉煌的回忆,提高国民党的支持度。马英九将“拼经济”定为竞选主轴,以“民生经济”和“政治核心价值”(如廉能、勤劳)为两大主轴,不在“国家认同”和统独议题上与民进党过分纠缠。

从宣布竞选开始,马英九不断抛出民生、经济相关议题,提出了完整的关于两岸关系、台湾经济发展的论述。关于两岸关系,马英九希望在“九二共识”的基础上,进一步与中国大陆达成“互不否认”的默契;在“以台湾为主,对人民有利”及“原则开放,例外管制”两项原则下,推动两岸经贸正常化。关于台湾经济,马英九提出开创新兴产业,振兴传统产业,台湾的农业不仅要扶持,还要服务业化。借两岸直航及与日韩航权协商,推动“双黄金航圈”,带动“双营运中心”。台湾经济的蓝海策略在于“创新加值”,强化各产业要素的竞争力,从人力资源的提升到生产、金融、技术及管理等全面创新,采取促进活力地方经济的策略,扶植地方中小企业,并提升服务业,以增加就业机会及地方财政收入。实施“爱台12项建设”。台湾每年经济成长率超过6%,失业率逐步降至3%以下,到2011年,每人平均所得达到2万美元,同时创造10万个就业机会,最终实现每年人均所得3万美元,即“633计划”。关于两岸“三通”,将尽快实现两岸海运直航与空运直航,两岸观光应从目前的“单向消费”改为“双向互惠”,积极开放大陆观光客来台,每天开放3000人,每年100万人,4年内增加到每年300万人,就有机会创造每年1000亿以上的收益。

---

① 东森新闻网2007年6月21日。

国民党反对任何涉及"法理台独"的公投。为避免重蹈覆辙,国民党改变以往坐以待毙的被动策略,推出"反贪腐公投",来应对民进党的"讨党产"公投。针对部分民众不明了民进党推动"入联公投"的真实意图,国民党中央发动"重返联合国公投案",借以稀释民进党"入联公投"的效应,与民进党争夺选民,掌控选战的话语权。

陈水扁当局高层贪腐案不断,经济民生持续低迷,"无能无德"逐渐成为各界对民进党执政的基本共识,人心思变,"第二次政党轮替"的呼声高涨。2007年7月,奇美医院院长詹启贤辞去院长职务,投入马萧竞选团队。詹启贤在中南部具有声望,对"马萧配"在中南部票源的开拓有很大帮助。医界传统七到八成偏绿,却对民进党当局的表现失望。9月,牙医师公会全台联合会召开监事会议,会中通过将成立"马萧后援会"。民进党执政7年,不但拱手将部分公营行库让给财团经营,还将董事长、总经理等高阶职位当做酬佣工具,台邮、台电、中油、一银等十余家"国公营事业"劳工领袖、产业工会理事长12月中旬聚会,发动大规模串联行动,筹组"国公营事业"劳工马萧后援会,为马英九竞选"总统"抬轿。

马英九特别费案经过4个多月的审理,马英九有罪还是无罪,关系他能否参加2008年大选。若马英九被判10年以上重罪,依照"选罢法"将失去参选资格。陈水扁当局一直在动用行政手段,操弄司法打击异己,但在目前的台湾政治与司法环境下,难以一手遮天。

2007年8月,众所瞩目的马英九市长特别费官司一审,台北地方法院做出宣判,马英九获判无罪,同案的秘书被判1年2个月的有期徒刑。在地院外的支持者闻讯欢声雷动,高喊"支持马英九"的口号。没有到庭听判的马英九回应说,司法还了他的清白,痛苦到他为止就好①。12月,马英九特别费案进行二审宣判。二审法官认为,特别费是实质补贴,而且马英九是按照惯例来支领,没有主观犯意,因此判其无罪,驳回检方的上诉,维持无罪判决;至于背信部分,也认定无罪。

第四节　2008年"大选",台湾政治地图改变

一　"立委"选举,国民党成为"立法院"多数党

2007年8月,"中选会"举行委员会议,通过"立委、总统"选举将分别于

① 香港中国评论网2007年8月14日。

2008年1月12日及2008年3月22日举行投票。

两场“大选”，对国民党、民进党来说都是生死攸关，“立委”选举更是“总统”选举的前哨战。第七届“立委”选举，“立法委员”选举席次减半，因此竞争异常激烈。民进党和国民党各自提出并已成案的“讨党产”和“反贪腐”两项公投案，选民将可领取区域“立委”、政党不分区及两项公投案等4张选票，创下“立委”选举先例。

选战开打以来，民进党内部普遍悲观评估“立委”选情。陈水扁为展现领导力，以党主席身份，喊出“选举没师傅，拼就有”的口号，设定50席的目标。国民党将“拼经济、顾生活”作为“立委”选战主轴，紧咬民生与经济议题，结合“总统”参选人马英九的选战诉求与步伐，向人民诉求国民党才有解决经济的能力。

针对“立委”选举投票与公投投票，蓝绿争执不下，政情诡谲。2007年12月底，国民党召开临时中常会。吴伯雄提出，公民投票虽然很神圣，但现在已经被扭曲成为绑大选、乱大选，引起冲突的工具，国民党郑重呼吁选民拒领公投票。

由于单一选区两票制，对小党构成庞大的选举压力。在民进党、国民党的夹杀下，标榜第三势力的新政党和社会团体纷纷涌现，有第三社会党、台湾农民党、红党、唐飞筹组的“台湾前途展望协会”等。这些小党发表政见，投入“立委”选战，寻求延长自己的政治生命。

2008年1月，台湾举行第七届“立法委员”选举。在全部113个席次中，国民党获81席（区域61席、不分区20席），民进党27席（区域13席、不分区14席），无党团结联盟3席，亲民党1席，未经政党推荐1席。首次实施的“政党票”部分，不分区“立委”当选席次分别是，国民党20席，民进党14席，其他登记参选的10个政党得票率都未超过5%，无法分配席次。国民党在16个县市的候选人全部胜出，其中在台北市8人全部当选。民进党方面，在陈水扁的家乡台南县保住全部3个议席。

台湾的政治板块，基本上是南绿北蓝。在云林以北的全部选区，民进党只得2席，在云林以南的22席中，国民党夺得11席。国民党扩大了在北部的优势，直捣民进党在南部的票仓。高雄市的5个议席，国民党攻下3席，所输2席仅小败。高雄县4席，民进党输了3席。在代表政党认同的“政党票”中，民进党得票率41.87%，国民党得票率58.12%。在区域和少数民族“立委”得票中，民进党得票率38.2%，国民党得票率53.49%。民进党与国民党差距并不太大[①]。

国民党在总计113席“立委”中单独超过三分之二，成为“立法院”绝对多数

---

① 中新网2008年1月12日。

党。加上盟友的5席,具备了决定重要法案、预算,以及“倒阁”、弹劾或罢免“总统”、“修宪”的能力。民进党因席次不到四分之一,失去单独提出法案的能力。亲民党、新党、台联党等小党在台湾政坛的地位和作用大幅下降,发展空间有限,逐步趋向泡沫化。维持了十余年的“两大党对抗、多数竞争”的局面被打破,国民党在“立法院”一党独大的局面形成。

公投票第三案(讨党产公投)投票率为26.34%,第四案(反贪腐公投)投票率是26.08%,两项公投案的投票率都未达到50%的法定门槛,均遭否决。

国民党虽然获得压倒性的胜利,但在吴伯雄和马英九的约束之下,党内幕僚不敢得意忘形,刻意保持克制、低调。陈水扁发表简短声明,承担责任,辞去民进党主席一职,明确日后由“谢长廷领导打‘总统’选战”。

单一选区不利于极端型立场候选人。民进党希望通过激进策略囊括“台独”铁票,提名策略走激进路线,忽略了社会求稳的民意。国民党努力降低统派色彩,走本土化路线。透过新选制,社会表达了对民进党8年施政和提名路线的强烈不满。

选制改变,是国民党与民进党席次大翻转的重要因素。过去采行复数选举方式,民进党在提名策略、配票以及选战议题上打得比国民党出色,造成民进党的席次分配往往高于得票率。这种情况碰到新选制则完全逆转,变成民进党在席次上讨不到便宜,吃了大亏。这次选举结果,是陈水扁从政以来最大的失败。他以“总统”和民进党主席的身份,集大权于一身,主导选战,以撕裂族群、激化矛盾、制造对立和仇恨为主轴。民众用选票表达对民进党贪腐政权的强烈不满。

二 “总统”大选,马英九赢得选举

“讨党产”公投挫败后,民进党内就是否继续办“入联公投”意见不一。一些激进人士分析,“讨党产”公投是政党竞争,属于台湾内部事务,而“入联公投”牵涉到涉外事务、“国家认同”以及本土势力消长,两者性质完全不同。台湾历次“总统”大选投票率多高达八成,这与“立委”选举投票率只有六成相较,其参与层面与动能不能类比。陈水扁等人仍然不死心,决定全力推动“入联公投”。

2008年2月,“中央选举委员会”用记名表决方式,以6比4通过“入联公投”、“返联公投”与“总统”大选合并举行。对此倒行逆施,中共中央台办、国台办发表授权声明,严正指出:“陈水扁当局执意举办‘入联公投’,是谋求改变大陆和台湾同属一个中国的现状、走向‘台湾法理独立’的重要步骤,是变相的‘台独公投’。这一图谋一旦得逞,势必严重冲击两岸关系,严重损害两岸同胞的根本利益,严重危害台海地区乃至亚太地区的和平。”“大陆和台湾同属一个中国。

任何涉及中国主权和领土完整的问题，必须由包括台湾同胞在内的全中国13亿人民共同决定。我们十分关注‘入联公投’事态的发展。陈水扁当局一意孤行，铤而走险，必将付出沉重代价。”①

进入“大选”，民进党中央召开临时中执会，一致推举“总统”参选人谢长廷代理党主席。谢长廷强调，他勇于接受、敢于承担，希望大家全力支持他②。谢长廷表示，这次“总统”大选他负完全责任，若“总统”大选失败，就退出政坛。民进党以往一味炒作国家认同与族群冲突，已不奏效。谢长廷经过反省，调整党选策略，定调未来的作战方向将打一场“向上提升、而非向下沉沦”的优质选战，从南部基层出发，重点以民间社团、校园为诉求。选战基调着重在公共政策、追求社会公义以及弱势族群等，把“总统”大选主轴定调为“护台湾、救民主、两党共治、台湾进步”。

“大选”临近，绿营紧咬马英九的美国绿卡问题，质疑马英九的诚信。3月，“中选会秘书长”邓天佑指出，“中选会”向美国、日本及英国等三个国家查证，两组正、副“总统”候选人是否拥有外国籍；英国尚未回函，美国、日本已回函，马英九、萧万长、谢长廷及苏贞昌都没有美国及日本的国籍。到目前为止，4位候选人都符合正、副“总统”参选资格。

以马英九的各方面素质，在台湾政坛，能与其比权量力者寥寥。通过合法途径，政治对手很难扳倒马英九。自马英九当选国民党主席后，其参加“总统”大选已经露出端倪。马英九每日除了面对对手的无端诽谤、阴险陷阱、政治地雷外，还承担着被谋杀的风险。对马英九来说，参选“总统”之路既是走向权力顶峰，亦可能是地狱之路。马英九团队吸取了2004年“大选”的沉痛教训，针对民进党可能采取的各种非正当手段，做出预案，加以防范。

各种民调显示，马、萧的支持度超过50%，大幅领先谢、苏，似乎胜券在握。鉴于以往的经验教训，最后时刻翻盘还是可能的，国民党上下记忆犹新，不敢丝毫大意。随着投票日临近，国民党上下战战兢兢，如履薄冰。2月，马英九邀请宋楚瑜担任马萧竞选总部荣誉主任委员。宋楚瑜经过一个多月密集征询整合党内意见，及认真看了马、谢的电视辩论会后，3月10日，宣布接下马、萧总部荣誉主委职务，全力替马、萧动员拉票。宋楚瑜在选前倒数时刻，密集为马、萧站台，以实际行动展现泛蓝大团结③。

3月，国民党中常会确定“拒领入联票”、“支持领返联票”、“理解并充分尊重

① 新华网2008年2月3日。

② 香港中国评论网2008年1月14日。

③ 香港中国评论网2008年3月10日。

全面拒领”、“支持立法院前进联合国决议案”四项主张，来反制民进党的“入联公投”。

大选最后关头，谢长廷以攻为守，频频打出反“一中市场”、反“一党独大”、“绿卡牌”、“西藏牌”等，间接打出认同牌。马英九则以守代攻，仍打拼经济牌，诉诸这8年来的经济衰败与生活困苦。在选战策略上，谢长廷精于算计，马英九稳打稳扎。马、谢对决，随着反扁情结与对民进党执政的彻底失望，让这场选举成为马、扁之战的翻版。在民心思变的大环境下，加上马英九的个人特质，谢长廷败局已定。

3月22日，台湾举行“总统”大选。台湾总人口共22934997人，其中合格选民共17321606人。参加投票共13103963人，投票率为75.65%。当晚，“中选会”公布选举结果，马英九得票7658724张，得票率58.45%；谢长廷得票5445239张，得票率41.55%。马萧狂胜221万票，赢了近17个百分点。民进党期待，“北部小输、南部大胜，决战中台湾”。没想到开票之后，“北部大败、南部小赢，饮恨中台湾”。面对221万票的差距，谢长廷服输。

与“总统”大选投票一并举行了“入联公投”和“返联公投”。公投需一半以上的合格选民投票，且其中有半数同意者才能通过。上述两项公投的投票率仅约35.8%，双双闯关失败。民进党借由“公投绑大选”、催化台湾主体意识的选举战术，随着这次败选，证明失效。

马英九“胜选”后，白宫随即发表布什总统的书面声明，祝贺马英九“当选”，值此选后时刻，“台湾与北京应透过各种方式寻求对话，避免可能改变台海局势的片面行动，以建立和平与稳定的必要根基”①。

拥有行政资源的民进党在大选中遭到惨败，主要原因是“执政”成绩不佳，民进党改革形象破产。民进党上台以来，一直高喊拼经济，却置政治议题于民生议题之上，经济政策形式大于内容，经济发展长期低迷，违背了执政前对民众的承诺。民进党当局大官大贪、小官小贪，民众日益看清了陈水扁和民进党高层政治人物利用权位捞钱的真面目，民进党自我标榜的“清廉正义”道德形象不复存在。在两岸关系上，民进党将公投与选举绑在一起，把反对公投的国民党打成反民主，挑衅中国大陆。民众对这种操弄意识形态、置民生议题于不顾的做法早已厌倦。民进党以挑衅两岸关系的方式集聚人气的图谋未能得逞。

民进党“执政”8年，台湾社会发生深刻变化。民众对族群问题、统独问题的认知趋于理性，“台独”势力生存的空间遭到压缩。民生议题渐渐超越其他议题，成为民众关注的焦点，台湾社会过高的政治激情有所消退，政治生活逐步恢

① 香港中国评论网2008年3月23日。

复常态。马英九主打"经济牌",强调"改变",引起广大民众的强烈共鸣,人心思变。广大人民用选票否定了"执政"无能、贪污腐败的民进党政权,终于实现政党二次轮替。

22 日晚,国台办发言人在接受台湾媒体采访时表示:"我们注意到了台湾地区领导人选举的结果。陈水扁当局推动的所谓以'台湾'名义加入联合国的公投遭到失败,再次说明'台独'分裂势力搞'台独'是不得人心的。"指出"两岸关系和平发展是两岸同胞的共同愿望,大家共同为此努力"①。

第五节　两岸关系走向和平发展

一　大陆积极释放善意

马英九在 2008 年台湾"总统"选举中获胜,陈水扁一手操纵的"入联公投"遭到挫败,处于高危状态的两岸关系出现缓和迹象。

3 月 26 日晚,国家主席胡锦涛应约同美国总统布什通电话,胡主席表示:"在'九二共识'的基础上恢复两岸协商谈判是我们的一贯立场。我们期待两岸共同努力、创造条件,在一个中国原则的基础上,协商正式结束两岸敌对状态,达成和平协议,构建两岸关系和平发展框架,开创两岸关系和平发展新局面。"胡主席还对布什政府坚持一个中国政策,遵守中美三个联合公报,反对"台独",反对"入联公投",反对台湾加入联合国和其他只有主权国家才能参加的国际组织的明确立场表示赞赏②。胡主席的谈话,指出了两岸关系发展的方向。

4 月 12 日,中共中央总书记胡锦涛在海南博鳌论坛,会见了前来参会的萧万长一行。胡锦涛强调:"实现两岸关系和平发展,是两岸同胞的共同愿望所系、共同利益所在。当前两岸关系正朝着和平稳定的方向发展,两岸同胞加强两岸交流合作的愿望进一步增强。""希望两岸同胞携手努力,共同开创两岸关系和平发展新局面。"萧万长提出,要把"正视现实,开创未来,搁置争议,追求双赢",作为对两岸关系的期许③。

4 月 29 日,中共中央总书记胡锦涛在北京会见国民党荣誉主席连战,提出"建立互信,求同存异,搁置争议,共创双赢"十六字方针,呼吁两岸在"九二共

---

① 香港中国评论网 2008 年 3 月 22 日。
② 中国台湾网 2008 年 3 月 27 日。
③ 中国台湾网 2008 年 4 月 12 日。

识"基础上尽早恢复两岸协商谈判①。

中国大陆坚持和平统一祖国的大政方针，通过积极努力，引导台湾岛内民意向和平发展的方向靠近。针对台湾的二次政党轮替，中国大陆充分抓住这个难得的历史机遇，主动释放善意，为两岸关系走向和平发展阶段做出了重大贡献。

二 马英九上台"执政"与两岸关系的新局

马英九竞选主打经济议题，一再表示要拼经济，必须组建一个强大的"财经团队"。2008 年 4 月，马英九宣布，东吴大学校长刘兆玄担任"行政院长"，江丙坤担任海基会董事长。刘兆玄以"廉能专业新团队，永续均富新台湾"为主题，吸纳了多位国民党前高官及专业人士，组建"内阁"。"陆委会"主委确定由台联前"立委"赖幸媛出任。对这项人事安排，国民党内引发相当大的反弹。马英九出面，就赖幸媛的人事案提出说明，强调大陆政策的大政方针，还是由他本人决定。

民进党"执政"8 年，台湾当局举债暴增。1999 年，台湾当局未偿还的债务只有新台币 1.3 万亿元，到了 2007 年，已经高达 3.8 万亿，2008 年超过 4 万亿。两次金融改革以失败告终，当局共损失 3000 多亿元。陈水扁当局位置占光、把钱用光、把债借光，留下来一副烂摊子。马英九主打"经济牌"，描绘出发展经济的蓝图，提出"633 计划"，保证"马上就好"，给台湾民众带来新的希望。但要兑现这些承诺，挑战异常艰巨。

5 月 20 日，马英九、萧万长在"总统府"宣誓"就职"。马英九以"人民奋起、台湾新生"为题发表就职演说。马英九宣示下一阶段民主改革的目标："我们要进一步追求民主质量的提升与民主内涵的充实，让台湾大步迈向'优质的民主'：在宪政主义的原则下，人权获得保障、法治得到贯彻、司法独立而公正、公民社会得以蓬勃发展。"关于未来当局最紧迫的任务，马英九承诺："就是带领台湾勇敢地迎接全球化带来的挑战。""我们要坚持开放、大幅松绑、释放民间的活力、发挥台湾的优势；我们要引导企业立足台湾、联结亚太、布局全球；我们要协助劳工适应快速的科技变迁与产业调整；我们还要用心培育我们的下一代，让他们具有健全人格、公民素养、国际视野与终身学习的能力，同时要排除各种意识形态对教育的不当干扰。"关于对外关系，"我们将以'尊严、自主、务实、灵活'作为处理对外关系与争取国际空间的指导原则"，"我们要积极参与亚太区域合作，进一步加强与主要贸易伙伴的经贸关系，全面融入东亚经济整合，并对东亚

---

① 中国台湾网 2008 年 4 月 29 日。

的和平与繁荣作出积极贡献。”“我们要强化与美国这一位安全盟友及贸易伙伴的合作关系；我们也要珍惜邦交国的情谊，信守相互的承诺。”关于两岸关系，马英九指出：“我们将以最符合台湾主流民意的‘不统、不独、不武’的理念，在‘中华民国宪法’架构下，维持台湾海峡的现状。”重申：“我们今后将继续在‘九二共识’的基础上，尽早恢复协商，并秉持四月十二日在博鳌论坛中提出的‘正视现实，开创未来；搁置争议，追求双赢’，寻求共同利益的平衡点。两岸走向双赢的起点，是经贸往来与文化交流的全面正常化，我们已经做好协商的准备。希望七月即将开始的周末包机直航与大陆观光客来台，能让两岸关系跨入一个崭新的时代。”“未来我们也将与大陆就台湾国际空间与两岸和平协议进行协商。”①

在蓝绿、中美台之间，马英九想“蓝绿通吃”、“统独兼顾”，强调“不统、不独、不武”，平衡各方关系。在“中华民国”和台湾的连结上，马英九着墨甚多。马英九提到台湾的次数 48 次，远远超过触及“中华民国”的次数 9 次，突显他恪守“维持现状”的谨慎态度，展现其本土化执政方向的坚持。马英九承认“九二共识”，就是承认改善两岸关系的政治前提，客观上否认了“台独”的可能性。这表示，两岸关系可能出现新的积极变化。

面对两岸关系发展难得的历史性机遇，中国大陆对马英九的“就职演说”做出积极回应。5 月 22 日，中共中央台办、国台办主任陈云林就当前两岸关系问题发表谈话，重申：“我们将继续贯彻发展两岸关系、实现祖国和平统一的大政方针，牢牢把握两岸关系和平发展的主题，继续反对和遏制‘台独’分裂活动，为两岸同胞谋福祉，为台海地区谋和平，维护国家主权和领土完整，维护中华民族根本利益，努力开创两岸关系和平发展新局面。”希望“两岸双方以两岸同胞福祉和中华民族整体利益为重，建立互信，搁置争议，求同存异，共创双赢，扎实推动两岸关系不断改善和发展”。

陈云林还表示：在新的形势下，“我们将更为努力地推动两岸直接‘三通’进程，更为努力地促进两岸经济文化等各项交流合作，更为努力地推进两岸同胞和社会各界的交往，扩大两岸同胞的共同利益，厚植两岸同胞的共同文化根基，增进两岸同胞的手足亲情，让中华民族精神在两岸关系和平发展的进程中焕发新的光彩，世代永续传承。我们理解、信赖、关心台湾同胞，尊重台湾同胞爱乡爱土的情感、当家作主的愿望，将继续实施和充实惠及广大台湾同胞的政策措施，切实维护台湾同胞的正当权益。对于一些由于对大陆缺乏了解而对发展两岸关系存在误解、疑虑的台湾同胞，我们都将以诚相待，欢迎他们来大陆访问、

① 大公报网 2008 年 5 月 20 日。

交流，增进相互理解，努力实现两岸同胞大团结，促进两岸关系大发展。"①

陈云林讲话肯定了马英九提出的促进两岸关系发展的主张，肯定了马英九在"九二共识"的基础上恢复协商，肯定了马英九提出的中华民族和平共荣的目标，对马英九讲话中有利两岸关系发展的内容及观点给予肯定，对马英九提出的要求与问题做了回答。两岸关系迎来了一个新的发展时期。

代表国民党参选的马英九上台"执政"，在两岸关系上展现出善意、柔性，希望与中国大陆理性协商。国共两党已经实现历史性和解，国共平台搭建起双方协商的管道，虽然中国国民党中常会不等同于马英九执政团队，但马英九毕竟是国民党的一分子，是中华民族的一员，是中华文化孕育出的精英人物。这有助于建立两岸互信，两岸关系的改善出现了新的历史性契机。

马英九坚持的"九二共识"是指"一个中国，各自表述"，与中国大陆主张的"各自表述一个中国"是有差异的。但是，承认"九二共识"、承认"一个中国"，是一个基本的共识。承认这一点，两岸就有了对话的政治基础。马英九寻求两岸新的政治定位，即两个"互不隶属的独立政治实体"，坚持"不统、不独、不武"的大陆政策。"不统"是要迎合多数台湾民众维持台海现状的心态。"不独"是表明台湾不会走向"法理独立"，不会刺激中国大陆。"不武"表明，台湾不会主动制造台海紧张局势，不会让美、日等国为难。

在坚持"台湾主体性"的前提下，马英九希望通过改善两岸经贸关系来振兴台湾经济，通过两岸协商谈判来拓展台湾的对外活动空间。马英九深知拼经济是当务之急。上台后，他积极修改阻碍台湾经济发展的若干封闭式的大陆经贸政策，放弃了以"台独"诉求主导两岸经贸关系的理念，在中国大陆主动采取推动两岸经贸交流举措的引导下，推行务实开放的两岸经贸发展政策，开放大陆民众赴台旅游，积极推动两岸直接"三通"，逐步实现两岸经贸关系的正常化。

中国大陆抓住难得的历史性机遇，加强与国民党的沟通与交流，邀请国民党主席吴伯雄赴大陆访问。5月28日，国共首次峰会"胡吴会"在北京举行。关于台湾同胞参与国际活动的问题，中共中央总书记胡锦涛表示，大陆了解台湾同胞在这个问题上的感受；两岸和平发展共同愿景已经明确，促进恢复两岸协商后，讨论台湾民众关心的参与国际活动的问题，包括优先讨论参与世界卫生组织活动的问题。"我相信，双方共同努力，创造条件，通过两岸进行协商，这些问题会找到解决办法"②。

6月，大陆对台工作系统人事变动，王毅从外交部副部长改任中共中央台办

---

① 新华网2008年5月22日。
② 中国台湾网2008年5月28日。

和国台办主任。他首度以新身份出席在人民大会堂举行的海协会第二届理事会第一次会议。会议推举 67 岁的原国台办主任陈云林担任海峡交流协会会长。

通过两岸的共同努力，台湾海基会董事长江丙坤立即到大陆访问。6 月 13 日，海协会会长陈云林、海基会董事长江丙坤正式签署“海峡两岸包机会谈纪要”及“海峡两岸关于大陆居民赴台旅游协议”，共两项协议、四件文本。中共中央总书记胡锦涛会见江丙坤一行，强调只要两岸双方秉持“建立互信、搁置争议、求同存异、共创双赢”的精神，一定能够不断推进商谈进程，不断取得更加积极的成果。江丙坤提出台湾将以“和平繁荣、相互尊重、建立互信、共创荣景”作为两岸共同的愿景。两会恢复了中断多年的协商管道①。

7 月 4 日，两岸周末包机顺利启航。大陆先行开放北京、上海(浦东)、广州、厦门、南京 5 个航点，台湾开放桃园、高雄小港、台中清泉岗、台北松山、澎湖马公、花莲、金门、台东 8 个航点。同日，大陆居民赴台旅游首发团抵台。

11 月上旬，海协会会长陈云林一行首次实现赴台访问，与海基会签署海运、空运、邮政、食品安全等四项协议，两岸直接通航即将基本实现。马英九对陈云林表示：“两岸之间仍然存在着分歧与挑战，尤其是在台湾安全与国际空间这些问题上更是如此。我希望将来两岸能在‘正视现实、互不否认、为民兴利、两岸和平’的基础上积极处理这些分歧。”两会制度性协商终于确定下来，两岸良性互动又迈出坚实一步。海协会与海基会的两次协商会谈达成了开放大陆赴台旅游和实现两岸直接“三通”的目标，标志着过去对抗的两岸关系进入了以协商对话、发展经济为轴心的和平发展的新时期。

12 月，两岸海空直航及直接通邮正式启动，两岸直接“三通”基本实现。这是 1949 年海峡两岸隔绝以来，两岸交往上取得的重要进展。

同时，第四届两岸经贸文化论坛在上海举行，双方达成 9 项建议，涵盖合作应对金融危机、产业合作和建立两岸经济合作机制等内容，指明了两岸将在金融、基建、高科技、油气开采、制造业、服务业、渔农业及航运物流等领域进行发展合作。九项建议将推动两岸经贸关系的重心由制造业向服务业领域延伸，有助于台湾服务业拓展大陆市场，解决其长期受限岛内内需市场狭小的发展瓶颈；将深化两岸产业分工与合作，有助于台湾制造业利用大陆市场、技术和劳动力优势资源实现产业结构升级，提高产品附加值与国际竞争力，摆脱其在全球产业分工体系中处于代工环节的相对弱势地位。大陆方面提出 10 项惠台措施，将直接有助于大陆台资企业拓展大陆内需市场和实现营运模式的转型升

---

① 中国台湾网 2008 年 6 月 13 日。

级，逐步摆脱对美日的市场依赖，使大陆台资企业能够切实分享大陆经济高速增长的红利而获得长足发展。

三　胡锦涛提出发展两岸关系的指导性意见

对内和谐、对外和平、对台和解是中共实现国家振兴的大政方针。21世纪以来，中国大陆抓住重要战略机遇期，努力建设和谐社会。中共中央提出了以人为本、以发展为第一要义、以全面协调可持续为基本要求、以统筹兼顾为根本方法的"科学发展观"，来统领各项工作。对台工作是各项工作中的一环，必须服从国家振兴整体战略目标。中共中央积极调整对台政策，从实际出发，在两岸关系上牢牢把握和平发展这个主题，继续反对和遏制"台独"分裂活动，推动两岸关系朝着和平稳定的方向前行。

冷战结束后，世界多极化，经济全球化，科技革命日新月异。人类社会面临诸多挑战，从恐怖主义、环境污染、能源危机，到民族宗教与地区冲突、南北差距拉大等。国际社会必须"共同分享发展机遇，共同应对各种挑战"，才能维护全球的和平与安宁。对充满火药味的台海地区，美国、日本、欧盟、东盟等对"台独"冒险活动并不支持。世界主要大国希望台海地区和平稳定。

2008年12月31日，在纪念《告台湾同胞书》发表30周年座谈会上，胡锦涛总书记全面阐述了对台工作的大政方针，在坚持一个中国的基础上，更加灵活而务实。

因中国内战及外力介入而形成的台湾问题错综复杂。关于大陆和台湾的政治定位，大陆主张台湾是中国的一个特殊地区。台湾则主张"一国两府"、"一国两区"、"互不否认对方为政治实体"，要与大陆平起平坐。为了不致有以大压小的错觉，中国共产党提出以国共合作来解决分歧，台湾方面不愿接受。在台湾主体性确立的大环境下，两岸最高管理层平等协商已是不容回避。胡总书记在讲话中明确界定："大陆和台湾尽管尚未统一，但不是中国领土和主权的分裂，而是上个世纪40年代中后期中国内战遗留并延续的政治对立，这没有改变大陆和台湾同属一个中国的事实。两岸复归统一，不是主权和领土的再造，而是结束政治对立。"这就是说中国的领土和主权完整不存在分裂的问题，两岸始终同属于一个中国，只是治权分离，造成政治对立。这就从理论上维护了国家的主权和领土完整，同时也为两岸实现统一指明了方向。

在大陆的大力推动与主导下，两岸经贸交流取得了丰硕成果，初步实现了功能化，急需制度安排与保障。讲话建议"签定综合性经济合作协议，建立具有两岸特色的经济合作机制"，进一步深化两岸之间的直接经济往来。无论是CEPA、FTA、"两岸共同市场"、"两岸特色的共同市场"，或是"两岸市场"、"台海市场”,以及其他模式,只要两岸互利互让,完全能够创建一个具有两岸发展模式的经济合作机制。特别是在全球金融危机的大背景下,两岸相互扶持、共渡难关显得更加紧迫。

中国幅员辽阔,除了占主导地位的中华意识外,各地方的意识千差万别。台湾意识作为中国的一种地方意识,其核心就是爱土爱乡,渴望台湾稳定,经济发展,人民安居乐业。岛内个别人拼命把台湾意识与中华意识并立甚至对立,是站不住脚的。有人误以为爱土爱乡的台湾意识就是“台独意识”,则是对台湾意识的误读。讲话一锤定音,强调:“中华文化在台湾根深叶茂,台湾文化丰富了中华文化内涵。台湾同胞爱乡爱土的台湾意识不等于‘台独’意识。”台湾民众都使用汉字,坚持中华民族传统历史文化,两岸精神层面的共通处实际上远多于不同点。对于秉持台湾意识的台胞,我们应该加强与他们的沟通,连结并扩大两岸的精神纽带。

民进党长期从事反抗运动,植根于台湾中南部.中下层民众、中小企业主。其鼓吹“台独”,带有反对国民党威权统治的成分。由于种种原因,岛内一部分民众难以感受到大陆的善意,对改善两岸关系持负面看法,抵触情绪严重。讲话明确指出,“对于那些曾经主张过、从事过、追随过‘台独’的人,我们也热诚欢迎他们回到推动两岸关系和平发展的正确方向上来”,而非置之不理,把他们推到对立面,任其自生自灭。关于“台独”的具体内涵,民进党内看法不一。讲话强调,“只要民进党改变‘台独’分裂立场,我们愿意作出正面回应”。大陆没有强调民进党必须立即承认一个中国,仅是希望其“改变‘台独’分裂立场”,给了民进党正面回应大陆善意的时间与空间。

台湾介入国际活动的空间越来越窄,机会越来越少。一些台湾民众有被打压之感,为了化解台胞的疑虑,讲话充分尊重了历史,并考虑了现实状况,对台湾民众参与国际活动问题的心情感同身受,提出可以“通过两岸务实协商作出合情合理安排”,但前提是坚持一个中国,坚决避免制造“两个中国”、“一中一台”的混乱。

两岸隔海对峙长达 60 年之久,内战到今天还没有结束。这与两岸人民求和平、求发展的根本利益背道而驰。目前的和缓局面仍比较脆弱,潜伏着很多不确定因素。两岸需要建构共同的政治基础,达成和平协议,使台海远离战火,也可以打消台湾民众的不安全感。因此讲话再次倡议“两岸结束敌对状态,达成和平协议”。当然这可能需要一个很漫长的过程。只要双方坐下来谈,建立互信,求同存异,共创双赢,总归能够找到双方都可接受的化解之道①。

① 中国台湾网 2008 年 12 月 31 日。

胡总书记的讲话与30年前的《告台湾同胞书》一脉相承，对广大台胞动之以情、晓之以理，又与时俱进，登高望远、务实创新，全面提出了两岸关系和平发展的理论，为两岸关系的和平发展规划了确实可行的路径。

四　两岸经济、文化合作与交流的深化

2009年以来，两岸经济面临着全球金融危机的冲击。机遇与挑战并存，只有抓住机遇，方可应对挑战。4月，海协会会长陈云林与海基会董事长江丙坤，在南京紫金山庄举行第三次会谈，签署了《海峡两岸金融合作协议》、《海峡两岸共同打击犯罪及司法互助协议》、《海峡两岸空运补充协议》，并就大陆资本赴台投资事宜交换了意见，达成原则共识。两岸在深化合作、共创双赢的路途上又迈出坚实步伐，取得新的成果[①]。两岸空中运输从春节包机、节日包机、周末包机到平日包机，基本实现空中直航，但仍不是完全直航。包机不同于定期航班，大陆民航飞机不能穿越台湾海峡中线。随着两岸民众往来的频密，两岸平日包机载客率连创新高，两岸航空业者都有增加航班的需求。《海峡两岸空运补充协议》确定了开通两岸定期客货运航班等事宜，双方同意将两岸常态化包机转换为空中定期航班，在台湾海峡北线航路的基础上开通南线和第二条北线双向直达航路，并继续磋商开通其他更便捷的新航路，还根据市场需求经双方协商确定增开新的航点。定期航班逐渐落实，两岸朝着空中完全直航取得新进展，便利了两岸的人员往来，也拉近了两岸人民的心理距离。两岸在制造业方面的合作已有相当基础，金融交流与合作却明显滞后，制约了两岸经贸的深入开展。两岸均早已加入世界贸易组织（WTO）。港澳地区的银行可在大陆设立分行，美国、日本、英国等国的银行可在中国大陆设立分行。台湾地区的金融业早想登陆，多家银行在大陆设立了办事处，仍不能设立分行。大陆的银行连在台湾地区设立办事处的机会都没有。加强两岸的金融合作已是迫在眉睫。两会签署的《海峡两岸金融合作协议》，包括金融合作、交换资讯、保密义务、互设机构、检查方式、业务交流、联系主体、争议解决等12大项内容，为银行、保险、证券业后续签订金融监理备忘录（MOU）铺平了道路，使双方在金融领域能够开展广泛的直接合作，有助于各自金融机构获得新的市场空间、实现发展壮大，还为实体经济的交流提供便利的金融服务，也将为两岸共同应对国际金融危机提供有力的保障。

由于人为的原因，两岸经贸交流处于单向、间接、不对等的状态。因台湾方面的种种限制，大陆资本迟迟无法赴台湾投资。经过两岸共同努力，双方终于

---

① 中国台湾网2009年4月26日。

可以坐下来,商谈陆资入台的方向、路径。根据双方达成的共识,台湾将在政策上首度允许大陆资本入岛投资,长久以来台湾到大陆单向投资的非正常局面不久会正式终结,今后两岸可以进行正常的直接双向投资交流。有实力的大陆企业可以在台湾的制造业、新能源、服务业以及公共设施建设等领域进行投资,弥补台湾在有关领域的投资不足,提升其产业和行业的国际竞争力。两岸将在更广泛的领域实现优势互补、互利双赢。

长期以来,一些不法分子钻两岸分隔的空子,游走于两岸,滋事生非,规避法律的制裁。两岸在共同打击犯罪方面有过接触,往往“特事特办”。这限制了双方共同打击犯罪的力度和办案效率。《海峡两岸共同打击犯罪及司法互助协议》的签署是两岸互信的产物。根据协议,双方同意在民事、刑事领域相互提供协助,包括共同打击犯罪、送达文书、调查取证、认可及执行民事裁判与仲裁裁决(仲裁判断)、移管(接返)被判刑人等。两岸司法主管部门将建立直接、正式以及制度化的业务合作关系,实现司法沟通的常态化。

与前两次“陈江会”相较,此次会谈的内容有所扩大,难度亦在增加,两岸定期航班未能一步到位,寄予厚望的金融合作仅是框架性协议,陆资赴台仍需双方继续协商,共同打击犯罪急待加强。两会已达成共识,下一阶段将就两岸渔业劳务合作、农产品检验检疫、标准检测与认证合作、避免双重课税进行协商。两岸经济合作协议的协商与签署仍有待进一步商讨。

在两会合作协商成果的基础上,两岸经济文化交流进一步推动起来。

首先是涉及两岸经济文化交流的高级论坛连续召开。2009 年 5 月,以“扩大民间交流、加强两岸合作、促进共同发展”为主题的首届海峡论坛,在福建厦门、福州、泉州和莆田等城市陆续展开,海峡论坛致力于构建两岸民间交流的平台、两岸经贸合作的平台、两岸合作交流研讨的平台、两岸合作交流枢纽的平台。

在这次海峡论坛上,大陆推出惠台新举措:(1) 推动大陆企业赴台投资。商务部、国务院台办正式发布《关于大陆企业赴台湾地区投资或设立非企业法人有关事项的通知》,明确了大陆企业赴台湾地区投资的办理程序;(2) 扩大对台产品采购;(3) 鼓励和支持有条件的台资企业拓展大陆市场并参与大陆扩大内需的基础设施和重大工程建设;(4) 增加大陆居民赴台旅游;(5) 推动协商建立两岸经济合作机制;(6) 进一步向台湾居民开放专业技术人员资格考试项目;(7) 加强两岸农业合作平台建设;(8) 许可台湾地区律师事务所在福州、厦门两地试点设立分支机构,从事涉台民事法律咨询服务。

7 月,由中共中央台湾工作办公室、海峡两岸关系研究中心与中国国民党“国政研究基金会”共同主办的第五届两岸经贸文化论坛,在湖南长沙举行。本届论坛以推进和深化两岸文化教育交流合作为主题。与会人士就中华文化的传承与创新、推进两岸文化产业合作、拓展两岸教育交流合作三项议题进行深入讨论,并举行了两岸经贸合作座谈会。中共中央政治局常委贾庆林和中国国民党主席吴伯雄出席论坛并发表演讲。贾庆林在开幕式上发表讲话,并就全面推进和深化两岸文化教育交流合作提出五点意见:第一,维护两岸共同的中华文化传承,加强两岸同胞的精神纽带。第二,推进和深化两岸文化交流合作,增强对中华文化和中华民族的认同。第三,推进两岸文化产业合作,提升中华文化的国际影响力。第四,加强两岸教育交流合作,增添两岸关系和平发展的蓬勃活力。第五,协商签订两岸文化教育交流协议,建立两岸文化教育交流合作机制。

国共两党有关方面负责人、台湾其他党派、两岸文化界、教育界、经贸界等各界人士、专家学者500余人出席。两岸文化和教育主管部门人士作为特邀嘉宾和特邀专家出席了本届论坛。会议认为,2008年5月以来,两岸关系出现历史性机遇,取得重大积极进展,步入和平发展的正轨,符合两岸人民的共同利益与期盼。在进一步密切两岸经贸关系的同时,积极加强两岸文化教育交流合作,对持续推动两岸关系和平发展具有重要深远意义。悠久灿烂的中华文化是两岸的共同财富,是维系两岸民族感情的重要纽带。新形势下,应全面推进和深化两岸文化教育交流合作,增进两岸对中华文化的认同,缔造中华民族的新时代。与会各界人士经过两天的研讨,提出共同建议:(1) 加强两岸文化交流合作,共同传承和弘扬中华文化;(2) 深化两岸文化产业合作,增强两岸文化产业的国际竞争力;(3) 促进两岸教育交流与合作,提升两岸教育品质;(4) 共同探讨协商签订两岸文化教育交流协定,建立两岸文化教育合作机制;(5) 加强两岸新闻交流;(6) 支援台资企业在大陆发展壮大,推动两岸在节能环保和新能源产业领域的合作①。

11月,两岸农渔水利合作交流会在上海和浙江举行。会议吸引了大陆有关主管部门负责人以及两岸农渔水利界代表和专家学者共220余人与会。会议围绕"两岸自然灾害预防及灾后重建合作"、"两岸农业技术及产业合作"、"两岸渔业合作发展趋势"及"两岸水利合作愿景"四项议题进行参访、交流和研讨,提出了新形势下加强与深化相关领域交流合作的12项共同倡议。

两岸专家普遍认为,农渔水利以及防灾减灾领域的交流与合作不仅惠及两岸,更将造福世界。在全球金融危机和全球暖化的大背景下,通过进一步机制化的合作,加强新型农业、精致农业的合作发展;通过完善机制,携手保育海洋

---

① 中国台湾网2009年7月12日。

渔业资源，实现两岸渔业的永续发展；谋求海峡两岸水利交流机制化、常态化、固定化，探索构建两岸水利合作平台；通过构建两岸防灾救灾支援平台，减少两岸民众生命财产损失。

接着，大陆企业赴台投资事宜有了进展。台湾当局经济主管部门初步完成《大陆地区人士来台投资许可办法》，依规划，将采取分阶段开放，主要鼓励大陆企业投资制造业；开放原则从原来的“负面表列”改为“正面表列”；投资方式包括独资或合资设立公司、建厂，引进设备、投资股权或企业并购等；欢迎与鼓励大陆企业投资岛内“十二项建设”等基础设施。6 月底，台湾“经济部”正式公布《大陆地区人民来台投资许可办法》、《大陆地区之营利事业在台设立分公司或办事处许可办法》。两项办法均自 30 日起生效实施，正式受理陆资来台投资或设立办事处申请案。两岸双向投资时代正式开启。第一阶段开放项目共 100 项。其中制造业开放 64 项，包括汽车、纺织、橡胶制品、塑胶制品业等。服务业部分，开放 25 项。公共建设部分，开放 11 项。“经济部”的文本称，截至 2009 年 5 月，台湾累计核准赴大陆投资金额已逾 771 亿美元；开放陆资来台，有助于两岸优势互补、互利双赢[①]。

台湾当局在政策上首度允许大陆资本入岛投资，长久以来台湾到大陆单向投资的非正常局面正式终结，今后两岸可以进行正常的直接双向投资交流。有实力的大陆企业可以在台湾的制造业、新能源、服务业以及公共设施建设等领域进行投资，弥补台湾在有关领域的投资不足，提升其产业和行业的国际竞争力，实现优势互补、互利双赢。

金融监管合作协商顺利　经过两岸金融监督管理机构的充分协商沟通，双方对签署金融监管合作备忘录涉及的业务性、技术性问题达成一致意见，同意在信息交换、机构设立、危机处理、人员培训和交流等方面开展合作，以确保对互设机构实施有效监管，维护两岸金融市场的稳定发展。11 月，两岸银行、证券及期货、保险业监管合作备忘录顺利完成签署，标志着两岸金融监管机构将据此建立监管合作机制，有利于促进两岸金融业的优势互补和共同发展，有利于进一步优化大陆台资企业的融资环境。

有关台湾地区国际活动空间有了新的安排。2009 年 4 月，台湾“卫生署”接获世界卫生组织（WHO）总干事陈冯富珍的邀请，作为观察员，以“中华台北”名义参加在瑞士日内瓦召开的第 62 届世界卫生大会。5 月，台湾以“中华台北”的观察员身份重返联合国体系的世界卫生大会（WHA），台湾代表团团长、“卫生署长”叶金川在会场与中国卫生部长陈竺见面，双方礼貌握手交谈，创下两岸卫

---

① 台湾“中央社”台北 2009 年 6 月 30 日电。

生高层官员共同出席联合国体系正式会议及互动的先例。这是台湾 38 年来首度参与联合国体系下的正式活动。

5 月 19 日，叶金川在世卫大会发言 4 分钟。回到自己的座位时，在场的大陆卫生官员向他表示“说得真好”。第 62 届世界卫生大会代表及其他参与者名册，台湾以“中华台北”名称列观察员部分，以 Dr. Chin－Chuan Yeh（叶金川医生）称呼台湾代表团团长，并列出他的正式官衔“Minister, Department of Health”（“卫生署长”），与其他会员国及观察员名单采取相同体例。民进党指称，世界卫生组织（WHO）的官方网站仍把台湾列为中国一省。对此，叶金川表示：“参加 WHA 并非来讨论台湾是否遭到矮化，在这个技术性、科学性的专业会议，不应该刻意提出政治议题，而应循联合国管道去解决。”[①]

在地震救援方面休戚与共　2009 年 8 月 8 日，台风“莫拉克”横扫台湾中南部地区，在风灾中遇难人数估计逾 500 人，万人无家可归，财产损失至新台币 500 亿元，其中农业损失超过新台币 106 亿元。这是台湾近 50 年来最严重的水灾。面对台风“莫拉克”带给台湾南部的满目疮痍，感同身受的大陆民众源源不断地向海峡另一边传递着关爱。中共中央台办、海协会、台盟中央、全国台联、中国红十字会等部门都在第一时间分别向台湾有关方面致电、致函慰问，各界纷纷伸出援手，踊跃捐款，援助救灾。至 8 月 16 日，大陆方面合计捐款已超过 1.2 亿元人民币。有关台湾方面需要的紧急救灾物质，也从大陆陆续运抵灾区。

扶危济困、雪中送炭是中华民族的美德。2008 年“五一二”汶川大地震发生后，台湾同胞以血浓于水的亲情，向大陆受灾同胞捐款捐物。台湾红十字会组织派遣救援队参与四川地震灾区救援。台胞的物资与救援队伍对减轻地震损失起到了积极的作用，为两岸同胞共同抗击自然灾害写下了新的一页。

12 月，海峡两岸关系协会会长陈云林与台湾海峡交流基金会董事长江丙坤，在台中市裕元花园酒店举行两会恢复协商以来的第四次会谈。双方就两岸渔船船员劳务合作、两岸农产品检疫检验合作、两岸标准计量检验认证合作、两岸避免双重征税及加强税务合作等议题进行了磋商，就推动商签两岸经济合作框架协议交换意见，并讨论了下一阶段两会协商议题安排等事宜。陈云林与江丙坤在台中签署了《海峡两岸渔船船员劳务合作协议》、《海峡两岸农产品检疫检验合作协议》、《海峡两岸标准计量检验认证合作协议》。这些协议的签订，对于保障两岸在相关领域的合作与交流，做出了制度上的安排。

---

① 联合早报网 2009 年 5 月 19 日。

五 两会签署《两岸经济合作框架协议》

"三通"基本实现后，陆资赴台等问题提上日程。在资本追逐高额利润力量的驱动下，两岸经济交流初步实现了功能化，急需制度安排与保障，建立两岸经济合作机制，推进两岸经济关系的规范化与稳定化。

中国大陆是台湾石化、机械产品的主要出口市场，也是汽车及零组件的潜在市场。2009年1月1日起，中国大陆与东盟彼此间进口关税税率在10%以下项目已降至零关税。2010年东盟"10+1"成形后，大部分货品关税都将取消。台湾的上述三类货品，在中国大陆市场关税是6.5%—14.9%。台湾的石化、机械、汽车及零组件产品，一旦在中国大陆市场被他方取代而退出当地市场，未来要再重返将有极大困难。

经过协商，有关两岸经济合作协议的名称与内容，双方最终趋向于达成两岸经济合作框架协议（英文为 Economic Cooperation Framework Agreement，简称为 ECFA）。为了摆脱经济困境，全面进入中国大陆市场，马英九当局不顾反对声浪，坚持"以台湾为主，对人民有利"的原则，希望尽早与大陆签署ECFA。

由于岛内蓝绿对立，民进党为反对而反对，对两岸经济合作框架协议持负面态度，夸大甚至捏造两岸经济合作框架协议的负面效应，不断发动民众抵制。

2010年6月初，马英九接受半岛电视台国际英语频道的专访，谈两岸关系的发展及台湾的国际参与。马英九说，台湾极度仰赖对外贸易，对外出口值占"国内生产毛额"（GDP）成长的65%，因此，贸易是生存的命脉。过去10年，输出产品在许多主要贸易国的市场占有率持续萎缩，原因就在于台湾未能参与区域性的经济整合。他强调："这是为什么我们必须加入区域性经济整合，参与全球化的原因；这也是我们非常看重与台湾最大的贸易伙伴中国大陆签署 ECFA 的原因。"

台湾方面提出希望商签 ECFA 以来，两岸双方在两会框架下展开了多轮商谈和沟通，遵循平等互利、循序渐进原则，充分考虑两岸经济条件，争取建立一个有利于两岸经济共同繁荣与发展的合作机制。两岸同胞血浓于水，考虑到两岸市场和经济发展阶段的差异性，大陆在商谈中充分尊重台湾弱势产业、中小企业、农民兄弟的利益，早期收获计划尽可能兼顾了台湾各行业、各地区的需要。

2010年6月，海协会会长陈云林与海基会董事长江丙坤在山城重庆举行第五次会谈，正式签署了《海峡两岸经济合作框架协议》和《海峡两岸知识产权保护合作协议》。

《海峡两岸经济合作框架协议》文本共五章16条，基本涵盖了两岸间的主要经济活动，包括了对现有机制的补充与完善，对未来合作的展望与开拓，以及对可能出现的风险的防范和争端解决。协议的主要原则是：双方遵循平等互惠、循序渐进的原则，达成加强海峡两岸经贸关系的意愿；双方同意，本着世界贸易组织（WTO）基本原则，考虑双方的经济条件，逐步减少或消除彼此间的贸易和投资障碍，创造公平的贸易与投资环境；进一步增进双方的贸易与投资关系，建立有利于两岸经济繁荣与发展的合作机制。

签署协议的目标为：加强和增进双方之间的经济、贸易和投资合作；促进双方货物和服务贸易进一步自由化，逐步建立公平、透明、便利的投资及其保障机制；扩大经济合作领域，建立合作机制。协议提出，为强化并扩大协议的效益，两岸双方将加强经济合作。合作领域包括但不限于以下内容：知识产权保护与合作；金融合作；贸易促进及贸易便利化；海关合作；电子商务合作；研究双方产业合作布局和重点领域，推动双方重大项目合作，协调解决双方产业合作中出现的问题；推动双方中小企业合作，提升中小企业竞争力；推动双方经贸社团互设办事机构。双方同意在协议生效后6个月内开始实施货物贸易早期收获计划，在协议生效后尽速实施服务贸易早期收获计划，以加速实现协议的目标。根据协议，双方还将成立“两岸经济合作委员会”，由双方指定的代表组成，负责处理与协议相关的事宜，包括完成为落实协议目标所必需的磋商；监督并评估协议的执行；解释协议的规定；通报重要经贸信息；根据协议第十条规定，解决任何关于协议解释、实施和适用的争端①。

ECFA的签署，初步解决了两岸经贸合作正常化、制度化、机制化问题。协议的实施将逐步消除两岸贸易壁垒、合理配置资源、拓展合作领域，标志着两岸经济关系进入稳定运行与不断深化的成熟期，有助建立投资双向化、形态多元化、产业链合作化的新模式。

对于台湾方面来说，ECFA的签署将有利于提高台湾经济的活力和竞争力，为台湾经济开辟新的发展空间，有助于台湾经济应对区域经济一体化。

7月12日，中共中央总书记胡锦涛在北京钓鱼台国宾馆会见了中国国民党荣誉主席吴伯雄一行。胡锦涛强调：“两岸经济合作框架协议的签署，是我们两党和两岸双方努力落实‘两岸和平发展共同愿景’的重要成果。在两岸经济合作框架协议商谈过程中，双方都作出了努力，大陆方面履行了对台湾同胞作出的郑重承诺。两岸经济合作框架协议的签署，向两岸同胞展现了我们共同推动两岸关系和平发展的决心。这也再次表明，在反对‘台独’、坚持‘九二共识’的

① 中国台湾网2010年6月29日。

共同政治基础上，只要双方良性互动、平等协商，就能够推动两岸关系不断向前发展，也能够为逐步解决制约两岸关系发展的难题找到可行办法。推动两岸关系和平发展，不但要厚植共同利益，也要增强休戚与共的民族认同。两岸双方增进在共同政治基础上的互信，对下一步两党和两岸关系发展至为重要。真诚希望两党都从中华民族长远利益出发，通过增进互信，求同化异，为两岸关系和平发展创造更有利的条件。”

吴伯雄表示：“两年多来，两党不断增强互信，推动两岸在‘九二共识’基础上的制度化协商持续推进。两岸经济合作框架协议的签署，更是两岸关系和平发展大步向前的关键时刻，期盼协议早日生效，造福两岸人民。马英九主席希望两岸双方‘正视现实、累积互信、求同存异、续创双赢’，以不断开启两岸关系发展新局面。中国国民党对两岸关系和平发展的正确路线很有信心，会坚持下去。”①

海峡两岸高级论坛继续举办，为凝聚两岸共识起到了重要作用。6 月，第二届“海峡论坛”在福建举行。论坛以“扩大民间交流、加强两岸合作、促进共同发展”为主题。本届论坛由海峡两岸 62 家单位和民间团体主办，参加活动的台湾各界民众超过 1 万人。会议期间，中国民用航空局公布了进一步促进海峡西岸经济区与两岸航空运输发展的 7 条政策措施，具体包括：(1) 闽台直航，先试先行；(2) 发展货运，增加航点；(3) 完善航路，保障直航；(4) 机场建设，加快发展；(5) 开放备降，确保安全；(6) 扩大交流，深化合作；(7) 两岸携手，培养人才。本届论坛的召开，有助于两岸民间交流的广泛、深入和持久。

由中共中央台湾工作办公室海峡两岸关系研究中心与中国国民党国政研究基金会共同主办的第六届两岸经贸文化论坛，于 7 月在广东省广州市举行。本届论坛的主题是“加强新兴产业合作、提升两岸竞争力”，两岸各界嘉宾 400 多人齐聚一堂，围绕促进新能源产业合作、加强节能环保产业合作和深化两岸经济合作三项议题展开探讨，还举办两岸文化教育座谈会，探讨进一步加强两岸文化教育交流的相关问题。会议召开前几天，参加论坛的部分代表已经分为三个小组，分别在广州、深圳、佛山、江门等地进行了参访座谈，为论坛预先做了准备。

与会各界人士经过充分交流研讨，提出 22 项共同建议，核心内容有：(1) 充分肯定了两岸签署经济合作框架协议(ECFA)的重大意义，指出应当抓住机遇，趁势而上，开创新局。(2) 形成了新形势下扩大合作领域，创新合作方式，增强两岸经济国际竞争力的基本思路和方向。(3) 突出了战略性新兴产业在两岸经

① 中国台湾网 2010 年 7 月 12 日。

济合作中的重要地位和作用，就两岸携手发展新兴产业的策略、重点、政策保障与机制建设提出了设想。(4) 提出了两岸合作发展新能源、节能环保产业以及应对重大自然灾害的防灾、救灾合作的具体政策建议。(5) 强调共同弘扬中华文化的重要性，就加强两岸文化、教育、体育、新闻、出版以及文化创意产业合作提出了建议①。

12 月，第六次陈江会在台北举行。陈云林、江丙坤顺利签署《两岸医药卫生协议》。这表明，两岸交流已深入到两岸民生健康问题，势必对两岸全面交流与合作的进一步发展，产生正面影响。至此，海协会、海基会已完成 15 项协议的签署。

六　两岸经贸和人员往来进一步密切

受到世界金融危机的影响，2009 年两岸之间贸易有所下降。据商务部台港澳司统计，2009 年 1—6 月大陆与台湾贸易额为 430.3 亿美元，同比下降 36.7%。其中，大陆对台湾出口为 82.5 亿美元，同比下降 36.9%；自台湾进口为 347.8 亿美元，同比下降 36.7%。2009 年 1—6 月大陆共批准台商投资项目 1143 个，同比减少 4.2%，实际使用台资金额 8.7 亿美元，同比减少 12.5%。截至 2009 年 6 月底，大陆累计批准台资项目 78649 个，实际利用台资 485.3 亿美元。按实际使用外资统计，台资在大陆累计吸收境外投资中占 5.4%②。

大陆商务部统计，2009 年大陆与台湾贸易额为 1062.3 亿美元，同比下降 17.8%。其中，大陆对台湾出口 205.1 亿美元，下降 20.8%；自台湾进口 857.2 亿美元，下降 17.0%。同年，大陆实际使用台资金额 18.8 亿美元，同比减少 1.0%。

截至 2009 年 12 月底，两岸累计贸易额已达 9500 多亿美元，台商在大陆设立投资项目已近 8 万个，累计实际投资达 493 亿美元。如果加上台商经过第三地的转投资，累计实际投资约 800 多亿美元。台湾是大陆第七大贸易伙伴，大陆是台湾最大的出口市场、顺差来源地和投资目的地。

台商投资对大陆经济快速发展做出重要贡献，主要表现在资金流入，弥补大陆发展资本短缺；移转来的先进技术促进了大陆的产业升级；创造了大量的就业机会，提升了劳动力素质；增加了大陆国内生产总值及财政收入，促进出口扩张；改善了国际收支；加速大陆经济改革及市场经济的发展；协助大陆更广泛地参与国际资本市场和国际产业分工等。

---

① 中国台湾网 2010 年 7 月 11 日。

② 新华网 2009 年 7 月 21 日。

务实开放的两岸经贸政策及措施，促进了两岸经贸交流的互动，两岸各界大交流局面正在形成。2009 年，两岸人员往来达到 540 万人次，创历史新高。大陆居民赴台交流、参访人数大幅增加，全年超过 93 万人次，是 2008 年的 3.4 倍。2010 年两岸人员往来继续保持强劲势头，1—5 月台湾同胞往来大陆 196 万人次，同比增长 10.3%。大陆居民赴台 66.6 万人次，同比增长 59%，其中大陆游客赴台 52.6 万人，同比增长 90%，预计全年大陆赴台游客将突破 100 万人，两岸相互人员往来将超过 600 万人次。

两岸民众交流正日益向基层、向民间扩展和深入。越来越多的大陆赴台交流团组主动走进台湾街头巷尾、田间地头、工厂学校、医院社区，和台湾基层民众面对面接触交流，拉近了彼此之间的距离，增进了相互之间的感情。

2008 年 5 月以来，大陆游客进入岛内，从最初的每天不到 200 人至最高每天超过 5000 人，已经超过了台湾每天 3000 人的接待能力，给台湾带来巨大的商机。陆客赴台旅游，呈迅速上升之势，为台湾观光业带来庞大的客源和商机，联带交通运输业、餐饮业、零售业等产业的快速发展。开放两岸直接通航，降低了运输成本，节省了企业的营运成本和民众的费用，提升了台湾产品的出口竞争力，增加了台湾海空港口的运输能力。陆资正在逐步进入岛内，将为台湾民众提供相当多的就业机会，补充台湾在某些产业、某些技术环节方面的不足，带动台湾第三产业的繁荣，为台湾经济注入新的活力。大陆多个采购团赴岛内，从高科技产品到水果，大量采购，台湾业者订单不断，缓解了全球金融危机的冲击，为底层民众提供了大量的就业机会。

两岸交往机制化进程逐步推进。以大陆企业赴台投资和两岸正式开通空运定期航班为标志，两岸同胞期盼 30 年之久的全面直接双向“三通”基本实现，两岸经济关系正常化取得实质进展。两岸商签有关金融监管备忘录，为开拓金融领域合作奠定了基础。

前 20 年的两岸经贸交流是台湾的人流、物流、资金流进入大陆，2008 年 5 月以来的两岸经贸交流则是大陆的人流、物流、资金流直接进入岛内，两岸“我中有你，你中有我”的良性互动格局正在形成。两岸经济互动不断升温，来之不易，是两岸人民长期努力争取来的。

台湾问题是中国内战及外力介入的产物，其本质是一个中国的治权在台湾海峡两岸的分离，导致两岸政治上的对立、军事上的对峙。鉴于此，大陆主动做出了缓和台海紧张局势的举措，台湾方面被动因应。两岸在政治上的冲突难有调和的余地。这也是经过 30 年的艰苦努力，两岸在政治上仍然是隔海喊话。经贸交流则不然，双方有共同的利益，可以互惠互利，大陆主动让利于台胞，也有助于自身经济的发展。两岸关系催生出先经后政、先易后难、先急后缓、先民间后官方的互动模式。

2008 年 5 月以来，两岸关系明显缓和，走向和平发展，成果显著。但两岸关系发展中仍存在着一些结构性难题，两岸在政治、军事、涉外事务领域的冲突不易化解，和平谈判仍未提上日程，敌对状态还难以正式结束。台湾一些民众对两岸关系的快速发展持怀疑态度，担心台湾筹码尽失。两岸关系发展的现状与两岸人民的期待有一定程度的落差，未来两岸关系仍然有很大的提升空间。中国和平统一之路是可以期待的，和平统一的前景正在逐渐明朗起来。沿着这条道路前进，台湾的历史将可能展开新的一页，一个统一的中国历史也将展开新的一页！两岸的中国人和政治精英要为此而继续努力。

人名索引

（依现代汉语拼音音节表）

A

阿古柏　106,107
阿古那(Pedro Bravo de Acuña)　45
阿禄　113
阿诺托　161
阿山　63
埃德加·斯诺(斯诺)　495,632,667
埃尔利　640
艾德礼(Clement R. Attlee)　441
艾璐生　368
艾奇逊(Dean Acheson)　427,428,468－470,659,662,663
艾瑞里　754
艾森豪威尔(Dwight D. Eisenhower)　434,436,438,440,442,445
爱斯基委(Jacinto Esquivel)　24,25
爱知揆一　647
安克志　507
安田勇吉　237
安藤利吉　339－341,712
岸信介　646－648,656
奥繁三郎　205
奥利(Ohly)　169

B

巴驾(P. Parker)　108
巴克礼　176
巴沙欧莫那　223
巴特罗美·马地涅斯(Bartolomé Martínez)　24
巴特沃思(Walter W. Butteworth)　467
白崇禧　370,371,373,375,377,382,392
白传棣斯(Bertrandias)　440
白先勇　874－876
阪井　172
板垣退助　203－205,330,331
包定光　168
包可永　344,358
保生大帝　39,81
宝士德(Henry B. Bristow)　161
鲍彻　639
鲍恩士　119
鲍尔斯(Chester Bowels)　435
柏克　339
柏杨　416
卞永誉　64
北白川宫能久(北白川宫)　166,170,172,174,223,317
贝尔(H. H. Bell)　109
贝里(M. C. Perry)　108
比荷瓦利斯　223
比志岛义辉　145
滨田弥兵卫　22
博尔顿　638
波顿　538
布鲁瓦(Hendrick Brouwer)　17
布热津斯基　633
布什(乔治·W·布什)　638－639,734,735,751,754,760,796,797,896,897

C

蔡白 188
蔡辰洲 509,510,525,622
蔡池 188
蔡冲琱 56
蔡宏进 579,581—582
蔡鸿文 501
蔡厚勋 354
蔡惠如 206—208
蔡培火 206,208,209,308,316,319,320,327,329—332
蔡牵 85,86,95,100
蔡清琳 190,191
蔡式谷 206,236
蔡斯(William C. Chase) 431,432
蔡廷兰 102
蔡同荣 497
蔡万春 622
蔡孝乾 371,418
蔡英文 639,705
蔡云 32
蔡占鳌 172
蔡智恒 882
柴五郎 197
曹爱兰 603
曹瑾 91
曹兴诚 888
曹永和 15
曹志忠 116
查继佐 39
查理二世 49
柴大纪 96,100
柴松林 596
长谷川清 263,264,266,267,311
长友平藏 190
成祖(明成祖) 10
陈阿荣 193,194
陈本江 418
陈必照 705
陈碧笙 371,377
陈猜 189
陈昌 57
陈长顺 93
陈超亮 170
陈诚 366,373,382,383,391,392,403,405,412,417,426,439,448,452,483,498,500,529,580,594,614,615,642
陈重光 371
陈春木 214
陈大庆 499,500,614
陈大受 70
陈大用 96
陈德兴 214
陈登昌 38
陈第 11,12,15
陈奠邦 91
陈定南 687
陈端明 329
陈冯富珍 907
陈读 192
陈逢源 208,250,370,869
陈凤昌 172
陈复志 364
陈福 57
陈福谦 121
陈龚番 189
陈鼓应 513,514,620
陈鹤声 348
陈华挺 168
陈季同 163,165
陈济棠 392
陈嘉雄 502
陈捷升 188

陈锦煌　608
陈菊　515,516,774,775
陈孔立　884
陈来旺　213,214
陈赖章　83
陈棱　6,7
陈立夫　422
陈连标　214
陈龄　687
陈林每　100,101
陈霖仔　192
陈玲玉　513
陈龙　62
陈隆志　711
陈炉　189
陈履安　524,526,623,687,688,695
陈蟒　66
陈明通　885,887
陈启清　373
陈起明　56
陈起万　56
陈秋菊　188,189
陈权　189
陈儒林　165,169
陈瑞仁　771
陈若曦　875,876
陈少廷　513
陈绍平　376
陈绍馨　34
陈升　56
陈尚文　349
陈胜　56
陈寿　4,5
陈水扁　518,520,521,618,623—626,637—640,672,673,678,687,722—730,732—736,739—775,795—798,800,802,835,836,861,884—889,892—898
陈水逢　501
陈松坚　355,369
陈条荣　194
陈旺成　352
陈维英　102
陈文茜　723
陈文石　376
陈文溪　354,355,358
陈戊已　355
陈溪仍　93
陈炘　206,339,376
陈修五　176
陈雪屏　390—392,403
陈仪　335,337—353,356—359,361,362,364—370,372,373,381,382,500,614,865—868,874
陈怡荣　514
陈逸松　352,360
陈映真　612,876,878,879
陈永华　32,33,55,65
陈荣才　168
陈由豪　771
陈云　781
陈云林　800,802,838,899—901,904,908,909,912
陈昭瑛　611,612
陈肇兴　103
陈哲南　735
陈智雄　416
陈政雄　500
陈政忠　610
陈中和　214
陈竺　907
池田勇人　647—649
褚成博　156,157
川村景明　205
川岛与川　192

川崎　209
川野重任　254
传清凤　192
船田中　648
丛水晶　876
崔垂信　499
崔书琴　391,392
崔小萍　410
村山等安　43
村上义雄　189

D

大岛久满次　191,196
大久保利通　112—114
大平正芳　650,652,656
大隈重信　112,113,144,205
大西祝　291
大野伴睦　648
戴潮春　85,86,101
戴国辉　222,615
戴维森(Davidson)　169
戴炎辉　501
岛津　44
岛田五郎　144
淡目(Demak)　48
德川家达　205
德川家纲　44
德川家康　43
德川秀忠　43
德朗(C. E. De-Long)　110,111
德水荣松　191
德永荣松　191
邓福初　158
邓天佑　895
邓维桢　512
邓小平　635,657,700,778—781,786,789,812
狄仁华　594
荻原　193
迪亚哥·阿度阿尔特(Diego Aduarte)　26
丁立钧　155,156
丁立瀛　157,158
丁日昌　118,119,128,129,141
丁汝昌　108
东经八郎　167
东嘉生　140
东乡平八郎　167,205
董必武　658
董果　76
董氏(董太妃)　59,65
董恂　112
董义　63,66
都布阿　128
杜聪明　237,339,358,370,373,869
杜辉　33
杜勒斯(John F. Dulles)　434,436,441,445,640,641
杜鲁门(Harry Truman)　384,427—429,467—469,710
杜美　97
杜四孟　93
渡边龟作　191
渡边政之辅　213
端木芳　872
段应举　57,66

E

额勒和布　157
儿玉源太郎　182—184,189,199,216,249,290,294
奥斯汀　663,665

F

法尔代斯(Antonio Carreno de Valdes)　23

饭田助一　192
范沧榕　365
范子文　416
方素敏　517
方维甸　95
方治　390
坊城　171
菲利普二世(Philip Ⅱ)　23
菲利普三世(Philip Ⅲ)　23
菲利普四世(Philip Ⅳ)　23
费景汉　466
费希平　518,519,521,522
费正清　435,437
丰臣秀吉　142
冯沪祥　726
冯锡范　55,65—67
奉生　159
佛兰克(Christopber Fryke)　48
佛朗哥　510
福康安　94
福克纳　876
福克斯(Alonzo P. Fox)　431,469
福禄偌　115
福特　438,507,633
福田赳夫　657
福王　32
福泽渝　144
福岛　178
副岛种臣　110—112
傅学通　354,355,359
傅正　418,522,873

G

冈村宁次　339,340
甘露德(Gilbert)　440
高比良　191
高岛　175
高拱乾　4
高俊明　516
高崎达之助　647,648
高桥作卫　305
高松丰次郎　333
高山　89
高雅各(Jacob Caeuw)　31
高一生　416
高野孟矩　182
高野正　191
高英茂　540
高玉树　418,499,501
哥嘉　128
哥伦布(Cristobal Colon)　22
葛敬恩　339,350
葛兰姆　680
根本博　383
耿继茂　54
耿精忠　31,47,55,56,61,66
耿仲明　54
弓削则明　191
宫本延人　38
龚照瑗　149,160
古庄干郎　226,264
孤拔　116
辜宽敏　885
辜显荣　169,215,286
辜振甫　612,696,699,712,786,793,798,804
谷凤翔　391
谷正纲　390—392,403,424,503,526,622
顾敦彝　159
顾德里　339
顾恩(Coen)　17
顾维钧　431
顾应昌　466
关羽(关圣帝君,伏魔大帝)　39,230
关中　513,524

观世音　81
光绪帝(光绪皇帝)　156,157,158
广田弘毅　263
桂王　28,32,42,44
贵贤　157
郭百年　96
郭澄　391,392
郭恭　93
郭国基　360,375
郭怀一　21
郭吉仁　598,608
郭沫若　319
郭寄峤　425
郭世隆　99
郭泰成　713
郭廷亮　417,424
郭婉容　706
郭锡瑠　91
郭雪湖　874
郭雨新　418
郭誉孚　514
郭宗清　615

H

哈比卜　633
哈尔曼　150
哈劳哲(Henrick Harrousee)　26
哈马舍尔德(Dag Hammarskjold)　443
海澄公　41
韩石泉　364
汉弗莱　631
汉生　136
郝柏村　510,542,604,606,623,675,683,687,691,695
郝龙斌　729,738,774,775
何保山　487
何斌(何廷斌)　29,30,46
何惠民　354
何楷　3
何璟　118
何麦荣　190
何麦贤　190
何容　343,867
何应钦　340,417
河田烈　642
赫鲁晓夫　444
亨特　109
横田千之助　198
洪磊　55
洪良品　157
洪奇昌　518
洪弃生(洪攀桂,洪繻)　103,174
洪旭　33
洪元煌　210
洪哲胜　720
侯朝宗　215
侯西庚　175
后藤新平　182－187,189,197,203,212,216,232,249,290,294－297,301
胡佛　513,519
胡福相　358
胡嘉猷　171,188
胡健中　390－392
胡锦涛　766,796－798,800－803,897,900,902,910
胡琏　384
胡乔木　663
胡适　319,619,872,873
胡振远　93
胡志强　675
忽必烈(元世祖)　9
胡太明　324－327
华国锋　634
华辉　156

华逊 113
桦山资纪 161,162,166,167,169,176,178,179,181,215,246,289
黄炳贵 193
黄朝 192
黄朝琴 329,337,348,349,357,360,412
黄朝生 375
黄呈聪 316,327,329,330,332
黄丑 174,175
黄纯清 358,360,379
黄春明 876,878
黄赐 188
黄奠邦 98
黄尔璇 521,522
黄凡 882
黄光平 519
黄光枢 192
黄国书 348,352,360
黄华 660
黄煌雄 511,517,518
黄杰 500,614
黄镜峰 501
黄俊英 774,775
黄昆彬 869
黄老钳 192
黄里仁 96
黄林旺 96
黄启瑞 352
黄娘盛 171
黄少谷 403,417,498,525,526,542,622,779
黄绍第 156
黄松宫 285
黄石城 758
黄石顺 214
黄仕简 96
黄顺兴 518
黄涛 352
黄天福 511,517,519,521
黄文雄 683
黄梧 28,41,53
黄武雄 856
黄信介 419,515,516,621,623,721
黄应 57
黄镛 55
黄余秀鸾 511,517
黄员敬 192
黄昭 32,33
黄仲图 365
黄主文 687,692,739
黄征明 63
黄宗鼎 159
黄宗九 213
黄尊秋 615,686
黄志美 64

J

基辛格 438,496,632,669
姬也淳一郎 191
贾纳德 430
贾庆林 802,803,906
吉村 223
吉川 223
吉田茂 640,641,642,645,648—650
济度 63
纪砀 193
纪弦 875
季佺 64
加缪 876
加利(Boutros Ghali) 671
加藤弘之 291
嘉烈纽(D. Antonio Carennio) 24
嘉靖皇帝 95
简梴堉 360
简大狮 188—190,290

简吉　214,323
简精华　173
间庭未吉　213
江丙坤　675,737,749,800,801,898,901,904,908,909,912
江呈辉　100
江亮能　192
江南(刘宜良)　501,508,509,525,622
江鹏坚　517—519,521,523
江原互六　207
江泽民　786,788,789,792,793,795
姜恩柱　673
姜贵　872
姜绍祖　170
蒋介石(蒋中正)　262,335—338,340,341,350,356,357,365—373,378,382—385,389—393,396,398—405,407—411,413,415—419,421—424,426,429,430,432,433,435,436,438,439,441—443,445—449,451,469,483,484,489,491—494,497,498,501—503,507,527,534,543,613—616,618,619,628,629,633,641—643,646—648,650,651,658,668—670,674,767,865,866,868,870—873,877
蒋经国　383,390—393,398,403,404,407,409,416,417,419—426,442,446,448,493,494,497—507,509,510,515,516,519,521,522,524—529,533—544,551,615,616,622,650,651,679—687,698,700,702,709,711,718,767,779—782,876,877,883
蒋硕杰　466
蒋廷黻　434,443,661,662,664
蒋纬国　683,686,687
蒋渭川　352,358,362
蒋渭水　207—211,213,307,319—321
蒋孝武　509
蒋彦士　499,500,518,525,542,691
蒋仲苓　737
近藤仪三郎　222
金伯利　149,160
金广福　97
金顺　107
金耀基　540
金璋(Lionel C. Hopkins)　159,160
近卫文麿　225,228,264,266
鸠山一郎　645,646
居正　391

K

卡夫卡　875
卡洛斯一世(Carlos Ⅰ)　23
卡特(吉米·卡特)　507,633—636
凯南(George F. Kennan)　427
凯塞尔　113
开漳圣王　82,230
康宁祥　511,517,519—521,603,719
康有为　159
康文雄　514
康熙帝(康熙皇帝)　54,60—62,67,68,74
康义益　603
克里斯托弗　636
克林顿　636,637,705,761,791,793
柯朝　121
“柯达王”(Quataong)　20,21
柯克斯(Richard Cocks)　17
柯平　55,64
柯赛(Baron de Courcel)　150
柯铁　189,192
柯文福　501
柯远芬　339,358,366,373,382
科士达　152
肯尼迪(John F. Kennedy)　435,668

孔宪盈 173
孔昭慈 101
孔元章 64
揆一(Frederick Coyet) 29—31,647
奎华 157

L

腊斯克(Dean Rusk) 447
喇哈达 57,62,63
赖和(赖河) 316,320—323
赖来 193,194
赖塔 57
赖特·米尔斯(C. Wright Mills) 588
赖幸媛 898
赖伊(Trygve Lie) 494,661—664
赖英照 728
赖渊国 195
赖镇汉 193
劳伦斯 876
兰金 470,629,640
蓝鼎元 68
蓝理 66
郎廷相 57
朗诺 673
雷柏尔 579
雷德福(Arthur W. Radford) 440
雷尔生(Cornelis Reijersz) 17,22
雷轮 71
雷震 416—418,493,594,619,870,872,873
黎景嵩 172
里根 635
里见义正 191
李阿良(李阿齐) 193,194
李昂 876,882
李敖 416,517,619,726
李本楠 71
李秉衡 158
李炳士 173
李春生 101,138,141,169,180
李旦 14,18,49
李稻穗 194
李登辉 499—501,506,525,526,537—539,543,544,565,583,616—618,622,623,625,636,637,671,675,677—679,681—702,704—712,720—722,724—726,728,735—739,744,750,751,753,763,769,781—784,787—794,814,816,834,860,883,884,888
李登钦 683
李定国 28,60
李光地 61
李光耀 707
李桂 158
李国鼎 499,500,524
李鹤年 127
李鸿禧 519
李鸿章 107,108,115,128,142,148,149,152—157,159,161,162
李焕 425,500—502,526,539,622,683,686,687
李金龙 683
李经方 162,166
李炯支 354,355
李逵 323
李科罗(Victoiro Ricci) 46,47
李连春 374,499—501
李隆 57
李鹿 189
李鹏 703
李勤岸 605
李清琦 159
李庆安 768
李庆华 618,738

李瑞汉　376
李率泰　3,64
李伸一　596
李胜雄　521,598
李世贤　101
李松峰　333
李涛　660
李腾芳　104
李彤恩　137
李万居　339,348,360,418
李伟读　365
李惟义　172
李霨　67
李文范　391
李文忠　599
李仙得(Le Gendre)　109,111—113
李亚飞　798,804
李翼中　369
李一氓　664
李应龙　32
李元簇　687
李远哲　618,725,856
李友邦　368,416
李仲生　874
李子春　625
李宗仁　383,389,408
李振华　64
李镇洲　417
利士比(Lespes)　116
连横　613
连温卿　319,320
连战　623,624,675,686—688,695,706,723,725,726,729,736—738,747—750,752,754—756,758—761,765—768,800—803,897
连震东　348,360,376,391,392,499,501
梁启超　159,204,328
梁肃戎　519
廖承志　648,650,780
廖进平　375
廖文奎　378
廖文毅　375,378,710,712—716
列朗(Leonard Peltier)　611
林安泰　104
林碧炤　705
林秉足　355
林朝栋　102,104,165,166,170
林朝海　189
林朝崧　328
林朝英　103,104
林呈禄　206—208,236
林承　62
林澄枝　737,749
林春生　121
林大北　188
林道乾　11
林德训　774
林顶立　412
林兑　214
林芳玫　608
林丰正　736
林凤　11,23,48
林刚朗　357
林弘宣　515,516
林豪　102
林黄彩　100
林惠　352
林火旺　189
林际春　172
林江迈　354,355,358,868
林金生　499,501
林俊义　603,608
林李成　188,189
林烈堂　304

林连宗 360,375,376
林猫生 175
林茂生 206,339,375,376
林木顺 213
林平侯 99,102
林期圻 159
林启桢 191,192
林亲庆 189
林清江 501,853
林日高 362,375
林日慧 56
林瑞昌 416
林少花 189
林少猫 189
林森 335
林升 56,58
林世煜 518
林式镕 214
林书扬 865
林泰曾 108
林爽文 72,75,77,85,94,95,97,100,104
林顺 33
林松祥 512
林泰曾 108
林添进 214
林挺生 501
林维源 102,105,121,133,138,141
林为恭 360
林文察 86,100—102,104,204
林文明 104
林文瑛 854
林文钦 327
林贤 62
林显 189
林献堂 199,203—210,213,234,236,286,304,316,319,321,327,328,330,339,340,360,363,370,373,869
林享泰 878
林熊征 286
林洋港 501,544,615,623,686—688,695
林耀德 882
林义雄 515,516,723,770
林奕 57
林应 57
林应专 511,517
林幼春 208,328
林钰祥 692
林毓生 540
林占梅 103,105
林正杰 517,518,521
林紫贵 368
林忠 64,358,370,376,592,869
林宗贤 362,368,375
林浊水 518
刘璈 118
刘步蟾 108
刘超群 354,355,369
刘大中 466
刘得胜 173
刘干 191,192
刘国轩 56—58,65—67
刘建绪 367
刘进发 189
刘进忠 55,56
刘坤一 156
刘阔才 501,686
刘明朝 285
刘明灯 109
刘铭传 72,101,102,115—119,121,125,130—141,167,246
刘启光 348,349,370,869
刘尔贡 64
刘少康 524,525
刘少奇 662

刘绍铭 875
刘松藩 688,738
刘泰英 675
刘廷玉 169,180
刘文岛 348
刘喜阳 333
刘燕 168
刘尧海 41
刘永福 115,165,166,169,172,174—176
刘雨卿 366—368,373
刘韵珂 108
刘兆玄 737,862,898
刘子英 418
刘自然 515
柳原前光 111,112
卢焯 99
卢若腾 32
卢泰愚 772
卢振春 188
卢正邦 514,620
鲁迅 319,780
鲁王 39,40
陆奥宗光 143,147,151,162
陆润康 510
鹿传霖 158
禄偌(E. Fournier) 115
逯耀东 540
吕伯雄 352,361
吕赫若 320
吕世宜 104
吕秀莲 516,598,624,722,725,727,729,735,744,757,758,760,761,889
罗拔诺夫 149
罗陈 194
罗臭头 194
罗大春 118
罗东亚 192
罗福星 192—194
罗国权 192
罗俊 195
罗慕洛(Carlos Romulo) 661,662
罗其才 194
罗树勋 173
罗斯福 336,772
罗图思义 76
罗秀惠 159
罗友伦 419—421,432,446,447
罗志明 743,755
楼钥 8

M

妈祖 39,81,230,882
马尔拜 77
马纪壮 525,779
马康庄 881
马科斯 510,772
马来特(Edward Malet) 150
马力克(Jacob Alexandrovich Malik) 661
马沙尔 150,161
马士 119,135
马树礼 525,542
马寿华 373
马塔兰(Mataram) 48
马腾 673
马星 64
马英九 543,624,723,748,749,764,765,767—769,889—901,909,911
马有岳 365,375
马之骕 418
马立克(Jacob Alexandrovich Malik) 661
玛理逊 129
麦克阿瑟 338,383,430,483
麦克尔(William Maxwell) 120
麦哲伦(Fredinand Magellan) 23

猫难实叮(Jacobus Valentyn) 30
毛昶熙 112
毛人凤 422
毛森 422
毛松年 499
毛泽东 384,402,435,440,441,443—448,495,632,658—663,667
慕天颜 64
美理登(Meritens) 120
孟邵 76
孟子 298
密特朗 673
明神宗 39,41
明石元二郎 271,287,299
摩根(Lewis Henry Morgan) 611
摩西 788
墨菲(Robert Murphy) 669,670
莫健 639
莫那阿杰 223
莫那鲁道 222,223
莫那马宏达 223
木下静涯 333

N

劳伦斯 876
乃木希典 174,175,182,294
南居益 17,18
内藤 171
内田嘉吉 196,205,219
能久 173
尼克松(Richard M. Nixon) 437,438,495,496,507,614,631—633,669,670,772
倪圣公 39
倪文亚 395,403,526,622
倪象恺 89
奴易兹(Pieter Nuijts) 22

O

欧格讷 148,149,160,161
欧宪瑜 514,515
欧阳子 875,876

P

帕章(Bacahan) 48
潘阿枝 93
潘基文 886
潘凯 96
潘垒 872
潘渠源 360
潘蔚 110,113
潘贤文 93
彭百显 687
彭德 369
彭德怀 444,446
彭歌 879
彭华英 206
彭淮南 823
彭孟缉 364,365,368,373,383,418,422
彭明敏 497,623,695,709,711,716,719,721,722
彭清靠 365
彭真 649
皮尔逊 666
平井希昌 111
蒲安臣(A. Burlingame) 109

Q

七等生 876
戚嘉林 10
齐世英 392
前尾繁三郎 651
钱昌照 344,345

钱复 675
钱其琛 637,793,795
钱永祥 514,620
钱宗起 337
乾隆皇帝 71,72,85,97,99
乔冠华 665
乔伊斯 876
秦朝斌 354
秦始皇 4
青木周藏 143,161
清水祖师 81
丘逢甲 102,103,163,165,166,170
丘宏达 513
丘吉尔 336
丘念台 373,374
邱创焕 501,502,526,622,688
邱辉 42
邱进益 702
邱妈寅 869
邱义仁 518,521,598,723,728,762
邱毅 771,774
全斗焕 510,772

R

任和钧 598
任维钧 348
任显群 358
任锡纯 159
茹费理 117
阮玲玉 333
若林正丈 329

S

塞岱 71
三木武夫 656
森岗二郎 228,232,237
森田俊介 310
生驹高常 222
山根武亮 246
山根信诚 171—173
山前 223
山田熙 249
山县有朋 143
商鸿杰 135
商满生 213
商周祚 17
杉浦 223
邵连科 101
邵友濂 131,140
上野专一 258
尚可喜 54
尚之信 54,56,57,66
申学庸 609
盛铁夫 354,355,369
沈葆桢 74,75,77,78,107,113,118,119,
127—129,131,136,141,247
沈昌焕 391,392,499,507,526,622,650,668
沈恩嘉 158
沈国先 129
沈鸿杰 121
沈剑虹 633
沈美真 603
沈莹 5
沈有容 11,15,17
沈曾桐 156
沈之岳 505
沈仲九 337,347
沈宗瀚 683
施炳修(施葆修) 98
施长龄 83
施大宣 59,60
施江南 376
施亥 58,61

施琅(施郎) 3,27,39,48,50,53,54,59—63,65—67,73,100,145
施明德 419,516,621,721,722,770—774
施齐 61
施启扬 500,501,526,610,686,756
施琼芳 103
施士洁 102,103
施世榜 91
施叔青 876
施显 27,60
石川钦一郎 333
石焕长 206,208
石至 56
石冢 224
史明 710,713,715,716,720
史寿昌 158
史瓦伯 639
史与为 416
矢内原忠雄 210,305
斯宾塞(Herbert Spencer) 295
斯坦恩(Lorenz von Stein) 295
司马辽太郎 617,684,699,710,711,788
司徒雷登 659,660
寺师平一 204,206
松村谦三 648
松方正义 143
松岗洋右 226
松原 171
宋楚瑜 539,623,624,684,691,693,694,698,723,725,726,729,738,747—749,755,756,759,765,766,768,775,800—802,895
宋斐如 348,349,368,375,376
宋克(Martinus Sonck) 17,18
宋美龄 399,539,543,684
宋心濂 510
宋镇远 725
宋子文 383,389
宋忠坚 176
苏拜 68
苏理 64
苏得胜 116
苏德建 771
苏东海 195
苏加诺 667
苏纳海 53
苏南成 686
苏秋镇 517
苏绍文 363
苏泰楷 368
苏新 213,372,375,832
苏维梁 360
苏贞昌 762,765,769,770,889,895
苏足以 323
粟裕 384,444
隋炀帝(炀帝) 6,7
穗积八束 290
孙大千 768
孙开华 117
孙立人 383,384,416,417,418,423,424,426,429
孙权 4,5
孙亚夫 798,804
孙育万 174
孙毓汶 155,159,160
孙运璇 499,500,526,542,543
孙震 513,524
孙中山 402,407,413,415,446,451,531,672,800,871,883

T

塔达欧莫那 223,224
滩尾弘吉 651,656
坦恩(Lorenz von Stein) 295

谭绍裳　159
谭忠麟　145
汤和　10
汤姆逊(Thompson)　169
汤守仁　416
唐飞　726,728,730,769,893
唐景崧　158—163,165,167,169,170
唐王　15,27,32,44
唐纵　390,422,447
陶百川　519,702
陶希圣　390,403
陶一珊　422
特娃丝鲁道　222
天聪　879
田川大吉郎　207,330
田增佩　673
田健治郎　197,198,200,201,203,206—208,232,287,302
田中角荣　496,650,651,656
廷熙　158
涂德琦　502
涂光明　365
涂泽民　11
托马斯　875
托马斯·戈尔德　482

W

丸井圭治郎　220,317
万丹(Banten/Bantam)　48,49
万正色　50,57,58,61,63,65
汪春源　159
汪大渊　9
汪大猷　8,10
汪道涵　699,786,793,798
尪公　81
王芃生　337
王宠惠　414,417
王得标　173,174
王得禄　100,101,108
王建煊　692
王金平　729,737,749,752,759,767,890
王凯泰　128
王昆和　514
王老夫人　505
王蓝　872
王民宁　348,374,376
王敏川　210,319,320
王鹏运　156
王清峰　623,695
王任远　499
王日荣　214
王升　425,524,525
王世杰　83,383,642
王式金　189
王添灯　352,358,360,361,362,375,376
王拓　516,876,878,879
王万得　375
王惟明　63
王文韶　107
王文启　109
王文洋　819
王文兴　875,876
王锡爵　780
王溪森　214
王晓波　513,514,612,620
王学潜　204
王耀东　349
王益朋　53
王毅　900
王永庆　816,835,888
王玉云　501
王育德　710,713
王云峰　333
王云五　417

王兆川　518
王兆钊　511,517,518
王桢镐　98
王祯和　876
王珍　85
王正谊　505
王之春　160
王作荣　683
威尔逊　196,206
隈本繁吉　302
韦麻郎(Wijbrant van Waerwijck)　16
维辛斯基(Andrey Yanuaryevich Vyshinsky)　661
卫阿贵　92,93
卫寿宗　93
卫温　4
尉天聪　879
魏大铭　422
魏大猷　100,101
魏道明　335,372—375,378,379,381,382,
500,614,669
魏德迈　378
魏建功　343,845,867
魏廷朝　516,716,719
温家宝　639,754
文翰(Bonham)　108
文俊铎　159
文廷式　155,156
文煜　110,127
翁泽生　213,214
翁文灏　344
翁肇喜　596
沃尔芙　876
吴安邦　98,101
吴伯雄　500,502,526,622,686,737,749,
890,893,894,900,906,910,911
吴春霖　360,368
吴大廷　109
吴德功　103
吴得福　187,188
吴敦义　624,890
吴调纲　56
吴丰山　502
吴国桢　384,403,411,416—418,424,429,
483,500,614
吴公鸿　64
吴宏洛　137
吴京　856
吴金炼　376
吴敬恒　391
吴乃仁　518
吴彭年　172,173
吴睿人　599
吴深潭　357
吴三桂　54—57
吴三连　206,376,412,418
吴世璠　57,58
吴淑　56
吴淑珍　771,774
吴汤兴　170—173
吴新荣　865
吴兴祚　57
吴性诚　96
吴英　62,67
吴瀛涛　878
吴容明　693
吴振南　713
吴振瑞　505
吴忠信　417
吴浊流(吴建田)　316,321,323—326,
865,878
吴子光　103
伍修权　665
武隆阿　96

X

希特罗渥　151
西德二郎　143,151
西华尔(Fernando de Silva)　23
西乡从道　113,144
西乡隆盛　112
奚德慎　89
下山治平　222
夏济安　875
夏涛声　337
夏之芳　99
香川文四郎　190
乡原古统　333
宣宗(明宣宗)　10
萧琛　56
萧拱宸　32
萧启　192
萧天赞　519
萧万长　675,737,749,890,895,897,898
萧铮　451
萧自诚　391,392
小林跻造　227,228,263,266,268,308,310,314
小林善纪　617
小山六之助　153
谢长廷　518,519,521—523,621,623,624,687,695,735,743,744,765,767,769,770,774,775,889,894—896
谢聪敏　716,719
谢德香　192
谢东闵　348,349,370,425,499—501,526,615,622,869
谢娥　352,370,869
谢管樵　104
谢南光　337
谢鹏翀　172
谢石金　193
谢雪红(谢红)　213,214,363,367,372,375
谢挣强　348
新渡户稻造　249
熊式辉　337
熊一本　96
徐柏图　505
徐春卿　360
徐福　4
徐复观　612,873
徐广缙　108
徐立德　510
徐禄　189
徐庆钟　374,499—501,615,683
徐世昌　155
徐嗣曾　97
徐渭　104
徐香外　193
徐骧　170—174
徐学禹　366
徐用仪　155,159,160
徐元焯　172
许希宽　423
许恪士　373
许乃昌　213,352
许南英　102,103,172
许荣淑　511,517,518
许绍文　188
许世楷　711
许世贤　418
许世英　417
许水德　502,675
许雪姬　10
许献琛　172
许信良　413,419,502,513—515,521,620,621, 693, 698, 718, 720, 721, 723,726,770
许倬云　540

许远 82
薛进忠 55
薛瑞福 753

Y

阎锡山 383
阎志廉 156
严家淦 373,426,494,498,500,526,539,614,622,779
盐月桃甫 333
颜春辉 374
颜锦福 522
颜坤泉 603
颜庆彰 728
颜思齐 14
颜云林 286
杨鼻 323
杨昌睿 130,136,158
杨恩 100
杨二酉 70
杨国枢 513,519,854
杨家瑜 373
杨吉臣 210
杨吉雄 725
杨捷 57
杨克煌 372
杨逵(杨贵) 316,320,321,323,324
杨力宇 778,779
杨亮功 367,368
杨青 878
杨青矗 516
杨三郎 874
杨守愚 320
杨泗鸿 175
杨廷璋 76
杨兴 57
杨云萍 32
杨友旺 110
杨载云 172
杨肇嘉 371,378
杨子才 354,355
姚嘉文 515,516,720,721
姚启圣 57,58,61—66,68
姚文栋 159
叶德根 354,355,369
叶成格 63
叶飞 384
叶公超 403,470,499,640—642,668
叶亨 64
叶剑英 777,778
叶金川 907,908
叶菊兰 687
叶明勋 339
叶石涛 867,870,878
叶陶 323
叶题雁 159
叶文程 3
叶为圭 180
叶维廉 875
叶秀峰 422
伊莉莎白 49
殖海野重助 190
伊东佑亨 144
伊斯曼(Roger Hilsman) 436
伊藤博文 143,144,150—154,161,162,179,182
伊泽多喜男 307,331
伊泽修二 210,289—292,294—296,298
奕谡 108
奕劻 160
野田 194
殷海光 612,619,873
殷纣王 298
殷宗文 705
尹仲容 477,644

永福　96
雍正皇帝　99
尤哈尼　608
尤清　511,517—519,521,522,607
游弥坚　337,348,352,370,373,376,869
游锡堃　519,522,723,728,739,762,765,769,770,886,889
于百溪　348
于梨华　876
于瑞熹　348
于右任　367,371,377,391
余联沅　156,157
余清芳　194—196
余英时　540
俞大维　417,498
俞大猷　11
俞国华　499,525,526,551,622,683,684,686
俞鸿钧　417,500,614
玉置和郎　651
郁慕明　687,756,801
郁永河　123
裕德　158
元成宗　9
元顺帝　10
园田直　657
袁国钦　364
袁守谦　390—392,403,526,622
袁锡中　166
原敬　197,198,204,300
圆崎部治　192
远藤久子　325
约翰逊(U. Alex Johnson)　436,437,444,467

Z

查理二世　49
曾德　59
曾国藩　129
曾丰明　365
曾茂兴　603
曾维桢　98
曾溪水　348
曾喜昭　167
曾虚白　391,392
曾一本　10,11
斋藤树　267
翟淦　97
翟萨　128
粘锡麟　603
詹启贤　892
詹天马　333
詹振　188,189
臧庆祚　64
张爱萍　440
张邦杰　371
张丙　78,85,86
张沧海　214
张程材　189
张仲举　64
张达京　91
张大春　881,882
张道藩　390—392,403,408
张德铭　511,517,518
张栋　76
张方武　98
张丰绪　499,501
张国杰　354
张洪南　331
张弘章　89
张火炉　193,194
张俊宏　419,502,513—517,621,720
张俊雄　519,723,728,729,731,769
张厉生　410
张龙　192
张吕赤　189

张慕陶　358,366
张我军　330
张七郎　375,376
张其昀　389—392,398,402—404
张晴川　352,358,375
张群　539,642,648,650
张荣发　888
张荣丰　705
张汝京　819
张师诚　95
张雄　64
张巡　82
张维卿　136
张闻天　662,664
张旭成　540
张彝鼎　420
张云翼　99
张昭雄　725,738
张兆连　166
张镇　422
张镇周　6,7
张振万　83
张之洞　148,154,155,158—161,163
张之万　157
张忠谋　819,888
张仲炘　156
张崇根　10
章高元　116
章汉夫　641
章孝严　675
赵港　214,323
赵建铭　771,774
赵聚钰　499
赵连芳　358
赵明政　190,191
赵汝适　8,9
赵少康　539,687,692
赵天仪　878
赵玉柱　771
郑彩　28,59
郑长　37
郑成功(田川福松,郑森,朱成功,“开山圣王”,忠孝伯)　15,27—36,39,41,43—48,51—54,56,59—60,63—66,73,82,316
郑德潇　67
郑发　39
郑和　10
郑鸿逵　27,28
郑介民　422
郑经(“台湾王”)　29,32—34,39—44,46—58,60,61,63—65,73
郑克塽　48,63—65,67
郑克臧　65
郑丽文　769
郑明　39
郑鸣骏　41,44
郑南榕　520
郑省英　55
郑世藩　55
郑世忠　63
郑松均　206
郑泰　30,32,33,41,44,47
郑万福　713
郑锡金　100
郑袭　32,33,60,64
郑彦棻　391,392,395
郑用锡　98,102,105
郑芝龙　14,15,27,29,30,32,40,41,43,47,51,59,63,64
郑芝鹏(郑芝莞)　59
郑自才　683
郑缵绩　44
真德秀　8,9

真武大帝(玄天上帝) 39
贞爱亲王 174,176
中西牛郎 204,290
钟改之 420
钟荣吉 738
钟延洲 354,355,369
斋藤树 267
周百练 501
周道济 513
周恩来 440—443,445,448,494,632,642,648,650,661,662,664,666,667
周宏涛 391,392,499
周鸿庆 648
周继武 63
周平德 516
周清玉 511,517,518
周全斌 32,33,60
周士超 98
周书楷 499,633
周武王 298
周宪文 258
周婉窈 231,233,234
周延寿 352,357,358,360
周一鹗 337,351,358
周玉蔻 775
周振邦 145,146
周至柔 403,407,420,500,614
周祝瑛 862
朱佛定 373
朱惠良 726
朱渍 100
朱宽 6,7
朱麟 64
朱上泮 145,146
朱仕玠 123
朱寿 28
朱天贵 62
朱文伯 357,373
朱西宁 878
朱一贵 75,85,87,89,95
朱元璋(明太祖) 10
诸葛直 4
祝辰巳 191
庄长胜 168
庄禄 189
庄传生 355
椎名悦三郎 651,656
竹内 191
卓杞笃 109
邹鲁 391
左宗棠 72,107,130
佐久间左马太(佐久间) 190,216—219,221,243
佐藤荣作 649,650,656
佐藤原平 204
佐野学 214
佐佐木 193

Alar Wirth 34
Arcadio 47
Christian Francx 17
Don Sabiniano Manrique de Lara 46
Hans Jurgen Radis van Stockaert 31
Jan van der Laan 29
Losada 47
Manrique 46,47

主要参考文献

白坂义直:《大南洋史》,东京:田中诚光堂,1942 年版。

本沢二郎著,吴寄南译:《日本政界的"台湾帮"》,上海:上海译文出版社,2000 年版。

C. E. S. 著,李辛阳、李振华译:《郑成功复台外记》,台北:中华文化,1955 年版。

蔡玲(Linda Chao)、马若孟(Ramon H. Myers)著,罗珞珈译:《中国第一个民主体系》(*The First Chinese Democracy*),台北:三民书局,1998 年版。

曹小衡:《东亚经济格局的变动与两岸经济一体化研究》,北京:中国对外经济贸易出版社,2001 年版。

曹永和:《台湾早期历史研究》,台北:联经出版社,2002 年版。

陈翠莲:《派系斗争与权谋政治——二二八悲剧的另一面相》,台北:时报文化出版公司,1995 年版。

陈恩:《台湾的民营经济》,广州:广东人民出版社,1992 年版。

陈孔立:《清代台湾移民社会研究》,厦门:厦门大学出版社,1990 年版。

陈孔立:《台湾历史纲要》,北京:九洲图书出版社,1996 年版。

陈明通、郑永年主编:《两岸基层选举与政治社会变迁》,台北:月旦出版社,1998 年版。

陈鸣钟、陈兴唐主编:《台湾光复和光复后五年省情》(上、下册),南京:南京出版社,1989 年版。

陈培丰:《同化的同床异梦——日本统治下台湾的国语教育史再考》,东京:三元社,2001 年版。

陈奇禄:《台湾土著文化研究》,台北:联经出版社,1999 年版。

陈秋坤:《清代台湾土著地权——官僚、汉佃与岸里社人的土地变迁(1700—1895)》,台北:"中研院"近代史研究所,1994 年版。

陈绍馨:《台湾的人口变迁与社会变迁》,台北:联经出版社,1979 年版。

陈志奇:《美国对华政策三十年》,台北:"中华日报社",1981 年版。

澄社主编:《台湾民主自由的曲折历程——纪念雷震案三十周年学术研讨会论文集》,台北:自立晚报社文化出版部,1992 年版。

褚静涛:《二二八事件实录》,台北:海峡学术出版社,2007年版。

褚静涛:《台海冲突与交流》,台北:海峡学术出版社,2007年版。

崔之清主编:《台湾是中国领土不可分割的一部分》,北京:人民出版社,2001年版。

大川周明:《近世欧罗巴殖民史》,东京:庆应书房,1942年版。

戴国辉、王作荣口述,夏珍记录整理:《爱憎李登辉》,台北:天下远见出版股份有限公司,2001年版。

戴国辉、叶芸芸:《爱憎二二八》,台北:远流出版事业股份有限公司,1992年版。

中国第一历史档案馆编:《清代中琉关系档案选编》,北京:中华书局,1993年版。

丁庭宇、马康庄主编:《台湾社会变迁的经验——一个新兴的工业社会》,台北:巨流图书公司,1986年版。

丁中江:《伤心割台湾》,台北:台湾日报社,1966年版。

东嘉生:《台湾经济史概说》,台北:海峡学术出版社,2000年版。

东亚同文会编,胡锡年译:《对华回忆录》,北京:商务印书馆,1959年版。

段承璞:《战后台湾经济》,北京:中国社会科学出版社,1989年版。

方豪:《台湾早期史纲》,台北:学生书局,1994年版。

福建省档案馆、厦门市档案馆编:《闽台关系档案资料》,厦门:鹭江出版社,1993年版。

高朗:《"中华民国外交关系"之演变(1950—1972)》,台北:五南图书出版公司,1993年版。

高民政:《台湾政治纵览》,台北:华文出版社,2000年版。

高桥龟吉:《现代台湾经济论》,东京:千仓书房,1937年版。

高希钧、李诚、林祖嘉:《台湾突破——两岸经贸追踪》,台北:天下文化出版股份有限公司,1992年版。

高希钧等:《台商经验:投资大陆的现场报导》,台北:天下文化出版股份有限公司,1995年版。

高长:《两岸经贸关系之探索》,台北:天一图书公司,1997年版。

葛永光:《政治变迁与发展——台湾经验的探索》,台北:幼狮文化事业公司,1989年版。

古川万太郎:《日中战后关系史》,东京:原书房,1981年版。

古野直也:《台湾军司令部:1895—1945》,国书刊行会,1991年版。

国务院台湾事务办公室研究局编:《台湾问题文献资料选编》,北京:人民出版社,1994 年版。

韩青海:《战后台湾企业集团》,厦门:鹭江出版社,1992 年版。

郝柏村:《郝“总长”日记中的经国先生晚年》,台北:天下文化出版股份有限公司,1995 年版。

何明修、萧新煌:《台湾全志》卷九“社会志·社会运动篇”,台北:“国史馆”台湾文献馆,2006 年版。

鹤见佑辅编著:《后藤新平传》(全三卷),后藤新平传记编纂会。

亨廷顿著,刘军宁译:《第三波——20 世纪后期民主化浪潮》,三联书店,1998 年版。

洪明灿:《八千里外吊民残:甲午割台始末记》,台北:远流出版事业股份有限公司,1997 年版。

侯坤宏主编:《“国史馆”藏二二八档案史料》,台北:“国史馆”,1997 年版。

黄富三:《雾峰林家的兴起——从渡海拓荒到封疆大吏(1729—1864)》,台北:自立晚报社文化出版部,1987 年版,

黄嘉树:《国民党在台湾》,海口:南海出版公司,1991 年版。

黄宗羲:《赐姓始末》,台湾文献丛刊第 25 种,台北:1958 年版。

江南:《蒋经国传》,台北:李敖出版社,1995 年版。

江树生译注:《热兰遮城日志》(第一册),台南市政府,2000 年版。

江树生译注:《热兰遮城日志》(第二册),台南市政府,2002 年版。

江树生主译:《荷兰台湾长官致巴达维亚总督书信集(1)(1622—1626)》,台北:南天书局,2007 年版。

姜殿铭主编:《台湾一九九一》,北京:中国友谊出版公司,1992 年版。

姜殿铭主编:《台湾一九九二》,长春:吉林文史出版社,1993 年版。

姜殿铭主编:《台湾一九九三》,北京:中国友谊出版公司,1994 年版。

姜殿铭主编:《台湾一九九四》,北京:北京出版社,1995 年版。

姜殿铭主编:《台湾一九九五》,北京:九洲图书出版社,1996 年版。

姜殿铭主编:《台湾一九九六》,北京:九洲图书出版社,1997 年版。

姜殿铭主编:《台湾一九九七》,北京:九洲图书出版社,1998 年版。

姜殿铭、许世铨主编:《台湾一九九八》,北京:九洲图书出版社,1999 年版。

姜殿铭、许世铨主编:《台湾一九九九》,北京:九洲图书出版社,2000 年版。

姜殿铭、许世铨主编:《台湾二〇〇〇》,北京:九州出版社,2001 年版。

姜殿铭、许世铨主编:《台湾二〇〇一》,北京:九州出版社,2002 年版。

姜殿铭、许世铨主编:《台湾二〇〇二》,北京:九州出版社,2003 年版。

蒋经国先生全集编辑委员会编:《蒋经国先生全集》,台北:“行政院新闻

局”,1991 年版。

蒋永敬、李云汉、许师慎:《杨亮功先生年谱》,台北:联经出版社,1988 年版。

金泓汎等:《台湾经济概论》,北京:时事出版社,1986 年版。

井上清著,尚永清译:《日本军国主义》,商务印书馆,1985 年版。

驹达武:《殖民地帝国日本的文化统合》,东京:岩波书店,1996 年版。

柯志明:《番头家——清代台湾族群政治与熟番地权》,台北:“中研院”社会学研究所,2001 年版。

柯志明:《米糖相尅——日本殖民主义下台湾的发展与从属》,台北:群学出版有限公司,2003 年版。

赖泽涵、马若孟、魏萼著,罗珞珈译:《悲剧性的开端——台湾二二八事变》,台北:时报文化出版有限公司,1993 年版。

李保明:《两岸经济关系 20 年——突破与发展历程的实证分析》,北京:人民出版社,2007 年版。

李登辉先生言论集编辑委员会编辑:《李登辉先生言论集》系列,台北:正中书局,1992 年版。

李非:《台湾经济发展通论》,北京:九州出版社,2004 年版。

李国鼎:《台湾的工业化》,南京:东南大学出版社,1995 年版。

李国鼎:《台湾的经济计划及其实施》,南京:东南大学出版社,1995 年版。

李宏硕:《台湾经济四十年》,太原:山西经济出版社,1993 年版。

李宏硕主编:《海峡两岸经贸关系》,天津:南开大学出版社,1993 年版。

李宏硕主编:《海峡两岸经贸关系研究》,北京:中国致公出版社,1994 年版。

李家泉:《李登辉主政台湾之后》,北京:中国言实出版社,1997 年版。

李理:《日据台湾时期警察制度研究》,台北:海峡学术出版社,2007 年版。

李松林:《晚年蒋经国》,合肥:安徽人民出版社,2001 年版。

李文朗:《台湾人口与社会发展》,台北:东大图书股份有限公司,1992 年版。

李筱峰:《台湾民主运动四十年》,台北:自立晚报社,1987 年版。

李之信编:《美蒋奴役下的台湾》,保定:河北人民出版社,1959 年版。

林金茎:《战后中日关系之实证研究》,台北:中日关系研究会,1984 年版。

林满红:《茶、糖、樟脑业与台湾之社会经济变迁(1860—1895)》,台北:联经出版社,2001 年版。

林淑心:《台湾文化百年史的回顾》,收录于台湾“国立历史博物馆”编:《台湾文化百年论文集》,2007 年版。

林长华:《战后美台经济关系概论》,北京:九州出版社,2001 年版。

刘进庆:《战后台湾经济分析》,厦门大学出版社,1990 年版。

刘士永:《光复初期台湾经济政策的检讨》,台北:稻乡出版社,1996 年版。

刘心皇:《“自由中国”文学三十年》,台北:《“国立编译馆”馆刊》第 9 卷第 2 期,1977 年。

刘映仙、殷存毅:《跨越海峡的桥梁——两岸经贸关系评析》,北京:台海出版社,1999 年版。

刘映仙等撰:《2000 年台湾经济及两岸经贸关系预测》,载姜殿铭主编:《当代台湾研究》(四),北京:九洲图书出版社,1997 年版。

刘映仙主编:《海峡两岸经贸关系探讨》,北京:中国友谊出版公司,1993 年版。

刘震涛主编:《合作发展,共创双赢——海峡两岸产业合作发展论坛文集》,北京:清华大学台湾研究所,2001 年版。

龙永枢主编:《海峡两岸经贸合作关系研究》,北京:经济管理出版社,1998 年版。

陆铿:《江南不死(代序)——兼论蒋经国为什么要杀江南》,台北:前卫出版社,1998 年版。

茅家琦:《蒋经国的一生和他的思想演变》,台北:台湾“商务印书馆”,2003 年版。

茅家琦:《80 年代的台湾——1980—1989》,郑州:河南人民出版社,1991 年版。

茅家琦:《台湾三十年(1949—1979)》,郑州:河南人民出版社,1988 年版。

楠井隆三:《战时台湾经济论》,台北:南方人文研究所,1944 年版。

潘志奇:《光复初期台湾通货膨胀的分析(1945—1952)》,台北:联经出版社,1980 年版。

裴小革:《台湾经济》,北京:人民出版社,1994 年版。

彭德清主编:《中国航海史》,北京:人民交通出版社,1988 年版。

戚嘉林:《李登辉两岸政策十二年》,台北:2005 年版。

秦孝仪:《“中华民国”经济发展史》,台北:近代中国出版社,1983 年版。

秦孝仪主编:《革命文献》第 77 辑,台北:“中央文物供应社”,1978 年版。

秦孝仪主编:《先“总统”蒋公思想言论总集》,台北:中国国民党中央委员会党史委员会,1984 年版。

秦孝仪总编纂:《“总统”蒋公大事长编初稿》,台北:中正文教基金会,2002 年版。

瞿海源:《泛滥与匮乏》,台北:允晨文化实业股份有限公司,1988 年版。

全国政协文史资料研究委员会等编:《陈仪生平及被害内幕》,北京:中国文史出版社，1987年版。

日本外务省亚洲局中国课编：《日中关系基本资料集（1949—1997）》，东京：霞山会，1998年版。

若林正丈著，赖香吟译：《蒋经国与李登辉》，台北：远流出版事业公司，1998年版。

厦门大学台湾研究所：《今日台湾100问》，福州：福建人民出版社，1988年版。

厦门市郑成功纪念馆、厦门市郑成功研究会：《郑成功族谱四种》，福州：福建人民出版社，2006年版。

邵明煌、薛化元主编：《蒋中正总裁批签档案目录》，台北：政治大学历史系、中国国民党党史馆，2005年发行。

时殷弘：《敌对与冲突的由来：美国对新中国的政策与中美关系（1949—1950）》，南京大学出版社，1995年版。

矢内原忠雄：《帝国主义下の台湾》，东京：岩波书店，1988年版。

宋春、于文藻主编：《中国国民党台湾四十年史（1949—1989）》，长春：吉林文史出版社，1990年版。

宋光宇：《台湾史》，北京：人民出版社，1997年版。

苏格：《美国对华政策与台湾问题》，北京：世界知识出版社，1998年版。

孙代尧：《台湾威权体制及其转型研究》，北京：中国社会科学出版社，2003年版。

台湾研究基金会编：《百年来的台湾》，台北：前卫出版社，1995年版。

台湾“经济部投资审议委员会”编：《对大陆间接投资统计月报》，2001年6月。

台湾省行政长官公署统计室编印：《台湾省五十一年来统计提要》，台北：1946年。

台湾省行政长官公署宣传委员会编：《陈长官治台言论集》，台北：1946年。

台湾银行经济研究室：《平定三逆方略》，台湾文献丛刊第284种，1970年版。

台湾银行经济研究室：《十七世纪台湾英国贸易史料》，1959年版。

台湾银行经济研究室：《台湾土地改革纪要》，台北：台湾“中华书局”，1961年版。

台湾银行经济研究室：《郑氏史料初编》，台湾文献丛刊第157种，台北：1962年版。

台湾总督府编：《台湾日志：大正八年—昭和十九年》，东京：绿阴书房，1992

年版。

台湾总督府警务局编著:《理藩志稿》(第1—4卷),台北:南天书局,1995年版。

台湾总督府警务局编著:《台湾抗日民族运动史》(第1—4卷),台北:海峡学术出版社,2000年版。

台湾总督府警务局编著:《台湾总督府警察志》(第1—4卷),台北:南天书局,1995年版。

台湾总督府警务局理藩课编著:《理蕃の友》(1—3),东京:绿阴书房,1993年版。

唐树备主编:《合则两利——两岸经济关系研究论文集》,北京:九洲图书出版社,1998年版。

陶涵著,林添贵译:《台湾现代化的推手——蒋经国传》,台北:时报文化出版公司,2000年版。

陶文钊、牛军主编:《美国对华政策文件集(1949—1972)》第3卷下册,北京:世界知识出版社,2005年版。

陶文钊:《中美关系史(1911—1950)》,重庆出版社,1993年版。

陶文钊:《中美关系史(1949—1972)》,上海人民出版社,1999年版。

陶文钊主编:《美国对华政策文件集(1949—1972)》第1卷上册,北京:世界知识出版社,2003年版。

陶文钊主编:《美国对华政策文件集(1949—1972)》第2卷上册,北京:世界知识出版社,2004年版。

田桓:《战后中日关系文献集(1945—1970)》,北京:中国社会科学出版社,1996年版。

田珏:《台湾史纲要》,福州:福建人民出版社,2000年版。

田志立:《中华经济区论纲》,香港:中华书局,1997年版。

田中明彦:《日中关系(1945—1990)》,东京大学出版会,1991年版。

涂照彦:《日本帝国主义下の台湾》,东京大学出版会,1975年版。

汪知亭:《台湾教育史料新编》,台北:台湾"商务印书馆",1978年版。

王传剑:《双重规制——冷战后美国的朝鲜半岛政策》,北京:世界知识出版社,2003年版。

王国番编:《台湾抗日史》,台北市文献委员会,1981年版。

王建民、刘红、曾润梅:《国民党下台内幕》,北京:新华出版社,2005年版。

王景弘:《采访历史——从华府档案看台湾》,台北:远流出版社,2000年版。

王乃信等译:《台湾社会运动史》第1册,台北:创造出版社,1989年版。

王芸生:《六十年来中国和日本》,三联书店,1979年版。

王正华:《“中华民国”与联合国史料汇编——重新参与篇》(下),台北:“国史馆”,2001年版。

魏永竹主编:《二二八事件文献续录》,台北:正中书局,1992年版。

魏永竹主编:《抗战与台湾光复史料辑要》,台北:台湾省文献委员会,1995年版。

文馨莹:《经济奇迹的背后——台湾美援经验的政经分析(1951—1965)》,台北:自立晚报社文化出版部,1990年版。

吴荣义、王连常福、周添城、李昭考:《美商投资对“我国”经济的影响》,台北:“中研院”美国文化研究所,1980年版。

吴廷璆:《日本史》,天津:南开大学出版社,1994年版。

吴文程:《台湾的民主转型:从权威型的党国体系到竞争型的政党体系》,台北:时英出版社,1996年版。

吴学明:《金广福垦隘研究》,新竹县立文化中心,2000年版。

喜安幸夫:《台湾抗日秘史》,台北:武陵出版社,1984年版。

萧新煌主编:《变迁中台湾社会的中产阶级》,台北:巨流图书公司,1990年版。

萧铮:《土地改革五十年——萧铮回忆录》,台北:中国地政研究所,1980年版。

徐博东主编:《北京台研论坛第一辑·台湾政党政治发展的回顾与前瞻》,香港:香港社会科学出版社有限公司,2006年版。

徐正光、宋文里合编:《台湾新兴社会运动》,台北:巨流图书公司,1990年版。

许福明:《中国国民党的改造(1950—1952)——兼论其对“中华民国”政治发展的影响》,台北:正中书局,1986年印行。

许介鳞:《李登辉与台湾政治》,北京:社会科学文献出版社,2002年版。

许世铨主编:《台湾二〇〇三》,北京:九州出版社,2004年版。

杨立宪、杨志坚主编:《台湾二〇〇四》,北京:九州出版社,2005年版。

许世铨、余克礼主编:《台湾二〇〇五》,北京:九州出版社,2006年版。

许世铨、余克礼主编:《台湾二〇〇六》,北京:九州出版社,2007年版。

周志怀主编:《台湾二〇〇七》,北京:华艺出版社,2009年1月版。

周志怀主编:《台湾二〇〇八》,北京:九州出版社,2009年4月版。

许雪姬:《清代台湾的绿营》,台北:“中研院”近代史研究所,1987年版。

许毓良:《清代台湾的海防》,北京:社会科学文献出版社,2003年版。

许毓良:《清代台湾军事与社会》,北京:九州出版社,2008年版。

薛月顺编:《资源委员会档案史料汇编:光复初期台湾经济建设》,台北:“国史馆”,1993年版。

薛月顺编:《台湾省政府档案史料汇编:台湾省行政长官公署时期》,台北:“国史馆”,1999年版。

杨泰顺:《政党政治与台湾民主化》,台北:民主基金会,1991年版。

杨英:《从征实录》,台湾文献丛刊第32种,1958年版。

杨云萍:《南明研究与台湾文化》,台北:台湾风物杂志社,1993年版。

伊藤博文编:《秘书类纂台湾资料》,东京:原书房,1977年版。

伊泽修二:《伊泽修二选集》,日本信浓教育会,1958年版。

尹仲容:《我对台湾经济的看法》(三编),台北:“行政院经济设计委员会”,1962年版。

于宗先:《台湾农业发展论文集》,台北:联经出版社,1975年版。

余克礼主编:《海峡两岸关系概论》,武汉出版社,1998年版。

袁颖生:《光复前后的台湾经济》,台北:联经出版社,1998年版。

张果为:《台湾经济的发展》,台北:正中书局,1970年版。

张俊仁:《台湾抗日忠烈录》,台湾文献委员会,1965年版。

张群:《我与日本七十年》,台北:中日关系研究会,1980年版。

张耀武:《中日关系中的台湾问题》,北京:新华出版社,2004年版。

张贻达:《战后台湾的对外贸易》,厦门:鹭江出版社,1987年版。

张宗汉:《光复前台湾之工业化》,台北:联经出版社,1980年版。

赵既昌:《美援的运用》,台北:联经出版社,1985年版。

赵勇:《台湾政治转型与分离倾向》,北京:中央编译出版社,2008年版。

郑牧心:《台湾议会政治40年》,台北:自立晚报社文化出版部,1987年版。

郑梓:《战后台湾的接收与重建——台湾现代史研究论集》,台北:新化图书有限公司,1994年版。

中共中央文献研究室编:《周恩来外交文选》,北京:中央文献出版社,1990年版。

中国第二历史档案馆、海峡两岸出版交流中心编:《馆藏民国台湾档案汇编》(300册),北京:九州出版社,2007年版。

中国第二历史档案馆编:《台湾二二八事件档案史料》(上、下册),北京:档案出版社,1991年版。

中国第一历史档案馆编辑部、厦门大学台湾研究所:《康熙统一台湾档案史料选辑》,福州:福建人民出版社,1983年版。

中国对外经济贸易年鉴编辑委员会编:《中国对外经济贸易年鉴》,北京:中国经济出版社。

中国社会科学院近代史研究所译:《顾维钧回忆录》,中华书局,1988 年版。

中华人民共和国外交部、中共中央文献研究室编:《毛泽东外交文选》,北京:中央文献出版社、世界知识出版社,1994 年版。

中美关系史丛书编辑委员会主编:《中美关系史论文集》第 1 辑,重庆出版社,1985 年版。

“中研院”近代史所编:《二二八事件资料选辑》(共 6 册),台北:1992 年版。

周侃等:《台湾经济》,北京:中国财经出版社,1980 年版。

周侃、魏大业:《台湾大事纪要》,北京:时事出版社,1982 年版。

周宪文:《台湾经济史》,台北:开明书店,1980 年版。

周琇环编:《台湾光复后美援史料》第 2 册《军协计划》(二),台北:“国史馆”,1997 年版。

周琇环编:《台湾光复后美援史料》第 3 册《技术协助计划》,台北:“国史馆”,1998 年版。

周琇环编:《战后“外交部”工作报告(1950—1953)》,台北:“国史馆”,2001 年版。

周永生:《经济外交》,北京:中国青年出版社,2004 年版。

周玉蔻:《李登辉的一千天》,台北:麦田出版公司,1993 年版。

周祝瑛:《谁捉弄了台湾教改》,台北:心理出版社,2003 年版。

朱浤源、张瑞德访问,蔡说丽、潘光哲纪录:《罗友伦先生访问纪录》,台北:“中研院”近史所,1994 年版。

朱汇森主编:《土地改革史料》,台北:“国史馆”,1988 年版。

朱汇森主编:《政府接收台湾史料汇编》(上、下册),台北:“国史馆”,1990 年版。

资中筠、何迪:《美台关系四十年(1949—1989)》,北京:人民出版社,1991 年版。

资中筠:《追根溯源——战后美国对华政策的缘起和发展(1945—1950)》,上海人民出版社,2000 年版。

邹景雯采访纪录:《李登辉执政告白实录》,台北:印刻出版有限公司,2001 年版。

〔晋〕陈寿撰,赵幼文遗稿,赵振铎等整理:《三国志校笺(下)》卷二,成都:巴蜀书社,2001 年版。

〔三国〕沈莹撰，张崇根辑校:《临海水土异物志辑校》，北京:农业出版社，1988年版。

〔唐〕魏征等:《隋书》，北京:中华书局，1973年版。

[美]高棣民著，胡煜嘉译:《从国家与社会的角度观察——台湾奇迹》，台北:洞察出版社，1987年版。

[美]高立夫著，艾思明译:《海岛中国》，台北:洞察出版社，1987年版。

[美]何保山著，上海市政协编译工作委员会译:《台湾的经济发展(1860—1970)》，上海译文出版社，1981年版。

[美]卡尔·洛特·兰金著，海英译:《兰金回忆录》，上海人民出版社，1975年版。

[美]罗伯特·沃尔特斯著，陈源、范坝译:《美苏援助对比分析》，北京:商务印书馆，1974年版。

[美]裴斐、韦慕庭访问整理，吴修垣译:《从上海市长到"台湾省主席"(1946—1953)——吴国桢口述回忆》。

[美]唐耐心著，新新闻编译小组译:《不确定的友情:台湾、香港与美国，1945—1992》，香港:新新闻文化事业股份有限公司，1995年版。

[美]约翰·斯帕尼尔著，钱宗起、邬国孚译，张伟民校:《杜鲁门与麦克阿瑟的冲突和朝鲜战争》，上海:复旦大学出版社，1985年版。

台湾"行政院"二二八事件研究小组著:《二二八事件研究报告》，台北:时报文化，1994年版。

台湾"行政院国际经济合作发展委员会会计处"编:《美援相对基金计划报告》，1965年6月。

台湾"行政院美援运用委员会"编:《中美合作经援概要》，台北:1960年。

台湾"审计部"编印:《"中华民国中央政府"总决算审核报告书》，台北:1962年。

台湾"中华民国年鉴社"编:《"中华民国年鉴"》，台北:"中华民国年鉴社"，1951年版。

台湾"中华民国年鉴社"编:《"中华民国年鉴"》，台北:"中华民国年鉴社"，1952年版。

《部报》(1—18卷)，台湾总督府临时情报部，东京:ゆまに书房，2005年。

《公文类聚》，日本国立公文书图书馆藏。

《后藤新平文书》，日本国立公文书图书馆藏。

《赖和全集》,台北:前卫出版社,2000 年版。

《毛泽东外交文选》,北京:中央文献出版社、世界知识出版社,1994 年版。

《毛泽东文集》第 7 卷,北京:人民出版社,1999 年版。

《台湾教育沿革志》,台北:"国史馆"台湾文献馆,1999 年版。

《洋务运动》1—8 册,上海人民出版社,1961 年版。

《中国国民党党务发展史料——中央改造委员会资料汇编》(上、下),台北:近代中国出版社,1990 年版。

《"中华民国"教育年报》,台北:"国立教育资料馆"。

《中美关系资料汇编》第 2 辑上册,北京:世界知识出版社,1960 年版。

Foreign Relations of the United States (FRUS), 1949 (Washington: United States Government Printing Office, 1974) Vol. 9; 1952—1954, Vol. 14; 1955—1957, Vol. 2; 1958—1960, Vol. 19。

June Grasso, Truman's two-China Policy, 1945—1950 (New York: M. E. Sharpe, 1987)。

Neil H. Jacoby, U. S. Aid to Taiwan: A Study of Foreign Aid, Self-Help and Development (New York: Praeger, 1966)。

Peter. J. Schraeder, Intervention into the 1980s: U. S. Foreign Policy in the Third World (Lynne Rienner Publishers Inc., 1988)。

Ronald L. Mcglothlen, Controlling the Waves: Dean Acheson and U. S. Foreign Policy in Asia (New York & London: W. W. Norton & Co., 1993)。

Thomas Gold, State and Society in Taiwan Miracle (New York: M. E. Sharpe, 1986)。

后　　记

谨将本课题分工情况说明如下：

课题主持人：张海鹏　陶文钊

第1—3章执笔人　许毓良

第4章执笔人　王　键

第5—6章执笔人　李　理

第7章执笔人　王　键

第8章执笔人　汪　婉

第9章执笔人　褚静涛

第10章执笔人　冯　琳

第11章第1节执笔人　王　键

第11章第2—3节执笔人　杜继东

第12章执笔人　赵一顺

第13章执笔人　王　键

第14章第1—2节执笔人　程朝云

第14章第3—4节执笔人　杜继东

第15章第1—2、5节执笔人　汪小平

第15章第3—4节执笔人　王　键

第16章执笔人　汪小平

第17—18章执笔人　褚静涛

第19章执笔人　汪　婉

第20章执笔人　褚静涛

人名索引、主要参考文献编制　冯　琳

本书编写组

2011年7月16日